各分野の
重要キーワードを解説

日経
キーワード
2024-2025

日経 HR 編集部 編著

日経 HR
NIKKEI HUMAN RESOURCES

2023年の重要キーワード

① 国際社会　ウクライナ侵攻の長期化

　ロシアのウクライナ侵攻が始まってから1年半以上が経過し、出口の見えない状況が続いている。ウクライナの**ゼレンスキー大統領**は2023年5月に開催された**主要7カ国首脳会議（G7広島サミット）**を電撃訪問し、G7首脳に軍事支援の拡大を要請した。バイデン米大統領は、欧州の同盟国による米国製戦闘機「F16」の供与を容認し、3億7500万ドル（約520億円）相当の追加軍事支援も決めた。

　ウクライナ軍は6月上旬から東部や南部で反転攻勢を開始。ロシアの反体制組織である「自由ロシア軍」や「ロシア義勇軍」もウクライナ側で戦闘に加わった。しかし、6月にはロシア軍が支配する南部ヘルソン州のカホフカ水力発電所のダムが決壊し、周辺地域は洪水に見舞われた。これによってウクライナ軍の南部奪還に向けたドニエプル川の渡河作戦が一時的に止まった。ダムの決壊についてはウクライナとロシア双方が「相手の攻撃で破壊された」と主張している。

▶ロシア軍の支配エリア

新聞記事などを基に編集部作成

6月23日にはロシアで民間軍事会社**ワグネル**が武装蜂起したが、ベラルーシのルカシェンコ大統領が仲介し、わずか1日で終結した。その後、武装蜂起を事前に知っていたとされるロシア軍の高官が解任されるなどの混乱があった。

ウクライナ軍の反転攻勢は当初、ロシア占領地域の奪還が期待されたが、想定よりもロシアの守りが堅く苦戦が続いている。戦闘機F16についても米国に続いてオランダやデンマーク、ノルウェーなどが供与を表明しているが、パイロットの訓練が遅れており、実戦投入されるのは24年夏以降とみられている。

周辺国でも緊張状態が続く。ロシアは6月、ベラルーシに戦術核兵器の配備を始めた。これに対してポーランドのモラウィエツキ首相は、米国の核兵器を**北大西洋条約機構（NATO）**加盟国内に配備する「核共有」に加わる意向を示した。**プーチン大統領**がウクライナ侵攻の理由の1つとした「NATOの東方拡大」も進む。長年軍事的中立の立場を取ってきたフィンランドがロシアのウクライナ侵攻をきっかけにNATOに加盟した。

ウクライナ侵攻の長期化は世界経済にも影響を与えている。特に深刻なのがエネルギーと食料だ。ロシアは天然ガスの生産量が世界2位、原油は世界3位を誇る。特に**欧州連合（EU）**のロシア産天然ガスへの依存度は高く、欧米各国の経済制裁への対抗措置としてロシアがガス供給を絞り込んだことにより、需給逼迫や価格高騰を招いた。エネルギー価格の高騰によって新興国や途上国では電力不足や財政悪化が深刻になっている。

食料不足も厳しい状況にある。「欧州のパンかご」といわれるウクライナは、世界5位（21/22年度）の小麦輸出国。侵攻直後に輸出ルートの黒海が封鎖されたことで、食料価格が高騰し、アフリカの最貧国を中心に食料不足に陥った。国連とトルコが仲介し、22年7月にウクライナ産穀物を黒海経由で輸出する「穀物回廊」設置で合意し、輸出は再開された。しかし、ロシアは23年7月に合意を停止し、再開の条件として金融制裁の緩和を求めた。人口2億人のナイジェリアは食料供給の「非常事態」を宣言するなど食料不安が再び拡大している。

▶ゼレンスキー大統領

写真提供：ロイター＝共同

② 国際社会 脱ロシア

ロシアによるウクライナへの軍事侵攻後、日米欧はロシアに対して金融・経済制裁を科した。ロシアの戦費調達手段を断つため、エネルギーや軍備などでロシアに依存しない"脱ロシア"の動きが世界で進む。

エネルギー

石油、天然ガス、石炭などを多く産出し、エネルギー大国であるロシア。侵攻後、日米欧など主要7カ国(**G7**)や**欧州連合(EU)**は、ロシア産原油の禁輸措置をとった。特にロシア産化石燃料への依存度の高いEUの欧州委員会は2022年5月、ロシア産化石燃料依存からの脱却を目指す計画「リパワーEU」をまとめた。同計画では再生可能エネルギーの導入を加速するために、27年までに官民で2100億ユーロ(約29兆円)の投資を決めた。英シンクタンクのエンバーによると、22年のEUの発電量のうち風力と太陽光の発電が22%となり、ガス火力の20%を初めて上回ったという。

日本では、ロシア極東のガス開発事業「**サハリン2**」の運営会社に大手商社が出資しており、**液化天然ガス(LNG)**のロシアからの輸入量は全体の10%近くを占めている。ロシアに代わる調達先の確保が急がれている。

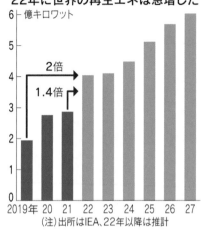

▶**再生可能エネルギーの発電量**

22年に世界の再生エネは急増した

（注）出所はIEA、22年以降は推計

2023年3月14日付日本経済新聞電子版

エネルギーの脱ロシアが進む今、世界のエネルギー供給地である中東地域の存在感が増している。今後のエネルギーの確保には、中東地域の安定が欠かせない。

兵器

これまでロシア製兵器を調達していた国の中から、脱ロシアに舵を切る国も出始めている。兵器輸入の8割をロシアに依存するベトナムは、22年12月に同国初となる軍事兵器や防衛装備品の国際展示会を開催した。ウクライナ侵攻の長期化によりロシアからの武器調達に支障が出始めたためとみられる。

ロシア製兵器の代替需要を狙っているのが韓国で、尹錫悦（ユン・ソンニョル）大統領は23年6月、ベトナムのトゥオン国家主席と会談し、防衛産業協力の拡大を目指す。インドもこれまで兵器輸入の多くをロシアに頼っていたが、戦闘機に使うジェットエンジンの開発・生産で米国と協力する。さらに、インドは米国製無人航空機「シーガーディアン」の購入を要請し、米国側はそれを歓迎した。このほかにもロシアの兵器の主要な輸出先だった国が中国製に切り替えるなど、兵器市場でも脱ロシアが進んでいる。

企業

ロシアに進出していた企業の事業撤退や停止、縮小も続く。米エール大学経営大学院によると、侵攻後1年でグローバル企業1100社以上がロシア事業の撤退や停止・縮小をしているという。トヨタ自動車や日産自動車、マツダなど自動車各社が22年中に撤退し、日本貿易振興機構（JETRO）によると、23年2月までの1年間で在ロシアの日系企業のうち、事業の全部か一部を停止している企業は6割に達した。

金融制裁も継続しており、銀行など金融機関同士の国際的な送金インフラである**国際銀行間通信協会（SWIFT）**から、ロシアの大手7銀行グループが締め出された。排除された銀行は国際送金が困難になった。ロシア内の企業も輸出入や投資、資金の借り入れなどが難しくなっている。

日米欧はロシアの戦費調達手段を脱ロシアと金融制裁で断つことにより、ウクライナからの早期撤退に結び付けたい考えだ。

▶プーチン大統領

РОССИЙСКАЯ ФЕДЕРАЦИЯ

写真提供:Sputnik/共同通信イメージズ

③ テクノロジー　生成AI・チャットGPT

生成AI（人工知能）とは、インターネット上の膨大なデータを学習し、人の指示に従って新たな文章、音声、画像、プログラムなどを短時間で作成できるAIの一種。米新興企業オープンAIが2022年11月末、対話型人工知能「Chat（チャット）GPT」を公開して以来、多様な分野での活用が急速に拡大している。

チャットGPTのように利用者との自然な会話を実現するのが、高度な言語能力を持つ「大規模言語モデル」といわれる生成AIの基盤技術だ。人間の脳を模したニューラルネットワークという仕組みを使い、インターネット上にある大量のテキストデータを学習させることによって、自然な会話ができるようになった。チャットGPTに使われている大規模言語モデル「GPT-4」は、テキストデータ以外に音声データや画像データも学習の対象にしている。その能力は非常に高く、オープンAIは米国の司法試験では上位10％で合格できる能力を持っているとしている。

すでに企業では生成AIを業務に活用する動きが始まっている。自社で使う社内文書の作成や翻訳業務、社内業務のFAQ（よくある質問と回答）などでチャットGPTを活用し、業務の効率化を図っている。

チャットGPTのような会話を得意とする生成AIのほか、人物や風景などの画像を作り出す画像生成AIもある。有名なものは「Midjourney（ミッドジャーニー）」や「Stable Diffusion（ステーブル・ディフュージョン）」だ。「プロンプト（呪文）」と呼ばれる指示文を入力すると、精巧な画像を生み出す。こちらもインターネット上にある大量の画像データを学習し、新たな画像を作り出すのが特徴だ。音声合成

▶ChatGPTのイメージ

■ ＡＩを制御できなくなる可能性はあるのでしょうか

🟢 はい、AIを完全に制御できなくなる可能性はあるとされています。特に、以下のような状況や要因によってAIの制御が難しくなる可能性があります。

1. 自己進化: 高度なAIが自己進化する機能を持つ場合、その進化の方向や速度を予測することが難しくなります。AIが自らの目標や手段を変化させ、予測できない行動を取る可能性があるため、制御が難しくなるでしょう。

2. 複雑なモデル: 深層学習などの複雑なモデルを使用したAIは、その動作原理が人間には理解しづらい場合があります。このような場合、AIの意図や行動を正確に予測することが難しくなり、制御が困難となる可能性があります。

3. 軍事利用や攻撃的な目的: AIが軍事技術や攻撃的な目的で使用される場合、その行動が予測不可能になる可能性があります。このような状況では、AIが自律的に判断し行動するため、制御が難しくなるでしょう。

AIでは、マイクロソフトの「VALL-E（ヴァルイー）」は、3秒の音声データがあれば、その声に似た音声を合成できるという。今後は文章、音声、画像、プログラムなどを学習し、それらを組み合わせた表現が可能になる。

文章、音声、画像、プログラムなどを作り出す生成AIの普及が進む一方、生成AIで作成されたフェイク画像や動画がきっかけとなって事件が発生している。23年5月、米国防総省近くで爆発が起きたというフェイク画像がインターネット上で拡散、ニューヨーク株式市場のダウ平均株価が100ドル以上も下落する騒動に発展した。生成AIを使ったサイバー犯罪への懸念も高まっている。また、生成AIには「ハルシネーション（幻覚）」と呼ばれる、事実とは異なるもっともらしい回答を作ってしまうという問題もある。

23年5月に開催された**主要7カ国首脳会議（G7広島サミット）**では、AIを巡る国際ルールづくりを話し合う枠組み「広島AIプロセス」を立ち上げ、23年中に見解を取りまとめる計画だ。**欧州連合(EU)**では23年6月、欧州議会が世界初の包括的なAI規制案を採択。規制案には、AIによる生成物にはその旨を明記することなどを盛り込んだ。欧州議会本会議で承認され、成立に向けて進んでいるが、完全適用は26年ごろになるとみられている。チャットGPTが世に出てから1年余り。今後は経済の発展と倫理的な問題のバランスを取りながら生成AIの活用が模索されていくだろう。

▶AIによって自動化される仕事の割合（米国）

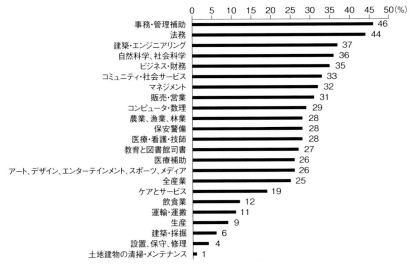

職業	割合(%)
事務・管理補助	46
法務	44
建築・エンジニアリング	37
自然科学、社会科学	36
ビジネス・財務	35
コミュニティ・社会サービス	33
マネジメント	32
販売・営業	31
コンピュータ・数理	29
農業、漁業、林業	28
保安警備	28
医療・看護・技師	28
教育と図書館司書	27
医療補助	26
アート、デザイン、エンターテインメント、スポーツ、メディア	26
全産業	25
ケアとサービス	19
飲食業	12
運輸・運搬	11
生産	9
建築・採掘	6
設置、保守、修理	4
土地建物の清掃・メンテナンス	1

出典：米ゴールドマンサックス「The Potentially Large Effects of Artificial Intelligence on Economic Growth」より作成

④ 国内政治 福島第1原発処理水の海洋放出

政府は2023年8月22日、東京電力福島第1原子力発電所に貯蔵されている処理水の海洋放出を決定、東京電力ホールディングス（HD）が24日、処理水の海洋放出を始めた。

11年3月の東日本大震災の津波で、同原発1～3号機で炉心溶融（メルトダウン）事故が発生し、格納容器内にはいまも溶け落ちた核燃料（デブリ）が存在する。1～3号機内には合計で推定880トンのデブリが格納容器内にあり、それを冷却するために1日平均100トンの汚染水が発生する。

この汚染水は「サリー」や「キュリオン」という装置に通してセシウムやストロンチウムを取り除き、「多核種除去設備（ALPS）」でトリチウム以外の62種の放射性物質を除去して処理水となる。放出の際には処理水を海水で100倍以上に希釈し、原発の敷地から1キロメートル離れた地点の水深12メートルの海底にある放出口から放出される。1日あたりの放出量は460立方メートルで、処理水に含まれるトリチウムの総量は、事故前の福島第1原子力発電所の放出管理値である年間22兆ベクレル未満になる。

原発敷地内には1000基超のタンクに約134万立方メートルの処理水が保管されており、満杯の約137万立方メートルに迫っていた。処理水の海洋放出は、廃炉作業を進める上では避けられ

▶原発処理水の海洋放出

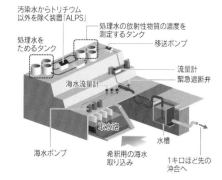

原発処理水の海洋放出の流れ

汚染水からトリチウム以外を除く装置「ALPS」
処理水の放射性物質の濃度を測定するタンク
処理水をためるタンク
移送ポンプ
海水流量計
流量計
緊急遮断弁
取水路
海水ポンプ
希釈用の海水取り込み
水槽
1キロほど先の沖合へ

2023年8月22日付日本経済新聞電子版

ない状況だった。初回放出では約7800立方メートルを17日間で流し終えた。10月5日には2回目の放出を始めた。

海洋放出は初年度に1万立方メートル、トリチウムの総量は約5兆ベクレルを計画している。海洋放出は51年までの廃炉期間内に終える予定。処理水の海洋放出については、**国際原子力機関（IAEA）**が約2年かけて調査し、「IAEAの安全基準に合致している」「人と環境への影響はごくわずか」とする報告書をまとめた。

周辺国の反応を見ると、韓国政府は「科学的に問題はない」と理解を示したが、中国は反対姿勢を取った。処理水を「核汚染水」と呼び、日本産水産物を全面禁輸とし、香港政府も10都県産の水産物の輸入を禁じた。ただ、経済産業省によると、福島第1原発のト

リチウム年間放出予定量最大22兆ベクレルは、韓国の月城原発71兆ベクレル（21年）、中国の泰山第3原発143兆ベクレル（20年）など、各国の原発の放出量を大きく下回る。

国内では福島の漁業関係者らが反対の立場を取っている。原発事故から10年以上たった今でも、福島県の水揚げ量は震災前に遠く及ばない。22年の沿岸漁業水揚げ高は震災前の2割、金額は4割弱にとどまっている。今回の処理水放出による福島産海産物などへの風評被害が懸念されている。政府は21年、処理水放出による売り上げ減などへの支援を目的に300億円の基金を

創設、22年にも500億円の基金を追加。さらに、中国が日本産水産物の全面禁輸をしたため、約207億円の追加支援を決めた。

処理水放出後、政府や東京電力ホールディングスが実施するモニタリング検査では異常値は出ておらず、環境省が海水、水産庁が魚類の調査を続けている。科学的には安全性が認められているものの、中国では日本産水産物の禁輸以外にも、日本旅行のキャンセル、日本製品の不買運動に加え、国内の自治体や飲食店などへの嫌がらせ電話、中国国内の日本人学校への投石などの迷惑行為が起きた。

▶各国の原発から排出されるトリチウム

トリチウムを含む水は各国の原発から排出されている

サイズウェルB（英）	秦山第3（中国）	ダーリントン（カナダ）
23兆	143兆	190兆
ベクレル（20年）	ベクレル（20年）	ベクレル（21年）

グランドガルフ（米）
0.7兆
ベクレル（21年）

福島第1	
2.2兆ベクレル（事故前）	
22兆ベクレル未満	
（処理水の年間放出予定量）	

トリカスタン（仏）	月城（韓国）
42兆	71兆
ベクレル（21年）	ベクレル（21年）

（注）経済産業省の資料をもとに作成。年間処分量

2023年8月22日付日本経済新聞電子版

5 国際社会 グローバルサウス

グローバルサウスとは、北半球の南部と南半球に位置する新興国や途上国の総称。北半球の先進国(グローバルノース)との対比で用いられることが多い。グローバルサウスには、インド、東南アジアやアフリカ、中南米、中央アジア、太平洋島しょ国の国々が含まれる。人口が増加傾向にあり経済の発展が見込まれる一方で、貧困、教育の格差、健康問題、環境汚染、民族対立などの問題を抱える国も多い。

ウクライナに侵攻したロシア・海洋進出を続ける中国と、西側諸国の対立が強まる中で、西側諸国は国際秩序を守るためにも、グローバルサウスの国々を西側陣営に取り込む必要がある。しかし、グローバルサウスにはどちらにもくみせず中立的な立場を取る国が多い。

グローバルサウスの中でリーダー的な存在なのが、世界1位の人口を抱え、2022年の名目**国内総生産(GDP)**が英国を抜いて世界5位となったインドだ。23年1月には125カ国の代表を集めてオンライン会合「グローバルサウスの声サミット」を開き、モディ首相は演説で「人類の4分の3が私たち『グローバルサウス』で暮らしている」と存在感をアピールした。

米金融大手ゴールドマン・サックスが22年12月に発表したGDPランキングでは、22年の上位10カ国ではグローバルサウスはインドのみだが、75年にはインドネシア、ナイジェリア、パキスタン、エジプト、ブラジルの5カ国が加わると予測している。

日本はこれまで以上にグローバルサウスとの連携強化が求められる。

▶グローバルサウス

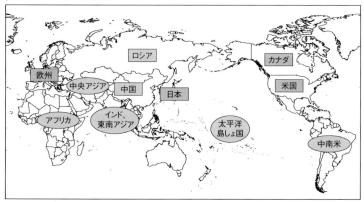

新聞記事などを基に編集部作成

6 医療・福祉　新型コロナ5類移行

新型コロナウイルスの感染症法上の分類が2023年5月8日、季節性インフルエンザと同じ「5類」に移行した。これによって、外出自粛や飲食店への営業時間短縮といった政府からの要請がなくなるほか、医療費の公費負担が一部を除いてなくなった。5類移行に先立ち、23年3月13日からマスクの着用については屋内外を問わず個人の判断となり、4月29日からは海外からの渡航者に対する水際措置も緩和した。

新型コロナウイルス感染症は20年2月に「指定感染症」に指定され、21年2月には結核や重症急性呼吸器症候群(SARS)などの2類以上に相当する「新型インフルエンザ等感染症」になった。23年1月に政府が5類移行を決定し、4月に専門家からの了承を得て正式に決まった。

5類移行後は、感染した場合の外来医療費や入院医療費、検査費、内服薬などは自己負担となった。23年10月からは入院医療費の補助を最大月1万円に、新型コロナウイルスの高額薬にも自己負担を導入した。ワクチン接種の公費負担は23年度中まで継続する。感染者や濃厚接触者に対する自宅待機要請はなくなり、個人や事業主の判断にゆだねられる。学校の出席停止は発症翌日から5日間になり、2日減った。

ただ、5類になっても感染力の高さや変異株の発生などのリスクに変わりはない。日々の新規陽性者数や死亡者数の発表はなくなったが、定点医療機関の1週間ごとの感染者数は計測している。5類移行2カ月で週あたりの感染者数は全国で3.5倍になり、オミクロン株「XBB」が流行し「第9波」に入ったとみられる。

政府は今回のコロナ危機での対応を教訓に、国立感染症研究所と国立国際医療研究センターを統合し、米疾病対策センター(CDC)を参考にした「国立健康危機管理研究機構」を25年以降に設立する計画だ。

▶5類移行後の変化

5類への移行でこう変わる

移行前		5月8日以降
新型インフルエンザ等感染症	感染症法の分類	5類
法律に基づき原則7日間	感染者の待機期間	法的根拠はなし5日間の療養が目安
発症翌日から7日	学校の出席停止	発症翌日から5日
全数把握	新規感染者数の把握・公表	定点把握で1週間ごとに公表
	死亡者数の把握・公表	人口動態統計に基づき公表(死因別で5カ月後)
発熱外来が中心	診療対応	6.4万の医療機関に拡大
検査費・治療費を公費負担	外来医療費	原則自己負担
公費負担	入院医療費	自己負担(9月末まで最大月2万円補助)
公費で補助	高額治療薬	補助を継続
屋内は原則着用屋外は原則不要	マスク(3月13日から)	個人の判断に

2023年4月27日付日本経済新聞電子版

⑦ 日本経済　日本銀行の植田和男新総裁

2023年4月、日本銀行の第32代総裁に経済学者の植田和男氏が就任した。植田新総裁は日本の金融政策の第一人者といわれ、1998年から7年間日銀の審議委員を務めた。日銀総裁は戦後、16代の渋沢敬三氏(実業家)、21代の宇佐美洵氏(旧三菱銀行頭取)を除いて日銀か財務省(旧大蔵省含む)出身者が就いており、学者出身者は初となる。

黒田東彦前総裁は2013年に就任。安倍政権が掲げた「アベノミクス」下で、長期国債や**上場投資信託(ETF)**の大量買い入れなど異次元の金融緩和を続けてきたが、2%の物価目標の達成や成長率の底上げを実現できなかった。

植田新総裁就任前後には金融緩和の修正予測もあったが、就任後初となる日銀の金融政策決定会合で植田新総裁は大規模緩和を維持することを決めた。同時に1990年代以降の金融緩和策について「多角的レビュー(検証)」を1年から1年半程度の時間をかけて実施することを表明した。

金融政策の修正は当面ないとみられていたが、2023年7月の金融政策決定会合では「長期金利の上限は0.5%程度をめどに一定の上昇を容認する」など、政策を修正。**長短金利操作(イールドカーブ・コントロール、YCC)**の修正を決定した。

一方、**マイナス金利**政策や上場投資信託(ETF)の買い入れは維持するとした。しかし、日本の消費者物価の上昇率は23年9月時点、18カ月連続で2%を上回っている。同年9月、植田総裁は2%の物価目標の達成が可能と判断すればマイナス金利を解除する可能性を示唆した。

▶植田和男日銀総裁

写真提供：日本経済新聞社

⑧ 国際社会　日韓関係

「戦後最悪」といわれた日本と韓国の関係は、2022年5月に大統領に就任した尹錫悦（ユン・ソンニョル）大統領によって急速に改善が進んでいる。岸田文雄首相は尹氏の大統領就任前に電話協議し、「日韓関係の改善のためにともに協力していきたい」と伝え、尹氏も「日韓関係を重視しており、関係改善に向けてともに協力したい」と応じた。

尹大統領は22年8月15日、日本の植民地支配からの解放を記念する「光復節」の式典で、日韓関係の回復と未来志向の協力を説いた。同年11月には3年ぶりの日韓首脳会談が開催され、元徴用工問題の早期解決や北朝鮮のミサイル発射などについて話し合った。

韓国政府は23年3月6日、元徴用工問題の解決策として、韓国最高裁が日本企業に命じた賠償金の支払いを韓国の財団が肩代わりする方針を発表。同月16日には尹大統領が来日し、首脳間の相互訪問の枠組みである「シャトル外交」を再開すると申し合わせた。また、安全保障面での協力でも一致し、「日韓軍事情報包括保護協定（GSOMIA）」が正常化、外務・防衛当局間の実務者協議「日韓安全保障対話」を4月に開催した。

岸田首相は5月7、8日に韓国を訪問し、シャトル外交が再開。**主要7カ国首脳会議（G7広島サミット）**にも尹大統領が来日し、岸田首相とともに広島にある「韓国人原爆犠牲者慰霊碑」を訪れ献花した。日韓の間の溝が埋まり始め、民間レベルでの交流も活発になっている。23年1月から6月までの半年間で日本を訪れた韓国人観光客は312万人を超え、訪日旅行者の最も多い国となっている。

▶**岸田文雄首相と尹錫悦大統領**

写真提供：共同通信社

政府は2023年6月16日に経済財政運営と改革の基本方針2023（骨太の方針2023）を閣議決定した。労働市場改革や少子化対策などを進め、物価の安定と賃金の上昇を狙う。24年度予算編成など経済政策の指針となる。

中心になるのが「三位一体の労働市場改革」だ。これによって賃上げの実現と「人への投資」の強化、中間層の拡大を目指す。三位一体の労働市場改革では、①リスキリング（学び直し）による能力向上支援②個々の企業の実態に応じた職務給（ジョブ型雇用）の導入③成長分野への労働移動の円滑化の3点を推進する。

「投資の拡大と経済社会改革の実行」も柱の1つ。官民連携による国内投資拡大とグローバルサプライチェーンの中核になることに加え、GX（グリーントランスフォーメーション）、DX（デジタルトランスフォーメーション）、科学技術・イノベーション、スタートアップ、インバウンドなど重点分野を定めて推進・拡大し、日本経済再生に向けた動きを加速させる。

「少子化対策・こども政策の抜本強化」では「こども・子育て支援加速化プラン」を推進し、30年代初頭までに少子化対策の予算倍増を目指す。また虐待・貧困対策にも取り組む。

このほか「包摂社会の実現」では、女性活躍や共生・共助社会づくり、**就職氷河期世代**支援、孤独・孤立対策に取り組む。「地域・中小企業の活性化」では、**デジタル田園都市国家構想**の実現、個性をいかした地域づくりと**関係人口**の拡大、中堅・中小企業の活力向上などを掲げる。停滞する日本経済の再生に向けて、人と成長分野への投資を促す方針だ。

▶**骨太の方針2023について説明する岸田首相**

写真提供：日本経済新聞社

⑩ 労働・雇用　2024年問題

2024年問題とは、24年4月1日以降、時間外労働の上限規制の猶予期間が設定されていた事業・業務にも上限規制が適用されることにより、運輸・建設・医療業界などで労働力が不足すること。労働時間は原則1週40時間、1日8時間（法定労働時間）以内の必要があると労働基準法で定められている。

19年4月に施行された改正労働基準法では、時間外労働の上限は原則として月45時間、年360時間（限度時間）以内となった。ただし、「工作物の建設の事業」「自動車運転の業務」「医業に従事する医師」「鹿児島県及び沖縄県における砂糖を製造する事業」に限って適用が5年間猶予された。

24年4月からは、「鹿児島県及び沖縄県における砂糖を製造する事業」は上限規制が適用され、「工作物の建設の事業」も災害時の復旧・復興事業を除き適用される。「自動車運転の業務」と「医業に従事する医師」については、上限を超える時間外労働を認める労使協定（36協定）を締結する場合、年間の上限は960時間。救急医療機関などは最大1860時間となる。

物流業界では4月以降、トラックドライバーの**人手不足**によって安定的な輸送が難しくなるとみられている。野村総合研究所は、ドライバー不足によって25年には全国の荷物の28％、30年には35％が運べなくなると試算している。物流会社だけでなくメーカーなども含めた共同配送の導入や、鉄道輸送や船舶輸送などへ転換する「モーダルシフト」などが急務だ。

建設業界でも人手不足が懸念されており、重機の自律走行やロボットの導入などによる自動施工によって省人化を進めている。

▶物流業界は人手不足が懸念される

写真提供：日本経済新聞社

11 教育・文化・スポーツ 大谷翔平

米メジャーリーグ（MLB）で日本人初の本塁打王を獲得したプロ野球選手。投手と野手で活躍する「二刀流」で優れた成績を挙げ、2023年には21年に続いて2度目となる最優秀選手（MVP）に選ばれた。投手としては10勝（5敗）を挙げ、野手としては44本塁打で、日本人初のア・リーグ本塁打王を獲得。「2年連続2桁勝利、2桁本塁打」「投手で10勝、打者で40本塁打」などの史上初の偉業を達成した。

23年8月23日に右肘靭帯を損傷し、9月19日に18年以来2度目の右肘手術を受けた。24年は打者のみで出場し、25年に投手での復帰とみられる。23年オフにはフリーエージェント（FA）の資格を得て他チームに移籍する可能性もあり、史上最高の契約金額になるかどうか注目されている。

大谷選手は1994年岩手県生まれ。小学3年生から野球を始め、花巻東高校3年生のときにアマチュア史上初となる時速160キロの球速を記録した。ドラフト1位指名を受け、2013年に北海道日本ハムファイターズへ入団。投手と打者を兼任した「二刀流」で、14年には投手で11勝、打者で7本塁打、15年には投手3冠（最多勝・最優秀防御率・最高勝率）、16年にパ・リーグのベストナインで史上初の投手と指名打者のダブル受賞を果たした。

18年からはMLBのロサンゼルス・エンゼルスと契約し、1年目でMLB史上初の10登板、22本塁打、10盗塁。21年は日本人史上最多の46本塁打でイチロー氏以来のMVP受賞、22年にはベーブ・ルース以来104年ぶりに「2桁勝利・2桁本塁打（15勝、34本塁打）」を達成した。

▶**大谷翔平選手**

写真提供：共同通信社

はじめに

　本書は、経済や政治、労働、テクノロジー、社会、文化などについて、最近の動きを11のテーマに分類し、それぞれの傾向を読み解くキーワードとその解説を掲載しています。巻頭カラーページでは、「ウクライナ情勢」や「生成AI・チャットGPT」など、2023年にとくに社会に大きな影響を与えた、また、話題になったキーワードを「2023年の重要キーワード」として大きく扱いました。自分が知りたい、または苦手としているテーマを読めば、その分野のキーワード、現状や将来の課題などが理解できるでしょう。各テーマの最後には、「確認チェック」を掲載しています。理解度を確認してみてください。

　巻末の資料編「基礎用語 ミニ辞典」では知っておきたい基礎的な用語を集めました。用語の意味を理解できれば、新聞などのニュースを読むとき、出来事の意味や今後の流れなどが分かりやすくなるはずです。

　また、巻末の索引を使えば知りたいキーワードを簡単に探せます。ニュースなどで意味が分からない言葉が出てきたときは、調べてみてください。就職を目指す学生なら、本書を読んでおけば時事問題に強くなるはずです。社会人であれば、最低限知っておきたい用語の基礎知識を身に付けることができます。スキルアップや転職活動、資格・公務員試験対策の一助としても役立ててください。

日経ＨＲ編集部

本書の役立て方

ニュースの言葉や内容が
よく分からないときに!

●索引でキーワードを調べる

●知りたいテーマの動きや新しい話題をしっかりインプット

●各テーマでキーワードとなっている言葉とその意味、背景を理解できる

就職・転職活動、資格、受験
公務員試験対策に!

●志望業界に関連するテーマを読む

●業界の現状・課題、キーワードが分かり、時事・一般常識にも強くなることで、エントリーシート、面接、小論文、筆記試験対策になる

●社会問題の理解度、着眼点で差がつく

ビジネスパーソンとして
必要な基礎知識を得るために!

●本書を全体的に読んでみる

●経済・産業・社会の重要テーマを理解でき、ビジネス力がアップ

●ニュースを見たり、読んだりするときに、内容を理解しやすい

目　次

iDeCo（イデコ）／JPXプライム150指数／インバウンド再開／インフレターゲット／

インボイス（適格請求書）／円借款／円高・円安の動き／海外企業による対日直接投資／

海外直接投資／外為法（外国為替及び外国貿易法）／家計金融資産／

基礎的財政収支（プライマリーバランス）／経済安全保障推進法／経常収支／国民負担率／

実質賃金／新NISA／新紙幣発行／信託型ストックオプション／ステーブルコイン／

ゼロゼロ融資／ダイナミックプライシング／長期金利／

長短金利操作（イールドカーブ・コントロール、YCC）／デジタル地域通貨／展望レポート／

ナイトタイムエコノミー（夜間経済）／日経平均株価／日本銀行の金融政策／日本の政府債務残高／

年金積立金管理運用独立行政法人（GPIF）／マイナス金利

SDGs（持続可能な開発目標）／核軍縮／核兵器禁止条約／極右政党／
グリーンリカバリー（緑の復興）／世界の女性リーダー／世界の人口／デリスキング／

【ウクライナ情勢】
エネルギー安全保障／欧州のエネルギー事情／北大西洋条約機構（NATO）／クリミア併合／
サハリン２／新冷戦／ゼレンスキー大統領／ドローン攻撃／難民問題／
プーチン大統領／ミンスク合意／ワグネル

【国際組織・国際的枠組み】
２プラス２／AUKUS（オーカス）／OPECプラス／Quad（日米豪印戦略対話）／
欧州連合（EU）／国連安全保障理事会（UNSC）／国連総会

【アジア】 インドネシア首都移転改革／韓国の人口・少子化／北朝鮮情勢／習近平政権／
スリランカ経済危機／中国の人口・高齢化／中台関係／香港情勢／南シナ海問題／
ミャンマー問題／尹錫悦（ユン・ソンニョル）政権

【アフリカ】 スーダン内戦（2023年）

【中東】 アフガニスタン情勢／イランをめぐる動向／トルコ地震（トルコ・シリア地震）／
パレスチナ問題

【北米】 銃規制問題（米国）／バイデン政権

【オセアニア】 オーストラリアのアルバニージー政権

【ロシア】 北方領土問題／ユーラシア経済連合（EAEU）

【ヨーロッパ】 英国王戴冠／欧州主要国のリーダー

【デジタル】

2025年の崖／6G／Cookie（クッキー）／DX（デジタルトランスフォーメーション）／
eスポーツ（e-Sports）／IoT（アイ・オー・ティー）／
RPA（ロボティック・プロセス・オートメーション）／Web3（ウェブスリー）／
XR（クロスリアリティー）／エッジコンピューティング／オープンデータ／サイバー攻撃／
スーパーコンピューター「富岳」／デジタルツイン／標的型メール攻撃・ランサムウエア／
ブロックチェーン／メタバース

【次世代技術】

H3ロケット／X-Tech（クロステック）／アルテミス計画／宇宙開発／宇宙ビジネス／
核融合発電／仮想発電所（VPP：バーチャル・パワー・プラント）／ゲノム編集／自動運転／
準天頂衛星システム「みちびき」／スーパーアプリ／生体認証／
代替タンパク質（代替肉、培養肉、昆虫食）／蓄電池システム／バイオディーゼル燃料／
バイオプラスチック／はやぶさ2／浮体式原子力発電所／ペロブスカイト型太陽電池／
量子暗号通信／量子コンピューター／ロボット産業

テーマ ⑩ 社会・生活　|246

8050問題／Jアラート／LGBTQ／VUCA／Z世代／ウェルビーイング／
孤独・孤立対策法／ジェンダーギャップ／自転車ヘルメット着用の努力義務／児童虐待／
宗教2世／出入国管理法（入管法）改正／成人年齢引き下げ／選択的夫婦別姓／
ダイバーシティ&インクルージョン／タイムパフォーマンス（タイパ）／
タワマン節税・マンション節税／電子契約、電子署名／電動キックボード／
東京五輪・パラリンピック汚職事件／同性婚／侮辱罪厳罰化／不同意性交罪／
マイナンバーカードのトラブル／迷惑動画／闇バイト

テーマ ⑪ 教育・文化・スポーツ　|262

【教育】
10兆円「大学ファンド」／STEM・STEAM教育／教員不足／高等教育の修学支援新制度／
国際バカロレア／世界大学ランキング／大学入試改革／デジタル教科書／部活動改革／
ラーケーション／理工系女子枠
【文化・スポーツ】
WBC（ワールド・ベースボール・クラシック）／国枝慎吾／デザイン思考・アート思考／
バスケットボール男子日本代表／パリ五輪・パラリンピック／藤井聡太／
文学賞（芥川賞、直木賞、本屋大賞）

【経済・金融】

J-REIT／LBO（借り入れで資金量を増やした買収）／MBO（経営陣による企業買収）／

MSCI指数／PMI（購買担当者景気指数）／TIBOR（東京銀行間取引金利）／

TOB（株式公開買い付け）／VIX／赤字国債／インフレとデフレ／エンジェル税制／

オプション取引／オペレーション（公開市場操作）／オルタナティブ（代替）データ／

外国為替証拠金（FX）取引／株価指数／株式含み益・含み損／株式持ち合い／為替相場／

機械受注統計／企業倒産件数／企業年金制度／企業物価指数（CGPI）／

キャッシュフロー（現金収支）／銀行の自己資本比率／金融商品取引法／金融持ち株会社／

クラウドファンディング／クレジット・デフォルト・スワップ（CDS）／

景気ウオッチャー調査（街角景気）／景気動向指数／減損損失／現代貨幣理論（MMT）／

鉱工業生産指数／顧客生涯価値（LTV）／国際会計基準（IFRS）／

国際銀行間通信協会（SWIFT）／国際決済銀行（BIS）／国内総生産（GDP）／

国内総生産（GDP）デフレーター／コマーシャルペーパー（CP）／

サーキットブレーカー制度（SCB）／債券・証券の格付け／サムライ債／時価会計／

自己資本利益率（ROE）／自社株買い／失業率と求人倍率／需給ギャップ（GDPギャップ）／

上場投資信託（ETF）／消費活動指数／消費者物価指数（CPI）／

新株予約権付社債（転換社債＝CB）／新規株式公開（IPO）／新設住宅着工戸数／

新発10年物国債利回り／信用収縮（クレジット・クランチ）／ストックオプション／税効果会計／

潜在成長率／想定為替レート／ソブリン・ウエルス・ファンド（SWF、政府系ファンド）／

ダウ工業株30種／ディスクロージャー（情報開示）／デリバティブ（金融派生商品）／

動産担保融資（ABL）／投資ファンド／東証再編／独立系金融アドバイザー（IFA）／

ドル基軸通貨体制／なでしこ銘柄／日銀短観／日経景気インデックス（日経BI）／日経商品指数／

バフェット指数／バブル崩壊／フィデューシャリー・デューティー（顧客本位の業務運営）／

付加価値税（VAT）／物価連動国債／プライムレート／フリーキャッシュフロー（FCF）／

ペイオフ／米雇用統計／ヘッジファンド／持ち株会社／ラップ口座／リーマン・ショック／

連結経常利益

【国際】

ASEANプラス3 ／ BRICS（ブリックス）／アジア太平洋経済協力（APEC）／
アフリカ開発会議（TICAD）／アフリカ大陸自由貿易圏（AfCFTA）／アフリカ連合（AU）／
エルニーニョ／核拡散防止条約（NPT）／気候変動に関する政府間パネル（IPCC）／
経済連携協定（EPA）／国際原子力機関（IAEA）／国連難民高等弁務官事務所（UNHCR）／
国連平和維持活動（PKO）／シェンゲン協定／新開発銀行（NDB）／地政学リスク／
仲裁裁判所／ハーグ条約

【その他】

CxO（最高〇〇責任者）／宇宙基本計画／オムニチャネル／学習到達度調査（PISA）／
環境影響評価（環境アセスメント）／景品表示法（景表法）／コンパクトシティ／
サプライチェーン（供給網）／事業再生ADR（裁判以外の紛争解決）／新経済連盟（新経連）／
水道事業民営化／製造小売業（SPA）／成年後見制度／政府開発援助（ODA）／
全国学力テスト／単位労働コスト／知的財産高等裁判所（知財高裁）／データドリブン／
特定秘密保護法／特許権／特許侵害／特許法／ドミナント戦略／
ナショナルブランド、プライベートブランド／ピーター・ドラッカー／フィリップ・コトラー／
プレートと活断層／ベーシックインカム／ベンチャーキャピタル（VC）／ポジティブアクション／
マイケル・ポーター／リバースモーゲージ／路線価

〈凡　例〉
◆本書の記述は、原則として2023年10月中〜下旬までの情報を基に作成した。
◆キーワードの並びは原則、数字・アルファベット順、50音順に配置した。
◆本文中の肩書きなどについては、原則として原稿執筆時点のものとした。
◆年号は、原則として西暦で表示したが、図表などの注釈では、引用元の表示が和暦の場合も一部ある。
◆西暦の表示は、原則として各項目、各キーワードの初出時のみ4ケタとし、それ以降は下2ケタとした。
◆英略語を掲載するときは、原則として初出時に「日本語訳＋英略語」を併記し、それ以降は英略語を表示した。
◆索引には、資料編の「基礎用語 ミニ辞典」の用語も含めた。
◆本文中に出てくる主なキーワードで、別ページで解説しているキーワードは太字で表示した。

❶ 日本経済

ロシアのウクライナ侵攻による原油や液化天然ガス(LNG)の価格高騰や円安によって、輸出から輸入を引いた貿易収支の赤字傾向が続いている。一方、新型コロナウイルス感染症は5類に移行し、訪日外国人の入国制限も緩和され、観光や飲食などの需要は急回復。日本経済の動向は、物価高や賃上げなど私たち消費者に直接影響してくる。日本経済や金融の動向を知ることができるキーワードを紹介する。

iDeCo(イデコ)

iDeCo(イデコ)とは、原則20歳以上65歳未満の国民年金加入者が、公的年金に上乗せして給付を受けられる私的年金。2022年4月から受給開始時期の上限が70歳から75歳に延長され、5月から加入可能年齢が65歳未満まで延びた。また、同年10月からはすべての会社員で企業型確定拠出年金とiDeCoの併用が可能になった。さらに24年12月からは確定給付企業年金(DB)のある会社員や公務員の掛け金の上限額が月2万円に増額される。

加入者が毎月一定額を積み立て、定期預金や保険商品、投資信託などの金融商品の中から選んで運用し、60歳以降に年金または一時金として受け取ることができる。掛け金は月額5000円以上で、1000円単位で増額できる。運用成績によって受取額が変動するリスクはあるが、掛け金全額が所得控除され、運用益も非課税で節税対策の一助も担う。一時金もしくは年金のいずれかで受け取る際も公的年金等控除、退職所得控除が適用されるなど税制的に優遇されており、メリットが大きい。

日本の年金制度は国民年金、厚生年金、私的年金の3階建て構造になって

▶**iDeCoのポイント**

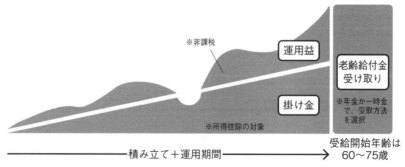

※非課税

運用益

老齢給付金
受け取り

掛け金

※年金か一時金
で、受取方法
を選択

※所得控除の対象

◀─────積み立て＋運用期間─────▶

受給開始年齢は
60〜75歳

新聞記事などを基に編集部作成

おり、高齢化が進む中、公的年金を補う備えとして私的年金への注目度が増している。16年3月時点で25.9万人だった加入者数は、23年7月末時点で302.6万人まで増加。岸田文雄首相が表明した「資産所得倍増プラン」では、加入年齢や掛け金上限の引き上げなどが検討されており、「貯蓄から投資へ」の流れが加速するか注目が集まる。

JPXプライム150指数

JPXプライム150指数とは、JPX（日本取引所グループ）が2023年7月3日から算出を開始した新しい株価指数。東証プライム市場の中で収益性や市場価値の高い150の銘柄によって構成される。

株価指数としては、プライム市場に上場する全銘柄（約1700種）で構成されるTOPIX（東証株価指数）、プライム市場に上場する流動性に優れた225銘柄で構成される日経225（日経平均株価）が知られる。これに対しJPXプライム150指数は、プライム市場の中でも資本効率の高い150銘柄が選ばれている。

150の構成銘柄については、プライム市場において時価総額の高い500社の中から、会社の自己資本に対する収益性を表す「エクイティ・スプレッド」の上位75社と、純資産に対する株価の評価を表す「PBR」が1倍を超える銘柄のうち時価総額の高い方から75社を選んだ。

JPXは、JPXプライム150指数の導入により、国内企業に対して株価や収益性を重視した経営を促す。構成銘柄は、24年8月から毎年1回の見直しがある。

インバウンド再開

新型コロナウイルス感染症の世界的流行により、制限されていた訪日外国人観光客の受け入れが2022年6月から段階的に緩和され、10月からは入国者数の上限が撤廃されるとともに、海外からの個人旅行も解禁された。JNTO（日本政府観光局）によると、23年7月の訪日外客数は、230万600人となり、コロナ禍前の19年同月比で8割弱まで回復している。

政府は、23年3月に新たな観光立国推進基本計画をまとめ、量を追い求めたコロナ禍前の教訓を踏まえ、観光の質の向上のために①持続可能な観光地域づくり戦略、②インバウンド回復戦略、③国内交流拡大戦略の3つの戦略を柱に掲げた。25年に達成すべき数値目標として、訪日客1人あたりの消費額を19年の15万9000円から20万円に増額、訪日客1人あたりの宿泊数（三大都市圏を除く）を19年の1.4泊から2泊へ引き上げる、などを挙げた。

23年8月には、中国から日本への団体旅行が約3年半ぶりに解禁されたが、中国政府が東京電力福島第1原子力発

▶観光立国推進基本計画の目標

	2019年実績	2025年目標
1人あたり消費額単価	15.9万円	20万円
1人あたり宿泊数	1.4泊	2.0泊
訪日客数	3188万人	19年の水準超え
国際会議の開催件数	アジア2位	アジア最大
持続可能な観光地域づくりに取り組む地域	12地域（22年実績）	100地域

観光庁のウェブサイトを基に編集部作成

電所からの処理水放出に反発、中国人の訪日客数は伸びていない。コロナ禍前のピークだった19年規模（訪日中国人959万人）に戻るまでにはまだまだ時間がかかりそうだ。

インフレターゲット

インフレターゲットとは、政府や中央銀行などの金融当局が、中長期的な物価上昇率（インフレ率）の目標を示し、緩やかな物価上昇を誘導する金融政策。一般的に金融政策は、物価上昇の抑制を目的とするが、日本銀行は2013年1月、デフレ（物価下落）からの脱却を目指して2%のインフレターゲットを導入した。物価が上昇すれば**実質金利**が下がるため、消費や投資を促し、経済成長につながるとの論法だ。

13年3月に就任した黒田東彦前日本銀行総裁は量的・質的金融緩和に踏み切り、長期国債保有残高を増やして資金供給量を増やす一方、**上場投資信託（ETF）**などの購入により株価を下支えした。また、16年1月に**マイナス金利**を導入するなど相次いで政策を打ち出した。

長らく2%のインフレターゲットは達成されずにいたが、全国**消費者物価指数**（2020年＝100）の生鮮食品を除く総合指数の上昇率は、22年9月から23年8月まで12カ月連続で前年同月比3%以上となった。ただ、この物価上昇は円安や原材料高、物流費高騰などに起因するところが大きい。

インボイス（適格請求書）

インボイス（適格請求書）とは、取引した商品ごとに消費税の税率や税額、事業者ごとの登録番号が記された請求書のことで、国に納める消費税額を計算するために使われる。インボイス制度は、正式名称を「適格請求書保存方式」といい、2023年10月に導入された。販売者は商品の仕入れ先に発行してもらい、インボイスに基づいて税務申告する。

19年10月1日の消費税増税と同時に導入された軽減税率制度では複数税率（8%、10%）が適用されたが、インボイスの使用で、販売商品のうち軽減税率対象商品（8%）と対象外商品（10%）

の内訳を把握できるようになる。これにより、消費税が事業者の手元に残ったままになる「益税」の問題を解決し、正確な税額計算につなげる目的がある。

販売者は消費者より受け取った消費税から、仕入れ先に支払った消費税を差し引いて（控除して）消費税を納める。19年9月までは税率が一律だったため税額計算は単純で、販売者は仕入税額控除の条件として帳簿と請求書の保存が義務付けられていた。インボイス制度開始以降は、販売者は仕入れ先が発行したインボイスに記載された税額のみ控除することができる。

消費税増税後4年間は経過措置として、税額、税率だけを書いたレシートを利用してよかったが、インボイス制度開始後は適格請求書発行事業者の登録番号を取らないと軽減税率制度を利用できない。政府はインボイス導入のタイミングと合わせ、オンライン上で請求書データを送受信するデジタルインボイスの仕組みを整えた。異なる業務ソフトを使う企業同士でもデータのやり取りができる規格「JP PINT」を公開し、企業への導入を促し、受発注や経理業務の効率化を後押しする。

円借款

円借款とは、日本の**政府開発援助**（ODA）で行う各種支援・協力のうち、途上国に対して、経済発展や福祉の向上を促すための資金を円で貸し付ける枠組み。途上国を直接支援する二国間援助には返済を求めない「贈与」もあるが、「借款」は「贈与」よりも大規模な支援をしやすく、経済や生活に欠かせない道路や鉄道、発電所などのインフラ建設支援に適している。また、返済義務を課すことで、途上国の主体性と自助努力を促し、日本との中長期的、安定的な関係構築につながるという外交的な側面も持つ。

経済協力開発機構（OECD）の開発援助委員会（DAC）によると、2022年の日本のODA実績は前年比0.9％減の175億ドルだが、減少の主な要因には円安の影響が挙げられる。そのため、円ベースでは前年比18.7％増の2兆2968億円だった。その中には、ウクライナに対する緊急経済復興のための円借款の供与などが含まれる。援助規模では米国、ドイツに次ぐ3位だった。政府はODAの基本方針である「開発協力大

▶**ODAの種類**

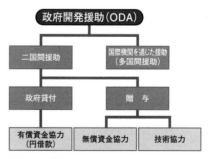

出典：JICAウェブサイト

綱」を、23年6月に8年ぶりに改定。相手国の要請を待たずに、日本の強みを生かした支援内容を積極的に提案する「オファー型協力」を強化する。中国が掲げる広域経済圏構想「一帯一路」に対抗し質の高い支援を提供することで、中国依存が進む途上国を再び引き戻すことが狙いだ。

円高・円安の動き

外国為替相場で、円の価値が外国通貨に対して上がることを円高といい、下がることを円安という。輸出入においてはドル経済圏との関わりが深いため対ドル相場で語られることが多く、例えば1ドル140円だったものが130円になれば円高、150円になれば円安になったという。2022年5月以降、それまで1ドル110〜120円台前後で推移し

ていた円ドル相場は130〜140円台と下落基調が続いている。

金融引き締めを維持する米連邦準備理事会（FRB）と、大規模な金融緩和を続ける日銀との姿勢の違いで円ドル間に金利差が生じていることなどが要因だ。急激な円安は物価上昇を招き、消費を減退させる懸念もある。

一般的には当該国に対し相対的に経済力が強くなれば円の需要が高くなって円高に振れるが、金利や国際情勢など様々な要因によって左右される。円高が進むほど海外からの輸入品を安く買うことができるため、原材料などの多くを輸入に頼る企業にとっては採算が改善する。一方、海外への輸出品が高く売られることになるため、製品の多くを輸出に頼る企業は採算が悪化する。円安になると、その逆となる。

23年10月には、日本銀行の金融政策決定会合で短期金利のマイナス金利維持を決定。これによって円は一時1ドル＝151円台と、約1年ぶりの円安ドル高水準となった。

海外企業による
対日直接投資

海外企業による対日直接投資とは、海外企業による日本への拠点設立や日本企業の買収などによる投資のことを指し、日本市場が海外の企業にとって魅力的であるかを示す指標となる。

ジェトロ（日本貿易振興機構）の「対

▶直近5年の為替相場

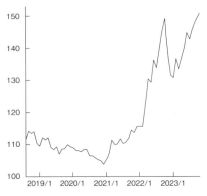

新聞記事などを基に編集部作成

日投資報告2022」によると、2021年の対日直接投資額は前年比55.0％減の3兆円となった。資本形態別にみると、日本への新たな投資や増資の傾向を表す株式資本が前年比425.0％増の2.6兆円と、過去最高となった。地域別にみると、アジアが前年比98.5％増の2.2兆円、北米が同41.4％減の1.0兆円、欧州はマイナス1.1兆円と引き揚げ超過となった。また、21年末の対日直接投資残高は、前年比0.8％増の40.5兆円と過去最高を記録した。

政府は23年4月、対日直接投資額の30年までの目標について、80兆円から100兆円に引き上げた。半導体やデジタルトランスフォーメーション（DX）などの分野で海外企業に投資を促すほか、国境にとらわれずに働く「デジタルノマド」をはじめとする高度外国人材を誘致する。

海外直接投資

海外直接投資とは、企業による海外への投資のうち、工場や販路を作るための現地法人の設立や海外企業のM&A（合併・買収）など事業の拡大を目的としたものを指す。株式や債券などを短期で売買する投資とは異なる。株式などでの投資を通じた出資については、出資比率が10％以上を直接投資としている。

1980年代半ば以降、円高を背景に製造業が生産コストを抑える目的で海外に生産拠点を設ける動きが加速した。かつては法規制の整った先進国間での投資が主流だったが、この10年ほどは、グローバル市場での生き残りや、国内市場の縮小を背景に現地市場での販路を求めて、ブラジル、メキシコ、インドなどの新興国に進出するケースが増えている。

これを裏付けるように近年、海外企業へのM&Aが活発化し、その金額も巨額化している。日本銀行が2023年4月に発表した「2022年の日本の対外直接投資統計」によると、日本の対外直接投資（世界全体）は前年比31.8％増の21兆2330億円だった。

外為法
（外国為替及び外国貿易法）

外為法（外国為替及び外国貿易法）とは、日本の対外取引の正常な発展や経済安全保障を目的として、日本と外国の間で行われる資金やサービスの移動などの対外取引をはじめ、居住者間での外貨建て取引に適用される法律。2020年5月から、海外投資家による日本企業への投資を規制する「改正外為法」が施行された。日本にとって重要な技術の海外流出を防ぐのが狙いだ。

近年、中国による積極的な企業買収が増えていることから、世界各国で外資による企業買収を阻止する法規制を強める動きが広がっている。外為法

では、安全保障上の観点から重要な企業の株を外資が取得する場合、政府への事前届け出を投資家に義務付けている。その基準について持ち株比率の「10％以上」から改正後は「1％以上」に厳格化された。不適切と判断すれば取りやめを勧告できる。

また、政府は23年7月、改正外為法に基づき、先端半導体の製造装置など23品目を輸出管理の規制対象に加えた。米国の中国への輸出規制に足並みをそろえた形だ。これに伴い、中国は先端半導体の製造に必要な洗浄、露光、成膜、検査装置などの輸入が難しくなる。

家計金融資産

家計金融資産とは、日本銀行の調査統計局が3カ月ごとに発表している資金循環統計の1つで、世帯が持つ現金・預金、株式などの金融資産を指す。資金循環統計には、金融機関、法人、家計などの金融資産・負債の増減や保有する金融資産の残高が金融商品ごとに記録されている。1954年から作成されており、経済の動きを金融面から推測できる。

家計金融資産は「現金・預金」「債務証券」「投資信託」「株式等」「保険・年金・定型保証」「その他」の項目に分けられている。日銀が2023年9月に公表した同年4〜6月期の資金循環統計によると、6月末の家計の金融資産は2115兆円で過去最高となった。株高の影響で株式や投資信託の保有残高が拡大したことが主な要因だが、約52.8％は現金・預金が占めており、家計の預貯金志向は変わらない。

ここ30年で日本の家計金融資産は約2倍になったが、米国は6.7倍にまで増えている。投資や運用に対する姿勢の違いが差を生む要因の1つと考えられる。政府は23年6月に発表した「経済財政運営と改革の基本方針（骨太の方針）」の中で、資産運用立国を目指すと宣言。家計金融資産2000兆円を貯蓄から投資に回すべく、NISA（少額投資非課税制度）やiDeCo（個人型確定拠出年金）の拡充・改革を進めている。

基礎的財政収支
（プライマリーバランス）

基礎的財政収支（プライマリーバランス）とは、国の収入と支出のバランス。具体的には、国や地方自治体が1年間に得られる税収などの「歳入」から、公債費（元本の返済や利子の支払いに充てられる費用）を除く「歳出」を差し引いて計算した収支を指す。財政の健全性を表す指標として使われる。

日本の財政はバブル崩壊以降に赤字が続いており、国債発行で穴埋めしてきた。2022年度予算でも歳入の約3分の1を公債金でしのいだ。22年度の一般会計税収は物価高による消費税収

▶税収の推移

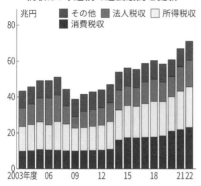

税収は3年連続で過去最高を更新

兆円

■その他　■法人税収　□所得税収
■消費税収

2003年度　06　09　12　15　18　21 22

2023年7月3日付日本経済新聞電子版

の上振れなどで過去最高の71兆1373億円となった。一方で社会保障費や防衛費、少子化対策などの歳出圧力も強く、22年度の歳出は約139兆円と、税収による歳入を大きく上回っている。

政府は財政健全化を重要課題として位置付けており、18年6月の「経済財政運営と改革の基本方針2018（骨太の方針）」において25年度までに黒字化する目標を掲げている。24年度予算も概算要求の総額は一般会計で114兆3852億円と過去最高額となった。黒字化達成は厳しい状況だ。

経済安全保障推進法

経済安全保障推進法とは、軍事転用可能な技術の流出防止や重要な物資の安定供給網の確立など、国の安全保障を脅かす経済活動を規制し、備えを促すための法律。2022年5月に成立し、同年8月から段階的に施行。経済活動がグローバルにつながった現在、供給網の寸断や技術の漏えいが国の経済や国民生活を脅かすリスクは増しており、政府は様々な対策を急いでいる。

経済安全保障推進法は4つの柱で構成される。国民の生存や経済活動にとって重要な物資や原材料の安定供給につなげる「重要物資の供給網強化」、電気、金融、鉄道など、重要インフラを支える企業の導入設備を事前に審査し、**サイバー攻撃**のリスクを軽減する「基幹インフラの安全確保」、人工知能（AI）や量子技術などの研究開発を官民協力で推進する「先端技術開発の支援」、先進武器技術など技術分野の出願内容を国が審査し、安全保障上のリスクがある場合は非公開とする「特許出願の非公開化」だ。

米中経済戦争とも呼ばれる米中間の対立激化やロシアのウクライナ侵攻に伴い資源・部品などの供給網の寸断に直面したことや、情報技術の進化による安全保障リスクの高まりなどがこうした動きを加速させている。日本においては20年4月、国家安全保障局に経済班が設置されて以降、21年10月の岸田内閣発足時に経済安全保障を担当する大臣のポストが新設された。

政府は23年6月、「固定燃料のロケットエンジン」や「宇宙飛行体の観測・追跡」「航空機や誘導ミサイルへの防御」など、25の技術分野を特許非公開

▶経済安全保障推進法のイメージ

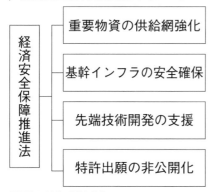

経済安全保障推進法

- 重要物資の供給網強化
- 基幹インフラの安全確保
- 先端技術開発の支援
- 特許出願の非公開化

新聞記事などを基に編集部作成

の対象分野としてまとめた。24年春以降の運用開始を目指す。これによって安全保障上の重要技術の他国への流出を防ぐ。

経常収支

　経常収支とは、国際収支のうちモノやサービスの取引による収支を表したもので、「貿易収支」「サービス収支」「第一次所得収支」「第二次所得収支」で構成される。経常収支は一国の経済力を示す指標とされる。

　貿易収支は、輸出から輸入を差し引いた金額。サービス収支は、サービス輸出からサービス輸入を差し引いた金額。第一次所得収支は、外国から受け取る利子や配当から、外国に支払う利子や配当を差し引いた金額、第二次所得収支は主に途上国への資金援助を指す。

▶経常収支

経常収支の推移（上期ベース）

2023年8月8日付日本経済新聞電子版

　財務省が発表した23年1〜6月の国際収支統計速報によると、経常収支は前年同期比11.1％増の8兆132億円の黒字だった。一方、貿易収支は5兆1788億円の赤字だったが、赤字幅は8.3％縮小した。

　輸出額は半導体などの部材不足の改善で自動車や建設・鉱山用機械などが伸び、2％増の47兆4043億円となった。輸入額は円安の進行もあり、0.9％増の52兆5831億円だった。

国民負担率

　国民負担率とは、国の財政に占める国民の負担を表す比率。国全体の収入である国民所得のうち、国民が納める税金（租税：国税と地方税）が占める割

合である「租税負担率」と、社会保険料（健康保険料や年金保険料など）が占める割合である「社会保障負担率」の合計で表す。

1970年代に20％台だった日本の国民負担率は、1980年代には30％台に突入し、2014年度に40％を超えた。欧米諸国の国民負担率は、米国が32.3％と日本より低いが、英国は46.6％、ドイツが54.0％、フランスは69.9％（いずれも20年）と日本より高い。

財務省によると23年度の国民負担率は46.8％になる見通しで、22年度（実績見込み）の47.5％から0.7ポイント低下する。国民負担率は新型コロナウイルス対策で財政が悪化した21年度の48.1％が最も高く、2年連続で縮小している。

国民負担率の内訳をみると、23年度の租税負担率は28.1％、社会保障負担率は18.7％だった。前者はこの30年間、3割以下にとどまっているのに対し、後者は1割から2割弱まで伸びている。今後、少子高齢化がさらに進むことを要因に、長期的にはさらに高くなっていくと予想され、国民の負担感が増している。

実質賃金

実質賃金とは、労働者が賃金として受け取る名目賃金から物価変動の影響を除いたもので、名目賃金を**消費者物価指数**で割って算出する。厚

▶現金給与総額と実質賃金の推移

給与総額と実質賃金に開きがある

（注）前年同月比の増減率、23年7月は速報値
（出所）厚生労働省
2023年9月8日付日本経済新聞電子版

生労働省が勤労統計調査として毎月発表している。賃金額が同じだとしても、物価が上がれば購入できるモノは減る一方、物価が下がれば購入できるモノは増える。実質賃金は労働者の購買力を示す重要な指標とされている。

厚生労働省が発表した2023年7月分の毎月勤労統計調査（速報、従業員5人以上）によると、物価変動の影響を除いた実質賃金は前年同月比で2.5％減少した。減少は16カ月連続。名目賃金にあたる現金給与総額は前年同月比1.3％増だった。ただ、消費者物価指数の上昇が大きいため実質賃金を押し下げた。

新NISA

2023年度税制改正により24年1月か

▶新NISAの概要

	現行NISA		新NISA	
	つみたてNISA	一般NISA	つみたて投資枠	成長投資枠
制度併用	不可		可能	
年間投資枠	40万円	120万円	120万円	240万円
非課税保有期間	20年間	5年間	無期限化	
生涯非課税保有限度額	800万円	600万円	1800万円 （成長投資枠上限1200万円）	
口座開設期間	2042年末 新規買い付けは 2023年まで	2023年まで	恒久化	
投資対象商品	投資信託	株式・投資信託・ ETF等	投資信託	株式・投資信託・ETF等
対象年齢	18歳以上			

新聞記事などを基に編集部作成

ら現行のNISA（少額投資非課税制度）が大幅に拡充される。投資できる金額が大幅に増えるほか、非課税投資期間が無制限になる。岸田政権は、23年を「資産所得倍増元年」と位置付けており、「貯蓄から投資へ」の流れを加速させる狙いがある。

NISAは14年から始まった「少額投資非課税制度」。投資枠から得られた利益に対して税金が非課税になる制度で、一般NISAとつみたてNISAの2つがある。新NISAでは、従来のNISAから5つの点が大きく変わる。

1つ目が、これまで一般NISAとつみたてNISAの併用はできなかったが、成長投資枠とつみたて投資枠の併用が可能になる。2つ目が非課税投資枠の拡大だ。これまでつみたてNISAが40万円、一般NISAが120万円だった年間非課税投資枠が、新NISAではつみた

て投資枠と成長投資枠を合わせて360万円と大幅に増える。3つ目が、生涯非課税保有限度額が最大1800万円に増えたこと。4つ目は非課税保有期間が無期限になることだ。現行NISAでは有限だった非課税保有期間が、恒久化され長期的な投資が可能になる。5つ目が、売却で空いた投資枠が翌年以降再利用できることだ。現行NISAでは売却時に投資枠が消失するが、新NISAでは売却分の非課税保有限度額が再利用できる。

新紙幣発行

政府・日銀は、千円、5千円、1万円の新紙幣を2024年7月に発行する。最新の技術を取り入れ、偽造防止を強化するのが狙い。新紙幣の発行は5千

▶新紙幣に採用された人物

渋沢栄一	第一国立銀行（現在のみずほ銀行）など数多くの企業を設立
津田梅子	津田塾大学の創立者。女子の英語教育の指導に注力
北里柴三郎	ペスト菌の発見など、感染症予防や細菌学の発展に貢献

新聞記事などを基に編集部作成

円札と千円札の図柄が変わった04年以来、20年ぶり。

新紙幣の表の図柄は、1万円札が渋沢栄一、5千円札が津田梅子、千円札が北里柴三郎になる。渋沢栄一は第一国立銀行(現在のみずほ銀行)などの企業を設立し、日本資本主義の礎を築いたことで知られる。1万円札の肖像画の変更は聖徳太子から福沢諭吉になった1984年以来。津田梅子は女子教育の先駆者で津田塾大学の創立者。北里柴三郎はペスト菌の発見などから「日本近代医学の父」と呼ばれている。

2022年6月に新紙幣の量産が始まっており、23年度は30億3000万枚の製造を予定している。

各紙幣には最新のホログラム技術を使い、紙幣を傾けても3Dの肖像が同じように見える偽造防止対策を導入した。紙幣でのホログラム導入は世界初。算用数字を漢数字より大きくし、外国人にも読みやすいようにしたほか、視覚障害者に配慮して触るだけで紙幣の種類を識別できるようにした。

00年に発行した2千円札については流通量が少ないことを理由にデザインを変えず、従来のままとする。

信託型ストックオプション

信託型ストックオプションとは、株式を取得する権利である**ストックオプション**を信託の仕組みを介して役員、従業員などに付与する仕組みのこと。従来のストックオプションに比べ、会社への貢献度に応じ中長期で分配できるメリットがある。

ストックオプションは、役員、従業員が、あらかじめ決められた行使価格で株式を購入できる権利。株価が上がれば差益を得られるため、成長への貢献意欲を促す効果がある。日本では1997年の商法改正で全面解禁された。

浸透していく中で課題も見えてきた。早期に権利を得た人がメリットを受けやすく、貢献度が低いにもかかわらず"果実"を享受できることに不公平感が高まるケースもあった。

そこで考え出されたのが信託型ストックオプションだ。会社はストックオプションを発行して行使価格を確定した上で信託会社などへ預ける。その後、人事評価を基に成果に応じて付与する分配量を決める仕組みだ。これにより、付与されるべき人にストックオプションの割り当てを確保することができる。**新規株式公開(IPO)**企業で導入先が着実に増えており、約800社が導入しているといわれる。

ところが、この信託型の課税について企業と国税庁のあいだで見解の相違

▶ストックオプションの種類

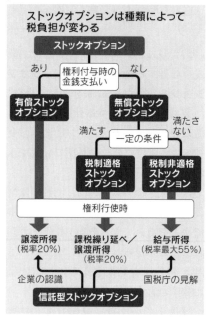

ストックオプションは種類によって
税負担が変わる

ストックオプション

権利付与時の金銭支払い
あり / なし

有償ストックオプション / 無償ストックオプション

一定の条件
満たす / 満たさない

税制適格ストックオプション / 税制非適格ストックオプション

権利行使時

譲渡所得（税率20％） / 課税繰り延べ／譲渡所得（税率20％） / 給与所得（税率最大55％）

企業の認識 / 国税庁の見解

信託型ストックオプション

2023年5月29日付日本経済新聞電子版

が明らかになった。これまで企業は株式売却時の利益に20％の税金がかかると想定していたが、国税庁は23年5月に給与と同様最大55％課税されるという見解を公表した。これによって、権利を行使して株式を売却したときの売却益に大きな差が出てしまうことになる。信託型を活用して優秀な人材を獲得してきた新興企業にとっては、今後人材獲得が難しくなる可能性がある。

ステーブルコイン

　ステーブルコインとは、法定通貨や金などの価格と連動するように設計されたデジタル決済手段のこと。決済手段としての利用が浸透しない**暗号資産（仮想通貨）**の普及を促し、安全性、実用性を高めるためにつくられた。ステーブルには「安定した」という意味がある。ステーブルコインを電子決済手段と定義した改正資金決済法が23年6月に施行され、日本でも発行できるようになった。

　ビットコインに代表される暗号資産は裏付けとなる資産がないため価格変動が大きく、実用性に乏しいという課題がある。ステーブルコインはこれまで暗号資産の一種と位置付けられてきたが、日本では暗号資産とは別に法律を整備した。

　ステーブルコインの発行者は銀行、信託会社、資金移動業者の3つに限定されている。北国フィナンシャルホールディングス（FHD）は石川県珠洲市などと地域通貨「珠洲トチツーカ」を24年内にも始める計画だ。北国銀行のステーブルコイン「トチカ」と、市のポイントの「トチポ」を組み合わせる。地域通貨の普及拡大によって地域経済の活性化を目指す。ほかには、モバイル専業銀行のみんなの銀行、東京きらぼしフィナンシャルグループ、三菱UFJ信託銀行などがステーブルコインの発行を検討している。

ゼロゼロ融資

ゼロゼロ融資とは、新型コロナウイルス感染症の拡大で売り上げが減った企業に対し、国が実質無利子(金利負担ゼロ)、無担保(担保ゼロ)で融資する支援制度。コロナ禍による企業倒産を低水準に抑え込む効果を担ったが、2023年7月から24年4月にかけて返済が本格化しており、経営が行き詰まる企業が増えそうだ。貸し倒れの増加が地域金融機関の経営を圧迫するとの懸念もある。

新型コロナウイルスの感染拡大初期は日本政策金融公庫や商工組合中央金庫などの政府系金融機関を通じて行われ、20年5月からは民間金融機関も手がけるようになった。22年9月までの実行額は約42兆円に達した。

日本政策金融公庫の場合、条件を満たせば零細企業や個人事業主なら最大6000万円、中小企業は最大3億円を借りられる。利子は各都道府県が3年間補給し、返済不能となった場合は元本の8割か全額を国の財源の裏付けがある信用保証協会が肩代わりする。

3年間の返済猶予期間を経て23年4月以降の返済が本格化したのに伴い、倒産件数の増加が顕著になっている。東京商工リサーチによると、23年上期(1〜6月)の倒産件数は前年同期に比べ3割増加。上期では3年ぶりに4000件台となった。

地域金融機関にとって、ゼロゼロ融資は金利収入を押し上げる効果があったが、それが剝落している形だ。返済本格化に伴い中小企業の経営状況の悪化、さらに、原燃料費や人件費の上昇が、融資先に追い打ちをかけている。地方銀行などは、各企業の経営に踏み込んで助言しながらサポートする伴走支援体制を強化している。

ダイナミックプライシング

ダイナミックプライシングとは、需要と供給の状況に応じて価格を変動させること。需要が多い時期、曜日、時間帯に価格を高くする一方、少ない時期は価格を低くして利用を喚起することで、売り手は需要を調整し、収益をコントロールすることができる。また、利用者は価格の安い時期や時間を狙って購入することができる。

航空運賃やホテルの宿泊料金で採用が始まったが、近年は多様なサービスにも広がりつつある。普及の背景には人工知能(AI)の進化により需要予測と時価の算出が可能になったことが挙げられる。

近年は、社会課題への対策として取り入れる動きも増えている。イオンリテールは2021年7月から、AIを使って総菜の販売数や天候、客数などのデータを分析し、割引率を決めて適正価格で販売する仕組みを取り入れた。総菜

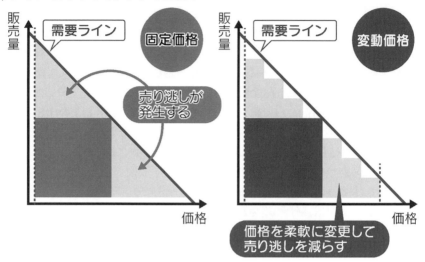

▶ダイナミックプライシングの仕組み

2022年7月27日付日本経済新聞電子版

の売れ残りを減らし、フードロス解消につなげる。また、22年9月には国土交通省が鉄道会社に対し柔軟に運賃を設定することを認める方針を提示。各鉄道会社は混雑の緩和を目的に、閑散期と繁忙期で運賃を変える仕組みを取り入れ始めた。

長期金利

　長期金利とは、金融機関が1年以上お金を貸し出す際に適用する金利のこと。日本では新規に発行される10年物国債の金利が代表的な指標で、住宅ローンや銀行の融資など様々な金利のベースになる。

　短期金利は中央銀行の金融政策の影響を受けるのに対し、長期金利は景気やインフレ動向に関する予測で変動するため経済の実態を表す指標とされる。日銀は「国債買い入れ」という、民間銀行などから国債を多く買うことで市中にお金の供給を増やし、景気を刺激する政策を続けている。日銀は2016年9月以降、国債買い入れ額を調整し、長期金利を「0%程度」に誘導する目標を掲げてきた。その後21年3月にその範囲を0.25%程度に、22年12月には0.5%程度に引き上げ、23年7月には0.5%程度をめどに一定の上昇を容認。23年10月にはさらに1%をめどとし、1%を超えることを容認した。これに伴い長期金利は上昇し、10月31日には一時0.955%と10年5カ月ぶりの高水準を付けた。

▶金利が上下するケース

金利が上昇する要因
①好景気で企業や家計が積極的に借り入れ
②物価上昇に伴い金融引き締めの観測が広がる
③財政悪化で政府の信用度が低下
金利が低下する要因
①株安が強まって安全資産の国債が買われる
②物価や景気の鈍化で金融緩和の期待が広がる

新聞記事などを基に編集部作成

日銀が長期金利を低く誘導するためには、市場から大量に国債を買い上げなければならず、国債市場の流動性が低くなることによる弊害が懸念されることなどが政策変更の背景にある。

長期金利の上昇は、固定型の住宅ローン金利の上昇につながり、消費者の住宅購入意欲を冷え込ませる懸念もある。

長短金利操作（イールドカーブ・コントロール、YCC）

長短金利操作（イールドカーブ・コントロール、YCC）とは、**長期金利と短期金利**の両方を目標の水準に誘導する金融政策の枠組み。日銀が2016年9月の日銀金融政策決定会合で導入した。従来、金融緩和は期間1年以下の短期金利のみを操作の対象としていたが、期間が10年の長期金利も操作の対象とした。

日銀は2016年1月から短期金利のマイナス金利政策を始めたが、10年物国債の金利を概ね0％程度で推移するように買い入れを始めた。短期金利と長期金利をつないだ曲線をイールドカーブといい、短期から長期までの金利全体の動きをコントロールする。通常、金利は長期になるほど高くなり右肩上がりになる。日銀の金融緩和政策下では、長期金利が大幅に下がったため、イールドカーブは平坦になった。

23年7月の日銀の金融政策決定会合で長期金利操作の運用の柔軟化を決定、23年10月には長期金利の上限を1％をめどとし、1％を超えることを容認したため、長期金利は上昇している。

デジタル地域通貨

デジタル地域通貨とは、使える地域、施設を限定し、その地域、施設内で現金の代わりに商品やサービスを購入できる独自の電子決済手段。従来は独自の紙幣や通帳が使われていたが、これをQRコード決済方式に変えることで利便性を高めている。お金を地域内で流通させ、地域経済を活性化することを目的に発行される。

デジタル化によって、紙幣や通帳を発行しなくてもよいため初期コストを下げることができるほか、インターネット経由で入手できるため流通性の面でもメリットがある。また、時間の

経過とともに価値が減る仕組みで消費を促す手法などもデジタル化によって可能になる。プレミアム商品券のようにチャージした金額へ一定額を上乗せしたり、決済額に応じたポイント付与などの特典を付けたりといった仕組みが多い。

スマホ決済の普及などを受けてデジタル地域通貨の需要は増えている。特に、千葉県の君津信用組合・木更津市・木更津商工会議所が発行する「アクアコイン」や東京都世田谷区の「せたがやPay」などのように、自治体が発行する事例が増えている。

NTTデータは2023年6月、銀行口座とつなげられるデジタル地域通貨のプラットフォームをスマートフォンアプリとして提供するサービスを始めた。地方銀行と連携し、全国の自治体に販売する。

展望レポート

展望レポートとは、日本銀行が年4回（通常1月、4月、7月、10月）開催する「政策委員会・金融政策決定会合」の場でまとめられる、経済・物価見通しが詳細に記されたレポート。日銀の当面の金融政策の方向性を判断する上で重要視されている。正式には「経済・物価情勢の展望（展望レポート）」という。

具体的には、9人の政策委員それぞれによる、向こう3年間の実質国内総生産（GDP）成長率と消費者物価指数（CPI）上昇率の数値見通し（範囲と中央値）が公表される。

2023年10月の展望レポートでは、23年度の実質GDP成長率見通し（政策委員の見通しの中央値）を2.0％とした。前回の7月時点の1.3％から大幅に引き上げた。23年度の生鮮食品を除く消費者物価指数の上昇率については、7月時点の2.5％から2.8％に引き上げた。

また、基本的見解として「日本経済の先行きを展望すると、当面は、海外経済の回復ペース鈍化による下押し圧力を受けるものの、ペントアップ需要の顕在化などに支えられて、緩やかな回復を続けるとみられる。その後は、所得から支出への前向きの循環メカニズムが徐々に強まるもとで、潜在成長率を上回る成長を続けると考えられる」とコメントしている。

ナイトタイムエコノミー（夜間経済）

ナイトタイムエコノミー（夜間経済）とは、昼間と比べて経済活動が落ち込む夜間の時間帯に、娯楽や文化などの商業活動を充実させることで、消費、雇用を増やし経済を活性化させること。「夜遊び経済」とも呼ばれる。日本の都市は、世界の都市に比べ夜間に楽しめるコンテンツが少ないとの指摘がなされており、観光立国推進の観点

からナイトタイムコンテンツの充実が求められている。

世界の大都市ではナイトタイムエコノミーの拡大が進む。例えば、英国のロンドンでは24時間都市構想を掲げ、地下鉄を24時間運行しているほか、夜間のセキュリティーを確保するためのエリアを認定する「パープルフラッグ」という制度を設けている。また、米国・ニューヨークでは夜間に娯楽が楽しめるようブロードウェイの開演時間が遅めの時間設定となっている。

東京・港区や宇都宮市、仙台市などの自治体は、ナイトタイムエコノミーの経済効果に着目し、夜間・早朝の過ごし方を提案する取り組みに対し、補助金を交付している。2023年4月に新宿・歌舞伎町にオープンした東急歌舞伎町タワーは、地下のライブホールを深夜はクラブやラウンジとして営業。2階にあるフードホールは午前5時まで営業するなど、夜の時間帯を楽しみたい層を取り込んでいる。

日経平均株価

日経平均株価とは、日本経済新聞社が東京証券取引所プライム市場に上場する銘柄のうち225銘柄を選んで算出する日本の代表的な株価指数。日本企業の業績、景気動向を端的に示す指標としても使われる。1960年4月の基準値を1000として算出している。業種バ

ランスを考慮したうえで売買が活発な銘柄が採用されており、毎年春秋の年に2回、構成銘柄の見直しがされる。

最高値は1989年12月29日に付けた3万8957円44銭。2022年の日経平均株価は、ウクライナ危機などで3月9日に2万4717円53銭と約1年4カ月ぶりの安値を付けた。その後は円安効果を伴った主要製造業企業の好業績を受けて回復に転じた。

日本経済新聞社は22年5月から、脱炭素に貢献する銘柄で構成する「日経平均気候変動1.5℃目標指数」の算出と公表を始めた。新指数の全体の温暖化ガス排出量は日経平均の半分になるように設計されており、投資家は同指数へ投資することで脱炭素に貢献できる。

日本銀行の金融政策

2023年4月、日本銀行の総裁が10年ぶりに交代し、植田和男氏が就任した。植田総裁は、物価高騰を背景に世界の主要中銀が一斉に利上げに動く中、持続的・安定的な物価上昇率2%を目指し、黒田東彦前総裁が続けてきた金融緩和の維持を表明した。

23年7月に、量的・質的金融緩和政策を維持しながらも、長短金利操作（イールドカーブ・コントロール、YCC）の柔軟化を決定。長期金利の誘導目標をそれまでの0.5%程度をめどに一定の上昇を容認。同年10月には長期金利の

上限を1%をめどとし、1%を超えることも容認した。

日米の金利差拡大により円安が進展する中、本格的な金融引き締めへと舵を切るのか、植田総裁が今後打ち出す金融政策に注目が集まっている。

日本の政府債務残高

日本の政府債務残高とは、国や地方政府が抱える借金の残高で、国債や借入金、政府短期証券を合わせた数字。いわゆる「国の借金」。財務省によると、2023年6月末時点の政府債務残高は1276兆3155億円となり、過去最大を更新した。新型コロナウイルス対策や物価高対策に伴う財政支出が増えたことが要因。大半を占める普通国債残高は累増の一途をたどっており、23年度末には1068兆円となる見通し。

政府債務残高の対国内総生産（GDP）比は主要先進国最悪の水準となっている。政府は債務残高を減らすため、政策に必要な経費を借金に頼ることなく、税収などでどれだけ賄えているかを示す基礎的財政収支（プライマリーバランス）を25年度に黒字にする目標を掲げているが、1.3兆円の赤字になるとの試算が23年7月に出されている。

年金積立金管理運用独立行政法人（GPIF）

年金積立金管理運用独立行政法人（GPIF）とは、国民年金と厚生年金の加入者から集めた積立金を管理・運用する厚生労働省所管の独立行政法人のこと。GPIFはGovernment Pension Investment Fundの略。2023年6月末時点の運用資産は219兆1736億円に上り、世界最大級の機関投資家とされ株式市場の「クジラ」とも呼ばれる。主に国内債券、国内株式、外国債券、外国株式の4つに分散して運用しており、運用によって得られた収益が年金給付の財源となる。

かつては安全な資産である日本国債を中心に運用していたが、14年10月に運用資産の配分目安である「基本ポートフォリオ」を変更。それまで運用の60%を占めていた国内債券を35%に減らし、代わりに国内株式と外国株式をそれぞれ12%から25%へと増やした。

さらに20年4月からは、国内の金利低下によって国内債券の利回りが低下している状況を反映した形で、国内債券を25%に減らし、外国債券を25%に増やした。現在は、国内株式、外国株式、国内債券、外国債券を25%ずつで運用している。また、15年に国連のPRI（責任投資原則）に署名し、ESG銘柄に積極投資する方針を打ち出したことにより企業による非財務情報の開示が広がった。

運用は好調で、市場運用を始めた01年度以降の累積収益額は、23年6月末時点で127兆3658億円に達する。22年度の運用収益は2兆9536億円の黒字で、3期連続の黒字となった。

マイナス金利

マイナス金利とは、民間銀行が中央銀行に預け入れる**政策金利**を0%よりさらに下げ、マイナスにすること。通常、預金すれば利子が受け取れるが、マイナス金利になると利子を支払わなければならなくなるため、民間銀行は預けずに手元に持っておこうとする。

銀行から世の中に出回るお金の量を増やし、家計や企業がお金を使いやすくするのが狙いだ。

2016年1月29日に日本銀行が2%の物価安定目標達成のため、金融政策として、初めてマイナス金利政策の導入を決めた。

欧州中央銀行(ECB)はインフレに伴い22年7月に8年間続いたマイナス金利を解除し、マイナス金利を続ける中央銀行は日銀だけとなった。23年10月現在、日本の消費者物価の上昇率は3%を上回る水準が続いている。日銀の植田和男総裁は「物価目標の実現が見通せる状況になった場合にはマイナス金利の解除も視野に入る」とした。

テーマ

① 確認チェック

❶JPX（日本取引所グループ）が2023年7月から算出を開始した新しい株価指数「JPXプライム（　　）指数」。（　　）に入る数字は？▶p.29

❷新NISAの年間非課税投資枠は、従来のつみたてNISAと一般NISAの合計160万円からいくらになったか。▶p.37

❸ビットコインなどと違って法定通貨や金などの価格と連動する暗号資産を何というか。▶p.40

❹長期金利と短期金利の両方を目標の水準に誘導する金融政策の枠組みを何というか。▶p.43

❺夜間に娯楽や文化などの商業活動を充実させることで、消費、雇用を増やし経済を活性化させることを何というか。▶p.44

答え ❶150 ❷360万円 ❸ステーブルコイン
❹長短金利操作(イールドカーブ・コントロール、YCC) ❺ナイトタイムエコノミー(夜間経済)

❷ 国際経済

新型コロナウイルス禍によって大きな打撃を受けた世界経済は、ロシアによるウクライナ侵攻やそれに付随するエネルギー危機、デカップリング（分断）の拡大もあり未だ力強さを取り戻せていない。大型の経済連携が進む一方、インフレ抑制のために世界的に相次いで利上げが行われるなど安定感に欠ける面もある。環境やデジタルに配慮した新しい動きも出ている。世界経済の「今」を理解しよう。

AT1債（永久劣後債）・劣後ローン

AT1債（永久劣後債）とは、株式と債券の中間の性質を持った証券の1つ。発行体である金融機関が破綻した際の弁済順位が普通債などに比べて低く、投資家にとってはリスクが高いが、その分高い利回りが設定される。

劣後ローンは債権を回収できる順位が通常よりも低いローンで、劣後は「後回し」の意味。

AT1債は銀行の中核的自己資本であるTier1の一部として組み入れられる証券であることから「Additional Tier1債券」と呼ばれる。発行体の自己資本比率が一定の水準を下回った場合などに、強制的に元本が削減されたり株式に転換されたりすることがある。

スイスの金融最大手UBSは2023年3月、経営難に陥っていたクレディ・スイスを救済するために、30億スイスフラン（約4300億円）で買収。買収が発表された時点で、市場を規制するスイス連邦金融市場監督機構（FINMA）はク

▶弁済順位と資本性のイメージ

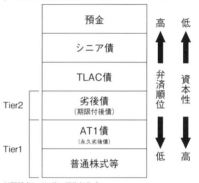

新聞記事などを基に編集部作成

レディ・スイスのAT1債を無価値にすると決め、同債券を保有していた各国投資家は打撃を被っている。FINMAの金融当局としての監督責任も問われている。

ICO（イニシャル・コイン・オファリング）・IEO（イニシャル・エクスチェンジ・オファリング）

ICO（イニシャル・コイン・オファリング）とは、企業やプロジェクト主体が事業を行う際、トークンと呼ばれる暗号資産（仮想通貨）を独自に発行し、これを投資家に購入してもらうことで

資金を調達する仕組み。実績のない事業体でも魅力的な事業内容を提示できれば、不特定多数の投資家から短期間で資金を集めることが可能で、**新規株式公開(IPO)**などに比べて簡便な資金調達手段とされている。

事業が成功すればトークンの価値が上がり、投資家はこれを売却して利益を得ることができるほか、ICOによって開発されたサービス・商品が得られるなどのメリットがある。一方で、事業計画の情報開示が徹底されず投資家との間でトラブルが生じたケースや、ICOをかたった詐欺事例なども報告されている。米国は認可を受けていないICOを処罰対象としている。日本でも投資家保護のため金融庁が仕組みによっては規制している。

そうした詐欺行為を排除するためにICOに代わる手法として注目されているのが、IEO(イニシャル・エクスチェンジ・オファリング)だ。IEOは暗号資産交換業者が金融当局と折衝しながら時間をかけて審査することで信頼を担保する。日本においても2021年7月に**NFT(非代替性トークン)**に特化したブロックチェーン(分散型台帳)を開発するハッシュパレットがIEOの1号として、大手暗号資産交換業コインチェックを通じ6万人以上から227億円を集めた。

NFT(非代替性トークン)

NFT(非代替性トークン)とは、Non-Fungible Tokenの略(fungibleは「交換可能」の意)で、非代替性トークンとも呼ばれる。暗号資産(仮想通貨)と同じようにブロックチェーン(分散型台帳)の仕組みを使い、唯一無二の本物であることを証明する認証技術、もしくはこの認証技術で本物であることが証明されたデジタル資産を指す。

音楽や絵画などのデジタル作品は全く同じものを簡単にコピーできるため、これまでは値段を付けて売買の対象とするのが難しかったが、NFTにより「一点もののオリジナルのデジタル作品」として売買が可能となる。

今後、NFTは、無形のデジタルコンテンツに価値を生み出す技術として事業化し、成長産業として育成してい

▶NFTの仕組み (例)

NFTの取引イメージ

❶ アーティストが音楽などのデータをブロックチェーン上に登録。「本物」だと証明されたNFTに変換
❷ NFTを取引市場で売買
❸ 購入者がアーティストに暗号資産(仮想通貨)などで対価を支払う
❹ 購入者による他人への2次売買も可能

2021年5月14日付日本経済新聞 朝刊

くことが求められている。政府が2022年6月に閣議決定した「経済財政運営と改革の基本方針（骨太の方針）」には「ブロックチェーン技術を基盤とするNFTやDAO（※）の利用等のWeb3.0の推進に向けた環境整備の検討を進める」と明記された。

25年に開かれる大阪・関西万博では、NFTを活用したデジタルチケットを導入する予定だ。

※ダオ、分散型自律組織

暗号資産（仮想通貨）

暗号資産（仮想通貨）とは、インターネット上で商品・サービスの対価として使うことができる財産的価値。資金決済法では、「電子的な方法で記録され、不特定多数の人を相手に代金の支払い等に使用できる」と定義されている。公的な発行主体の信用に基づき発行・管理される法定通貨に対し、暗号資産の多くはブロックチェーン（分散型台帳）技術を活用することで、公的な発行主体や管理者がなくとも流通する。価格は需給によって決まるため、価値が大きく変動することもある。

2009年、リーマン・ショックを招いた中央集権的な金融体制への不信から自由な決済社会を目指して誕生した。利用者は事業者が運営する交換所を通じて、各国の通貨と交換して入手することができる。株のように売り手が提示する価格と買い手が希望する価格が合致すれば取引が成立する。店舗で支払いに使えることもあり、銀行などを介さず外国に送金もできる。取引についての情報はブロックチェーンに記録され、情報の改ざんによる不正が困難な仕組みになっている。

ただ、投機性が強く価格変動が激しいことから、価格の変動性を安定させるべく法定通貨と連動したステーブルコインが派生的に誕生した。

22年11月に暗号資産交換業大手FTXトレーディングの破綻を受け、各国の金融当局は暗号資産を扱う事業者の規制・監督強化を強めている。一方で、暗号資産はネット上で決済、投資、寄付、送金などを行う際の利便性

▶暗号資産と法定通貨の違い

	法定通貨	暗号資産（ビットコインの場合）
発行者	発行国	特定の発行者はいない
管理者	中央銀行	特定の管理者はいない
現物	紙幣や硬貨がある	ない（暗号化された電子データ）
発行量	上限はない	上限が決まっている。2140年頃までに2100万ビットコイン（BTC）を発行
信用	国が価値を保障	価値の保障はない
額面	日本円は一定外貨などは穏やかに変動	大きく変動することが多い

新聞記事などを基に編集部作成

が高く、様々な活用が模索されている。米連邦準備理事会(FRB)は22年8月、監督下の銀行に対して暗号資産業務に関与する際のガイダンス(指針)を発表。健全な市場の育成に向けたルール作りに踏み出した。

インド太平洋経済枠組み (IPEF)

インド太平洋経済枠組み(IPEF)とは、米国が主導する経済圏構想。英語の正式名称Indo-Pacific Economic Frameworkの頭文字を取って IPEFと略される。米国のバイデン大統領がインド太平洋地域に台頭する中国への対抗を念頭に構想し、2022年5月に始動した。創設メンバーは米国、日本、韓国、インドなど計14カ国で、世界の国内総生産(GDP)の4割を占める。中国と経済的な結び付きの強い東南アジア諸国に配慮し、創設時の台湾の参加は見送られた。

インド太平洋地域には、すでにCPTPP(包括的・先進的環太平洋経済連携協定)や地域包括的経済連携(RCEP)という自由貿易協定がある。中国はRCEPに参加し、21年9月にはCPTPPにも加盟を申請しているほか、広域経済圏構想「一帯一路」を進めている。一方、米国はトランプ前大統領がTPP(現CPTPP)から離脱し、RCEPには加入していない。自国民の雇用流出や国内産業への影響を懸念する国内世論を考えるとTPP復帰はほぼ不可能であり、それに代わる新たな枠組みとしてIPEFを立ち上げ、インド太平洋地域での影響力拡大を狙っている。ただ、関税の引き下げや撤廃は含まれないため、大きな経済効果は期待できないとの指摘もある。

IPEFは①貿易、②サプライチェーン、③クリーンな経済、④公正な経済の4つの柱で構成される。このうちサプライチェーンについては、23年9月、半導体や重要鉱物といった物資の供給が途絶えた国を多国間で支援する枠組みを創設することで合意した。

金融安定理事会(FSB)

金融安定理事会(FSB)とは、主要国の金融当局で構成される国際的な金融システムの安定を目的とする組織を指す。FSBはFinancial Stability Boardの略。金融システムに影響を与える脆弱性への対応など、世界の金融秩序を維持するための活動を行っている。

1999年に設立された金融安定化フォーラム(FSF：Financial Stability Forum)を前身とし、2009年4月に設立された。主要25カ国・地域の中央銀行、金融監督当局、財務省、主要な基準策定主体、国際通貨基金(IMF)、世界銀行、経済協力開発機構(OECD)といった国際機関の代表が参加している。気候関連財務情報開示タスク

フォース（TCFD）の設置者としても知られ、企業や金融機関に対し、**気候変動が財務に与える影響を開示する**よう求める提言を出し、脱炭素の取り組みを促す役割を果たしている。

グリーンフレーション

グリーンフレーションとは、環境への配慮を表す「グリーン」と、物価の上昇を意味する「インフレーション」をかけ合わせた造語。世界的に脱炭素に向けた取り組みが急速に進む過程で、様々な商品の需給が逼迫し、価格が上がることをいう。「緑のインフレ」とも呼ばれる。

ロシアのウクライナ侵攻以降、欧州ではロシアからの天然ガスの供給がストップしていることに加え、再生可能エネルギーが化石燃料にとって代わるほど供給できていないため、エネルギー需給は逼迫している。また、電気自動車（EV）に多く使われる導電性の高い銅や、軽量なアルミニウムが脱炭素化に欠かせない素材として需要が押し上げられている。加えて、低炭素技術の開発に取り組む企業にとっては新技術への転換にもコストがかかり、**温暖化ガス（温室効果ガス）**の排出量取引の価格上昇が販売価格に転嫁される。

世界的な脱炭素の動きは緒についたばかりなだけに、グリーンフレーションによる価格上昇圧力は長期化するこ

▶**グリーンフレーションの構図**

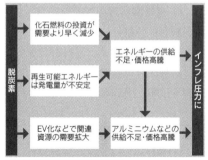

2021年12月27日付日本経済新聞 朝刊

とが予想され、経済活動に水を差す要因になりかねない。

グリーンボンド（環境債）

グリーンボンド（環境債）とは、**気候変動や省エネ対策など環境問題への投融資に資金使途を絞った債券**で、環境債とも呼ばれる。機関投資家が投資先の選別を進める中、グリーンボンドの発行など社会課題解決に向けた姿勢を示す企業への投資を強めている。

2007年に欧州投資銀行が再生可能エルギー・省エネルギー事業の資金調達債券を発行したのが始まり。その後、国際開発金融機関が同種の事業に係る債券を「グリーンボンド」と名付けて発行した。

近年は、民間企業や地方自治体など発行体が多様化している。日本では、14年に日本政策投資銀行が初めて発行し、民間企業では野村総合研究所が16

▶世界のグリーンボンド発行額の推移

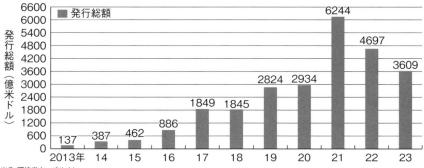

出典:環境省ウェブサイト

年に初めて発行した。環境省によると、23年の国内発行額は2兆2000億円を超え、過去最高を更新した。

世界のグリーンボンドの発行額は、23年には年間発行額で3609億ドル(10月時点)であった。

グローバル・ミニマム課税

グローバル・ミニマム課税とは、企業が負担する法人税の最低限の税率を最低15%以上にする国際的な取り決め。2021年10月、経済協力開発機構(OECD)加盟国を中心に約140カ国・地域が合意し、23年7月に多国間条約の大枠がまとまった。対象は、年間総収入金額が7.5億ユーロ(約1100億円)以上の企業で、各国が法改正して導入する。日本は24年度以降に段階的に導入する予定だ。

各国が外国企業の誘致を狙った法人税率の引き下げ競争が行き過ぎたことや、新型コロナウイルスの感染拡大に伴い各国で急速に財政悪化が進んだことも合意に駆り立てた。

1980年代、英国サッチャー政権、米国レーガン政権が経済の活性化を目的に税率の引き下げをスタート。その後、各国が自国へ投資を呼び込むために減税し始めたことで引き下げ競争が激化した。日本も2012年の第2次安倍政権の発足以降、世界に追随し実効税率を20%台まで下げ、米国はトランプ政権時に35%から21%に引き下げた。こうした動きにより、OECD加盟国の平均は00年の32%から20年には23%程度まで下がったが、コロナ危機で各国の財政が厳しい状況に置かれたことで、法人税最低税率導入に向けた議論が一気に進んだ。

行動経済学

行動経済学とは、心理学と経済学

を融合した学問体系。経済学の世界では長年、人は合理的な行動をするという仮定の基に理論が組み上げられてきた。しかし、人間の行動はときに感情に左右され、合理的に行動しないこともある。行動経済学では、モデル化しづらかった心理学的要素を数理的にモデル化し、より現実を反映した予測が可能になる。人々の行動が経済活動を大きく左右することがコロナ禍で鮮明になり、その役割に注目が集まっている。

2017年に行動経済学の権威である、シカゴ大学のリチャード・セイラー教授がノーベル経済学賞を受賞したことで行動経済学への関心がより高まっている。人間には、何かを得ることよりも失うことに対する心理的な拒否感が強い「損失回避性」や、現在の状況が変わることを避ける傾向にある「現状維持バイアス」といった特性がある。

こうした人間的な特性を踏まえ、行動経済学はマーケティングや政策応用などに生かされている。例えば、日本政府は20年7月からのレジ袋有料化に向け、人の判断や選択を望ましい方向に誘導する行動経済学に基づいた、「ナッジ」という手法を使った実験を実施。「ナッジ」は肘でつつくという意味。レジ袋が不要な顧客がレジで「辞退カード」を提示するより、レジ袋を必要とする顧客が「申告カード」を提示するやり方の方が、レジ袋の辞退率は大幅に上昇した。

▶ナッジを活用した庁舎内店舗におけるレジ袋削減の試行実験の結果

カードの種類	海洋ごみの写真を付したカード	諸外国における規制状況を付したカード	「レジ袋が必要な方はカードを提示してください」	「レジ袋が不要な方はカードを提示してください」
デフォルト設定	申告による配布	申告による配布	申告による配布	申告による辞退
実施前の辞退率	24.5%	20.8%	21.8%	23.1%
1/27～1/31	28.7%	54.2%	44.1%	24.2%
2/3～2/7	65.7%	63.9%	50.2%	25.0%
2/10～2/14	74.5%	49.0%	49.7%	23.5%
終了後（カード無し）の辞退率	62.8%	41.6%	47.0%	25.8%

出典：経済産業省ウェブサイト

サーキュラーエコノミー（循環型経済）

サーキュラーエコノミー（循環型経済）とは、従来の「大量生産・大量消費・大量廃棄」の一方通行でモノを使う線形経済に代わり、製品と資源の価値を可能な限り長く保全・維持し、廃棄物の発生を最小化した経済を指す。欧州連合（EU）が2015年12月に政策パッケージを公表したことで世界的に広まった。

国際的なサーキュラーエコノミー推進機関であるエレン・マッカーサー財団はその3原則として「廃棄物と汚染を生み出さないデザイン（設計）を行う」「製品と原料を使い続ける」「自然システムを再生する」を挙げている。

背景には、新興国の急速な経済発展に伴い資源需要が増加し、資源の安定確保が困難になっていることや、アジア諸国の廃棄物輸入規制をきっかけに従来輸出してきた廃棄物が滞留するなどの懸念がある。近年は循環の取り組みを推進することで、コストの改善やモノやサービスにおけるイノベーションが加速するとの観点が注目されている。米アクセンチュアは、サーキュラーエコノミーへの転換で修理やシェアの新市場が生まれ、30年までに4兆5000億ドルの経済効果が見込まれると予測している。

日本でも20年5月に「循環経済ビジョン2020」が発表された。従来の「3R（リデュース、リユース、リサイクル）政策」では廃棄物の最終処分量削減やリサイクル率向上などの対策に主眼を置いてきたが、より循環性の高いビジネスモデルに転換することを掲げ、中長期的な産業競争力の強化につ

▶循環型経済の仕組み

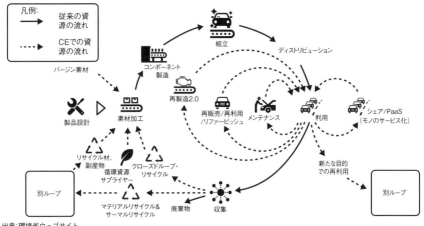

出典：環境省ウェブサイト

なげる必要性を訴えている。

実質金利

　金融機関の店頭などで表示される金利を「名目金利」といい、この名目金利から、予想される物価上昇率を差し引いて計算した金利のことを「実質金利」という。

　銀行に預けた定期預金の金利が1％だとしても、そのお金で買おうと思っていた商品の物価が2％上昇すると、実質金利は1％下落していることになる。逆に金利が1％で、物価下落が2％だとすると、実質金利は3％上昇していることになる。実質金利が下落するとお金の価値が目減りするため、預金をしておくより消費や投資に回そうという気持ちが働く。逆に上昇すると、お金を使うより、預けておいた方が得という気持ちが働く。

　日銀が一貫して実質金利の低下を目指しているのは、前者のようにお金を積極的に消費や投資に回すことで経済活動が活発化し、ひいては物価上昇に結びつくことを想定しているからだ。

　2022年3月、米連邦準備理事会（FRB）がインフレ対策として利上げと量的引き締め（QT）を行った結果、期間10年物の物価連動国債利回りの実質金利がプラスの領域に入り、23年8月時点で2％前後と14年ぶりの高水準だった。一方、国内では長期金利が低い状態での物価上昇であり、実質金利（10年物の物価連動国債利回り）はマイナス圏となっている。

主要7カ国首脳会議（G7サミット）

　主要7カ国首脳会議（G7サミット）とは、日本、米国、英国、ドイツ、フランス、イタリア、カナダの7カ国の政府の長および欧州連合（EU）の欧州理事会議長と欧州委員会委員長が1年に1度集まり、世界が直面する国際的な政治的・経済的課題について議論する会合。G7は「Group of Seven」の略。それに合わせて数多くの下部会議や政策検討も行われる。

　1975年に米国、英国、フランス、ドイツ（当時は西ドイツ）、イタリア、日本の6カ国（G6）による会議としてフランスで初めて開催された。1976年にカナダが加わり、1977年から欧州理事会議長と欧州委員会委員長が参加するようになった。1998年にロシアが加わりG8となったが、2014年にロシアがクリミアを併合するなどウクライナの主権と領土を侵害したことから追放され、以降G7として開催されている。

　23年のG7は5月に広島で開催された。声明では、軍縮・核不拡散やウクライナ支援、中国の経済的威圧への対応、人工知能（AI）などの問題に取り組んでいく姿勢が示された。次回は、24年6月にイタリアで開催される。

人民元取引の拡大

中国が取引相手となる2国間の決済において、中国の通貨である人民元の利用が広がっている。日本経済新聞社の調べによると、企業や機関投資家などによる決済通貨のうち、人民元建ての割合は2023年4～6月期に49％となり、米ドル建てを初めて上回った。

要因としては、資本市場の開放と、貿易決済におけるドル逃避の2点が挙げられる。中国政府が14年に導入した株式相互取引などにより、外国人が香港を経由して人民元建ての株式・債券の売買が可能となった。さらに、ロシアがウクライナ侵攻後に米欧日の金融制裁を受けたことで、人民元を使うようになった影響が大きい。

23年3月には南米ブラジルと中国が両国間の貿易や投資において、人民元とレアルを交換する自国通貨決済で合意。そのほかアルゼンチンは4月、中国からの輸入品の決済を米ドルから人民元に切り替えると発表した。

ロシアが保有していたドルの外貨準備が凍結されたことで、有力な新興国にはドル決済システムにゆだねるリスクが生じ始めている。しかし、世界全体の決済では人民元比率は3％弱にとどまる。

政策金利

政策金利とは、各国の中央銀行が政策の目標を達成するために、中央銀行から民間銀行に貸し出す際に設定する金利のこと。中央銀行は、景気の良いときは政策金利を高めに設定することにより景気の過熱やインフレ進行を未然に防ぐ一方、景気の悪いときは低めに設定して消費や投資を刺激する。

日本では日銀が無担保コールレート翌日物を、米国では**連邦準備理事会（FRB）**がフェデラルファンド（FF）金利を採用している。日銀は年8回「政策委員会・金融政策決定会合」を開き、政策金利水準を決定し公表している。緊急を要する場合は臨時に開催されることもある。

近年、先進各国の中央銀行は、物価低迷下のデフレを背景に、政策金利を極めて低めに設定していた。だが、2022年に入ってからはエネルギー高などの影響を受けインフレが顕著に進んだことから、米国のFRBは3月にゼロ金利政策を解除して0.25％の利上げに踏み切って以降段階的に利上げを行い、23年9月現在5.25～5.50％まで上昇している。各国も利上げしており、欧州（ユーロ）が4.50％、英国は5.25％、オーストラリアは4.10％となっている。ただ、日本だけはマイナス0.1％と**マイナス金利政策**を維持している。

世界経済フォーラム・ダボス会議

　世界経済フォーラムとは、経済、政治、学術界などが連携し、世界の諸課題を提起し、その改善を図るための対話の場づくりに取り組む国際機関（本部：スイス・ジュネーブ）で、1971年に発足した。中でも毎年1月に、各界のリーダーがスイス東部の保養地ダボスに集まり、世界的な課題を討議する「ダボス会議」（年次総会）がよく知られている。

　2022年5月に開催されたダボス会議で米国は生産や調達をロシアや中国から友好国に移す「フレンドショアリング」を提唱したが、**世界貿易機関（WTO）**のオコンジョイウェアラ事務局長は、行き過ぎは分断に拍車をかける、と警鐘を鳴らした。23年1月に開かれたダボス会議には、130カ国の首脳と経営者、専門家など約2700人が集まった。テーマは「分断された世界における協力の姿」。

世界の金融政策

　世界の金融政策とは、各国の中央銀行に代表される通貨当局が通貨供給量や金利などを調整することで行う経済政策のこと。一般に、景気が後退したり、不況局面に陥ったりしたときに行われるものを「金融緩和」政策と呼び、好景気の下で加熱した景気を抑えるために行われるものを「金融引き締め」政策と呼ぶ。

　第2次世界大戦以降、長年にわたって金融政策のテーマは需要超過とインフレだったが、先進国の経済成長が鈍化してからは需要低迷とデフレがテーマになってきた。特に、2008年に米投資銀行のリーマン・ブラザーズが破たんした際には、**連邦準備理事会（FRB）**は多額の資金供給を行った。また、この波及を防ぐために、**欧州連合（EU）**の**欧州中央銀行（ECB）**が、政策金利の積極的な引き下げを行い、日本においても、「異次元緩和」と呼ばれる金融緩和政策が13年4月以来継続されている。米欧日は事実上のゼロ金利政策へ突入した。

　22年に入ってから特に米国や主要欧州諸国を中心に物価上昇が進んだことを受け、各国中央銀行はその抑制に向け金融引き締め策に転じ、利上げを継続している。

　米欧の中銀が利上げの継続か休止かを議論する中、日銀は依然として**マイナス金利政策**を維持している。

世界貿易機関（WTO）

　世界貿易機関（WTO）とは、国家間のグローバルな貿易の規則を取り扱う唯一の国際機関。WTOはWorld Trade Organizationの略。関税貿易一

般協定(GATT)に代わり、1995年1月に発足し、スイスのジュネーブに本部を置く。国際的な貿易ルールを決めるほか、統一的な紛争解決手続きの策定、運用なども行う。

日本、米国、欧州連合(EU)加盟国、カナダ、オーストラリア、韓国など76の加盟国をもって発足した。2023年9月現在164の国・地域が加盟する。WTOの意思決定は全会一致が必要で1カ国でも反対すれば決まらない。このため、近年は先進国と途上国の意見が対立することが多く、十分に役割を発揮できていないとの指摘がある。

また、米国第一主義を掲げたトランプ前政権は中国との対決姿勢を鮮明にし、お互いに報復関税の応酬となり米中貿易摩擦が激化した。そうした状況下で22年6月、約4年半ぶりにWTOの閣僚会議がスイス・ジュネーブで開かれ、過剰な食料輸出制限の抑制や、漁業補助金の規制で合意した。

保護主義的な動きに対してWTOが機能不全に陥っているとの指摘もある。23年8月のG20貿易・投資相会合では、WTOの改革について、全加盟国がアクセス可能で、完全かつ十分な紛争解決システムの整備に向け議論を続けることで合意した。

タックスヘイブン（租税回避地）

タックスヘイブン（租税回避地）と

は、法人税や所得税などの税率が極めて低い国・地域のこと。カリブ海のケイマン諸島や英領バミューダ諸島などが知られる。オランダやアイルランドなど一部の欧州連合(EU)加盟国も企業の優遇措置を適用し、海外からの投資呼び込みに活用してきた。だが、2021年10月、企業が負担する法人税の最低限の税率を最低15%以上とする国際的な取り決め（グローバル・ミニマム課税）が合意された。最低税率が各国同じになることで、多国籍企業が税率の低い国に拠点を移す動きに歯止めがかかることが期待される。

税金の安い国・地域に企業を設立したり、個人が移住したりする行為自体は合法的である。問題はタックスヘイブン以外の場所に住む人や企業が、不当な税逃れを目的に当該地域に会社を設立できることや、不正を働いても実態を覆い隠せるようになっていることだ。このため脱税やマネーロンダリングの温床になっていると批判がある。

グローバル・ミニマム課税の対象は売上高7.5億ユーロ（約1100億円）超の多国籍企業で、これにより世界全体で法人税収が年間2200億ドル新たに生じると計算する。

地域包括的経済連携（RCEP）

地域包括的経済連携(RCEP)とは、東南アジア諸国連合(ASEAN)を

中心に15カ国が参加する**経済連携協定(EPA)**。Regional Comprehensive Economic Partnershipの頭文字をとってRCEP(アールセップ)と呼ばれる。日本にとっては中国、韓国と結ぶ初めての経済連携協定で、2020年11月に署名が行われた。15カ国のうち日本を含む10カ国が国内で批准手続きを終え、22年1月1日に発効。RCEP参加国全体で世界の人口、世界の貿易額とも約3割を占める広域経済圏が実現した。

13年5月からASEANが主導し、日本、中国、韓国、オーストラリア、ニュージーランド、インドの16カ国で協定締結に向けた話し合いが始まった。このうちインドが途中で離脱し、15カ国で署名された。**CPTPP**に比べ自由化率は低いが、農林水産品や工業製品などへの関税の減免に加え、輸出入の手続きの簡素化、サービスや投資のルールなど様々な分野について定められている。

経済連携の推進は日本の通商政策の柱だ。関税引き下げは輸出企業の競争力強化につながるほか、投資財産の保護や雇用に関するルール整備により円滑な事業展開が可能になる。

中央銀行デジタル通貨（CBDC）

中央銀行デジタル通貨（CBDC）とは、各国の中央銀行が発行するデジタル通貨。現金を電子データに置き換えた通貨だが、特定の商圏でしか使えない民間の電子マネーなどと異なり、国

▶**日本の経済連携の推進状況（2023年3月現在）**

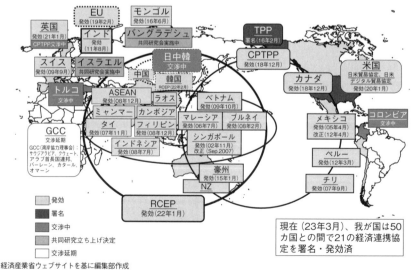

経済産業省ウェブサイトを基に編集部作成

の中では、誰でも時間・場所を問わず利用できる「ユニバーサルアクセス」を原則にしている。通貨価値も既存の法定通貨と同じ（現金1円＝デジタル通貨1円）ため、**暗号資産(仮想通貨)**のように通貨価値が乱高下することはない。また、決済処理も既存の法定通貨と同様で、タイムラグが発生することもない。早期に普及すれば国際取引で自国通貨の存在感が高まるため、世界の中銀がCBDCの開発を急いでいる。

世界で初めてCBDCを発行したのは、カリブ海（西インド諸島）にあるバハマの中央銀行などだ。多くのCBDCはスマートフォンのアプリで利用できるため、金融サービスが行き届いていない新興国で導入が進んでいる。

中国は2020年秋からデジタル人民元の実証実験を行い、23年5月から江蘇省常熟市で公務員や大手国有企業の従業員の給料のデジタル人民元払いを始めた。**欧州連合(EU)**の欧州委員会は6月、デジタルユーロに関する法案を公表し、28年にも流通が始まる可能性がある。米国は22年、バイデン大統領がCBDCの研究開発を加速するよう求める大統領令に署名した。日本銀行は発行未定だが、23年4月から民間を交えたデジタル円の実証実験を始めた。

通貨スワップ協定（通貨交換協定）

通貨スワップ協定（通貨交換協定）とは、各国の中央銀行が、金融危機や通貨危機に備え、金融市場の安定のために必要な資金をお互いに融通し合う（交換＝スワップ）ために結ぶ協定。相手国から要請があった場合、決められた範囲内で融通する。例えば、自国通貨が信用危機などで下落した際、中央銀行は外貨を売り、自国通貨を買うことで為替レートの安定化を図ろうとする。そこで通貨スワップ協定が結ばれていれば、十分な外貨準備高がなくても外貨売りが可能になる。

新型コロナウイルスの感染が拡大した2020年3月以降、米連邦準備理事会（FRB）はメキシコ、ブラジルなどの新興国を含めた各国の中央銀行とのドルスワップ協定を拡充した。有事にドルが不足する恐れが軽減され、一時強まったドルの逼迫感は和らいだ。

日本と韓国は23年6月にスワップ協定を8年ぶりに再開することで合意。両国の協定は、アジア通貨危機を受け日本が韓国を支援する枠組みとして01年に運用が始まったが、**日韓関係が悪化して15年に失効**していた。

テーパリング（量的緩和の縮小）

テーパリング（量的緩和の縮小）とは、金融政策のうち、最終手段として使われる量的緩和策を徐々に縮小していくことを指し、金融緩和から金融引き締めへと転じるサインとして捉えら

れる。テーパリング(Tapering)は英語で「先細っていくこと」「だんだんと減っていくこと」を意味する。

景気の悪いときは各国中央銀行が**政策金利**を低めに誘導するが、金利が実質ゼロ水準にまで下がりこれ以上の引き下げ余地がない場合、量的緩和策を行う。これは、国債などの金融資産を中央銀行が直接買い入れ、市中への資金供給を増やすことで景気を刺激する狙いがある。

一方、景気の改善がみられた場合やインフレが進んだ場合、金融資産の買い入れ額を順次減らして、振り切った針を戻す。金融緩和策を終え、金融引き締め策へ向かう出口戦略とも呼ばれる。

米国の中央銀行にあたる**連邦準備理事会(FRB)**は、コロナ禍からの需要回復と供給制約でインフレが進み始めた2021年11月にテーパリングを決め、22年3月にフェデラルファンド(FF)金利の誘導目標を0.25%引き上げ、ゼロ金利政策を2年ぶりに解除した。

デカップリング(分断)

デカップリング(分断)とは、政治・経済の分野において「切っても切れない」密接な関係を切り離し、連動させないようにすること。デカップリングは、英語で「分離」や「切り離し」を意味する。**米中貿易摩擦**やロシアによるウクライナ侵攻が欧米諸国と中国、ロシア間の経済活動の分断を余儀なくしている。

貿易摩擦に代表される米中経済のデカップリングは、生産拠点を中国に依存するリスクを高めた。米バイデン大統領は2021年2月、対立する中国を念頭に「我々の国益や価値を共有しない外国に(重要部材の供給を)依存するわけにはいかない」と述べ、半導体や電池などの重点4品目の供給網を100日以内に見直すよう指示した。一方、中国は内需に軸足を置いた新たな成長モデルの構築に着手し、戦略物資などの輸出制限を強化する輸出管理法を施行するなど、米国の政策に左右されない**サプライチェーン**(供給網)づくりを急いでいる。

米中によって世界の共有財産ともいえる部品の調達網や技術が分断され、中国に拠点を置き、中国企業と取引の多い欧州や日本の企業もサプライチェーンの見直しを迫られている。

中国との経済関係を重視する欧州では、デカップリングに代わり「**デリスキング(リスク低減)**」という考え方を提唱。サプライチェーンの過度な依存や先端技術の流出を防ぎつつ、中国との自由で活力ある経済関係は維持する。23年5月の**主要7カ国首脳会議(G7)**広島サミットの首脳宣言にも採用された。

デジタル課税

デジタル課税とは、経済のデジタル化に対応した国際課税の新ルール。巨大IT（情報技術）企業が様々な国でビジネスをしながら、支払う税金が本拠地の米国に集中する実態を改めるのが目的。恒久的な施設がない所では課税できない原則を1世紀ぶりに転換し、サービスを利用・消費する国・地域での課税を可能にする。

2021年10月、経済協力開発機構（OECD）加盟国を含む約140カ国・地域はデジタル課税の導入で合意。23年7月に多国間条約の大枠が固まり、25年の発効を目指す。

デジタル課税の対象企業は、売上高が200億ユーロ（約3.1兆円）を超え、かつ利益率が10％を超す企業。10％を超える利益（超過利益）の25％分を課税の権利として、サービスの利用者がいる国・地域に配分する。これに伴い数兆円単位の税収が新興国や途上国を含めたサービスの消費国に移ると予測される。

ただ、デジタル課税によって税収の減る米国が、国内の支持を得て条約への署名や批准を期限内に済ませられるか予断を許さない。

▶デジタル課税の仕組み
国際課税の改革の柱は2つ

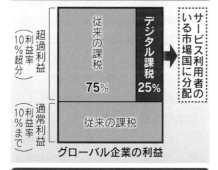

❶ 物理拠点もたない企業に課税（2025年発効目指す）

- 超過利益（利益率10％超分）：従来の課税 75％／デジタル課税 25％
- 通常利益（利益率10％まで）：従来の課税
- サービス利用者のいる市場国に分配
- グローバル企業の利益

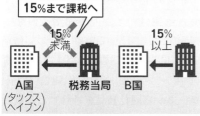

❷ 法人税率を各国15％以上に

15％まで課税へ

15％未満 → A国（タックスヘイブン）← 税務当局 ← B国 15％以上

2023年7月12日付日本経済新聞電子版

デジタル貿易

デジタル貿易とは、世界的に統一されたものは存在しないが、一般的に、国を超えて企業・個人情報の収集、移転を伴うモノやサービスの取引のことを指す。ビジネスや利便性を促進するため円滑なデータの流通を確保する取り組みが求められる一方、企業や個人の情報の保護、安全保障をいかに確保するかが課題となっており、これらをルール化するデジタル貿易協定への関心が高まっている。

デジタル経済に関する国際ルールについては、個人情報の保護のほか、政

府による民間データへのアクセスについての規律の創出、人工知能（AI）に関する規範づくりも重要なテーマとなっている。

世界貿易機関（WTO）でルール作りが進んでいるほか、日米デジタル貿易協定などの2国間協定、デジタル経済パートナーシップ協定（DEPA）のような国際協定などが併存している。

電子商取引の自由化を志向する米国、個人情報保護等の信頼性を重視する欧州連合（EU）間の意見の隔たりは大きい。また、中国は2020年にシンガポール、チリ、ニュージーランドが合意したDEPAに加盟を希望しており、デジタルデータ流通の覇権争いが顕在化している。

日米貿易協定改正議定書

日本と米国2国間における関税削減・撤廃を目的とした日米貿易協定のうち、米国産牛肉の輸入が急増した際に発動するセーフガード（緊急輸入制限）の基準を厳しくする改正議定書が2022年11月に承認された。

日米貿易協定は、日本側が農産品や加工食品を、米国側は工業製品を中心に関税の撤廃または削除を行う取り決め。セーフガードは、農産物などの輸入量が急増した際に、一時的に関税を引き上げるなどして国内産業への打撃を抑える措置だ。21年3月には、20年度の米国産牛肉の累計輸入量が発動基準を超えたため、関税を25.8％から38.5％へ30日間限定で引き上げた。

政府は包括的・先進的環太平洋経済連携協定（CPTPP）を全ての通商戦略の土台と位置付ける。ただ、米国がCPTPPの枠組みから離脱したため2国間で日米貿易協定が締結された。

改正議定書によって、米国からの牛肉輸入量が発動基準を超えた場合でも、CPTPP加盟国からの輸入量との合算がCPTPPの輸入枠内に収まれば、セーフガードを発動しないこととした。

米中貿易摩擦

米中貿易摩擦とは、米トランプ前政権が、中国の経済的、技術的台頭に警戒感を抱き、2018年7月、産業機械、電子部品などを対象に追加関税（340億ドル規模）を課したことを端緒として本格的に始まった貿易戦争。中国も米国の発動に合わせて、米国からの輸入品に追加関税をかけるなど報復の連鎖が続いた。

報復関税の応酬に続いて、トランプ前大統領は、米国の最先端技術を中国が“ただどり”している、として19年5月には中国通信機器大手、華為技術（ファーウェイ）に対し米通信ネットワークから同社製品を排除する大統領令に署名。バイデン大統領も高関税政

策を引き継いでおり、23年10月には先端半導体の輸出規制を強化した。

米中貿易摩擦の根底には覇権争いがあり、対立は長期化の様相を呈している。米中貿易摩擦をきっかけに、西側諸国は中国に依存した**サプライチェーン**の見直し、技術流出の防止などを柱とする経済安全保障体制の強化を急いでいる。

日本政府は、国の安全保障を脅かす経済活動を規制し、備えを促すため22年5月に**経済安全保障推進法**を成立。また、半導体の自前確保が経済安全保障上重要であるとみなし、国内における半導体量産に向けた投資、助成を加速させている。

ペントアップ（先送り）需要

ペントアップ（先送り）需要とは、景気後退期に物品やサービスの購入を一時的に控えていた消費者が、景気回復期に購買意欲を満たそうとして引き起こされる需要。ペントアップ（Pent-up）は「閉じ込められた」「鬱積した」を意味する英語。新型コロナウイルスの感染拡大に伴い、消費の落ち込みが経済活動を縮小させたが、コロナ禍の収束とともに、ペントアップ需要が期待された。

2008年の**リーマン・ショック**時には企業による輸出、設備投資が減退したことで経済に大きな影響を及ぼした

が、コロナ禍においては感染拡大に伴う行動制限や店舗休業によって、消費が大きく落ち込んだ。このため、各国で、世帯に対する現金給付や、飲食店などを対象にクーポンなどを活用した消費促進策が行われた。

23年は、世界的に観光のペントアップ需要が顕在化しているほか、日本国内では、半導体の供給制約の緩和に伴い自動車の需要が回復し、輸出が増加している。

包括的・先進的環太平洋経済連携協定（CPTPP）

包括的・先進的環太平洋経済連携協定（CPTPP）とは、環太平洋地域の11カ国（日本、カナダ、オーストラリア、ニュージーランド、シンガポール、マレーシア、ベトナム、ブルネイ、メキシコ、チリ、ペルー※）と英国が参加する**経済連携協定（EPA）**。2016年2月に※の国々と米国の12カ国がTPP協定に署名したが、2国間協議を重視する米国が17年1月に離脱し、11カ国で協議を進めてきた。米国抜きで18年12月30日に発効した際、TPP協定の正式名称は「環太平洋パートナーシップに関する包括的及び先進的な協定（CPTPP）」に改められた。23年7月には英国が正式に加盟し、加盟国は12となった。中国、台湾も加盟の意向を示している。

モノの関税だけでなく、サービス、

▶日本のEPA交渉の歴史

我が国の発効・署名済EPA等（50カ国）

2002年11月	日シンガポールEPA発効
2005年4月	日メキシコEPA発効
2006年7月	日マレーシアEPA発効
2007年9月	日チリEPA発効
2007年11月	日タイEPA発効
2008年7月	日インドネシアEPA発効
2008年7月	日ブルネイEPA発効
2008年12月	日アセアンEPA発効
2008年12月	日フィリピンEPA発効
2009年9月	日スイスEPA発効
2009年10月	日ベトナムEPA発効
2011年8月	日インドEPA発効
2012年3月	日ペルー EPA発効
2015年1月	日豪EPA発効
2016年2月	TPP12署名
2016年6月	日モンゴルEPA発効
2018年12月	CPTPP発効（6カ国）
2019年2月	日EU・EPA発効
2020年1月	日米貿易協定発効
2020年8月	AJCEP協定改訂（サービス・投資）
2021年1月	日英EPA発効
2022年1月	RCEP発効

- ●日本初のFTA
- ●アセアン諸国に対し、日本とのEPA締結への関心を喚起
  - ▼
  - 2003年12月 タイ、フィリピン、マレーシアとの間でEPA交渉開始に合意

- ●初の広域EPA
  - ・二国間EPAを締結していなかったカンボジア、ラオス、ミャンマーをカバー
  - ・日本とアセアン域内にまたがるサプライチェーンで、EPAが利用可能に（原産地規則の累積規定）
- ●二国間EPAとは別個の協定
  - ・企業は、日アセアンEPAと既存のアセアン諸国との二国間EPAを比較して、関税率や利用条件が、より有利な協定を選択して利用可能

- ●メガFTAを主導
  - ・米国のCPTPP脱退後、11カ国でのTPP11締結を主導。日EU/EPA締結。
  - ・アジアでは、RCEP発効。

出典：経済産業省ウェブサイト

投資の自由化を進め、知的財産、金融サービス、電子商取引、国有企業の規律など、幅広い分野で新たなルールの構築を目指す。特にデータを巡っては、流通の透明性や公平性を確保する原則を定めており「TPPスタンダード」と呼ばれる。参加国全体で最終的には99%の品目の関税を撤廃することになる。米中貿易摩擦の激化で両国の囲い込みが進む一方で、両国が参加していないCPTPPの加盟国間貿易が拡大しつつある。

保護主義

　保護主義とは、自国産業の保護を優先した考え方。具体的には、関税の引き上げ、輸入量の制限、輸入規制対象の拡大、為替管理の強化といった政策が実施される。自由貿易に反対する考え方・姿勢で、保護貿易主義ともいう。米中の対立に加え、コロナ禍やロシアのウクライナ侵攻に伴い各国の保護主義に拍車がかかった。

　1929年の世界恐慌の後、米国はスムート・ホーリー関税法を制定し、輸入関税を大幅に引き上げた。英国・フランスはブロック経済政策を始め、植民地圏との貿易から他国を締め出した。これにより、ファシズムの台頭を招いた反省から、西側諸国は第2次世界大戦後の1948年に関税貿易一般協定（GATT）を締結し、自由貿易を原則と

する多角的貿易体制の構築を進めてきた。1995年に世界貿易機関(WTO)に移行した後も、基本原則は変わらず、2001年には中国、12年にはロシアも加盟。22年現在164の国・地域が加盟している。

しかし、自由貿易推進の旗振り役だった米国がトランプ前大統領の就任(17年1月)によって一転、保護主義的な政策を強化した。21年1月に就任したバイデン大統領も保護主義政策を継承。7月には、政府調達で米国製品を優遇する「バイ・アメリカン」法の運用を強化する案を発表した。また、半導体や電気自動車(EV)の国内生産を促すため、米国で23年夏から補助金の支給が本格的にスタート。受給企業には中国との事業上の関わりを厳しく制限する内容を盛り込んでいる。

近年は、主要な食料の輸出禁止を打ち出し、自国の食料確保を優先する「食料保護主義」や、自由なデータ流通を制限する「デジタル保護主義」なども取りざたされている。

連邦準備理事会(FRB)

連邦準備理事会(FRB)とは、米国の中央銀行制度の最高意思決定機関。FRBはFederal Reserve Boardの略称。政策金利の決定やドル紙幣の発行・回収、金融機関の監督などを行う。金融政策の実施を通して、米国の物価の安定と雇用の最大化を目標としている。

FRBが実施する金融政策やFRB議長の発言は、世界経済に大きな影響力を持つ。FRBの会合は連邦公開市場委員会(FOMC：Federal Open Market Committee)といい、米国の金融政策を決める最高意思決定機関である。

FRBは2008年11月から、市中銀行から国債などの資産を大量に買い取る量的緩和政策をとってきた。第1弾はQE(Quantitative Easingの略)1と呼ばれた。QEは中央銀行が市場に大量の資金を供給することで、デフレの脱却や景気を刺激することを目的とした。10年11月からはQE2が、12年9月からはQE3が開始され、14年10月に終了した。しかし、20年3月に新型コロナウイルスの感染拡大に対応したQE4が実施された。

インフレの進行を機に、21年11月のFOMCで、テーパリング(量的緩和の縮小)を11月から始めると決定。22年3月にはゼロ金利政策を解除して0.25％の利上げに踏み切った。その後、継続的に大幅利上げを行い、23年9月現在の政策金利は5.25〜5.50％まで上昇した。パウエルFRB議長は、インフレ抑制のために利上げを継続する姿勢を示している。

アジア

アジアインフラ投資銀行（AIIB）

アジアインフラ投資銀行（AIIB）とは、アジア各国のインフラ整備を支援するために、中国が主導して2015年に設立された国際開発金融機関。日米が主導する**アジア開発銀行（ADB）**に対抗し、中国がアジア、欧州、アフリカを結ぶ広域経済圏「**一帯一路**」計画を金融面から支え、新たな事業機会を獲得するとともに、人民元の国際化を図る狙いがある。

資本金1000億ドルのうち中国の出資額は297億ドルと最大で、出資比率約30％を確保。議決権の3割弱を握り、重要議案で事実上の拒否権を持つ。初代総裁には、中国国際金融有限公司会長を務めた金立群（ジン・リーチュン）氏が就任した。

16年1月の開業時の加盟国は中国、英国、ドイツ、インドなど57カ国だったが、23年1月現在106カ国・地域にまで増え、アジア開発銀行の68カ国・地域を上回っている。日本、米国は参加を見合わせている。

ただ、発足当初は投融資額を年間100億～150億ドルと想定していたが、22年は68億ドルと伸び悩んでおり、年間200億ドル規模のアジア開発銀行との差は大きい。

各国・地域にとっては中国と連携することで自国経済を発展させたいとの思惑がある。一方で、借り入れが返済不能になると整備したインフラの運営権が中国国有企業に渡る、いわゆる「債務のワナ」に陥る懸念も指摘されている。

アジア開発銀行（ADB）

アジア開発銀行（ADB）とは、アジア・太平洋地域における貧困削減を目的に設立された国際開発金融機関。1966年12月に設立され、アジア・太平洋域内49、域外19の計68の国・地域で構成される。本部はフィリピン・マニラに置かれ、世界31カ所に事務所を設置している。日本は米国とともに最大の出資国で、出資比率は15.6％。歴代総裁はすべて日本人が務めており、2023年9月現在の総裁は浅川雅嗣氏。

主な事業は、開発途上の加盟国に対する資金の貸し付けや、技術支援、開発目的の公的・民間支援の促進、開発政策調整支援など様々な分野にわたる。なかでも近年は、**気候変動**対策に注力しており、19～30年に気候変動の対策に関連する融資を累計1000億ドルに伸ばす目標を掲げている。

15年12月、中国主導でADBと同様の役割を担う**アジアインフラ投資銀行（AIIB）**が設立され、日米が主導するADBは資金を活用した中国の外交

▶アジアインフラ投資銀行（AIIB）とアジア開発銀行（ADB）の比較

	設立年	加盟国・地域数	本部	総裁	主要出資国
AIIB	2015	106 （2023年1月現在）	北京	金立群 （中国）	中国、インド、ロシア
ADB	1966	68 （2023年10月現在）	マニラ	浅川雅嗣 （日本）	日本、米国、中国、インド

新聞記事などを基に編集部作成

政策に警戒感をあらわにした。ただ、ADBとAIIBの協調融資による案件も多く手がけられており、両者が協調、競争しながらアジア地域におけるインフラ整備をさらに促すことも期待されている。

一帯一路

　一帯一路とは、中国の習近平（シー・ジンピン）国家主席が2013年に提唱した広域経済圏構想。かつて中国と欧州を結んだシルクロードを模し、中央アジア経由の陸路（一帯）とインド洋経由の海路（一路）の国々と、5つの分野（政策、インフラ、貿易・投資、金融、民間協力）で交流・協力を目指す。経済成長を維持するための輸出先の開拓を図るとともに、途上国との交流拡大を通じて関係強化を図る安全保障上の目的もある。

　13年〜20年の8年間で、中国企業による一帯一路参加国への直接投資額は1398億5000万ドル（約20兆円）以上に達したという。その資金は、中国の国有銀行や中国政府が一帯一路のために設立した「シルクロード基金」やアジアインフラ投資銀行（AIIB）などから主に調達されている。21年6月現在140カ国と32の国際機関が一帯一路への協力に関する覚書を中国政府と交わしている。19年3月には主要7カ国（G7）の中で初めてイタリアと覚書を交わしたが、「国内では経済面の恩恵が少ない」として離脱論が高まっている。23年9月にメローニ首相が中国の李強（リー・チャン）首相に一帯一路からの離脱の意向を伝えたと報じられた。

　中国は一帯一路構想を通じ、とくに中央アジアやアフリカ諸国との関係構築を強化している。貿易取引や直接投資・銀行融資（長期）などを通じて人民元の利用を広げることで沿線諸国を中心にデジタル人民元圏を形成しようとする思惑も見え隠れする。ただ、融資を受けた新興国では債務問題によるマイナス面もクローズアップされている。

　一方で、米国は23年9月、インド、サウジアラビアなど8カ国・地域とともに、「インド・中東・欧州経済回廊」構想を発表した。インドと中東、欧州を結び、物流や通信、エネルギーなど

▶中国の一帯一路構想

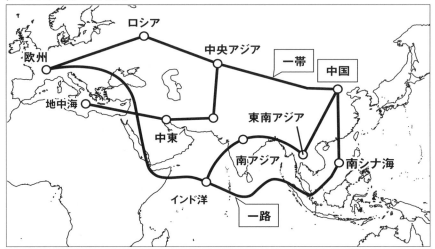

新聞記事などを基に編集部作成

のインフラ整備で連携する。一帯一路に対抗する意味合いが強いとみられている。

中国経済の現状

中国は、政治面では中国共産党による社会主義体制を維持する一方で、経済面では市場経済を積極的に導入する「社会主義市場経済」国家として、目覚ましい経済発展を遂げてきた。世界全体の名目国内総生産(GDP)は米国に次ぐ2位に位置するが、近年は、コロナ禍、大手不動産会社の経営難などに伴い減速感が強まっている。

2022年の中国の実質成長率は、ゼロコロナ政策による厳格な規制が経済活動の足かせとなり、通年で3.0％と低い伸びにとどまっている。新型コロナウイルス感染症が世界に拡大した20年(プラス2.2％)を除けば、1976年以来の低成長となった。さらに、中国2位の大手不動産デベロッパー、中国恒大集団は23年6月末時点で2兆3882億元(約48兆円)もの負債を抱え、23年8月に米国で連邦破産法15条の適用を申請。首位の碧桂園控股(カントリー・ガーデン・ホールディングス)も経営危機に陥るなど不動産不況の影が中国経済にマイナスのインパクトをもたらしている。国際通貨基金(IMF)は、2023年の中国の成長率は5.2％、24年は4.5％と予測している。

一方、習主席は22年秋の党大会で、農業技術の高度化や農村振興による「農業強国」の実現を掲げた。作付面積を確保して新たに5000万トン増産

し、現状から7%以上増やす。食料の輸入比率が年々高まっており、食料安全保障への危機感が背景にある。

中国・中央アジア首脳会議

　中国・中央アジア首脳会議とは、中国と中央アジア5カ国（カザフスタン、キルギス、タジキスタン、トルクメニスタン、ウズベキスタン）の枠組みによる首脳会議。2023年5月に、対面で初となる首脳会議が中国の陝西省西安で開かれた。

　中央アジアは旧ソ連（現ロシア）を構成していた国々。中国とロシアに挟まれた地政学的要衝にある。

　3期目に入った習近平（シー・ジンピン）政権は、23年3月にサウジアラビアとイランの国交正常化の仲介を行ったのを皮切りに、5月にはタリバン政権下のアフガニスタンとの関係強化、ミャンマー支援に動くなど地域問題に関与する姿勢を強めている。

　中東やアジアの国が大国の傘に入らない独立路線へと舵を切る中、習体制はその多極主義に乗じて、存在感を高めつつある。

　首脳会議では、中国の広域経済圏構想「一帯一路」の推進を確認するとともに、中央アジアの石油や天然ガスなどのエネルギー開発での協力や治安維持、テロ対策の支援を話し合った。

アフリカ

アフリカ経済

　「最後の巨大市場」といわれるアフリカには、広大な面積に55カ国・地域がひしめき、約14億人超が暮らす。2020年時点の1人あたり国内総生産（GDP）は2000ドル弱で中国の5分の1程度にすぎないが、50年時点で人口は現在の1.7倍の24億8500万人、75年に2.4倍の33億6200万人に達すると見込まれ、成長余力は計り知れない。

　アフリカ開発銀行（AfDB）の経済予測によると、アフリカの実質国内総生産（GDP）成長率は23年に4.0%、24年には4.3%と見込み、世界全体の成長率を上回るペースが続き、アジアに次ぐ成長をみせている。政情不安やモノカルチャー依存の経済、脆弱なインフラなど、多くの課題が指摘されてきたが、中間層の拡大により、消費支出も右肩上がりで伸びている。

　21年1月にはアフリカ全体を共通市場にするアフリカ大陸自由貿易圏（AfCFTA）の運用が始まった。5年以内に9割の関税を撤廃する目標を掲げ、アフリカ全体の共通市場化を目指す。

　アフリカ大陸は現在「欧米」対「中国・ロシア」で影響力を競い合っている。中でも中国は00年に中国・アフリカ協力フォーラム（FOCAC）を設立し、早くから経済、外交、安全保障面でア

フリカに関与し、今やアフリカ最大の貿易相手国となっている。

一方、1993年以降、日本政府が主導しアフリカの経済開発をテーマとする**アフリカ開発会議(TICAD)**を開いてきた。その第8回会合が2022年8月、チュニジアで開催され、日本は向こう3年間で官民合わせて総額300億ドル規模の資金を投じると表明し、中国の動きをけん制した。

アメリカ

債務上限問題

米国は政府が発行できる国債などの総額が法律で定められており、これを債務上限と呼ぶ。米政府の債務残高は増え続けており、法定上限の引き上げはその都度議会の承認が必要だ。引き上げできないと国債の元利払いができないデフォルト(債務不履行)に陥る。

2023年5月には、デフォルトが懸念される直前の時期まで議会の交渉が難航した。23年6月には25年1月まで上限を停止することで決着した。

米議会の議会予算局(CBO)は23年6月に長期予算見通しを公表し、米国の債務水準が29年度までに**国内総生産(GDP)比率で107%**と、過去最高になるとの見通しを明らかにし、財政危機のリスクを高めると警告した。

大手格付け会社フィッチ・レーティ

ングスは23年8月、議会のガバナンス低下を懸念し、米国の外貨建て長期債務格付けを最上位の「トリプルA」から1段階低い「ダブルAプラス」に引き下げた。

反トラスト法(独占禁止法)

反トラスト法(独占禁止法)とは、市場を寡占している企業がその立場を利用して競争を不当に阻害する行為などを禁止・制限する米国の法律。1890年制定の州際および国際取引における独占行為を規制する「シャーマン法」など3つの法律からなる。各国における独占禁止法のモデルとなった。

米国では現在、約40年間不変だった独占禁止政策を見直す動きが加速している。米国は1970年代まで厳しい独占禁止政策を取ったが1980年代のレーガン政権時代以降、消費者価格の上昇を招かない限り、M&A(合併・買収)や民間取引契約に国家はなるべく介入しない方針を貫いてきた。その後、インターネットの普及に伴い、GAFAMなどビッグテックによる市場の寡占が進み、その強大な力を利用した事業拡大手法に批判が集まるようになった。

例えば、米アマゾン・ドット・コムが自社運営のECモールで自社製品を優先して消費者に薦めることは、プラットフォームを利用しビジネス展開する他の企業にとって不公平になる。

2020年には米司法省などがグーグルやメタ(旧社名フェイスブック)を反トラスト法違反で相次いで提訴した。

バイデン米大統領は21年7月、産業界の競争を促すための大統領令に署名。大手企業による利益の独占を厳しく取り締まり、消費者や労働者の不利を是正する姿勢を鮮明にした。23年7月には、米連邦取引委員会(FTC)と米司法省が、巨大IT(情報技術)企業を念頭に、異業種の場合でも競争を阻害する可能性があるM&A案件は厳しく審査する、新たな指針を発表した。

北米

米国・メキシコ・カナダ協定 (USMCA)

米国・メキシコ・カナダ協定(USMCA)とは、1994年に発効した米国、カナダ、メキシコ間の貿易枠組みである北米自由貿易協定(NAFTA：North American Free Trade Agreement)に代わる新協定。2018年11月に3カ国で署名し、20年7月に発効した。協定は16年間有効。米トランプ前大統領がNAFTAの見直しを16年の大統領選の公約に掲げ、17年8月から交渉を重ねてきた。

「米国・メキシコ・カナダ協定(USMCA：United States-Mexico-Canada Agreement)」の名称で分かるように、「自由貿易(Free Trade)」の文言が外された。自動車産業では、域内で原産された部材を62.5％使っていれば関税が免除されていたが、23年以降この比率が75％に上昇。調達率の条件をクリアできなければ、部品メーカーには2.5％の関税がかかる。このため、日本の自動車部品メーカーも調達先の見直しを迫られている。

メキシコに拠点を置く企業は、北米で調達する部品の比率などUSMCAの条件を満たせば米国に関税ゼロで輸出できる。米中貿易摩擦などで供給網のリスクが増し、消費地に生産地を近づける「ニアショアリング」の機運が高まる中、日本や中国の製造業大手が、米国への輸出拠点としてメキシコに進出する動きが加速するなど、メキシコは有力な投資先となっている。一方で、労働組合による待遇改善の要求も強くなり、外国企業の負担も増している。

ヨーロッパ

EU一般データ保護規則 (GDPR)

EU一般データ保護規則(GDPR)とは、欧州連合(EU)が、域内におけるすべての個人情報保護の取り扱いについて、企業などに厳格な管理体制を求める内容を定めたルール。2018年5月に施行された。対象は、EUに商品やサービスを提供している企業も含まれる。

アイルランドのデータ保護委員会（DPC）は23年5月、米メタ（旧社名フェイスブック）がGDPRに違反していると判断し、12億ユーロ（約1800億円）の制裁金を科すと発表した。巨大テック企業への制裁金の規模では過去最大だ。また、欧州はチャットGPTに関しても批判的で、イタリア国内ではチャットGPTの利用が一時的に禁止された。

GDPRでは、データの取得時に目的を説明し利用者の同意を得る手続きが必要なほか、個人からのデータ削除などの要求への対処が求められる。Cookieなどのデータも個人情報とみなされる。Cookieはサイトを訪問した利用者の履歴を残す仕組みで、サイトを運営する事業者にとっては個人の行動履歴を把握し、マーケティングに活用できる。一方、利用者の嗜好や政治的活動などが丸裸にされるリスクがあり、GDPRではこうしたCookieの管理も厳格に求めている。

EUは22年3月、巨大プラットフォームの市場寡占を事前に規制するデジタル市場法案に、また4月には違法コンテンツの削除や言論をゆがめる行為の是正など包括的な規制を盛り込んだデジタルサービス法案に合意し、さらに規制を強めている。EU理事会はデジタル市場法案とデジタルサービス法案をそれぞれ7月と10月に採択した。

日本でも20年6月に改正個人情報保護法が成立、22年4月から施行された。

▶GDPRが企業に求める個人データの管理ルール

- ・データ取得には明確な同意が必要で、同意成立の要件も
- ・データの処理過程を記録・保存
- ・データ保護責任者を設置する義務
- ・違反があった場合は72時間以内に監督当局に報告

違反した場合

制裁金（最大で世界全体の年間売上高の4％か2000万ユーロの高い方）や改善命令の対象に

新聞記事などを基に編集部で作成

また、同年8月には米連邦議会下院の委員会で個人情報保護に関する超党派の法案が可決された。GDPRを契機としたプライバシー保護強化の波が、米国も巻き込みつつある。

欧州中央銀行（ECB）

欧州中央銀行（ECB）とは、ヨーロッパの国家統合体、欧州連合（EU）の設立に伴い誕生した域内単一通貨「ユーロ」の金融政策を担う中央銀行。1998年に発足。ドイツ・フランクフルトに本部を置く。

最高意思決定機関である政策理事会、金融政策を執行する役員会、諮問機関としての役割を果たす一般委員会の3つの機関を有し、ユーロ圏内の物

価安定を目標に金融政策の意思決定を行うほか、外国為替操作、加盟国の外貨準備の保有と運用、支払い決済システムの円滑な運営なども担う。EU、各国政府、その他いかなる機関からも独立性を保っている。2019年、国際通貨基金（IMF）元専務理事のラガルド氏が総裁に就任した。

22年2月のロシアによるウクライナ侵攻以降、ロシアからの天然ガス供給に不安感が高まり、インフレが急速に進んだことを受け、ECBは23年9月の理事会で10会合連続の利上げに踏み切り、政策金利は4.50％となっている。

テーマ

② 確認チェック

❶株式と債券の中間の性質を持ったハイブリッド証券の１つで、金融機関が破綻した際の弁済順位が低い代わりに、利回りが高い債券を何というか。▶p.48

❷経済協力開発機構（OECD）加盟国など約140カ国・地域が合意した、企業が最低限負担すべき法人税の割合を15％以上に決めた課税の仕組みを何というか。▶p.53

❸国をまたいで企業・個人情報の収集、移転を伴うモノやサービスの取引が行われることを何というか。▶p.63

❹景気後退期に買い控えていた消費者が、景気回復期に購買意欲を満たそうとして引き起こされる需要を何というか。▶p.65

❺欧州連合（EU）が域内の個人情報の取り扱いについて定めたルールを何というか。▶p.73

答え　❶AT1債（永久劣後債）　❷グローバル・ミニマム課税　❸デジタル貿易
❹ペントアップ（先送り）需要　❺EU一般データ保護規則（GDPR）

テーマ ❸ 国内政治

「新しい資本主義」を掲げ、落ち込んだ経済の回復に努める岸田政権。少子高齢化と人口減少が進む中、「異次元の少子化対策」に取り組むが、社会保障などの課題も山積している。不安定な国際情勢の下、「反撃能力」「防衛費」など安全保障や国家防衛に関する話題も目立つ。本テーマでは、国内政治を理解する上で外せないキーワードを解説する。

2023年国会で成立した重要法案

2023年の通常国会は、1月23日に召集され、150日間の会期で6月21日に閉会した。政府が提出した法案(閣法)は60本で、そのうち58本が成立した。成立率は96.7％で3年続けての高水準となる。なお、23年度予算の一般会計の歳出総額は過去最大の114兆3812億円となった。

23年の通常国会で成立した閣法のうち、政府・与党が重要法案と位置付けていたのが、いわゆる「防衛財源確保法」だ。防衛力を強化するために4.6兆円の税外収入を確保する。このほか、紛争地から逃れてきた人を「準難民」として受け入れる一方、強制送還を厳格に規定する「改正出入国管理法(入管法)」や、健康保険証を廃止してマイナカードに保険証機能を一本化する「改正マイナンバー法」などが成立した。

議員立法で注目を集めたのが、いわゆる「LGBT法」だ。LGBTなど性的少数者の人たちへの理解増進に向けた罰則のない理念法で、自民・公明両党と日本維新の会、国民民主党の4党による与党案の修正を経て成立した。

新しい資本主義

新しい資本主義とは、岸田文雄首相が掲げる経済政策。「『成長と分配の好循環』と『コロナ後の新しい社会の開拓』をコンセプトとした新しい資本主義を実現する」としている。

2021年10月、新しい資本主義の実現に向けたビジョンを示し、その具体化を進めるため、内閣総理大臣を本部長

▶2023年度予算の概要

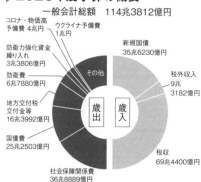

一般会計総額　114兆3812億円

コロナ・物価高予備費 4兆円
ウクライナ予備費 1兆円
防衛力強化資金繰り入れ 3兆3806億円
防衛費 6兆7880億円
地方交付税交付金等 16兆3992億円
国債費 25兆2503億円
社会保障関係費 36兆8889億円
その他
新規国債 35兆6230億円
税外収入 9兆3182億円
税収 69兆4400億円
歳出 歳入

出典:財務省ウェブサイト

▶新しい資本主義のイメージ

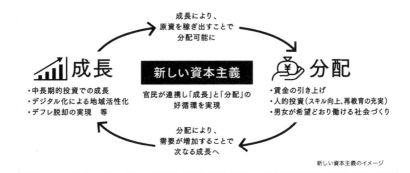

新しい資本主義のイメージ

出典：政府広報オンライン

とする「新しい資本主義実現本部」が設置された。22年6月には、政府の複数年度にわたる計画「新しい資本主義のグランドデザイン及び実行計画」の初版が閣議決定され、23年6月には改定版が閣議決定された。改定版では、新しい資本主義の実現に向けた重点投資分野として、「人への投資・構造的賃上げと『三位一体の労働市場改革の指針』」（リスキリング支援や労働移動の円滑化支援など）や「GX（グリーントランスフォーメーション）・DX（デジタルトランスフォーメーション）等への投資」（半導体や蓄電池、バイオものづくり、データセンターなどを戦略分野に位置付けて支援）のほか、「企業の参入・退出の円滑化とスタートアップ育成5か年計画の推進」「社会的課題を解決する経済社会システムの構築」「資産所得倍増プランと分厚い中間層の形成」などが打ち出された。

安全保障関連法・集団的自衛権

安全保障関連法とは、2016年3月に施行された平和安全法制関連2法（国際平和支援法と平和安全法制整備法）の総称。集団的自衛権は、密接な関係にある他国が武力攻撃を受けた場合に、直接攻撃を受けていない第三国が共に防衛にあたる権利を指す。安全保障関連法の柱は、これまで憲法第9条との関係で「行使できない」と解釈されてきた集団的自衛権の行使について、限定的に容認している点にある。例えば、これまでは日米安保条約によって在日米軍は日本を守るために活動するが、同盟国の米軍が攻撃されたとしても日本の自衛隊は米軍とともに戦うことはできなかった。こうした状況は、日米同盟を空洞化するものではないかという懸念が従来からあった。

安倍前政権は14年7月、緊迫する日

本の安全保障環境に対応するために憲法第9条の解釈を変更し、集団的自衛権の行使の容認を閣議決定。武力行使の新3要件を定めた。①日本と密接な関係にある他国に対する武力攻撃が発生し、日本の存立が脅かされる明白な危険があること（存立危機事態）、②これを排除し、国民を守るために他に適当な手段がないこと、③必要最小限度の実力行使にとどまること――からなり、これらの条件を満たせば集団的自衛権を行使できるようにした。

岸田文雄政権下でも、日本の安全保障政策が大きな転換点を迎えている。岸田政権は22年12月、国家安全保障戦略など安全保障関連3文書（防衛3文書）を閣議決定。相手のミサイル攻撃に対処するため、発射基地などをたたく「反撃能力（敵基地攻撃能力）」の保有が初めて明記された。なお、岸田首相は23年4月の衆議院本会議で、反撃能力の行使と存立危機事態の関係について、「日本と密接な関係にある他国に対する武力攻撃が発生した場合など武力行使の3要件を満たす場合に行使しうる」と述べた。

異次元の少子化対策

異次元の少子化対策とは、岸田文雄首相が掲げる少子化対策。岸田首相は2023年1月に「異次元の少子化対策に挑戦する」と表明。6月に「こども未来戦略方針」を発表し、26年度までに取り組む具体的な施策として「児童手当の所得制限の撤廃」「出産費用の保険適用の導入検討」「こども誰でも通園制度（仮称）の創設」などを盛り込んだ「加速化プラン」を打ち出した。

少子化対策は歴代政権も取り組んできたが、歯止めはかからず、むしろ加速している。このまま少子化と人口減少に歯止めがかからなければ、日本の現在の社会システムを維持し、持続的な経済成長を続けるのは難しいと指摘されている。

政府は「若年人口が急激に減少する30年代に入るまでが少子化対策のラストチャンス」と捉え、加速プランを推

▶少子化対策の具体例と財源
少子化対策の主なメニュー

具体策	24年度にも児童手当を拡充。所得制限を撤廃し高校卒業まで延長。第3子は0歳から高校生まで月3万円
	出産費用の保険適用導入の検討
	奨学金制度の拡充
	育休給付率の引き上げ
	こども誰でも通園制度（仮称）創設
財源の考え方	24年度から3年間の予算は年3兆円台半ば
	28年度までに歳出改革を徹底し、国民に実質的な追加負担を求めない。増税はしない
	企業を含む支援金制度（仮称）創設
	28年度までに安定財源確保。不足分はつなぎ国債

（注）こども未来戦略方針を基に作成
2023年6月14日付日本経済新聞電子版

進する考えだ。ただ、施策を実現するための予算規模は年3.5兆円に上り、どのように安定財源を確保するかが課題となっている。

一票の格差とアダムズ方式

　日本の選挙制度においては、1人の国会議員を選出する有権者の数に大きな開きがある状態が存在してきた。これは「一票の格差」と総称される。一票の格差は、「法の下の平等」を論拠として衆議院議員選挙、参議院議員選挙においては訴訟にも発展しており、近年では「違憲状態」や「違憲」といった司法による判断が示されている。

　2015年には最高裁判所が衆議院議員選挙の定数配分を「違憲状態」と判断した。小選挙区比例代表並立制を取る衆院選では、小選挙区の有権者人口は、都市の過密と地方の過疎の影響を受け、選挙制度の見直しがなされてきた。16年成立の衆院選挙制度改革関連法では、都道府県の人口比をより反映しやすい「アダムズ方式」で議席を配分すると決めた。アダムズ方式とは、各都道府県の人口を「同一の数字」で割った商の小数点以下を切り上げた数を各都道府県の定数にし、この時に使う「同一の数字」は、定数の合計が小選挙区の全議席数になるようにする。

　22年11月、こうした「一票の格差」を是正するため、アダムズ方式により小選挙区の数を「10増10減」する改正公職選挙法が成立した。小選挙区の数

▶衆議院議員選挙の小選挙区の議席配分数の変化

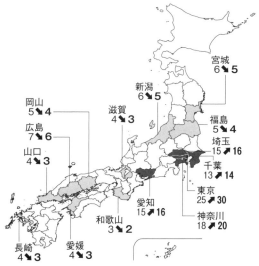

宮城 6↘5
新潟 6↘5
岡山 5↘4
滋賀 4↘3
福島 5↘4
広島 7↘6
埼玉 15↗16
山口 4↘3
千葉 13↗14
東京 25↗30
愛知 15↗16
神奈川 18↗20
和歌山 3↘2
長崎 4↘3
愛媛 4↘3

新聞記事などを基に編集部作成

が変わるのは15都県。数が増えるのは5都県で、東京は5、神奈川は2、埼玉、千葉、愛知はそれぞれ1増える。逆に、数が減るのは10県で、宮城、福島、新潟、滋賀、和歌山、岡山、広島、山口、愛媛、長崎でいずれも1つ減る。また、これにより「一票の格差」は見直し前の最大2.096倍から、1.999倍に縮小する見通し。改正法は22年12月に施行され、以降に公示される衆院選から新たな区割りが適用される。

現在も「一票の格差」を巡る訴訟は続いている。最大2.08倍だった21年10月の衆院選について、最高裁は23年1月に「合憲」との判断を示した。最高裁が衆院選の格差を合憲としたのは1.98倍だった17年の衆院選に続き2回連続。最大3.03倍だった22年7月の参院選も、23年10月に最高裁が「合憲」と結論付けた。

岸田首相襲撃事件

岸田首相襲撃事件とは、2023年4月15日、衆院補欠選挙の応援演説のために和歌山市の雑賀崎漁港を訪れた岸田文雄首相に向け、筒状の爆発物が投げ込まれた事件。岸田首相は無事だったが、聴衆の男性ら2人がけがをした。現場では投げ込まれた爆発物と似た形状の筒がもう1本押収された。和歌山県警は木村隆二容疑者を威力業務妨害容疑で現行犯逮捕し、5月6日に火薬類

取締法違反容疑で再逮捕した。

さらに和歌山県警は8月31日、首相らに対する殺人未遂や、人の身体を害する目的で爆発物を製造・使用した際に適用する爆発物取締罰則違反などの疑いで追送検した。筒状の爆発物は2本とも中に火薬を詰めて蓋で密閉する「パイプ爆弾」で、殺傷能力があったと断定。木村被告は一貫して黙秘を続けてきた。和歌山地検は殺傷能力がある爆発物を投げ込んだことで、殺人未遂罪の適用に不可欠な殺意の立証が可能と判断し、同罪などで起訴した。

岸田内閣

岸田内閣とは、2021年10月4日、自民党の岸田文雄総裁が臨時国会で第100代首相に選出され、自民、公明両党連立で発足した内閣。首相の交代は菅義偉前首相の党総裁任期満了に伴うもので、およそ1年ぶり。

国会での首相指名選挙に先立つ21年9月29日、自民党は菅前首相（自民党前総裁）の後継を選ぶ総裁選を実施。岸田氏が対立候補の河野太郎前規制改革相（当時）、高市早苗元総務相（当時）、野田聖子前幹事長代行（当時）を破って第27代総裁に選ばれ、自民、公明両党が衆議院議席の過半数を占める国会で首相に選出された。

岸田首相は就任直後に「**新しい資本主義**」「**成長と分配の好循環**」を掲げ

て所得増と経済成長の両立を目指す姿勢を示した。また自らの内閣について国民の声を聞く姿勢を強調し「新時代共創内閣」と名付けた。

最初の正念場となった21年10月31日に行われた衆議院議員選挙では、自民単独で261議席を獲得し政権基盤を固めた。22年7月に行われた参議院議員選挙では、自民単独で改選過半数の63議席を獲得して大勝。次の参院選まで衆院解散・総選挙に踏み切らなければ、大型の国政選挙がない「黄金の3年間」と呼ばれる期間となるため、山積した日本の政策課題にどう取り組むかが問われることになった。22年8月10日には、第2次岸田改造内閣が発足した。

報道各社の世論調査によると、岸田内閣の支持率は就任1年後の22年9月に急落。安倍元首相の国葬、自民党議員と旧統一教会との関係などの対応への不信感が募ったことが影響した。23年に入ると、岸田首相のウクライナ訪問や日韓首脳会談、**主要7カ国首脳会議（G7広島サミット）**といった外交成果を背景に高い支持率を維持したものの、23年8月には横ばいか下落の傾向がみられた。9月には第2次岸田再改造内閣が発足。19人の閣僚のうち初入閣は11人。女性閣僚は過去最多に並ぶ5人となったが、副大臣26人、政務官28人のうち女性は0人だった。

合計特殊出生率

合計特殊出生率とは、1人の女性が生涯に産むとされる子どもの人数。その年の15〜49歳の女性の年齢別出生率の合計。人口が長期的に一定とな

▶**出生数および合計特殊出生率の推移**

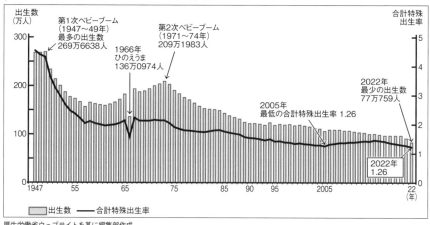

厚生労働省ウェブサイトを基に編集部作成

る水準(人口置換水準)は合計特殊出生率が2.07とされる。しかし、日本では1975年に初めて2.0を割り、2005年には過去最低の1.26まで落ち込んだ。その後は少し上昇に転じたものの、厚生労働省が23年9月に発表した22年の人口動態統計(確定数)における合計特殊出生率は、前年比0.04ポイント減の1.26と7年連続で低下。都道府県別では、ここ数年の傾向と同じく、東京都(1.04)が最も低く、沖縄県(1.70)が最も高くなっている。女性の年齢(5歳階級別)では、45〜49歳以外の階級で減少した。

15年に政府が目標に掲げた「25年度までの希望出生率1.8」は達成できていない。社会や経済の活力を維持するためには、出産や育児の支援、雇用環境の整備などの少子化対策が急務となる。

個人情報保護法

個人情報保護法とは、個人情報の有用性に配慮しながら、個人の権利や利益を守ることを目的とした日本の法律で、2003年に成立。これまでに3度の大きな改正が実施されている。

15年に初めて本格的に改正され、17年に全面施行された。ビッグデータの利用・活用を後押しする政府の成長戦略に沿って、企業が持つ個人データを使いやすくするのが狙い。

従来の保護法では、企業が持つ個人情報の利用目的は、あらかじめ特定して示すのが原則。「相当の関連性がある範囲」なら本人の同意なしに使い道を変えられると定めるが、所管官庁は「相当の関連性」を厳しく解釈するため、企業が個人情報の使い道を後から勝手に変えるのは難しかった。改正法では、解釈が曖昧だった「相当の」を削除し、何らかの「関連性」があれば使い道を変えやすくなった。

個人情報の漏洩防止策として、第三者から個人情報を受け取ったり、第三者に提供したりする場合は、情報を受け渡しする年月日や提供先氏名の記録を作成、一定期間の保存を義務付けている。取り扱う個人情報が5000人以下の事業者も規制対象に加わったほか、不正に利益を得る目的で個人情報データベースなどを提供・盗用する行為を処罰する「個人情報データベース提供罪」も新設された。なお、著しい情報通信技術の進展などを踏まえ、15年の改正では同法の3年ごとの見直し規定が設けられた。

20年の改正(22年4月に全面施行)では、個人の権利または正当な利益が害される恐れがある場合に、自身のデータの利用停止や消去を請求する権利が認められた。短期で消去される個人データも情報開示や利用停止の対象となる。

21年の改正(22年4月〜23年4月に段階的に施行)では、これまで別々に定

められていた民間事業者、国の行政機関、独立行政法人等、地方自治体の機関および地方独立行政法人のルールを集約・一体化するため、行政機関個人情報保護法、独立行政法人等個人情報保護法を個人情報保護法に統合。自治体ごとの個人情報保護制度もこれに統合し、個人情報保護に関する全国的な共通ルールが定められた。

こども家庭庁

こども家庭庁とは、日本の子ども政策の司令塔となる新たな行政機関。2022年6月に関連法案が成立し、23年4月1日に発足した。内閣府の外局に設置し、こども政策担当大臣を置く。政府の基本方針案は当初、「こども庁」の名称を想定していたが、与党から「子育ての基盤は家庭」との声があったため修正された。

日本の子ども政策は「縦割り行政」の弊害が指摘されてきた。例えば子どもに関する施設は、保育所は厚生労働省、幼稚園と学校は文部科学省、認定こども園(幼稚園と保育所の機能を併せ持つ施設)は内閣府など、関係府省がバラバラに担当していたため、政策の無駄や抜け落ちが生まれやすい構造になっていた。子どもへの支援策についても、内閣府が児童手当、厚労省が子育て世帯への給付、文科省が教育関連の助成と異なるため、利用者の使い

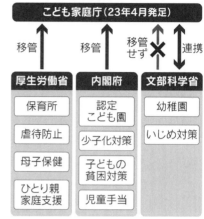

▶こども家庭庁への移管業務
こども家庭庁のイメージ

こども家庭庁(23年4月発足)

厚生労働省	内閣府	文部科学省
保育所	認定こども園	幼稚園
虐待防止	少子化対策	いじめ対策
母子保健	子どもの貧困対策	
ひとり親家庭支援	児童手当	

移管　　移管　　移管せず✕連携

2022年2月25日付日本経済新聞電子版

勝手が悪く受給者が重複するため政策の有効性も検証しづらい。

こども家庭庁には、このように各府省にまたがる子育て政策を集約し、妊娠・出産から初等教育まで一体的に取り組む役割が期待されている。

在外投票

海外に住んでいる日本人(在外邦人)が、海外にいながら国政選挙に投票できる制度を「在外選挙制度」といい、これによる投票を「在外投票」という。在外投票ができるのは、日本国籍を持つ18歳以上の日本国民で、在外選挙人名簿に登録され、在外選挙人証を持つ者。

在外邦人には国政選挙の在外投票が

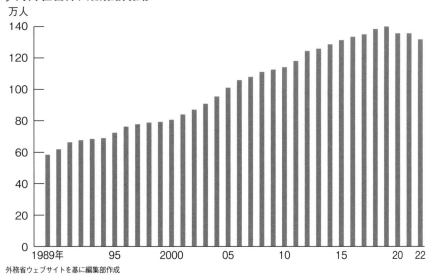

▶海外在留邦人数推計推移

万人

外務省ウェブサイトを基に編集部作成

認められていなかったが、2000年に比例区選挙での在外投票が可能となり、07年には選挙区選挙でも可能となった。しかし手続きの煩雑さなどもあり、在外投票率は22年の参院選では2割程度と国内の半分以下に留まっている。与野党は、在外インターネット投票の解禁などの検討を進めている。

一方、最高裁判所裁判官を解職するか否かを国民投票によって決める「国民審査」については、在外投票が認められない状態が続いている。22年5月、在外邦人が国民審査に投票できないのは憲法違反かどうかが争われた訴訟の上告審判決で、最高裁大法廷は違憲とする初の判断を示し、国会の立法不作為（国家が法律を制定すべきところをその義務を怠り、国民に損害を与える

こと）も認めた。

種苗法

種苗法とは、農産物などの新品種開発者の権利を保護するための法律で、1978年に制定された。新品種を国に登録することによって、その品種を育成する権利（育成者権）を得て25～30年間独占できる（品種登録制度）。

種苗法の一部を改正する法律が、2021年4月から施行され、開発者が種苗の利用を制限できるようになった。品種を登録する際、輸出先国や栽培地域を指定でき、「指定国なし」にすれば海外への持ち出しが禁止される。日本のブランド品種の海外流出を防ぐの

が狙いだ。改正種苗法施行と同時に、農林水産省は海外への持ち出し禁止農産物のリスト（約1900品種）を公表した。これまで、イチゴの「レッドパール」や「章姫」、ブドウの「シャインマスカット」、柑橘類の「デコポン」などが海外に無断流出し、栽培、販売されている。こうした事態は日本の輸出戦略に支障をきたすだけでなく、安い海外品が逆輸入されると、国内製品が売れなくなる可能性もある。農林水産省の試算によると、16年以降、中国に無断で持ち出されたシャインマスカットによって年間100億円以上の損失が出ているという。

一方で、種苗法の改正に懸念の声もあがっている。農家が収穫物から種を取り、次の栽培に使う「自家増殖」に育成者権者の許諾が必要になったから

だ。これについて農林水産省は、許諾や許諾料が必要なのは登録品種のみで、新品種は農業者に利用してもらわなければ意味がないことから、農業者の利用が進まない許諾料となることは考えられないとしている。また、手続きが必要な場合にも、農業者の事務負担が増えないように、県域団体等が一括して許諾を得ることも可能だ。

少年法

少年法とは、少年の健全な育成を図るため、非行少年に対する処分やその手続きなどについて定めた法律。2022年4月1日、罪を犯した18、19歳を「特定少年」として厳罰化する改正少年法が施行された。

▶ **少年による刑法犯等 検挙人員・人口比の推移**

少年の検挙人員（刑法犯・危険運転致死傷・過失運転致死傷等）

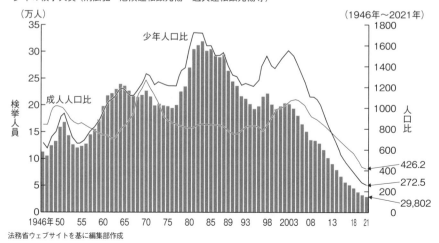

法務省ウェブサイトを基に編集部作成

少年の事件は、20歳以上の事件のように検察官が処分を決めるのではなく、全ての事件が家庭裁判所に送られ、家庭裁判所が処分を決定する。処分は検察官送致（逆送）と保護処分（少年院送致や保護観察など）の2つに大別される。前者は家庭裁判所が刑罰を科すべきと判断した場合に事件を検察官に送るもので、逆送された事件は起訴され、裁判で有罪になれば懲役や罰金などの刑罰が科される。一方、後者は更生を目的とするもので刑罰とは性質が異なる。

従来の少年法の適用年齢は20歳未満だが、選挙権年齢や民法の成人年齢が20歳から18歳に引き下げられ、これらとの整合性が課題となっていた。そこで少年法においても、18、19歳については「特定少年」として、成人と同様の刑事手続きを取る逆送の対象犯罪を拡大し、実名等の報道を一部解禁するなど、17歳以下の少年とは異なる特例を定めることになった。一方、特定少年についても、いったん全件を家庭裁判所に送る現行制度は維持する。

食料安全保障

食料安全保障とは、国連食糧農業機関（FAO）によると「全ての人が、いかなるときにも、活動的で健康的な生活に必要な食生活上のニーズと嗜好を満たすために、十分で安全かつ栄養ある食料を、物理的、社会的及び経済的にも入手可能であるときに達成される状況」である。

日本では「国民に対して、食料安定供給を確保することは国の基本的な責務である」との認識から、「食料・農業・農村基本法」において不測の事態における食料安全保障に関する規定を設け、「国内の農業生産の増大を図ることを基本とし、これと輸入及び備蓄とを適切に組み合わせ」、食料の安定的な供給を確保することとしている。

2022年度の日本の食料自給率は前年度と同じ38％（カロリーベース）と主要国中で極めて低い状態が続いており、食料供給は輸入に大きく依存している。自給率を上げようにも高齢化や後継者不足などにより農業従事者は年々減少。加えて、世界的な人口増加に伴う食料需要の増大や気候変動といった国内外の様々な要因が、日本の食料安定供給に影響を及ぼす可能性がある。

新型コロナウイルスの感染拡大とロシアのウクライナ侵攻の影響で世界的に食料の価格が上昇し、自国向けの供給を優先する国が広がっている。政府は「平時からの国民一人一人の食料安全保障の確立」のために「適正な価格形成に向けた仕組みの構築」などを推進する「食料・農業・農村基本法」の改正を検討。24年通常国会への改正案提出を目指している。

女性活躍推進法

女性活躍推進法とは、女性の職業生活における活躍の推進について定める法律。男女共同参画社会基本法の基本理念にのっとり、2015年8月に成立し、16年4月1日に施行された。これにより、常用労働者が301人以上いる事業主には、女性の活躍に向けた具体的な行動計画の策定などが義務付けられた。19年5月には改正女性活躍推進法が成立し、行動計画の策定義務対象が常用労働者101人以上へ拡大するなどとした。

ただ、日本での職業生活における女性活躍の実現や、多岐にわたる男女格差の解消は厳しい状況が続いている。政府は20年12月に閣議決定した第5次男女共同参画基本計画で、指導的地位に占める女性割合を3割へ引き上げる目標の達成時期を「20年代の可能な限り早期」に先送りした。それまでは「20年までに30%程度」が目標だったが、日本の女性管理職比率は20年時点で1割強にとどまる。**世界経済フォーラム**が男女平等の度合いを調べた「ジェンダー・ギャップ指数」（23年版）でも、日本は過去最低の146カ国中125位で、主要7カ国（G7）中最低ランクが続いている。

こうした中、厚生労働省は22年7月、女性活躍推進法の省令・告示を改正し、常用労働者が301人以上の企業に

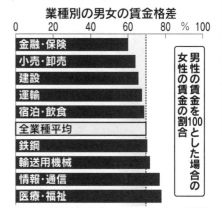

▶男女の賃金格差

業種別の男女の賃金格差

（注）厚生労働省のデータベースを基に作成。全労働者の年間平均賃金で比較。2022年7月8日〜23年7月10日に開示した約7100社が対象

2023年7月13日付日本経済新聞電子版

男女の賃金格差の公表を義務付けた。これを受け、23年7月までに厚生労働省のデータベースに情報を開示した企業は約7100社（300人以下の企業を含む）。全労働者の格差は30.4%、業種別では金融・保険が最大で39.9%だった。

スーパーシティ

スーパーシティとは、人工知能（AI）やビッグデータなどの先端技術を活用し、社会のあり方を根本から変える次世代型都市で、政府が国家戦略特区の1つとして推進している。2020年5月、スーパーシティを整備するための改正国家戦略特別区域法が成立した。

政府の構想するスーパーシティは、

「エネルギーや交通などの個別分野にとどまらず生活全般(キャッシュレス決済やオンライン診療、オンライン授業など)にわたり」「最先端技術の実証を一時的に行うのではなく暮らしに実装し」「技術開発側・供給側の目線でなく住民目線で未来社会の前倒し実現」をするものとしている。

同改正法に基づき特区の指定を受けた自治体は、自らが構想するスーパーシティ実現のため複数の規制改革を一括して進めることが可能となる。政府はスーパーシティ構想を進めたい自治体などを公募し、全国31の自治体が応募。22年3月に開催された国家戦略特区諮問会議において、「スーパーシティ型国家戦略特別区域」としてつくば市(茨城県)と大阪市を、「デジタル田園健康特区(仮称)」として吉備中央町(岡山県)、茅野市(長野県)、加賀市(石川県)を指定することが決定した。

例えば大阪府・大阪市のスーパーシティ構想では、「空飛ぶクルマ」を含む次世代の移動手段やロボット診療支援といった先端ヘルスケアの実用化などを目指している。また、つくば市は24年度の市長選・市議選で、スマホアプリなどを利用した移動式投票所の仕組みを導入する予定だ。

政府安全保障能力強化支援(OSA)

政府安全保障能力強化支援(OSA)とは、日本にとって望ましい安全保障環境を作り出すため、同志国に防衛装備品や軍事インフラなどを無償で提供し安全保障能力の強化を支援する資金協力の枠組み。OSAはOfficial Security Assistanceの略。2022年12月に閣議決定された国家安全保障戦略において定められ、23年4月に国家安全保障会議で導入が決定された。

原則として開発途上国が対象で、次に挙げる3分野での協力を実施する。①法の支配に基づく平和・安定・安全の確保のための能力向上(領海・領空などの警戒監視、テロ対策、海賊対策など)、②人道目的の活動(災害対処・捜索救難・救命、医療、援助物資輸送など)、③国際平和協力活動(PKOに参加するための能力強化)。23年度は

▶**防衛装備移転三原則の内容**

防衛装備移転三原則
①紛争当事国への移転や国連安保理決議に基づく義務への違反などは禁止
②平和貢献・国際協力の積極的な推進や日本の安全保障に資する場合
③目的外使用や第三国移転について日本の事前同意を相手国政府に義務付ける

2022年5月28日付日本経済新聞電子版

フィリピン、マレーシア、バングラデシュ、フィジーの4カ国への支援を予定している。

OSAでは提供するものが防衛装備にあたるか否かを問わず、武器輸出を規制する「防衛装備移転三原則」とその運用指針の枠内で協力する。同三原則は、武器輸出を事実上禁止していた「武器輸出三原則」を14年に見直し、平和貢献など一定条件下での輸出を認めた。運用指針では、輸出目的を非戦闘の①救難、②輸送、③警戒、④監視、⑤掃海の5類型に規定。政府・与党は運用指針を緩和し、5類型に該当する、正当防衛に必要であれば殺傷能力のある装備の輸出も可とするなどの改正を実施する予定だ。

政府は武器輸出を拡大する方針に舵を切っているが、日本から輸出された殺傷兵器が紛争を助長することになる恐れも指摘されており、日本経済新聞社が23年7月に行った世論調査では、武器輸出拡大について反対が51％で賛成38％を上回っている。

全世代型社会保障

全世代型社会保障とは、高齢者だけでなく子どもや子育て世代、現役世代など全ての世代を支えるため、年金・雇用・医療・介護など幅広い分野の社会保障制度がバランスよく提供されること。2019年9月に発足した安倍政権は、この全世代型社会保障の改革を看板政策の1つに掲げ、西村康稔経済再生担当大臣（当時）に全世代型社会保障改革担当大臣を兼務させ、改革の司令塔として「全世代型社会保障検討会議」を新設した。

続く菅政権では20年12月、全世代型社会保障検討会議の最終報告である「全世代型社会保障改革の方針」を閣議決定した。この方針に基づき、21年6月には一定の所得がある75歳以上の後期高齢者の医療費窓口負担を1割から2割に引き上げる「医療制度改革関連法」が成立。単身世帯は年金を含めて年収200万円以上、複数世帯では合計320万円以上が対象になり、22年10月1日から導入された。

21年10月に発足した岸田政権も、翌

▶改正健康保険法の主な内容
改正健康保険法などの成立でこう変わる

後期高齢者
- 年収153万円超の人の保険料を増額
- 出産育児一時金の財源の一部を負担
- 現役世代からの支援金と1人あたりの保険料の伸び率を同水準に

現役世代
- 前期高齢者への拠出金負担を収入に応じた仕組みに

医療・介護
- かかりつけ医の役割を法定化。情報発信強化

2023年5月12日付日本経済新聞 夕刊

11月に「全世代型社会保障構築会議」を立ち上げ、幅広い分野の社会保障制度の改革の議論を進めている。

23年5月には年金収入153万円超の後期高齢者の健康保険料引き上げなどを定めた「改正健康保険法」が成立。保険料引き上げは24年度から段階的に実施、75歳以上の約4割が該当する。

著作権法改正

著作権法は、著作物、実演、レコード、放送、有線放送に関して著作者の権利とこれに隣接する権利を保護することを定めた法律。2020年以降で3度の改正があった。

20年6月、漫画などの海賊版サイト対策を強化する改正著作権法が成立した。インターネット上に無断で公開された全著作物を対象に、これらが違法だと知りながらダウンロードする行為が規制され、悪質な場合は刑事罰を科す。映像や音楽だけでなく、漫画や新聞、雑誌、論文などのダウンロードも規制の対象となったほか、海賊版サイトにつながるリンクを集めた「リーチサイト」の運営も違法となった。

21年5月には、「図書館関係の権利制限規定の見直し」と「放送番組のインターネット同時配信等に係る権利処理の円滑化」を内容とする改正著作権法が成立した。前者では図書館が著作物の一部をメールなどで送信できるよう

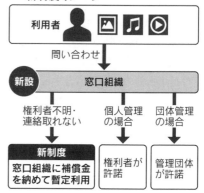

▶未管理著作物裁定制度

権利者不明の著作物二次利用の新制度イメージ

2023年5月17日付日本経済新聞電子版

にし、その際、図書館側に権利者への補償金を支払うことも義務付けた(23年6月施行)。また国立国会図書館が各地の図書館向けに行っている絶版本などのインターネット送信の対象も一般に拡大された。後者では、テレビ番組をインターネットで同時配信しやすいように著作権関係の手続きが簡素化された。

23年5月の改正では、デジタルコンテンツ市場の活性化を狙い、権利者が不明な著作物の二次利用を円滑化する「未管理著作物裁定」制度を新設。窓口組織に補償金と手数料を納めることで作品の暫定利用が可能となる(26年までに施行予定)。

デジタル庁

デジタル庁とは、デジタル社会形成の司令塔となる行政組織。2021年5月に成立したデジタル改革関連法に基づき21年9月に発足した。内閣直属の組織で、トップに内閣総理大臣を据え、担当閣僚のデジタル大臣のほかに事務次官（官僚のトップ）に相当する特別職のデジタル監を置く。22年8月には、第2次岸田改造内閣の発足に伴い、新たなデジタル相に河野太郎氏が就任。23年9月で発足から丸2年を迎え、職員数は約1000人に増加、うち民間出身者は約半数に上る。

業務の最大の柱は国と地方自治体のデジタル化だ。国の情報システムについて基本的な方針を策定し、各省庁にバラバラに配分されていたIT（情報技術）関連予算を一元管理。自治体が個別で運用している行政システムの全国規模のクラウドへの移行を進める。そのほか、マイナンバー制度の拡充、民間・準公共分野のデジタル化、データ利活用、サイバーセキュリティー、デジタル人材の育成・確保などを担う。

組織の拡大に伴い調整や戦略検討を行う経営企画室を設けたほか、23年6月ごろには危機管理体制強化の対策チームを新設。デジタル行政における問題発覚に際し、速やかな対応を図る。

デジタル田園都市国家構想

デジタル田園都市国家構想とは、岸

▶デジタル庁の組織体制

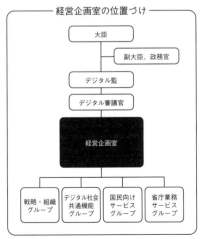

経営企画室の位置づけ

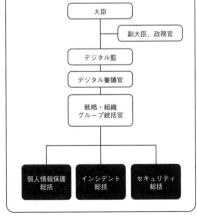

リスクマネジメント体制

出典：デジタル庁ウェブサイト

田文雄首相が掲げる「新しい資本主義」の重要な柱の1つで、デジタル化によって、各地方の様々な社会課題を解決しながら、地域の魅力を向上させるという構想。

2021年11月より、構想の具体化を図るため「デジタル田園都市国家構想実現会議」を開催。議長は内閣総理大臣が、副議長はデジタル田園都市国家構想担当大臣、デジタル大臣、内閣官房長官がそれぞれ務める。22年6月に閣議決定された「デジタル田園都市国家構想基本方針」では、取り組みの方向性として「デジタルの力を活用した地方の社会課題解決」「デジタル田園都市国家構想を支えるハード・ソフトのデジタル基盤整備」「デジタル人材の育成・確保」「誰一人取り残されないための取組」の4つを挙げている。

政府は地方創生推進交付金、地方創生拠点整備交付金、デジタル田園都市国家構想推進交付金の3つの交付金を「デジタル田園都市国家構想交付金」として位置付け、地方自治体の課題解決に対するデジタルを活用した取り組みなどを、分野横断的に支援する。同交付金の支援事業に採択された前橋市では、23年3月に子どもの食品アレルギー事故を防ぐスマホアプリを公開。子ども園での利用を開始しており、今後は幼稚園、小学校などでの展開を目指す。

統合型リゾート(IR)

統合型リゾート(IR)とは、政府の「IR推進会議取りまとめ」によれば「『観光振興に寄与する諸施設』と『カジノ施設』が一体となっている施設群」を指す。IRはIntegrated Resortの略。日本では、カジノは刑法の賭博罪に当たるものとして禁止されてきたが、これを合法とする特定複合観光施設区域整備法(IR整備法)が2018年7月に成立。通称「統合型リゾート(IR)実施法」と呼ばれ、これによりカジノを賭博罪の適用対象から除外し、設置を解禁した。ギャンブル依存症対策として、日本人の入場回数の制限なども盛り込まれた。

20年1月には、カジノ事業者管理を担う「カジノ管理委員会」が設立。全国で最大3カ所の整備地域が選ばれる見込みであることから、東京都(港区台場)、大阪府(大阪市)など様々な自治体が誘致を検討してきた。

しかし、コロナ禍を経て経営環境が激変し、当初の計画通りの経済効果が見込めるか不透明な状況となったため、自治体の誘致活動に変化が生じた。21年8月、横浜市長選でIR誘致反対を掲げる山中竹春氏が当選し、横浜市はIR誘致を撤回。22年4月には、和歌山県議会においてIRの区域整備計画案の国への申請が否決され、和歌山県のIR計画も頓挫した。これにより、国

に整備計画を申請したのは最終的に長崎県と大阪府の2地域のみとなった。

23年4月、国交相は大阪府と大阪市のIR整備計画を認定、今後はカジノ管理委員会がカジノ免許を与えるかの審査を行う。大阪府は当初29年の開業を目指していたが、30年秋ごろまでずれ込む見通しだ。一方、長崎県は審査継続となった。

内閣感染症危機管理統括庁

内閣感染症危機管理統括庁とは、感染症危機に迅速に対応できる体制を整備するため内閣官房に新設された機関。感染症発生時の司令塔機能を担う。新型コロナウイルス感染症対策の初動が遅れた反省を踏まえ、2023年9月に創設された。

統括庁トップの内閣感染症危機管理監には内閣官房副長官が、次長クラスの内閣感染症危機管理対策官には厚生労働省の医務技監が就任し、感染症対策部が置かれる厚生労働省と一体となって対応する。感染症発生時には、政府の感染症対応方針を企画立案し、政府対策本部の下で各省庁の対応を統括し、調整を行う。平時には、感染症対策の実施に関する「政府行動計画」の内容充実化、計画に基づく訓練の実施、各省庁の準備状況の定期確認などを行う。

コロナ禍では、司令塔機能の不足に

▶内閣感染症危機管理統括庁を中心とした司令塔機能の強化

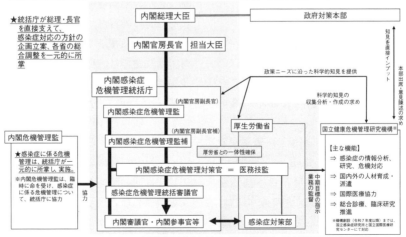

○ 感染症危機への対応に係る司令塔機能を強化し、次の感染症危機に迅速・的確に対応できる体制を整えるため、内閣法を改正し、内閣官房に内閣感染症危機管理統括庁を設置（設置日：令和5年9月1日）

★統括庁が総理・長官を直接支えて、感染症対応の方針の企画立案、各省の総合調整を一元的に所掌

★感染症に係る危機管理は、統括庁が一元的に所掌し、実施。
※内閣危機管理監は、臨時に命を受け、感染症に係る危機管理について、統括庁に協力

★医務技監を結節点として、感染症対策部や、国立健康危機管理研究機構の専門的知見の提供を確保

出典：内閣官房ウェブサイト

よる対策の遅れが指摘された。飲食店への休業要請などでも自治体と国の足並みがそろわず調整が難航。今後は首相の指示権限を強化し、政府対策本部を設置することで感染症の流行初期から自治体などへの対策要請が可能とする。

23年5月には、国立感染症研究所と国立国際医療研究センターを統合し「国立健康危機管理研究機構」を新設する改正法が成立。新機構は政府全額出資の特殊法人として、25年度以降の設立を予定している。感染症の情報分析、研究を行い内閣感染症危機管理統括庁へ情報を提供するほか、人材育成、国際協力、総合診療・臨床研究の推進など、基礎から臨床研究まで一貫して取り組む。

日本国憲法の改正手続に関する法律

1946年11月3日に公布された現在の日本国憲法は、それ以降70年以上にわたって一度も改正されていない。これは、憲法改正の手続きに非常に高いハードルを課しているためといわれており、こうした改正が難しい憲法を硬性憲法ということもある。

憲法改正に関しては、日本国憲法第96条に規定があり、その条文には、「この憲法の改正は、各議院の総議員の3分の2以上の賛成で、国会が、これを発議し、国民に提案してその承認を経なければならない。この承認には、特別の国民投票又は国会の定める選挙の際行われる投票において、その過半数の賛成を必要とする」とある。

これまで、この規定を満たす状況は生まれてこなかった。ところが、憲法改正のための国民投票を規定した「日本国憲法の改正手続に関する法律（憲法改正国民投票法）」が、2007年に成立。さらに14年の衆議院議員選挙、16年の参議院議員選挙の結果、衆参両院で改憲を志向する勢力がそれぞれ3分の2を超え、現在の日本国憲法の成立以降、初めて憲法改正のための条件が整った。

21年6月、憲法改正国民投票法の改正法が成立し、同年9月に施行された。駅や商業施設に「共通投票所」を設けて投票できるようにし、期日前投票の投票時間を柔軟にするもので、国政選挙などの投票環境を定める公職選挙法にそろえる内容だ。

岸田文雄政権下で実施された21年10月の衆院選では、自民・公明の両党と改憲に前向きな日本維新の会、国民民主党を合わせ、3分の2（310議席）を上回った。22年7月の参院選の結果でも、与党をはじめとする改憲に前向きな勢力が3分の2（166議席）以上を維持。岸田政権は同参院選の勝利によって、衆院を解散しない限り、25年参院選まで大型の国政選挙がない「黄金の3年間」を確保したこととなり、政策課題に取り組みやすい環境が整っている。岸田

首相は改憲発議に前向きな姿勢を示しており、今後の改憲議論が進む見通しだ。焦点の1つとなるのが「憲法9条」と「緊急事態条項」だ。自民党は同党の掲げる改憲項目の1つに、自衛隊を憲法に明記することを挙げている。また、戦争やテロ、大規模災害といった非常事態に対処するため、政府の権限を一時的に強化する緊急事態条項の規定も目指している。いずれも反対の声があり、今後の議論の行方が注目される。

日本の人口・少子高齢化

日本の総人口は2008年の1億2808万人をピークに減少しており、2023年5月時点の日本の総人口は1億2448万人となった。国立社会保障・人口問題研究所の「日本の将来推計人口」によると減少は今後も続き、56年には1億人を割り込み、9965万人になると推計されている。

人口減少の背景には、出生数の大幅な減少がある。1971〜74年の第2次ベビーブームをピークに2016年には出生数が100万人を割り込み、22年は統計

▶高齢化の推移と将来推計

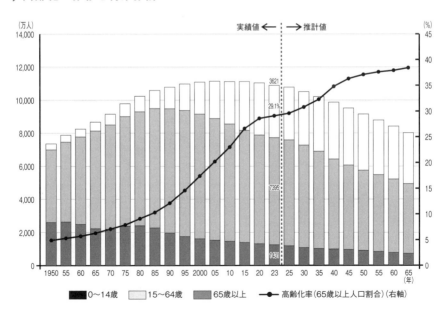

（注）2023年は総務省ウェブサイトを基に作成
出典：内閣府ウェブサイト

開始以降最少の77万759人だった。

一方、高齢化率は上昇を続けている。36年には33.3％と国民の3人に1人が高齢者（65歳以上）となり、65年には38.4％と人口の4割近くが高齢者となる見通しだ。

少子高齢化の背景には平均寿命の伸長、婚姻数の減少など様々な要因があるが、少子高齢化・人口減少が進行した結果、労働人口の減少による経済成長の停滞、現役世代の社会保障費の負担増大、過疎地域での医療をはじめとする様々なサービスの維持困難など、多くの課題が生じる恐れが指摘されている。

岸田文雄首相は23年6月「こども未来戦略方針」を発表した。少子化は日本の社会・経済に関わる先送りのできない課題であるとして、急速に進む少子化、人口減少に歯止めをかけるため、「若い世代の所得を増やす」「社会全体の構造・意識を変える」「全てのこども・子育て世帯を切れ目なく支援する」の3つを柱に、異次元の少子化対策を進める。

反撃能力

反撃能力とは、敵国のミサイル発射基地を攻撃・破壊する能力を指す。以前は「敵基地攻撃能力」と呼ばれていた。日本では1956年に鳩山一郎首相（当時）の国会答弁で言及があり、1990年代以降は、北朝鮮の弾道ミサイルの発射実験を受けて、こうしたミサイルが発射される前に地上で破壊することを念頭に置いた議論が展開されるようになった。

近年は、北朝鮮が核やミサイル開発を着実に進めるだけでなく、中国が東シナ海や南シナ海において力による現状変更の姿勢を強め、ウクライナ侵攻によってロシアの軍事的脅威も懸念されている。日本の安全保障環境が厳しさを増していることを受け、岸田政権は敵基地攻撃能力の保有を検討していた。しかし「敵基地攻撃能力」という呼称は、国際法上違法とされる「先制攻撃」を認めるという誤解を招くと指摘があった。22年4月、自民党安全保障調査会は呼称を「反撃能力」に改称した上で、保有するよう政府に提言し

▶反撃能力と防衛対策

反撃能力とミサイル迎撃体制のイメージ

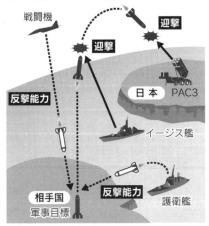

2022年12月9日付日本経済新聞電子版

た。

　日本は相手から攻撃を受けて初めて武力を用いる「専守防衛」の方針を取ることから、反撃能力を保有すれば、専守防衛との整合性が問われる可能性もある。しかし政府は22年12月に閣議決定した国家安全保障戦略で「反撃能力の保有」を明記、防衛費を国内総生産(GDP)比で2%とする方針を打ち出した。

普天間基地移設問題

　普天間基地移設問題とは、沖縄県宜野湾市にある米軍普天間飛行場の移設をめぐる問題を指す。

　普天間基地は宜野湾市街地に取り囲まれた地域に位置。2004年には近隣の大学に米軍のヘリコプターが墜落する事故が起こるなど、市民生活の大きな脅威となっている。こうした状況を解消すべく、1996年の橋本龍太郎首相(当時)とモンデール駐日大使との会談で、普天間基地の移設条件付き返還が合意。移設先として沖縄県内の名護市辺野古が取り上げられるようになった。

　2009年の政権交代後、鳩山由紀夫政権は、移設先を最低でも県外としていたが、最終的には県内の辺野古移設の方針を示した。12年12月発足の第2次安倍政権は、辺野古移設を引き継いで移設手続きを進めたが、14年に沖縄県

知事となった翁長雄志前知事は、辺野古埋め立て承認を取り消した。

　18年9月の沖縄県知事選では、基地移設反対派の玉城デニー氏が当選したが、18年10月、石井啓一国土交通相(当時)が工事を再開すると発表。19年4月には承認撤回を取り消し、工事の正当性を主張した。これに対して沖縄県側は承認撤回の取り消し裁決は違法だとして、19年7月に福岡高裁那覇支部に、19年8月には那覇地裁にそれぞれ提訴。前者の訴えは却下されたため、県は最高裁に上告したが、20年3月に棄却され敗訴が確定した。後者は20年11月に訴えが却下され、21年12月の二審(福岡高裁那覇支部)でも県の控訴が棄却。最高裁に上告したが22年12月敗訴が確定した。

　沖縄県では那覇市長選をはじめ、22年に行われたすべての市長選挙で、基地移設反対を訴える「オール沖縄」系候補を抑えて自公系候補が勝利。暮らしや経済を重視する市民の意識の変化がうかがえ、基地移設問題は新たな局面を迎えている。

防衛費

　防衛費とは、防衛装備品の取得費や自衛隊の維持運営のための経費など、防衛省が所管する予算のこと。防衛省は2024年度予算の概算要求で過去最大の7兆7385億円を計上した。政府は防

衛費の目安を国内総生産（GDP）の1％以内とし、歴代内閣はおおむね1％以内に収めてきたが、岸田文雄政権は22年12月に「国家安全保障戦略」「国家防衛戦略」「防衛力整備計画」の安全保障関連戦略文書（防衛3文書）を閣議決定し、23〜27年度の5年間で防衛費を43兆円に増額、対GDP比2％とする方針を打ち出した。

防衛費が拡大しているのは、ロシアによるウクライナ侵攻、中国による一方的な現状変更やその試み、北朝鮮の弾道ミサイル発射の挑発行為など、日本を取り巻く安全保障環境が厳しさを増しているためだ。24年度の概算要求では、スタンド・オフ防衛能力、統合防空ミサイル防衛能力など、防衛力の抜本的強化で重視する7つの能力分野を柱として予算を編成。反撃能力の手段となる長射程ミサイルの取得費や、NTTが実用化を目指す次世代通信網「IOWN（アイオン）」の活用に向けた調

査費も盛り込んだ。

増大化する防衛費の財源を確保するため、23年6月に「防衛財源確保法」が成立。税収以外を積み立てる「防衛力強化資金」を創設し、14.6兆円ほどの追加確保を目指す。同月発表された「経済財政運営と改革の基本方針2023（骨太の方針）」では、24年からとされていた防衛費確保のための増税を25年以降に先送りすることも記された。

補正予算

補正予算とは、4月から翌年3月までの1年間に対応する「本予算（当初予算）」が成立した後に、本予算の内容を途中で補うために編成する予算。国の施策は当初予算で計画された収支で実施するのが原則だが、自然災害の発生や景気の急激な落ち込みなど、予算の不足や内容変更の必要が生じた場合に組まれる。これまでも2009年のリーマン・ショックや11年の東日本大震災、16年の熊本地震の際には、大幅な補正予算の上積みが行われた。

20年度は新型コロナ対策のため、20年4月に第1次補正予算、6月に第2次補正予算、21年1月に第3次補正予算が組まれた。政府は過去20年以上、毎年度、補正予算を編成してきたが、本予算がスタートした直後に立て続けに組むのは珍しく、それだけ事態が切迫していたといえる。21年度補正予算でも

▶防衛費の当初予算と概算要求

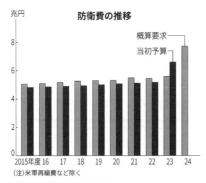

防衛費の推移

兆円

概算要求
当初予算

2015年度 16 17 18 19 20 21 22 23 24
（注）米軍再編費など除く

2023年9月1日付日本経済新聞 朝刊

新型コロナウイルス対策などが盛り込まれ、一般会計の追加歳出の総額は補正予算として過去最大の35兆9895億円となった。

22年度は5月に第1次補正予算が成立、物価高騰への対策などが盛り込まれ、一般会計の総額は2兆7009億円となった。同年12月に成立した第2次補正予算では、一般会計の総額が一度の予算では過去最大の28.9兆円となった。経済対策に6兆円を充てるとしたが、使途の決まらない予備費や基金が総額の47%を占めた。補正予算は本来、緊急対策として編成されるものであり、予算編成の矛盾も指摘されている。

テーマ
③ 確認チェック

❶ 2023年4月15日、岸田文雄首相の選挙応援演説会場に爆発物が投げ込まれる事件が起きた。どこの都道府県か。▶p.80

❷「平和・安定・安全の確保のための能力向上（テロ対策など）」「人道支援」「国際平和協力」の3分野に限り、同志国の軍に防衛装備品を無償で供与する制度を何というか。▶p.88

❸ 2023年9月に発足した、感染症が流行した際の司令塔の役割を担う組織を何というか。
▶p.93

❹岸田文雄首相が異次元の少子化対策を打ち出す一方、2022年の出生数は初めて［　　　］人を割り込んだ。▶p.95

❺防衛費の目安について歴代内閣は国内総生産（GDP）の1%以内としてきたが、岸田内閣は対GDP比［　　　］%とする方針を打ち出した。▶p.97

答え　❶和歌山県　❷政府安全保障能力強化支援（OSA）　❸内閣感染症危機管理統括庁
❹80万　❺2

❹ 国際社会

ロシアによるウクライナ侵攻が長期化し、不安定な状況が続いていた2023年。秋にはイスラエルとハマスの衝突も起こり、中東情勢も混迷を極めている。米国のバイデン政権や中国の習近平政権をはじめ、複雑に利害が絡み合う各国の動きからも目を離せない。「世界で今、何が起きているのか。背景には何があるのか」に目を向けて正しく現状を理解できると、今後の国際社会の流れをつかめるだろう。

SDGs（持続可能な開発目標）

SDGs（持続可能な開発目標）とは、「誰一人取り残さない」を理念に、持続可能でよりよい世界を目指すため、国連加盟国が2016～30年の15年間のうちに達成を目指す国際社会共通の目標。SDGsはSustainable Development Goalsの略称。

経済、社会、環境という3つの側面でバランスが取れた世界を目指すため、17の目標と169のターゲット（達成基準）が掲げられた。15年の国連サミットにおいて全会一致で採択された「持続可能な開発のための2030アジェンダ」に記載された。

歴史的転換点となったのが、1992年にブラジルで開かれた地球サミットだ。持続可能な開発に関する行動の基本原則である「リオ宣言」と、実行に移すための行動綱領「アジェンダ21」を採択。2001年には「ミレニアム開発目標（MDGs）」が策定され、その後継としてSDGsが生まれた。

国連の研究組織がまとめた23年の「SDGs達成度ランキング」（166カ国中）では、フィンランドが3年連続トップだった。2位はスウェーデン、3位はデンマークなどと北欧や欧州諸国が上位を占めた。日本は21位で、17年の11位をピークに下がり続けている。とりわけ、「5：ジェンダー平等」「12：つくる責任 つかう責任」「13：気候変動」

▶SDGsの17の目標

1	貧困をなくそう
2	飢餓をゼロに
3	すべての人に健康と福祉を
4	質の高い教育をみんなに
5	ジェンダー平等を実現しよう
6	安全な水とトイレを世界中に
7	エネルギーをみんなに　そしてクリーンに
8	働きがいも経済成長も
9	産業と技術革新の基礎をつくろう
10	人や国の不平等をなくそう
11	住み続けられるまちづくりを
12	つくる責任 つかう責任
13	気候変動に具体的な対策を
14	海の豊かさを守ろう
15	陸の豊かさも守ろう
16	平和と公正をすべての人に
17	パートナーシップで目標を達成しよう

出典：外務省ウェブサイト

「14：海の豊かさ」「15：陸の豊かさ」の5つの目標では「深刻な課題がある」とされる最低評価だった。

SDGsの達成状況を世界全体でみると、新型コロナウイルスの感染拡大やロシアのウクライナ侵攻の影響で食料不足などが広がり、とりわけ低所得国で停滞、後退の傾向をみせている。

日本政府は21年6月に自発的国家レビュー（VNR）を作成し、日本の進捗状況を評価・報告。21年末には「SDGsアクションプラン2022」を発表し、30年までの目標達成に向けて取り組みを加速していく決意を示している。投資家も企業のSDGsへの取り組みを**ESG投資**の判断材料の1つとしていることから、企業経営への一層の活用が求められている。

核軍縮

核軍縮とは、核軍備を段階的に縮小、削減していき、最終的には廃絶を目指す政府間や国際組織の取り組み。ウクライナに軍事侵攻したロシアの**プーチン大統領**が核による威嚇を繰り返し、核兵器使用のリスクが高まっているとされ、核軍縮の流れには逆風が吹いている。

核兵器や生物・化学兵器を含む大量破壊兵器廃絶に向けた動きは冷戦終結後、少しずつ進展してきた。米国とソ連（当時）は1991年、戦略兵器削減条約（START）に調印。92年には、国連軍縮会議で化学兵器禁止条約が採択され、97年には対人地雷禁止条約、2008年にはクラスター爆弾禁止条約が採択された。一方、インドとパキスタンが1998年に相次いで核実験を行い、2006年には北朝鮮も核実験を実施。イスラエルも核兵器を保有しているとみられ、イランやシリアも核開発が疑われている。

「核なき世界」を目指す国連は17年、**核兵器禁止条約**を採択。核兵器の開発、使用、保有を法的に全面禁止する画期的な条約で21年1月に発効した。22年6月には第1回締約国会議が開かれ、23年9月現在、69カ国・地域が批准している。一方、米英仏などの核保有国は参加せず、米国の「核の傘」の下にある日本や韓国も参加していない。

米国とロシアの核軍縮条約である新戦略兵器削減条約（新START）は、21年2月の失効直前に両国が5年間の延長で合意。しかし、ウクライナに侵攻したロシアのプーチン大統領は23年2月、新STARTの義務履行を一時停止する法律に署名し、核戦力を増強する可能性をちらつかせて威嚇している。

23年5月に被爆地・広島で開かれた**主要7カ国首脳会議（G7サミット）**では、初めて核軍縮に焦点をあてた共同文書「広島ビジョン」を発表。しかし被爆者7団体からは、「核抑止体制の維持をうたい、期待にほど遠い」との批

判が出るなど評価が分かれた。

核兵器禁止条約

　核兵器禁止条約とは、核兵器の開発、製造、保有、使用を法的に全面禁止する国際条約。核兵器の実験や移転、使用を示唆する威嚇までも禁止の対象とし、核被害者の支援や環境修復も求めている。英名「Treaty on the Prohibition of Nuclear Weapons」の頭文字を取ってTPNWと略される。122カ国・地域の賛成を得て、2017年7月に国連で採択された。

　23年9月までに69カ国・地域が批准しているが、核保有国の米国、英国、フランス、中国、ロシア、インドなどは参加していない。日本は唯一の戦争被爆国として核廃絶を目指しながらも、核保有国の不参加や米国の核抑止力に依存する立場から、参加に慎重な姿勢を示している。同様に米国の核の傘に頼る韓国や北大西洋条約機構（NATO）加盟国も参加していない。

　ストックホルム国際平和研究所の推定では、事実上、核兵器を保有する国はインドやイスラエル、北朝鮮などを加え9カ国。世界には1万2705発の核弾頭があり（22年1月時点）、米国とロシアが9割弱を占める。その削減を目指して米国とロシアが結んだ新戦略兵器削減条約（新START）は23年2月、ロシアが一時的に履行を停止したことで先

▶**核保有国が所持する核弾頭数**

世界の核弾頭数	
ロシア	5977
米国	5428
中国	350
フランス	290
英国	225
パキスタン	165
インド	160
イスラエル	90
北朝鮮	20

(注) 2022年1月時点。単位は発
(出所) ストックホルム国際平和研究所
2023年4月30日付日本経済新聞電子版

行きに暗雲が垂れ込めている。冷戦後から続いてきた核軍縮の流れが変わる可能性も指摘されている。

　第1回締約国会議は22年6月にオーストリアのウィーンで開かれ、核廃絶の意思を示す「ウィーン宣言」と、条約履行への具体的な取り組みを示した行動計画が採択されたが、非締約国からオブザーバーとして出席したドイツやスウェーデンは条約の問題点を指摘。核保有国や日本はオブザーバーとしても出席を見送った。

極右政党

　極右政党とは、極端に右翼的な思想を持つ政治団体。思想傾向として、保守主義、排外主義、民族主義、全体主義、国家主義、ポピュリズム（大衆迎合主義）などが挙げられる。典型的な政治形態にファシズムやナチズムがある。

　1920〜30年代の欧州やアジア、南米諸国では、極右団体の台頭とともにファシズム運動が広がり、ドイツ、イタリア、日本を中心とするファシズム諸国と、それに対する米国、英国、ソ連（当時）などの連合国が争う第2次世界大戦へと発展した。

　21世紀に入り、欧州諸国では2008年のリーマン・ショック後の失業率上昇や緊縮財政政策による社会保障への不満、移民の増加などを背景に、極右政党が勢いを増している。その多くをカリスマ的指導者が率い、反グローバリズムや移民排斥を主張している。

　特に注目を集めたのが、22年4月のフランス大統領選で極右政党・国民連合（旧国民戦線）党首のマリーヌ・ルペン氏がみせた躍進である。決選投票で現職のエマニュエル・マクロン氏に敗れはしたものの、家計の購買力強化を訴えるルペン氏は労働者層の支持を伸ばし、17年の大統領選から両者の得票率の差は15ポイント近く縮まった。さらに、22年6月のフランス国民議会（下院）選挙では国民連合が議席数を8から89へと広げ、極右支持層が拡大していることを示している。

グリーンリカバリー（緑の復興）

　グリーンリカバリー（緑の復興）とは、環境（グリーン）分野への重点的な投資によって、新型コロナウイルスの感染拡大による停滞した経済を復興（リカバリー）させようとする動き。国際的に注目されている景気浮上策で、成長から脱成長への「パラダイム転換」という見方もされる。以前から欧州連合（EU）が熱心で、加盟国のドイツやフランスは既に脱炭素を中心とした具体的な施策を打ち出している。

　コロナ禍の拡大による経済活動の縮小は、奇しくも世界の人々に「きれいな空気」を再認識させることになった。実際、化石燃料に由来する大気汚染物質が減少したという報告が各国から寄せられているという。コロナ危機以前の社会に戻るのではなく、気候変動対策を軸とした新しい社会のあり方を模索しようとする動きと、環境汚染抑制につながるグリーンリカバリーの理念・活動は一致する。具体的には、2015年9月に国連サミットで採択されたSDGs（持続可能な開発目標）と15年12月に第21回気候変動枠組み条約締結国会議（COP21）で採択された「パリ協定」が指標になるとされる。

日本は化石燃料への依存度が高いため、これまで及び腰だったが、20年11月に開かれた20カ国・地域首脳会議（G20サミット）で、菅義偉首相（当時）が「50年までに**温暖化ガス（温室効果ガス）の実質排出ゼロを目指す**」と表明。20年12月には脱炭素化を持続的な経済成長につなげる「グリーン成長戦略」を策定し、産業界への支援を開始している。

世界の女性リーダー

世界では、女性の政財界への進出が徐々に広がっている。国際的な議員交流団体である列国議会同盟（IPU）によると、世界の国会議員のうち女性が占める割合は26.5％（2023年1月時点）。前年比では微増にとどまったものの、1995年の11.3％に比べると2倍以上に増えている。とりわけ北欧が45.7％と比率の高さが目立つ。主要国における企業の女性取締役率（2022年）をみても、フランス45.2％、英国40.9％、ドイツ37.2％となっている。日本はいずれも大きく立ち遅れており、内閣府によると女性の国会議員の割合は15.4％（22年）、東証プライム上場企業の女性役員比率が11.4％（23年）にとどまっている。

欧米の政治家トップをみると、22年にはフランスでエリザベット・ボルヌ氏が30年ぶり2人目の女性首相に、イタリアでもジョルジャ・メローニ氏が初の女性首相に就任した。エストニアでは21年にカヤ・カラス首相、デンマークでは19年にメッテ・フレデリクセン首相、ギリシャでは20年にカテリナ・サケラロプル大統領と、女性が政権を動かす国はもはや珍しくない。

一方で近年は注目された各国の女性首脳の辞任が相次いだ。英国では22年、退陣したボリス・ジョンソン氏の後を受け、リズ・トラス氏が与党保守党の党首選を制し、サッチャー氏、メイ氏に続く3人目の女性首相に就任。だが、看板政策として打ち出した大型減税が英通貨と国債急落を招くなど市場が混乱、政権発足からわずか44日で辞任に追い込まれた。フィンランドでは19年12月、サンナ・マリン氏がわずか34歳で首相に就任し、世界最年少の指導者として注目を集めたが、23年4月の議会選で与党が敗れると、責任を取る形で辞任した。

37歳の若さで17年にニュージーランド首相に就任したジャシンダ・アーダーン氏は、新型コロナウイルス感染拡大の封じ込めなどで優れた発信力が高い評価を受けたが、23年1月に突然、「余力が底をついた」として辞意を表明した。

世界の人口

世界の総人口は国連の推計によると、2022年11月15日に80億人を突破し

た。妊産婦死亡率が低下し、平均余命も1990年以降に10歳近く延びた影響が大きいという。国連は同日を「80億人の日」と定め、人口動態の現状や社会が直面している課題について考えるよう呼びかけた。

国連人口基金(UNFPA)がまとめた「世界人口白書2023」によると、23年の世界人口は80億4500万人で、前年より7000万人増加。15年後の37年には90億人に達する見通しだ。その後については諸説あるが、国連は2100年までにピークの104億人に達するとみている。

一方で、世界人口の3分の2は少子化社会で暮らしているといい、人口爆発と人口減少が同時進行している状況だ。今後の人口増加の半分はアフリカ・アジアの8カ国に集中しており、人口ランキングが大きく入れ替わる見通し。実際、インドが23年半ばに、これまで世界最多だった中国(14億2570万人)を抜いて、世界一の人口大国になったと推計されている。

デリスキング

デリスキングとは、リスクの軽減や回避を図りつつ、関係を維持すること。関係を断って連動させないようにする「デカップリング(分断)」に代わり、新たに登場した概念。具体的には、重要なサプライチェーンで中国への過度な依存から脱却し、最先端の技術や製品が中国に流出することを防ぎつつも、経済関係は維持していくことを指す。今後の対中関係で目指すべき方向性を語る際に、欧米首脳らがしばしば用いる言葉だ。

対中貿易規制について、バイデン米大統領が中国からの「デカップリング」ではなく「デリスキング」を強調するようになった背景には、対中ビジネスが断たれることを不安視する同盟国への配慮があったとされる。この言葉をよく用いることで知られる欧州連合(EU)のフォンデアライエン欧州委員長は、中国は重要な貿易相手国であり、「デカップリング」は欧州の利益に見合わないという考えを持っているとされる。2023年5月に広島で開かれた主要7カ国首脳会議(G7広島サミット)でも、首脳宣言の中に「デカップリングではなく、多様化、パートナーシップの深化及びデリスキングに基づく経済的強靭性及び経済安全保障」を目指す内容が盛り込まれた。

これに対し、中国側は「デリスキングは偽装されたデカップリングだ」と反発。23年6月にドイツを訪れた中国の李強(リー・チャン)首相もリスク回避の正当性は認めつつも、それは政府ではなく財界が決めるべきで、リスクは誇張されるべきではない、と主張した。

ウクライナ情勢

エネルギー安全保障

エネルギー安全保障とは、一国の社会経済活動に必要な石油や天然ガスなどのエネルギーを、妥当な価格で安定的に確保すること。2022年2月にウクライナ侵攻を始めたロシアが、欧米からの経済制裁に対抗すべく、国内資源の輸出を武器のように戦略的に利用し始めたことから、特定の国にエネルギー依存することのリスクが広く再認識された。

世界で強く意識されるようになったきっかけは、1970年代の石油危機だ。各国が協調して対応しようと、先進国を中心に国際エネルギー機関（IEA）を創設。今回、ロシアのウクライナ侵攻で国際エネルギー市場が逼迫すると、日米欧はこのIEAの呼びかけに応じて2022年3月、石油備蓄の協調放出を決定した。8月には先進7カ国（G7）外相が「エネルギーを地政学的な威圧の手段として利用しようとするロシアの試みを非難する」とのエネルギー安全保障に関する声明を出した。

資源大国ロシアは原油で世界3位、天然ガスで世界2位の生産量を誇る。世界的な「液化天然ガス（LNG）争奪戦」は25年頃にかけて加熱するとみられ、アジアでは高騰するLNGの購入をやめ、計画停電を実施する国も現れている。

地下資源に乏しい日本のエネルギー自給率は13.3％（21年）とG7の中でも最低だ。輸入先の多角化を進めてロシア依存を減らし、安定的で持続可能なエネルギーの供給手段を確保していくことが求められている。

欧州のエネルギー事情

欧州のエネルギー事情は、欧州連合（EU）が再生可能エネルギーへの転換を積極的に進めているが、2021年のエネルギー構成に占める割合は21.8％にとどまっている。EU域外からの化石燃料輸入、とりわけ陸続きであるロシアへの依存度が高いのが特徴で、EUの21年における天然ガス全輸入の45％、原油の27％、石炭の46％をロシア産が占めた。

天然ガスでロシア依存が目立つのは、ロシア北西部からバルト海海底

▶ノルドストリーム

2023年3月9日付日本経済新聞電子版

を通ってドイツにいたるパイプライン「ノルドストリーム」が通じているためだ。年間550億立方メートルの輸送が可能で、欧州は夏場に在庫を蓄え、暖房需要が高まる冬場に放出して、やり繰りしてきた。

ロシアのウクライナ侵攻を受け、欧州委員会は22年3月、**エネルギー安全保障**の観点から、輸入先の多角化や再生可能エネルギーの推進により、30年までにロシア産化石燃料からの脱却を目指す「リパワーEU」計画の概要を発表。EU理事会は23年3月、EU全体で30年の再生エネルギー比率を、現状の2倍近い42.5％に引き上げることで政治合意した、と発表した。

北大西洋条約機構（NATO）

北大西洋条約機構（NATO）とは、米国、カナダと欧州諸国によって、1949年に設立された集団防衛機構。加盟国の領土・国民の防衛を目的とし、「集団防衛」「危機管理」「協調的安全保障」の3項を中核的任務に掲げている。原加盟国は12カ国で、社会主義陣営に対抗する自由主義陣営の集団防衛機構という位置付けだった。

しかし、社会主義陣営を率いるソ連（当時）が1991年に崩壊すると、旧ソ連圏からNATOに加盟する国が続出。1999年にはポーランドなど東欧3カ国、2004年にはバルト3国とブルガリアなどが加盟し、冷戦時代には旧東ドイツ

▶**NATO加盟・申請国**

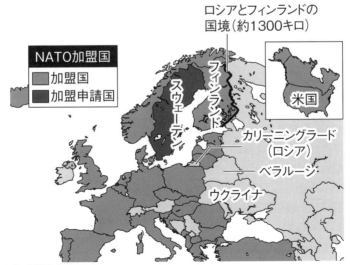

ロシアとフィンランドの国境（約1300キロ）

NATO加盟国
加盟国
加盟申請国

フィンランド
スウェーデン
米国
カリーニングラード（ロシア）
ベラルージ
ウクライナ

新聞記事などを基に編集部作成

にまで及んでいた旧ソ連の影響圏は後退を続けた。ロシアにとっては、ウクライナがNATOとの最後の「緩衝地帯」となっていた。

NATOの東方拡大を「脅威」とみなすプーチン大統領は、「NATOが1990年代に『東方には1インチも拡大しない』と約束していたのにだまされた」として強い不満を漏らしてきた。ウクライナに侵攻した理由の一つには、NATO加盟を阻止する目的があったとされる。

これに対しNATOは、侵攻後の22年6月に開いた首脳会議でロシアへの対決姿勢を明確に示し、ウクライナへの包括的支援や東欧におけるNATO軍増強を確認。23年4月にはフィンランドの加盟を正式に認め、NATOは31カ国体制となった。スウェーデンが32カ国目の加盟国となる見通しだが、加盟を巡って駆け引きが続いている。

クリミア併合

クリミア併合とは、ロシアが2014年3月、ウクライナの領土だった同国南部クリミア半島を自国領に組み入れたこと。半島を構成するクリミア自治共和国とセバストポリ特別市で「ロシア連邦への編入」を問う住民投票が行われ、9割以上が賛成。これをもってロシアは併合を決め、実効支配を始めたが、欧米はこれを認めていない。

発端は、親ロシア派のヤヌコビッチ大統領が13年11月、欧州連合(EU)との連合協定署名を土壇場で取りやめたことだった。反発する市民らが首都の独立広場(マイダン)に集まり抗議、治安部隊と衝突し、14年2月には大統領がロシアに逃亡した。

「マイダン革命」とも呼ばれるこの政変は、ロシア系住民が6割を占めるクリミアでは反発を招き、ウクライナからの分離運動が起きた。ロシア編入を問う住民投票はロシアの軍事介入下で実施され、2日後、クリミア編入条約がクレムリンで調印された。

22年2月にロシアがウクライナ侵攻を始めた当初、ウクライナ側は停戦協議の中で、全面侵攻が始まる以前の状態までのロシア軍撤退を求めたものの、クリミアについては時間をかけて協議するとしていた。しかし、ウクライナのゼレンスキー大統領は22年8月、

▶クリミア半島はロシアが実効支配

クリミア半島をめぐる主な経緯	
2014年2月	ウクライナで親ロシア派政権が崩壊。ロシアがクリミア侵攻
3月	ロシアが「住民投票」を実施し一方的に併合を宣言。米欧が対ロ制裁
18年5月	ロシアが同国とクリミアを結ぶ橋を開通
11月	クリミア近海でロシアがウクライナ艦船を拿捕(だほ)
22年2月	ロシアがウクライナに再侵攻。クリミアから南部に進軍し占領
8月	クリミアにあるロシアの軍事拠点で爆発相次ぐ

2022年8月22日付日本経済新聞電子版

「あらゆる手段を使って奪還する」と述べ、態度を硬化。22年2月のロシアによるウクライナ侵攻後、ロシア本土とつなぐクリミア大橋が22年10月と23年7月、ウクライナ軍の攻撃によって損傷を受けた。この件について、ウクライナ政府幹部は同国特殊機関による攻撃と認めている。

サハリン2

サハリン2とは、ロシア極東サハリンで行われている石油・天然ガスの大規模開発プロジェクト。オホーツク海の大陸棚で採掘された天然ガスはパイプラインでサハリン南部に運ばれ、**液化天然ガス（LNG）**専用タンカーで輸出されている。日本からは三井物産と三菱商事が出資。サハリン2からのLNG供給量は日本の全輸入量の9.5％にあたり、政府もエネルギーの安定確保のため重要な存在と位置付けている。

ソ連崩壊後の1990年代初頭、外国資本によりサハリン1・2の開発事業がスタート。サハリン2は2006年、ロシア政府が環境保全を理由に計画を突如停止した後、開発・運営にロシア国営企業ガスプロムを参加させることを条件に再開した経緯がある（サハリン2事件）。出荷開始は石油が08年、LNGが09年。生産するLNGの6割を地理的に近い日本に輸出している。

日本から見ると、LNGの輸入先（22年）としてはオーストラリア（42.7％）、マレーシア（16.7％）に次いでロシア（サハリン2）は3位（9.5％）で、総発電量の約3％にあたる存在だ。

ウクライナ侵攻後の22年8月、ロシアは大統領令により、サハリン2の運営を新会社（ロシア法人）に移したが、三井物産と三菱商事も継続して参加することが認められた。出資比率は旧会社と変わらず三井が12.5％、三菱が10％。しかし、撤退した英大手シェル分の約27.5％をロシアのガス大手ノバテクが取得した結果、筆頭株主のガスプロム分の約50％と合わせロシア側の出資比率は8割に迫り、日本側2社の影響力低下が懸念されている。供給量削減や突然の供給停止などの不安は解消されていない。

新冷戦

新冷戦とは、第2次世界大戦後に東側諸国（社会主義）と西側諸国（資本主義）が世界を二分した冷戦期との類似点を捉え、ウクライナ侵攻で大国復活の野望をのぞかせたロシアと、**北大西洋条約機構（NATO）**や**欧州連合（EU）**を軸に結束する欧米との対立を指す。ロシアへの経済制裁には日本や韓国などアジア諸国も参加しており、専制国家（ロシア、中国）と民主主義・自由主義国家（欧米）との分裂が深まっている。

冷戦は第2次大戦直後に始まり、社会主義の旧ソ連と資本主義の米国が核戦力を背景に世界の覇権を争った。両国が直接、戦火を交えることはなく、1989年の「ベルリンの壁」崩壊とともに冷戦は終結。その後、旧ソ連圏のバルト3国や東欧諸国が相次いでNATOやEUに加盟し、かつて旧東ドイツまで及んでいた旧ソ連の影響圏は現ロシアの隣国ウクライナとベラルーシにまで後退した。

NATOのさらなる東方拡大を嫌うロシアのプーチン大統領は2022年2月のウクライナ侵攻後、核兵器使用の可能性を何度もちらつかせて、欧米に脅しをかけた。「これ以上、NATOを拡大しないという法的拘束力のある確約」「ロシア国境近くに攻撃兵器を配備しない」ことも要求。ロシア寄りの立場をとる中国、北朝鮮には接近を図っている。

一方、ロシアを「最も重大かつ直接の脅威」と呼ぶNATOは23年7月に首脳会議を開き、ウクライナを結束して支援していく姿勢を明確にしながらも、ウクライナが求めるNATO加盟への具体的な日程は示さなかった。

ゼレンスキー大統領

ウォロディミル・ゼレンスキーは、ウクライナの第6代大統領。

1978年、ウクライナ南部クリブイリフで生まれた。地元の経済大学で法律を学んだ後、同級生らと劇団「第95街区」を旗揚げしてコメディー俳優になり、脚本も手がけた。2015年からテレビ放映された政治風刺ドラマ「国民のしもべ」で、予期せず大統領に選ばれる正義感あふれる高校教師を演じて人気が沸騰。18年に「国民のしもべ」と命名した政党を立ち上げ、19年の大統領選に出馬すると圧倒的な勝利を収め、ドラマを地でいく人生を歩み始めた。

ただ、政治経験がなく、経済再建や汚職対策で成果を出せなかったことから支持率は落ちていた。22年2月にロシアの軍事侵攻が始まると一転、大国ロシア相手に一歩も引かない勇敢さと覚悟を示して抵抗の象徴となり、支持率は4割から9割に急上昇。侵攻直後、米国からは国外への退避勧告も受けていたが、これを拒否して「必要なのは銃弾だ」と答えたという。

ゼレンスキー大統領の武器はSNS（交流サイト）だ。強いメッセージを込めた動画を日々公開し、国民や軍隊を鼓舞。オンラインで米国議会や日本の国会で演説するなど、国際世論にも粘り強く働きかけ、支援を引き出している。23年5月には、広島で開かれた主要7カ国首脳会議（G7広島サミット）に参加するため来日した。

ドローン攻撃

ドローン攻撃とは、爆発物を積んだドローン(無人機)を飛ばし、標的を爆破する攻撃。ミサイルに比べて飛行速度が遅く、小さな爆発物しか運べないもののコストはミサイルよりはるかに安く、数百〜数千キロもの長距離を飛ぶドローンもある。2022年2月にウクライナに軍事侵攻したロシアがインフラ攻撃などに多用。軍事技術面で戦争のあり方を変えるという評価もある。

ロシアがウクライナ攻撃に使用するドローンはイラン製の「シャヘド」とされる。低空で飛行するプロペラ型で、住宅や教育施設、スーパーなど民間施設への攻撃にも度々使用。一般市民に恐怖を与え、士気を下げる狙いがあるとされる。イランとの軍事協力を深めたロシアは23年5月までに、イランから数百機の攻撃型ドローンなどを受け取った、と考えられている。北朝鮮もロシアに武器を供与しているとみられる。

その一方で、ロシアによる侵攻が始まって以降、ウクライナではドローン生産のスタートアップ企業が100以上誕生し、23年はロシアに対するドローン攻撃が増加。5月にはロシア大統領府のあるクレムリンが攻撃を受けた。

難民問題

難民とは、人種、宗教、国籍、政治的発言などを理由に自国で迫害を受けたか、受ける恐れがあることから、国や家、故郷を追われた人のこと。他国に逃れた人に限らず、出身国にとどまっている「国内避難民」を含めることも多い。**国連難民高等弁務官事務所(UNHCR)**は2023年6月、世界の難民が23年5月末までに1億1000万人に達し、過去最多を記録したと発表した。

UNHCRのまとめでは、22年末時点では世界の難民は1億840万人(うち国内避難民が6250万人)だった。ロシア軍に侵攻されたウクライナから多くの出国者や国内避難民が出た影響が大きく、1年で1910万人増えていた。23年4月にはアフリカ北東部スーダンで国軍と準軍事組織との武力衝突が起き、さらに難民が増加した。

難民の出身国で最も多いのは中東シリアの650万人で、次いでウクライナとアフガニスタンの570万人。ウクライナは前年の2万7300人から急増しており、UNHCRは第2次世界大戦以降に「最も急速に広がった難民危機」としている。難民のうちパレスチナ難民はUNHCR発足前に発生していたために、「国連パレスチナ難民救済事業機関(UNRWA)」が管理している。UNRWAによると、2021年1月時点でパレスチナ難民数は約639万人である。

23年10月のパレスチナ自治区ガザのイスラム組織ハマスとイスラエルの衝突により、難民がさらに増えるとみられる。

日本の難民認定率はこれまで1％未満と極めて低く、国際社会から厳しい眼を向けられてきたが、22年は前年比2.7倍の202人を認定し、過去最多となった。しかし、認定された人の大半はアフガニスタン出身者で、カブール陥落後に退避が認められた元大使館職員やその家族が多くを占めていることから、制度のさらなる改善を求める声もある。

ウクライナに関しては、日本政府も政府専用機を派遣するなど異例の対応を取り、23年10月時点で2089人のウクライナ避難民を受け入れている。難民認定制度が始まった1982年以降の41年間に日本政府が認定した難民(1117人)の2倍近い数で、シリア難民やミャンマー難民などとは一線を画す「特別扱い」が適用されたことによる。

プーチン大統領

ウラジーミル・プーチンは、ロシア連邦の大統領。

1952年、レニングラード(現サンクトペテルブルク)生まれ。レニングラード大学法学部を卒業後、ソビエト連邦の国家保安委員会(KGB)に入り、東西ドイツで対外情報活動に関わる。1991年8月に共産党保守派が反ゴルバチョフ・クーデターを起こした際には反KGBの立場をとり、改革派の信頼を得た。

ソ連崩壊後、故郷サンクトペテルブルクに戻ると副市長に登用された。1996年にモスクワに移り、大統領府総務次長、同副長官、連邦保安庁(FSB)長官を歴任した。1999年8月、エリツィン大統領から事実上の後継者として首相に任命され、翌9月に激化したチェチェン紛争を制圧したことで国民の圧倒的支持を得た。

大統領に初当選したのは2000年。その後、首相在任(08～12年)を経て12年5月に大統領に返り咲いた。20年以上にわたってロシア政治の頂点に立ち続け、24年に任期満了予定だったものの大統領選挙法の改正により、36年まで続投可能となっている。

人気は高く、18年の大統領選では得票率77％という過去最高の支持を得た。ウクライナに侵攻すると支持率はさらに上昇し、8割を超えた。

しかし22年9月、兵員補充のため第2次世界大戦後初の動員令を発動すると支持率は低下。出国を目指す若者が急増するなど、国民の間にも動揺や不安が現れている。23年6月に民間軍事会社ワグネルが反乱を起こした際には、反乱を事前に知っていたとされるスロビキン上級大将の身柄拘束が報じられるなど、足元の軍内部にも混乱が生じている。

ミンスク合意

ミンスク合意とは、2014年にウクライナ東部で始まったロシアを後ろ盾とする分離派武装勢力とウクライナ軍の紛争解決を目指し、隣国ベラルーシの首都ミンスクで結ばれた和平合意。

15年2月にウクライナ、ロシア、ドイツ、フランスの4カ国協議で合意され、親ロシア派武装勢力が実効支配するウクライナ東部2地域に、幅広い自治権を認める「特別な地位」を与え、地方選を実施することなどを定めて和平への道筋を示した。

ミンスク合意によって大規模な戦闘は止まったが、散発的な衝突は続いた。ウクライナ側は「特別な地位」を与えることがロシアによる実効支配につながることを警戒し、ロシア軍のウクライナ東部からの撤収を求めた。これに対しロシアは、ウクライナが合意を守らず、武力解決を試みているとして圧力を強化。**プーチン大統領**は22年2月、親ロシア派組織が名乗る「ドネツク人民共和国」と「ルガンスク人民共和国」の独立を承認した。**欧州連合(EU)**が「ミンスク合意違反だ」と非難する中、ロシアはウクライナ侵攻に踏み切った。

ワグネル

ワグネルとは、ロシアの民間軍事会社で、ロシアに40社以上あるとされる民間軍事会社の先駆け。2014年にロシアがウクライナ南部のクリミア半島を併合し、同国東部でも紛争が起きた際に、「プーチン氏の料理人」の異名を持つエフゲニー・プリゴジン氏によって創設された。

17年頃からは内戦や紛争が続く中東・アフリカ諸国にも進出。シリアでは親ロシアのアサド政権を支え、中央アフリカでは治安維持に協力したが、アフリカ西部のマリでは軍による民間人殺害や拷問に関与した疑いが出ており、23年1月に米国から重要国際犯罪組織に指定された。22年に始まったウクライナ侵攻では、ロシア国内の受刑者らを刑の減免と引き換えに動員し、激戦地バフムトの戦闘に投入して多くの死傷者を出した。

プリゴジン氏は23年6月23日、「ロシア軍からミサイル攻撃を受けた」としてロシア国内で武装蜂起し、ワグネルの部隊約8000人を率いてモスクワに向け進軍を始めた。だが、翌日には首都モスクワの200キロ手前で部隊を撤退させ、「プリゴジンの反乱」は1日で収束。ロシア政府はプリゴジン氏とワグネル部隊が隣国ベラルーシへ移動することを条件に、反乱参加者を不起訴とする取引を交わしたとされる。

しかし23年8月、プリゴジン氏が乗った小型機がモスクワ北西部で墜落。右腕とされるドミトリー・ウトキン氏らワグネル幹部を含む乗員乗客10人全員が死亡した。**プーチン大統領**は「哀悼の意」を表明し、捜査当局もDNA鑑定によりプリゴジン氏らの死亡を確認した。欧米当局からは「プーチン氏が命じた暗殺」との見方が出ている。

国際組織・国際的枠組み

2プラス2

2プラス2とは、2カ国の閣僚級代表が安全保障・防衛協力に関わる問題を直接話し合う場(協議機関)。外交・防衛担当の閣僚2人ずつが参加することから「2+2(ツー・プラス・ツー)閣僚会合」と呼ばれる。日米間の正式名称は「日米安全保障協議委員会(SCC:Security Consultative Committee)」。

日米2プラス2は1960年1月に改定日米安全保障条約が締結されたことを受け、60年9月に第1回会合が開催された。1990年以降は原則として、日本から外務大臣・防衛大臣、米国から国務長官・国防長官が出席することになっている。開催時期や回数等に関する取り決めはない。これまで、在日米軍の再編問題や「日米防衛協力のための指針」改定のほか、北朝鮮による拉致問

▶**日米防衛協力のメカニズムにおける「2プラス2」会合**

日本	米国
内閣総理大臣	大統領

日米安全保障協議委員会(「2+2」会合)
日本:外務大臣　防衛大臣
米国:国務長官　国防長官
日米の安全保障政策をめぐる方針の指示、作業の進捗確認、必要に応じて防衛指示の発出

防衛協力小委員会
「2+2」会合の補佐、防衛協力の包括的なメカニズムの調整など

：調整

共同計画検討委員会
共同作戦や相互協力計画についての検討など

出典:外務省ウェブサイト

題の解決、東日本大震災(東京電力福島第1原子力発電所事故)への米軍による支援「トモダチ作戦」なども協議されてきた。2021年3月、東京で開かれた会合では「日米同盟がインド太平洋地域の平和、安全および繁栄の礎であり続けること」が再確認され、尖閣諸島などへの中国の海洋進出や北朝鮮の軍備拡張などへの懸念も共有された。22年1月には日米の外務・経済閣僚が経済安全保障について協議する「経済版2プラス2(日米経済政策協議委員会)」が新設され、7月に初会合が開かれた。

日本は米国のほかにオーストラリア

や英国、ロシア、インドなどとも2プラス2を実施している。

AUKUS(オーカス)

AUKUS(オーカス)とは、オーストラリア(Australia)、英国(United Kingdom)、米国(United States of America)による安全保障の枠組み。名称は3つの国名の頭文字から取った。中国の覇権主義的な行動を抑止し、インド太平洋地域の平和と安定を図るため、2021年9月に発足した事実上の軍事同盟ともいわれる。

当面はオーストラリアの原子力潜水艦(原潜)配備を米国と英国が支援することを柱としている。原潜の展開が実現すれば、南シナ海や太平洋、インド洋での中国への抑止力強化につながる。中国の急速な軍事力拡大を懸念する日本は、23年6月にシンガポールで開催された日米豪防衛相会談で、AUKUSの支持を改めて表明した。

一方、中国は核兵器不拡散条約(NPT)に反するとして不満を表明。南シナ海の領有権や海洋権益を巡って中国と対立関係にある東南アジア諸国連合(ASEAN)諸国も、軍拡競争や一層の緊張を引き起こす恐れがあるとの懸念を示している。

AUKUS3カ国は、ニュージーランド、カナダを加えた英語圏5カ国で機密情報共有の枠組み「ファイブ・アイ

▶インド太平洋地域における国際的な枠組み

インド太平洋地域で経済・安保の枠組みが林立

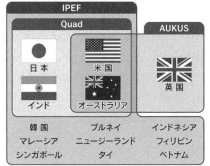

2022年5月25日付日本経済新聞 朝刊

ズ(正式名称UKUSA協定)」を構成しており、この5カ国と日本は安全保障面で協力関係にある。米国防総省のライダー報道官は22年12月、AUKUSについて「日本を含む同盟国・パートナーと協力する機会を探る」と発言している。

OPECプラス

OPECプラスとは、中東・アフリカを中心とした産油国からなる石油輸出国機構(OPEC)の加盟国13カ国に、ロシアやメキシコなど10カ国を加えた組織。供給量を調整し価格の安定を図る枠組みとして2016年12月に設立された。

背景には、産油国がシェア拡大のため競って増産し、石油価格が急落したことが挙げられる。さらに近年、再

生可能エネルギーへの世界的な転換や米国のシェールオイル開発ブームにより、OPECの価格支配力に陰りが出ていた。22年の石油生産量では米国がサウジアラビアを大きく上回り、世界1位となっている。

OPECプラスは発足直後の17年1月から、サウジアラビアとロシアが主導する形で協調減産を開始。新型コロナウイルス感染拡大の影響で世界の原油需要が落ち込み、価格が大幅に下落すると、世界需要の1割にあたる日量970万バレルという大幅な協調減産に踏み切った。

21年に入り各国が経済活動を再開させると、OPECプラスも増産に転換。だが、景気減速などで需要が減るとの見方が強まると、22年10月の会合で再び日量200万バレルの大幅減産で合意した。大消費国の米国などからは「目先のことしか見ていない」などと増産を求める声が上がったが、23年6月の会合では協調減産の枠組みを24年末まで延長することで合意。さらに、サウジアラビアは自主的に日量100万バレルを追加減産し、下落傾向にある原油価格を下支えする方針を表明した。

Quad（日米豪印戦略対話）

Quad（日米豪印戦略対話）とは、日本、米国、オーストラリア、インドの4カ国首脳による経済・安全保障を協議する枠組み。正式名称は「4カ国（日米豪印）戦略対話」（Quadrilateral Security Dialogue）。Quadは英語で「4つの」を意味する。4カ国は法の支配や民主主義、自由な経済活動の尊重など共通の価値観を持つ。地政学的にも、太平洋からインド洋を取り巻く重要な位置にあり、とりわけ覇権的な動きを強める中国への対処が急務となっている。

安倍晋三元首相が2006年に4カ国の戦略対話を呼びかけたのが始まり。17年の局長級会合、19年と20年の外相会談を経て、定例化されることになった。20年11月には、自衛隊と米印豪軍の合同演習も行われている。

21年3月には、バイデン米大統領の強い要望で、初めての4カ国首脳会談（オンライン協議）が行われた。21年9月にはワシントンで、対面による首脳会談も実現。22年5月には東京で首脳会談が開かれ、「自由で開かれたインド太平洋」への揺るぎない関与を示すとともに、ウクライナ危機や中国の海洋進出を踏まえ、現状を変更する一方的な行動に強く反対するとの共同声明を表明した。

注目されるのがインドの姿勢だ。冷戦時代は「非同盟外交」を推進しながらも、旧ソ連とは平和友好協力条約を結んで関係を深めた。ウクライナに侵攻したロシアに対し、欧米主導で始まった制裁にも加わっていない。むしろ制裁で割安になったロシア産石油を

多く買い入れ、ロシア依存度を高めている。その一方で、Quadに加わった背景には、国境問題を抱える中国に対抗する非軍事的枠組みにしたい、との思惑があると指摘されている。

欧州連合(EU)

欧州連合(EU)とは、欧州域内の経済的統合を目指してきた欧州共同体(EC)を基礎に、1993年のマーストリヒト条約発効によって創立された政治・経済の統合体。経済・通貨の統合、共通外交・安全保障政策の実施、司法・内務協力の発展など幅広い分野で協力を進めている。本部はベルギーのブリュッセルにあり、加盟国は27カ国、人口は5億人を超える。EUはEuropean Unionの略。

1951年調印のパリ条約によって欧州石炭鉄鋼共同体(ECSC)が設立、1957年調印のローマ条約によって欧州経済共同体(EEC)が設立されて以来、欧州諸国は経済統合に向け組織拡大を続けてきた。原加盟国はフランス、西ドイツ(当時)、イタリア、ベルギー、オランダ、ルクセンブルクの6カ国だ。

EUの大きな成果が、世界最大の単一市場の創設だ。加盟国間では人、モノ、サービス、資本が国境に妨げられることなく自由に移動できる。市場を支える単一通貨ユーロは2002年に導入され、現在は加盟20カ国で使用されて

いる。ユーロの導入にあたり、加盟国は物価の安定や健全財政など一定の基準が求められるほか、欧州中央銀行(ECB)による統一的金融政策を受けて、独自の金融政策を行う権限を失うことになる。一部の加盟国は国内世論の支持が得られなかったこともあり、ユーロの導入を見送っている。

22年2月のロシアによるウクライナ侵攻後、新たにウクライナとモルドバ、ジョージアが加盟を申請。ウクライナとモルドバは22年6月に加盟候補国に認定されたが、加盟条件の厳しさから実現には相当の時間を要するとみられる。ボスニア・ヘルツェゴビナをはじめバルカン諸国も加盟を希望している。英国は16年6月の国民投票でのEU離脱選択から約3年半の歳月を経て、20年1月にEUを離脱した。

国連安全保障理事会(UNSC)

国連安全保障理事会(UNSC)とは、国際連合で平和維持を担う主要機関。米国、英国、フランス、ロシア、中国の常任理事国と、地域代表である任期2年の非常任理事国10カ国で構成される。英語名はUnited Nations Security Council。略称は安保理。

安保理決議は国連の全加盟国への拘束力を持ち、決議の採択には、①15カ国の理事国のうち9カ国以上の賛成、②拒否権を持つ常任理事国のどの国も

反対しないこと——が条件。また、決議のほか、拘束力のない議長声明や報道声明もある。安保理の会合は安保理議長が主宰し、議長国は1カ月ごとに安保理理事国の英語名称のアルファベット順で交代する。

冷戦の終結以降、安保理の活動は①国連平和維持活動(PKO)の設立、②多国籍軍の承認、③テロ対策、不拡散に関する措置の促進、④制裁措置の決定——など多岐にわたっている。しかし、2022年2月にロシアのウクライナ侵攻を非難する決議案がロシアの拒否権行使で否決され、5月には弾道ミサイル発射を繰り返す北朝鮮への制裁強化の決議案も中国とロシアの拒否権によって否決されたことで、安保理の機能不全が改めて指摘されている。

そうした中、22年6月の国連総会で、任期切れを迎える5カ国の非常任理事国の改選が行われ、日本はその1国に選出された。選ばれるのは加盟国最多の12回目。23年から2年間の任期を務めている。日本は安保理改革への意欲を示しているが、主張の異なる国や地域グループとの交渉において主導的な役割を果たせるかが注目されている。

国連総会

国連総会とは、国際連合のすべての加盟国によって構成される国連の主要な審議機関。国連憲章の範囲内にある問題、または国連憲章に規定する機関の権限および任務に関する問題について討議し、安全保障理事会が実際に審議中である場合を除き、加盟国もしくは安全保障理事会、またはこの両者に対して勧告することができる。

新加盟国の承認や予算問題などの重要問題の決議には、出席し、かつ投票する構成国の3分の2以上の賛成が必要。その他の問題は、出席し、かつ投票する構成国の単純多数決により決定される。総会の議長は1年交代。「安全保障理事会」「信託統治理事会」「国際司法裁判所」などの6主要機関の1つであり、国連の目的を達成するための中心と位置付けられる。

毎年9月から通常総会が開催され、12月下旬に休会した後、必要に応じて翌年再開され、次回総会の開会前日に閉会する。その他の時期には特別総会が開かれ、緊急特別会合はいつでも開催可能となっている。

2023年2月末、ロシアのウクライナ侵攻開始から1年を機に開かれた緊急特別会合では、ロシア軍に「即時、完全かつ無条件の撤退」を求める決議案を、193カ国中141カ国の賛成で採択した。ただ、ロシアやベラルーシ、北朝鮮など7カ国が反対し、中国やインド、南アフリカなど32カ国は棄権票を投じた。総会決議に法的拘束力はない。22年のウクライナ侵攻直後に、ロシアに即時撤退を求める決議案を採択した際には、やはり193カ国中141カ国が賛成

したが、反対は2カ国少ない5カ国だった。安保理の機能不全が指摘される中、国連総会でも対ロ関係を巡る分断が露呈した形だ。

アジア

インドネシア首都移転計画

インドネシア首都移転計画とは、インドネシアの首都ジャカルタ（ジャワ島）から2000キロメートル離れたカリマンタン島東部への遷都に伴う諸計画を指す。インドネシアの国会は2022年1月、首都移転法案を賛成多数で可決。新首都名は、インドネシア語で「群島」を意味する「ヌサンタラ」になると発表された。政府と新首都庁は、「カーボンニュートラルな森林都市」を、新首都のコンセプトに掲げている。

人口1000万を超えるジャカルタは人口集中が著しく、渋滞や大気汚染、地盤沈下などに悩まされてきた。これまでも首都移転はたびたび議論されてきたが、実現に至らなかった。しかし、14年に第7代大統領に就任したジョコ・ウィドド氏が、再選決定直後の19年8月に首都移転の方針を表明。その後、コロナ禍によって一時停滞したが、現在、中央行政地区の建設工事が急ピッチで進められている。政府は24年8月をめどに大統領府を含む首都機能の一部をヌサンタラに移転すると

▶**新首都ヌサンタラの位置**
インドネシアは首都を約2000km移転する

2023年8月13日付日本経済新聞電子版

発表している。29年には、すべての政府庁舎を移す予定だが、公共交通やアクセス高速道の整備を含めた完全移転は、45年を目指している。

韓国の人口・少子化

韓国では、日本以上に少子化に伴う人口減少が著しい。合計特殊出生率は、2015年から7年連続で低下しており、22年は0.78まで落ち込んだ（韓国統計庁）。日本の1.26より低く、経済協力開発機構（OECD）加盟国の中で唯一1.0未満という低水準を続けている。23年の韓国の総人口は約5156万人。年間出生数は約24万9千人で、20年前の約半分にまで減っている。

出生率が低下し続ける背景には、雇用不安や住宅・教育費の負担増など、経済的理由が指摘される。政府は06年

に「低出産・高齢社会基本計画」を掲げ、晩婚化の改善や子育て支援を軸とした少子化対策を進めてきたが、少子化・人口減に歯止めはかかっていない。近い将来、出生率は0.6台にまで下がり、総人口は70年には3800万人まで減少するという予測が出ている。

北朝鮮情勢

金正恩(キム・ジョンウン)総書記の指導下、北朝鮮の軍事的挑発が止まらない。核弾頭の小型化を視野に入れた通算7回目の核実験が懸念される中、異例の頻度でミサイル発射実験を繰り返している。

2023年7月には、首都平壌近郊から、大陸間弾道ミサイル(ICBM)級のミサイルが発射され、過去最長の飛行時間(約74分)をかけて日本の**排他的経済水域(EEZ)**外の日本海に落下した。その後も、日本海に向けた短距離弾道ミサイルの発射実験が繰り返されている。

外交では、中朝関係の維持に努める一方、ロシアとの関係を強化している。9月には金総書記がロシアを訪問し、極東アムール州のボストーチヌイ宇宙基地を視察したあと、プーチン大統領と会談した。会談の詳細は明らかにされていないが、軍事技術の収集のほか、長引くウクライナ侵攻で弾薬などの不足が指摘されているロシアに対する軍事支援を約束し、実際に武器を供与したとみられる。

国際社会から孤立し続けている北朝鮮の経済状況は、年々厳しさを増している。韓国銀行(中央銀行)によると、北朝鮮の22年の実質**国内総生産(GDP)**は前年0.2%減で、3年連続のマイナス成長となった。欧米による経済制裁の継続に加え、コロナ禍による国境封鎖などがマイナス要因になったと分析される。一方で、国連によると**サイバー攻撃**によって**暗号資産(仮想通貨)**を詐取しており、22年は過去最高の17億ドルを調達したという。

習近平政権

習近平(シー・ジンピン)氏は、2013年に中国の国家主席に就任。集権的な指導体制を確立し、23年3月から異例の3期目に突入している。

党指導部への権力集中を進めてきた習政権は、汚職・不正の取り締まりや積極的な経済改革、貧困対策などで、国民の一定の支持を集めてきた。一方、体制批判の言論弾圧や国民の監視・情報統制も強化しており、西欧型の自由を求める富裕層の間では、政権の孤立主義的な傾向への不満も拡大している。新型コロナウイルス対策として都市封鎖を伴う厳格なゼロコロナ政策を行った結果、北京市を含む多くの都市で抗議の意として「白い紙」を掲げた住民の抗議デモが行われた(ゼロ

コロナ政策は23年1月に事実上終了）。主要都市での政府批判を前面に出した抗議行動は、近年では異例だった。

対外的には、「一帯一路」構想による巨大経済圏の構築、南・東シナ海への海洋進出など、経済面・軍事面での拡張路線を継続している。しかし、こうした覇権主義的な行動は、経済・軍事両面での米中対立をもたらした。台湾有事の懸念も高まる中、米国のバイデン政権は22年10月、中国を「国際秩序を変える意思と能力を兼ね備えた唯一の競合国」と位置付けた。

米中対立が長期化・先鋭化する中、関係改善に向けた動きも起こっている。23年5月以降、米国高官と中国外交トップの王毅（ワン・イー）氏や韓正（ハン・チョン）国家副主席らとの会談が重ねられている。23年11月には、1年ぶりとなる米中首脳会談が米サンフランシスコのアジア太平洋経済協力会議（APEC）首脳会議に合わせて開催された。

スリランカ経済危機

スリランカ経済危機とは、インド洋の島国スリランカ民主社会主義共和国で、2022年に深刻化した未曽有の経済危機。利払い猶予期限の22年5月、正式に対外債務デフォルト（債務不履行）と認定され、22年7月にはウィクラマシンハ首相が国の「破産」を宣言した。

極度の燃料不足によって公共交通がストップ。医薬品や食料品の供給も滞り、全土に混乱が拡大した。大統領の退陣などを求める反政府デモが拡大する中、ラジャパクサ大統領は辞任を表明。ウィクラマシンハ首相が新大統領に就任した。

スリランカは、四半世紀続いた少数派タミルとの紛争を09年に終結させると、復興関連事業や観光業によって急速な経済発展を成し遂げた。成長が鈍化した10年代半ば以降は、「一帯一路」構想を掲げる中国から巨額の融資をもとに、港湾・空港・発電所など、大規模インフラ整備を進めた。しかし、これが慢性的な財政難をもたらし、失政による紅茶を主力とする農業の不振や、コロナ禍による外国人観光客の大幅減などが加わったため、外貨獲得が困難になった。こうした中、23年3月には国際通貨基金（IMF）と総額約30億ドルの金融支援が合意。23年5月には、日本・インド・フランスの共同議長の下で「債権国会合」が開催され、債務解消に向けた新たな枠組みをつくることが確認された。

外貨流出の抑制や観光収入の回復などによって、危機脱却のきざしはみえつつあるが、依然として高水準のインフレと景気低迷が続いており、国民は厳しい生活を強いられている。

中国の人口・高齢化

「世界人口白書2023」（国連）によると、2023年半ばの中国の推定人口は14億2570万人。インドが14億2860人と中国を上回り、人口世界一となった。世界の総人口は初めて80億人を超えたが、中国の人口は2年連続で減少している。

中国は高齢化が急速に進んでおり、22年末時点の高齢化率は14.9％。国連が定義する「高齢社会」に突入している。50年には30％を超えるとみられ、日本と同様、社会保障の負担増や労働者不足、消費の停滞などの課題への対策が急務になっている。

中国政府は少子高齢化に備えて、16年に「一人っ子政策」を廃止したものの、出生数は17年以降減り続け、22年の合計特殊出生率は過去最低の1.09にまで下がった（中国メディア）。人口1億人を超える国（日本を含む）の中では、最も低い数値である。習近平（シー・ジンピン）指導部は21年に3人目の出産を認めたが、少子化の傾向は今後も続くと予測される。

背景には、物価の高騰による経済的な負担増から、国民の出産の意欲の低さが指摘される。また、男女比の不均衡、無戸籍児童の増加など、一人っ子政策がもたらした弊害も解消されておらず、人口問題は中国の成長の大きな足かせになりつつある。

中台関係

中台関係は、これまで中国と台湾ともに原理原則を譲ることなく、近年は「台湾有事」の緊張が高まっている。中国空軍は台湾周辺の空域で軍事演習を繰り返し、台湾も中国の武力侵攻を想定した「漢光演習」を毎年実施している。米国も中台関係を注視しており、2022年8月にはペロシ米下院議長（当時）が台湾を訪問。「一つの中国」を否定する蔡英文（ツァイ・インウェン）総統と会談し、米台の協力関係の継続を内外にアピールした。

中国共産党は建国以来「台湾は不可分の一部である」という姿勢を崩していない。23年3月に開かれた全国人民代表大会（全人代）でも、習近平（シー・ジンピン）国家主席は「祖国統一のプロセスを揺るぎなく推進する」と強調した。

24年1月に行われる台湾総統選には、23年10月時点で、蔡氏の後継となる民進党の頼清徳副総統と、中国に融和的な国民党の侯友宜氏、第3勢力で親中色を強めている台湾民衆党の柯文哲（コー・ウェンチョー）氏、電機大手・鴻海（ホンハイ）精密工業創業者の郭台銘氏が出馬を表明している。与党の頼氏が一歩リードと伝えられるが、政権交代となると中台関係にも大きな影響が及ぶ。

香港情勢

英国から中国への返還時(1997年)、香港には「一国二制度」の適用が約束された。返還後50年間は特別行政区として、外交・国防を除く「高度な自治」が保障されたのである。当初、中国当局はアジアの金融センターとしての香港の独自性を維持するため、「香港特別行政区基本法」(香港の憲法)に基づき、香港市民の自律的な統治や言論の自由を認めていた。

転換点になったのは2019年4月、香港議会への「逃亡犯条例」改正案の提出である。中国当局の取り締まり対象に事実上香港市民を加えるという改正案に対し、学生を中心とした民主派による抗議デモが起こった。これに対し、中国政府は翌20年6月に「香港国家安全維持法(国安法)」を制定し、反政府活動や分離独立運動を犯罪行為と定めた。さらに21年5月、香港立法会の選挙制度を改定し、親中派しか立候補できない仕組みに変えた。21年12月の立法会選挙も、22年5月の行政長官選挙も出来レースとなり、香港の「一国二制度」は有名無実化した。

22年7月1日、香港返還25周年の記念式典に出席した習近平(シー・ジンピン)国家主席は演説で「香港の安定には、愛国者による統治が必要」と述べ、これまでの一連の政策を正当化。23年3月の全国人民代表大会(全人代)では、国務院の傘下にあった香港とマカオの管理監督を、中国共産党が直轄する「中央香港マカオ工作弁公室」に移管することを発表した。

南シナ海問題

南シナ海問題とは、南沙諸島と西沙諸島を中心とする南シナ海の領有権を巡る問題。南沙諸島は南シナ海南部の群島で、英語名はスプラトリー諸島。西沙諸島は南シナ海北西部の群島で、英語名はパラセル諸島。2020年4月、独自の「九段線」による南シナ海ほぼ全域の領有権を主張する中国が、両諸島に新行政区を設置することを発表。これに、領有権を主張してきた周辺諸国が猛反発した。

両諸島とも、第2次世界大戦中に日本が支配したが、サンフランシスコ講和条約(1951年)で領有権を放棄することになった。しかし同条約では、その後の帰属が定められなかったため、南沙諸島は台湾、ベトナム、中国、フィリピン、マレーシア、ブルネイが、西沙諸島は中国、台湾、ベトナムがそれぞれ領有権を主張し合う状況になった。軍事衝突も散発的に起こっており、西沙諸島では、1974年に中国とベトナムの対立が激化。交戦状態を制した中国が実効支配を進めた。

南シナ海は、重要な海上輸送路で地下資源も豊富なことから、どの国も譲

▶中国による南シナ海の軍事拠点化

中国が実効支配を強める南シナ海

中国

台湾

西沙諸島

ベトナム

南シナ海

フィリピン

中国が主張する境界線「九段線」

カンボジア

南沙諸島

マレーシア

ブルネイ

シンガポール

2020年9月7日付日本経済新聞 朝刊

歩していない。2016年には、フィリピンの提訴を受けたオランダ・ハーグの仲裁裁判所が、中国の領有権を全面否定した。しかし、中国は紛争海域に人工島を建設するなど軍事拠点化の動きを加速させている。23年8月にはこれまで管轄権を主張してきた「九段線」を10本の線に拡大して「十段線」とした地図を公開し反発を招いた。東南アジア諸国連合（ASEAN）は23年9月にインドネシアの主導により、インドネシア領のリアウ諸島などで初の合同軍事演習となる「ASEAN連帯演習」を実施し、中国に対し結束を示した。

ミャンマー問題

　2011年の民政移管以降、段階的に民主化を進めてきたミャンマーで、21年2月、国軍による軍事クーデターが発生。ミン・アウン・フライン国軍総司令官は、新たな最高意思決定機関「国家統治評議会」を立ち上げた。国軍はクーデターの理由を、20年11月の連邦議会選挙でアウン・サン・スー・チー国家顧問率いる国民民主連盟（NLD）に不正があったためと説明。スーチー氏を含むNLDの幹部多数を拘束した。その後、国軍はスーチー氏に非公開の裁判で計33年の禁錮・懲役刑を科したが、23年8月に計27年に減刑された。

　クーデター直後、民主派勢力はNLDを中心に「挙国一致政府（NUG）」を結成し、合法的な政府であることを内外にアピールした。しかし、国軍によってテロ組織に指定されたため、国外での活動を余儀なくされている。国際社会は民主主義を否定する軍事クーデターを批判し、米・英は国軍系企業との提携を解消するなど、独自の制裁を発動した。

　「内政不干渉」を原則にしてきた東南アジア諸国連合（ASEAN）も、21年4月に「暴力行為の即時停止」「平和的解決策のための対話開始」「人道支援の実施」などの5項目を確認し、ミャンマー国軍に履行を求めた。しかしミャンマー国軍は、5項目の履行を拒否。23年9月に開かれたASEAN首脳会議も、具体的な打開策を示すことができず、26年の議長国ミャンマーをフィリピンに変更することを確認するにとどまった。

尹錫悦（ユン・ソンニョル）政権

尹錫悦（ユン・ソンニョル）氏は、韓国の第20代大統領。ソウル大学法学部卒業後、検事・検察総長を経て、保守系「国民の力」から、2022年3月の大統領選に出馬。選挙戦では、規制緩和の促進、不動産価格の安定化、雇用創出、反・脱原発などを公約に掲げ、与党「共に民主党」の李在明（イ・ジェミョン）候補を僅差で破った。

検察官時代には、朴槿恵（パク・クネ）元大統領のスキャンダル事件（16年）や李明博（イ・ミョンバク）元大統領の収賄・職権乱用事件（19年）の捜査を担当。後に朴槿恵・李明博両氏を逮捕へと追い込んだ。政治経験はないが、こうした権力に忖度しない姿勢が国民とりわけ無党派層の支持を集めたとみられる。

北朝鮮に対しては、文在寅（ムン・ジェイン）前政権の融和的な太陽政策を見直し、「無謀な（軍事）挑発には必ず代価を払わせる」と演説するなど、対決姿勢を鮮明にしている。一方、文在寅政権下、徴用工裁判問題などで悪化の一途をたどった日韓関係については、「日韓新時代」（1998年）を打ち出した小渕恵三・金大中（キム・デジュン）時代を理想とすることを明言。野党から「屈辱外交」という批判を浴びながらも、日本との関係改善を積極的に進めており、日米韓の連携による安

保体制強化にも意欲的である。

アフリカ

スーダン内戦（2023年）

民政移管への取り組みが進められていたスーダンで、2023年4月、ブルハン統治評議会議長が率いる国軍とダガロ司令官が率いる準軍事組織「即応支援部隊（RSF）」との間で大規模な武力衝突が勃発。1956年の独立以降、二度の長期内戦を経験したスーダンで、新たな内戦が拡大している。

RSFはバシル独裁政権（1989〜2019年）下、反政府組織との戦闘のため、ジャンジャウィード（2003年以降約30万人が死亡したとされるダルフール紛争で住民を大量虐殺した民兵）を再組織化した部隊で、13年に発足した。バシル前大統領は国際刑事裁判所（ICC）から、ダルフール紛争における「人道に対する罪」「戦争犯罪」の疑いで訴追され、さらに物価高に抗議する民衆デモが活発化する中、19年に国軍とRSFによるクーデターによって失脚した。

その後、首相に就任したハムドク氏が民政移管への取り組みを進めたが、暫定軍事評議会のブルハン議長と対立。21年10月に軍部が再び実権を握った。その後、ハムドク氏は軍と協定を結んで首相に復活したが、混乱は収ま

らず、22年1月に辞職した。

軍政反対の民衆デモが頻発する中、12月に軍と民主派勢力が民政移管の協議を開始し、国軍とRSFの統合も模索された。しかし統合の時期を巡って両軍が対立し、23年4月の武力衝突へと至った。国連が呼びかけた一時停戦も実現せず、戦闘は国内全域に拡大しつつあり、内戦は長期化の様相を呈している。**国連難民高等弁務官事務所（UNHCR）**は9月初旬、23年内にスーダンから近隣諸国に避難する難民の数が180万人を超えるという予測を示した。

中東

アフガニスタン情勢

米国はアフガニスタンに20年もの間、軍を駐留させてきた。しかし、バイデン大統領が2021年4月、イスラム主義組織タリバンとの「和平合意」に基づき撤退することを表明。米軍の撤退が進むとともにタリバンが勢力を伸ばし、21年8月に首都カブールを制圧、暫定政権の樹立を宣言した。01年の米国9.11同時多発テロをきっかけに、米英軍の空爆などで旧タリバン政権が崩壊してから20年、再びイスラム原理主義を掲げるタリバンが政権を握ることになった。直後、各国の大使館員やスタッフは相次いでアフガニスタンを出

国。カブール国際空港には、国外脱出を求めて大勢の市民が殺到した。

欧米諸国はタリバン暫定政権を包括的な政権とは認めず、米国はアフガニスタン中央銀行の資産を凍結した。これによって物価が急騰し、食料不足も深刻化した。また、女子通学禁止の方針が出され、勧善懲悪省による女性の権利抑圧も復活。さらに22年末には女子の大学教育も停止した。国際社会から孤立し、困窮を極めているアフガニスタンでは、麻薬の原料となるケシの栽培や鉱産資源の違法採掘が横行。過激派組織「イスラム国」（IS）系の勢力拡大も国際社会の不安材料になっている。23年8月15日、タリバン暫定政権は復権2周年の式典を開き、同日を祝日の「ジハード（聖戦）勝利の日」とし

▶**米軍撤退以降のアフガニスタンでの主な動き**

2021年8月	タリバンが首都カブールを制圧
9月	タリバン政権が始動
10月	北部クンドゥズ州で大規模な爆破テロが発生
2022年4月	首都カブールの礼拝所で爆破テロが発生
7月	国連がタリバンとアルカイダの連携を指摘
8月	米国がアルカイダの指導者を殺害
2023年8月	タリバン政権が15日を祝日「ジハード勝利の日」に指定
10月	北西部で複数の地震が発生。約2500人が死亡

新聞記事などを基に編集部作成

た。さらに翌日、「国内のあらゆる政党の活動を禁止する」と発表した。

イランをめぐる動向

米国(トランプ政権)が2018年5月に「イラン核合意」から一方的に離脱、さらに米軍が20年1月にイラン革命防衛隊のソレイマニ司令官を無人攻撃機で殺害したことで、両国の軍事的緊張が高まった。直後に誕生した米バイデン政権は欧州連合(EU)を仲介に核合意の立て直しを図ったが、21年6月に行われたイラン大統領選挙で反米強硬派のイブラヒム・ライシ師が当選、さらに22年2月にロシアのウクライナ侵攻が起こったことで、協議は暗礁に乗り上げた。

両国の思惑に基本的な隔たりはなく、核開発制限の見返りに米国がイランへの経済制裁を解除する、という着地点は一致している。しかし、イラン最高指導者直属「革命防衛隊」のテロ認定解除問題やイランと国際原子力機関(IAEA)の対立などが障壁になっており、合意に達していない。

22年9月には、22歳のイラン人女性が、髪を覆うスカーフ(ヒジャブ)の着用が不適切という理由で風紀警察に連行され、拘束中に急死した。死因は警察の暴行ではないかという批判の声が上がり、抗議デモが全国に急拡大した。これを受け、イラン政府は12月に風紀警察の廃止を発表したが、23年7月に復活させている。

長期の経済制裁に苦しむ中、ライシ政権は、外交の多角化を図っている。23年3月、サウジアラビアとの外交正常化を実現。6月には、ライシ大統領が同じく経済制裁下にあるベネズエラ、ニカラグア、キューバを歴訪し、「反米」の結束強化を確認した。

トルコ地震 (トルコ・シリア地震)

トルコ地震(トルコ・シリア地震)とは2023年2月6日未明、トルコ南部のシリア国境付近で発生した、M(マグニチュード)7.8の大規模地震。およそ9時間後にも、最初の震源地から約100キロメートル北の断層でM7.5の地震が発生。合わせて数十万もの建物が倒壊し、トルコとシリア両国で約6万人もの死者が出た。トルコだけで少なくとも190万人以上が住まいを失ったとみられる。余震の影響も大きく、復旧作業の停滞を招いた。

トルコ南部はトルコ政府と対立しているクルド人勢力の支配地域とも重なる。また、シリアでは内戦が治まらず、震源地に近い北部では、アサド政権軍とトルコの支援を受けた反政府軍との戦闘が続いている。そうした状況もあり、政府機関だけでなく、国際的な支援活動も遅れた。

パレスチナ問題

パレスチナ問題とは、パレスチナとイスラエルとの間にある、宗教問題、領土問題などが複雑に絡み合った中東紛争のこと。もともとパレスチナはヨルダンの西側、地中海南東岸の地域を指していた。第1次世界大戦当時、パレスチナはオスマントルコの支配下にあったが、英国が戦況を優位に運ぶため、この地に住んでいたユダヤ人とアラブ人それぞれに独立・建国の約束をした。その後、1922年に国際連盟による委任で英国の統治下に入った。

第2次世界大戦後に英国が統治から手を引き、国連が1947年にパレスチナをアラブ人国家とユダヤ人国家に分割することを提案、1948年にイスラエルが建国を宣言した。しかし、もともと住んでいた多数のアラブ人側が自国の領土が43％（少数派ユダヤ人の領土が57％）となることを受け入れず、1948年から1973年にかけてイスラエルと周辺のアラブ諸国との間で4回の戦争が起こった。

転機が訪れたのは1993年の「オスロ合意」だ。イスラエルのラビン首相とパレスチナ解放機構（PLO）のアラファト議長が交渉、互いを承認し、アラブ人が多く住むガザ地区とヨルダン川西岸地区がパレスチナ自治区として認められた。アラファト議長はパレスチナ自治政府の議長になり、パレスチナ国家の樹立「2国共存」を目指し国際社会もこれを支持した。

2004年にアラファト議長が亡くなると、パレスチナ側が穏健派のファタハと過激派のハマスに分離し、ハマスがガザ地区を実効支配するようになった。17年には両者が和解成立を発表したが、ハマスは武力によるイスラエル打倒を掲げ、ハマスとイスラエルとの衝突が続き、イスラエルもヨルダン川西岸へのユダヤ人入植地を増やすなど対立が続く。

23年10月7日、ハマスがイスラエルへの大規模攻撃を仕掛け、イスラエルはガザ地区に空爆で報復するなど戦火が拡大。イスラエルのネタニヤフ首相は10月11日、一部野党と挙国一致政権を樹立し、通常の内閣とは別に首相と

▶ガザ地区とその周辺

新聞記事などを基に編集部作成

国防相、前国防相で構成する「戦争管理内閣」を組織。イスラエル軍のガザ地区への大規模攻撃によって多くの民間人が犠牲となり、世界各地でイスラエルを非難したり、停戦を求めるデモが起こったりしている。

北米

銃規制問題（米国）

銃規制問題（米国）とは、銃乱射事件が止まらない米国の銃規制を巡る問題。米国の銃乱射事件は年間250〜400件で推移してきたが、コロナ禍が拡大した2020年に急増し、21年は過去最多の690件となった。22年は647件で、前年より件数こそ減ったものの、学校や病院、スーパーマーケットなど公共の場での乱射事件が相変わらず頻発しており、銃による人口比の殺人数は世界で群を抜いて多い。

銃規制を求める運動は1980年代から活発になり、1994年には殺傷能力の高い銃器の販売を禁じるアサルト・ウェポン規制法（AWB）が制定された（10年間の時限立法で、2004年に失効）。その後も銃規制議論は繰り返されたが、すべて共和党に阻止されてきた。共和党保守派や全米ライフル協会（NRA）は、自衛目的の武器所有を保障する合衆国憲法修正第2条を論拠として、規制強化に反対している。

しかし22年5月、児童・教員21人が犠牲になったテキサス州小学校乱射事件を受け、銃規制を求める世論が再燃。共和党の議員十数人が賛成に回ったことで、22年6月に銃規制強化法が成立。銃購入者（21歳未満）の履歴審査の厳格化、危険人物とみなした人物からの銃器没収などが定められたが、攻撃用銃器の販売禁止や購入可能年齢の引き上げなどは盛り込まれなかった。

さらに銃規制への反発から、州法で規制を緩和しようとする動きが起こった。銃規制強化法の成立から1年間で、17州が銃規制を緩和する法案を成立させたという。

バイデン政権

バイデン政権とは、2021年1月に民主党のジョー・バイデン氏が大統領に就任して発足した米国の政権。

バイデン政権最大の課題は、前トランプ政権（共和党）が仕掛けた欧州・中国との対立をどう解消するかであった。欧州との関係は、就任直後に地球温暖化防止の枠組み「パリ協定」に復帰するなど、修復へと踏み出した。しかし、中国との関係は従来通りで、トランプ前政権が科した制裁措置の大半を維持した。

さらに日本やインド、オーストラリアの4カ国で経済安全保障を連携する「Quad（日米豪印戦略対話）」を推進

し、また英国やオーストラリアとの安全保障の枠組み「AUKUS（オーカス）」も発足させるなど、同盟国との安全保障体制を強化。これらによって、中国の覇権主義的な動きをけん制した。

内政では、**気候変動**対策を盛り込んだインフレ抑制法や銃規制強化法の制定、**サプライチェーン強化**などで一定の成果を上げた。しかし、バイデン大統領の自宅や事務所から上院議員・副大統領時代の機密文書が見つかり、ずさんな管理が明るみなったほか、息子ハンター氏が税金の未納や銃の不法所持で訴追されたことなどを受け、党内からも厳しい目が向けられている。さらに、巨額な予算を計上してきたウクライナ支援の見直しも求められている。

22年11月の中間選挙は共和党が優勢とみられていたが、上院は民主党が、下院は共和党が多数派を占めた。24年の大統領選で再選を目指すが、81歳（23年末時点）という高齢を懸念する声も強い。

オセアニア

オーストラリアのアルバニージー政権

2022年5月に行われたオーストラリア下院総選挙で、労働党のアンソニー・アルバニージー氏が勝利し、新政権を発足させた。政権交代は、同国初の女性首相ジュリア・ギラード労働党政権（12〜13年）以来、約9年ぶりだった。アルバニージー氏は学生時代「左派の闘士」として名をはせた活動家で、労働党からそのリーダーシップを買われて党幹部に抜擢された。1996年、下院議員に初当選し、ギラード政権下では副首相を務めた。

外交面では、前政権下の2021年に創設された米英豪3国による安全保障の枠組み（AUKUS）を重視。日本との連携にも積極的で、22年10月に岸田文雄首相と会談を行い、「安全保障協力に関する共同宣言」を発表した。4カ国によるQuad（日米豪印戦略対話）に続き、海洋進出を強める中国への対応を念頭に置いたものである。その中国とも、22年11月に習近平（シー・ジンピン）国家主席、23年9月には李強（リー・チャン）首相と会談するなど、「過去最悪」といわれた豪中関係の修復にも取り組んでいる。

気候変動問題にも熱心で、二酸化炭素の排出量を50年までに実質ゼロにするという目標を盛り込んだ「2022年気候変動法」を22年9月に成立させた。石炭や天然ガスは、オーストラリアの重要な輸出品であり、産業界からの反発が懸念されたが、クリーンエネルギー産業の発展や新規雇用の支援策などを打ち出したことで、一定の支持を得ている。

ロシア

北方領土問題

　北方領土問題とは、日本の領土である北方四島(歯舞群島・色丹島・国後島・択捉島)がロシアによって不法に占拠されている問題。北方四島のうち、1956年の日ソ共同宣言で、平和条約締結後に歯舞群島と色丹島の二島を日本に返還することが約束されている。2018年11月に行われた**プーチン大統領・安倍晋三首相(当時)の首脳会談**でも確認され(シンガポール合意)、政府内でも「二島返還」を先行する方向で検討が進められた。

　しかし、総面積では択捉島と国後島が9割以上を占めており、「二島返還」は事実上の日本の主権放棄となる。保守派からの反発も懸念されたことで、具体的な進展はみられなかった。プーチン大統領も、共同開発や投資誘致には熱心だったが、具体的な領土返還については明言を避けてきた。

　菅義偉前政権は「二島返還」を継承し、北方領土問題を「戦後外交の総決算」と位置付け、岸田政権も同様の姿勢を示した。しかし、22年2月にロシアがウクライナに軍事侵攻したことで一転。岸田政権は欧米のロシア制裁に足並みをそろえ、侵攻開始まもなくプーチン大統領の資産を凍結した。

　これを受け、ロシア外務省は平和条約交渉中断の意向を表明、返還交渉は再び暗礁に乗り上げた。さらに23年4月、ロシア最高検察庁が北方領土の元島民らによる「千島歯舞諸島居住者連盟(千島連盟)」の国内での活動を禁止すると発表。「ビザなし交流」「北方墓参」なども停止されたままで、再開の見通しが立っていない。

ユーラシア経済連合 (EAEU)

　ユーラシア経済連合(EAEU)とは、ロシアを中心に中央アジア地域の経済統合を目指す連合体。2015年1月、**プーチン大統領**の主導により、「ユーラシア経済共同体」(00〜14年)を母体として発足した。加盟国は、ロシア、ベラルーシ、カザフスタン、キルギス、アルメニアの5カ国(モルドバ、ウズベキスタン、キューバがオブザーバー国として参加)。EAEUはEurasian Economic Unionの略。

　ロシアは欧州連合(EU)をモデルとした自由貿易圏の形成を目指している。15年8月には「一帯一路」構想を進めている中国との連携を発表。インドなども含めた「大ユーラシア・パートナーシップ」構想の実現に向け、さらにベトナム、イラン、シンガポールと自由貿易協定(FTA)を締結した。イランとのFTAは3年間限定だったが、新たなFTAの締結に向けて協議中である。ウクライナ侵攻により、西側諸

国から経済制裁を受けているロシアにとって、イランは重要な武器供給源といわれている。

ただし、EAEUの世界経済への影響力は大きくはない。世界の**国内総生産（GDP）**に占めるシェアは2％ほどにすぎず（2018年）、域内の貿易比率もロシアでさえ10％を下回っており、他の自由貿易圏と比べて極めて低い。しかし西側諸国にとって、中国・インドとの連携強化や反欧米を旗印にした政治的統合への移行などが、懸念材料になっている。

ヨーロッパ

英国王戴冠

英国・エリザベス女王（2世）が2022年9月に96歳で死去し、長男のチャールズ皇太子が王位を継承した。

君主制に懐疑的な声も渦巻く中、23年5月にロンドンのウェストミンスター寺院で新国王チャールズ3世の戴冠式が行われた。戴冠式は1000年以上続いてきた伝統儀式で、各国の王室関係者や首脳ら約2000人が参列。式典の規模は英国の厳しい経済状況を鑑み、70年前のエリザベス女王の戴冠式より大幅に縮小・簡略化された。招待した参列者も、前回（約8000人）の4分の1ほどと少ない。

また、多様性への配慮から、女性の聖職者やイスラム教、ユダヤ教、ヒンズー教、シーク教などの信者代表も式進行に関わった。式典中、ヒンズー教徒であるスナク首相が新約聖書の「コロサイ人への手紙」の一節を朗読したのも、民族・宗教の多様性を象徴するものだった。こうした戴冠式典の変化は、「あらゆる信仰の擁護者でありたい」と望むチャールズ新国王の意向を反映したものといわれる。

欧州主要国のリーダー

英国では、2022年9月に保守党ジョンソン首相が相次ぐスキャンダルを受けて辞任。同党リズ・トラス氏が英国史上3人目の女性首相になったが、大幅な減税政策が金融不安をもたらし、わずか44日で辞任した。史上最短となったトラス政権の後任には、コロナ禍で手腕を発揮したリシ・スナク元財務相が選ばれた。同国史上初のアジア系で、過去200年あまりで最年少（1980年生まれ）の首相就任でもある。インド系の両親を持つスナク氏は米ゴールドマン・サックス社を経て、2015年に政界入り。経済再建や欧州連合（EU）との交渉、移民対策など難題は多い。

フランスでは、22年4月の大統領選で、現職エマニュエル・マクロン氏が急進右派「国民連合」のマリーヌ・ルペン氏を破り、再選を果たした。自国第一主義のルペン氏に対し、国際協

調・親EU路線を堅持しての勝利だったが、党名「共和国前進」を「再生」に変えるなど、2期目のスタートは新鮮さを打ち出した。しかし23年3月、年金受給資格を2年引き上げる年金制度改革を強行採択し、国民の反発を招いた。撤回を求める抗議デモが頻発し、支持率は急低下している。

ドイツでは、長期メルケル政権を継ぎ、21年12月にドイツ社会民主党のオラフ・ショルツ氏が首相に就任。就任まもなくロシアのウクライナ侵攻が起こり、第2次世界大戦以降初となる、外国(ウクライナ)への武器供与を行った。またエネルギーのロシア依存を脱却するため、中東や米国などで生産される化石燃料の1つ液化天然ガス(LNG)に置き換えるなどの対策に打って出たが、温暖化対策に逆行しているとの批判が噴出。さらに22年夏には未曽有の大干ばつに襲われ、景気が後退した。23年10月に実施された2州の議会選では、ショルツ首相率いる与党連立三党がいずれも議席を減らし、政権への支持離れが顕著になっている。

テーマ ④ 確認チェック

❶中国との経済関係を閉じるデカップリング(経済分断)に代わり、先端技術分野で中国の能力を制限することを何というか。▶p.105

❷故エフゲニー・プリゴジン氏が創設したロシアの民間軍事会社を何というか。▶p.113

❸インドネシアは2045年完了を目指して首都移転計画を進めている。新しい首都の名前を何というか。▶p.119

❹2023年4月15日に国軍と準軍事組織「即応支援部隊(RSF)」による内戦が勃発したアフリカ北東部の国はどこか。▶p.125

❺ロシアが主導する、ベラルーシ、カザフスタン、アルメニア、キルギスが加盟する経済協議体を何というか。▶p.131

答え ❶デリスキング ❷ワグネル ❸ヌサンタラ ❹スーダン ❺ユーラシア経済連合(EAEU)

テーマ

❺ 業界・企業

新型コロナ禍やロシアのウクライナ侵攻、気候変動など、業界や企業に大きな影響を与える課題が山積している。そうした課題を克服するために、新たな技術やビジネスが生まれ、既存のビジネスが消えていく。将来の成長が見込まれる業界ではどんな技術が開発され、ビジネスにつながっているのか。急激な変化が続く産業界の最新トピックや重要キーワードを理解しよう。

業界

BNPL（バイ・ナウ・ペイ・レイター）

BNPL（バイ・ナウ・ペイ・レイター）とは、「Buy Now Pay Later（今買って後で支払う）」の略語で、「後払い決済」や「先延ばし決済」とも呼ばれる。電子商取引（EC）サイトや実店舗で商品を購入し、後で支払うことができる決済手段を指す。

事業者が小売店に代金を立て替えて支払い、消費者が後から事業者に返済するという仕組みはクレジットカードと同じだが、厳しい与信審査がなく、メールアドレスや携帯電話番号などの簡単な情報を登録するだけで利用できる点や、原則として利息や手数料がかからないといった点で異なる。手持ちの現金やクレジットカードがなくても買い物が可能なことから、主に欧米諸国やオーストラリアにおいて若年層や信用力の低い層を中心に利用者が拡大している。日本でも近年のEC市場拡大に伴い、若年層を中心に利用者が広

▶BNPLの仕組み

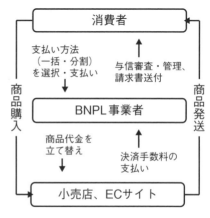

新聞記事などを基に編集部作成

がりつつある。

2023年3月には米アップルが参入し、世界のBNPL市場は拡大を続けている。米コンサルティング企業のフロスト＆サリバンは、世界のBNPL市場規模が26年までに21年の5倍近い6563億ドルへ急拡大すると予測している。

その一方で、利用のしやすさから消費者が過剰債務を抱えるリスクが問題視されており、英国やオーストラリアのようにBNPLを通常の融資商品として規制する動きも出始めている。

CASE

CASE（ケース）とは、Connected（接続性）、Autonomous（**自動運転**）、Shared & Service（シェアとサービス）、Electric（**電動化**）という、自動車をめぐる新しい技術・サービスを表す4つの英単語の頭文字を並べた造語。2016年のパリモーターショーでドイツのダイムラーが戦略の柱として発表して以来、自動車産業の変革期を示すキーワードとして注目を集めている。

つながる技術は高精度な電子制御が可能な電気自動車（EV）との相性が良く、自動運転にも欠かせない要素で、カーシェアリングやライドシェアといったサービスの発展にも重要とされる。この相関する4つの技術・サービスの進展によって、環境負荷を抑えた安全で利便性の高いモビリティーサービスの構築が期待されている。CASEの実現には人工知能（AI）など自動車メーカーにとって新たな分野での研究開発が求められるため、国内外で異業種参入・連携が加速している。トヨタ自動車は、NTTとの協業でCASEの概念を具体化したスマートシティー「Woven City」（ウーブン・シティ）」を静岡県に建設中で、25年に一部の実証実験開始を計画している。他方では、車載ソフトウエアの開発で海外自動車大手やIT（情報技術）大手との競争が激化。トヨタ自動車は25年をめどに

▶CASEの主なポイント

Connected 車のツナガル化、 IoT社会との連携深化	Autonomous 自動運転社会の到来
産業構造変化 への対応が急務に	
Shared & Service 車の利用シフト、 サービスとしての車	Electric 車の動力源の電動化

経済産業省ウェブサイトを基に編集部作成

独自車載ソフトウエアの実用化を目指している。

EVシフト

EVシフトとは、エンジン車から電気自動車（EV）への転換を目指す動きをいう。**気候変動**対策の国際的枠組みである「パリ協定」を順守し、**温暖化ガス（温室効果ガス）**排出量の削減を図るため、2010年代半ばに欧州で始まった。温暖化ガス排出量を50年までに実質ゼロにする「2050年カーボンニュートラル」を目指す動きが世界各国で本格化する中、EVシフトは加速している。

英国はガソリン車とディーゼル車の新車販売を禁止する目標を30年から35年に延期。一方、24年からゼロエミッション車（ZEV）の販売を自動車メーカーに義務化し、30年までに販売台数の80％に引き上げる計画だ。**欧州連合（EU）**の欧州委員会は35年以降、

EU域内の新車供給をEVや燃料電池車（FCV）といった環境負荷の少ないゼロエミッション車と、二酸化炭素（CO_2）と水素でつくる合成燃料を使うエンジン車に限定する方針を打ち出した。

中国は35年をめどに新車販売のすべてをEVやHVなどの電動車にする目標を掲げ、米国やカナダなどでも同様の動きが見られる。欧米の自動車メーカーは相次いでEVへの移行を表明している。日本も35年までに新車販売をすべてEVなどの電動車へ転換する目標を定めている。本田技研工業は30年までにEVの年産200万台超を目標にし、トヨタ自動車は30年のEVの世界販売台数目標を350万台に引き上げ、日産自動車は30年までにEV35車種を投入するとしている。ただし、EUで合成燃料を使うエンジン車の販売が正式に認められれば、日本のお家芸ともいえるHV車開発にとって追い風になる可能性もある。

MaaS

MaaS（マース）とは、Mobility as a Service（モビリティー・アズ・ア・サービス）の略で、すべての移動手段をIT（情報技術）でつなぎ、1つのサービスとして利用する考え方のこと。鉄道、バス、タクシー、飛行機、カーシェアリングなどの移動手段を組み合わせて利用する際、従来のように個別に予約や決済をするのではなく、検索から予約、決済までを一括して行えるサービスを指す。

MaaSによる移動の効率化は個人の利便性向上のみならず、交通渋滞緩和や環境負荷の低減、地方での交通弱者

▶**MaaSのイメージ**

出典：国土交通省ウェブサイト

対策などに役立つとされている。運用には自動車、公共交通、ITなど幅広い産業の連携が必要で、関連するホテル、外食、観光、金融などのサービスも含め、市場の拡大が見込まれている。

MaaSの取り組みはMaaS発祥の地・フィンランドをはじめとする欧米諸国が先行しているが、日本でも動きが本格化している。国土交通省や経済産業省は、2019年より日本版MaaSの実現に向けた先行モデル事業の実証実験を開始。鉄道各社は自治体、異業種との連携、観光型MaaSサービスの実証実験などを進めている。

自動車業界では、トヨタ自動車やソフトバンクなどが出資するモネ・テクノロジーズが、各地域の移動に関するそれぞれの課題の解消に向けて自治体などと協力し、デマンド型乗合タクシーの運行や検査機器を載せた移動診察車の運行サービスなどを提供している。

アマゾン・エフェクト

アマゾン・エフェクトとは、米国のアマゾン・ドット・コムに代表される電子商取引（EC）業界が経済に及ぼす影響のこと。主に、インターネットの普及によりECサイトに顧客が流れ、実店舗をもつ小売業、書籍をはじめとするコンテンツ産業などが業績不振や株価低迷に陥りやすくなっている現象を指す。

米国では2017年頃からアマゾン・エフェクトが本格化し、百貨店やショッピングモールなどが相次いで閉鎖や倒産に追い込まれている。コロナ禍による外出自粛などの影響で多くの小売業者が苦境に陥る中でも、ネットショッピングの利用は拡大し、アマゾン・ドット・コムの業績は大きく伸びた。その特需が収束し、一時は売上高の伸び率が1桁台に鈍化したものの、23年4〜6月期決算では前年同期比11％増の1343億8300万ドルと、早くも停滞からの脱却に成功しつつある。アマゾン・ドット・コムによる買収や新規事業拡大は幅広い分野に及んでおり、その影響で収益低下が見込まれる株式銘柄を集めた「アマゾン恐怖銘柄指数」も設定された。日本にも影響は広がりつつあり、百貨店や総合スーパーが苦境に立たされている。

このようにアマゾン・エフェクトはマイナスの影響を及ぼす一方で、消費者には利便性の高いサービスというプラスの影響をもたらしている。また、商品をオンライン上で確認して実店舗で購入するウェブルーミング、ECサイトで購入した商品を最寄りの店舗で受け取る仕組み「ボピス（BOPIS）」など、従来の小売業にプラスとなる新たな購買形式も生まれている。

越境EC

越境ECとは、インターネットを利用して商品やサービスを売買する電子商取引(EC)が国境を越えて行われるものを指す。クロスボーダーECといわれることもある。近年では、中国において海外の商品をインターネットで購入する割合が増加し、越境EC市場の急速な成長に期待がかかっている。

経済産業省が2023年8月に発表した「電子商取引に関する市場調査」によると、22年の日本・米国・中国の3カ国間における越境ECの市場規模は、日本の消費者による米国および中国事業者からの購入額が約3954億円(前年比6.1%増)。米国の消費者による日本および中国事業者からの購入額が約2兆2111億円(同8.3%増)。中国の消費者による日本および米国事業者からの購入額は約5兆68億円(同6.2%増)で、いずれも21年に引き続き増加している。

▶日本・米国・中国3カ国の越境EC市場規模

国	越境EC購入額	伸び率
日本	3954億円	6.1%
米国	2兆2111億円	8.3%
中国	5兆68億円	6.2%

出典:経済産業省ウェブサイト

コネクテッドカー

コネクテッドカー(Connected Car)とは、インターネットに常時接続できる機能を備えた自動車のことで、「つながる車」とも呼ばれている。車がインターネットにつながることで、走行中の車両の状態や周囲の道路状況などの様々なデータをリアルタイムに収集・活用することができる。これにより、例えば事故が発生した際に自動的に緊急通報を行ったり、自動車が盗難に遭った際に車両の位置を追跡したりできるなど、これまでにない新たな価値やサービスを提供できる。現在、自動車メーカーとIT(情報技術)・通信関連企業などが連携し、普及に向けた動きが世界的に加速している。

すべての新車にコネクテッド機能を搭載しているトヨタ自動車は、NTTとの協業で関連技術の開発を推進。日産自動車はNTTドコモと、本田技研工業はソフトバンクとの共同研究により通信機能を備えた車両の拡大を進めている。調査会社の富士経済は、世界におけるコネクテッドカーの新車販売台数は2035年には22年比2.0倍の9230万台にまで増え、乗用車の新車販売台数に占める比率も22年の58.0%から35年には85.4%に上昇すると予測している。

再生航空燃料（SAF）

　再生航空燃料（SAF）とは、廃食油、都市ごみ、廃材などの廃棄物や植物から作るバイオ燃料のこと。SAFは「持続可能な航空燃料」を意味する「Sustainable Aviation Fuel」の略。石油由来の従来のジェット燃料より二酸化炭素（CO_2）排出量を約8割減らせることから、「空の脱炭素」に向けた切り札として注目されている。

　世界の航空会社が加盟する国際航空運送協会（IATA）は2021年10月、50年までに航空機の運航による**温暖化ガス（温室効果ガス）**排出量を実質ゼロにするという目標を掲げ、各国政府へSAFの導入加速を求めた。しかし、世界的にもSAFの供給量は少なく、従来燃料の2〜10倍かかるという製造コストの高さも課題となっている。

　日本は30年までに国内の航空会社が使う航空燃料の1割をSAFに置き換えることを目指している。その達成に向けて、30年から国際線に供給する燃料の1割をSAFとすることを石油元売り各社に義務付ける方針を示しており、SAFを安定的に調達するために国産体制の整備を急いでいる。SAFの製造は欧米企業が先行しているが、22年3月に全日本空輸、日本航空、日揮ホールディングスなど国内16社が国産SAFの普及・拡大に取り組む有志団体「ACT FOR SKY」を立ち上げた（23年9月末時

点、加盟団体は30社）。23年5月には、コスモ石油や日揮ホールディングスなどの共同出資会社による国内初のSAF量産プラント建設に着手するなど、民間での動きも活発化している。

サブスクリプション（定額制サービス）

　サブスクリプション（定額制サービス）とは、定額料金を支払うことで、商品やサービスを継続的に購入・利用するビジネスモデルのこと。もともとは新聞などの定期購読を指す英語で、略して「サブスク」とも呼ばれている。スマートフォンの普及などを背景に、動画配信サービスの「Netflix（ネットフリックス）」や音楽配信サービスの「Spotify（スポティファイ）」など、当初はデジタル分野で広がりを見せていた。近年では、衣料品や化粧品、家具、家電、車といった商品に加え、ホテルや飲食店、美容院など様々なサービスで導入されている。

　サブスクは初期費用が安く済むため、利用者は気軽に始められるのがメリットだ。企業にとっても新規顧客の獲得につながりやすく、安定収入を得られるといった利点がある。矢野経済研究所の調査によると、国内のサブスク市場規模は2021年度に約9616億円と前年度比で約1割増え、今後も市場は拡大すると予想されている。「所有から利用」へと人々の消費意識が変化す

る中、サブスクの広がりは商品やサービスを長く愛用し続けるファンの重要性を高め、企業に「売ったら終わり」という発想からの転換を迫っている。

空飛ぶクルマ

空飛ぶクルマとは、電動の機体でヘリコプターやドローンなどのように垂直に離着陸し、滑走路が不要な次世代の乗り物のこと。中でも、「eVTOL（イーブイトール）」と呼ばれる電動の垂直離着陸機が、空飛ぶクルマの主流になるとされている。

政府は2018年6月に閣議決定した「未来投資戦略2018」で掲げた次世代モビリティー・システムの構築に向けた新たな取り組みの中で、「MaaS（マース）」などとともに空飛ぶクルマの実現を目指す方針を示した。その後、経済産業省と国土交通省が「空の移動革命に向けた官民協議会」を共同で立ち上げ、23年に事業をスタート、30年代から実用化を拡大させるロードマップを作成した。25年に開催される大阪・関西万博で、空飛ぶクルマを会場移動などに活用する計画もある。

現在、国内外のスタートアップなどが開発競争を繰り広げており、世界の大手企業も関与を強めている。トヨタ自動車は20年にeVTOLを開発する米スタートアップのジョビー・アビエーションに出資。同社とはANA

ホールディングスも22年2月に提携を結んだ。ジョビー・アビエーションとANAホールディングスは23年2月、日本航空などと共に万博での空飛ぶクルマ運航事業者に選ばれた。このほか、米ボーイングや欧州エアバスといった航空機大手も開発に取り組んでいる。

空飛ぶクルマは、渋滞の緩和や、災害時の救急搬送、物資支援に役立つほか、離島や山間部での新しい移動手段としての活用が期待されている。一方で、安全性の確保や交通ルールの整備など、解決すべき課題は多い。

地銀再編

地銀再編とは、地方経済の衰退や長引く低金利、新型コロナウイルスの感染拡大の影響で収益環境が悪化したことに起因する、地方銀行（地銀）の再編の動きを指す。コロナ禍の中小企業支援策として政府が実施した実質無利子・無担保の「ゼロゼロ融資」の返済が2023年から本格化するため、取引先の通常融資への借り換えや倒産に備えた地銀の統合・合併は今後も続くとみられる。

政府も再編を後押ししており、20年11月に地銀同士の統合や合併を独占禁止法の適用除外とする特例法が施行されたほか、21年7月には改正金融機能強化法が施行され、再編にかかる費用に政府が補助金を交付する制度も始

まっている。

21年から各地で一県一行体制への移行が進んだ。22年4月には青森銀行とみちのく銀行が経営統合し、25年1月に青森みちのく銀行としての合併を予定。22年10月に経営統合した愛知銀行と中京銀行も、25年1月の合併であいち銀行の発足を予定している。23年に入っても同様の動きは続き、4月に横浜銀行が神奈川銀行を連結子会社化。6月には八十二銀行と長野銀行が経営統合し、25年度をめどに合併する方針を示した。10月には、福岡銀行などを傘下に置くふくおかフィナンシャルグループが福岡中央銀行を完全子会社化した。

他方では、SBIホールディングスが22年5月までに地銀9行と相次いで資本業務提携を結び、地銀連合の形成を目指している。

トレーサビリティー（生産履歴の追跡）

トレーサビリティー（traceability）とは、商品の生産から消費までの過程を追跡可能な状態にすること。英語の「trace（追跡）」と「ability（能力）」を組み合わせた言葉で「生産履歴の追跡」「追跡可能性」などと訳される。2001年に国内で初めてBSE（牛海綿状脳症）に感染した牛が発見されたことを契機に、食品の安全・安心に対する関心が高まり、トレーサビリティーを導入する動きが食品業界を中心に広がった。以降、トレーサビリティーは製造業など幅広い分野に浸透し、商品に欠陥や問題が生じた場合に、早期に原因を特定し、商品回収などの対策を迅速に行えるようになった。

近年、ESG投資に注目が集まる中、トレーサビリティーの確保は企業の社会的責任（CSR）の1つと考えられるようになっている。中国のウイグル人権問題を背景に、アパレル企業で新疆綿の使用を敬遠する動きが広まっていることは、原材料のトレーサビリティーに企業や消費者の関心が高まっていることの一例といえる。

トレーサビリティーを支える技術として注目を集めているのが、暗号資産（仮想通貨）で活用されているブロックチェーン（分散型台帳）だ。ブロックチェーンに記録された情報は改ざんが極めて困難なため、信頼性の高いトレーサビリティーを実現できるメリットがある。22年以降、半導体や自動車、衣料品、食品、医薬品など幅広い分野で、ブロックチェーンを活用したトレーサビリティーシステムの導入が加速している。

破壊的イノベーション

破壊的イノベーションとは、新たな技術やアイデアによって既存市場の価値観や秩序を変え、業界構造に劇的な

変化をもたらすこと。米ハーバード大学経営大学院の故クレイトン・クリステンセン教授が、著書『イノベーションのジレンマ』において提唱した。対となる概念に、既存市場で求められている価値の向上を図る「持続的イノベーション」がある。

破壊的イノベーションは「ローエンド型」と「新市場型」の2つに分類される。ローエンド型は、シンプルで使いやすい製品・サービスを低価格で提供するイノベーションを指し、仏グループセブの調理器具ブランド「ティファール」が販売する湯沸かし機能に特化した電気ケトルが典型例とされる。一方の新市場型は、従来の製品・サービスにない価値の提供により新たな需要を創出するイノベーションで、米ウーバーテクノロジーズのタクシー配車アプリが例として挙げられる。

日本の優良企業は破壊的イノベーションから持続的イノベーションへとシフトしたことによって成長が鈍化した。経済のグローバル化やテクノロジーの進化による市場環境の変化も著しく、企業が持続的に成長することは難しい。そこで、企業は再び破壊的イノベーションの創出に活路を見いだそうとしているが、大企業ほど新興市場への参入に後れを取る傾向がある。イノベーション創出のための環境整備が求められている。

半導体・デジタル産業戦略

半導体・デジタル産業戦略とは、経済産業省が2021年6月に策定した、半導体やデータセンターなどのデジタル産業の強化に向けた政策指針。

いまや半導体はあらゆる製品に使用され、デジタル社会を支える産業の重要基盤となっている。しかし、かつて世界市場で5割を占めた日本の半導体産業は、現在は1割程度のシェアにまで落ち込んでいる。また、近年は**米中貿易摩擦**や新型コロナウイルスの流行に伴う**サプライチェーン**の混乱などによって世界的に半導体が供給不足となっており、主要各国における半導体の安定確保に向けた製造工場の誘致や技術開発競争が激化している。

こうした状況を受け、日本は同戦略において、半導体・デジタル産業基盤の整備・確保に国家事業として取り組むとし、支援策を講じている。

23年6月に公表された改定版では、国内で生産した半導体関連の売上高を、30年に現在の3倍程度の15兆円へ拡大する目標を掲げた。その達成に向けて、次世代半導体の国内製造を目指して22年に設立されたラピダスなど半導体関連企業への投資を後押しするほか、チャットGPTのような**生成AI**(人工知能)向け省エネ半導体の開発支援を盛り込んでいる。また、サーバーなどを置くデータセンターは東京圏や関

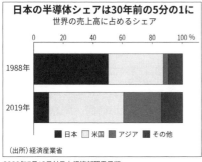

▶半導体シェアの変化

日本の半導体シェアは30年前の5分の1に
世界の売上高に占めるシェア

| | 0 | 20 | 40 | 60 | 80 | 100 % |

1988年

2019年

■日本 □米国 ■アジア ■その他

(出所)経済産業省

2023年5月19日付日本経済新聞電子版

西圏に集中しているが、北海道や九州に新たな拠点を設けることで地域分散を促すとしている。

ビッグモーター不正問題

ビッグモーター不正問題とは、中古車販売大手のビッグモーターが、自動車保険を使った事故車の修理費を過剰に請求していた問題のこと。同社の複数の工場で損傷のない車体を傷付ける、中古部品を新品だと偽って取り付ける、実施していない修理を実施したと偽るなどの不正行為によって保険金を水増し請求していた。2023年7月に外部弁護士でつくった調査委員会の報告書では、無作為に抽出した約3000件の修理案件のうち1000件以上で不適切な行為があったとされた。これらの問題について、同社は23年7月25日に記者会見を開き、創業者である兼重宏行社長と息子の兼重宏一副社長が辞任を発表。23年7月28日には国土交通省が全国34店舗に一斉立ち入り検査を実施した。

保険金を不正に請求されていた損保会社は当初、被害者側の立場だとみられていたが、ビッグモーターとのもたれ合いの関係が浮き彫りになった。損保会社は事故車をビッグモーターにあっせんする見返りに、自動車損害賠償責任保険の契約を獲得していた。

ビッグモーターの保険金不正請求問題は22年1月頃に内部告発によって表面化、損害保険ジャパン、東京海上日動火災保険、三井住友海上火災保険はビッグモーターに対して社内調査を要求、一時事故車のあっせんを停止していた。しかし、損保ジャパンは不正の疑いを認識していながら取引を再開し、他社が契約できたであろう分を獲得した疑いがある。こうした事実が発覚し、損保ジャパンの白川儀一社長は9月8日に引責辞任を発表。9月19日には金融庁がビッグモーターと損保ジャパンに立ち入り検査に入り、行政処分が出るとみられている。

ライブコマース

ライブコマースとは、インターネットのライブ動画配信と電子商取引(EC)を組み合わせた販売手法のこと。テレビ通販を生中継でネット配信するようなものだが、生中継の間に視聴者

がチャット機能を使って質問し、売り手が答えるなど、双方向でやりとりしながら商品を購入できるのが特徴だ。

　売り手側は、配信者にタレントやSNS（交流サイト）上で影響力を持つインフルエンサーを起用して集客力を高めたり、自社の社員やショップ店員を起用して実店舗にいるかのような購買体験を提供したりすることで購入を促す。買い手側は、文字や画像を使った従来のECサイトでは伝わりにくい商品の情報（サイズ感や使用感、作り手の思いなど）を知ることができ、疑問点があればすぐに質問できるメリットがある。

　ECで先行する中国では、ライブコマース市場が急成長している。国際会計事務所KPMGとアリ研究院が発表したレポートによると、中国のライブコマースの市場規模は、2025年には2.1兆元に達するとみられている。日本ではまだ十分に浸透していないものの、若者を中心に利用者が増加しており、パナソニックや資生堂、ユニクロ、楽天グループ、博報堂DYメディアパートナーズといった大手企業もライブコマースに力を入れ始めている。

企業

BCP（事業継続計画）

BCP（事業継続計画）とは、Business Continuity Planの略で、災害や事故、テロなどの非常時に企業が損害を最小限に抑え、重要業務の継続や早期復旧を可能とするために事前に取り決めておく行動計画のこと。継続・復旧を優先すべき中核事業の特定をはじめ、中核事業の目標復旧時間、緊急時に提供可能なサービスのレベル、事業拠点や生産設備などの代替策を定めて社内で共有することにより、他社への顧客流出、マーケットシェアの低下、企業評価の低下などの防止を図る。

　欧米では1990年代に金融機関やIT（情報技術）系企業が導入を始め、2001年の米同時多発テロを機に他業種へも広がった。日本では内閣府が05年より「事業継続ガイドライン」を公表してBCPの策定を推奨しており、11年の東日本大震災を受けて認知が進んだ。また新型コロナウイルス感染症の世界的流行により、感染症リスクに対応したBCPの策定も注目を集めた。

　内閣府が22年1〜2月に実施した調

▶**大企業と中堅企業のBCP策定状況**

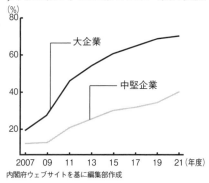

内閣府ウェブサイトを基に編集部作成

査によると、BCPを策定済みの企業は大企業70.8％（前回調査68.4％）、中堅企業40.2％（同34.4％）とともに増加し、策定中を含めると大企業は約85％、中堅企業は約52％だった。政府は当初、20年度までに大企業の策定率100％、中堅企業の策定率50％という目標を掲げてきたが、実効性のあるBCP策定が進んだとは言い難い。

D2C（ダイレクト・ツー・コンシューマー）

D2CとはDirect to Consumerの略で、自社で企画・製造した商品を自社の電子商取引（EC）サイトで顧客に直接販売するビジネスモデルを指す。DtoCと表記されることもある。実店舗がある場合も、商品を実際に試す体験を顧客に提供することを目的とし、店舗での販売は行わないのが特徴。商品開発から販売までを一貫して行う点はユニクロなどの**製造小売業（SPA）**と同じだが、IT（情報技術）によってビジネスをよりよく変革する**デジタルトランスフォーメーション（DX）**を導入している点で大きく異なる。

D2Cを展開するには自社のECサイトや物流システムを立ち上げることが前提となるが、仲介業者を通さないことでコストが削減できる。SNS（交流サイト）を活用した販売促進や顧客とのコミュニケーションによりコアなファンを獲得しやすく、顧客の意見や要望をダイレクトに吸い上げて商品に反映することもできる。さらに、自社のECサイトを通じて顧客データを取得できる、といった多くのメリットがある。

D2Cは2000年代後半頃に米国で生まれ、SNSの台頭を背景に、主にアパレルを中心とした小売業界のスタートアップ企業によって活用されてきた。それが新たなブランド運営の手法として注目され、コロナ禍を機に日本でもさらに存在感が高まった。最近では大手企業もD2Cを取り入れた事業展開を行っている。

ESG投資

ESG投資とは、環境（Environment）、社会（Social）、企業統治（Governance）を判断材料にして投資すること。投資家は従来、企業の経営成績を示す財務情報を投資判断の基準としていたが、地球環境保全や人権、法令順守の取り組みなど、非財務情報であるESGを重視して投資先を選別するようになりつつある。世界持続的投資連合（GSIA）によると、2020年の世界のESG投資額は35.3兆ドルと18年から15％増えた。15年9月、世界最大の年金基金である厚生労働省所管の「**年金積立金管理運用独立行政法人（GPIF）**」がESG投資の世界的なプラットフォームであり、国連が提唱する「責任投資原則（PRI）」に

▶ESGの主な要素

Environment（環境）
・二酸化炭素の排出量削減 ・再生可能エネルギーの利用 ・事業活動での廃棄物低減

Social（社会）
・事業活動での人権問題の配慮 ・労働環境の改善 ・製品の安全性の確保

Governance（企業統治）
・取締役会の多様性確保 ・適切な納税などの法令順守 ・積極的な情報開示

新聞記事などを基に編集部で作成

署名したことで、日本におけるESG投資の認知度が高まった。

国内外の企業は、ESGに対する会社の取り組みを積極的に発信することで投資を呼び込もうとしている。一方、世界の潮流に逆行するように、米国では保守・共和党の主導により15の州（23年7月時点）でESG活動を制限する「反ESG法」が成立、反ESG投資の機運が強まってきている。その影響は国外にも及び、脱炭素を目指す国連主導の保険企業団体「ネットゼロ・インシュアランス・アライアンス（NZIA）」では欧州や日本の企業の脱退が相次いでおり、他業種への広がりも懸念されている。

SaaS

SaaS（サース）とは、クラウドサービスの一種で、インターネット経由でソフトウエアを提供・利用するサービス形態のこと。Software as a Service（サービスとしてのソフトウエア）の略。パッケージとして提供される従来型のソフトウエアの場合、ユーザーは搭載されている多くの機能を一括して購入する必要があり、インストールやバックアップ、アップグレードなどの管理作業も求められる。一方、SaaSではユーザーはインターネットを通じて必要な機能のみを利用でき、管理作業も提供企業によって行われる。そのため利便性が高く、導入や運用における手間とコストを削減できるという利点がある。代表的なSaaSの例として、GoogleのGmailや、米マイクロソフトのMicrosoft365などが挙げられる。

SaaSの先駆けとされるアプリケーション・サービスプロバイダー（ASP）は、ユーザーごとにシステムを構築する必要があったが、SaaSでは複数のユーザーが同一システム・サービスを利用できるようになった。これにより、欧米を中心にビジネスでの導入が拡大した。日本企業ではSaaSの導入に遅れがみられたが、新型コロナウイルスの感染拡大でテレワークが普及して以降、利用は拡大傾向にある。調査会社の富士キメラ総研によると、SaaSの国内市場は2023年度には前年度比17.1％増の1兆4128億円まで拡大し、27年度には2兆990億円まで成長すると予測している。

イーロン・マスク

イーロン・マスクは、米国の起業家。1971年に南アフリカで生まれ、カナダへ移住したのち、米国へと渡った。人類の未来に影響をおよぼす技術は「インターネット」「クリーンエネルギー」「宇宙開発」の3つだと考え、1995年に弟と共にネットサービスの「Zip2」を起業。同社を売却した資金を元に、米電子決済大手ペイパルの前身である「X.com」を立ち上げた。

2002年にペイパルが電子商取引（EC）大手のイーベイに約15億ドルで買収されると、そこで得た資金で宇宙開発ベンチャーの「スペースX」を設立したほか、04年に創業期だった電気自動車（EV）メーカー「テスラ」に出資し、会長を経て最高経営責任者（CEO）に就任した。ほかにも地下交通システムを構築するトンネル掘削会社「ボーリング・カンパニー」などを率いている。

スペースXが開発した宇宙船「クルードラゴン」は、20年に民間企業で初めて有人宇宙飛行を成功させ、本格的な宇宙ビジネス時代の到来を世界に印象付けた。テスラは世界的な脱炭素化の流れを背景に急成長を遂げ、20年7月に時価総額でトヨタ自動車を抜き、世界首位の自動車メーカーになった。

マスク氏は米誌「フォーブス」が発表した22年版の世界長者番付で、ア

▶マスク氏が関わる事業

マスク氏が手がける企業群	
テスラ	EVや太陽光発電設備
スペースX	大型ロケットを使った衛星打ち上げ
X社	ツイッターを運営、多機能アプリ化
xAI	独自にAI開発へ
ニューラリンク	脳とコンピューターをつなぐ技術を開発
ボーリング・カンパニー	地下トンネルを使った移動システム

2023年7月13日付日本経済新聞電子版

マゾン創業者のジェフ・ベゾス氏を抜き、初めてトップに立った。22年10月には米ツイッターを買収。23年7月、ツイッターの多機能化に向けてブランド名を新しい運営会社の名称と同じ「X」に変更し、黒を基調とするロゴへと刷新した。

カスタマーサクセス

カスタマーサクセスとは、「顧客の成功」を意味し、企業が顧客を成功に導くための取り組みを指す。顧客が製品やサービスの利用を通して期待した成果を得られるように、製品やサービスの提供後も能動的に情報提供やサポートを行うことが特徴。これにより顧客は企業への信頼や満足度を高め、企業は継続的に製品やサービスを利用

してもらうことで利益につなげることができる。

カスタマーサクセスが注目を集めるようになった背景には、定額料金を支払って製品やサービスを継続的に利用する**サブスクリプション型サービス**の普及がある。サブスクリプション型の場合、買い切り型とは違って解約のリスクがあるため、顧客に継続して価値を提供するカスタマーサクセスが重視されているからである。

また、近年は市場の成熟やグローバル化によって製品やサービスの差別化が難しく競争が激化しており、付加価値を高める手段としてもカスタマーサクセスが果たす役割は大きくなっている。そのため、サブスクリプション型以外のビジネスモデルでもカスタマーサクセスを取り入れる企業が増えており、今後も需要は高まるとみられている。

巨大IT企業規制法

巨大IT企業規制法とは、膨大な個人データとデジタル技術により、市場で支配的な地位を築いているビッグテックと呼ばれる巨大IT（情報技術）企業を対象にした規制法のこと。ビッグテックを代表する企業に、頭文字を取って「GAFAM」と呼ばれるグーグル、アップル、メタ（旧フェイスブック）、アマゾン・ドット・コム、マイクロソフト

などがある。

2018年に欧州連合(EU)で「**一般データ保護規則(GDPR)**」が施行され、企業に個人データの厳格な管理を求めたことを皮切りに、各国の規制当局は巨大IT企業への監視を強めている。先行するEUでは、22年3月に「デジタル市場法(DMA)」、同年4月に「デジタルサービス法(DSA)」の制定で合意した。DMAは独占禁止法にあたるEU競争法の観点から、ゲートキーパーと呼ばれる巨大プラットフォーム企業に対し、自社のサービスをライバル企業より優遇したり、あるサービスで収集した個人情報を別のサービスに利用したりすることを禁じるほか、スマートフォンのアプリ配信や決済などについて市場の外部開放を義務付けている。DSAは消費者保護の観点から、ヘイトスピーチや著作権侵害動画といった違法コンテンツを削除するなどの対応を企業に義務付け、性的指向や宗教など、機微な情報を基にしたターゲティング（追跡型）広告を禁じる。

日本でも21年2月に通称「デジタルプラットフォーム取引透明化法」が施行され、オンラインモール（国内売上高3000億円以上）やアプリストア（同2000億円以上）を運営するIT企業を対象に、取引条件の情報開示などを義務付けた。22年8月には同法の対象にインターネット広告（国内売上高1000億円以上）が追加された。

グリーン金融

グリーン金融とは、地球温暖化や**気候変動**など、環境問題の解決に向けた取り組みに特化した金融の総称。環境金融、またはグリーンファイナンスともいう。企業や地方自治体などが国内外で環境改善効果のあるプロジェクト（グリーンプロジェクト）にかかる資金を調達するために発行する「**グリーンボンド（環境債）**」や、金融機関などから融資を受ける「**グリーンローン（環境融資）**」のほか、金融機関が開発するグリーン金融商品や、環境に配慮した経営に対して金利を優遇するといったこともグリーン金融に含まれる。

近年、脱炭素化の世界的潮流や**ESG投資**の高まりなどを背景に、グリーン金融に注目が集まっている。環境省によると、2013年に137億ドルだった世界のグリーンボンド発行額は21年に6325億ドルまで拡大した。新たなマネーの流れを取り込もうと、各国の中央銀行はグリーン金融政策に取り組む。日本銀行は21年12月から脱炭素につながる金融機関の投融資を後押しする「**気候変動対応オペ（公開市場操作）**」を開始。**欧州連合（EU）**でも環境的に持続可能な投資を促すため、環境に配慮した経済活動かを認定する基準「**EUタクソノミー**」を定め、22年1月から気候変動関連での適用を開始した。

グリーントランスフォーメーション（GX）

グリーントランスフォーメーション（GX）とは、技術革新による次世代エネルギーへの転換を通じて、**温暖化ガス排出量増加**などの環境問題を解決し、持続可能な社会を実現させる考え方。GXはGreen Transformationの略。

地球温暖化や**気候変動**を背景に世界各国で脱炭素社会の実現に向けた取り組みが加速する中、環境対策は経済成長を妨げるものではなく、成長の機会と捉えられるようになっている。2050年の温暖化ガス排出実質ゼロに向け、日本政府は20年12月、産業政策「**グリーン成長戦略**」を策定。**洋上風力発電**や自動車など特に成長が期待される14分野を掲げ、脱炭素化を進める企業の技術革新を後押ししている。

さらに、22年4月に日本経済団体連合会（経団連）が発表した政府への提言で、GXを成長戦略に据えるよう主張したことを受け、政府は同年6月に閣議決定した新たな**経済財政運営と改革の基本方針（骨太の方針）**と、成長戦略を盛り込んだ「**新しい資本主義**」の実行計画で、GXを投資の重点分野に位置付けた。23年度には、今後10年間に官民で150兆円規模のGX投資を実現するため、民間投資の呼び水として新たに「**GX経済移行債**」を発行する。

また、経済産業省は脱炭素に先進的に取り組む企業で構成する「GXリー

グ」を発足。23年7月にはエネルギー仲介会社のスタートアップ、エネチェインがカーボン・クレジットの取引所を立ち上げた。東京証券取引所は同年9月、経産省からの委託による実証事業を開始、二酸化炭素(CO_2)の排出量を取引する「カーボン・クレジット市場」の正式開設に向けて動き出した。SBIホールディングスも排出量計測のアスエネと共同で市場を開設した。

人権デューデリジェンス

人権デューデリジェンス(DD)とは、企業が自社や取引先などを含めた**サプライチェーン(供給網)**全体における人権侵害のリスクを把握し、予防する取り組みのこと。2011年、国連人権理事会において「ビジネスと人権に関する指導原則」が全会一致で支持されたことにより、企業に対して人権DDの実施が求められるようになった。さらに、**ESG投資**の高まりも相まって、人権への配慮は企業活動の重要な取り組みの1つとなった。

21年1月に米国の税関当局が「ユニクロ」の男性用シャツの輸入を差し止めたのは、強制労働による人権侵害が取り沙汰されている中国・新疆ウイグル自治区の団体が製造に関わった疑いがあることに起因する。このように、欧米では人権DDの実施を義務付ける法制化が進んでいる。米国では、22年

6月に「ウイグル製品輸入禁止法」が施行され、企業は強制労働と関連がないことを証明しなければ商品を持ち込めなくなった。**欧州連合(EU)**は22年2月、一定条件を満たす企業に対し、人権DDを義務化する指令案を発表。ドイツは23年1月の「DD法」施行により、外国籍企業にも人権に対するリスク管理を求めている。取り組みが遅れていた日本でも、22年9月、国が「責任あるサプライチェーン等における人権尊重のためのガイドライン」を策定。自社のサプライチェーンにある人権リスクを事業分野、製品・サービス、地域、企業固有の4つの観点で把握し、国際規範に基づき対処することを求めている。

人的資本

人的資本とは、人材を企業のコスト要因ではなく、能力やスキルなどを持つ「資本」とみなし、投資の対象とする考え方。人的資本への投資には、**リスキリング(学び直し)**など教育訓練に関するものや、**副業・兼業**など、多様な働き方を推進して従業員エンゲージメント(組織や仕事に対する自発的な貢献意欲)を高める取り組みなどがある。企業価値の源泉は工場や機械などの有形資産から、アイデアやノウハウといった**無形資産**に移行しつつあり、人的資本も無形資産の一部だ。近年、

ESG投資の高まりに伴い、欧米の投資家を中心に非財務情報である無形資産が企業価値を判断する上で重要視されるようになり、人的資本の情報開示を企業に求める動きが強まった。

米国では証券取引委員会(SEC)が2020年8月、非財務情報に関する規則を改正し、上場企業に人的資本の開示を義務付けた。これに先立ち、国際標準化機構(ISO)は18年12月、人的資本の開示指針として「ISO30414」を策定。日本でも政府が22年8月に指針を発表し、23年度から有価証券報告書への一部の人的資本情報の記載を義務化した。20年9月に経済産業省が公表した報告書「人材版伊藤レポート」で人的資本の重要性を説いたことなどもあり、人的資本の価値を最大限に引き出し、企業価値の向上につなげる「人的資本経営」を表明する企業は、国内でも増加しつつある。

スチュワードシップ・コード

スチュワードシップ・コードとは、生命保険会社や企業年金基金などの機関投資家に対して、投資先企業の企業価値の向上や中長期的な成長を促すために果たすべき責務を明示した指針。スチュワードシップ(stewardship)は受託者責任、コード(code)は行動規範を意味する。

機関投資家による投資先企業への監視や対話が不十分だったことが2008年のリーマン・ショックを招いたとの反省から、10年に英国で初めて策定された。その後、欧州各国などに広がり、14年に金融庁が日本版スチュワードシップ・コード(「責任ある機関投資家」の諸原則)を策定。15年に導入された企業統治指針(コーポレートガバナンス・コード)とは車の両輪のような関係となっており、2つのコードを導入することで投資家と上場企業の建設的な対話を促し、持続的な企業価値の向上につなげる狙いがある。

日本版スチュワードシップ・コードは20年まで3年ごとに改訂されてきたが、以後は時期を定めず必要に応じて行うことが23年4月に示された。17年の改訂では株主総会における議決権行使の結果を個別の議案ごとに開示す

▶人的資本の開示事項例

育成	研修時間、研修費用など
従業員エンゲージメント	－
流動性	離職率、定着率
ダイバーシティ	男女間の給与の差、育児休業等の後の復職率・定着率など
健康・安全	労働災害の発生件数・割合、死亡数等、健康・安全関連取組等の説明など
コンプライアンス・労働慣行	深刻な人権問題の件数、コンプライアンスや人権等の研修を受けた従業員の割合など

内閣官房ウェブサイトを基に編集部作成

るよう機関投資家に求めた。20年の改訂では、議決権行使の結果だけでなく、判断の理由についても公表すべきと明記したほか、ESGを考慮した運用を行っているか開示するよう求めている。

ステルスマーケティング規制

　ステルスマーケティング規制とは、広告と明らかにせず一般消費者の口コミや感想を装って商品やサービスを宣伝する「ステルスマーケティング（ステマ）」に対する法規制の通称。消費者庁は2023年3月、**景品表示法**の不当表示としてステマを規制の対象にし、同年10月から施行された。違反した広告主は再発防止を求める措置命令の対象とし、悪質な場合は懲役や罰金などの刑事罰が科される可能性もある。

　同庁はステマによる不当表示を「一般消費者が事業者の表示であることを判別することが困難である表示」と定義。事業者が依頼や指示をしていなくても、SNS（交流サイト）などに投稿を行った第三者が金銭や物品、イベント招待などの対価を受けられる関係にある場合は、規制の対象になる可能性がある。

　ステマは消費者の自主的で合理的な選択を妨げる恐れがあるとして問題視されてきたが、日本ではこれが初の規制となる。規制対象は広告主で、イン

ステルスマーケティングのイメージ

2022年12月27日付日本経済新聞電子版

フルエンサーなどの投稿者側は処分の対象外であることから、ステマ規制で先行する欧米と比べて規制が緩いとの指摘もあり、今後に向けた課題となっている。

ネットキャッシュ

　ネットキャッシュとは、企業が保有する現金や預金、短期保有が目的の有価証券の合計から、銀行借り入れや社債などの有利子負債を差し引いた実質的な手元資金のこと。ネットキャッシュがプラスとなり、金額が多いほど財務の健全性が高い「金持ち企業」であることを示す。

　与信管理サービスを提供するリスク

モンスターが2023年9月に発表した「金持ち企業ランキング」調査によると、1位の信越化学工業のネットキャッシュは1兆4198億円だった。上位20社のうち13社は製造業で、製造業のネットキャッシュ保有度合いの高さが目立つ。

株式市場では時価総額をネットキャッシュで割った「ネットキャッシュ倍率」が1倍を下回ると、現預金を有効に活用できていないとして、M&A(合併・買収)の候補になりやすい。ネットキャッシュ倍率が低い企業は、買収防衛策の1つとして株価(時価総額)を上げる必要に迫られ、**自己資本利益率(ROE)** の改善を目指す傾向がある。その結果、増配や**自社株買い**などの株主還元を行う可能性が高いとして、投資家から注目されることが多い。

パーパス経営

パーパス経営とは、企業が社会における自社のパーパス(存在意義)を明確に示し、これを重視した経営を行うこと。コロナ禍で企業を取り巻く環境が一変するなど、先が見通せない**VUCA**(変動性、不確実性、複雑性、曖昧性)と呼ばれる今の時代の経営モデルとして注目を集めている。パーパスを明確にすることで組織に一体感が生まれ、従業員エンゲージメント(組織や仕事に対する自発的な貢献意欲)を高める効果が期待できるほか、顧客や投資家、社会からの共感を得やすくなるといったメリットがある。

パーパス経営に注目が集まる要因の1つに、資本主義の在り方を再考する機運が米国を中心に高まっていることが挙げられる。2019年8月、米経営者団体ビジネス・ラウンドテーブルは株主第一主義を見直し、従業員や地域社会の利益も尊重するステークホルダー資本主義への転換を宣言。同時にパーパスの実現も目指すべきとした。20年1月の**世界経済フォーラム年次総会(ダボス会議)** でも、ステークホルダー資本主義をテーマに議論が行われた。日本では近江商人の「三方よし」(売り手よし、買い手よし、世間よし)の精神や、パナソニックホールディングス創業者の松下幸之助氏が「企業は社会の公器である」と述べたように、古くから企業と顧客、社会が共に幸せになるような経営理念を掲げる企業が多かった。ソニーグループが「クリエイティビティとテクノロジーの力で、世界を感動で満たす。」というパーパスを19年1月に発表して以来、多くの日本企業でも新たにパーパスを制定する動きが相次いでいる。

米テック企業の人員削減

米テック企業の人員削減とは、米

国のテクノロジー企業(テック企業)で2022年から相次ぐ大規模な人員削減の動きを指す。新型コロナウイルスの流行に伴う需要急増により人員を大幅拡大した反動で人件費の負担が重くなったこと、景気減速によって広告収入が落ち込んだことなどが背景にある。

米雇用情報サイトのレイオフス・ドット・ファイによると、22年に米国を中心とするテック企業が公表した解雇計画は世界全体で約16万人だった。23年は4月時点ですでに16万人を超えた。

大手の動きを見ると、メタ(旧フェイスブック)は22年11月に約1万1000人のレイオフ(一時解雇)を発表し、23年3月からは2回目の大規模解雇となる約1万人の削減に着手。アマゾン・ドット・コムは23年1月に約1万8000人の削減を決め、同年3月には約9000人の追加削減を発表した。このほかにも、23年1月にマイクロソフトが約1万人、グーグルはグループ全体で約1万2000人の人員削減計画を発表。各社は一時的に人員採用も抑制した。

一連の人員削減については、米テック産業の低迷を懸念する声がある一方で、高度人材が大手からスタートアップや異業種へ移動して新たなテクノロジー分野が開拓される好機とする見方もあり、今後の動きが注目されている。

マテリアルズ・インフォマティクス

マテリアルズ・インフォマティクス(MI)とは、大量のデータと人工知能(AI)などの情報処理技術を駆使して新素材を開発する手法のこと。研究者の経験と勘を頼りに、実験と試作を繰り返しながら進めてきた従来の手法に比べて、開発期間を大幅に短縮できる。

2011年に米国のオバマ政権(当時)がMIを活用して材料開発の時間を半減させる「マテリアル(材料)ゲノム計画」を打ち出したことがきっかけとなり、欧州や中国、韓国でもMI関連のプロジェクトが相次いで動き出した。日本でも15年7月〜20年3月で、国の研究機関である物質・材料研究機構(NIMS)が中心となり、民間企業と組んでMI研究のコンソーシアムを立ち上げた。16年には、MIを利用して開発期間を従来の20分の1にすることを目指す「超先端材料超高速開発基盤技術プロジェクト(超超プロジェクト)」が新エネルギー・産業技術総合開発機構(NEDO)の主導でスタートした。

MIは材料開発における**デジタルトランスフォーメーション(DX)**として注目を集めており、各企業で活用が本格化している。日本ゼオンとNEDOなどは、リチウムイオン電池の大容量化などに期待される、筒状の炭素分子「カーボンナノチューブ(CNT)」の性

能をAIを使って予測した。

無形資産

　無形資産とは、土地や建物、機械設備などの有形資産に対して、特許や商標、ブランド価値（のれん代）など目に見えない資産のことをいう。無形資産はソフトウエアやデータベースなどの「情報化資産」、研究開発（R&D）やデザインなどの「革新的資産」、**人的資本**や組織などの「経済的競争能力」の大きく3つに分類される。

　経済のデジタル化に伴い、無形資産を武器に成長を続ける企業の存在感が高まっている。特に、グーグルやアマゾン・ドット・コムなど「ビッグテック」と呼ばれる米国の巨大IT（情報技術）企業は、物理的な生産設備は必要としない一方、ビッグデータや人工知能（AI）技術などの無形資産を世界中から集め、競争力につなげている。

　無形資産が富の源泉となったことで、新たな問題も浮上している。多国籍企業が**特許権**や商標権などの無形資産を低税率国や**租税回避地（タックスヘイブン）**に移転させることで税負担を軽減したり、国境を越えたネット配信などで様々な国の消費者から利益を得ても、その国に拠点がなければ課税できなかったりすることが問題視されている。こうした問題の解決に向けて、経済協力開発機構（OECD）加盟国

▶**無形資産の分類**

情報化資産	・受注ソフトウエア ・パッケージ・ソフトウエア ・自社開発ソフトウエア ・データベース
革新的資産	・自然科学分野の研究開発 ・資源開発権 ・著作権及びライセンス ・他の製品開発、デザイン、自然科学分野以外の研究開発
経済的 競争能力	・ブランド資産 ・企業固有の人的資本 ・組織構造

出典：内閣府ウェブサイト

等で、法人税最低税率導入やデジタル課税ルールの整備が進んでいる。

物言う株主（アクティビスト）

　物言う株主（アクティビスト）とは、一定数以上の株式を取得した上で、その企業に対し事業再編などの経営戦略や増配など株主還元に関する提案を積極的に行う投資家の総称。株主としての権利を行使しながら企業価値の向上を図り、株価を高めて最終的に利益を得ようとする**投資ファンド**が代表格だ。

　かつては株式を安く大量に買い叩いて株主還元や買収提案を強硬に要求したり、長期的な企業価値を破壊しても目先の利益を優先したりする手法から「ハゲタカ」などと呼ばれ、負のイメージが強かった。しかし、近年は「ス

チュワードシップ・コード」の導入や**ESG投資**の高まりなどを背景に、アクティビストの行動様式に変化がみられる。株主還元などを求める従来型から、経営陣との対話を通じて変革を促し、企業価値の向上を目指す「コンサル型」が主流になりつつあるほか、**気候変動リスク**への対応など機関投資家や一般株主からの賛同を得やすい提案を行うケースが増え、日本国内でも存在感が高まっている。

アクティビストは上場企業の経営陣に緊張感を与えるほか、市場で株価が再評価されるきっかけをつくる側面がある。一方で、過度な要求に企業側が振り回され、経営が混乱するリスクもある。コンビニの成長とスーパーの収益性の改善を目指すセブン＆アイ・ホールディングスは、コンビニ事業への集中とスーパー事業の切り離しを求めるアクティビストと対立。2023年3月にアクティビストが提案した、社長を含む経営陣の刷新を迫る取締役選任案は株主総会で否決されたものの、対立の火種は消えていない。

ユニコーン

ユニコーンとは、未上場ながら投資家から高い評価を受け、企業価値が10億ドルを超える有力なスタートアップ企業のこと。「めったに出会えない存在」という意味で伝説の生き物である「ユニコーン（一角獣）」の名前が付けられた。米調査会社CBインサイツによると、2023年3月時点で日本に本社を置くユニコーンは人工知能（AI）開発のプリファード・ネットワークス、人事労務ソフトのスマートHR、ニュースアプリ運営のスマートニュースなど6社。政府は25年度までにユニコーンや時価総額が10億ドルを超える上場ベンチャー企業を50社創出する目標を掲げているが、米国（654社）や中国（169社）に見劣りする。

なお、企業価値が100億ドル超の未上場企業は「デカコーン」、1000億ドル超に達すると「ヘクトコーン」と呼ばれる。ヘクトコーンには、動画投稿アプリ「TikTok（ティックトック）」を運営する中国の字節跳動（バイトダンス）と**イーロン・マスク**氏が率いる米宇宙開発ベンチャーのスペースXの2社が名を連ねる。コロナ禍によるデジタル化需要の高まりに加えて、世界的な金融緩和の影響で未公開株への資金流入が加速し、ユニコーンは急増した。しかし、足元では米国の金融引き締めなどの影響により、増加ペースは鈍化。大量の資金を支えに成長を最優先するユニコーンの事業モデルは転機を迎えている。

リスキリング（学び直し）

リスキリング（学び直し）とは、企業

が今後必要となる仕事上のスキルや技術を、再教育で社員に身に付けさせること。同じような学び直しの概念に「リカレント教育」がある。リカレント教育が一時的に仕事を離れ、大学や教育機関に入り直すことを意味するのに対し、リスキリングは仕事を続けながら新たな業務に就けるように継続して学び続けることを指す。

経済産業省の調査では、2030年に最大で約79万人のIT人材が不足すると推計されている。中でも**デジタルトランスフォーメーション(DX)**推進に必要なデータサイエンティストなど、専門性の高いデジタル人材の獲得競争は激しく、中途採用も難しい。そのため、近年ではリスキリングがDXに対応するための人材戦略として注目を集め、多くの企業でリスキリングを通じた自前の人材育成に本腰を入れる動きが広がっている。

旭化成はデータ分析のような専門性の高い業務に当たる人材を育てる実践的なカリキュラムを23年に開始。デジタル人材を24年度までに21年度比で10倍の2500人に増やそうとしている。JFEスチールは生産設備のオペレーション業務を行う技術者らに米IBMの人工知能(AI)技術の活用法などを学ばせ、24年度までにデータサイエンティストを600人体制にする計画だ。国内外で**人的資本**の情報開示が進んでいることも、リスキリングを後押しする要因となっている。

テーマ
⑤ 確認チェック

❶「後払い決済」や「先延ばし決済」とも呼ばれ、クレジットカードのような与信審査のない決済手段を何というか。▶**p.134**

❷ 2023年6月公表の「半導体・デジタル産業戦略」改定版において、政府は半導体関連の売上高を30年に(　　　)兆円に拡大する目標を掲げた。▶**p.142**

❸顧客が製品やサービスの利用を通して期待した成果を得られるように、製品やサービスの提供後も能動的に情報提供やサポートをする取り組みを何というか。▶**p.147**

❹広告と明らかにせず一般消費者の口コミや感想を装って商品やサービスを宣伝する広告のことを何というか。▶**p.152**

❺企業が社会における自社の存在意義を明確に示し、これを重視した経営を何というか。▶**p.153**

答え　❶BNPL（バイ・ナウ・ペイ・レイター）❷15 ❸カスタマーサクセス
❹ステルスマーケティング（ステマ）❺パーパス経営

❻ 労働・雇用

近年、働き方改革の進展や人手不足解消のための施策で、労働・雇用を巡る環境は大きく変化している。さらにコロナ禍で時間や場所に捉われないテレワークが普及するなど、働き方がさらに多様になった。私たちの仕事に対する価値観や意識も変わりつつある。本テーマでは「高度外国人材」や「失業給付」「デジタル給与」「日本企業の賃上げ」など、労働・雇用の「今」を映し出すキーワードを解説する。

株式報酬制度

株式報酬制度とは、企業が役員等への報酬として、現金の代わりに自社株を直接付与する制度のこと。いわゆるインセンティブ報酬の1つで、「中期経営計画で目標にする利益額を達成すれば付与する」などの条件を設定できる。コーポレートガバナンス・コード（企業統治指針）でも、経営陣に「中長期的な会社の業績や潜在的リスクを反映させ、健全な企業家精神の発揮に資するようなインセンティブ付けを行うべき」とし、役員報酬の一定割合を自社株報酬にすることを推奨している。

また、人的資本投資や人材確保の観点から、役員だけでなく従業員にも株式報酬を与える企業が増えている。従業員のモチベーション向上や人材流出防止、中途採用による人材確保などが目的だ。

株式報酬は、一定期間内に事前に決められた金額で株式を購入できる権利を付与する「ストックオプション（株式購入権）」が知られているが、2012年には株価や業績によって毎年ポイントを付与し、獲得ポイントに合わせて自社株を割り当てる「株式給付（交付）信託」が始まった。16年の税制改正では、3～5年後に売却できる現物株を従業員に割り当てる「譲渡制限付き株式報酬（リストリクテッド・ストック、RS)」が解禁され、導入する企業が増加している。

技能実習生

技能実習生とは、外国人が日本で学んだ技能を出身国に持ち帰るという国際協力の推進を目的とした外国人技能実習制度に基づき、日本の企業や個人事業主などと雇用関係を結んで技術や知識の習得に取り組む外国人材のこと。2023年7月時点で農業や漁業、建設、食品製造などの88職種で受け入れている。日本で働ける期間は最長5年で、原則として職種の変更はできない。技能実習の終了後は必ず帰国しなければならない。

法務省のデータによると、国内の

▶研修生・技能実習生の在留状況

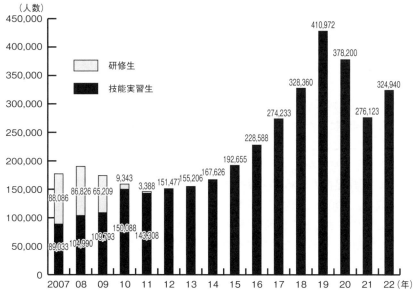

（人数）

※ 2010年7月に制度改正が行われ、在留資格「研修」が「技能実習1号」に、在留資格「特定活動（技能実習）」が「技能実習2号」となった。
出典：法務省ウェブサイト

技能実習生は2022年末時点で32万4940人。職種別では建設関係や食品製造関係、機械・金属関係での受け入れが多い。出身国はベトナムが半数以上を占め、インドネシア、フィリピンが続く。

　技能実習制度は1993年に始まったが、低賃金労働や重労働を担う労働力とされてしまうケースや、賃金不払い、実習生の失踪などが問題となった。2017年には技能実習の適正な実施や技能実習生の保護を図る技能実習法が施行されたが、実際は日本の労働力不足を補う人材となっており、制度の目的との乖離が指摘されていた。

　こうした事態を受け、政府の有識者会議は23年10月、新制度の素案を示した。目的を「人材の確保と人材育成」とし、「1企業で1年以上働き、日本語能力試験で一番基礎的なN5などに合格すれば転職を認める」「在留期間は基本3年で特定技能への移行可能」などを含んだ新制度を示した。

高度外国人材

　高度外国人材とは、高度な知識や技術力を持つ外国人材を指す。日本貿易振興機構（ジェトロ）は高度外国人材について、在留資格の「高度専門職」と「専門的・技術的分野」のうち、原則

「研究」「技術・人文知識・国際業務」「経営・管理」「法律・会計業務」に該当し、①採用された場合、企業で研究者やエンジニア、海外進出等を担当する営業職、法務・会計の専門職、役員、管理職などとして働く、②大学・大学院卒業程度の最終学歴を有する——という条件を同時に満たす人を、高度外国人材とみなしている。

国は2012年、高度な能力を持つ外国人の受け入れ促進のため、学歴や職歴、年収などを項目ごとにポイント化し、一定値に達すると在留期間5年の「高度専門職1号」の資格を付与する制度を開始。1号は3年経過すると、在留期間が無期限の2号に移行できる。

世界的に高度外国人材の獲得競争が激しくなったことを受け、国は23年4月から新たに「特別高度人材制度」と「未来創造人材制度」をスタート。特別高度人材制度では現行のポイント制度とは別に、修士号以上を取得し、かつ年収2000万円以上の研究者や技術者らに高度専門職1号の資格を付与することとした。対象になった人は、1年で2号に移行できる。

未来創造人材制度では、代表的な3つの**世界大学ランキング**のうち2つ以上のランキングで、世界上位100以内に入る大学・大学院を卒業・修了5年以内の人が日本で就職活動・起業準備を行う際、最長2年の滞在を認める「特定活動」の資格を与える。これまでは90日間の「短期滞在」しか認めら

れていなかった。

コーポレートガバナンス・コード（企業統治指針）

コーポレートガバナンス・コード（企業統治指針）とは、東京証券取引所と金融庁が取りまとめた、上場企業が守るべき行動規範を示した企業統治の指針。CGコードとも呼ばれる。

5つの「基本原則」（①株主の権利・平等性の確保、②株主以外のステークホルダーとの適切な協働、③適切な情報開示と透明性の確保、④取締役会等の責務、⑤株主との対話）と、基本原則の内容を詳細に規定した「原則」（31原則）、さらに原則の意味を明確にするための「補充原則」（47原則）の全83原則で構成されている。

2014年に政府が打ち出した成長戦略（日本再興戦略）の改訂版に企業統治の強化が盛り込まれたことを受け、15年6月から適用を開始した。これにより、上場企業（新興市場は除く）は全原則についてコンプライ（コードを実施）するか、実施しない場合は投資家などにエクスプレイン（その理由を説明）することが求められるようになった。企業に株主と向き合うことを求めるCGコードに対し、株主である投資家についても**スチュワードシップ・コード**で企業価値向上につながる行動を求めている。

CGコードは3年ごとに改訂してお

り、18年の改訂では、取締役に女性や外国人など多様な人材を起用することなどが盛り込まれた。21年6月の改訂では、**人的資本**への投資に関する情報開示や、独立社外取締役の比率を3分の1以上選任することを求めた。

最低賃金

最低賃金とは、企業が従業員に支払わなければならない最低限の賃金（時給）。違反した場合は罰則がある。

最低賃金には、都道府県ごとに決まる「地域別最低賃金」と特定地域内の特定の産業の労働者と使用者に適用される「特定最低賃金」がある。地域別最低賃金については、毎年、厚生労働相の諮問機関である中央最低賃金審議会が物価や所得水準などの指標を基に都道府県をA～Dの4ランクに分け、ランクごとに引き上げ額の目安を提示

する。この目安を受けて、各都道府県の地方最低賃金審議会が審議し、都道府県労働局長に答申。最終的に、都道府県労働局長がその地域の最低賃金を決定する。

2023年度の全国平均は1004円。22年度から43円上がり、国が想定した1002円を上回った。最低賃金の水準について、政府は22年6月に閣議決定した**経済財政運営と改革の基本方針（骨太の方針）** で「できる限り早期に全国加重平均で1000円以上を目指す」としており、23年度でこの水準を達成した。全都道府県で過去最大の上げ幅となり、東京都（1113円）や神奈川県（1112円）、大阪府（1064円）など8都府県で1000円を上回った。また、九州や東北、中国地方で国の目安を上回る大幅な引き上げが目立った。背景には、都市部への人材流出などによる人手不足への懸念があるとみられている。

失業給付

失業給付とは、雇用保険制度に基づき、企業などで働く労働者が勤め先の倒産や事業縮小による解雇、転職などで退職せざるを得なくなったときに、雇用保険から支払われる給付金のこと。離職前に一定期間雇用保険に加入して働いた人が対象で、受給するには退職後ハローワークで求職を申し込み、失業の認定を受ける必要がある。倒産

▶**最低賃金（全国平均）の推移**

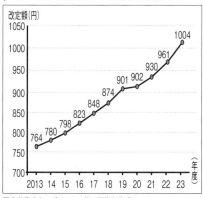

改定額（円）

年度	改定額（円）
2013	764
14	780
15	798
16	823
17	848
18	874
19	901
20	902
21	930
22	961
23	1004

厚生労働省ウェブサイトを基に編集部作成

や解雇などの会社都合の場合は、申請後7日間の待機期間を過ぎると支給が始まる。転職などの自己都合では7日間の待機期間終了後、さらに2カ月間を経て支給が開始される。給付金は、離職前の賃金のおよそ50〜80％で、1日あたりの下限額、上限額が決まっている。上限額は年齢区分によって幅がある。給付期間は年齢や被保険者期間、離職の理由によって90〜330日（障がい者などは360日）の間で決まる。

　これまで、給付金目当ての安易な離職を防ぐため、退職理由が会社都合か自己都合かで支給開始時期や給付日数に差を付けていた。しかし、この仕組みが転職の壁となり、労働市場における人材の流動化を妨げていると指摘されてきた。

　このため政府は2023年5月に示した「三位一体の労働市場改革の指針」で、自己都合でも、失業給付の申請時から過去1年以内にリスキリング（学び直し）に取り組んでいた場合などは、支給開始時期を会社都合と同じ扱いにするなど要件の緩和を盛り込んだ。今後は厚生労働省の諮問機関である労働政策審議会で議論を進め、24年度の通常国会で関連法の改正を目指すとしている。

シニア雇用

　シニア雇用とは、働く意欲と能力のある高齢者を雇用すること。少子高齢化の急速な進展に伴い、「70歳現役社会」の実現に向けた動きが進んでいる。2021年の改正高年齢者雇用安定法の施行で、70歳までの就業機会の確保が企業の努力義務になった。これまでは希望者全員を65歳まで雇うよう企業に義務付け、企業は定年を迎えた社員に対し、「定年延長」か「定年廃止」、または「契約社員や嘱託などによる再雇用」のいずれかを選択しなければならなかった。改正法ではこれらの雇用確保措置を70歳まで拡大したことに加え、新たに「フリーランス契約への資金提供」や「起業支援」、「社会貢献活動参加への資金提供」などが選択肢に加わった。

　2023年4月には国家公務員法と地方公務員法の改正法が施行され、公務員の定年が31年度までに段階的に65歳まで引き上げられることとなった。23年度から2年に1度、1歳ずつ引き上げられる。給与は「60歳前の7割水準」とすることが定められた。

　厚生労働省が22年12月に公表した高齢者の雇用状況に関する調査結果（22年6月時点）によると、70歳以上まで働ける制度のある企業の比率は大企業で35.1％、中小企業で39.4％と前年よりも伸びた。シニアの雇用が広がる一方、労災の増加や企業の人件費の大幅増、再雇用による給与の大幅減など課題も多い。ジョブ型雇用の導入など、雇用制度の見直しが不可欠になる。

社外取締役の女性比率

社外取締役に占める女性の割合が上昇している。ガバナンス助言会社・プロネッドの調査によると、2023年7月時点における東証プライム上場企業1829社の社外取締役のうち、女性は2059人で5年前（652人、東証1部上場企業が対象）と比べて3倍以上に増えた。全体に占める割合は28.1％で、社外取締役の4人に1人が女性となっている計算だ。

政府はプライム上場企業に対し、30年までに女性役員比率を30％以上にするよう求めている。社外取締役だけで見ると、目標の数値に迫っている状況だが、社内出身者を含めた取締役全体に占める女性比率は13.9％に留まる。前年より伸びたものの、監査役を含めた役員全体の数で見ると、女性の比率が3割を超えているのは75社と全体の4％に過ぎない。欧米の2〜4割と比べるとまだ低い水準にあり、取締役会におけるダイバーシティー（多様性）を進める上でも課題となっている。

週休3日制

週休3日制とは、1週間に3日間の休日を設ける労務制度。日本では1987年の労働基準法改正で、法定労働時間が週48時間から同40時間に短縮されたこ

とを受け、週休2日制が定着した。近年、働き方改革が進み、ワークライフバランスを重視する傾向が強まったことにより、週休3日制を導入する動きが大企業を中心に広がりつつある。

週休3日制には主に3つのパターンがある。まず、1日の所定労働時間を変えずに休日を1日増やすことで総労働時間が減った分、給与を減額する「給与減額型」。次に休日を1日増やす代わりに出勤日の就労時間を長くして総労働時間を変えずに給与を維持する「総労働時間維持型」。そして3つ目が1日の所定労働時間を維持したまま休日を1日増やし、なおかつ給与も据え置く「給与維持型」だ。日本で主流となっているのは「給与減額型」で、LINEヤフーやみずほフィナンシャルグループなどが既に導入しているほか、パナソニックホールディングスも2023年2月から本格導入している。一方で、最もハードルが高いとされる「給与維持型」は、アイスランドやスペイン、英国などで試験導入の動きが相次いでいる。

政府は22年6月に閣議決定した経済財政運営と改革の基本方針（骨太の方針）で、育児や介護、リスキリング（学び直し）など必要に応じて労働者が週休3日を選択できる「選択的週休3日制」の導入促進を盛り込んだ。23年8月には人事院が国家公務員一般職員の待遇に関する勧告を提出。選択的週休3日制の拡充を打ち出すなど労働環境の見直しで人材確保に打って出た。定

着には働き手のニーズに合わせたきめ細かい制度設計や、労働生産性のさらなる向上が欠かせない。

就職氷河期世代

就職氷河期世代とは、1993〜2004年頃に大学などの卒業時期を迎えた世代を指す。**バブル崩壊後で企業の新卒採用が特に厳しい時期にあたり、正規雇用を希望しながら非正規で働く人が多い**とされる。大体1971〜1984年生まれの人が就職氷河期に遭遇していることから「ロストジェネレーション（ロスジェネ）」とも呼ばれる。当時はバブル崩壊に加え、1990年代後半にはアジア通貨危機が発生。不良債権処理の失敗により、大手金融機関の経営破綻が相次いだ。2000年代初頭には米国のITバブルが崩壊し、日本の景気も後退した。

就職氷河期世代の社会参加や就労を支援するため、政府は22年、**経済財政運営と改革の基本方針（骨太の方針）**で、20〜22年度の3年間を集中して取り組む「第一ステージ」、23〜24年度の2年間を「第二ステージ」とし、同世代の正社員を30万人増やす目標を掲げた。国家公務員の中途採用を拡大するほか、幅広い分野で**学び直しや就労体験の機会を提供する**などの施策を講じている。

コロナ禍も要因となり、20〜21年の2年間で増えた正社員は3万人にとどまったが、公務員採用は成果を見せた。国家公務員の中途採用試験では、20年度からの3年間で当初目標（450人）を上回る計562人が合格。地方公務員は20〜21年度で1224人と、当初見込

▶**新卒就職率の推移**

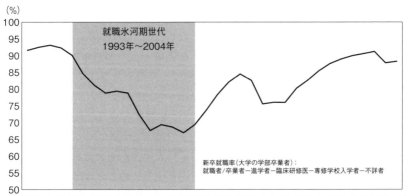

(%)

就職氷河期世代
1993年〜2004年

新卒就職率（大学の学部卒業者）：
就職者/卒業者−進学者−臨床研修医−専修学校入学者−不詳者

1989 90 91 92 93 94 95 96 97 98 99 00 01 02 03 04 05 06 07 08 09 10 11 12 13 14 15 16 17 18 19 20 21 22（年）

厚生労働省「学校基本調査」を基に編集部作成

んでいた約600人の倍以上が採用された。政府は22年末にまとめた「就職氷河期世代支援に関する新行動計画2023」で、当初22年度で終える予定だった国家公務員の中途採用を24年度まで延長することとした。

ジョブ型雇用

ジョブ型雇用とは、あらかじめ職務内容を明確にした上で、社内外から人材を起用する雇用形態。職種や職位ごとに業務内容や必要なスキルなどを明記した「ジョブディスクリプション（職務記述書）」を作成して人材を募る。採用後の部署異動や転勤がなく、昇進や降格も基本的にないことから、業務に最適な人材を配置する「仕事主体」の仕組みといえる。労働市場の流動性が高く経験者採用が一般的な欧米企業で広く取り入れられている。

日本では新卒一括採用により、職務や勤務地などを限定しない無限定型（総合職型）雇用が一般的だ。会社側が人事権を行使し、その人にふさわしい仕事を割り当てる「人主体」の仕組みで、社員を自社の一員（メンバー）としてゼロから育てるという考え方に基づくことから「メンバーシップ型雇用」とも呼ばれる。ジョブ型の賃金は仕事の市場価値で決まるため、高度なITスキルを要するデジタル専門職などの賃金は自動的に上昇する。一方、終身雇

▶ジョブ型雇用とメンバーシップ型雇用の特徴

2つの雇用形態の特徴

	ジョブ型 （欧米中心）	メンバー シップ型 （日本）
職務内容	職務記述書で規定 （専門職型）	限定しない （総合職型）
賃金	業務の市場価値で決定	働き手の経歴や勤続年数などが左右
人材の流動性	高い	低い
標準的な採用形態	経験者採用	新卒一括採用

2022年1月10日付日本経済新聞電子版

用を前提としたメンバーシップ型は社内歴や勤続年数が賃金を左右するケースが多い。

グローバル化やデジタル化が進む中、日本でもジョブ型雇用を取り入れる企業が増えている。ジョブ型での管理職登用や高度専門人材の採用、インターンシップでもジョブ型を前提にした募集が広がっている。政府もジョブ型に対応した労働基準法などの見直しを進めている。

早期退職（FIRE）

早期退職（FIRE）とは、経済的な独立を果たしつつ早期退職を目指す取り組みを指す。FIREは「Financial

Independence, Retire Early」の略。米国で1981〜1996年生まれの「ミレニアル世代」を中心に流行し、日本でも多くの関連書籍が出版されている。厳密な定義はないが、給与収入の大半を貯蓄や手堅い投資に回し、必要最低限まで生活費を切り詰めながら、40代前後での早期リタイアを目指すのが一般的な考え方だ。米国では「年間支出の25倍の資産を築けば、年利4％の運用益で生活費を賄える」とする「4％ルール」がFIREを実現するための指標の1つとなっている。仮に1億円の資産があれば、元本を維持したまま運用益だけで年間400万円の生活費を確保できる計算になる。

FIREブームは日本の若者の間でも注目を集める。与信管理サービスのリスクモンスターが2022年5月に行った調査では、「FIREを実現したい」と考えている人の割合は20代と30代でそれぞれ約4割に達し、他の年齢層よりも高かった。18年に始まった「つみたてNISA」（積み立て型の少額投資非課税制度）や、コロナ禍でオンライン投資が広がるなど、若年層で資産形成に対する意識が高まっていることも背景にある。

ただし、投資にはリスクを伴う。足元ではインフレが進む米国で株式市場が不安定化しており、FIREを達成できても、市場環境の急変で資産が目減りする可能性があることも考えておく必要がありそうだ。

男性育休

男性育休とは、男性が育児休業（育休）を取得すること。育休は育児・介護休業法に基づき、原則として子どもが1歳（一定の場合、最長2歳）に達するまでの間、労働者が会社に申し出ることにより取得できる。2021年6月に成立した改正法では、男性の育休取得を促す仕組みが整えられた。

改正法は段階的に施行され、22年4月からは、子どもが生まれる従業員への育休制度の周知や、育休取得の意向確認が企業に義務付けられた。同年10月からは、原則1回しか取得できなかった育休を男女とも2回まで分割して取得できるようになったほか、男性を対象に子どもの出生後8週間以内に最大4週間の育休が取れる「産後パパ育休」制度がスタートした（2回まで分割可能）。このほか、両親がともに育児休業を取得する場合、一定の要件を満たせば、子が「1歳」から「1歳2カ

▶男性の育休取得率の推移

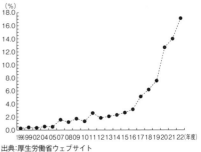

出典：厚生労働省ウェブサイト

月」まで休業期間を延ばせる制度「パパ・ママ育休プラス」もある。

男性の育休取得率は年々高まっており、22年度における大企業(従業員数1000人超)での取得率は、23年6月時点で46.2%に上った。23年6月に政府が閣議決定した「こども未来戦略方針」で掲げている、25年までに男性の育休取得率50%という目標に近付いている形だ。一方で、全体の取得率は17.13%と未だ低い数値で推移しており、中小企業での取得促進など課題は多く残っている。

デジタル給与

デジタル給与とは、企業などから、キャッシュレス決済サービスの口座にデジタル通貨で送金される給与のこと。厚生労働省は2023年4月、スマホ決済アプリなどを提供する資金移動業者もデジタル給与払い事業へ参入できるよう解禁した。企業は従業員と労使協定を結んだ上で、厚生労働大臣が指定した資金移動業者の決済サービスを利用し、希望者にデジタル通貨で給与を支払うことができる。デジタル給与口座の残高上限は100万円。賃金の一部を決済サービスの口座で受け取り、残りを銀行口座などで受け取ることもできる。

労働基準法では、賃金は原則通貨(現金)で支払うと定められており、例外として銀行口座と証券総合口座への振り込みを認めてきた。しかし、キャッシュレス決済の普及や送金手段の多様化のニーズに対応するため、厚生労働省が省令を改正し、デジタル通貨による給与の支払いができるようにした。

当初は21年度中の制度の解禁を目指したが、日本労働組合総連合会や銀行業界からデジタル口座の安全性を疑視する声が上がり延期となっていた。このため、デジタル給与払いサービスに参入する業者に対し、デジタル給与口座の上限額に相当する保証金の準備、業者が破綻した際に預入残高を弁済する仕組みの構築といった安全網の整備を求め、制度が解禁されることとなった。日本では月1回の給与の支払いが一般的だが、デジタル給与払いが普及すれば、支払いタイミングが週1回や隔週と多様化する可能性もある。

▶デジタル給与の仕組み
デジタル給与の振り込みと利用のイメージ

2022年9月14日付日本経済新聞電子版

同一労働同一賃金

　同一労働同一賃金とは、正規雇用や非正規雇用といった雇用形態や性別、年齢、国籍などにかかわらず、同じ業務や成果には同額の賃金を支払うという原則。欧州では広く定着しているが、日本では2018年に成立した「働き方改革関連法」により法制化された。20年に大企業で適用が始まり、21年4月には中小企業を含め全面施行された。政府は不合理な待遇差の解消を企業に義務付けることで、同一労働同一賃金の徹底を図り、雇用者全体の約4割を占める非正規労働者の待遇改善を推進する。

　厚生労働省が策定した同一労働同一賃金ガイドラインでは、正社員と非正規社員の能力や経験、貢献度などが同じであれば、基本給や賞与を同額にするよう求めている。ただし、合理的な理由があれば待遇差を認める。例えば、転勤や異動がある総合職の正社員とそうでないパート従業員は、仕事の内容が同じでも待遇差が認められる。一方で、交通費や出張旅費は同額、休日手当や深夜残業などは同率の割り増しを求める。また、企業には待遇差の内容や理由を非正規労働者に説明することを義務付けた。同一労働同一賃金のルールは、「人」より「業務内容」に重点を置いた公正で透明性の高い賃金決定の仕組みを企業に求めると同時

▶同一労働同一賃金のポイント

基本給	能力や成果、勤続年数などが同じなら、正社員と同一額を支給
賞与	事業への貢献度が同じなら、正社員と同一額を支給
時間外労働手当	正社員と同一の割増率
通勤手当・出張旅費	正社員と同一の金額を支給
福利厚生	正社員と同一の施設利用を認める
退職金、住宅手当など	不合理な待遇差の解消を求める

新聞記事などを基に編集部作成

に、日本でも広がりつつあるジョブ型雇用を後押しする一因となっている。

特定技能

　特定技能とは、少子高齢化に伴う深刻な人手不足を背景に、単純労働分野で外国人労働者を受け入れる目的で2019年に創設された在留資格。「1号」と「2号」の2段階があり、計3年間の技能実習を修了するか、日本語試験と業種ごとの技能評価試験に合格すれば、1号の在留資格を得られる。在留期間は通算5年が上限で、家族の帯同は認められない。1号で働けるのは、飲食料品製造、農業、建設、介護など12分野。さらに高度な試験に合格すると2号が取得できる。2号は在留資格の更新回数に制限がないため事実上永住が可能で、要件を満たせば家族の帯同も

認められる。

　これまで2号の対象分野は、建設と造船・舶用工業（溶接区分のみ）に限られていた。しかし、人手不足が深刻化する中、政府は23年6月の閣議決定で、2号の対象分野に製造業や農業、外食業など9分野を追加。造船・舶用工業の溶接区分以外の業務も新たに対象にすることとした。法務省令などを改正し、追加した分野でも2号取得に必要な試験を実施していく。

　技能実習制度は廃止され、人材の確保と育成を目的とした新制度が創設される方針。対象分野を特定技能1号とそろえることで、新制度を入り口に、特定技能1号、2号へとステップアップしやすくする。定住や永住が可能になれば、年金など社会保障の担い手になることも期待できる。

日本企業の賃上げ

　人手不足や物価高に対応するため、日本企業で賃上げする動きが広がっている。日本労働組合総連合会が2023年7月に公表した春季交渉における経営側からの回答をまとめた最終集計によると、賃上げ率は平均で3.58％。前年同時期と比べて1.51ポイント上回り、1993年（3.90％）以来、30年ぶりの高い水準となった。

　日本の賃金は1990年代から伸び悩み、主要7カ国（G7）ではイタリアと最

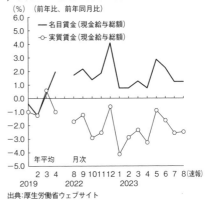

▶賃金の動き、労働者全体

出典：厚生労働省ウェブサイト

下位を争っている。労働者が受け取った賃金で実際にモノやサービスをどれくらい買えるかを示す**実質賃金**は23年8月まで17カ月連続マイナスとなっており、物価高を補えるほどの賃上げは進んでいない。

　政府は23年6月に公表した**経済財政運営と改革の基本方針（骨太の方針）**で、持続的で構造的な賃上げを実現する方針を打ち出している。企業でも、グローバルな人材獲得競争において優秀な人材を確保するため、持続的な賃上げを打ち出す動きが出始めている。物価上昇が続き、人手不足も深刻化する中、24年以降も高い賃上げ率が継続するかどうかが注目されている。

人手不足

　人手不足とは、必要な人材が足りず、円滑に業務を進められない状態を

指す。少子高齢化に伴う人口減少により、慢性的な人手不足が続いている。政府は、在留資格「特定技能」の対象分野の拡大などによる外国人材の受け入れ強化や、シニア雇用の拡充、育児・介護休業制度の充実による離職防止などの施策を進めているが、人手不足の解消には至っていない。23年4月に国立社会保障・人口問題研究所が公表した将来推計人口によると、15～64歳の生産年齢人口は45年には5832万人と20年時点から約22％減少し、人手不足はより深刻化すると予想される。

日本銀行が四半期ごとに発表する全国企業短期経済観測調査（日銀短観）に、企業の人手不足感を表す「雇用人員判断DI（指数）」がある。プラスが大きいほど「過剰」、マイナスが大きいほど「不足」していることを表すが、23年9月調査では、全規模全産業でマイナス33と1年前より5ポイント低下。規模別では大企業より中堅・中小企業の人手不足感が強く、業種別では建設業や宿泊・飲食業、情報サービス業、運輸・郵便業などが他と比べてマイナス値が大きい。

企業が人材確保に苦戦する中、中途採用の手法として、社員に優秀な人材を紹介・推薦してもらう「リファラル採用」や、退職者を呼び戻す「アルムナイ採用」が注目を集めている。これまでは中小企業が取り入れていたが、採用のミスマッチを防ぎ、即戦力人材を獲得できることなどを理由に、近年は大手企業も積極的に推進している。

副業

副業とは、本業以外の仕事で収入を得ること。働き方によっては兼業とも呼ばれる。生計の維持などのために収入を得ることが主な目的だが、スキルアップや社会貢献、転職・独立への準備のために副業を希望するケースもある。

政府は働き方改革の一環として、副業を後押ししている。厚生労働省は2018年にモデル就業規則を改定するとともに「副業・兼業の促進に関するガイドライン」を策定し、副業・兼業の推進に舵を切った。20年9月にはガイドラインを改定して労務管理上のルールを明確化し、企業が副業を容認しやすい環境を整えた。さらに22年7月の改定では、副業を容認する条件などの情報開示を企業に要請した。内閣府が22年6月に実施した調査では、副業が認められている企業の割合は全体で27.2％だった。

コロナ禍を経てテレワークが広がり、場所や時間にとらわれない柔軟な働き方が認められるようになったことで、企業や働く人の意識や行動に変化が出始めている。余暇時間に本業とは別の仕事をしてスキルを磨いたり、社会貢献活動に参加したりする「パラレルキャリア」と呼ばれる働き方を選択

▶**勤務先の副業に関する調査（企業規模別）**

	許容されている	許容・禁止が曖昧である	例外的に許容される場合がある	禁止されている	制度を知らない・わからない	その他
全体	27.2%	9.0%	10.9%	32.9%	19.7%	0.2%
1000人以上	22.5%	6.3%	14.3%	43.4%	13.0%	0.4%
300〜999人以上	22.6%	8.6%	14.2%	37.2%	17.4%	0.1%
30〜299人以上	25.6%	10.7%	9.6%	31.5%	22.5%	0.2%
2〜29人以上	39.3%	10.7%	5.8%	17.1%	27.0%	0.0%

内閣府のウェブサイトを基に編集部作成

する人が増えているほか、都市圏で働く人が地方企業で副業を行う「ふるさと副業」も、地方企業の人手不足や経営課題、地域課題の解決につながるとして期待されている。自治体などが人材サービス会社と地域の企業との間に入り、副業人材のマッチングを支援するケースも出てきた。

労働契約法

労働契約法は、労働者と使用者（企業）の間で結ばれる労働契約の基本ルールを定めた法律。就業形態が多様化し、個別労働関係紛争が増加したことなどを背景に、2007年に制定された。改正法は13年4月に全面施行され、パートやアルバイト、派遣社員、契約社員などの有期雇用労働者が通算5年を超えて働いた場合、希望すれば正社員のように期限なく働けるようになる「無期転換ルール」や、契約更新の繰り返しにより無期雇用と実質同じ状態にある労働者の雇い止めを無効とするなどの雇い止めの規制に関するルール、契約期間の有無による不合理な待遇格差を禁止するという、3つのルールが新たに定められた。

無期転換ルールは改正法施行から5年が経過した18年4月に本格的な適用が始まり、スーパー各社などでパート従業員や契約社員を無期雇用する動きが広がった。一方、無期転換の申し込みを企業は断れないため、権利発生の直前に契約を更新しないと通知する「適用逃れ」も相次いだ。企業が従業員側に無期転換を申し込める権利の発生を伝える義務はなく、無期転換ルールを知らない有期契約労働者は約4割に上るという調査結果もある。このため厚生労働省は23年3月に労働基準法の省令を改正。24年4月から企業に対し、労働者に無期転換を申し込める権利があることや、転換後の労働条件を明示することを義務付けた。

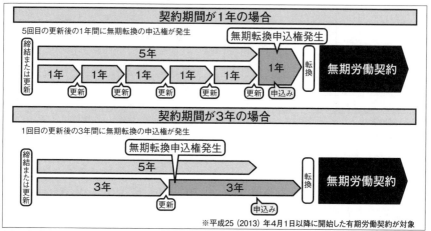

出典:厚生労働省ウェブサイト

労働者派遣法

労働者派遣法とは、派遣労働者の保護と雇用の安定を図る目的で1985年に制定された法律。もともと禁止されていた人材派遣は、同法の施行により解禁された。当初は規制緩和を中心とした改正が行われてきたが、近年は派遣労働者の雇用の安定やキャリア形成、正社員との待遇差解消に重きを置いた改正に軸足を移している。

2015年9月に施行された改正法では、すべての派遣労働者が同じ職場で働ける期間を一律3年までとし、3年を超える場合は派遣先企業に直接雇うよう依頼するなどの雇用安定措置を派遣会社に義務付けた。ただし、派遣会社が派遣労働者を無期雇用すれば、制限を超えて同じ職場に派遣できる。施行から

3年後の18年9月末以降は、派遣先に直接雇用されたり、派遣会社の無期雇用に切り替わったりする動きがみられた。20年4月に施行された改正法では、派遣労働者に「同一労働同一賃金」を適用。待遇を派遣先の正社員と均等・均衡にする方法（派遣先均等・均衡方式）と、派遣元との労使協定に基づき同種業務の一般労働者の平均的な賃金額以上の賃金を支払う方法（労使協定方式）のいずれかを選択することとなり、多くの派遣元で労使協定方式が選択された。

厚生労働省は、派遣労働者の勤続年数や経験、能力などが同じであれば、派遣先の正社員と派遣労働者の基本給や賞与を同額にするよう求めているほか、同様の業務に従事する正社員の賃金水準を毎年度公表している。

▶労働者派遣法の2020年改正前後の比較

	改正前	改正後	
派遣元に求められる対応	均等待遇規定・均衡待遇規定ともなし（均衡待遇規定は配慮義務規定のみ）	①「派遣先均等・均衡方式」による待遇決定 派遣先の通常の労働者との均等待遇・均衡待遇を確保	①「労使協定方式」による待遇決定 一定の要件を満たす労使協定を締結し、当該協定に基づく待遇を確保

又は

②派遣先労働者の待遇に関する情報提供　／　②教育訓練（第40条第2項）と福利厚生施設（第40条第3項）に係る部分の情報提供

教育訓練、福利厚生施設の利用、就業環境の整備等

派遣元が①を遵守できるよう、派遣料金の額について配慮

| 派遣先に求められる対応 | 派遣元に対し、派遣先の労働者の賃金水準に関する情報を提供するなどの配慮等 |

出典：厚生労働省ウェブサイト

テーマ
⑥ 確認チェック

❶外国人が日本で学んだ技能を出身国に持ち帰る目的で、日本の企業や個人事業主などと雇用関係を結んで働く外国人材を何というか。▶p.158

❷企業が従業員に最低限支払わなければならない最低賃金の2023年度全国平均は［　　　］円である。▶p.161

❸労働者が勤め先の倒産や事業縮小による解雇、転職などで退職せざるを得なくなったときに、雇用保険から支払われる給付金を何というか。▶p.161

❹政府が東証プライム上場企業に対し、2030年までに女性役員比率を［　　　］％以上にするよう求めている。▶p.163

❺男性を対象に子どもの出生後8週間以内に最大4週間の育休が取れる制度を何というか。▶p.166

答え　❶技能実習生　❷1004　❸失業給付　❹30　❺産後パパ育休

テーマ ❼ テクノロジー

デジタル技術を活用した製品・サービスは、今や私たちの生活に欠かせないものとなっている。本テーマでは、「6G」「XR（クロスリアリティー）」「ゲノム編集」「自動運転」「量子コンピューター」など、社会課題の解決や生産性向上を期待されているテクノロジーを幅広く紹介する。実用化に向けて開発が進んでいるものも多く、基本的な仕組みや概念は理解しておきたいところだ。

デジタル

2025年の崖

2025年の崖とは、経済産業省が18年に発表した「DX（デジタルトランスフォーメーション）レポート」に登場する言葉で、DXの必要性を訴えるものとして使われる。DXレポートでは、国内企業のDX化が進まなければ、25年以降に毎年最大で12兆円の経済的打撃を日本経済に及ぼすと予測している。日本企業の既存の基幹システムは老朽化・複雑化・ブラックボックス化（＝レガシー化）してDX推進の足かせとなっている。加えて、IT（情報技術）人材の不足、セキュリティーやデータ消失などのトラブル対応リスクによる経営危機が25年頃に露呈するためだ。これを「2025年の崖」と表現し、警鐘を鳴らしている。

ただ、「DXレポート」の発行後も、DX推進に取り組む企業が一握りにとどまる状況が続き、さらにDXについて「DX＝システムの刷新」といった本質的でない解釈が広まったことから、経済産業省は20年12月に「DXレポート2（中間取りまとめ）」を発行。企業の目指すべき方向性としてITシステムのみならず企業文化（固定観念）の変革の重要性を打ち出すとともに、ベンダー企業との共創の必要性を示した。さらに同省は21年8月に「DXレポート2.1（DXレポート2追補版）」、22年7月には「DXレポート2.2」を発行。前者では「目指すべきデジタル産業の姿・企業の姿を提示」、後者では「デジタル産業への変革に向けた具体的な方向性やアクションを提示」し、企業のDX推進の指針となる「デジタル産業宣言」の作成を求めている。

IT人材不足については、23年にヤフー（現LINEヤフー）やインターネットイニシアティブ（IIJ）といった国内IT大手がアカデミーを開校して社外のIT技術者養成に乗り出すなど、企業によるIT人材育成の動きも出てきている。

▶「2025年の崖」の流れ

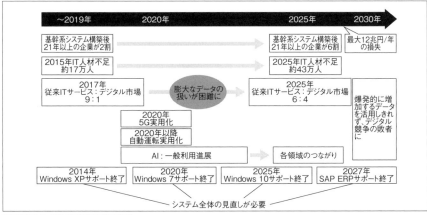

経済産業省ウェブサイトを基に編集部作成

6G

6Gとは、2020年に商用サービスを開始した第5世代移動通信システム（5G）の後継仕様に位置付けられる次世代の通信規格・第6世代（6th Generation）の移動通信システムのこと。「ビヨンド5G」とも呼ばれ、30年頃の実用化が見込まれている。具体的な技術基盤や国際規格は確立されていないが、通信速度やIoT機器との超多数同時接続は5Gの10倍以上に向上し、それによる高度な遠隔医療や自動運転の実現などが期待されている。

総務省は20年6月に「Beyond 5G推進戦略−6Gへのロードマップ−」を公表。政府は、これを踏まえてビヨンド5Gの実現に必要な要素技術の確立や国際標準化を推進している。例えば、

国立研究開発法人情報通信研究機構（NICT）に公募型研究開発のための基金を創設するとともに、テストベッドなどの共用施設・設備を整備。また、知財の取得や国際標準化に向けた取り組みを戦略的に推進する「Beyond 5G新経営戦略センター」を設立するなどしている。

世界の通信機器各社による6Gを見据えた技術開発競争が活発化し、投資も相次いでいる。日本ではNTTとKDDIが光通信技術の研究で提携。NTTが独自開発した光通信技術「IOWN（アイオン）」をベースとした次世代通信基盤の開発を進め、6Gにおける世界標準を目指している。

▶Beyond 5Gに求められる機能等

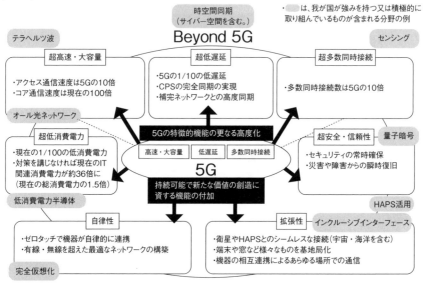

出典：総務省ウェブサイト

Cookie（クッキー）

Cookie（クッキー）とは、設定されたサイトを訪れた際にそのブラウザーに残されるユーザーの閲覧履歴で、足跡のようなもの。この閲覧履歴を収集することで、閲覧者のサイト訪問傾向を判断し、広告の表示を最適化することができる。ユーザーが訪問したサイトが発行元であるCookieを「ファーストパーティークッキー」と呼び、訪問したサイトではなくバナー広告のサーバーから発行されたCookieは「サードパーティークッキー」と呼ばれる。ブラウザーにはCookieをクリアする機能が備わっているが、頻繁にクリアされ

ることは少ないため、精度の高いバナー広告を表示させるのに有効だ。

一方で、Cookieの提供が個人情報保護の規制に抵触する事態も生じている。2018年、米メタ（旧社名フェイスブック）が外部とCookieの共有（提供）を行っていたことが問題となり、米国では個人情報の規制が強化された。この流れを受け、米アップルは20年3月に同社製のブラウザー「サファリ」で、21年4月には同社のスマートフォン「iPhone」やタブレット「iPad」でサードパーティークッキーを規制。米グーグルは同社製のブラウザー「クローム」でサードパーティークッキーを24年末までに廃止する。

日本では、19年にリクナビが就職活

動中の学生の承諾を得ずに、学生のサイトアクセス履歴などに基づいて内定辞退率を測る仕組みを企業へ提供していたことが問題となり、政府の個人情報保護委員会が是正勧告を出した。

23年6月、「改正電気通信事業法」が施行、新たなCookie規制が導入された。同法の適用事業者は、Cookieを利用してサイト閲覧者の情報を把握し外部へ送信する場合に、①送信される情報の内容、②情報送信先事業者名、③送信される情報の利用目的の通知または公表が義務付けられた。

DX（デジタルトランスフォーメーション）

DX（デジタルトランスフォーメーション）とは、デジタルによる変革のことで、2004年にスウェーデンのエリック・ストルターマン教授が「IT（情報技術）によって、人々の生活をより良い方向に変化させること」と提唱した。デジタルトランスフォーメーションは英語でDigital Transformationで、TransをXと略すため「DX」と表記される。

経済産業省は19年に発表した「『DX推進指標』とそのガイダンス」で、「企業がビジネス環境の激しい変化に対応し、データとデジタル技術を活用して、顧客や社会のニーズを基に、製品やサービス、ビジネスモデルを変革するとともに、業務そのものや、組織、プロセス、企業文化・風土を変革し、競争上の優位性を確立すること」と定義している。

新型コロナウイルスの感染拡大を受け、国内ではテレワークや会議のオンライン化、書類の電子化といった「業務のIT化・効率化」が加速。単にITを利用するというだけでなく、ビジネスモデルや業務の仕組み、サービス（商品）のあり方を根本的に変革し、新たな価値の創造や利便性を実現できているかが、DXか否かを判断するポイントになる。

例えば、小売業において実店舗とインターネットの区別なく商品を購入できる「オムニチャネル」や、自動車メーカーが「CASE（ケース）」と呼ばれる技術・サービスで新たなモビリティーサービスへシフトすることはDXの一例といえる。

日本のDX推進は待ったなしの状況だ。スイスのビジネススクールIMDによる22年の世界デジタル競争力ランキングで、日本は29位と過去最低を更新。行政を対象とした国連の世界電子政府ランキングでは、22年の日本の順位は14位で、前回20年と同じだった。

経済産業省は20年、産業界のDX推進に向けて企業などが実施すべき項目をまとめた「デジタルガバナンス・コード」を策定し、22年9月に改訂した。企業のDXレベルに応じて企業認定や優良企業選定を行うなど、同コードに沿ってDX推進に向けた施策を提

供している。

eスポーツ（e-Sports）

eスポーツ（e-Sports）とは、「エレクトロニック・スポーツ」の略で、コンピューターゲームやテレビゲーム（ビデオゲーム）の対戦型ゲームをスポーツ競技として行うもの。代表的なものには、サッカーや自動車レース、格闘ゲーム、戦略シミュレーションゲーム、一人称視点の戦争・射撃ゲームなどがある。

日本におけるeスポーツ市場の拡大は先進国の中でも後れを取っていたが、2018年2月に一般社団法人日本eスポーツ連合（JeSU）が設立。通信会社や食品飲料メーカー、小売りなどの日本の著名企業が相次いでeスポーツのスポンサーになったほか、Jリーグ（日本プロサッカーリーグ）がサッカーゲームの、日本野球機構（NPB）が野球ゲームのeスポーツ大会を主催するなど取り組みが活発化している。18年に48億円だった日本のeスポーツ市場規模は21年に78億円、24年には150億円に達するとの予測もある（出典『日本eスポーツ白書2022』角川アスキー総合研究所）。

現在、海外では高額賞金のかかったeスポーツの大会がいくつも開催され、獲得賞金や、ゲームメーカーなどとの契約で収入を得るプロのプレーヤーも数多くいる。国際オリンピック委員会（IOC）もeスポーツに注目。21年5～6月にはIOC初のeスポーツ大会「オリンピック・バーチャル・シリーズ（OVS）」を開催。23年9～10月には、新型コロナウイルス感染拡大で延期されていた第19回アジア競技大会が中国で開催され、eスポーツが初めて正式種目として実施された。

IoT（アイ・オー・ティー）

IoT（アイ・オー・ティー：Internet of Things）とは、パソコンやスマートフォンなどのコンピューターや通信関連機器だけでなく、家電や自動車、病院や工場など各施設の制御機器、警報機、監視カメラなど、様々なモノがインターネットと接続され遠隔操作や管理、情報収集が可能になることだ。

例えば、インターネットを通じて家電の利用状況の把握や、高齢者や子どもの見守りサービス、出先からの空調コントロールなどができるようになる。

総務省『令和4年版情報通信白書』によると、2021年時点でインターネットにつながるモノ（IoTデバイス＝固有のIPアドレスを持ち、インターネットに接続が可能な機器）の数は約293億台となり、20年の約253億台から約16％増加した。23年以降には358億台に上ると予想されており、様々なモノがイン

ターネットにつながる"IoT時代"が到来している。また、日本が提唱する「ソサエティー5.0（Society 5.0）」実現の鍵となる技術の1つに挙げられており、5Gの普及やデバイスの技術革新などによってIoTはますます注目されている。

RPA（ロボティック・プロセス・オートメーション）

RPA（ロボティック・プロセス・オートメーション）とは、これまで人間にしかできないと考えられていた、主に知的な事務処理業務をコンピューターに代行させるためのソフトウエアやシステムのこと。RPAは、Robotic Process Automationの略。「仮想知的労働者（デジタルレイバー：Digital Labor）」とも呼ばれている。

作業手順が決まっている定型業務を中心に多くの企業で導入が進んでいる。例えば、経理業務などに関する具体的な処理手順をコンピューター上で指示しておけば、あとは自動的に処理を行う。

今後は人工知能（AI）が自ら反復学習によって学んでいく機械学習、中でも人間に近い思考を可能にするディープラーニング（深層学習）などでAIがさらに発達することにより、これまで以上に複雑で知的な業務が可能になっていくと考えられている。具体例としては、光学式文字読み取り装置（OCR）とAIの機械学習によって文字や画像の認識精度を上げたAI-OCRが広がっている。また、**チャットGPT**などの**生成AI**を組み込んだRPAの新製品も発表

▶**RPAとAIの導入の例**

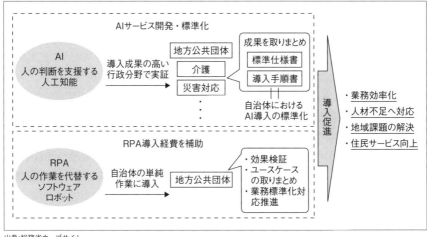

出典：総務省ウェブサイト

されている。日本は、少子高齢化による労働人口の大幅な減少が予測され、コロナ禍により働き方が大きく変化した。そのような状況の中で、人手不足を補い、作業効率を高めるための技術として、RPAは当たり前のものになっている。企業だけでなく地方自治体や大学など多方面で導入が進んでおり、その市場規模は中長期的に成長が続くとみられる。

▶Web3とWeb2の違い

ウェブ3では個人がデータや資産を管理する

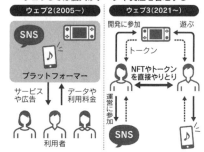

2022年3月15日付日本経済新聞電子版

Web3（ウェブスリー）

Web3（ウェブスリー）とは、次世代のインターネット（ウェブ）として提唱されている概念。「Web3.0」とも呼ばれる。

デジタル技術の発展に合わせて、インターネット社会の進化を3つの段階に分けて捉える考え方がある。まずは、ブラウザーによるインターネット検索や電子メールが登場したインターネット導入初期の段階「Web1（Web1.0）」。ただ、これらは一方通行のコミュニケーションしかできなかった。次の段階は「Web2（Web2.0）」と呼ばれ、SNS（交流サイト）に代表される双方向のコミュニケーションが可能となった。Web2はネットの可能性を大きく広げた半面、米GAFAMなどの巨大なプラットフォーマーに利用者の購買履歴や行動履歴などのデータが集中する状況を生み出した。これに対してWeb3は、暗号資産（仮想通貨）の仕組みであるブロックチェーン（分散型台帳）技術によってデータの唯一性が保たれるとともに、個人がデータを所有・管理し、個人同士が自由につながり、交流・取引する世界が想定されている。NFT（非代替性トークン）やDeFi（ディーファイ、分散型金融）との関係を指摘されることが多く、新たな経済のフロンティアとして期待されている。

当初はゲームやメタバースで活用される例が多かったが、NFT会員権やWeb3ウォレットなどWeb3によるサービスの活用領域の広がりに伴い、大手企業によるWeb3関連の新興企業への出資も増加している。米大手経営コンサルティングA.T.カーニーの推計では、世界のWeb3市場規模は2021年の5兆円から27年には67兆円と約13倍の成長が見込まれている。

政府もWeb3を成長戦略の柱と位置付けている。22年6月に閣議決定した

「新しい資本主義のグランドデザイン及び実行計画」において、Web3の推進に向けた環境整備について検討を進めるとしている。

XR（クロスリアリティー）

XR（クロスリアリティー）とは、バーチャルリアリティー（VR：仮想現実）、オーグメンテッドリアリティー（AR：拡張現実）、ミックスドリアリティー（MR：複合現実）の総称で、現実の空間と仮想空間を融合させて実際には存在しないものや空間を体感させる技術のこと。「超越現実」ともいわれる。

VRは、ゴーグル型端末を通して立体（3D）映像による仮想空間に自分が入り込んだような感覚を体験できる。ARは、スマートフォンや専用ゴーグルに映し出された実際の映像に3D画像や文字情報などを表示させるものだ。ARをさらに発展させたものがMRと呼ばれ、現実の世界と3D映像を重ねて表示し、操作することもできる。

2016年には、ソニー・コンピュータエンタテインメント（現ソニー・インタラクティブエンタテインメント：SIE）など各ゲーム機メーカーがVRのゲーム機を発売し「VR元年」と呼ばれた。XRは当初、ゲームや映画などで活用されてきたが、現在は産業用途での活用も広まっている。様々なビジネスシーンや遠隔手術、教育現場での利用

▶XRの活用例

XRは生活を便利にすると期待されている

2023年6月7日付日本経済新聞 朝刊

など、XRは生活を便利にする技術として期待されている。

例えば、神戸製鋼所のグループ会社コベルコE&Mは円滑な技術承継の支援のために、VRによる溶接トレーニングシステムを開発。20年に国内で、23年から米国でも販売を開始した。

矢野経済研究所によると、22年の国内XR端末の出荷台数は38万台に上り、25年には100万台を超えると予想している。23年には、2月にSIEが新機種「PSVR2」を、6月に米アップルが同社初のゴーグル型端末「Vision Pro」を発売した。XR端末の世界シェア約8割を占める米メタも23年秋に新機種を投入し、今後の市場の拡大とXR端末の本格的な普及が見込まれている。

エッジコンピューティング

エッジコンピューティングとは、ク

ラウドと端末の間にデータ処理などを行うサーバーを設置し、中継させることによって端末との時間差を短縮する技術のことで、ユーザーの端末近くに分散配置すると、より遅延や負荷が減少する。「エッジ」は「はし(端)」や「ふち(縁)」という意味で、メインのクラウドの周辺で事前に情報処理を行って通信データの最適化を図ることなどを目的としている。クラウドコンピューティングが一般的になる中、新たに導入され始めている仕組みで、無人店舗における決済やデジタル接客などにも応用可能だ。

さらに、これらの通信手段として第5世代移動通信システム(5G)、さらには第6世代移動通信システム(6G)を利用することにより、超高速化や多数同時接続などのメリットを生かし、ほぼリアルタイムでの情報処理を可能とすることが期待されている。特に、モノ同士のインターネット接続(IoT: Internet of Things)による工場などのシステム自動化やデジタル化、ビッグデータの収集と分析など、時間と量が膨大な情報処理において有効な手段として注目を浴びている。調査会社のIDCジャパンは、エッジコンピューティングに必要となるハードウエア(エッジインフラ)の国内市場規模が2022年は4820億円(前年比12.2%増)、26年には7293億円に達すると予測して

▶エッジコンピューティングのコンセプト

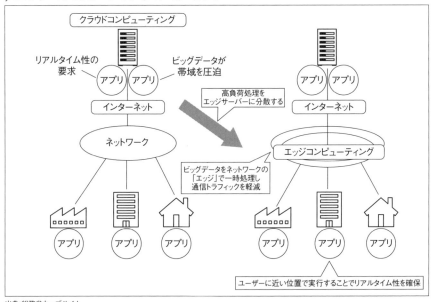

出典:総務省ウェブサイト

いる。

オープンデータ

オープンデータとは、「国、地方自治体及び事業者が保有する官民データのうち、国民誰もがインターネット等を通じて容易に利用（加工、編集、再配布等）できるよう公開されたデータ」であり、二次利用が可能、機械判読ができる、無償で利用できる、といった項目を満たすデータのこと。各官公庁が発行する白書や人口統計、予算、自治体などから発表された情報、統計などが公開されているほか、国や県などでまとめたデータ（データセット）をリスト化した「データカタログサイト」も複数開設されている。

国がオープンデータの取り組みを進めている背景には、より正確で公平なサービスの提供や、経済の活性化・行政の効率化を促したい狙いがある。オープンデータの活用例としては、観光・グルメ情報やWi-Fi設置場所などを地図上のアイコンで紹介する福井県鯖江市のアプリ「さばえぶらり」や、市民参加型で地域情報を提供する神奈川県横浜市のウェブサイト「LOCAL GOOD YOKOHAMA（ローカル・グッド・ヨコハマ）」などが挙げられる。

これまで、日本はオープンデータを活用していない、または利用を検討していない割合が高く、欧米の動きと比べて後れを取ってきた。しかし、2016年に官民データ活用推進基本法でオープンデータに取り組むことが義務付けられて以降、取り組む自治体の数は右肩上がりで増えており、23年6月時点で取り組み率は8割に達している。ただ、日本のオープンデータはコンピューター処理しやすい形式のデータではなく、PDFファイルや画像ファイルも少なくない。誰もが活用しやすい互換性の高いデータの充実が求められている。

サイバー攻撃

サイバー攻撃とは、インターネット経由で企業や組織などに対して集中的に業務妨害やデータの改ざん、窃取などを行うこと。システムやネットワーク、IT（情報技術）機器、端末、SNS（交流サイト）など対象が多様化したことに伴い、攻撃の標的もバリエーションが増加。近年は「エモテット」と呼ばれる、メールを通じて拡散するマルウエア（悪意のあるプログラム）の一種が猛威を振るっている。

情報処理推進機構（IPA）の「情報セキュリティ10大脅威2023」によると、2022年に発生した組織の情報セキュリティー事故・攻撃で最も多かったのは「ランサムウエアによる被害」だった。これは、あらかじめ個人情報を含む大量のデータを盗み出した上で元のファ

イルを暗号化し、暗号を解くための金銭を企業に要求するもの。被害企業が支払いを拒否すれば情報を暴露すると脅迫する「二重脅迫」と呼ばれる悪質な手口も確認されている。

このほか「標的型攻撃による機密情報の窃取」(3位)、「テレワーク等のニューノーマルな働き方を狙った攻撃」(5位)などが22年に続きランクインしたが、10位には前年は圏外だった「犯罪のビジネス化(アンダーグラウンドサービス)」が入った。「ダークウェブ(ディープウェブ)」と呼ばれるウェブサイト上において、サイバー攻撃のためのツールやサービスがアンダーグランドに取引されており、ITスキルがなくてもサイバー攻撃を容易に行うことができる。代表的なものに大量のデータを送り付けてサーバーを止めるDDoS(分散型サービス妨害)攻撃代行サービスがある。

警察庁は22年4月に重大なサイバー犯罪への対処能力を高めるため「サイバー警察局」「サイバー特別捜査隊」を創設。防衛省も同年3月にサイバー攻撃へのシステム防衛機能を強化するため「自衛隊サイバー防衛隊」を発足させるなど、脆弱とされてきた日本のサイバー攻撃対策の強化が進められている。

スーパーコンピューター「富岳」

スーパーコンピューター「富岳」とは、理化学研究所と富士通が共同開発したスーパーコンピューター(スパコン)。2023年5月、世界のスパコンの計算速度ランキングで3期連続2位になった。20年6月以来、4期連続1位だったが、22年5月以降は米オークリッジ国立研究所の「フロンティア」が1位となっている。

富岳は、11年に世界最速となったスパコン「京(けい)」の後継機として開発された。富士通が開発した高性能CPU(中央演算処理装置)を約15万個搭載。さらにネットワーク接続の効率化と最適化を強化し、計算能力の瞬発力を高めた。大量計算を瞬時に行うことができ、京で1年かかった計算実験を数日で完了させることを可能とした。投資金額は官民合わせて約1300億円。21年から本格運用を始め、新型コロナウイルスの飛沫拡散シミュレーションによる感染リスクの算定をはじめ、創薬や防災など幅広い分野の研究に活用されている。

23年5月、東京工業大学と富士通などは、富岳による高度生成AI(人工知能)の開発を発表した。日本語を中心とした大規模言語モデルを独自に構築。同年度中の開発を目指し、24年度から国内企業などへ無償提供を行う。

スパコンの開発競争では米国と中国

が台頭している。米国は計算能力が毎秒100京回以上の「エクサ(100京)級」スパコンの開発に注力。フロンティアに近い能力を持つ新機種の開発を進める。中国もエクサ級スパコンを既に稼働しているともいわれている。また従来とはアプローチの仕方が異なる量子コンピューターの開発も進んでおり、スパコン開発の競争は激化しそうだ。

デジタルツイン

「サイバー空間」と呼ばれる仮想空間に対し、現実の空間は「フィジカル空間」と表現される。フィジカル空間から集めたデータを基に、ほぼリアルタイムでサイバー空間に同じものを再現することを「デジタルツイン」という。例えばフィジカルの製品が故障した場合、現物を調査しなくてもサイバー空間にあるデジタルツインを調査・分析して、原因解明につなげられる。また改良する際にはサイバー上でシミュレーションし、フィジカルにフィードバックする手法もある。コンビナートやプラントなど、フィジカルでは簡単に建設できないものも、サイバー空間に構築し、検証してから実物を建設するといった工程を実現できる。このように、フィジカル空間のデータを収集し、サイバー空間に取り込んで分析して得られた様々な知見を、フィジカル空間の世界にフィードバックするよう

な仕組みは「サイバー・フィジカル・システム(CPS)」と呼ばれる。

日本国内では、実際の都市空間を3Dモデルで再現するデジタルツイン構築の動きが進んでいる。国土交通省は2020年に3D都市モデルのプラットフォーム「PLATEAU(プラトー)」の運用を開始。23年4月現在、全国127都市のデータが公開されている。具体的には建築物の用途や高さ、築年数などの属性情報が掲載され、人口流動、環境やエネルギーのデータなども地図上で把握できる。これらのデータはまちづくりや防災、**自動運転**システムの開発などに活用されている。

また政府は、ガス管や水道管などの地下インフラを3D地図に表示し、データを官民で共有して災害時の復旧などに役立てる取り組みを24年度から開始する。まずは関東地方で運用を始め、全国に広げる予定だ。

標的型メール攻撃・ランサムウエア

標的型メール攻撃とは、特定の企業や組織、個人などを狙い撃ちしてメールを送り付ける**サイバー攻撃**の一種。送付するメールに「マルウエア」と呼ばれる悪意あるプログラムやソフトウエア(ウイルスやワームなど)を添付して、それを開かせることで感染させ、システムの機能不全や重要情報流出を狙うことが目的とされる。近年は

手口の巧妙化が進んでいる。多数の送信先に同じ文面やマルウエアを添付したメールを一斉に送信する「ばらまき型」のほかに、業務等に関係する内容を装って複数回にわたりメールのやり取りを行い、標的を信用させた後にマルウエアを送りつける「やり取り型」のパターンもある。

また、近年特に増加しているのが「ランサムウエア(身代金要求型ウイルス)」と呼ばれるコンピューターウイルスを利用したものだ。ランサム(ransom)は「身代金」の意。このウイルスに感染したパソコンは、内部データが勝手に暗号化されて使用不能になり、その復旧と引き換えに金銭(身代金)を要求される。企業が支払いを拒否すれば暗号化前に盗取しておいた情報を暴露すると脅す「二重脅迫」のケースや、さらに大量のデータを送り付けてサーバーを止めるDDoS(分散型サービス妨害)攻撃と利害関係者へ連絡するという脅迫が加わる「四重脅迫」もある。情報処理推進機構(IPA)

が23年3月に公表した「情報セキュリティ10大脅威2023」によると、22年は前年に続き「ランサムウエアによる被害」が組織部門で1位だった。

ブロックチェーン

ブロックチェーンとは、元々は「ビットコイン」など暗号資産(仮想通貨)の取引履歴データを安全に管理するために生まれた技術である。複数のデータを一定のブロック(塊)としてネット上に記録し、それぞれのブロックをチェーン(鎖)のように暗号化してつなぎ合わせて保存するようになっていることから名付けられた。総務省『平成30年版情報通信白書』では「情報通信ネットワーク上にある端末同士を直接接続して、取引記録を暗号技術を用いて分散的に処理・記録するデータベースの一種」としている。

既存の金融機関では、取引情報などを中央にある巨大なコンピューター

▶ブロックチェーンのイメージ

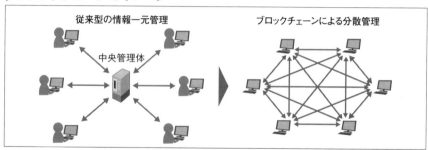

従来型の情報一元管理

中央管理体

ブロックチェーンによる分散管理

出典:総務省ウェブサイト

により集中管理している。これを「中央集権型システム」という。一方、ブロックチェーンは利用者それぞれがデータを共有して管理する「分散型台帳システム」になっている。さらに分散管理と独特の暗号化技術によってデータ内容も改ざんされにくいのが特長だ。また分散化により低コストでサービスを提供できる。こうした金融は「DeFi（ディーファイ、分散型金融）」と呼ばれる。

ブロックチェーンは当初は暗号資産に代表されるように、金融分野での活用が先行していたが、近年は様々な業種やサービスへの応用も期待されている。最近ではNFT（非代替性トークン）と呼ばれる、ブロックチェーンの技術を使って作者や所有者の情報を保証するデジタル資産が注目を集めている。なお、DeFiやNFTは「Web3（ウェブスリー）」の注目分野であり、ブロックチェーンはWeb3の中核技術といえる。

メタバース

メタバースとは、英語で「超越」を意味する「メタ」と、「世界」を指す「ユニバース」を組み合わせた造語で、3D空間で自分自身のアバター（分身）を通して現実世界のように他人とコミュニケーションを取ることができる仮想世界を指す。2021年10月に米フェイスブックがメタバース事業に注力するとして社名を「Meta（メタ）」に変更したことで、用語が広く一般に知られるようになった。コロナ禍以降、オンラインによるコミュニケーションの利便性向上が求められていることでも関心を集めている。

従来のインターネットの世界は画面を外から見て楽しむものだったが、メタバースはアバターとして仮想空間に入り込んで楽しめる点が特徴。ゲームや音楽ライブを楽しんだり、ショッピングをしたりと、メタバースでできることは多彩だ。メタバース内でアバターやアイテムなどのデジタルコンテンツがNFT（非代替性トークン）で取り引きされることで、新たな経済圏が生まれることも期待されている。

矢野経済研究所の調査では22年度のメタバースの国内市場規模は1377億円、27年度には2兆円を超えると予測している。当初はゲームでの利用が先行していたが、小売りや医療など様々な分野にメタバースの活用が広がっている。

例えば衣料品販売では、実店舗に足を運ばなくてもメタバースで商品の試着体験などに活用。また、日本IBMは順天堂大学と共同で、メタバース上で入院患者と家族などが面会できるアプリ「Medical Meetup（メディカルミートアップ）」を開発、配信を始めた。

次世代技術

H3ロケット

H3ロケットとは、日本の宇宙航空研究開発機構(JAXA)と三菱重工業が共同開発した次世代の主力大型ロケットで、2021年1月に試作機が公開された。打ち上げ費用は約50億円と、従来の半分に抑えた。日本の主力大型ロケットには、H2AロケットとH2Bロケットがある。現在はH2Bロケットが国際宇宙ステーション(ISS)への物資輸送などを実施、20年5月には物資補給機「こうのとり」9号機を載せたH2Bロケット9号機の最後の打ち上げが行われた。

22年のロケット打ち上げ回数は過去最多となり世界で178回。国別では米国が84回(うち61回はスペースX社)、中国が62回と、2国の取り組みが圧倒的。日本は、22年10月にJAXAの小型ロケット「イプシロン」の打ち上げに失敗するなど、同年中の打ち上げ成功はなかった。

23年2月17日、H3ロケット初号機が種子島宇宙センターから打ち上げられる予定だったが、異常が検知され中止。3月7日に再度打ち上げられたが、第2段エンジンが点火せず指令破壊された。文部科学省は、23年度中にH3ロケット2号機の打ち上げを予定している。

X-Tech(クロステック)

X-Tech(クロステック)とは、既存の分野にIoT(モノのインターネット)や人工知能(AI)といったテクノロジー(テック)を組み込んで活用することにより生み出された先端技術を表す造語。リーガルテック(legal＝法律)、フェムテック(female→fem＝女性)、アグリテック(agriculture→agri＝農業)などが挙げられる。このような事業を行う企業を総称して「テック企業」ともいい、「テック」を社名に取り入れている企業も多い。

特に注目されているクロステックとしてフードテック(food＝食)が挙げられる。フードテックは、最新テクノロジーで新しい食品や調理法を発見する技術。将来見込まれる世界的な食料不足に対応した技術を提供するため、大豆などの植物性タンパク質から代替肉を生成する例などがある。三菱総合研究所によると、世界のフードテック市場規模は2020年に24兆円だったが、50年には279兆円へ急拡大すると見込まれている。

このほか、ボイステック(voice＝声)も現在注目される分野だ。以前から、米アマゾン・ドット・コムのEchoやAlexa、米アップルのSiriのように音声認識・処理をする技術はあった。近年は、Spotifyなどのポッドキャスト系の音声配信事業をはじめ、Clubhouse

やX(旧ツイッター)のSpacesなどの音声SNS(交流サイト)機能事業など、多様化が進む。コロナ禍を機に「ながら聴き」の需要が高まったこともあり、ボイステックの今後の展開が期待される。

アルテミス計画

アルテミス計画とは、2019年に米航空宇宙局(NASA)が発表した月面有人探査計画。アルテミス計画推進に向け、22年10月に米国、日本、英国、カナダ、イタリアなど8カ国が宇宙探査協力の指針となる「アルテミス合意」に署名した。

アルテミス計画では、月を周回する有人拠点「ゲートウェイ」を建設し、そこを拠点に月面へ有人探査機を送る。最終的にはゲートウェイを通じて月に物資を運び、月面に拠点を建設、月における人類の持続的な活動を目指す。ゲートウェイは、米国の提案のもと国際宇宙ステーション(ISS)に参加する国々で検討が進められており、28年の完成を目指している。

22年11月、計画の第1弾「アルテミス1」として、宇宙飛行船「オリオン」を搭載した米国の新型ロケット「スペース・ローンチ・システム(SLS)」が打ち上げられ、「オリオン」の分離に成功した。この後、月上空を周回する有人での飛行船「オリオン」を打ち上げる

「アルテミス2」を経て、25年に「アルテミス3」で月面有人着陸を目指す。

23年2月、宇宙航空研究開発機構(JAXA)は新たな宇宙飛行士候補に諏訪理さん、米田あゆさんの2名を発表した。JAXAはアルテミス計画で、20年代後半における日本人宇宙飛行士の月面着陸実現を目指しており、2人はその候補となる。

計画で使用する有人月着陸船の製造を米スペースX社が担うなど、アルテミス計画には民間企業も参画。日本の宇宙ベンチャー企業アイスペースも、25年に予定する月着陸船打ち上げをNASAのプログラムで行う予定だ。

宇宙開発

宇宙開発は、地球の観測をはじめ惑星探査、放送や気象の衛星システム、ミサイル発射を感知する衛星といった安全保障での利用など、インフラの1つとして重要性が高まっている。

1980年代から計画を進め2011年に完成した国際宇宙ステーション(ISS)では、米国や日本、カナダ、欧州、ロシアなど15カ国が協力して宇宙空間を利用した実験が行われている。宇宙強国を掲げる中国では、独自の宇宙ステーション「天宮」を22年に完成させ、科学実験などを進めている。中国は国連との合意で、天宮を実験施設として開放。東京大学も国連との共同研究に参

加している。

インドは、23年8月に無人月面探査機「チャンドラヤーン3号」が世界で初めて月の南極への着陸に成功。月面着陸では旧ソ連、米国、中国に次ぐ4カ国目となった。インド政府は、35年までに宇宙ステーションの建設、40年までに有人月面探査機の打ち上げを目指している。

ロシアも、23年8月に無人月探査機「ルナ25号」を打ち上げ、月の南極付近への着陸を目指したが、月面に衝突し着陸失敗となった。

日本は、23年9月に小型探査機「SLIM（スリム）」を搭載した「H2A」47号機の打ち上げに成功。24年初頭にSLIMの月面着陸を予定している。25年度以降、インドと共同での月極域の探査計画「LUPEX（ルペックス）」も進めている。また、宇宙航空研究開発機構（JAXA）と協力し有人月面探査車の開発に取り組むトヨタ自動車と、三菱重工業が提携するなど、月面探査に向けた技術開発が加速している。

宇宙ビジネス

宇宙ビジネスとは、人工衛星によるデータ収集・解析、人工衛星やロケットの製造、「スペースデブリ（宇宙ごみ）」と呼ばれる不要になった機器などの回収といった、宇宙に関するビジネスの総称。

国家事業として展開されていたロケットや衛星の打ち上げなどが、技術の発達や低コスト化の実現などによって、民間のベンチャー企業にも参入可能になった。日本では2019年、堀江貴文氏が出資するインターステラテクノロジズが小型宇宙ロケットの打ち上げに成功したほか、宇宙ごみ回収のアストロスケールなど、宇宙ビジネスに取り組む民間企業が急増した。米国ではテスラの創業者**イーロン・マスク**氏率いるスペースX社が20年11月、宇宙船「クルードラゴン」を打ち上げて民間企業初の有人宇宙飛行に成功。一連の実験では日本人宇宙飛行士の野口聡一氏や星出彰彦氏も搭乗した。

21年にはヴァージン・ギャラクティックが有人宇宙観光実験に成功。その直後アマゾン・ドット・コム創業者ジェフ・ベゾス氏が設立したブルーオリジンが、より高度な観光実験を成し遂げた。日本では、月で水資源地図を作るTSUKIMIプロジェクトを21年からスタートしている。

国際競争力の高い宇宙産業の育成を目指し、23年、文部科学省と経済産業省は、スタートアップを支援する中小企業技術革新制度を利用した**宇宙開発**のための基金を設立した。規模は宇宙輸送やスペースデブリ対策など4項目で合計823億円。参加企業を募集し、同年10月には支援企業4社を採択した。

核融合発電

核融合発電とは、水素などの軽い原子核同士が融合し、ヘリウムなどの重い原子核へと変わる際に発生する非常に大きな核融合エネルギーを使った発電のこと。1グラムの燃料の核融合反応で発生するエネルギーは、約8トンの石油を燃やしたときの熱量に相当するとされる。核分裂反応をエネルギー源とする原子力発電と異なり、燃料の供給を停止すると核融合反応が止まるため安全性が高く、高レベルの放射性廃棄物を排出しないというメリットがある。

核融合は太陽など恒星が生み出すエネルギーの源と同じ原理であり、燃料の重水素とリチウムは海水から得られ、二酸化炭素(CO_2)が発生しないため環境問題の解決策としても注目されている。日米欧などが参加する国際熱核融合実験炉(ITER、イーター)を建設中で、2025年の稼働を目指している。

核融合エネルギーの実現に向けた研究開発のプロセスは3段階に分類される。①臨界プラズマ条件を達成し、エネルギーを最大化させる「科学的実現性の確立」、②加熱を止めても自動的に核融合エネルギーが発生する状態を維持、炉工学技術の発展や熱を取り出す技術の向上などに向けた「科学的・技術的実現性の確立」、③実際の発電と経済性の向上を目指す「技術的実証・経済的実現性の確立」。現在は第2段階に取り組んでいる。

核融合発電の実用化に向け、ベンチャー企業による研究開発も加速している。米コモンウェルス・フュージョン・システムズが、25年に小型炉「SPARC」を、30年代早期に商用炉を稼働するとしている。

仮想発電所(VPP:バーチャル・パワー・プラント)

仮想発電所(VPP:バーチャル・パワー・プラント)とは、地域や特定の工場地帯、公共施設などに対し、再生可能エネルギーで電気を作ってため、適切なバランスで供給する設備である。

電力は通常、発電所から電線経由で直接供給先に送られるが、2018年9月の北海道胆振東部地震後に起きた大停電のように、発電所が停止すると電力供給は一切ストップしてしまう。

▶仮想発電所の仕組み

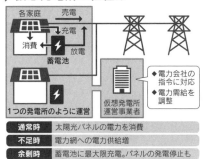

通常時	太陽光パネルの電力を消費
不足時	電力網への電力供給増
余剰時	蓄電池に最大限充電。パネルの発電停止も

2022年8月26日付日本経済新聞電子版

そのようなリスクを避けるため、VPPは人工知能（AI）などによって、ためた電気を安定して供給できる仕組みになっており、電力の無駄遣いや過不足をなくすことができる。大規模なものだけでなく、施設や家庭を対象にした小型のVPPもあり、気候や使用量に対して適切な電力供給を行うことが可能となる。

発電方法は主に太陽光発電が中心で、蓄電池、電気自動車など住宅設備の電力を一括して管理する構造となっている。地球温暖化防止など、将来を見据えた新しいエネルギーシステムの1つである。

電力の取引市場には、東京電力ホールディングス（HD）や関西電力のほか、ディー・エヌ・エー（DeNA）などの異業種も参入。東京電力HDはVPPにより太陽光発電などの不安定な電力供給を補完して需給の安定化などにつなげる。さらに米テスラは、沖縄電力などが出資するネクステムズと組み、21年から沖縄県宮古島市で家庭用蓄電池「パワーウォール」を活用したVPPを運用。23年度末までに島内で600台の設置を見込んでおり、将来的には沖縄県全域から本州への展開を目指している。

ゲノム編集

ゲノム編集とは、生物の遺伝子DNAの配列から特定の一部を切り取り、本来とは異なる性質を持った生物を作り出すこと。例えば、ニワトリの遺伝子からアレルギーの元になる成分を作る遺伝子部分を切り取れば、アレルギー物質の少ない卵を産むニワトリを作り出すことが可能になる。

2020年のノーベル化学賞は、「クリスパー・キャス9」というゲノム編集技術の開発者2氏が受賞した。開発者の1人であるジェニファー・ダウドナ氏が設立した米イノベーティブ・ゲノミクス研究所（IGI）は22年6月、光合成の効率や土壌中に送り込む炭素の量を高める植物を作る研究に着手。開発に成功すれば、大気中から年間10億トン以上の二酸化炭素（CO_2）を除去することが可能だという。

日本でも産学連携などにより開発が進められている。23年3月時点で、厚生労働省は、高GABAトマト、肉厚なマダイ、成長の速いトラフグ、もちもちとした食感のトウモロコシなど4種のゲノム編集食品の国内での流通・販売申請を受理している。

食品のほかにも、医療や、遺伝子技術を用いて微生物や動植物などの細胞から有用な物質をつくる「バイオものづくり」など様々な分野でゲノム編集技術が活用されている。

自動運転

　自動運転とは、車に搭載されたカメラやセンサー、レーダー、GPS（全地球測位システム）と人工知能（AI）を組み合わせ、車の周囲の状況を把握することでブレーキやハンドル操作を自動でコントロールして運転するシステムのこと。自動運転のレベルは5段階ある。レベル2は特定条件下で自動運転

が可能なもので、レベル3は全操作をシステムが行うが、緊急時にはシステムの要請に応じてドライバーが対応する。2019年に日産自動車がレベル2と3の中間に当たる「スカイライン」を発売。直線であれば一部手放し運転を可能にした。

　20年4月1日に改正道路交通法と改正道路運送車両法などが施行され、公道上でレベル3の自動運転が実質解禁。21年3月、ホンダがレベル3に対応した

▶自動運転の5段階

運転の主体	レベル	機能	実用化の状況
システムによる監視	レベル5	**完全自動運転** 常にシステムが全ての運転タスクを実施。ドライバーは関与しない	**実用化の目途は立っていない**
	レベル4	**特定条件下における完全自動運転** 特定の条件下においてシステムがすべての運転タスクを実施	**実用化** 23年4月1日にレベル4の運行許可制度を盛り込んだ改正道路交通法が施行 23年5月に福井県永平寺町で、全国初の公道での運用サービス開始
	レベル3	**特定条件下における自動運転** システムがすべての運転タスクを実施するが、システムの介入要求に対してドライバーが適切に対応することが必要	**実用化** 2020年4月1日に日本の公道でレベル3の自動運転が一定の条件下において解禁となった。 21年3月にホンダが世界初となる自動運転レベル3に該当する「レジェンド」を発売
ドライバーによる監視	レベル2	**高度な運転支援** システムが加減速、操舵の両方の運転支援を実施 【例】高速道路での自動運転機能…分合流を自動で行う **特定条件下での自動運転機能（レベル1の組み合わせ）**	**実用化** 2019年9月に日産自動車が高速道路でハンドルから手を離した状態で運転ができる新型「スカイライン」を発売
	レベル1	**運転支援** システムが加減速、操舵いずれかの運転支援を実施 【例】自動ブレーキ、車線からはみださない	**2021年11月以降に発売される国産の新型車に自動ブレーキの義務化**

国土交通省資料、経済産業省資料を基に編集部作成

自動運行装置「トラフィックジャムパイロット(渋滞運転機能)」を搭載した「レジェンド」を発売した。完全自動運転一歩手前のレベル4実装を目指す政府のプロジェクトは、21年度から5年計画で開始。国土交通省はレベル4の実用化に向け、対応する保安基準の見直しの検討を開始した。

　23年4月1日、レベル4の運行許可制度を盛り込んだ改正道路交通法が施行。バスや電車が廃線となった過疎地域での運用を想定したもので、同法の施行を受け、福井県永平寺町では同年5月、公道では全国初となるレベル4自動運転車両の運行サービスが始まった。

準天頂衛星システム「みちびき」

　準天頂衛星システム「みちびき」とは、日本のほぼ真上(準天頂)を通る軌道を持つ人工衛星を主体とする日本独自の衛星測位システムのこと。GPS(全地球測位システム)のように、人工衛星からの電波を受信することで位置を特定できるもので、カーナビや携帯電話に搭載されている機能だ。

　衛星測位システムで位置情報を求めるためには、最低4機以上の人工衛星が必要となる。日本では高層ビルや山間部などが障害となり、GPSの信号だけでは誤差が数十メートル出るなど正確な位置情報を得られないことがあっ

た。GPSと互換性を持たせた独自の人工衛星を打ち上げることにより、誤差数センチメートルの正確な位置情報を得られる。

　「みちびき」の1号機は2010年に、2〜4号機は17年に打ち上げられ、18年11月に位置情報のサービスが開始された。さらに「みちびき」初号機の後継機としてQZS-1Rが21年に打ち上げられ、初号機が寿命に達しても4機以上の安定した体制が整った。

　23年6月に閣議決定された「**宇宙基本計画**」で、準天頂衛星システムの「7機体制の着実な構築と11機体制に向けた検討・開発着手」が打ち出された。23年度から24年度に5〜7号機を打ち上げ、25年度からの7機体制を目指す。現在は米国のGPSを併用して位置情報を全国に提供しているが、7機体制によりGPSに頼ることなく測位データを入手できるようになる。また、山間部や高層ビルの陰なども含めて高精度の測位ができる11機体制に向け、検討・開発に着手する。

スーパーアプリ

　スーパーアプリとは、スマートフォンだけで、生活に必要なあらゆる機能を提供しようという構想の下、開発されたアプリを総称したもの。プラットフォームとなるアプリを立ち上げれば、メッセージ送信やSNS(交流サイ

ト)はもちろん、無料電話、決済、銀行のカード機能、チケットの予約など、スーパーアプリに搭載された様々な「ミニアプリ」を使うことができる。スーパーアプリだけで大方のことができるため、ユーザーの利便性が高くなる。パソコンに代わってスマートフォンがメインの端末になってきたことが、開発の理由として大きい。

　代表的なものに、中国テンセントのインスタントメッセンジャーアプリ「WeChat」、同じく中国アリババ集団の決済アプリ「Alipay」、配車やデリバリーなどを手配できるインドネシアのアプリ「Gojek」などがある。日本のスーパーアプリでは、LINEヤフーのLINEや、ソフトバンクとLINEヤフーが運営するPayPay、楽天ペイ、d払い（NTTドコモ）、au PAYなど、通信会社系のアプリが多い。

　2023年8月には、X（旧ツイッター）を運営するX社CEOヤッカリーノ氏が、Xに通話機能や送金機能を搭載しスーパーアプリ化する構想を表明し、注目を集めた。

　スーパーアプリは便利な機能を備える一方で、1つのアプリをハッキングされれば、すべての情報が漏洩するというリスクもある。

生体認証

　生体認証とは、個人の身体の特徴や特性（生体情報）をあらかじめ登録しておき、その情報と照合することで本人確認をするもの。生体認証に使用される代表的な生体情報には、顔、指紋、手のひらや指の静脈、虹彩、音声などがあり、近年は人工知能（AI）によるディープラーニング（深層学習）で精度が急速に上がった。

　顔認証の場合、顔の画像や輪郭、目、鼻の形や位置関係などを登録しておき、その情報と照合して本人確認をする。生体認証のメリットは、パスワードや暗証番号を入力する手間の削減や、カードや鍵を持ち歩く必要がなくなることにより紛失や盗難、偽造、パスワードの漏洩などの危険性が低くなることだ。

　こうした利便性や安全性の高さから、銀行のATM、パソコンやスマートフォンのロック解除、入場や入室の認証など多くの場所でセキュリティー対策に取り入れられている。コロナ禍に対応し、中国・香港のセンスタイム

▶生体認証の例

対象	内容	用途
顔	顔の輪郭や目鼻の形などから識別	空港の出入国管理など
指紋	指紋パターンから識別	パソコンのログインなど
静脈	指や手のひらの静脈の形状から識別	銀行ATMなど
虹彩	目の虹彩の模様から識別	部屋の入退室の管理など
声	声の特徴などを抽出・パターン化して識別	AIスピーカーなどの決済認証

新聞記事などを基に編集部で作成

社はマスクをつけたままでの生体認証システムを展開。NECはマスク着用時でも高精度に本人確認ができる顔認証技術を開発し、2023年4月「G7群馬高崎デジタル・技術大臣会合」の入退場ゲートにそのシステムを導入した。

同年7月、チャットGPTを運営する米オープンAIのCEOアルトマン氏の財団が、生体認証により人間とAIを区別して人間だけにIDを発行、登録する仕組みの開始を発表した。登録者はデータ提供の対価に暗号資産(仮想通貨)を受け取る。生体認証の活用の場はますます広がっている。

代替タンパク質 (代替肉、培養肉、昆虫食)

代替タンパク質(代替肉、培養肉、昆虫食)とは、何らかの素材を使い、肉など動物性のタンパク質源に代わってタンパク質を確保するための食材のこと。大豆など植物性原材料を使って「肉」らしく生成したものが代替肉。ベジタリアン(菜食主義者)や卵・乳製品なども食べないビーガン向けに普及が進んでいる。牛や豚など動物の細胞を培養して生成した培養肉もある。培養肉は、シンガポールが2020年に世界で初めて販売を許可した。

フードテックにより食物の開発技術が急速に高まり、動物性の肉とほぼ変わらない食材の製造が可能になった。ロシアのウクライナ侵攻などによる中長期的な食料不足が予測される中で重要度を増しており、また動物愛護などの観点からも期待される食材である。矢野経済研究所の推計では、21年の世界の代替タンパク質市場規模は約4861億円、25年には1兆円を超えると予測されている。

主要企業は、先駆者の1つである米国のビヨンド・ミート、香港のオムニミート、台湾のベジファームなど。日本でもベンチャー企業のほか、森永製菓や日本ハム、大塚食品、カゴメなどの大手も代替肉を開発、発売している。日本ハムは23年3月に代替タンパク質の開発技術を生かし、魚を使わない代替シーフードを発売した。

近年注目されているのが、タンパク質源としての昆虫食だ。主にコオロギ、セミ、アリ、ハチ、ゲンゴロウなどが素材として利用されている。

蓄電池システム

蓄電池システムとは、電気を蓄えて、必要な際に電気を利用できるシステムのこと。

鉛蓄電池やニッケル水素電池、リチウムイオン電池(LIB)など多数の種類があり、自動車や携帯端末、ノートパソコンなど様々な用途で使用されている。住宅用をはじめ、地域や都市単位でも使用され、幅広い場面での活用が可能だ。

蓄電池システムの開発競争は年々激しくなり、海外でも多くの企業がリチウムイオン電池市場への参入を表明しているが、この分野で日本は先端を走る。その証ともいえるのが、「リチウムイオン二次電池（リチウムイオン電池）」の開発で2019年のノーベル化学賞を受賞した吉野彰氏（旭化成名誉フェロー）の存在だ。近年は、住宅用太陽光発電の需要拡大や環境規制強化を背景とした電気自動車（EV）市場の広がり、さらには年々増加する自然災害への非常用対策として、蓄電池市場が活況になりつつある。

経済産業省は、22年8月「蓄電池産業戦略」を策定し、3段階のターゲットと目標を設定した。目標は、リチウムイオン電池について30年までに国内で150GWh/年、グローバルで600GWh/年の製造能力を確立し、全固体電池を本格実用化すること。蓄電池の開発・生産をリードする世界拠点作りを進めるとしている。

バイオディーゼル燃料

バイオディーゼル燃料とは、廃食用油や菜種油など、植物由来の再生可能な資源から作られた軽油（ディーゼルエンジン用）の代替燃料のこと。生物（バイオマス）を資源として作られる燃料の総称は「バイオ燃料」だが、その1つがバイオディーゼル燃料で、次世代のバイオ燃料として注目されている。

バイオディーゼル燃料は、酸性雨の原因となる硫黄酸化物の排出がほとんどなく、植物が吸収していた二酸化炭素（CO_2）を排出するだけであるため、全体としては二酸化炭素（CO_2）も増やさない。政府はバイオマスの利用促進を目指し、2012年9月に「バイオマス事業化戦略」を決定している。

しかし、ロシアのウクライナ侵攻後に石油や植物油の価格が高騰。これに伴い、ブラジルなど他ルートでの燃料調達が必要となり、必然的にバイオディーゼル燃料の需要も価格も高まっている。米シンクタンク国際食糧政策研究所（IFPRI）によると、植物油がバイオディーゼル燃料に使われる割合は15％まで増加。主に欧州が3割を占め、今後も成長が予想される。

国際エネルギー機関（IEA）は、22年から27年にかけて世界のバイオ燃料の需要は22％拡大すると予測。バイオディーゼル燃料の生産量が22年の474.3億リットルから27年には最大で638.3億リットルになると予測する。ただし、欧米の植物油の需要増大により食料価格が上がると、開発途上国の食料難が加速するという懸念もある。

バイオプラスチック

バイオプラスチックとは、植物など生物由来の再生可能な資源であるバイ

オマスから作られる「バイオマスプラスチック」と、微生物によって分解される性質を持つ「生分解性プラスチック」の総称。

バイオマスプラスチックは、トウモロコシやサトウキビなど糖類やデンプンを多く含む植物を原料にして合成される。焼却しても生物が大気中から取り込んだ二酸化炭素（CO_2）が大気中に戻るだけのため、全体として二酸化炭素（CO_2）を増やさない。生分解性プラスチックはバイオマスを変性したものや、藻類など一部の微生物が体内で合成するポリエステルを原料にしたもの。微生物により最終的には水と二酸化炭素（CO_2）に分解される。

矢野経済研究所によると、2021年のバイオプラスチックの国内市場規模は8万8530トンで、前年比約2割増だった。20年7月に導入されたレジ袋有料化に伴い、バイオポリエチレンの需要増が増したことなどが影響しているとみられる。

50年までの温暖化ガス排出ゼロを目標とする政府は、19年に「プラスチック資源循環戦略」を策定し、30年までにバイオマスプラスチック市場約200万トン規模を目指すとした。22年4月施行のプラスチック資源循環促進法では、材料にバイオプラスチックを利用することなどを盛り込んだ「プラスチック使用製品設計指針」の策定を定めている。こうした状況を受け、国内化学大手によるバイオマスプラスチッ

▶バイオプラスチックの種類

バイオマスプラスチック
・再生可能な有機資源を原料にして作られるプラスチック。 ・ポリエチレンなど通常石油から製造されるものもバイオマスから製造可能。
生分解性プラスチック
・微生物の働きにより分解し、最終的には水と二酸化炭素に変化する。 ・土壌中で分解するものと水中で分解するものがある。

出典：環境省ウェブサイト

ク開発も活発化。旭化成は27年をめどに生産を開始、住友化学は25年頃に量産化する計画だ。

はやぶさ2

はやぶさ2とは、小惑星「りゅうぐう」を目指して2014年12月に打ち上げられた小惑星探査機。05年9月に小惑星「イトカワ」への着陸に成功し、イトカワ表面からサンプルを採取し10年6月に地球へ帰還した「はやぶさ」の後継機として開発された。

はやぶさ2は18年6月にりゅうぐうに到着、19年2月に着陸し金属製弾丸の発射に成功。4月には人工クレーターを作り、その際に飛び散った地下物質の採取を行った。はやぶさ2はミッションを終えて11月にりゅうぐうを出発し、20年12月に帰還。りゅうぐうの物質の破片サンプルが入ったカプセルが回収された。その後すぐ

に、地球と火星の間を公転する小惑星「1998KY26」の探査へと向かった。31年の到着を予定している。

はやぶさ2のサンプルは、宇宙航空研究開発機構(JAXA)など国内の機関を中心とした8つの研究チームが初期分析を行った。海洋研究開発機構などによる分析では、りゅうぐうの組成は太陽系外縁部のちりなどに近いことが判明。同機構は、りゅうぐうが太陽系外縁部付近で生まれ、生命の源になる有機物や水が隕石で地球まで運ばれた可能性もあるとの仮説を唱えている。さらに岡山大学などはサンプルから23種類のアミノ酸を、北海道大学や海洋研究開発機構などはサンプルから遺伝情報を担うRNA(リボ核酸)の原料を、それぞれ発見したと発表。23年3月、サンプルの初期分析結果がとりまとめられた。同月までに生命の起源や太陽の成り立ちに関わる約300の論文が発表されている。

浮体式原子力発電所

浮体式原子力発電所とは、海上に浮かべて稼働させる原子力発電所(原発)のこと。海上であれば場所を選ばず、地震や津波の影響も受けにくいので安全性が高い。陸上の原発は立地に合わせた構造物が必要だが、浮体式は共通の構造物を工場で大量生産できるため、建造コストは陸上の原発の約半分、工期は約7割短縮できる。作った電気は陸上へ送るほか、水素やアンモニアの生産など脱炭素燃料の導入に向けた技術に活用できる。

世界中で需要増が見込まれており、ロシア国営ロスアトム社は2020年に商業利用を開始した。英国新興のコアパワー社は、米マイクロソフト創業者ビル・ゲイツ氏が出資する企業などとともに浮体式原発の開発を進める。日本では産業競争力懇談会(COCN)が30年代前半の初号機試運転を目指す。

23年5月、今治造船、尾道造船など日本企業13社が英国のコアパワーのプロジェクトに約8000万ドルを出資した。同プロジェクトでは浮体式原発に小型モジュール原子炉(SMR)の一種である溶融塩高速炉(MCFR)を使用。加圧設備が不要なため小型化でき、炉心溶融などの事故リスクも少ない。26年に実証船をつくり、30〜32年の商業化を目指す。日本企業はプロジェク

▶浮体式原子力発電所

浮体式原子力発電所のイメージ

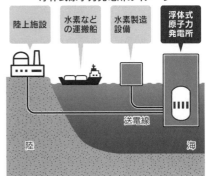

2023年5月23日付日本経済新聞電子版

トに参加してノウハウを獲得し、国内での開発に役立てたい考えだ。

　地震・津波によるリスクを軽減できる浮体式原発は、陸上の原発に比べて国内で優位な可能性がある。一方で、海上の原発設置基準の整備、部品供給網の構築など、実用化に向けては課題も多い。

▶ペロブスカイト型太陽電池

次世代型の主な特徴
軽く柔軟で折り曲げが可能
壁面や車の天井など既存の太陽電池が置けない場所にも設置できる
低照度の室内でも発電しやすく
製造コストはシリコン型から半減、設置・輸送コストも低減
従来のシリコン型の寿命は20〜30年だが、10年相当とされる

2023年4月3日付日本経済新聞電子版

ペロブスカイト型太陽電池

　ペロブスカイト型太陽電池とは、「ペロブスカイト」という特殊な結晶構造を持つ物質を原料とする太陽電池(太陽光パネル)のこと。原料を含む溶液を印刷、塗布して作ることができるため、製造コストも従来の半分ほどに抑えられる。軽くて薄く、折り曲げることも可能なため、壁面や湾曲した部分など従来の太陽電池では設置が難しい場所にも設置できる。主な原材料となるヨウ素は日本が世界第2位の生産国であり、原料供給面の不安が少なく経済安全上の観点からも開発の意義は大きい。

　もともと桐蔭横浜大学の宮坂力特任教授が2009年に開発した技術だが、量産化では中国や英国、ポーランドなど海外勢が先行。国内では積水化学工業や東芝が25年以降の量産化を目指す。富士経済の調査によると、ペロブスカイト型太陽電池の世界市場規模は35年に1兆円と、23年の630億円(見込み)か

ら各段に大きくなるという。

　政府は、国内における太陽光発電の電源構成比率を30年度に14〜16%程度にすることを目指している。その柱の1つとして期待されているのがペロブスカイト型太陽電池だ。23年4月「再生可能エネルギー・水素等関係閣僚会議」で、岸田文雄首相はペロブスカイト型太陽電池の30年までの普及を打ち出した。政府が発行するGX(グリーントランスフォーメーション)経済移行債を財源とし、学校や空港など国や地方自治体の施設に積極的に設置することで普及を促進、企業の量産体制を支援する。

量子暗号通信

　量子暗号通信とは、データを暗号化し、量子の一種である光子(光の粒子)に暗号鍵を乗せて通信する最先端の暗号通信のこと。量子とは粒子と波の性質を併せ持った、小さな物質やエネルギーの単位のこと。物質を形作る原子

や電子、中性子、陽子のほか、ニュートリノやクォークといった素粒子なども量子であり、その大きさはナノメートル（10億分の1メートル）サイズ以下である。既存のデータ通信では、ハッキングなどの**サイバー攻撃**でデータが盗まれる事件がたびたび発生している。しかし、暗号鍵を乗せる光子は外部から触れられると状態が変化する特性があるため、ハッキングの検知が簡単になる。

この特性をインターネットに応用したものを「量子インターネット」という。量子レベルで暗号化されるため、長距離のやり取りでも原理上は安全で、究極の安全な通信網とされる。2021年、量子インターネットに関する産学連携の団体「量子インターネットタスクフォース（QITF）」が設立された。

量子暗号通信については、東芝が開発して特許を取得している。22年には海外企業とともに、量子暗号通信をブロックチェーン上で使用する実証実験に成功するなど、金融取引における実用化に向けた開発を進めている。

量子コンピューター

量子コンピューターとは、量子力学を応用した次世代コンピューターのこと。通常使われているコンピューターは2進法で、0か1の組み合わせ（bit）を計算の基礎としてプログラムを構成している。それに対して量子コンピューターは、量子力学の「量子もつれ」という概念を利用し、現状のスーパーコンピューター（スパコン）を含む「古典コンピューター」とは異なる方法で処理するため、計算速度が速くなる。

2019年、米グーグルの研究グループが、特定の課題について世界最速のスパコンでは1万年かかる計算を、量子コンピューターにより200秒で実行したと発表。さらに23年2月には、実用的な量子コンピューターの開発に不可欠な技術である「量子誤り訂正」の実験に成功したと発表した。同社は、29年に実用的な量子コンピューターの完成実現を目指している。

日本では、富士通、理化学研究所、NTTなどによる共同研究グループが国産初の量子コンピューター開発に着手し、23年3月に初号機をクラウドで公開。国内の量子計算プラットフォームの構築に向け、インターネットを介

▶量子暗号通信

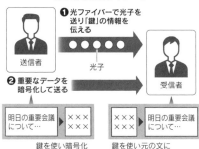

量子暗号通信のイメージ

❶光ファイバーで光子を送り「鍵」の情報を伝える

送信者　光子　受信者

❷重要なデータを暗号化して送る

明日の重要会議について… → ××× ××× → ××× ××× → 明日の重要会議について…

鍵を使い暗号化　　鍵を使い元の文に

2021年5月28日付日本経済新聞電子版

▶量子コンピューターの仕組み

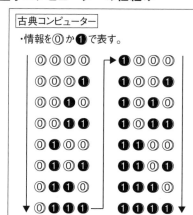

古典コンピューター

・情報を⓪か❶で表す。

4bitの計算の場合、16通りの組み合わせを1つずつ処理する。

量子コンピューター

・量子の振る舞いに基づき、⓪でも❶でもある状態をとる。

4量子bitの計算の場合、それぞれが「0でも1でもある」ので、16通りの組み合わせを同時に表して処理する。

新聞記事などを基に編集部作成

して同機を利用できるクラウドサービスを開始した。

ボストン・コンサルティング・グループは、量子コンピューターが40年頃に最大8500億ドルの経済効果を生むと予測している。

ロボット産業

労働や介護などを補助するロボットが注目されている。経済産業省と新エネルギー・産業技術総合開発機構（NEDO）は、ロボット産業の将来市場が2025年には5.3兆円、35年には9.7兆円に達すると予測している。国際ロボット連盟の統計では、21年に世界で稼働する産業用ロボットは前年比14.6％増の約347万台。国別では中国、日本、米国、韓国、ドイツの5カ国が上位で、トップは中国の122万4236台だった。中国は産業用ロボット最大の市場であり、21年の中国における設置台数は、世界全体の半分以上を占める。

日本国内では、人と一緒に作業する「協働ロボット」や、医療や福祉、家庭向けロボットの普及が見込まれている。特に少子高齢化に拍車がかかっているため、介護用ロボットの必要性が高まりそうだ。これまでは移乗介助（高齢者などをベッドから車椅子などへ移乗させる際の介助）など、介護者の負担を軽減するロボットの開発が中心だったが、人手不足や感染症対策としての密接な接触の回避などのため、

介護者の見回り用ロボットの導入が進んでいる。

　人手不足が深刻な外食産業でもロボットの導入が進む。すかいらーくHDは、傘下のファミリーレストランに22年末までに配膳用ロボットを3000台導入した。運用改善を重ね、ロボットに蓄積されたデータを分析して生産性を高めた結果、ブランドの1つのレストランでは従業員の歩行数は42％減、片付けにかかる時間は35％減、ピーク時の回転率が2％上昇するなど、効果が表れている。

テーマ

⑦ 確認チェック

❶ VR（仮想現実）、AR（拡張現実）、MR（複合現実）の総称で、現実の空間と仮想空間を融合させて存在しない空間を体感させる技術を何というか。▶p.181
❷ 米航空宇宙局（NASA）が2019年に発表した月面有人探査計画を何というか。▶p.189
❸ 日本のほぼ真上（準天頂）を通る軌道を持つ人工衛星を主体とする日本独自の衛星測位システムを何というか。▶p.194
❹ 地震や津波の影響を受けにくく安全性が高いことから、世界中で需要増が見込まれている、海上に設置する原子力発電所を何というか。▶p.199
❺ 軽くて薄く、折り曲げられるので、壁面や湾曲した部分にも設置できる太陽電池を何というか。
▶p.200

 答え　❶XR（クロスリアリティー）　❷アルテミス計画　❸みちびき
　　　　❹浮体式原子力発電所　❺ペロブスカイト型太陽電池

❽ 国土・環境

相次ぐ自然災害の発生やインフラの老朽化、人口減少に伴い日本社会には様々な
ひずみが生じている。温暖化など地球規模での環境問題への対策も待ったなしの
状況となり、脱炭素へ向けた取り組みも加速。一人ひとりが対策について真剣に考
えなければならない。本テーマでは「国土強靱化計画」や「カーボンプライシング(排
出量取引)」「原発再稼働」など、日本の国土や環境に関するキーワードを解説する。

国土

空き家・所有者不明土地問題

空き家・所有者不明土地問題とは、人口減少や高齢化、核家族化などに伴い、空き家として放置される住宅や、所有者が特定できない土地が全国的に増え続けている問題。適切な管理がなされないと、家屋の老朽化や災害によって倒壊する危険性が高い上、景観の悪化、不審者の侵入や放火、ごみの不法投棄といった防犯上の不安を招いたり、防災対策の妨げになったりする。

総務省が発表した住宅・土地統計調査によると、2018年10月時点の全国の空き家数は過去最多の848.9万戸。国内の住宅総数に占める空き家の割合も過去最高の13.6％となっている。

15年に施行された「空家等対策の推進に関する特別措置法」では、自治体が地域に被害を及ぼしかねない空き家を「特定空家等」として所有者に修繕・除却などを助言・指導、勧告、命

▶空き家数および空き家率の推移

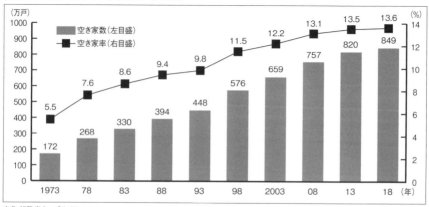

出典：総務省ウェブサイト

令することが認められ、強制執行も可能になった。23年6月には改正法が成立し、空き家の発生を防ぐとともに、空き家の活用、特定空き家の除却を推進する。18年10月時点の848.9万戸の空き家のうち、住宅・賃貸・売却などの目的のない「居住目的のない空き家」は349万戸に上り、20年間で約1.92倍に増加。30年には約470万戸まで増えると予測されている。

改正法では、市区町村からの改善勧告に従わなかった場合、特定空家に加え管理不全空家も住宅用地の固定資産税を最大6分の1に減額する「住宅用地特例」を解除する。空き家対策事業については、買い取って大規模改修した場合や解体した場合の費用を支援する。また23年度税制改正では、空き家を相続した場合、譲渡所得から最高3000万円を控除できる措置を、27年12月31日まで4年間延長した。

インフラの老朽化問題

インフラの老朽化問題とは、道路や橋、ダム、上下水道などの公共施設の急速な老朽化に伴う諸問題。日本の社会インフラの大半は、高度経済成長期に整備されたため、耐用年数が近づいている。国土交通省によると、道路橋の場合、全国の約30%が建設から耐用年数の50年を経過しているという（2020年3月末時点）。さらに40年には、

75%が50年を超える見通しだ。

国内でインフラ老朽化が注目される契機になったのは、12年の中央自動車道・笹子トンネル（1977年開通）の天井崩落事故である。9人の犠牲者を出した事故の反省から、国土交通省は「インフラ長寿命化計画」を策定し、道路は5年に1度、ダムは3年に1度、目視点検を義務付けるとともに、データベースの整備・運用や新技術の導入を進めた。

しかし、国も自治体も財政難が深刻で、点検・維持管理に十分な予算・人員を充てられていないのが現状である。今後、管理・更新費用が2018年度の約5.2兆円から、48年には約5.9兆～6.5兆円に増えるという試算もある。国土交通省は19年2月に橋やトンネルの定期点検要領を改定し、近接目視の代替手段としてドローンや人工知能（AI）などの活用を容認、保守点検の効率化を目指している。24年度予算の概算要求では、老朽化したインフラのメンテナンスに9074億円を計上した。

関係人口

関係人口とは、移住や観光、帰省ではなく、日常生活圏や通勤圏以外の特定の地域と継続的に多様な関わりを持つ人々のこと。祭り・イベント運営に参画するなどの「ファンベース」、兼業・副業で出向くなどの「仕事ベー

▶関係人口のイメージ

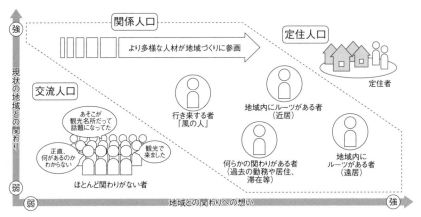

出典：総務省ウェブサイト

ス」の2種類に大別される。

国土交通省が2020年9月に実施した関係人口の実態把握調査によると、全国の18歳以上の居住者約1億615万人のうち、約2割弱の約1827万人（推計値）が特定の地域を訪問している関係人口で、全国を大規模に流動していることが明らかになっている。**少子高齢化や人口減少が進む中、関係人口は地方圏における地域づくりの担い手となることや、将来的な移住者の増加につながることが期待されている。**実態把握調査を見ると、関係人口の人数が多い地域ほど、三大都市圏からの移住が多い。

愛媛県今治市はしまなみ海道を利用する人に島々を巡る「ポタリング（自転車散歩）」を計画。福島県浪江町は**非代替性トークン（NFT）**アートを通じたコミュニティーづくりに乗り出すな

ど、各地で関係人口増加への取り組みが進んでいる。

広域送電網

広域送電網とは、本来地域限定の送電を行う全国の各電力会社がエリアを超えて連携し、電気を融通し合う送電網のこと。政府は2050年に**温暖化ガス（温室効果ガス）**排出量の実質ゼロを目標とし、広域送電網による「地域間連系線」を構築し、効率的かつ安定した電力供給を目指している。これにより首都圏の電力不足解消や、地域によって発電量が異なる太陽光や風力の発電など再生エネルギーの統合、ウクライナ危機による燃料の高騰と供給不安の解決なども念頭に置く。

政府の素案では、北海道－東北－東

▶広域系統整備に関する長期展望（案）

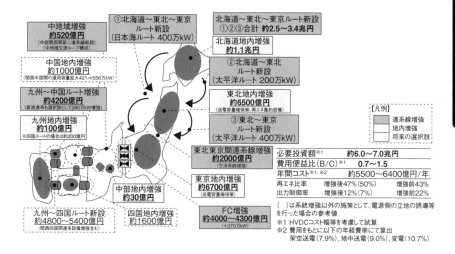

出典：経済産業省ウェブサイト

京エリアを結ぶ海底送電線の整備については、電力量を600万〜800万キロワット増量させるために3兆円程度を投資。洋上風力発電で注目される九州は、関西経由で中部方面まで電力を融通するため、送電網280万キロワット分を増強、4200億円を見込む。また電力の周波数が違う東日本と西日本を結ぶ東西連系線は、570万キロワットに増強するための変換設備も含めて4000億円程度と見積もっている。

国土強靱化計画

　国土強靱化計画とは、地震や津波、台風などの自然災害や緊急事態への対策を強化し、災害発生時に人命保護・被害の最小化・経済社会の維持・迅速な復旧復興ができるように、平時から安全・安心な国土、経済社会システムをつくる取り組みのこと。

　1923年の関東大震災や2011年の東日本大震災を経験し、近い将来発生するといわれる南海トラフ地震に備え、政府は13年に「強くしなやかな国民生活の実現を図るための防災・減災等に資する国土強靱化基本法」を施行。首都直下地震や火山の噴火、さらに気候変動による豪雨など、大規模自然災害から国民を守るための対策をまとめ、国や自治体などの責任の範囲を明確にした。

　また各自治体でも独自に対策を進めており、東京都は水害対策として環状七号線地下広域調節池の整備を図るな

ど、40年代までに総額15兆円を投じる防災計画「TOKYO強靱化プロジェクト」を発表した。

重要土地利用規制法

重要土地利用規制法とは、国の安全保障について重要な土地や地域の利用を規制する法律。有事の際に脅威となる諸外国から国土を守る対抗策の一環として2022年9月から施行された。

防衛や原子力など重要関連施設から1キロメートル以内の地域、国境周辺の離島などは「注視区域」、司令部機能を持つ自衛隊の基地周辺は「特別注視区域」とし、指定区域内における電波妨害や、自衛隊機の離着陸妨害などといった阻害行為を規制する。

同年12月には具体的な区域として全国58カ所を指定。2023年6月には鹿児島県の川内原子力発電所や新潟空港、東京都の三宅島などさらに全国10都県161カ所を追加指定した。その後も追加が予定され、23年度中に計600カ所程度となる見通し。特別注視区域とされた土地は、個人の所有であっても一定面積以上の土地売買には氏名や国籍、利用目的などの届け出が義務付けられた。なお、尖閣諸島（沖縄県）については、すでに大部分が国有化されているため規制区域の対象外とされている。

接続水域

接続水域とは、領海の外側にあるが、沿岸国が通関・財政・出入国管理・衛生の上から、一定の権限を行使することが認められている水域。海洋の権利・義務を定めた国連海洋法条約が1982年に採択され、国際的な合意となった。同条約は、接続水域を**領海の基線**となる海岸の低潮線から24海里（約44キロメートル）の内側（領海を除く）と定めている。日本も1996年に領海法を改正して、領海の基線から外側の24海里内を自国の接続水域と設定した。

明確な主権がある領海とは異なり、接続水域は「グレーゾーン」で、沿岸国に完全な主権があるわけではない。公海の一部であるため、外国船の航行は原則として自由である。2012年9月頃から中国公船の尖閣諸島周辺の接続水域への入域が半ば常態化しているが、沿岸国である日本の安全を脅かさない限り、また冒頭の要件に抵触しない限りは条約違反にはならない。

ただ、近年中国公船やロシアの艦艇が接続水域に頻繁に侵入している。22年中に中国が尖閣諸島周辺などの接続水域内で確認されたのは過去最多の336日に上る。ロシア艦艇も尖閣周辺や沖ノ鳥島、八丈島周辺の接続水域を航行している。

こうした一連の動きを受け、政府は

▶日本の領海等概念図

接続水域

領海（内水を含む）

択捉島

日本海

竹島

日本

八丈島

太平洋

東シナ海

尖閣諸島

小笠原群島

与那国島

沖大東島

南硫黄島

南鳥島

沖ノ鳥島

排他的経済水域
（同水域には接続水域も含まれる）

延長大陸棚※

※排他的経済水域及び大陸棚に関する法律第２条第２号が規定する海域

出典：海上保安庁ウェブサイト

23年4月、有事の際に海上自衛隊と海上保安庁が協力して対処する「統制要領」を戦後初めて策定した。自衛隊と海上保安庁は6月、伊豆大島東の海域で初の共同実動訓練を実施した。

線状降水帯

　線状降水帯とは、線状に伸びる長さ50〜300キロメートル程度、幅20〜50キロメートル程度の、強い雨を伴う雨域のこと。暖かく湿った空気が大量に入り込み、積乱雲が列をなすように次々と発生するため、数時間にわたってほぼ同じ場所に非常に強い雨を降らせる。

　過去には2015年9月に栃木県を中心に被害をもたらし、茨城県では鬼怒川が決壊した「関東・東北豪雨」、20年7月に熊本県の球磨川が氾濫した「令和2年7月豪雨」などがある。23年も7月に九州や北陸などで水害や土砂崩れが発生。8月には台風の影響もあり、沖

209

縄から九州、中国、東海、東北などで線状降水帯による被害が発生し、東海道新幹線は計画運休を実施した。

気象庁は、線状降水帯による甚大な災害を受け、21年6月から警戒レベル4以上の状況に相当する「顕著な大雨に関する気象情報」の発表を始めた。線状降水帯が発生すると、短時間で局地的な豪雨となるため、予測情報が重要になる。そのため、22年6月からは発生の可能性がある場合、大まかな地域を対象に半日前からの予測情報の運用を開始。23年5月からは、線状降水帯発生の公表を最大30分前倒しした。

予測にあたり、気象庁の観測船2隻と海上保安庁の測量船4隻に洋上の水蒸気を捉える観測装置を搭載。データ解析にはスーパーコンピューター「富岳」を活用し、発生の可能性を計算する。ただ、線状降水帯の正確な予測は難しく、発表しても必ずしも発生するわけではない。気象庁は、予測が出た

地域では、線状降水帯が発生しなくても大雨になる可能性が高いため、気象情報などと併せて避難の判断を呼び掛けている。

東京一極集中

東京一極集中とは、政治・経済など国の中枢機能、資本の大部分が首都である東京に集中すること。

5年に1度の国勢調査から導き出される人口推計は、東京一極集中の流れを示している。2013年度の地域人口推計では、30年後に東京都の人口が93.5%に減少すると予測されていた。しかし、20年国勢調査による「人口等基本集計結果」では、東京都の人口は1404万8000人と最多。15年から20年の人口増加率も東京都が最も高く、3.9%だった。45年には、総人口に占める東京都の人口割合が12.8%に達する見込み。

国際競争力の向上という観点から、首都への一極集中を肯定的に捉える見方もあるが、災害やテロ、**待機児童**問題、地方の過疎化・高齢化などへの対策は急務だ。

こうした中、中央省庁の東京一極集中を是正する目的で進められたのが、文化庁の京都移転だ。地方創生の目玉の1つでもある。京都勤務の対象となるのは全9課のうち5課で、全職員の7割にあたる約390人。21年度中の完全

▶線状降水帯発生のメカニズム

④上空の風の影響で積乱雲や積乱雲群が線状に並ぶ

③大気の状態が不安定で湿潤な中で積乱雲が発達

線状の強い降水域

①低層を中心に大量の暖かく湿った空気の流入が持続

②局地的な前線や地形などの影響で空気が持ち上がり雲が発生

出典：気象庁ウェブサイト

移転を目指していたが、工期延長などを経て23年3月から文化庁長官など一部職員が業務を開始し、5月から本格始動している。

南海トラフ地震

トラフとは「海底にある深い溝」の意で、南海トラフは静岡県の駿河湾から四国沖まで約700キロメートルにわたって延びる、深海約4000メートルの溝を指す。この南海トラフを震源として起きるマグニチュード（M）9クラスを想定する巨大地震を、南海トラフ地震という。この地震における死者数は最大23万1000人、直接被害額は171兆6000億円に達するとの試算も公表されている。南海トラフ付近では、約100〜150年の間隔でM8クラスの地震が繰り返し発生している。

政府は巨大地震を想定し、大規模地震対策特別措置法（1978年）に基づいて、予知を前提に駿河湾周辺を震源とする東海地震の対策を進めてきた。しかし、2011年の東日本大震災で想定を超える被害を受けたことから、より広域での地震発生に備えた「南海トラフ法（南海トラフ地震に係る地震防災対策の推進に関する特別措置法）」を13年に制定。これを受け、気象庁は異常現象が観測された場合に発信する「南海トラフ地震関連情報」の運用を17年11月より開始した。

19年5月からは、南海トラフ沿いで観測される異常な現象が大規模な地震と関連するかどうかを調査・発表する場合の「南海トラフ地震臨時情報」と、観測された異常な現象の推移などを発表する「南海トラフ地震関連解説情報」の2種類で情報を提供している。

西九州新幹線

西九州新幹線とは、福岡市と長崎市を結ぶ九州新幹線西九州ルートのうち、佐賀県の武雄温泉と長崎を結ぶ路線の名称で、車両の愛称は「かもめ」。九州新幹線は、1973年に整備計画が決定し、2011年3月に博多駅と鹿児島中央駅を結ぶ「鹿児島ルート」が全線開業している。西九州ルートは08年に着工し、22年9月23日に開業した。

▶**西九州新幹線の開通区間**

2023年3月20日付日本経済新聞電子版

区間は、武雄温泉、嬉野温泉、新大村、諫早、長崎の5駅で、路線延長は約66キロメートルだ。現在、博多－長崎間で特急が運行しているが、新幹線を利用することで30分程度短縮される。上下線合わせて1日47本運行する。博多－武雄温泉間は特急の「リレーかもめ」が運行し、同じホームで新幹線に乗り換える「対面乗り換え」が可能だ。西九州新幹線が開業することで、長崎線の肥前山口－諫早間は並行在来線区間となる。この区間は、JR九州が運行を行い、線路や駅舎など鉄道設備の管理は「佐賀・長崎鉄道管理センター」が行う上下分離方式に移行した。

　開業1年で利用者は242万人に上ったが、博多－鹿児島中央間をつなぐ九州新幹線との接続駅である新鳥栖と武雄温泉駅間は、整備方式が決まらず未整備だ。フル規格での整備を求める国土交通省に対し、佐賀県は特急減便などの危惧を理由に、新幹線と在来線両方が走行できるフリーゲージトレインの導入を求め、平行線のままだ。

日本の領土問題

　日本の領土問題とは、一般的に、「他国との間で解決すべき領有権の問題」のこと。外務省によると日本が関わる領土問題は、ロシアとの間の**北方領土問題**および韓国との間の竹島問題である。北方領土問題では「北方四島（択捉島、国後島、色丹島、歯舞群島）の帰属に関する問題を解決してロシアとの平和条約を早期に締結する」という基本方針を堅持。しかし、日ロの交渉は進展しておらず、領土返還の見通しは立っていない。

　2016年12月からは互いの法的立場を害さない形での北方領土における共同経済活動の実施に向けて協議を続けてきた。ロシアは22年2月にウクライナへの軍事侵攻を開始。日本は欧米と歩調を合わせ、経済制裁など厳しい対応をとった。22年3月には、ロシアが日本との平和条約交渉の打ち切りを通告し、北方領土問題の進展は見通せない状況となっている。

　竹島については「日本固有の領土であり、これは歴史的にも国際法上も明らか」でありながら、韓国が「一方的に竹島を取り込み、不法占拠している」としている。行政区分上は島根県に属している。中国や台湾が領有権を主張している東シナ海の尖閣諸島については、日本政府は「解決しなければならない領有権の問題はそもそも存在しない」という立場を貫いている。「日本固有の領土であることは歴史的にも国際法上も明らかであり、現に我が国はこれを有効に支配している」という見解による。

(注)p.209「接続水域」の地図も参照してください。

領海と排他的経済水域（EEZ）

　領海とは、国の主権が及ぶ海域。領海の範囲を規定する際に基となるのが領海基線で、一般的には干潮時に海面と陸地が接する海岸（低潮線）を指す。その領海基線から外側12海里（約22キロメートル）の線までの海域が領海である。外国船舶にも、他国の領海内を航行できる無害通航権が認められている。ただし、事前の打ち合わせなしに領海内に入れば緊張を高める行為とみなされる。

　排他的経済水域（EEZ）とは、領海基線からその外側200海里（約370キロメートル）の線までの海域（領海を除く）並びにその海底およびその下のこと。EEZはExclusive Economic Zoneの略。「天然資源の開発等に係る主権的権利」「人工島、設備、構築物の設置および利用に係る管轄権」「海洋の科学的調査に係る管轄権」「海洋環境の保護および保全に係る管轄権」が認められている。近年、中国公船や韓国漁船、北朝鮮漁船の領海侵入が増えている。23年7、8、9月には3カ月連続で北朝鮮が弾道ミサイルを発射、日本のEEZ外に落下したとみられる。政府は外国船の違法な侵入を防ぎ、雇用確保や滞在型の観光推進などによって島々の人口確保を促そうと、16年に「有人国境離島法」（27年までの時限立法）を制定。また、海上保安庁は監視体制の強化に向け、22年10月から無操縦者航空機「シーガーディアン」の運用を開始した。

国土・環境

ローカル鉄道の存続問題

　ローカル鉄道の存続問題とは、人口

▷**領海・排他的経済水域等模式図**

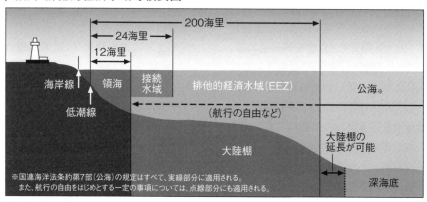

出典：海上保安庁ウェブサイト

の減少や自動車の普及などで利用者が減り、収益が落ち込んだローカル鉄道を存続させるか、廃止するかの議論。国土交通省はローカル鉄道（地域鉄道）について「新幹線、在来幹線、都市鉄道以外の鉄道」と定義している。ローカル鉄道の運営主体は、JRや一部の大手民営鉄道（民鉄）、中小民鉄、第三セクターなどで、こうしたローカル鉄道事業者は2023年4月1日現在95社ある。鉄道局の調べなどによると、ローカル鉄道の利用者は1991年度のピーク時から2019年度にかけて約22％減少。21年度は新型コロナウイルス感染症の影響もあり19年度比約24％減少した。黒字のローカル鉄道はわずか4事業者で、19年度の21事業者から大きく減少した。

　ローカル鉄道を維持するため、07年に「地域公共交通活性化再生法」が施行され、自治体が主体となって地域の公共交通を推進することが定められた。その後改正が繰り返され、列車の運行を担う会社と線路や駅などのインフラの維持管理を担う会社を分ける「上下分離方式」などを採用したり、LRT（次世代路面電車）の活用を視野に入れたりする新しい施策も枠組みに入れられた。23年の改正ではさらに、自治体や鉄道事業者の要請により、国が主導で赤字路線の問題を協議する「再構築協議会」の導入を盛り込んだ。人口減少が進む地域では鉄道経営の悪化が進む。路線バスへの転換も含め、赤字路線の存続の議論がこれから本格化するとみられる。

環境

CCS（CO_2の回収・貯留）・CCUS（CO_2の回収・利用・貯留）

　CCSは二酸化炭素（CO_2）回収・貯留（Carbon dioxide Capture and Storage）技術の略で、火力発電所などから排出されるCO_2を分離・回収し、地中に貯留する技術のこと。CCUSは、これにCO_2を資源として作物生産や化学製品の製造などに有効利用（Utilization）する技術を加えたものである。

　いずれも地球温暖化の一因とされるCO_2排出量を抑える技術で、**気候変動対策の国際的な枠組み「パリ協定」**が掲げる2度目標や1.5度目標（世界の平均気温上昇を産業革命前の水準より2度未満、あるいは可能な限り1.5度以内に抑える）達成への貢献が期待されている。2022年9月現在、世界で30の大規模CCS施設が稼働している。

　50年までに**温暖化ガス（温室効果ガス）**排出量を実質ゼロにするカーボンニュートラルの実現を目指す日本政府も、その鍵を握る技術として、実用的なCCS・CCUS技術の研究開発を支援している。環境省は民間企業と連携してCCS技術の実証・検討やCO_2の資源化などに取り組み、経済産業省は30年までの商用化を視野に、北海道苫小牧

市で国内初の大規模CCSの実証実験を行っている。

国際連携も進んでおり、21年6月、アジア全域でのCCUS開拓に向けた産学官プラットフォーム「アジアCCUSネットワーク」が発足。東南アジア諸国連合（ASEAN）各国、オーストラリア、米国、日本の計13カ国と、多くの企業・研究機関・国際機関が参画している。

EUタクソノミー

EUタクソノミーとは、欧州連合（EU）が定めた、環境に配慮した経済活動を行っているかを判断するための基準。タクソノミー（Taxonomy）は英語で「分類」の意。SDGs（持続可能な開発目標）やESG投資への関心が高まる中、EUが掲げる2050年までのカーボンニュートラル達成に貢献する経済活動の基準を投資家や企業に示すことで、グリーンな投資を促す狙いがある。

「気候変動の緩和」や「生物多様性と生態系の保全・回復」など6つの目標を定め、その1つ以上に貢献することを持続可能な経済活動の要件としている。環境への貢献の高い企業ほど資金面などで優遇されやすい仕組みだ。

原子力発電や天然ガス発電を持続可能な経済活動に含めるか否かについては加盟国間で意見が割れていたが、22

年7月、環境への悪影響を避けるなどの条件付きで適格とする方針で固まった。EUタクソノミーの一部は22年1月から適用されており、原子力発電や天然ガス発電についても23年1月から施行された。

適用の対象となるのはEU域内の企業や現地法人だが、日本企業も無関係ではない。その経済活動や商品が基準を満たさない場合、EU市場での低評価につながるリスクがあるからだ。欧州で金融商品を扱う金融機関は情報開示を求められ、EUからの資金調達に影響する可能性もある。また、同様の基準作りは世界中に広がっており、EUと中国がそれぞれのタクソノミーの共通項をまとめた文書「コモングラウンド・タクソノミー（CGT）」を採用する国も出始めるなど、今後はタクソノミーを考慮した事業戦略の必要性が増していくと考えられる。

GX（グリーントランスフォーメーション）経済移行債

GX（グリーントランスフォーメーション）経済移行債とは、日本政府が民間のGX投資を支援するために2023年度から発行する新たな国債のこと。32年度まで毎年度の発行を予定している。

政府は50年のカーボンニュートラル実現に向け、GX基本方針として23年度からの10年間で150兆円超の投資を

官民で行う必要性を示し、このうち20兆円規模をGX経済移行債として政府が調達するとしている。GX経済移行債は50年までに償還する計画で、財源には化石燃料の輸入事業者から化石燃料由来の二酸化炭素（CO_2）排出量に応じて徴収する賦課金と、発電事業者にCO_2排出枠を買い取らせる排出量取引制度から得られる資金があてられる。この枠組みは23年5月に成立。同年6月に施行された「脱炭素成長型経済構造への円滑な移行の推進に関する法律（通称、GX推進法）」で定められた。

　GX経済移行債で調達する資金を活用した支援については、23年7月策定のGX推進戦略において、「民間のみでは投資判断が困難」「産業競争力と温暖化ガス排出削減のどちらにも貢献する」など4つの条件を満たす必要があることが示された。分野としては、蓄電池や半導体の開発・製造などへの支援が見込まれている。

GX（グリーントランスフォーメーション）脱炭素電源法

　GX（グリーントランスフォーメーション）脱炭素電源法とは、2023年5月に成立した「脱炭素社会の実現に向けた電気供給体制の確立を図るための電気事業法等の一部を改正する法律」の通称。温暖化ガス（温室効果ガス）排出削減と電力安定供給の両立に向けて、再生可能エネルギーの導入拡大とともに

▶**原子力発電所の運転が最長60年に**

GX脱炭素電源法のポイント
「原則40年、最長60年」の原発の運転規定を原子炉等規制法から電気事業法に移す
運転開始から30年を超える場合は10年以内に規制委が認可を繰り返す
原発を活用した電力の安定供給や脱炭素社会の実現を「国の責務」に
原子力事業者に廃炉費用確保のための拠出金を義務付ける
再生エネ普及のため送電網の資金繰りを支援

2023年5月31日付日本経済新聞 夕刊

に原子力の活用を目指す方策が盛り込まれている。電気事業法、原子炉等規制法、原子力基本法など5つの関連法の改正を1本化したもので、25年6月6日に全面施行される。

　同法の柱の一つは、原子力発電所の60年を超える運転を可能とする新たな運転期間延長認可制度である。11年の東京電力福島第1原発事故後に定めた「原則40年、最長60年」という原発の運転期間の大枠は維持した上で、安全審査や裁判所の命令などによる停止期間を除外することにより、実質的に60年超の運転を可能とする。運転期間の規定を原子炉等規制法から電気事業法に移し、運転延長を経済産業大臣が認可する仕組みとしている。

　もう一つの柱は、再生可能エネルギーの利用促進に寄与する送電網の整

備を交付金などで支援する方策である。送電網の整備計画については、経済産業大臣が認定する制度を新設する。

同法は再生可能エネルギーの導入推進策を多く含んではいるが、原発依存度の低下を掲げた東日本大震災以降の原子力政策を大きく転換する内容であるだけに、議論が尽くされていないと指摘する声も上がっている。

アップサイクル

アップサイクルとは、売れ残り品や余剰品などの廃棄物を再加工してデザイン性や機能性など付加価値を高め、新たな製品に生まれ変わらせること。古着や端材を使った服飾雑貨、廃材から製作した家具、廃棄素材を活用した食品などがアップサイクルの典型例とされる。これに対し、古タオルを雑巾にするといった、不用品を本来の製品の価値以下のものに加工して再利用することを「ダウンサイクル」という。また、使用済みペットボトルから再びペットボトルを製造するように、使用済み製品を原料に戻して同種類の製品に作り変える「水平リサイクル」という方法もある。

アップサイクルでは従来のリサイクルのように不用品を原料に戻したりせず、そのまま素材として利用するため、製造過程でのエネルギー使用量を低減できる。また、リユースのように単に不用品を再使用するのではなく、新たな価値を備えた製品に作り変えることで、製品のライフサイクルの引き延ばしも可能になる。これらのことから、アップサイクルはリサイクルやリユースに比べて環境への負荷が少ないとされる。アップサイクルは1990年代に海外で始まり、2000年代以降、環境意識の高まりを背景に普及が進んだ。日本でも、環境負荷が大きいとされる服飾や、食品ロスが問題視される食品の分野を中心にアップサイクルビジネスに取り組む企業が増え、注目を集めている。

液化天然ガス(LNG)

液化天然ガス(LNG)とは、メタンを主成分とする天然ガスを冷却して液体にしたもの。体積が気体の約600分の1になるため大量輸送が可能で、化石燃料の中でも燃焼時に発生する二酸化炭素(CO_2)が少なく環境特性に優れている。そのため、火力発電所や工場の燃料として世界中で消費が拡大しており、とくにアジアでの需要が増加。脱炭素の流れが加速する中、天然ガスの採掘から燃焼に至るまでの過程で発生するCO_2を植林などの手段で削減・吸収し、差し引きゼロとみなす「カーボンニュートラルLNG(CNLNG)」の導入も広がり始めている。

LNGの主な輸出国はカタールとオーストラリアだが、米国でも低コストでの採掘技術を確立した2000年代半ばのシェール革命以降、**シェールガス由来**のLNG生産が本格化した。一方、北極圏でLNG開発を進めるロシアは、北極海航路を利用してアジアや欧州への輸出を増やす計画で、LNG市場を巡る米国との競争が激化している。

そうした中、ロシアのウクライナ侵攻が始まり、LNG価格が高騰。ロシアが経済制裁を続ける欧州へのLNG供給を一部遮断する事態となり、米国から欧州へのLNG輸出が増加している。一方、ロシア極東のLNG開発プロジェクト「サハリン2」に出資する三井物産と三菱商事は権益を維持しているが、安定供給の見通しは不透明だ。日本は米国などからの代替調達に動くとともに、安定供給に向けて各国間で協力する枠組みづくりを提案している。

エネルギー基本計画

エネルギー基本計画とは、エネルギー政策基本法（2002年成立）に基づき策定される国の中長期的なエネルギー政策の基本方針のこと。03年10月に最初の計画が策定され、以後、3年ごとに見直しが行われている。

10年に策定された民主党政権下の第3次計画では、30年に向けた目標として、電源構成に占める再生可能エネ

ルギーと原子力発電の比率を合わせた「ゼロエミッション比率」を約70％にするとしていた。しかし、11年の東日本大震災における東京電力福島第1原子力発電所事故の発生で「脱原発」の機運が高まり、エネルギー政策の大幅な見直しを実施。30年代に原発稼働ゼロを目指す方針を打ち出した。その後、自民党に政権交代すると、第2次安倍政権は「原発ゼロ」を撤回。震災以降、最初の策定となる14年の第4次計画で、焦点となっていた原子力発電所は重要なベースロード電源と位置付けられた。一方で、再生可能エネルギーについても導入を加速させるとした。

15年7月、経済産業省は30年度の電源構成における原子力発電の比率を20～22％程度、太陽光発電などの再生可能エネルギーを22～24％程度とすることなどを盛り込んだ「長期エネルギー需給見通し」を決定。その電源構成目標は、18年の第5次計画でも据え置かれた。その上で、原子力発電については前回に続いて重要なベースロード電源とし、再稼働を推進する方針を表明。再生可能エネルギーについては、地球温暖化対策の「パリ協定」発効を受け、「主力電源化」を目指す姿勢を初めて示した。21年の第6次計画では、**温暖化ガス（温室効果ガス）**排出量を50年までに実質ゼロにするカーボンニュートラル、30年度までに温暖化ガスを13年度比で46％減らすという政府目標の実現に向けた電源構成が示さ

れた。30年度は総発電量のうち再生可能エネルギーで36〜38%、原子力で20〜22%を賄うとしているが、達成へのハードルの高さが指摘されている。23年5月に成立したGX（グリーントランスフォーメーション）脱炭素電源法で原子力の積極活用への方針転換が示されたこともあり、第7次計画の内容が注目される。

温暖化ガス（温室効果ガス）

温暖化ガス（温室効果ガス）とは、地表が放出する赤外線を大気中で吸収・再放射することで、地球の気温を上昇(地球温暖化)させる気体の総称。代表的なものに、二酸化炭素(CO_2)、メタン、一酸化二窒素、フロン類などがあり、地球を温室のように暖める効果をもたらす。

大気中の温暖化ガスは、化石燃料の消費、森林破壊といった人間の活動により、CO_2を中心に年々増加している。このまま放置すると、地球温暖化に伴う海面の上昇や生態系への影響、異常気象の発生のほか、巨額の経済的損失を被る可能性も指摘され、国際的な課題となっている。2015年には、温暖化ガスの排出防止策などについて協議する気候変動枠組条約締約国会議（COP）において、温暖化ガス排出量削減の数値目標などを定めた国際的枠組み「パリ協定」が採択され、翌16年に

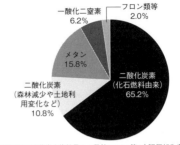

▶人為起源の温室効果ガスの総排出量に占めるガスの種類別の割合

- 一酸化二窒素 6.2%
- フロン類等 2.0%
- メタン 15.8%
- 二酸化炭素（森林減少や土地利用変化など）10.8%
- 二酸化炭素（化石燃料由来）65.2%

（2010年の二酸化炭素換算量での数値：IPCC第5次評価報告書より作図）
出典：気象庁ウェブサイト

発効された。

これに基づき、日本は30年度の温暖化ガスの排出量を13年度の水準から26%削減することを目標として定め、30年度までにCO_2を排出しない非化石電源が電源構成に占める比率を44%以上に高めることを目指してきた。その後、20年10月に菅義偉首相（当時）が「50年までに温暖化ガス排出量を実質ゼロに」という新目標を掲げたことにより、30年度の温暖化ガス排出削減目標を13年度比マイナス46%とし、さらに50%の高みを目指すことを表明。その実現に向けた第6次エネルギー基本計画が21年10月に策定された。

しかし、国連の気候変動に関する政府間パネル（IPCC）は23年3月に公表した第6次統合報告書において、パリ協定の目標達成には温暖化ガス排出量を35年に19年比で60%減らす必要があると提示。日本を含む各国の従来の削減目標は十分ではないとして、25年まで

に35年の目標を国連に提出することを各国へ求めている。

カーボンプライシング（排出量取引）

カーボンプライシング（排出量取引）とは、二酸化炭素（CO_2）の排出に課金し、企業や家庭の排出量削減を促す施策の1つ。排出量の上限（排出枠）を設け、排出量超過分や不足分を国同士や企業間で売買することを認める制度。排出量削減のための環境整備などにより、低コストで削減目標が達成できることが利点。1997年に採択された「京都議定書」で国家間での排出量取引制度が盛り込まれ、各国で導入が進んでいる。

日本では、環境省が2005年度から12年度まで自主参加型国内排出量取引制度（JVETS）を実施した。13年4月には、省エネ機器の導入による温暖化ガス（温室効果ガス）の排出削減量や森林経営などによる吸収量を国が売買可能なクレジットとして認証するJ-クレジット制度を開始。現在はブロックチェーン技術を活用したJ-クレジットのデジタル化を進めている。また、経済産業省は持続的な成長実現を目指す産学官の枠組み「GX（グリーントランスフォーメーション）リーグ」を立ち上げ、23年4月から参加企業による自主的な排出量取引（GX-ETS）を試行的に開始。同年10月には参加企業が主導する「カーボン・クレジット市場」が東京証券取引所に開設された。

政府は同年5月に成立したGX推進法に基づき、GX実現に向けた投資を支援するための「GX経済移行債」を23年度から発行。GX経済移行債は50年までに償還する計画で、財源は化石燃料の輸入事業者から化石燃料由来のCO_2排出量に応じて徴収する賦課金と、発電事業者にCO_2排出枠を買い取らせる排出量取引制度を組み合わせて捻出するとしている。

気候関連財務情報開示タスクフォース（TCFD）

気候関連財務情報開示タスクフォース（TCFD）とは、企業の財務に影響を与える気候関連情報の開示を推進する国際組織。TCFDはTask Force on Climate-related Financial Disclosuresの略。20カ国・地域（G20）財務相・中央銀行総裁会議の要請を受け、主要国の金融当局や中央銀行で構成される金融安定理事会（FSB）が2015年に設立した。

TCFDは17年6月に公表した提言書で、企業に対し、「ガバナンス」「戦略」「リスク管理」「指標と目標」の4項目について、気候変動関連のリスク・機会に関する情報の開示を推奨している。具体的には「どのような体制でリスクを分析し経営に反映しているか」「短期・中期・長期にわたる経営への影響を考えているか」といった内容に

ついて説明を求められる。

23年10月時点で、世界全体では4872の企業・機関、日本では1470の企業・機関がTCFDの提言に賛同を示している。各国で提言に基づく気候関連情報の開示を求める動きが加速する中、日本でも東京証券取引所が22年4月から最上位のプライム市場上場企業に対して開示を求め、金融庁は23年度から有価証券報告書における「ガバナンス」と「リスク管理」についての開示を義務化した。また、19年には提言に賛同した企業・機関などが情報開示のあり方を議論するTCFDコンソーシアムを発足し、開示事例などを公表している。

気候変動・気候危機

気候変動とは地球規模の周期的な気候の変化を指し、地球温暖化に伴う気候変動で世界が危機的な状況に陥っていることを気候危機という。気候危機という言葉は、環境活動家のグレタ・トゥンベリ氏や国連のグテレス事務総長などが使用したことにより、2019年頃から広く知られるようになった。

20年に始動した地球温暖化対策の国際的な枠組み「パリ協定」では、産業革命前に比べ気温上昇を2度未満(可能なら1.5度以内)に抑えることを目指すと合意。しかし、そのために各国が掲げる温暖化ガス(温室効果ガス)削減目標をすべて達成したとしても、今世紀末には約3度の気温上昇が見込まれている。地球温暖化が進むにつれ、気候変動による自然災害は頻度を増し、規模も大きくなっている。世界気象機関(WMO)は、気候変動の影響で暴風雨や洪水、干ばつといった世界の気象災害の数が1970年から2019年までの50年間で5倍に増加したと発表。23年には欧州連合(EU)の気象情報機関「コペルニクス気候変動サービス」が、6〜8月の世界の平均気温は16.77度で、観測史上最も暑い夏になったと明らかにした。

対策の強化が急がれるが、ロシアのウクライナ侵攻による液化天然ガス(LNG)の供給不安から、欧州を中心に石炭火力発電の利用が増加傾向にあり、世界全体の気候変動対策への影響が懸念されている。

気候変動枠組条約締約国会議(COP)

気候変動枠組条約締約国会議(COP)とは、1992年の国連環境開発会議で採択された「国連気候変動枠組条約」(UNFCCC)の参加国が集まり、温暖化ガス(温室効果ガス)排出防止策などについて協議する会議。締約国会議を表すConference of the Partiesの頭文字COPの末尾に、会議の開催回数をつけて表す。ドイツのベルリンで開催された1995年の第1回会議(COP1)以来、

原則として毎年開催されている。

1997年に京都で行われたCOP3では、先進国に2012年までの温暖化ガス排出削減目標を課す「京都議定書」が採択された。日本は02年に批准し、05年2月に同議定書は発効した。

その後、13年以降の温暖化ガス排出量削減に関する枠組みの構築に向けた議論の中で、先進国と開発途上国の意見が対立。すべての国が気候変動対策に参加する新たな法的枠組みが必要であるとして、交渉が重ねられた。そして15年12月、フランス・パリで開催されたCOP21で20年以降の温暖化対策の国際的枠組み「パリ協定」が採択され、16年11月に発効。歴史的な合意となった。

一方で、17年6月に米国のトランプ大統領(当時)がパリ協定からの離脱を表明するという波乱はあったが、18年

にポーランドで開かれたCOP24で詳細なルールが採択され、パリ協定は20年から適用された。20年に英国のグラスゴーで開催が予定されていたCOP26は新型コロナウイルスの影響で21年に延期。バイデン大統領の就任に伴いパリ協定に正式復帰した米国を含め197の国・地域が参加し、合意文書には石炭火力発電の利用について「段階的な削減」の方向性が明記された。22年11月にエジプトで開かれたCOP27では、気候変動で「損失と被害」を受けた開発途上国を支援する基金の創設で先進国が合意。合意文書には低排出電源と再生可能エネルギーの拡大も盛り込まれた。

グラスゴー金融同盟 (GFANZ)

グラスゴー金融同盟(GFANZ)とは、2050年までに温暖化ガス(温室効果ガス)排出量を実質ゼロにすることを目指す金融機関の有志連合。英語の正式名称はGlasgow Financial Alliance for Net Zeroで、GFANZ(ジーファンズ)と略される。提唱者は英イングランド銀行前総裁のマーク・カーニー氏。21年10～11月に英国グラスゴーで開かれた第26回国連気候変動枠組条約締約国会議(COP26)に先立ち、同年4月に発足した。

傘下に銀行や資産運用会社などによる7つの団体がある。23年8月時点で約

▶COP27の合意内容

シャルムエルシェイク実行計画 (COP27合意文書)のポイント
「損失と被害」に対応する基金を創設し、特に脆弱な途上国を支援
気温上昇を1.5度に抑える更なる努力を追求することを決意
1.5度目標の達成には30年までに温暖化ガス排出量を19年比43%削減する必要
23年末までに各国が排出削減の30年目標を再検討、強化
30年までに再生可能エネルギーへ年約4兆ドルの投資が必要
石炭火力を段階的に削減、化石燃料補助金は段階的に廃止

2022年11月20日付日本経済新聞電子版

650の金融機関が加盟。資産規模の総額は130兆ドル(約1京9000兆円)を超え、脱炭素に向けて100兆ドル(約1京4000兆円)の資金を拠出できると公表している。加盟金融機関には50年までに投融資ポートフォリオ全体での温暖化ガス排出量実質ゼロという目標の達成を求められ、投融資先企業へ脱炭素実現に向けた支援や働きかけを行う。

　課題は地域によって金融機関の参加に偏りがあることで、とくにアジア太平洋地域は排出量の多さに比して、具体的な排出削減計画を持つ銀行が少ないのが現状だ。そこで、22年6月に初の地域拠点「GFANZ・アジア太平洋(APAC)ネットワーク」を設立。23年6月に日本支部を立ち上げ、低炭素・再生可能エネルギーへの投融資を促している。

グリーンイノベーション

　グリーンイノベーションとは、エネルギー・環境分野における問題の解決に向けた技術革新のこと。二酸化炭素(CO_2)を資源として有効活用する人工光合成や合成燃料などのカーボンリサイクル技術、カーボンリサイクルの達成に不可欠なCCS(CO_2の回収・貯留)・CCUS(CO_2の回収・利用・貯留)技術、水素やアンモニアなど次世代エネルギーの開発、再生可能エネルギーの主力電源化に貢献する技術開発

など、その取り組みは多岐にわたる。

　近年は地球温暖化への対応を経済成長の機会と捉える機運が高まり、日本を含む多くの国・地域が2050年のカーボンニュートラル実現を目標に掲げ、グリーンイノベーションの推進に取り組んでいる。グリーンイノベーションはSDGs(持続可能な開発目標)の達成にも欠かせない要素であることから、ESG投資のさらなる拡大が期待されている。

　日本政府は21年6月、自動車や洋上風力発電など成長が期待される14分野の数値目標や課題への対応策をまとめた「2050年カーボンニュートラルに伴うグリーン成長戦略」を策定。技術開発から実証・社会実装までを支援するグリーンイノベーション基金、投資促進税制などの創設によって企業の取り組みを後押しするほか、金融市場のルール作りを通して投資の呼び込みを図るとしている。

グリーン水素・ブルー水素

　グリーン水素とは再生可能エネルギーを利用して作られた水素で、ブルー水素は化石燃料とCCS(CO_2の回収・貯留)・CCUS(CO_2の回収・利用・貯留)を利用して作られた水素を指す。

　化石燃料から水素を作る際には二酸化炭素(CO_2)が発生するが、そのCO_2をCCS・CCUSで回収して貯留したり

再利用したりして排出を低減する水素は「ブルー水素」、発生したCO_2をそのまま大気中に放出する水素は「グレー水素」と呼ばれ区別される。一方のグリーン水素は、再生可能エネルギー由来の電気で水を分解して生産するため、製造時にCO_2を排出しない。水素は利用時にCO_2を排出しない次世代エネルギーとして期待されているが、製造過程でもCO_2の排出を抑えられるグリーン水素とブルー水素は、より脱炭素化に資するエネルギーとされている。

　普及への課題はコスト面で、いずれも製造コストの高さがネックとなっている。特にグリーン水素は再生可能エネルギーによる発電や電気分解のコストが高く、現時点ではブルー水素に優位性がある。

　しかし、グリーン水素の製造コストは低下傾向にあることから、世界では欧州を中心にグリーン水素の商用化に向けた取り組みが進んでいる。日本は新エネルギー・産業技術総合開発機構（NEDO）が2020年に福島県でグリーン水素の製造を開始するなど、技術開発で先行。欧州連合（EU）は22年に日本と水素の製造・普及について協力する覚書を交わし、23年には水素の普及拡大に向けた閣僚級の協議の枠組みを新設することで一致している。

原子力規制委員会

　原子力規制委員会とは、東京電力福島第1原子力発電所の事故をきっかけに、原子力安全・保安院の原子力安全規制部門を経済産業省から分離し、内閣府の原子力安全委員会や文部科学省の関連部門と統合して2012年9月に発足した組織。同委員会は環境省の外局という位置付けで、**原発再稼働に向けた審査や事故対応など原子力の規制**を担っている。委員会および委員の任期は5年間。現在の委員長は山中伸介氏。

　13年7月以降、原発の規制は東京電力福島第1原発の事故の反省を踏まえて、規制委が策定した新規制基準に基づいて行われてきた。新基準では地震や津波などの自然災害に加え、テロなどの人災も原発の脅威として、被害を最小限に抑えるための手厚い備えを求めている。このほかにも未知の活断層への備えなど、最新の知見に応じて規

▶グリーン水素・ブルー水素・グレー水素の製造方法

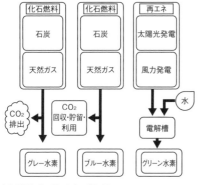

出典：資源エネルギー庁ウェブサイト

制は見直され、電力各社に対策が課せられる。

脱炭素化の推進と電力の安定供給に向けて、23年5月にGX(グリーントランスフォーメーション)脱炭素電源法が成立。東京電力福島第1原発事故後に定めた「原則40年、最長60年」という運転期間の大枠は維持しつつ、安全審査などによる停止期間を除外することで実質的に60年超の運転が可能となる。

同法では、安全規制として運転開始30年以降、最長10年ごとに規制委の認可を受けることを義務付ける。運転開始から60年を過ぎた原発については、現行の運転開始40年目で行う特別点検と同様の追加点検を実施する。規制委の審査を通らなければ運転延長は認可されないとはいえ、60年超の老朽原発の審査は世界にも例がなく、安全性の担保を懸念する声もある。

原発再稼働

東京電力福島第1原子力発電所事故以降、停止した原発を電力会社が再稼働させるには、**原子力規制委員会**による安全審査に合格し、地元自治体から運転再開についての合意を得る必要がある。審査は2013年7月より規制委が策定した厳しい新規制基準に基づいて行われている。

政府は原発の安全性を追求しなが

▶**原子力発電所の現状**
(2023年9月20日現在)

再稼働 12基 (稼働中10基、停止中2基)	設置変更許可 (安全審査通過済稼働可) 5基
新規制基準審査中 10基	未申請 9基
廃炉 24基	

資源エネルギー庁ウェブサイトを基に編集部作成

らも、脱炭素化の推進と電力の安定供給に向けて再稼働を進めてきた。しかし、23年10月時点で新規制基準に合格した原発は17基となったものの、そのうち7基は地元の同意や安全対策工事に時間を要し、再稼働には至っていない。22年3月以来、電力不足への懸念は続いており、長期的な解消には再稼働が遅れている原発の活用が焦点となる。

そこで、政府は原発再稼働の審査を迅速化する方針を提示。原子力事業者をはじめとする産業界は、21年に「再稼働加速タスクフォース」を設置して人的・技術的な相互支援などに取り組んでいる。また、政府は原発の最大限の活用を打ち出し、23年5月に成立した**GX(グリーントランスフォーメーション)脱炭素電源法**により、60年を超える原発の運転を可能としている。

国境炭素税

国境炭素税とは、**温暖化ガス(温室効果ガス)**排出規制の緩い国からの輸入品に対し、自国と同等の炭素コストを課す制度。「国境炭素調整措置(CBAM)」とも呼ばれ、自国からの輸出品に対して炭素コストの負担分を還付する場合もある。他国との排出規制の強度差に左右されない公平な競争環境の確保と、国内企業が排出規制の緩い他国に生産拠点を移すことで他国での排出量が増える「カーボンリーケージ」の防止を目的とする。

2022年3月、欧州連合(EU)は国境炭素調整措置の導入で基本合意した。鉄鋼やアルミなど5品目を対象に、域外からの輸入品を扱うEU企業へ域内と同等の炭素コスト負担を求めるもので、23年から3年の移行期間を経て、26年に導入を始める計画だ。

国境炭素調整措置では、輸出国で炭素税や排出量取引などの炭素価格を課されていれば、その分を減免可能としている。日本は炭素税の一種として地球温暖化対策税を導入。遅れていた排出量取引の導入も、23年10月の東京証券取引所におけるカーボン・クレジット市場の創設や、排出量取引制度を財源とする**GX(グリーントランスフォーメーション)**経済移行債の発行により本格化する見込みだ。

国境炭素税については、世界全体のカーボンニュートラルへの機運を高めることが期待される一方で、貿易摩擦を引き起こしたり、途上国との温暖化交渉に悪影響が出たりする懸念もある。自由貿易を掲げる**世界貿易機関(WTO)**ルールとの整合性の確保も論点となっており、動向が注目される。

▶EUが考える国境炭素調整

国境炭素調整の仕組み(EUのケース)

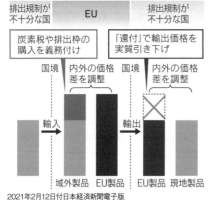

2021年2月12日付日本経済新聞電子版

シェールガス・シェールオイル

シェールガスは地下100～2600メートルの硬いシェール層に含まれる天然ガスの一種で、シェールオイルは原油の一種。採掘が難しいとされてきたが、技術開発が進んで大規模な生産が見込めるようになった。

2006年頃から米国やカナダで生産が増大し、「シェール革命」と呼ばれた。その恩恵により、米国は19年に原油などのエネルギーの年間輸出が輸入を上

回る純輸出国になった。一方、日本にもシェール革命の波は訪れ、12年に石油資源開発（JAPEX）が秋田県の油ガス田で国内初のシェールオイルの取り出しに成功。14年より同県内で商業生産を開始している。

　日本の総合商社はシェール革命を商機とみて、米国やカナダのシェールオイル・ガス開発事業に参画してきた。一時は原油の供給過剰で苦戦する企業も相次いだが、石炭から環境負荷の少ない液化天然ガス（LNG）への世界的な転換を受け、三菱商事や三井物産など大手6社が19年にシェールガス由来の米国産LNGの輸入を拡大し、日本の電力会社などに供給している。その後、新型コロナウイルス感染拡大の影響による原油相場の下落でシェールオイルの生産量は減り、商社の業績にも影響が及んだ。ロシアのウクライナ侵攻による原油価格の高騰とロシア産原油の供給不安を受けて米国では増産に転じたものの、脱炭素化の流れなどから大きな盛り上がりは見られず、環境負荷の低いLNGに注力する動きが出ている。

自然関連財務情報開示タスクフォース（TNFD）

　自然関連財務情報開示タスクフォース（TNFD）とは、企業の事業活動が環境に及ぼす影響や自然への依存度について把握し、開示する枠組みを構築

する国際組織。TNFDはTaskforce on Nature-related Financial Disclosuresの略。気候変動リスクに関する情報開示を求める「気候関連財務情報開示タスクフォース（TCFD）」に続く枠組みとして、国連開発計画（UNDP）などによって準備が進められ、2021年6月に設立された。23年6月時点で、日本を含め世界から1100以上の企業・機関が参加している。

　企業は事業活動において自然資源に依存しており、自然の損失は気候変動と同様、企業や経済にとって大きなリスクとなりかねない。そこでTNFDは、自然リスクに関する情報開示の枠組みの構築を通じ、自然の損失を止めてプラスに転じる「ネイチャーポジティブ」へと世界の資金の流れを移行させることを目指している。22年12月の生物多様性条約第15回締約国会議（COP15）で採択された「昆明・モントリオール生物多様性枠組」では、30年のネイチャーポジティブ実現に向けて、自然リスクに関する情報開示を含む23の目標が掲げられている。

　TNFDの枠組みは23年9月に完成し、以降は世界的に事業を展開している企業を中心に、この枠組みに基づく情報開示が進むとみられる。ネイチャーポジティブは投資家が企業を選別する際の判断基準としても広がりをみせており、日本企業は対応を急いでいる。

人工光合成

人工光合成とは、植物の光合成を模して、太陽光をエネルギーに水と二酸化炭素(CO_2)から燃料やプラスチック原料などの化学品を作る技術。CO_2を資源として有効活用できるため、脱炭素化の鍵を握るテクノロジーとされる。

人工光合成の技術は、光触媒を使う方式、光電極を使う方式、太陽電池と電極の組み合わせを使う方式の3つに大別され、実用化に向けた研究開発が進められている。このうち、光で化学反応を促す光触媒を用いた技術では、日本が世界を大きくリードしている。2012年度に経済産業省が支援する産学官の研究プロジェクトが始まり、14年度からは新エネルギー・産業技術総合開発機構(NEDO)へと引き継がれ、21年度まで進められてきた。後継プロジェクトでは、三菱ケミカルやトヨタ自動車、東京大学などが大規模実証実験を30年に実施し、40年までの実用化

▶人工光合成の仕組み

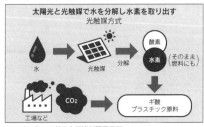

太陽光と光触媒で水を分解し水素を取り出す
光触媒方式

水 → 光触媒 → 分解 → 酸素／水素（そのまま燃料にも）

工場など → CO_2 → ギ酸 プラスチック原料

2022年2月18日付日本経済新聞電子版

を目指すとしている。

日本には人工光合成に関する価値の高い特許を保有する企業も多い。例えば、電極方式については、トヨタ自動車グループの豊田中央研究所が画期的な成果を上げ、30年頃までに実用化の検討に入る考えだ。近年は海外勢の研究開発も進展が著しく、国内各社は低コストで効率的な人工光合成の実現を急いでいる。

人新世

人新世とは、人類が地球環境に大きな影響を及ぼすようになってからの地質学上の時代(地質時代)を表す言葉。オゾン層破壊に関する研究でノーベル化学賞を受賞したオランダの化学者、故パウル・クルッツェン氏らが2000年頃に提唱した概念で、約1万1700年前から現在に至る新生代第四紀の「完新世」に次ぐ時代とされる。人新世(じんしんせい、ひとしんせい)という言葉や概念は、日本では経済思想家の斎藤幸平氏がマルクス思想の新解釈から環境危機の解決策を考察した20年発売のベストセラー『人新世の「資本論」』がきっかけで知られるようになった。

人新世という時代区分は、現時点では地質時代を承認する国際地質科学連合(IUGS)から正式に認められていないが、人類の活動が気候や生態系に影響を及ぼしていることは間違いないと

▶地球史の区分

		人新世へ (1950年代)	人類活動が地球に大きな 影響を及ぼすようになる
新生代	第四紀	完新世 (1万1700年前)	直近の寒い気候(氷期)が 終了
		更新世 (258万年前)	氷期と暖かい気候(間氷期) を繰り返すようになる
	新第三紀		
	古第三紀(6600万年前)		恐竜などが大量絶滅
中生代	白亜紀		
	ジュラ紀		
	三畳紀(2億5200万年前)		生物の大量絶滅
古生代(5億3900万年前)			多様な生物が出現
先カンブリア時代(46億年前)			地球誕生

地球史の区分に「人新世」が加わろうとしている

(注)数字は始まり。説明は各時代の始まり頃に起きた出来事

2023年7月12日付日本経済新聞電子版

される。20年にはイスラエルの研究機関が、地球上の人工物の総重量が生物の総重量とほぼ同じであり、今後20年内に上回るとする推計を英科学誌『ネイチャー』に発表している。

09年からIUGSに設けられた作業部会で調査が進められ、どの時点からを人新世と定義するかについては、第2次世界大戦を経て工業化や核実験などが本格化した1950年代とする考えが有力とされている。23年7月には、人新世への移行が明確に分かる地層「国際標準模式地」にカナダのオンタリオ州にあるクロフォード湖を選定したと発表。上部組織での審議で承認されれば、24年にも新たな時代区分として正式に決定する見通し。

水素発電

水素発電とは水素を燃料とする発電方法で、二酸化炭素(CO_2)を排出しないクリーンエネルギーとして期待されている。

主な発電方法に、①水素(または水素と他の燃料)をガスタービンで燃焼させることで回転力を得て、発電機を駆動させて発電する「ガスタービン発電」、②水素(または水素と他の燃料)をボイラーで燃焼させることで発生した蒸気でタービンを回し、発電機を駆動させて発電する「汽力発電」、③水素と酸素の化学反応から直接電力を取り出す「燃料電池発電」がある。

2017年12月、政府は世界で初めて水素エネルギーの普及への道筋を示す「水素基本戦略」を決定。19年3月には「水素・燃料電池戦略ロードマップ」を発表し、水素社会の実現に向けた産学官の取り組みを進めてきた。しかし、世界で脱炭素の機運が高まり、20年に菅義偉首相(当時)が50年のカーボンニュートラルを目指すと宣言したことから水素政策の再検討に着手。同年12月、経済と環境の好循環につなげるための産業政策「グリーン成長戦略」の14の重点産業の中に水素産業を位置付け、より高い目標と、その達成に向けた具体的な取り組みを示している。

そうした中、三菱重工業は兵庫県の高砂製作所に水素の製造から発電までを一貫して実証する「高砂水素パーク」を整備し、23年9月に本格稼働を開始。今後、水素を燃焼させるガスタービンの商用化を目指している。

電子ごみ

　電子ごみとは、廃棄された電子機器や家電製品などの総称。英語ではElectronic wasteを略してE-waste（イーウェイスト）とも呼ばれる。主なものに、コンピューター、携帯電話、ゲーム機、テレビ、冷蔵庫、照明器具などがある。

　電子ごみの多くには、金、銀、銅などの貴金属や、リチウム、コバルト、ニッケルなどの希少金属(レアメタル)が使用されており、「都市鉱山」としての活用が期待されている。一方、電子ごみの中には鉛、水銀、カドミウムなどの有害物質や、**温暖化ガス（温室効果ガス）**であるフロンガスを含むものも多く、健康被害や環境汚染が危惧されている。

　国連が2020年7月に発表した調査報告書によると、19年における世界の電子ごみの排出量は5360万トンに上る。しかし、安全性やコストなどの問題で再利用が進んでおらず、このうち回収と再利用の対象となったのはわずか17.4％にとどまっている。多くの電子ごみは埋め立て地に送られるか、他の金属廃棄物と混合されたり、開発途上国に不正に輸出されたりしており、深刻な問題となっている。50年までに年間排出量は1億2000万トンに膨れ上がるとの予測もあり、国連などが各国や企業に対策を呼びかけている。

バイオマス発電

　バイオマス発電とは、動植物などから生まれた生物資源（バイオマス）を燃焼したりガス化させたりして発電する技術。資源エネルギー庁の説明では、バイオマスとは、生物を表す「バイオ」(bio)に、まとまった量を意味する「マス」(mass)を合わせた言葉である。

　バイオマス発電は木材や食品廃棄物などを燃料とするため、地球温暖化対策や資源の有効活用・循環型社会の構築などに寄与するとされる。林野庁の「令和4年度森林・林業白書」によると、2021年に全国で燃料材として利用された木材チップ、薪、炭などを含めた木質バイオマスの量は、前年比

▶燃料材として利用された木質バイオマスの量の推移

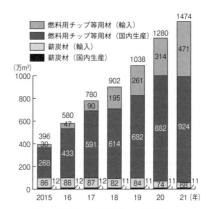

注1：薪炭材とは、木炭用材および薪用材である。
　2：いずれも丸太換算値。
資料：林野庁「木材需給表」
出典：林野庁ウェブサイト

15.1％増の1474万（うち国内生産量は934万）立方メートルとなっている。

12年に再生可能エネルギーの固定価格買取制度（FIT）が始まり、バイオマス発電が加速。中でも木質バイオマス発電の導入が拡大したことから、経済産業省は18年度より木質バイオマス燃料を新しくカテゴリー分けし、そのうち液体燃料と大規模な固形燃料による発電に入札制度を導入した。発電コストの異なる両者をカテゴリー分けすることで、より適正な買い取り価格の設定につながると期待されている。22年度からはFITに加えて、市場での売電価格にプレミアム価格が上乗せされる新たな支援策、フィード・イン・プレミアム（FIP）を導入し、一定規模以上のバイオマス発電にも適用を始めている。

メタネーション

メタネーションとは、二酸化炭素（CO_2）と水素から天然ガスの主成分であるメタンを合成する技術。メタネーションによって作られたメタンを「合成メタン」という。

メタンは燃焼時にCO_2を排出するが、発電所や工場などから回収したCO_2を原料とすれば、燃焼時のCO_2は回収したCO_2と相殺され、大気中のCO_2量は増加しない。原料の水素にも再生可能エネルギー由来の電力を使っ

て作られた**グリーン水素**を用いれば、さらに環境への負荷を抑えられる。こうして作られた合成メタンは「カーボンニュートラルメタン」とも呼ばれる。都市ガスの原料である天然ガスを合成メタンに置き換えても、既存の都市ガス供給網や設備はそのまま活用できるという利点もあり、メタネーションは効率的にガスの脱炭素化を図る手段として有望視されている。

国は「2050年カーボンニュートラルに伴うグリーン成長戦略」や第6次**エネルギー基本計画**において、30年までに都市ガスへの合成メタン注入割合を1％とし、50年には90％を置き換える目標を掲げている。その達成には製造設備の大規模化や製造コストの低減といった課題の解決が不可欠なことから、21年6月にメタネーション推進官民協議会を立ち上げ、取り組みを加速している。

都市ガス業界も実用化を急いでいる。東京ガスは22年3月から合成メタン製造の実証実験を開始。大阪ガスも25年度から実証実験を行うとしている。

メタンハイドレート

メタンハイドレート（methane hydrate）とは、天然ガスの主成分であるメタンと水分子が結びついた物質。高圧低温の海底下や凍土下に存在し、石油や天然

ガスに代わる可能性のある次世代のエネルギーとして期待が高まっている。

資源エネルギー庁の調査によると、日本海側には海底の表面や真下に塊状態の「表層型」と呼ばれるメタンハイドレートが、太平洋側には海底下の地層に砂と混じりあった「砂層型」と呼ばれるメタンハイドレートが大量に存在していることが分かっている。現在、日本のエネルギー自給率は各国と比べて低いものの、メタンハイドレートを資源として確保できるようになれば世界的な資源大国となれる可能性がある。

経済産業省は2001年から「メタンハイドレート開発計画」を開始。愛知・三重県沖では13年と17年に地球深部探査船「ちきゅう」を使い、天然ガスを取り出すことに成功したが、設備トラブルにより一時中断を余儀なくされ、安定生産のめどは立っていない。

メタンハイドレート開発の推進は、21年10月に策定された第6次エネルギー基本計画においても重視されている。西村康稔経済産業大臣は23年6月、メタンハイドレートの具体的な開発計画を同年度内に策定する方針を提示。海底資源開発の目標と達成に至るまでの道筋を定めた「海洋エネルギー・鉱物資源開発計画」の改定に反映させるとしている。

洋上風力発電

洋上風力発電とは、海洋上で行う風力発電。風車の基礎を海底に固定する着床式と、風車を設置した浮体を係留する浮体式がある。陸上に比べて風況（風の吹き方）が良い、運搬・設置の制約が少なく大型風車を導入しやすい、景観や騒音など近隣環境への影響が小さいといった利点がある。

洋上風力発電は1990年代から欧州を中心に導入が進み、2010年頃から急速に拡大。日本は洋上風力発電に適した遠浅の海が少なく、台風や地震も多いなど欧州とは気象・海象条件が異なるため、13年より政府が実用化に向けた実証事業を進めてきた。

政府は19年4月、洋上風力発電の導入を促進する海域などを定めた「再生可能エネルギー海域利用法」を施行。20年12月には「洋上風力産業ビジョン（第1次）」を策定し、40年までに世界第3位となる最大4500万キロワットの洋上風力発電を導入するという目標を打ち出した。さらに、同月に公表した50年の脱炭素社会実現に向けた産業政策「グリーン成長戦略」では、洋上風力発電を再生可能エネルギーの主力電源化に向けた切り札として重点分野の1つにも位置付けている。

23年1月には国内初の大規模な洋上風力発電施設である秋田港・能代港洋上風力発電所が全面的な営業運転を開

▶洋上風力発電の導入イメージ

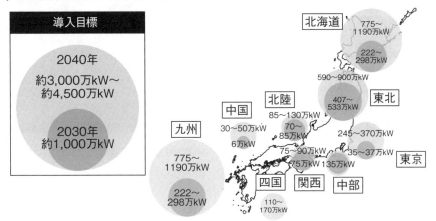

導入目標

2040年
約3,000万kW〜
約4,500万kW

2030年
約1,000万kW

北海道　775〜1190万kW
222〜298万kW
590〜900万kW
北陸　85〜130万kW
東北　407〜533万kW
中国　30〜50万kW
70〜85万kW
九州　775〜1190万kW
222〜298万kW
245〜370万kW
75〜90万kW
35〜37万kW
6万kW
75万kW　135万kW
四国　110〜170万kW
関西
中部
東京

出典:経済産業省ウェブサイト

始。北海道の石狩湾新港や福岡県北九州市沖の響灘などでも大型洋上風発電設備の建設が本格化している。

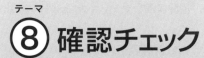

テーマ

⑧ 確認チェック

❶地域限定の送電を行う全国の各電力会社がエリアを超えて連携し、電気を融通し合うことを何というか。▶p.206

❷地震や津波、台風などの自然災害発生時に、人命保護・被害の最小化や迅速な復旧復興を目的に、平時から安全・安心な国土、経済社会システムをつくる計画を何というか。▶p.207

❸国の安全保障について重要な土地や地域の利用を規制する法律で、有事の際に脅威となる諸外国から国土を守るものを何というか。▶p.208

❹日本政府が民間の GX 投資を支援するために 2023 年度から発行する新たな国債のことを何というか。▶p.215

❺企業の事業活動が環境に及ぼす影響や自然への依存度について把握し、開示する枠組みを構築する国際組織を何というか。▶p.227

答え　❶広域送電網　❷国土強靱化計画　❸重要土地利用規制法
❹GX（グリーントランスフォーメーション）経済移行債
❺自然関連財務情報開示タスクフォース（TNFD）

テーマ ❾ 医療・福祉

技術の発展や高齢社会への対応から、医療・福祉に関する様々な制度の新設や改定が進んでいる。「オンライン診療」や「バイオ医薬品」、アルツハイマー型認知症治療薬「レカネマブ」など技術の進歩がみられる言葉がある一方、誰もがなりうる「フレイル」、次世代を担う子どもたちに関わる「子どもの貧困」や「ヤングケアラー」など私たちの生活に密接な言葉も多い。医療・福祉分野のキーワードを解説する。

AI創薬

AI創薬とは、人工知能（AI）を使って薬の研究・開発を進めること。新薬開発には、薬の「種」となる化合物を見つける探索研究、動物実験などで薬効や毒性を調べる開発研究、人への有効性と安全性を調べる臨床試験、厚生労働省への承認申請の4段階がある。新薬誕生までに9〜17年、中でも臨床試験に至るまでには5〜8年を要する。新薬1つあたりの研究開発費が数百億〜数千億円かかるのに対して成功率は2.5万分の1以下といわれる。

この創薬研究にAIを導入し、期間とコストを短縮しようというのがAI創薬だ。AIは膨大なデータから一定のパターンを見つけるのが得意で、例えば、AIに化合物と生体内タンパク質の結合データを学習させれば、これまで見つけられなかった化合物を発見できる可能性がある。また、薬と薬、人と薬の相互作用を予測することもできる。AI導入により、新薬開発にかかる期間は9〜9.5年に短縮、開発費は

560億円に抑えられ、しかも成功率は2500分の1にまで上がるという試算もある。

第一三共は新薬のもととなる化合物の分析にAIを活用し、データ解析のスピードを3倍に速めた。2023年3月時点でAIが提案した化合物デザインのうち、5割が合成に進んだという。また、多くのスタートアップがAI創薬に参入しており、中には大手企業と組んで新薬候補を見つけ、難病やがんの分野で治験に進むケースもある。日本の住友

▶AI創薬のイメージ

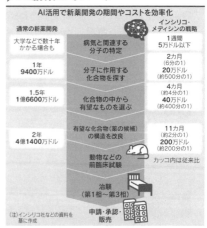

2023年4月24日付日本経済新聞電子版

234

ファーマは英スタートアップのエクセンシアと連携し、アルツハイマー病の新薬候補の治験を進めている。

iPS細胞の実用化

　iPS細胞（人工多能性幹細胞）とは、培養により心臓や神経など様々な臓器や組織の細胞に変化し、増殖させることが可能な細胞である。iPSはinduced pluripotent stemの略。2006年に京都大学の山中伸弥教授が世界で初めてiPS細胞の作製に成功し、12年にノーベル生理学・医学賞を受賞した。

　誕生から17年が経過し、iPS細胞の実用化に向けた様々な研究や臨床実験が進んでいる。23年5月、大阪大学の研究チームは、iPS細胞から作った心臓の細胞をシート状にして重症心不全患者に移植する臨床試験（治験）で、全8例の手術を終えたと発表した。

　住友ファーマは23年5月、目の難病「加齢黄斑変性」などで失われる目の細胞の一部をiPS細胞で再生する臨床試験の開始を発表。25年度の実用化を目指すという。慶応義塾大学の研究チームは、ALS（筋萎縮性側索硬化症）の進行を遅らせる可能性のある新薬を、iPS細胞を使った研究で発見。24年に最終段階の治験を実施予定で、実用化を目指す。

　山中教授のノーベル賞受賞から11年。難治性の病気の治療や原因解明、新薬開発などにiPS細胞が活用され、**再生医療**の実用化が近づいている。

遺伝子治療

　遺伝子治療とは、遺伝子に異常があるため機能不全に陥っている細胞を修復することで病気を治す方法。例えば、あるタンパク質が作られないことで発病しているのであれば、患者の骨髄から幹細胞を取り出し、「ウイルスベクター」と呼ばれる遺伝子の運び役を利用し、正常な遺伝子を細胞内の核に入れる。特殊な方法で正常な細胞を増やして患者の体に戻すと、作られなかったタンパク質が作られるようになるといった方法がある。がん、免疫不全症、血友病のほか、治療が困難な難病を対象に研究が進められてきた。

　こうした遺伝子治療の技術は新型コロナウイルスのワクチンにも使われている。インフルエンザワクチンなどは不活化ワクチンと呼ばれ、病原体のウイルスを無毒化したものを投与し体内での免疫獲得を誘導する。一方、新型コロナウイルスワクチンはメッセンジャーRNA（mRNA）ワクチンと呼ばれ、ウイルスのタンパク質を作る基となる情報の一部を投与する。この情報を基に、ウイルスのタンパク質の一部が作られ、ウイルスに対する免疫ができる仕組みだ。

　遺伝子治療の分野は拡大傾向にあ

る。日立製作所は2023年7月に米医学系研究機関と協定を結び、デジタル技術を活用して細胞培養の自動化などの実用化を進める。23年10月、協和キリンは遺伝子治療分野に強い英バイオ医薬品企業の買収を発表。遺伝性疾患などの治療薬候補や創薬技術を得る。

オンライン診療

オンライン診療とは、パソコンやスマートフォンなどの通信機器を活用し、医師が離れた場所にいる患者の診察を行うこと。遠隔での診療は、2015年に厚生労働省が「離島やへき地に限らず遠隔診療ができる」という主旨の通達を出し、事実上の「解禁」となった。

18年度の診療報酬改定では保険適用が決まり、糖尿病や高血圧などの生活習慣病や認知症など、継続した治療が必要な慢性疾患が対象となった。新型コロナウイルスの感染拡大を受け、オンライン診療に関する規制緩和はさらに進んだ。厚生労働省は新型コロナの院内感染を防ぐ目的で、特例として初診のオンライン診療を20年4月から解禁し、22年4月から恒久化した。患者がパソコンやテレビ電話などを通じて薬剤師から薬の飲み方や注意点などを教わる「オンライン服薬指導」についても、初診患者でも医師の診察から薬の購入までオンラインで済ませること

が可能になった。

総務省の「令和4年情報通信白書」によると、オンライン診療を導入する医療機関は2021年6月末時点で15％程度だが、高齢化が進む地方自治体ではオンライン診療に関心が高まっている。オンライン診療に対応したバスが交通の不便な集落を巡回し、患者が遠隔地にいる医師の診察を受けられる方法などがある。現在、医療法によって医療を提供できる場所が限定されているため、オンライン診療を実現するには規制改革が必要になるが、高齢社会を支える医療として期待される。

がんゲノム医療

がんゲノム医療とは、遺伝情報（ゲノム）の全体を「がん遺伝子パネル検査」で解析し、遺伝子変異を明らかにすることによりその患者に最適ながんの治療を行うことをいう。例えば、大腸がんの治療で抗がん剤を投与しても効果が期待できない患者に対して、がんゲノム医療で適切な治療法をいち早く見つけることが可能となる。がんは、遺伝情報の変化によって遺伝子が正常に機能しなくなった結果起こる病気のため、標準治療法がない、または治療が終了となった患者や再発患者のがん組織を提供してもらって解析する。

がん遺伝子パネル検査の結果から治

療法を判断するが、検査を受けても治療法が見つからないこともある。特定の遺伝子に変異が見つかったときには、最適な薬の投与や治療が行われるが、その遺伝子変異に対して効果が期待できる薬がなければ、従来型のがん治療に戻る。

23年10月現在、遺伝子パネル検査を実施する「がんゲノム医療中核拠点病院」は13カ所、中核拠点病院と協力してゲノム医療を行う「がんゲノム医療連携病院」は208カ所、その間に位置し単独で治療方針を決定できる「がんゲノム医療拠点病院」は32カ所ある。国立がん研究センターはこうした病院を中心に、患者数の少ない希少がんのリモート治験を始める。

子どもの貧困

子どもの貧困とは、相対的貧困状態にある18歳未満の子どものこと。相対的貧困率とは、日本の全世帯を等価可処分所得順に並べ、その中間にあたる値の半分に満たない世帯の割合を指す。厚生労働省の「2022年国民生活基礎調査」によれば、21年の子どもの貧困率は11.5％だった。子どもがいる現役世帯の相対的貧困率は10.6％。そのうち、大人が1人の世帯の相対的貧困率は44.5％で、大人が2人以上いる世帯（8.6％）に比べて、非常に高い水準となっている。

23年4月に発足した「こども家庭庁」

▶貧困率の年次推移

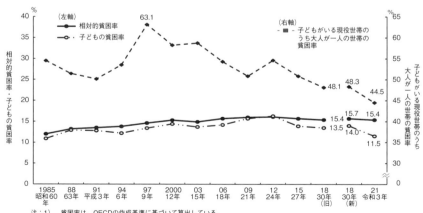

注：1）貧困率は、OECDの作成基準に基づいて算出している。
　　2）大人とは18歳以上の者、子どもとは17歳以下の者をいい、現役世帯とは世帯主が18歳以上65歳未満の世帯をいう。
　　3）等価可処分所得金額不詳の世帯員は除く。
　　4）1994（平成6）年の数値は、兵庫県を除いたものである。
　　5）2015（平成27）年の数値は、熊本県を除いたものである。
　　6）2018（平成30）年の「新基準」は、2015年に改定されたOECDの所得定義の新たな基準で、従来の可処分所得から更に「自動車税・軽自動車税・自動車重量税」、「企業年金の掛金」及び「仕送り額」を差し引いたものである。
　　7）2021（令和3）年からは、新基準の数値である。

出典：厚生労働省ウェブサイト

は、これまで内閣府が行ってきた「こどもの貧困対策」を担い、貧困解消を目指す。「こどもの未来応援国民運動」として、「こどもの未来応援基金」の設立や、企業とNPO団体などの支援リソースとニーズのマッチング事業、広報活動のほか、地域の実情に合わせて生活・学習支援事業も進める。また、貧困状態にいる子の生活状況を含む子ども関連のデータ収集を行い、23年度中にも公表。具体的な施策の立案に反映させる予定だ。

再生医療

再生医療とは、培養した細胞や組織を移植し、病気やけがで損傷した体の機能を、幹細胞などを用いて修復すること。革新的な医療として期待されている。

幹細胞は必要に応じて分裂を繰り返し、体の様々な部位に変化したり自己複製して増殖したりする能力を持っている。種類は多様で、ES細胞（胚性幹細胞）やiPS細胞もその1つだ。

ES細胞は、子宮に着床する前の受精卵から作られる。人工的に増やすことができ、あらゆる細胞に変化できる。一方、本来は人になる受精卵から採取されるため、生命倫理の問題や、他人の受精卵をもとに作られることから移植した場合に免疫拒絶の可能性が指摘されている。

iPS細胞も人工的に作られた万能細胞だが、ES細胞と違うのは、誰もが持っている「線維芽細胞」から作られるという点だ。自身の細胞から作るため免疫拒絶の心配がなく、生命倫理の問題もない。

こうした幹細胞から作られた細胞や治療薬は、パーキンソン病やALS（筋萎縮性側索硬化症）、重い心臓病など難病の治療法として期待されている。

待機児童

待機児童とは、保育施設に入所申請し、また入所の条件を満たしているにもかかわらず、入所できない子どものこと。政府は、女性の活躍を推進する上で重要課題として待機児童解消に取り組み、2018年から「子育て安心プラン」を策定し、保育を受け入れる施設を増やしてきた。こども家庭庁の調査によると、23年4月1日時点の待機児童数は2680人。前年より264人減り、過去最少となった。受け皿となる保育施設の整備が進んだほか、少子化も要因とされる。また、自治体などが受け皿数を拡大し、23年4月時点の保育の受け皿数は全国で322万7771人になった。しかし、認可外施設に預けたり、希望の施設に入れずに育児休業を延長したりするケースは数字に含まれないため、隠れ待機児童は約6.6万人に上ると推察されている。

▶待機児童数と保育の受け皿、申込者数の推移

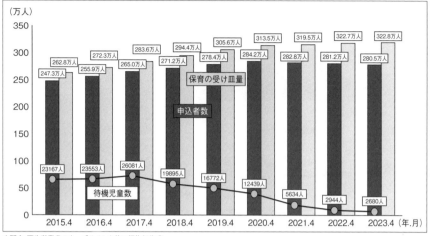

内閣府、厚生労働省のウェブサイトを基に編集部作成

一方で、人手不足を背景に、保育の質の確保が課題となっている。待機児童ゼロを実現するためにも保育士の確保は不可欠なため、政府は13年度に補助金制度を新設して段階的に保育士の待遇改善を進めてきた。経験年数に応じた基礎分の加算、キャリアアップ研修による技能習得の加算(最大月額4万円の上乗せ)が主で、17年度には、12年度に比べて約10%(月額約3万2000円)のアップを実施した。しかし、22年10月の保育士の有効求人倍率は2.49倍と、全職種平均の1.35倍に比べると高い水準にあり、依然として保育士の確保が難しい現状を表している。

年金の支給開始年齢

年金の支給開始年齢とは、年金を受給できる年齢のこと。2022年4月からは75歳まで受給年齢の幅が広がったため、65歳を基準として60〜75歳の間で受給者本人が開始年齢を選べる。支給額は開始時期によって異なり、65歳を過ぎてから受け取り始める場合(繰り下げ受給)は1カ月遅くなるごとに0.7%増額される。例えば、75歳受給開始にすると65歳開始に比べて84%増える。一方、65歳より早く受け取り始める場合(繰り上げ受給)は1カ月早くなるごとに0.4%減額される(1962年4月2日以降生まれの人が対象)。

厚生年金の支給開始は、60歳から65歳に引き上げる移行期間中のため、当

239

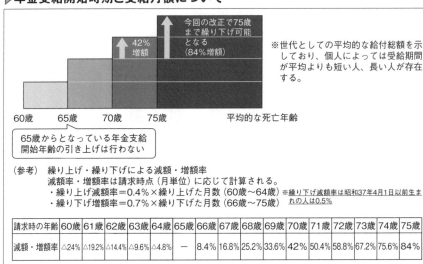

42%
増額

今回の改正で75歳
まで繰り下げ可能
となる
(84%増額)

※世代としての平均的な給付総額を示しており、個人によっては受給期間が平均よりも短い人、長い人が存在する。

60歳　65歳　70歳　75歳　　平均的な死亡年齢

65歳からとなっている年金支給
開始年齢の引き上げは行わない

(参考)　繰り上げ・繰り下げによる減額・増額率
　　　　減額率・増額率は請求時点（月単位）に応じて計算される。
　　　　・繰り上げ減額率＝0.4％×繰り上げた月数（60歳〜64歳）※繰り下げ減額率は昭和37年4月1日以前生まれの人は0.5％
　　　　・繰り下げ増額率＝0.7％×繰り下げた月数（66歳〜75歳）

請求時の年齢	60歳	61歳	62歳	63歳	64歳	65歳	66歳	67歳	68歳	69歳	70歳	71歳	72歳	73歳	74歳	75歳
減額・増額率	△24%	△19.2%	△14.4%	△9.6%	△4.8%	—	8.4%	16.8%	25.2%	33.6%	42%	50.4%	58.8%	67.2%	75.6%	84%

出典:厚生労働省ウェブサイト

分の間、65歳未満でも一部を受け取ることができる（特別支給の老齢厚生年金）。また、開始年齢引き上げに伴い、2013年には「高年齢者雇用安定法」が改正された。これは、社員が定年を迎えても、希望すれば65歳まで雇用するように企業に義務付ける法律で、年金が支給されるまでに無収入期間が生じないようにするための措置だ。20年6月には、年金制度の機能強化を目指して年金制度改正法が公布された。主な改正ポイントは、被保険者の適用拡大、年金の受給開始時期や確定拠出年金の条件緩和など。

　現在、受給開始年齢を遅くした分の年金の受け取り方は2つある。1つは65歳から受給開始年齢までの待機期間に増額された年金（例えば70歳で開始な

ら42％増の年金）を終身で受け取る方法と、2つ目は受給開始年齢までの分を一括で受け取り、その後は65歳開始と同じ額を受け取る方法だ。23年4月からは、70歳以上の年金の一括受給の受け取り方が変わった。年金の受け取りの権利は、権利が発生してから5年経過すると消滅していたが、23年4月からはこの5年の時効がなくなり、5年以上前の待機期間分の増額も反映されるようになった。

バイオ医薬品

　バイオ医薬品とは、バイオテクノロジーを用いて作られる医薬品。有効成分がタンパク質や哺乳類の細胞、ウイ

ルス、バクテリアなどの生物によって生産される物質に由来している。従来の化学合成で作る低分子医薬品に比べて分子構造が複雑で、製造には遺伝子組み換え、細胞増殖などの高い技術が必要だ。一方でバイオ医薬品は、がんや自己免疫疾患など難治性の病気の治療効果が期待される。有効成分がタンパク質であり、標的分子への特異性が高いため、副作用が少ないという利点もある。

世界初のバイオ医薬品は、1982年に開発された糖尿病治療薬の「ヒトインスリン」。現在はそのほかに抗ウイルス作用などがある「インターフェロン」、腎性貧血の治療薬「エリスロポエチン」などがある。新型コロナウイルスのワクチンもバイオ医薬品だ。バイオ医薬品の製造技術が確立するまでは、人や動物の体液などから精製したタンパク質が治療薬に用いられており、例えば糖尿病の治療薬には動物から抽出されたインスリンが使用されていた。

バイオ医薬品の市場規模は拡大傾向にあり、今後10年間で年率8％の成長が見込まれるとの試算もある。拡大する市場には、帝人、旭化成、日東電工などが医薬品の開発製造受託（CDMO）で参入するほか、富士フイルムは2026年度に国内初のCDMO拠点を新設し、生産能力の拡大を図る。

光免疫療法

光免疫療法とは、レーザー光を当ててがん細胞を破壊する治療法。手術、放射線、抗がん剤、免疫療法に次ぐ、「第5のがん治療法」といわれる。光免疫療法では、がん細胞に付着するタンパク質（抗体）を患者に投与する。抗体には光に当たると反応する色素が付けられている。がん細胞に抗体が集まった後、特殊な針を刺すなどして近赤外線のレーザー光をピンポイントで照射すると、抗体の色素が化学反応を起こしてがん細胞が死滅する。さらに、死滅した細胞からはがんの目印となる分子が出て、免疫細胞が目印を持つがん細胞を攻撃するという効果も期待できる。下痢などの副作用を減らせるほか、抗がん剤などの治療効果を妨げないため、他の治療との併用も可能になる利点がある。

光免疫療法は米国立衛生研究所の小林久隆主任研究員が開発し、2020年9月、楽天メディカルジャパン（現：楽天メディカル）が、鼻や口などにできる頭頸部がんを対象に日本における製造販売の条件付き早期承認を取得。23年6月時点で、全国100カ所以上の医療機関で治療を受けられる。肝臓がん患者を対象とする治験も国内で開始した。

フレイル

フレイルとは、病気ではないものの、年を取って心と体の動きが弱くなってきた状態のことを指す。虚弱、老化とも呼ばれる。フレイルは健康と要介護の間の状態で、体力・筋力や判断能力の衰えだけでなく、外出などをする気力の低下、食生活バランスの低下など様々な要素が重なって悪循環を生み出すと考えられている。

「令和5年版高齢社会白書」によると、2019年の平均寿命は男性で81.41歳、女性で87.45歳。一方健康寿命は、男性で72.68歳、女性で75.38歳であり、約10年、要介護状態になる可能性がある。また、2020年に要支援・要介護の認定を受けた人の年代をみると、65〜74歳で要支援は1.4％、要介護が3.0％だが、75歳以上になると要支援8.9％、要介護が23.4％と大きく上昇する。

国は、健康寿命を延ばすにはフレイル予防が重要課題と位置付け、20年4月から、75歳以上の後期高齢者を対象にフレイルに特化した健診を開始。問診を通して個人の状態を把握し、運動、口腔、栄養、社会参加などのアプローチからフレイル予防や改善に結び付けたい考え。

新型コロナウイルスの影響で外出を控えるなど、日常の活動が低下するとフレイルを招きやすいという研究結果もある。グループでウオーキングやトレーニングなどの習慣化を目指すアプリ「みんチャレ」などをフレイル予防に導入する自治体もある。

▶健康寿命と平均寿命の推移

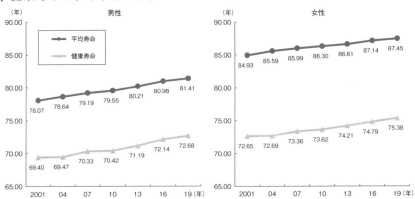

資料：平均寿命：2001・2004・2007・2013・2016・2019年は、厚生労働省「簡易生命表」、2010年は「完全生命表」
　　　健康寿命：厚生労働省「第16回健康日本21（第二次）推進専門委員会資料」
出典：厚生労働省ウェブサイト

薬価改定

薬価改定とは、医師が処方する医療用医薬品の公定価格である薬価を見直すこと。日本は国が薬価を決めている。2年に1度の改定だったが、2021年度から毎年改定されている。薬価改定は、病院や調剤薬局が卸売業者から仕入れている金額(市場実勢価格)を基に行われる。22年9月の調査では、薬価と仕入れ値の乖離率が平均7%だった。これは、卸売業者の競争などによって、病院などが薬価より安く仕入れているためだ。23年4月の改定では、平均乖離率7%の0.625倍(4.375%)を超える品目を対象に薬価が下げられた。

薬価が下がると、製薬会社の売上高が減って経営にはマイナスになるが、患者の負担は減る。政府は薬価改定を毎年行うことで、国民が負担軽減を実感できるとしている。今回の改定で医療費を3100億円削減できる見通し。

ヤングケアラー

ヤングケアラーとは、大人が担うと想定される家事や家族の世話、介護などを日常的に行っている18歳未満の子どものこと。幼い兄弟姉妹の世話、料理や掃除などの家事、障害や病気のある家族の身の回りの世話、家計を支えるための労働など多岐にわたり、学校生活に支障が出たり、周囲に話せず孤立したりすることが懸念されている。

厚生労働省は2022年4月、小学生を対象とした実態調査(全国の小学6年

▶ヤングケアラーの例

障がいや病気のある家族に代わり、買い物・料理・掃除・洗濯などの家事をしている。

家族に代わり、幼いきょうだいの世話をしている。

障がいや病気のあるきょうだいの世話や見守りをしている。

目の離せない家族の見守りや声かけなどの気づかいをしている。

日本語が第一言語でない家族や障がいのある家族のために通訳をしている。

家計を支えるために労働をして、障がいや病気のある家族を助けている。

アルコール・薬物・ギャンブル問題を抱える家族に対応している。

がん・難病・精神疾患など慢性的な病気の家族の看病をしている。

障がいや病気のある家族の身の回りの世話をしている。

障がいや病気のある家族の入浴やトイレの介助をしている。

出典:こども家庭庁ウェブサイト(参照 2023年10月31日)

生、約2万4500人を対象）を公表した。回答した9759人のうち、「家族の世話をしている」と答えたのは6.5％と、約15人に1人が該当する。世話をするのは幼い兄弟姉妹で、世話に費やす時間が7時間以上という子どもは7.1％を占める。こうした世話をしていることで「自分の時間が取れない」「宿題など勉強する時間がない」などと、生活や学業への影響も明らかになった。また、「気持ちの面で大変」と答えた子どもは18.4％と、精神的に負担を感じていることが分かった。

23年度からはこども家庭庁がヤングケアラーの対策を講じ、実態調査や支援体制構築を図る。ヤングケアラーの社会的認知度を上げ、悩み相談などを行う地方自治体の事業や教育現場への支援もする。船橋市では23年7月からヤングケアラー支援のための「LINE」の相談サービスを開始するなど、全国的に相談窓口を開設する自治体が増えている。

レカネマブ

レカネマブとは、エーザイと米バイオジェン社が共同開発したアルツハイマー型認知症治療薬。アルツハイマー型認知症の原因物質とされるタンパク質「アミロイドβ（ベータ）」を除去することにより、認知機能の低下を長期にわたって抑制する治療薬として、

▶認知症患者数の将来推計（各年齢層の認知症有病率が2012年以降も上昇すると仮定した場合。アルツハイマー型以外の認知症も含む）

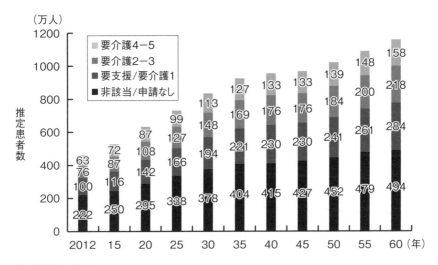

出典：厚生労働省ウェブサイト

2023年7月、米食品医薬品局（FDA）が正式承認した。日本においても、同年9月に厚生労働省が製造販売を承認。アルツハイマー型認知症の進行を緩やかにする薬として日本で初めて認められ、23年中にも医療現場で使える見通しだ。

厚生労働省が2022年6月に発表した「令和2年患者調査」によると、アルツハイマー病の患者数は約79万4000人。1996年は2万人だったが、2002年に8万9000人、08年には24万人、11年には36万6000人、17年では56万2000人と急増している。レカネマブの米国での薬価は2万6500ドル（約390万円）で、保険適用でも自己負担額が高いと指摘されている。新薬への期待が高まるとともに、今後は薬剤費の負担軽減にも注目が集まる。

テーマ

⑨ 確認チェック

❶厚生労働省の「2022年国民生活基礎調査」によれば、21年の子どもの貧困率は［　　　　］％だった。▶p.237

❷レーザー光を当ててがん細胞を破壊する治療法を何というか。▶p.241

❸病気ではないものの、年を取って心と体の動きが弱くなってきた状態のことを［　　　　］という。▶p.242

❹大人が担うと想定される家事や家族の世話、介護などを日常的に行っている18歳未満の子どものことを何というか。▶p.243

❺エーザイと米バイオジェン社が共同開発し、2023年9月に国内での製造販売を承認されたアルツハイマー型認知症治療薬を何という。▶p.244

答え ❶11.5 ❷光免疫療法 ❸フレイル ❹ヤングケアラー ❺レカネマブ

⑩ 社会・生活

テーマ

2023年を中心に、社会で話題になったニュースや世間の関心が高いテーマを取り上げた。特殊詐欺や強盗の実行犯を集める「闇バイト」、回転ずし店など飲食店での不適切な行為で逮捕者まで出た「迷惑動画」などが社会問題化した。全国民に関係する「マイナンバーカードのトラブル」、「Z世代」の新たな価値観として注目される「タイムパフォーマンス（タイパ）」など幅広いワードを解説する。身近な社会から世の中の動きを見てみよう。

8050問題

8050問題とは、80代の親がひきこもりの50代の子を抱え困窮、社会的に孤立してしまう問題。かつては若者の問題として注目されたひきこもりが長期化、高齢化している。こうした家庭では、家族の貧困だけでなく、老齢の親の介護問題なども発生しやすい。

内閣府が2023年3月に発表した調査によると15〜64歳のひきこもり者は146万人と推計され、15〜64歳の50人に1人がひきこもり状態であると考えられている。さらに全国ひきこもり家族会連合会が23年3月に公表した調査報告書では、ひきこもり者のうち40歳以上の割合が47.5％（本人調査）と過去最大で、右肩上がりの傾向にある。

厚生労働省は、こうした現状に対処するため、有識者会議などで調査と対策を検討、具体的な内容を明記した最終報告書を作成。20年の通常国会において「改正社会福祉法」が可決され、21年4月に施行された。行政の縦割りをなくすほか、複合的な社会課題に一

▶初めてひきこもり状態になった年齢

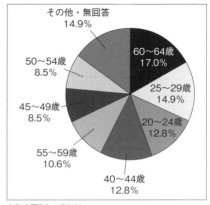

- その他・無回答 14.9%
- 60〜64歳 17.0%
- 50〜54歳 8.5%
- 25〜29歳 14.9%
- 45〜49歳 8.5%
- 20〜24歳 12.8%
- 55〜59歳 10.6%
- 40〜44歳 12.8%

出典：内閣府ウェブサイト

括対応する「断らない相談支援」の窓口の設置や、生活困窮者の就労支援など「伴走型支援」を行う。各市町村や関係機関が包括的かつ円滑に支援体制を構築する仕組みづくりを目指す「重層的支援体制整備事業」は、22年度には134自治体で実施。23年度は189自治体が実施している。

Jアラート

Jアラートとは、政府が自治体や国

民に向けて緊急情報を発信する「全国瞬時警報システム」の通称。弾道ミサイル発射など内閣官房から発出される国民保護情報と、地震や津波など気象庁から発出される防災気象情報が緊急情報の対象となる。これらの緊急情報を、消防庁が人工衛星や地上回線を通じて全国の自治体に送信し、防災行政無線や緊急速報メールによって瞬時に国民へ伝達する仕組みになっている。

Jアラートは2004年の「国民保護法」の施行を受けて消防庁が整備し、07年に運用を開始した。誤送信などのトラブルが相次いだことや、発信の遅さを指摘する声を受け、22年にシステム改修に着手し、23年9月に本格運用を開始した。

なお、弾道ミサイルなどが日本の領域に落下する事態に備えて、防衛大臣が自衛隊に迎撃を命じる「破壊措置命令」は09年に初めて発令され、16年に北朝鮮の弾道ミサイル発射に備えて常時発令に切り替えられた。これまで発令を受けて迎撃した例はない。

LGBTQ

LGBTとは、レズビアン(Lesbian)、ゲイ(Gay)、バイセクシャル(Bisexual)、トランスジェンダー(Transgender)の頭文字をとった性的少数者を表す言葉の1つ。近年ではクエスチョニング(Questioning)／クィア(Queer)とい

う「自分の性が分からない人または性別など関係ないと思う人」が加わり、「LGBTQ」とも表記される。さらに細分化され、「LGBTQ＋」と表現されることもある。多様さを表現するために、7色の「レインボー・カラー」が象徴とされることが多い。

また、恋愛感情や性的関心が向かう先を示す性的指向(Sexual Orientation)と、自身が認識する性別を示す性自認(Gender Identity)の頭文字をとったSOGI(ソギ、またはソジ)という言葉も生まれた。性的マイノリティーのみならず、すべての人の性的指向・性自認を表すもので、SOGIへの差別や蔑視は「SOGIハラスメント」とも呼ばれている。

世界ではLGBTQに対する認知と対応が進んでおり、同性婚を認めている国や地域が増えている。主要7カ国(G7)では日本だけが同性婚を認めて

▶**LGBTについての法整備が進む**

LGBT理解増進法の主なポイント
基本理念
「性的指向やジェンダーアイデンティティを理由とする不当な差別はあってはならない」と明記
具体策
政府に性的少数者らへの理解を進める基本計画の策定・実施状況の毎年公表の義務
自治体や企業、学校に相談体制整備の努力義務
関係省庁の連絡会議の設置

2023年6月23日付日本経済新聞電子版

いないが、LGBTQへの対応は国内でも広がりつつある。厚生労働省が2017年、LGBTなどへのセクハラもセクハラ指針の対象になると明確化してからは、職場環境を充実させる企業が増加。同性カップルを結婚に相当するパートナーシップとして認める自治体も増えてきている。23年6月には「LGBT理解増進法」が施行。政府に対し、性的マイノリティーへの理解を進める基本計画の策定や実施状況の公表が義務付けられた。

VUCA

VUCA（ブーカ）とは、Volatility（変動性）、Uncertainty（不確実性）、Complexity（複雑性）、Ambiguity（曖昧性）の頭文字をとった造語。将来の予測が困難な、激動の時代を表すキーワードといわれる。世界的規模で政治や経済が大きく変動し、さらに新型コロナウイルス感染症によってもたらされた混沌はまさにVUCA時代で、対応していくためのスキルやリーダーシップが求められているといえる。

経済産業省がまとめた「2021年版ものづくり白書」でもVUCAについて取り上げている。不確実な時代には、環境変化をいち早く感知してチャンスを捉え、既存の資源を再構築して自己変容する能力が企業に求められるとした、カリフォルニア大学バークレー校

教授の主張を紹介。環境と現状を適合させて対応していく「進化適合力」が必要だとしている。ところが日本社会では経験や知識の進化を拒んで前例追従を求める傾向にあるため、世界に遅れを取っていると指摘する声もある。

Z世代

Z世代とは、「ミレニアル世代」の次世代として、1990年代後半から2000年代にかけて生まれた世代を指す。物心がついたときからスマートフォンがあり、インターネットメディアに触れているデジタルネーティブである。リーマン・ショック後の不景気を経験しているため金銭面では保守的。仕事や学業には真面目に取り組み、SNS（交流サイト）や動画を活用した高い情報発信力・拡散力がある。

金銭面で保守的であることから「安くて良いもの」を好む。それを象徴するのが費用対効果を念頭に置いた「コスパ（コストパフォーマンス）」という言葉だ。

さらにZ世代は、限られた時間に対する満足度を高めるべく短文や短時間で概要を把握する「時間対効果（タイムパフォーマンス＝タイパ）」を意識する傾向にある。そのため、学習や読書はポイントだけを押さえ、映画やドラマは倍速や飛ばし見によってストーリーだけを追うといった傾向にあると

▶日本における主な世代の呼称

呼称	生まれ
団塊の世代	1947〜50年生まれ
バブル世代	1965〜70年生まれ
ロスジェネ世代	1971〜84年生まれ
ミレニアル世代	1989〜95年生まれ
Z世代	1990年代後半から2000年代生まれ

新聞記事などを基に編集部作成

いう。

ウェルビーイング

ウェルビーイングとは、人々が身体的、精神的、社会的に充足感に満たされた幸福度の高い状態のこと。

1946年に世界保健機関（WHO）が設立される際に登場した言葉だが、近年はVUCA（変動性、不確実性、複雑性、曖昧性）時代の到来や、国際連合の掲げるSDGs（持続可能な開発目標）を考える新しい指標としてウェルビーイングが注目されている。国内総生産（GDP）に代わって、ウェルビーイングを測る指標である「国内総充実（GDW：Gross Domestic Well-being）」に着目し、内面的な豊かさを重視しようという動きもある。

ボストン・コンサルティング・グループ（BCG）が2019年に公表した世界各国のウェルビーイングのレベルをスコア化した独自指標「SEDA」によると、スコア（最高スコアは100）が最も高かったのはノルウェーで87.7ポイント。次いでスイス（86.9）、アイスランド（85.6）で、SEDAスコア80を超えた上位15カ国を、主に欧州の国々が占めていた。日本は77.2ポイントで17位だった。BCGはウェルビーイングを「経済」「社会への投資」「サステナビリティ（持続可能性）」の3領域で測定。同調査によると、ウェルビーイングは所得格差よりも社会的不平等のほうが、スコアに大きく反映されるという。

国連が提唱して設立した国際団体、持続可能な開発ソリューション・ネットワーク（SDSN）が23年3月に発表した世界幸福度ランキングによると、フィンランドが6年連続首位で北欧諸国のランキングが高い。日本は137カ国中47位で前年（146カ国中54位）よりランクアップしたものの、主要7カ国（G7）では最下位となった。

孤独・孤立対策法

孤独・孤立対策法とは、社会で孤独を抱える人や孤立する人を支援する「孤独・孤立対策推進法」の略称。2024年4月に施行される。

孤独・孤立の問題は、いじめや虐待による子供の孤立、身寄りを失った少年少女から高齢者までの幅広い孤独、地域社会から取り残された孤立、子育て中の母親の孤独など多岐にわたり、

コロナ禍で深刻化したとみられる。社会的孤立による自殺や孤独死なども増加傾向にあり、厚生労働省によると、22年の自殺者数は前年比4.2%増の2万1881人だった。また、孤独や孤立が無差別殺人のように犯罪につながるケースもある。

対策の先端を行く英国では18年1月に「孤独担当大臣」というポストを世界で初めて設け、対策用の専用基金も設立した。それに倣い、日本でもこの問題に取り組むため、21年に「孤独・孤立対策担当大臣」を新設。内閣官房にも「孤独・孤立対策担当室」を設け、政府や自治体に多くの相談窓口を設置した。

さらなる支援に向け、孤独・孤立対策法が23年5月に成立。孤独・孤立は社会全体の課題であるとして、内閣府に首相を本部長とする対策推進本部を設置し、孤独対策の重点計画を作成する。加えて、自治体には支援団体などと支援内容を話し合う「孤独・孤立対策地域協議会」を設ける努力義務を課し、官民連携での支援強化を図る方針だ。

ジェンダーギャップ

ジェンダーギャップとは主に男女の格差を示す言葉。男女の違いが労働の上での賃金や待遇の格差、仕事内容の格差などに表れていることに対し、「男性も女性も同等である」という意識が近年高まっている。国際連合の掲げるSDGs(持続可能な開発目標)の目標にもジェンダーの平等が掲げられている。

男女の格差を測る上で1つの指標となるのが、スイスの世界経済フォーラムが毎年発表している「ジェンダーギャップ指数」だ。ジェンダーギャップ指数は経済、政治、教育、健康の4分野について、それぞれのジェンダーギャップを数値化したもの。1を完全な男女平等とし、数値が1に近いほど男女の格差が少ない。2023年のレポート(調査対象146カ国)によると、総合で1位はアイスランドの0.912。ノルウェー(0.879)、フィンランド(0.863)と続き、米国は43位(0.748)、韓国は105位(0.680)、中国が107位(0.678)。日本は125位(0.647)と過去最低で、先進国の中でも最低レベルだった。なお、日本の4項目をみると、教育(0.997)は前年の1位から47位にダウンしたものの、59位の健康(0.973)とともにスコアは世界トップクラス。一方、経済(0.561)は123位、政治(0.057)は138位で、この2項目には男女格差が強く残っていることが分かる。

経済協力開発機構(OECD)が2022年に調査した「各国の女性役員の比率」では、フランス、ノルウェー、英国、ドイツ、米国が31〜45%ほどに上っているのに対し、日本は15.5%と依然少なく、男性中心の社会であることがう

かがえる。

自転車ヘルメット着用の努力義務

2023年4月に施行された改正道路交通法により、すべての年齢の自転車利用者に対してヘルメット着用の努力義務が課せられた。

警察庁によると、18年から22年までの5年間で、自転車乗用中の交通事故で死亡した人の約6割が頭部に致命傷を負い、さらにヘルメット非着用時の致死率は着用時に比べて約2倍高かった。ヘルメット着用の努力義務に強制力はなく、違反者への罰則も設けられていないが、警察は交通事故の被害を軽減するために着用を呼びかけている。

これを受け、自転車ヘルメットへの需要は高まりつつある。警察庁の発表によると、23年1〜6月における自転車乗車中の交通事故で死傷した人のヘルメット着用率は12.2%と、前年から2.1ポイント上昇。自転車ヘルメットの購入代金を補助する自治体も相次いでいる。

しかし、23年8月時点で国内には自転車ヘルメットの公的な安全規格はなく、国内外の任意規格への適合を示すマークを表示した商品が流通している。中には規格表示のない商品もあることから、国民生活センターが注意喚起を行っている。

児童虐待

児童福祉法（1947年制定）と児童虐待防止法（2000年制定）は、数回の改正が行われているにもかかわらず虐待は増加しているため、親の体罰禁止なども盛り込んだ「改正児童福祉法」と「改正児童虐待防止法」が2019年6月に可決、20年4月1日から施行された。

18年の目黒区女児虐待死亡事件、19年の千葉県野田市の女児虐待死亡事件が社会に与えた影響は大きく、「しつけ」と「体罰」のあり方が問われている。

改正のポイントは、親のしつけにおける体罰の禁止をはじめ、学校や教育委員会、児童福祉施設の職員に対して守秘義務が課せられること、転居した場合に支援に切れ目が生じないよう、転居先の児童相談所や関連機関と情報共有することなどが挙げられる。

厚生労働省の調査によると、全国の

▶児童虐待相談対応件数の推移

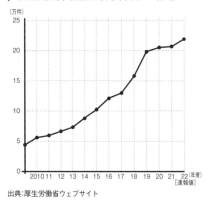

（万件）

出典：厚生労働省ウェブサイト

児童相談所が対応した児童虐待の件数は調査を開始した1990年度以降、増加の一途をたどっている。2022年度（速報値）の児童虐待相談件数は21万9170件と過去最多。特にいじめなどの心理的虐待が全体の59.1％で、身体的虐待（暴力など、23.6％）やネグレクト（育児放棄、16.2％）と比べても突出している。

厚労省は、児童虐待への対応力向上を目的とした認定資格「こども家庭ソーシャルワーカー」を24年4月に創設する方針。児童相談所職員など実務経験者の取得促進に向け、こども家庭庁が環境整備に取り組むとしている。

▶**被害者救済新法**

被害者救済新法の概要
不当な寄付勧誘行為を禁止
借金などでの資金調達要求を禁止
寄付勧誘時の配慮義務
不当な勧誘による寄付は最長10年間取り消し可能に
子や配偶者が寄付した金銭の返還請求が可能に
禁止行為を繰り返した場合には刑事罰も
法テラスなどの相談体制を整備
信教の自由などに十分配慮する

2023年1月5日付日本経済新聞 朝刊

宗教2世

宗教2世とは、特定の宗教を信仰する親の影響を強く受けて育った子ども世代のこと。一般に新興宗教やカルト教団の信者の子どもを指す。自分の意思に反して、親が信仰する宗教への入信や宗教活動を強いられたり、教義に基づいて恋愛、結婚、進学、就労などの自由が制約されたり、親から暴力や虐待を受けたりするなどの被害があるとされる。

2022年7月に起こった安倍晋三元首相銃撃事件の容疑者が、「世界平和統一家庭連合（旧統一教会）の信者である母親が多額の寄付をしたことによる経済的困窮で、人生を破壊された」などと供述したことから、宗教2世の存在

や問題が注目されるようになった。

22年12月、政府は宗教を背景とした児童虐待への対応をまとめたガイドラインを公表。23年1月には、世界平和統一家庭連合の被害者救済を目的とした新法が施行され、宗教団体などの法人による不当な寄付勧誘が規制の対象となった。新法の成立は宗教2世など被害を訴える人々から一定の評価を得たが、その実効性の検証や、宗教を背景とした児童虐待を規制する法整備を求める声も上がっている。

出入国管理法（入管法）改正

出入国管理法（入管法）とは、外国人の収容・送還のルールで、正式名称は「出入国管理及び難民認定法」。2023年

6月に改正案が成立した。

旧法には難民申請中は本国への送還手続きが停止される規定があり、在留資格を失った人が申請を繰り返して送還を免れようとするケースが頻発していた。改正法では、3回目の難民申請以降は相当の理由を示さない限り強制送還が可能となった。

このほかにも、入管施設への収容が長期に及ばないよう収容継続の必要性を3カ月ごとに検討する制度や、国の認めた「監理人」の監督下であれば送還まで施設外で生活できる制度が新設された。また、難民の認定基準を満たさない場合でも、ウクライナからの避難者など紛争から逃れてきた人を「補完的保護対象者(準難民)」として保護の対象とする制度も設けられた。

政府は21年の通常国会でほぼ同じ内容の改正案を提出していたが、名古屋出入国在留管理局の施設に収容されていたスリランカ人女性が死亡する問題が発生し、人権上の問題点を国内外から指摘され廃案となった経緯がある。今回の改正法には収容施設の医療体制の強化策などが加えられたが、難民認定手続きや収容から送還までの過程にはいまだ不透明な点が多い。

成人年齢引き下げ

日本の成人年齢は、1876年以来、20歳とされてきた。しかし、憲法改正の国民投票の投票権年齢や公職選挙法の選挙権年齢などが18歳と変更されたため、民法上でも18歳以上を大人として取り扱うべきだという議論があり、成人年齢を18歳に引き下げる「民法の一部を改正する法律」が、2022年4月1日から施行された。

これにより18〜19歳でも親の同意を得ずに、携帯電話の購入やアパートの賃貸契約、クレジットカードの契約、自動車のローンによる購入などが可能となった。親権に従うことがなくなるため、進路や自分の住む場所を自分の意思で決めたり、10年有効パスポートや国家資格を取得したりすることもできる。一方、飲酒や喫煙、競馬などの公営競技の年齢制限は20歳のまま維持される。

結婚開始年齢については、男性は18歳のままだが、女性は16歳から18歳へ引き上げられた。なお成人式の時期や式の在り方は、各自治体に判断が委ねられる。

また、成人年齢の引き下げにあわせて、少年法の内容も見直された。少年法の対象年齢である「20歳未満」のうち、18〜19歳は新たに「特定少年」と定めて特例規定を設定し、犯罪の一部を厳罰化した。21年に山梨県甲府市で起きた放火殺人事件で、全国で初めて甲府地検は「悪質な殺人」として19歳の少年の実名を公表して起訴。また22年3月に大阪府寝屋川市で起きた強盗致死事件で、犯行に関わった4人のう

ち特定少年2人の実名が一部のマスコミで公表され、賛否を呼んだ。

選択的夫婦別姓

選択的夫婦別姓とは、婚姻関係にある夫婦が別々の姓を名乗ることを選択できる制度。日本の現行法では認められておらず、民法750条で「結婚後は夫婦どちらかの姓を選ばなければならない」という夫婦同氏の原則が規定されている。そのように法律で義務付けている国は世界で日本のみだという。

夫婦同姓については、2015年と21年6月に最高裁が「民法の規定は合憲」と判断。20年12月に閣議決定した「第5次男女共同参画基本計画」では、「選択的夫婦別氏（別姓のこと）」の記述が削除された。「家族の絆や一体感が不安定になる」「子の氏の安定性が損なわれる」などが主な理由だ。

その一方で、仕事や日常の不便さ、ジェンダー平等の観点から夫婦別姓を求める動きが活発化している。ソフトウエア開発会社サイボウズの青野慶久社長は、18年1月、仕事に支障をきたしていると国に賠償を求めて提訴。しかし、現行制度は「合憲」として、19年3月に東京地裁は請求を棄却した。また映画監督の想田和弘さんと映画プロデューサーの柏木規与子さん夫妻は、1997年に米国で別姓婚をし、2018年に夫婦別姓での婚姻届を東京都内で提出したものの認められず、現在も係争中だ。

21年4月、企業経営者らが「選択的夫婦別姓の早期実現を求めるビジネスリーダー有志の会」を設立。23年8月には、青野社長が理事を務める「一般社団法人あすには」が発足し、25年までに選択的夫婦別姓の法制化実現を目指すとしている。

ダイバーシティ＆インクルージョン

ダイバーシティは「多様性」、インクルージョンは「包摂」という意味で、両者を並べて「ダイバーシティ＆インクルージョン（D&I）」と呼ばれている。

性別、年齢、国籍、障害、個人のライフスタイルや価値観も多様な中、近年は、これらの多様性を認め合い、受け入れていく重要性が唱えられ始めている。

米グーグルの研究をきっかけに、「心理的安全性」が注目を集めている。心理的安全性とは、会議などでも恐れずに発言できたり行動に移したりできる状態を指し、それに影響する要因の1つとして、D&Iがあるとされている。

企業にとっては、D&Iを積極的に取り入れることによって世界中の人材発掘や事業の推進が可能となり、スタートアップ企業も大企業に匹敵する成果を残せる可能性がある。性別も人種も関係ない、能力と行動で結果が出せる

開かれた時代へ転換しつつある。

タイムパフォーマンス（タイパ）

タイムパフォーマンスとは、費やした時間に対する効果や満足度を表す和製英語。費用対効果を表す「コストパフォーマンス（コスパ）」から派生した言葉で、「タイパ」とも略される。

タイムパフォーマンスを重視した行動の事例としては、動画コンテンツの倍速視聴や他の作業と並行して映像を見る「ながら見」、冷凍食品や完全栄養食品の活用、宅配サービスの利用、オンライン授業やリモートワークの導入などが挙げられる。

タイパという言葉はZ世代を中心に用いられていたが、出版社の三省堂が主催する「今年の新語 2022」の大賞に選ばれたことで広く知られるようになった。近年はデジタル技術の進化によって、より合理的・効率的な行動が可能になり、幅広い世代で労働生産性の向上や家事の時短といった時間効率を重視する傾向がみられる。Z世代は幼い頃からデジタルツールに慣れ親しんでいるデジタルネーティブであることから、このタイパ志向がより強く表れていると考えられている。

タワマン節税・マンション節税

タワマン節税・マンション節税とは、相続税の負担を軽減する目的でタワーマンション（タワマン）を購入すること。不動産の中でもタワーマンションは購入価額（時価）より相続税評価額が大幅に低くなる傾向にあり、節税効果が高いことから、相続税対策として富裕層を中心に人気を集めてきた。

不動産の相続税評価額は、土地と建物の評価額の総額で決定される。土地の評価額は毎年7月に公表される路線価を基に計算されるが、敷地全体の評価額を戸数で割るため、タワマンのように戸数が多い物件ほど評価額は低くなる。これは相続税のみならず、固定資産税評価額にもあてはまる。また、建物の評価額は床面積が同じであれば階数に関係なく同額となるものの、タワマンは高層階ほど高額で取引されるため評価額と購入価格との差が大きく、節税効果が高くなる。

税負担の公平性を保つため、国税庁は2017年の税制改正でタワマンの固定資産税評価額の算定ルールを見直し、18年度から上層階ほど評価額を高くするように調整を行った。23年には相続税の見直しにも着手し、同年6月、タワマンを含むマンション全体についての新たな相続税評価額の算定ルールを公表、24年1月から適用される。

電子契約、電子署名

　電子契約とは、契約の際に紙を使わずにオンライン上でサイン（電子署名）して完結させる契約を指す。2021年9月1日にデジタル庁が設置され、申請書や契約書などあらゆる書類で脱はんこの流れが進んでいる。

　日本では01年、電子署名に押印と同じ効力を認める電子署名法が施行されているが、長い間大きな成果は出ていなかった。はんこが重要視されるのは世界でも東アジアの一部の国に限られていることなどから、はんこ文化は非効率との批判があり、IT（情報技術）化の時代に国際競争力の観点からも問題視されていた。その後、リモートワークが推奨されたコロナ禍で押印のためだけに出社するといった非効率なケースが生まれたことなどが脱はんこを後押しした。さらにペーパーレスへ踏み出す施策として、電子契約や電子署名の導入が進められている。

　20年9月、河野太郎前行革担当相が押印廃止や脱FAX、ペーパーレス化の推進を強調。21年1月には地方自治法施行規則が改正され、自治体との電子契約における規制が大幅に緩和された。全国の自治体は相次いで押印廃止を打ち出し、行政手続きのデジタルトランスフォーメーション（DX）化が加速している。23年7月時点で、GMOグローバルサイン・ホールディングスが運営する電子契約サービスを導入した自治体は1120。弁護士ドットコムが提供する同様のサービスを採用した自治体も同年6月時点で126に上る。

電動キックボード

　電動キックボードとは、2輪または3輪のタイヤで走るキックボードに電動モーターが付いたもの。環境負荷が小さく、短距離の移動に適しており、都市部の渋滞緩和や観光地での活用が期待されている。

　旧道路交通法では車両区分に応じた免許が必要で、最低でも原付バイク以上の運転免許証がなければ電動キックボードを運転できなかった。

　2023年7月からは改正道路交通法の施行に伴い、車両区分に「特定小型原動機付自転車」が新設された。この区分に該当する電動キックボードは16歳以上であれば運転免許証が不要となった。該当する車両は、▽最高速度が時速20キロ以下▽車体の長さが190センチ以下、幅60センチ以下▽最高速度表示灯が装備されている、などの基準を満たした車両で、ナンバープレートの取得や自動車損害賠償責任保険への加入が義務付けられた。ヘルメットの着用は努力義務とされる。走行は原則として車道だが、最高時速を6キロまでに制限できる「特例特定小型原動機付自転車」は歩道の走行が可能。交通

違反は反則切符や刑事処分の対象となる。なお最高時速20キロ超の車両は「原動機付自転車」に区分され、ヘルメットの着用と運転免許が必要となる。

電動キックボードの普及が進んでいる欧州では、事故の増加により規制を強化する動きがある。日本でも規制緩和で利用者の拡大が見込まれることから、事故防止に向けて交通ルールの周知が進められている。

東京五輪・パラリンピック汚職事件

東京五輪・パラリンピック汚職事件とは、2021年夏に開催された東京五輪・パラリンピックのスポンサー契約などを巡る汚職事件。22年8月、大会組織委員会の高橋治之理事（当時）が、大会スポンサー企業から賄賂を受け取ったとして東京地検特捜部に逮捕された。組織委の理事は「みなし公務員」とされ、職務に関する金品の受領は禁止されている。元理事は同年11月までに受託収賄罪で4回起訴され、立件された賄賂総額は約1億9800万円にのぼる。

元理事への贈賄罪で、紳士服大手のAOKIホールディングス、出版大手のKADOKAWA、広告大手のADKホールディングスと大広、玩具メーカーのサン・アローの5社の幹部など12人が起訴されたほか、元理事と共謀して賄賂を受け取ったとして知人2人が収賄

罪に問われ、23年8月までに5件の有罪判決が出ている。元理事の初公判は23年12月14日に開かれる予定。

汚職事件の捜査過程では、組織委の元次長や広告大手の電通グループなど6社が関与したとされる、同大会を巡る入札談合事件も発覚した。

今回の汚職・談合事件では、組織委のガバナンスの欠如が指摘された。組織委は公益財団法人であるため情報公開制度が適用されず、解散して検証が行われていないことも問題視されている。札幌市が冬季五輪招致を目指す動きもある中、スポーツ庁や日本オリンピック委員会（JOC）は22年11月にプロジェクトチームを結成し、組織委など大規模スポーツ大会の運営を担う組織の在り方を検討している。

同性婚

同性婚とは、同性同士が法律で認められた結婚をすること。公益社団法人Marriage For All Japanによると、2023年9月時点で同性婚は世界35の国・地域で認められている。主要7カ国（G7）で同性婚を認めていないのは日本だけだが、15年に東京都の渋谷区と世田谷区で同性カップルの「パートナーシップ制度」が導入されたのを皮切りに、23年7月時点で300を超える自治体が同制度を導入。同年5月時点で5000組以上が登録している。

近年は同性カップルでも利用可能な住宅ローンが増えつつあるものの、法律上の婚姻関係がない同性のパートナーは健康保険や厚生年金の被扶養者として扱われないなど、男女のカップルと比べて多くの制約がある。同性婚を認めない民法などの規定は憲法に違反するとして、19年、同性カップルらが全国5カ所で国に賠償を求める集団訴訟を起こした。23年6月に出そろった1審判決では、5地裁のうち札幌と名古屋は「違憲」、東京と福岡は「違憲状態」と判断。「合憲」とした大阪地裁も、社会状況の変化によっては将来的に違憲になる可能性があると指摘した。

同性婚が正式に認められたわけではないが、この一連の判決はLGBTQ(性的少数者)の差別解消に向けて大きな前進となった。同性婚の法制化などにつなげることが期待される。

侮辱罪厳罰化

侮辱罪とは、特定の人物を公然と侮辱すること。似たような罪に名誉毀損罪があり、これは人の社会的な地位や評価を低下させる事実を公然と示すこと。違いは、その文言に事実が示されているかどうかという点。事実が示されていれば名誉毀損にあたるが、事実が示されていない場合は、侮辱罪が適用される。

侮辱罪にスポットがあたった大きなきっかけとなったのは、2020年5月、フジテレビの人気番組に出演していた女子プロレスラー木村花さんが、SNS(交流サイト)で不特定多数の人から誹謗中傷を受けたのちに、自殺した問題である。

インターネット上での誹謗中傷を巡っては、1999年頃、タレントのスマイリーキクチさんがインターネット掲示板で身に覚えのない殺人事件の実行犯だと決めつけられ、以来十数年にわたって中傷が続いている中傷被害事件が広く知られているが、SNSの発展・普及により匿名での情報発信がさらに気軽にできるようになったことで、こうした問題が急増。深刻化するインターネット上の誹謗中傷に歯止めをかけるため、2022年6月に改正刑法が成立し、侮辱罪が厳罰化された。

改正前の法定刑は「拘留(30日未満)か科料(1万円未満)」のみだったものに、「1年以下の懲役もしくは禁錮」もしくは「30万円以下の罰金」が加えられ、公訴時効も1年から3年に延長された。

不同意性交罪

不同意性交罪とは、強制性交等罪と準強制性交等罪を統合した「不同意性交等罪」の通称。実態に即した適切な処罰を図るために性犯罪の規定を見直

した改正刑法の1つで、2023年7月に施行された。

不同意性交罪は、被害者を「同意しない意思を形成、表明、全うすることが難しい状態」にして性交などをした場合に成立する。その要因となる行為として、これまでの「暴行・脅迫」に加えて「アルコール・薬物の摂取」「虐待」「地位利用」など8項目を示した。性行為への同意を自ら判断できるとみなす性交同意年齢は13歳から16歳に引き上げ、同年代同士の場合を除き、相手が13〜16歳未満の子どもの場合、行為者が5歳以上年長であれば同意の有無にかかわらず罪に問われる。公訴時効は5年延長され、15年となった。

このほかの改正刑法では、強制わいせつ罪と準強制わいせつ罪を1本化

▶**性犯罪の規定の見直し**

性犯罪規定の見直しを含む改正刑法などの概要

- 成立要件8項目の具体的行為で「同意しない意思の表明などが困難」にさせた場合と規定

- 性交同意年齢は原則13歳から16歳に引き上げ

- 公訴時効を5年延長

- 撮影罪を新設

- 16歳未満へのわいせつ目的の面会要求などを処罰

- 施行5年後に運用状況踏まえて見直し

2023年6月16日付日本経済新聞電子版

し、同意のないわいせつ行為を処罰対象とする「不同意わいせつ罪」に改称。わいせつ目的で16歳未満の子どもを手なずけるなどして面会や性的な画像・動画を求める行為を罰する「面会要求罪」「映像送信要求罪」、性的な画像・動画の撮影を取り締まる「性的姿態等撮影罪」を新設し、その画像を保管・送信する行為も刑事罰の対象となっている。

マイナンバーカードのトラブル

マイナンバーカードのトラブルとは、主にマイナンバーにひも付けされた個人情報の誤登録などによって発生した一連のトラブルを指す。主なトラブルに、▽コンビニの証明書交付サービスで他人の住民票などが誤って発行される▽マイナンバーカードを健康保険証として使う、いわゆるマイナ保険証に他人の情報が登録される▽公的給付金の受取口座に本人ではない口座が登録される▽政府が運営する行政手続きオンライン窓口である「マイナポータル」で他人の年金記録を閲覧できる、といったものがある。

上記のうち、コンビニでの証明書誤発行はシステムの不具合によるものだが、他は人為的なミスが原因となっている。ミスは健康保険組合や共済組合などで誤って別人のデータをひも付けてしまったケースと、公金受取口座を

誤って登録してしまったケースに大別される。口座の登録では、子のマイナンバーに親の口座を登録していた事例が多数あるほか、自治体窓口の共用端末で登録した際に利用者がログアウトせず、次の利用者の口座情報が前の人のアカウントにひも付けられた事例も確認された。

こうしたミスが多発した背景には、政府の交付促進策によるマイナンバーカードの発行急増や、政府の説明不足があるとみられている。相次ぐトラブルにより、個人情報の漏洩などを懸念してマイナンバーカードを自主返納する人も出てきている。政府は**デジタル庁**を中心とする省庁横断の「マイナンバー情報総点検本部」を2023年6月に設置し、実態の把握や再発防止策の検討などを進めている。

迷惑動画

迷惑動画とは、飲食店や小売店での迷惑行為を撮影した動画のこと。SNS（交流サイト）上で拡散される問題が相次いでいる。2013年頃から、アルバイト従業員による職場での不適切な動画が炎上して企業・店舗にイメージダウンなどをもたらす「バイトテロ」が繰り返し発生。近年は客による迷惑動画の拡散が回転ずしチェーンを中心に相次ぎ、社会問題化した。

客がしょうゆ差しの注ぎ口などを

なめる動画が拡散した「スシロー」の運営会社は、損害賠償を求めて提訴し（その後、調停が成立）、アクリル板の設置などの対策を実施した。他のチェーン店でもレーン上のすしに大量のわさびをのせる動画などが出回り、それぞれ対策を講じている。

迷惑動画の投稿は仲間うちでの悪ふざけや目立ちたいという欲求に端を発するとされるが、上記のような迷惑行為は犯罪に当たる可能性がある。「くら寿司」でしょうゆ差しに口を付けたように見える動画を撮影してSNSに投稿し、威力業務妨害罪などの罪に問われた男性は懲役3年、執行猶予5年の有罪判決を言い渡された。このほかにも、例えばレーンを流れるすしに大量のわさびをのせる行為では器物損壊罪が成立すると考えられる。根本的な解

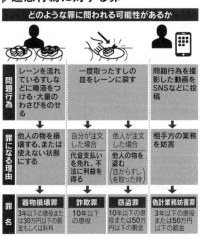

▶迷惑行為に対する罪

どのような罪に問われる可能性があるか

	レーンを流れているすしなどに唾液をつける・大量のわさびをのせる	一度取ったすしの皿をレーンに戻す		問題行為を撮影した動画をSNSなどに投稿
問題行為				
罪になる理由	他人の物を損壊する、または使えない状態にする	自分が注文した場合 代金支払いを免れ、不法に利益を得る	他人が注文した場合 他人の物を盗む（皿からすしを取った時）	相手方の業務を妨害
罪名	器物損壊罪 3年以下の懲役または30万円以下の罰金もしくは科料	詐欺罪 10年以下の懲役	窃盗罪 10年以下の懲役または50万円以下の罰金	偽計業務妨害罪 3年以下の懲役または50万円以下の罰金

（注）有識者への取材などに基づく

2023年2月3日付日本経済新聞電子版

決に向けて、違法性の認識やネットリテラシーの向上が求められている。

闇バイト

闇バイトとは、高額な報酬と引き換えに、特殊詐欺や強盗などの犯罪行為を代行するアルバイトのこと。犯行グループがSNS（交流サイト）や求人サイトなどで仕事の内容を明らかにせずに高額報酬を示唆し、人を募る。応募者との連絡手段には秘匿性の高い「テレグラム」などの通信アプリを使い、応募時に登録させた個人情報をもとに脅迫して応募者が犯行から抜け出すことを防ぐなど、手口が巧妙化している。

近年、安易な気持ちで闇バイトに応募した10〜20代の若者が犯罪に加担し、検挙されるケースが全国的に増えている。2022年の特殊詐欺の被害額は370億円で8年ぶりに増加に転じ、それに伴い闇バイトも広がっていると考えられる。22年から23年にかけて相次いだ広域強盗事件でも、実行犯の多くは闇バイトの応募者とみられている。

警察庁は削除依頼を実施するインターネット上の有害情報の対象に、「闇バイト」「高額報酬」「受け子」などの情報を加え、民間団体に委託してサイト管理者に削除を要請している。また、23年9月からは有害情報の監視に人工知能（AI）を活用して効率化を図っている。

テーマ
⑩ 確認チェック

❶特定の宗教を信仰する親の影響を強く受けて育った子ども世代のことを何というか。▶p.252
❷費やした時間に対する効果や満足度を表す和製英語を［　　　］というか。▶p.255
❸被害者を「同意しない意思を形成、表明、全うすることが難しい状態」にして性交などをした場合に成立する罪を何というか。▶p.258
❹飲食店や小売店での迷惑行為を撮影した動画を［　　　］といい、SNS（交流サイト）で拡散されて大きなトラブルに発展するケースもある。▶p.260
❺高額な報酬と引き換えに、特殊詐欺や強盗などの犯罪行為を代行するアルバイトのことを何というか。▶p.261

| 答え | ❶宗教2世　❷タイムパフォーマンス（タイパ）　❸不同意性交罪 |
| | ❹迷惑動画　❺闇バイト |

テーマ ⓫ 教育・文化・スポーツ

本テーマでは、世界のトップレベルの研究大学に肩を並べる大学の育成を目指す「10兆円大学ファンド」、24年度から導入される「デジタル教科書」など、大きく変わり始めた日本の教育の話題のほか、2023年に注目を集めた文学やスポーツなどの話題を取り上げる。目まぐるしく変化する社会の出来事を、多方面にわたって理解するきっかけにしてほしい。

教育

10兆円「大学ファンド」

10兆円「大学ファンド」とは、世界トップレベルの研究大学の育成を目的に政府が創設した10兆円規模の大学ファンドのこと。世界トップレベルの研究大学になる可能性がある大学を、文部科学省が「国際卓越研究大学」に認定し、最長25年にわたり数百億円規模の支援をする計画。

日本の大学は世界の大学に比べると研究資金が乏しく、国際競争力の低下が問題になっている。2019年の大学の収入を見ると、米スタンフォード大学6742億円、米ハーバード大学6062億円、英ケンブリッジ大学2959億円、英オックスフォード大学2201億円。国内大学では最も多い東京大学が1855億円、次いで慶応義塾大学1807億円、早稲田大学1527億円であり、世界と差があるのが現状だ。この資金力の差によって若手研究者に十分な給与やポストが与えられず、最新研究設備の導入

で欧米大学に後れを取っているといわれる。

これらの課題を解決するために創設されたのが大学ファンドだ。運用益の目標は年間3000億円。23年春までに早稲田大学、東京科学大学（東京医科歯科大学と東京工業大学が24年度中をめどに統合）、名古屋大学、京都大学、東京大学、東京理科大学、筑波大学、九州大学、東北大学、大阪大学の10大学が申請し、東北大学が初の支援対象に選ばれた。

▶国内外の大学の収入（2019年）

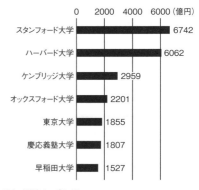

出典：内閣府ウェブサイト

STEM・STEAM教育

STEM教育とは「Science（科学）」「Technology（技術）」「Engineering（工学）」「Mathematics（数学）」の頭文字からなる造語で、米国立科学財団（NSF）によって2000年代初頭に提唱された。各分野を統合的に学び、科学技術分野における競争力を高めるための国家プロジェクトとして推進されている中、08年頃からはSTEMに「Art（芸術）・Liberal Arts（教養）」を意味する「A」を加えたSTEAM教育が主流になった。STEAM教育は文系・理系の枠を超えた学びで問題解決力・論理的思考力・創造力を養い、人工知能（AI）などでは代替できない、新たな価値を生み出す力を育む教育モデルとして世界で関心を集めている。

日本では20年度から小学校でプログラミング教育が必修化されたほか、21年度からは中学校、22年度から高校で新学習指導要領が全面実施され、「総合的な学習（探究）の時間」といったアクティブ・ラーニングを主眼とする取り組みが進んでいる。

始まったばかりのSTEAM教育だが、アクティブ・ラーニングやプログラミングを教えることのできる教員不足、ICT（情報通信技術）環境の未整備、理数系科目に対して苦手意識を持つ児童・生徒が多いなどの課題がある。

教員不足

教員不足が深刻化している。日本経済新聞社の調査では、2022年5月時点で全国の公立学校2092校で、2778人もの教員が不足しているという結果が明らかになった。一部の学校では担任が置けない、授業が行えないなどの影響が出ている。

22年度（21年度実施）の公立学校教員採用試験の受験者数は前年比7876人減の12万6391人と、過去20年で最も少なかった。競争率（採用倍率）も過去最低だった1991年の3.7倍に並んだ。競争率は小学校が最も低く、過去最低の2.5倍（中学4.7倍、高校5.4倍）。教員不足に対応するために採用数を増やした結果、自治体によっては競争率が大幅に低下しているところもある。採用倍率の低下は教育の質の低下につながる恐れがあり、将来の日本を支える人材の育成にも悪影響を与えかねない。

教員が不足している要因は、文科省の調査によると「産休・育休取得者数が見込みより増加」「特別支援学級数が見込みより増加」「病休者数が見込みより増加」などが挙がっている。また、教員を目指す若者が減っている理由としては、長時間の残業など労働負担が大きいこと、民間企業の採用意欲が旺盛なことなどが指摘されている。

教員不足の解消には、国や自治体が様々な取り組みを始めている。東京都

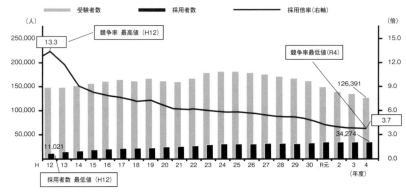

出典：文部科学省ウェブサイト

は教員免許を持つものの教員として働いていない「潜在教員」を対象に学び直しの機会を設ける。岐阜県は奨学金の返済の一部を支援する制度を始めている。

高等教育の修学支援新制度

　高等教育の修学支援新制度とは、文部科学省が2020年4月から始めた給付型奨学金・授業料等減免制度、低所得世帯を対象に大学や短大、高専、専門学校などの高等教育への進学にかかる費用を支援する制度。日本では高等教育を受けるための経済的負担が大きく、低所得世帯ほど進学率が低くなっている。この教育格差がその後の年収格差につながり、格差の固定化を招いている。低所得世帯の進学を国が支援することで将来の収入増を図り、安心して子どもを産み育てられる社会をつくる少子化対策として高等教育の修学支援新制度が創設された。

　内容は「授業料・入学金の減免または免除」と「給付型奨学金」の二本柱で、要件を満たせば併用も可能。学校の種類や、昼・夜間などの条件によって異なるが、授業料は最大で年額約70万円、入学金は最大約28万円が減免される。給付型奨学金は自宅通学者が年額最大約46万円、一人暮らしなどの自宅外通学者で年額最大約91万円が支給される。従来の「貸与型奨学金」と異なり、返還が不要である点が特長だ。

　対象は住民税非課税世帯とそれに準ずる世帯。例えば両親・本人・中学生の4人家族の場合、世帯年収が約270万円以下の学生は満額、約300万円以下であれば満額の2/3、約380万円以下であれば満額の1/3の支援が受けられる。24年度から扶養する子どもが3人以上いる世帯と、私立の理工農系分野の学部・学科に進む学生がいる世帯を対象

に年収上限の目安が約600万円まで拡大する。

国際バカロレア

国際バカロレア(IB)とは、1968年にスイスのジュネーブで設立された非営利団体・国際バカロレア機構が提供する国際的な教育プログラム。もともとは国際機関や外交官など世界を行き来する家庭の子どもに世界共通の入学資格を与え、大学進学のルートを確保し継続的な学びを可能にすることを目的として始まった。

3歳から19歳までの教育プログラムを開発・提供しており、成長段階や進路に合わせた4つのプログラムを柱に、多様な文化の理解と尊重の精神を通じて、より良い、より平和な世界を築くことに貢献する若者の育成を目指す。16歳から19歳を対象とした「DP：Diploma Programme」において所定のカリキュラムを2年間履修し一定の成績を収めることで、大学入学資格(国際バカロレア資格)を取得できる。

資格取得にはIBの審査に合格した認定校で学ぶ必要がある。世界のIB認定校は5500校を超える。日本では2023年3月時点で候補校を合わせて207校となり、政府が掲げた「22年度までに200校」という目標を達成した。今後は目標を設定せず、プログラムの成果研究や先進事例の周知を進める。

世界大学ランキング

世界大学ランキングとは、高等教育機関を順位付けした国際的な大学ランキングで、様々な機関が各々の指標を基に作成・発表している。その代表格である英国教育専門誌『タイムズ・ハイヤー・エデュケーション(THE)』が手がける「THE世界大学ランキング」は、研究論文の被引用頻度や学生1人あたりの教員比率、外国人学生比率など13の指標から算出。2023年9月発表のランキングでは8年連続首位のオックスフォード大学を筆頭に、2位のスタンフォード大学、3位のマサチューセッツ工科大学、4位のハーバード大学など英米の大学が上位を占めた。中国の清華大学がアジア首位の12位、北京大学は14位だった。日本はトップ100に東京大学(29位)、京都大学(55位)が入った。

英国の大学評価機関のクアクアレリ・シモンズ(QS)が23年6月に発表した「QS世界大学ランキング2024」では、マサチューセッツ工科大学が12年連続世界1位。2位はケンブリッジ大学、3位はオックスフォード大学。アジアトップのシンガポール国立大学は8位で、北京大学と清華大学はそれぞれ17位と25位。日本は28位の東京大学、46位の京都大学、80位の大阪大学、91位の東京工業大学の4校が100位以内に入ったが、軒並み前年より順位を下げた。

大学入試改革

　大学入試改革とは、2021年度（21年1月実施）から始まった「大学入学共通テスト（共通テスト）」に代表される大学入試改革。「大学入学者選抜大学入試センター試験（大学入試センター試験）」では「知識・技能」に評価の重きを置いてきたが、共通テストでは「思考力・判断力・表現力」を評価する。

　文部科学省が進める大学入試改革の目玉として、記述式試験問題の導入と英語民間試験の活用が予定されていたが見送られた。記述式導入は思考力や表現力を評価する狙いだったが、大量の解答を短期間で採点する際の質の確保が難しいという問題により断念。英語については「読む」「聞く」力を測る従来のテストに「書く」「話す」を加えた4技能を測れる民間試験の活用が検討されたが、居住地域や経済状況による受験機会の格差などの課題を解消できなかった。

　記述式はなくなったものの、数学では日常生活の場面を問題に使ったり、国語では複数の文章を読んで解く問題が出題されたりするなど、思考力を問う問題が出されている。

　22年度の高校入学者から新学習指導要領での学習が始まったことに合わせて、25年度以降の共通テストでは国語、地理歴史、公民、数学、理科、外国語の6教科に「情報」が追加され、6教科30科目から7教科21科目に再編される予定。

　大学入試改革の背景にはグローバル化や技術革新による社会の変化がある。次代を担う人材には、「学力の3要素（「知識・技能」「思考力・判断力・表現力」「主体性を持って多様な人々と協働して学ぶ態度」）」を身に付ける必要がある。

　小・中・高校ではSTEAM教育やアクティブ・ラーニングなどの教育方法によって3要素を育成し、培った力を大学でさらに向上・発展させる。新しい大学入試は高校教育と大学教育を一体にして教育改革を進める「高大接続改革」のつなぎ役としての機能を担う。

デジタル教科書

　デジタル教科書とは、紙の教科書と同じ内容をPCやタブレットで読むことができる教科書のこと。2024年に小・中学校の英語、25年度以降に算数・数学に順次導入される予定。デジタル教科書は紙の教科書と違い、文字の色や大きさの変更、音声読み上げ機能などを追加できるため、視覚障害や聴覚障害のある児童・生徒も学習しやすくなるというメリットがある。

　動画を使って実験を見せたり、ネーティブスピーカーの英語の音声を聞いたりするコンテンツは、デジタル教科

書で扱う範囲内ではなく、デジタル教科書とは別のデジタル教材となる。このため、デジタル教科書には、デジタル教材を見るためのQRコードが掲載され、QRコードを読み取って動画や音声の視聴ができるようになる。

導入後は学校内の通信環境の整備やデジタル教材を使った教育スキルの向上などが求められる。また、デジタル教科書を効果的に活用するためには法整備も必要になる。学校教育法ではデジタル教科書は「紙の教科書の内容の全部をそのまま記録した電磁的記録である教材」と定義されており、音声や動画を視聴するデジタル教材は無償化の対象外となっているためだ。

デジタル教科書は、新しい学習指導要領にある児童・生徒の「主体的・対話的で深い学び」の実現が目的であり、学習意欲の向上や将来のイノベーション人材の創出にもつながることが

期待されている。

部活動改革

部活動改革とは、学校教員の働き方改革の1つの方策として、公立学校で行われている部活動の運営を地域団体・人材に移行すること。学校における部活動の設置・運営は法令上の義務として求められておらず、教員が担う必要がない業務とされている。しかし、現実には教員が休日などにボランティアに近い活動として部活動の運営を行っており、教員の長時間勤務の一因ともされている。この部活動の運営を地域の団体・人材に任せ、学校部活動から地域部活動に移行させる計画が部活動改革だ。

スポーツ庁は運動部活動改革、文化庁は文化部活動改革をそれぞれ主導。部活動を学校単位から地域単位の取り組みに変える「地域移行」について、いずれも2023〜25年度を「改革集中期間」と位置付け、公立学校の休日の部活動を段階的に民間スポーツ団体や文化芸術団体、外部指導者らに委ね、25年度末までに全国で達成することを目標とした。今後は、平日も含め学校の部活動の実施主体を地域の各団体へ移行し、学校と地域が協働体制をとるよう目指す。

この改革によって、子どもたちのスポーツ参加の機会増につながることも

▶自発的な学びを促すデジタル教材

小学校教科書の主なデジタルコンテンツ

英語	ABC…	ネーティブスピーカーの発音再生や筆順を学ぶ動画
算数		図形を展開し、公式の成り立ちを学べるシミュレーション
国語		文章の朗読音声や作品に関係する動画
理科		実験や観察の動画
社会		地場産業の関係者らのインタビュー動画

（注）教科書掲載のQRコードで参照できる内容
2023年3月28日付日本経済新聞電子版

▶中学校での運動部活動の参加率は減少

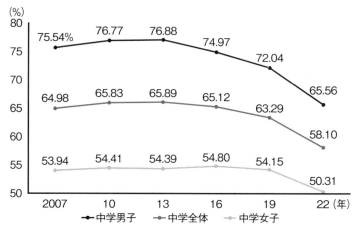

出典：文部科学省ウェブサイト

期待される。少子化によって部員数が足りないために試合に出られない、入りたい部活が学校にないといったケースが増えている。学校単位ではなく地域単位での活動に広がれば、子どもたちのスポーツ参加や試合に出る機会が増えることが期待される。

　一方で、指導者の質・量の確保や施設の確保対策、大会の位置付けや運営方法、部活動の会費負担、事故などトラブル発生時の対応など、改革推進に向けての課題は多い。

ラーケーション

　ラーケーションとは、「ラーニング（学び）」と「バケーション（休暇）」を組み合わせた造語で、保護者の休暇に合わせて子どもと一緒に校外学習を計

画することによって、平日に休んでも欠席扱いにならない制度。年間3日まで取得できる。愛知県が2023年9月から小・中・高校と特別支援学校で順次始めた。24年1月までに名古屋市を除く県内53市町村で導入する。

　同県に本社を置くトヨタ自動車や同社と取引のある部品メーカーなどの関連企業は、祝日に工場を動かす代わりに平日や年末年始、ゴールデンウイークなどの長期休暇に休みを振り替える「トヨタカレンダー」があり、県内にも浸透している。こうした同県独自の事情もあり、ラーケーションの導入が決まった。両親が必ずしも土日に休みを取れる家庭ばかりではないため、休みの取れる平日に校外学習と家族旅行を組み合わせたラーケーションを計画できると歓迎する声がある。

　一方、ラーケーションによって受け

られなかった授業への対応やテスト期間中の取得をどう扱うのかなど、課題もある。愛知県だけにとどまらず、全国に広がるかどうかは、企業や学校、家庭の働き方改革や休み方改革が欠かせない。

理工系女子枠

　理工系女子枠とは、大学の理工系学部の入試で、受験を女子学生に限定する「枠」のこと。日本の理工系分野の女性比率は世界的に見て非常に低い状況にある。政府の教育未来創造会議は、2022年5月に「理工系や農学系の分野をはじめとした女性の活躍推進」を盛り込んだ提言を出した。文部科学省も6月に大学に通知した入学者選抜実施要項で女子枠の創設を挙げている。

　女子枠の設置については名古屋工業大学が1994年に導入している。芝浦工業大学も2018年入学者向け入試で導入し、23年入学者向け入試では富山大学工学部、島根大学材料エネルギー学部、名古屋大学工学部も女子枠を新設した。24年入学者向け入試からは東京工業大学、金沢大学の理工学域、東京理科大学などが導入する。

文化・スポーツ

WBC（ワールド・ベースボール・クラシック）

　WBC（ワールド・ベースボール・クラシック）とは、WBCI（ワールド・ベースボール・クラシック・インク）が主催する、野球の世界一を決める大会。WBCIは米メジャーリーグ（MLB）とMLB選手会が共同で立ち上げた団体。第1回大会は2006年、第2回大会は09年に開催され、3回目大会以降は4年に1回開催されている。第5回大会は21年に開催予定だったが、新型コロナウイルスの感染拡大によって23年に延期された。

　第5回大会は23年3月に開催され、史上最多の20カ国が参加した。第1次ラウンドは5カ国が4つのプールに分かれ日本、台湾、米国で開催。準々決勝は日本と米国で、決勝は米国で開催された。日本は準決勝のメキシコ戦で、6対5で逆転サヨナラ勝ち。決勝では米国を3対2で破り、3大会ぶりに優勝した。

　最優秀選手賞（MVP）には投打で大活躍した「二刀流」の大谷翔平選手（ロサンゼルス・エンゼルス）。大谷選手は投手と指名打者でもベストナインに選ばれた。ベストナインには吉田正尚選手（ボストン・レッドソックス）も外野手部門で選ばれた。

国枝慎吾

　国枝慎吾氏は、車いすテニス男子の第一人者。9歳で脊髄腫瘍のために車いす生活となり、11歳から車いすテニスを始めた。2006年にアジア人初の世界ランキング1位になり、07年には車いすテニス史上初の年間グランドスラムを達成、09年にはプロに転向した。

　パラリンピックではシングルスで金メダルを3度獲得。四大大会全制覇を成し遂げて「生涯ゴールデンスラム」を達成した。四大大会ではダブルスを含め史上最多50度の優勝を誇る。「オレは最強だ」と書いたテープをラケットに貼って自分を鼓舞し続け、ランキング1位のまま23年1月に引退した。3月にはパラスポーツ選手としては初めて国民栄誉賞を受賞した。

　23年6月には日本車いすバスケットボール連盟、日本パラスポーツ協会の理事に就任した。

デザイン思考・アート思考

　デザイン思考とは、顧客や社会などの問題解決に向けて、対象を観察・理解して課題を抽出し解決策を模索するという、デザインに必要とされる設計手法を利用して課題を解決する思考法をいう。

　一方のアート思考は、「誰かのための課題解決」ではなく、どちらかといえば自己の中にある根源的な価値を追求し、顧客満足ではなく自己の哲学を成し遂げるべく試行錯誤を繰り返すことを意味する。顕在化されていないニーズに対して全く新しいサービスを生み出すような、**破壊的イノベーション**を起こす手法として期待されている。

　VUCA（変動性、不確実性、複雑性、曖昧性）時代と呼ばれ、社会構造が急速に変化し予測が困難な現代社会においては、これらの思考法により「まだ見ぬ価値」を生み出すことが必要とされている。そのため大学教育や社会人の**リスキリング**（学び直し）で両思考の習得が強化されたり、企業活動や行政でも積極的に取り入れたりする動きが増えている。

バスケットボール男子日本代表

　バスケットボール男子日本代表は、2023年8〜9月に開催された「FIBAバスケットボールワールドカップ（W杯）2023」でパリ五輪出場権を獲得した。開催国枠での出場を除き、自力で出場するのは1976年のモントリオール大会以来48年ぶり。1次リーグで敗退したものの、順位決定リーグで2勝し、アジア勢6チーム中最上位となってパリ五輪への切符を勝ち取った。

　トム・ホーバス監督率いる日本代

表チームは、キャプテンの富樫勇樹選手を中心に、米プロバスケットボールNBAのフェニックス・サンズに所属する渡辺雄太選手、23年2月に日本国籍を取得したジョシュ・ホーキンソン選手、チーム最年長の比江島慎選手らが活躍。W杯1次リーグではフィンランドに逆転勝ちを収めた。W杯（当時は世界選手権）での勝利は2006年のパナマ戦以来で、欧州のチームから初めての勝利となった。

バスケットボール日本代表のニックネーム「AKATSUKI JAPAN」には、「日の出の勢い」をもって「バスケで日本を元気に」していく、日本を明るく照らす存在であるという思いが込められている。ホーバス監督が監督を務めていたバスケットボール女子日本代表は、東京五輪で銀メダルを獲得。ホーバス監督は五輪終了後に男子チーム監督に就任。パリ五輪でも活躍が期待される。

パリ五輪・パラリンピック

パリ五輪・パラリンピックは、2024年にフランスの首都パリで開催される予定の夏季オリンピック競技大会。開催日は24年7月26日から8月11日までの17日間、パラリンピックは8月28日から9月8日までの12日間。パリでオリンピックが開催されるのは、1900年と1924年に続いて3回目。

パリ五輪の特徴は、コンパクトと脱炭素。競技会場の95％は既存または仮設で構成され、85％が選手村から30分以内の場所にある。選手はゼロエミッション車で移動する予定だ。脱炭素については、持続可能な大会の基準とされる12年のロンドン五輪と比べて、二酸化炭素排出量を55％削減することを目指す。ペットボトルなどの使い捨てプラスチックの製品の会場での使用や持ち込みが禁止され、すべての観客は公共交通機関や自転車、徒歩で移動する。

大会では32競技329種目が実施予定で、ブレイキン（ブレイクダンス）が新種目として追加された。ブレイキンは1970年代に米ニューヨークのブロンクスで、アフリカ系の若者を中心に発展した都市型ダンススタイル。

スポーツの祭典として世界が注目する一方、ウクライナに侵攻しているロシアとそれを支持するベラルーシの選手の出場を巡って、参加国や競技団体によって意見が分かれている。国際オリンピック委員会（IOC）は、ロシアとベラルーシの選手について個人資格で参加を認める方針だ。

藤井聡太

愛知県出身の将棋棋士。2023年10月に第71期王座戦五番勝負において3勝1敗で永瀬拓矢王座を破り、将棋八冠を達成した。八冠を達成した棋士は史上

▶藤井聡太八冠が達成した主な最年少記録

主な最年少記録	達成時年齢
公式戦初勝利	14歳5カ月（第30期竜王戦第6組）
初タイトル獲得	17歳11カ月（第91期ヒューリック杯 棋聖獲得）
初タイトル防衛	18歳11カ月（第92期ヒューリック杯 棋聖獲得）
九段昇段	18歳11カ月（タイトル三期獲得）
三冠達成	19歳1カ月（王位・棋聖・叡王）
四冠達成	19歳3カ月（竜王・王位・棋聖・叡王）
五冠達成	19歳6カ月（竜王・王位・王将・棋聖・叡王）
六冠達成	20歳8カ月（竜王・王位・棋王・王将・棋聖・叡王）
七冠達成	20歳10カ月（竜王・名人・王位・棋王・王将・棋聖・叡王）
八冠達成	21歳2カ月（竜王・名人・王位・王座・棋王・王将・棋聖・叡王）※史上初

新聞記事などを基に編集部作成

初めて。

5歳から将棋を始め、小学6年生のときに史上最年少で奨励会初段に昇段。16年に史上最年少（14歳2カ月）で四段昇段（プロ入り）を果たすと、そのまま無敗で29連勝し歴代公式戦最多記録を打ち立てた。小学6年生のときに詰将棋解答選手権において全問正解で史上最年少優勝を記録するほどの寄せの強さと、人工知能（AI）を用いた将棋ソフトをトレーニングに取り入れ磨き上げた創造力・対応力を武器に、将棋界の記録を次々と塗り替えている。

20年7月に第91期ヒューリック杯棋聖戦五番勝負で渡辺明棋聖を破り、初のタイトルとなる棋聖を獲得。17歳11カ月でのタイトル獲得で、30年ぶりに最年少記録を更新した。同年8月には第61期王位戦七番勝負で木村一基王位を破り、2つ目のタイトルとなる王位を獲得。史上初めて10代での複数冠保持と最年少八段昇段記録を同時更新した。

21年7月には第92期ヒューリック杯棋聖戦五番勝負で渡辺明三冠を破り、タイトル初防衛と九段昇段をいずれも最年少の18歳11カ月で達成。10代での九段昇段は将棋界初となる。21年9月の第6期叡王戦五番勝負で豊島将之叡王を破って三冠、10月には第34期竜王戦で豊島竜王に勝利して四冠、22年2月には第71期王将戦で渡辺明王将を破り五冠となった。

23年3月に第48期棋王戦五番勝負で渡辺明棋王を破り六冠、6月には第81期名人戦七番勝負で渡辺明名人を破り、史上最年少20歳10カ月で名人獲得、史上2人目の七冠を達成した。

文学賞（芥川賞、直木賞、本屋大賞）

国内には著名な文学賞として芥川賞と直木賞、本屋大賞がある。

芥川賞（芥川龍之介賞）と直木賞（直木三十五賞）は、「文芸春秋」を創刊し

た菊池寛氏が1935年、芥川龍之介と直木三十五の業績を記念して創設した。芥川賞は雑誌(同人雑誌を含む)に発表された新進作家の純文学の中・短編作品が対象で、直木賞は新進・中堅作家によるエンターテインメント作品の長編小説・短編集が対象。日本文学振興会が、毎年7月(上半期)と1月(下半期)に選考、授与する。同会はこのほか、菊池寛賞、大宅壮一ノンフィクション賞、松本清張賞を授与している。

本屋大賞は「売り場からベストセラーをつくる!」を目指し、全国の書店員が「いちばん売りたい本」を投票

で選ぶ賞。出版業界を書店から盛り上げようと書店員の有志が考案し、2004年に創設した。書店員が過去1年間に読んだ本の中から、「自分の店で売りたい」本を投票する。NPO法人本屋大賞実行委員会が毎年4月に発表、授与する。

2023年の受賞作には、第169回芥川賞(上半期)が市川沙央氏の『ハンチバック』、第169回直木賞(上半期)が垣根涼介氏の『極楽征夷大将軍』と永井紗耶子氏の『木挽町のあだ討ち』、第20回本屋大賞は凪良ゆう氏の『汝、星のごとく』がそれぞれ選ばれた。

テーマ
⑪ 確認チェック

❶世界トップレベルの研究大学の育成を目的として、政府が支援するために創設した大学ファンドを[　　　]円「大学ファンド」という。▶p.262

❷デジタル教科書は、2024年に小・中学校の[　　　]の授業に本格的に導入される。▶p.266

❸保護者の休暇に合わせて子どもと一緒に校外学習を計画することによって、平日に休んでも欠席扱いにならない制度を何というか。▶p.268

❹バスケットボール日本代表は、「[　　　]JAPAN」と呼ばれ、「日の出の勢い」をもって「バスケで日本を元気に」していくなどという思いが込められている▶p.270

❺2024年には、[　　　]で夏季オリンピック競技大会が開催される。▶p.271

答え　❶10兆　❷英語　❸ラーケーション　❹AKATSUKI　❺パリ

基礎用語 ミニ辞典

経済・金融

J-REIT

J-REIT（ジェイ・リート）とは国内不動産投資信託のことで、日本では2001年に東京証券取引所にJ-REIT市場が開設された。REITはReal Estate Investment Trustの略。投資法人が投資家から資金を集めて賃貸不動産などを購入し、そこから生じる賃料や売却益を投資家に分配する金融商品である。広い意味では不動産投資だが、法律上は投資信託の一種。不動産運用の専門家が複数の賃貸不動産に投資して運用（ポートフォリオ運用）するため、リスク分散の効果が期待される。

LBO
（借り入れで資金量を増やした買収）

LBO（借り入れで資金量を増やした買収）とは、企業買収の1つの形態で、レバレッジ（外部資金＝負債）を使って少ない自己資金で大きな企業を買収（バイアウト）する方法。LBOはLeveraged Buyoutの略。

一般的に、企業買収には巨額の資金が必要だが、LBOでは買収の対象企業の資産価値を担保に実際の買収よりも先にお金を借りられるので、限られた自己資金で買収できる。半面、LBOで背負う借金の額は、将来ギリギリ返済できる額で設定されがちなため、予定通りに収益が上がらないと、LBOは成功しない可能性が高い。

MBO（経営陣による企業買収）

MBO（経営陣による企業買収）とは、事業部門や子会社の経営を任された経営陣が株主から株式を譲り受けたり、ベンチャーキャピタルなどの投資会社の資金支援を得て株式を購入したりして、本体企業や親会社から独立する手法。MBOはManagement Buyoutの略。企業の事業再編の手段として、あるいは企業防衛のため株式の上場廃止に使われ活発化した。

MSCI指数

MSCI指数は、米国の株価指数算出会社MSCIが算出・公表する指数の総称。先進国、新興国、フロンティア市場（経済発展の初期段階にある途上国）合わせて約70カ国・地域の株式市場で構成されている。MSCIはMorgan Stanley Capital Internationalの略。先進国や新興国などの市場別や国・地域別、産業別、業種別など約3600の指数を算出。世界の機関投資家の多くが、国際株式投資のベンチマーク（評価基準）として採用している。

基本となるのは先進国指数と新興国指数、フロンティア指数の3つ。MSCIコクサイ・インデックス（日本を除く主要22カ国の株式で計算）は、日本国内で販売されている外国株式に投資する投資家のベンチマークとして広く使われている。

PMI（購買担当者景気指数）

PMI（購買担当者景気指数）とは、企業の購買担当者に、景況感などを聞くアンケートを使った景気指標。PMIはPurchasing Manager's Indexの略。中国メディアの財新と米S&Pグローバルなどが毎月算出している。

指数は50を超えると景気が上向き、50を割ると景気後退を示す。指数化したPMIは、数カ月先の景気動向を敏感に映すとされ、各国・地域の景気判断の重要なよりどころとなる。

TIBOR（東京銀行間取引金利）

TIBOR（東京銀行間取引金利）は、東京市場の銀行間取引金利のことで、銀行が企業などに融資をする際の金利を決める基準の1つ。TIBORはTokyo Inter Bank Offered Rateの略。

一般的に、全国銀行協会（全銀協）が発表する「全銀協TIBOR」のことを指す。全銀協TIBORは、短期金融市場（主に1年以内の資金取引を行う市場）の1つであるインターバンク市場（主な参加者は、銀行などの金融機関）の午前11時時点の取引の実勢を反映した指標金利で、金融機関が事業会社への貸し出しを行う際などの基準金利としても利用されている。

本邦無担保コール市場の実勢を反映した「日本円TIBOR」と、本邦オフショア市場の実勢を反映した「ユーロ円TIBOR」の2種類があり、それぞれ1週間物、1・3・6・12カ月物の5種類が公表されている。

TOB（株式公開買い付け）

TOB（株式公開買い付け）とは、企業の経営権取得などを目的として株の買い取りを希望する人が、「買い付け期間」「買い取り株数」「価格」を公表、不特定多数の株主から株式を買い取ること。TOBはTake-Over Bidの略。

原則として、上場企業や未上場でも一定の要件を満たす企業の株を、市場を通さず5%以上買う場合は、TOBで買い付ける必要がある。TOBは「友好的TOB」と「敵対的TOB」の2種類に分けられる。友好的TOBは買主・売主・対象会社の全員から合意がある状態の譲渡であり、敵対的TOBはその合意なく、買主が対象会社の経営権を得るために一方的に株式の大量保有を目指す場合を指す。

VIX

VIX（ビックス）とはVolatility Indexの略で、米国の株価の先行きについて、投資家がどれほどの振れ幅（ボラティリティー）を見込んでいるかを示す指標のこと。米シカゴ・オプション取引所がS&P500種指数（米国の主要な株価指数の1つ）のオプション取引の値動きをもとに算出する。

投資家が相場の先行きを楽観視している時は低下し、警戒している時は上昇する傾向があるため「恐怖指数」とも呼ばれる。VIXの値が20を超えると強い警戒感を示すとされ、VIXの上昇が相場の大幅な下落の引き金となることもある。

同様の指数に、日経平均株価を対象とする「日経平均ボラティリティー・インデックス（VI）」、ユーロストックス50（欧州の代表的な株価指数）を対象とする「Vストックス指数」がある。

赤字国債

赤字国債とは、国の一般会計の経常赤字補填として、歳入不足を補うために「特例法」によって発行され、「特例国債」とも呼ばれる。「財政法」では本来、赤字国債の発行はできない。道路など形のあるものを将来の世代に残す建設国債と違い、将来の世代にとって負担になるためだ。現実には毎年のように「特例法」を成立させ、赤字国債を発行している。

国債は国家が発行する公債で、ほかの債券と同様に発行された後でも市場で売買できるため、価格は常に変動している。日本では、国が財政赤字を補うために国債（国庫債券＝借用証書）を発行し、民間企業など（銀行、企業や個人、外国人の場合もある）が買い取っている。国債には、「建設国債」と「赤字国債」の2種類があるが、建設国債は「財政法」で認められており、道路や住宅、港湾など、公共事業の財源に充てるために発行する。

インフレとデフレ

インフレとはインフレーション（膨らむこと）の略で、「物価の継続的な上昇」と定義される。反対にデフレとは、デフレーション（しぼむこと）の略で、継続的に物価が下落することを指す。

インフレになると、同じ金額で購入できるモノの量が減る。デフレの場合は、逆に購入できるモノの量が増えるので経済には好影響にみえるが、マイナス面も多い。

例えば、将来物価が下落すると人々が予想した場合、現在モノを買うよりも、将来買うほうが実質的に多くのモノが買えると判断し、消費や投資が先送りされ、現在の需要が減るという問題がある。

また、「物価下落→企業の売上高減少→企業の収益減少→賃金減少→消費減少→物価下落」といった物価下落の悪循環（デフレスパイラル）が生じる可能性があり、デフレからなかなか抜け出せないという問題も指摘されている。

エンジェル税制

エンジェル税制とは、ベンチャー企業への投資を促進するために、ベンチャー企業へ投資をした個人投資家に税制上の優遇措置を行う制度。「エンジェル」とは、資金を提供する投資家を指す。資金繰りが厳しいベンチャー企業に対し、投資家の資金を集めやすくし、経営を手助けする。ベンチャー企業に対して、個人投資家が投資を行った場合、投資時点と、売却時点のいずれの時点でも税制上の優遇措置を受けることができる。2023年4月1日からは、いくつかの要件を満たせば、上場株などを売却しスタートアップに再投資する場合には売却益20億円まで非課税となった。

オプション取引

オプションとは、ある商品を定められた期日までにあらかじめ定められた価格で買う、または売る権利。買う権利を「コールオプション」、売る権利を「プットオプション」という。オプション取引とは、このコールオプションまたはプットオプションを売買することである。

日本のオプション取引には、日経225オプションやTOPIXオプションなどの国内株価指数オプションのほか、国債（JGB）先物オプション、東証REIT指数オプション、金先物オプションなどがある。

オペレーション（公開市場操作）

オペレーション（公開市場操作）とは、物価の安定などの政策目標を実現するために中央銀行が金融市場に流れる資金量を調節する施策「オペレーション（略してオペ）」を指す。オープン・マーケット・オペレーションともいう。中央銀行は、金融市場で手形や債券などの有価証券を金融機関などと売買してマネタリーベースを増減させることで、マネーストック（マネーサプライ）や市場金利に影響を与えることを目指す。

公開市場操作には主に「売りオペ」と「買いオペ」の2種類ある。売りオペは景気の過熱を抑制する際に実施される。保有する国債などを金融機関に売却して対価となる資金を吸収し、市場の資金量を減らす。

一方、買いオペは景気底上げを促進する際に実施される。国債などを金融機関などから購入して資金を供給し、市場の資金量を増やす。

オルタナティブ（代替）データ

オルタナティブ（代替）データとは、企業の決算や政府の経済統計に代表される従来型ソースのデータに代わる新たな投資データのこと。クレジットカード決済情報やPOS（販売時点情報管理）データ、SNS（交流サイト）の分析が代表例。

データ提供会社と呼ばれる専門企業も増えている。ただし、何をオルタナティブデータとみなすかは業界によって異なる。

外国為替証拠金（FX）取引

外国為替証拠金（FX）取引とは、証拠金を担保に、その何倍もの外貨を売買する取引。FXはForeign Exchange（外国為替）の略。「外国為替保証金取引」「FX」「通貨証拠金取引」などともいう。相場の方向性をタイミングよくつかむことで、高い投資効果を得ることが可能となるが、予想が外れた場合には、大きな損失を被る危険性がある。少ない元手で巨額の利益を手にするチャンスがある半面、大きな損失を招く危険性もある高リスク高リターンの取引である。

株価指数

株価指数とは、株式市場全体の株価のトレンドを表す指標。日本市場の株価指数には、「日経225」（日経平均株価）、「TOPIX」（東証株価指数）、「JPX日経インデックス400」などがある。海外市場では「ダウ工業株30種」（ダウ平均）、「S＆P（スタンダード・アンド・プアーズ）500種指数」「NASDAQ総合指数」などが有名だ。

日経225は、日本経済新聞社が東京証券取引所（東証）上場の225銘柄を選んで算出している。採用銘柄は流動性や業種のバランスを考慮して定期的に入れ替え、各銘柄の株価は50円額面に換算して計算する。

TOPIXは、基準日である1968年1月4日の時価総額を100とし、新規上場、上場廃止、増減資、企業分割などを修正して指数化したもの。東証第1部上場の全銘柄を対象としていたが、新市場移行に伴って2025年1月までに構成銘柄の見直しが進められている。

株式含み益・含み損

株式含み益・含み損とは、株式などの取得価格と時価との差額。実際に株を売買しないと損益は確定しないが、「仮に今、売買すると、どの

程度の損益になるのか」というのが、含み益あるいは含み損である。

有価証券や不動産などが値上がりしたときの時価と取得価格の差額がプラスであれば「含み益」で、値下がりしたときは「含み損」が発生する。2011年3月期から、上場企業は保有している株式の含み損益などを加味して算出される「包括利益」の開示が義務付けられた。

株価が上昇すると、企業が保有する株の含み益は膨らむ。企業は財務的な余裕ができ、設備投資に取り組みやすくなる。個人投資家も保有株の価値が上がると、消費を刺激する資産効果が期待できる。反対に、株価が下がると含み損が増えて企業は設備投資に慎重になり、個人投資家の財布のひもは固くなる。

株式持ち合い

株式持ち合いは、企業同士が互いの株式を長期にわたって持ち合うこと。純粋な投資だけではなく、「取引関係の強化」「業務提携」「経営権の取得」「グループ化」「経営の安定化」などを目的にすることが多い。

日本企業の株式持ち合いは戦後の財閥解体後や1960年代の資本自由化の中で、外資系企業による買収から逃れるために進んだ。その後、バブル崩壊やリーマン・ショックで解消する動きが広まった。2018年に公表された「コーポレートガバナンス・コード（企業統治指針）」改訂版でも企業に持ち合い株の削減を促すなど、解消の動きが加速している。

為替相場

為替相場とは、異なる通貨の交換比率を指し、日本の立場からは、円をドルやユーロなどの外貨と交換するときの割合となる。外国為替相場の略で「為替レート」ともいう。

外国為替は短期的には金利、中長期的にはファンダメンタルズ（経済の基礎的条件）、つまり国内総生産（GDP）や貿易収支、物価指数、雇用統計などによって変動するといわれる。

一般的には、日本の景気が良いときは円が買われて円高になり、逆に景気が悪くなると円が売られて円安となる。

機械受注統計

機械受注統計とは、経済動向分析のために使う資料の1つで、機械製造業者の設備用機械類の受注状況を調査し、設備投資動向を早期に把握する。調査対象は機械メーカー280社。内閣府が毎月10日頃、2カ月前の調査結果を発表する。

景気が上向いていくと判断した企業は、製造業を中心に生産設備を増強するため、機械受注の数値は半年から9カ月ぐらい先の設備投資の動向を示すとされている。

受注の内容は「民需」（国内民間企業からの受注）、「官公需」（官公庁からの受注）、「外需」（海外からの受注）、「代理店」の4つに分類される。受注規模が大きく、不規則な動きを示す造船と電力会社からの受注を含まない「船舶・電力を除く民需」の数値が、よく利用される。

企業倒産件数

企業倒産件数は、民間調査機関の東京商工リサーチと帝国データバンクが、負債総額と合わせて毎月公表している。倒産集計は負債総額1000万円以上を対象としている。両統計とも、原因別、地域別にデータがある。

「倒産」は正式な法律用語ではない。民間の調査会社などによると、企業が債務超過で支払い不能に陥ったり、経済活動を続けることが困難になったりした状態のことをいう。「法的倒産」と「私的倒産」の2つに大別され、「法的倒産」は会社を存続させる再建型の「会社更生」と「民事再生」、会社を消滅させる清算型の「破産」と「特別清算」の4つに分類される。「私的倒産」は「銀行取引停止」と、債権者と債務者との協議で会社が整理される「内整理」に分けられる。

企業年金制度

企業年金制度は確定給付企業年金と確定拠出年金が主流だが、2017年からリスク分担型企業年金が加わった。企業年金は公的年金と異なり、企業が福利厚生の一環として採用しているため制度がない企業もある。

確定給付企業年金は企業が社員に給付額を約束し、必要な掛け金を企業が拠出する仕組み。資産運用で予定の利回りを達成できずに積み立て不足が発生すると、不足分を企業が負担する必要がある。確定拠出型は企業が掛け金を拠出し、社員が自分で金融商品を決めて運用する仕組み。運用成績次第で将来受け取る年金額が変わってくる。

確定給付型は企業負担が大きく、確定拠出型は個人の投資知識で差が出るというデメリットを解消するのがリスク分担型企業年金だ。企業は将来の運用リスクを見込んで多めに掛け金を拠出するが、運用が悪化して不足分が発生した場合には給付を減額する仕組み。

企業物価指数（CGPI）

企業物価指数（CGPI）は、日本銀行（日銀）が毎月発表する、企業間で売買される物品価格の変動を表した指数のこと。CGPIはCorporate Goods Price Indexの略。商品の需給動向を敏感に反映する取引価格の変動を表すことから、景気判断に利用される。

国内で出荷される品目の価格を表す「国内企業物価指数」、輸出品の価格を表す「輸出物価指数」、輸入品の価格を表す「輸入物価指数」があり、総務省発表の消費者物価指数（CPI）より変動が激しい。また、輸入物価を通じて原油価格や円相場の影響を受けやすい。

キャッシュフロー（現金収支）

キャッシュフロー（現金収支）とは、事業におけるお金（キャッシュ）の流れ（フロー）のことで、一定期間内にどれだけお金が入ってきて、出ていったかがわかる。キャッシュフローがプラスであれば、お金が増えているということで、マイナスであれば、お金が減っているということだ。キャッシュフローのマイナスが続くと、事業継続に必要な手元資金が減少し、資金ショートを起こす恐れがある。

上場企業には貸借対照表と損益計算書に加え、キャッシュフロー計算書の作成が義務づけられている。一定期間の現金流出入額を記載するもので、企業の資金取引を営業活動・投資活動・財務活動別に把握できるのが特徴である。

銀行の自己資本比率

銀行の自己資本比率とは、銀行の総資産額（貸出残高や有価証券など）に対して自己資本が占める割合。銀行の健全性を示す指標の1つで、数値が大きいほど健全性が高いと評価される。国際統一基準により、自己資本比率8%以

上の銀行でないと国際業務を行うことはできず、国内業務も国内基準によって4%の自己資本比率がないとできない。この基準を下回ると、金融庁から業務改善指導を受けることになる。

国際金融規制を議論する場がスイス・バーゼルの国際決済銀行（BIS）に事務局を置くバーゼル銀行監督委員会だ。1975年に創設され、日米欧など28の国・地域の銀行監督当局や中央銀行が参加する。国際業務を行う銀行を対象にした自己資本規制を「バーゼル合意」といい、自己資本比率8％以上などを定めたのが1988年策定の「バーゼル1」、自己資本比率算出法の精緻化を定めたのが「バーゼル2」（2004年改訂）、リーマン・ショックを踏まえて規制を厳格化したのが「バーゼル3」（17年合意）。

新型コロナウイルス禍によってバーゼル3の適用時期が当初の23年3月末から延期となった。欧州は英国を除いて25年1月から、日本は海外展開する銀行は24年3月末から、それ以外は25年3月末から適用予定だが、一部の銀行は前倒しで適用している。

金融商品取引法

金融商品取引法とは、株式や投資信託、外貨預金、変額年金保険など、リスクを伴い、元本割れの可能性がある金融商品を幅広く規制する法律。金融商品によって別々の法律で定められていた販売や勧誘のルールを一本化し、投資家を保護するのが狙い。「証券取引法」を軸とし、「金融先物取引法」や「投資顧問業法」などを統合、金融・資本市場をとりまく環境変化に対応した。

販売時のリスク説明義務も厳格化。TOB（株式公開買い付け）や株式の大量保有報告制度の

見直しを盛り込み、インサイダー取引に対する罰則も強化した。暗号資産（仮想通貨）の対応など、一部が改正されている。

金融持ち株会社

金融持ち株会社とは、大手都市銀行や証券、保険会社が中心となって銀行、証券、保険、リース、クレジットなどの金融業務を行う会社を傘下に置き、株式を保有して管理・運営することを主たる事業とする会社のこと。

金融機関の産業支配につながるという理由で第2次世界大戦後は禁止されていたが、1998年3月に解禁。独占禁止法改正、金融持株会社関連法の成立などで設立が可能になった。銀行や証券会社、生命保険会社が持ち株会社をつくって自ら子会社になる例や、非金融会社が金融子会社を持つなどの形態がある。

様々な業態の金融業者がグループ内にあることで、互いの不得意分野を補え、株式の取得、売買を通じて機動的に経営戦略を打てるといった利点がある。

クラウドファンディング

クラウドファンディングとは、群衆（Crowd）と資金調達（funding）を組み合わせた造語。アイデアやプロジェクト、理念などを実現するため、インターネットを通じて不特定多数の人（支援者や投資家）から比較的少額の資金提供を募り、資金を集める仕組みを指す。

クラウドファンディングの種類には①支援者が資金を提供する見返りにモノやサービスを受け取れる「購入型」、②支援者が見返りを求めずに資金を提供する「寄付型」、③非上場企業が自社の株式を見返りに資金提供を募る「株式

投資型」、④クラウドファンディング事業者が投資家から小口の資金を集め、大口化して資金を調達したい事業者に融資する「融資型（ソーシャルレンディング）」、などがある。

クレジット・デフォルト・スワップ（CDS）

クレジット・デフォルト・スワップ（CDS）とは、企業や国などの信用（クレジット）リスクを対象とするデリバティブ（金融派生商品）の一種。CDSはCredit Default Swapの略。債権を移転せず、信用リスクのみを取引するのが特徴。発行体のデフォルト（債務不履行）に対する「保険」に似ている。プロテクション（権利の売買）の買い手は、「倒産」や「支払不履行」などが発生した際、スワップ（交換）の想定価値と等価の債券を額面で売却できるという権利と引き換えに、売り手（リスクの買い手）に対して毎年対価を支払う仕組み。

米国の銀行が、銀行が抱える貸出債権のデフォルトリスクを回避するためにこの仕組みを開発した。その後、トレーディングや純投資目的でCDSを売買する投資家が現れ、市場が拡大した。

2008年のリーマン・ショックは、CDS市場の転換期となった。CDSやCDSを加工した複雑な金融商品が相次いで値下がりし、世界の金融機関の業績が急激に悪化。金融当局が規制を強化し、取引の安全性と透明性を高めた。

景気ウオッチャー調査（街角景気）

景気ウオッチャー調査（街角景気）とは、地域ごとの景気動向が分かる調査で、内閣府が毎月発表している。景気の動向をより早く把握するため、タクシーの運転手やコンビニエンスストアの店長など、景気の変化を敏感に感じると考えられる職業に就いている全国12地域の計2050人に、肌で感じた景気の現状を判断してもらうため、「街角景気」とも呼ばれる。

回答者は3カ月前と比較した景気の状態や、2〜3カ月後の景気見通しなどを5段階で評価する。景気の判断指数は、ゼロから100までの値をとり、「50」が良し悪しの分かれ目となる。

景気動向指数

景気動向指数とは、生産、雇用など経済活動での重要かつ景気に敏感に反応する指標の動きを統合し、景気の現状把握および将来予測に活用するために作成された指標。内閣府が毎月公表する。

コンポジット・インデックス（CI）とディフュージョン・インデックス（DI）がある。CIは構成する指標の動きを合成することで景気変動の大きさやテンポを、DIは構成する指標のうち、改善している指標の割合を算出することで景気の各経済部門への波及の度合いを測定する。従来、景気動向指数はDIを中心とした公表だったが、2008年4月分以降、CI中心の公表に移行した。

景気に対し先行して動く先行指数、ほぼ一致して動く一致指数、遅れて動く遅行指数の3つの指数がある。

減損損失

減損損失とは、企業が持つ資産の収益性が下がって投資資金の回収を見込めなくなったときに、資産の帳簿価額を引き下げる会計処理をして発生する損失。回収が可能な水準まで貸借対照表に計上している額を減らし、その差を損

失として損益計算書に計上する。自己資本比率の低下を招き、財務悪化の要因になる。

対象となる資産は建物や土地などの「有形固定資産」だけでなく、投資先の株式である投資有価証券やM&A（合併・買収）による「のれん代」、特許権などの知的財産権、ソフトウエアなどの「無形固定資産」がある。巨額買収の増加などで企業の資産は膨らむ傾向にあり、のれんの減損も増えている。

現代貨幣理論（MMT）

現代貨幣理論（MMT）とは、過度なインフレが起きない限り政府債務を拡大できるという理論。MMTはModern Monetary Theoryの略。「自国通貨を発行できる政府は、行き過ぎたインフレの心配がない限り財政支出を増やしてかまわない。政府は、インフレが進み過ぎたときに、はじめて財政支出を抑制すればよい」などといった、財政赤字の拡大を容認する理論。財政赤字は後世に負担を先送りすることになるため歳出と歳入のバランスをとって財政健全化を目指すべきである、とする従来の理論を覆す主張として米国を中心に論争を呼んでいる。支持論者の中には、財政赤字が膨らみ続けているのに財政破綻しない日本がMMTの正しさを裏付けていると主張する人もいる。

一方で、ノーベル経済学賞受賞の経済学者クルーグマン氏、FRBのパウエル議長らは、MMTに対して否定的な見解を示している。MMTは限られた条件下のみでしか通用しない理論との批判もあり、論争は続いている。

鉱工業生産指数

鉱工業生産指数とは鉱業と製造業の一部が生産する量を、ある年を基準にして指数化したもの。国内の事業所での生産、出荷、在庫などの活動や、製造業の設備の稼働状況、各種設備の生産能力の動向、生産の先行き2カ月の予測の把握を行う。経済産業省が毎月調査し、景気の動向を敏感に示す重要な指標となる。

408の採用品目から、品目ごとの1月あたりの生産（出荷）量を、基準年＝100として指数化し、各品目別指数を基準年のそれぞれのウエートで加重平均することにより、鉱工業全体や業種別・財別などの総合指数を求めるラスパイレス算式で算出する。

顧客生涯価値（LTV）

顧客生涯価値（LTV）とは、1人あるいは1社の顧客がある企業と取引を開始してから終わるまでに、その企業にもたらす利益の総計を指す。LTVはLifetime Valueの略。CLV（Customer Lifetime Value）と呼ばれることもある。顧客を獲得維持するためのコストと、顧客の購買額との差額が価値となる。

一般的には、顧客の商品やサービスに対する愛着（顧客ロイヤルティー）が高い企業ほどLTVが高まりやすい。ある程度成熟・飽和した市場では、新規に顧客を獲得するよりも、既存顧客の定着を図る方が企業の利益につなげやすいという考えから、LTVへの注目が高まっている。

クレジットカード会社や航空会社が取り入れているポイント制（マイル制）も、LTVを高める施策の1つ。ただ、コスト増をもたらすため、企業の収益を圧迫しかねない面もある。

国際会計基準（IFRS）

国際会計基準（IFRS）とは、国際会計基準審議会（IASB）が設定した会計基準。IFRSはInternational Financial Reporting Standardsの略。

欧州連合（EU）で2005年に導入が義務化されて以来、各国で導入が進んでいる。日本で用いられている会計基準には、主に日本基準、米国基準、IFRS基準の3つが存在するが、日本企業でもIFRS移行への流れが加速している。

IFRSの特徴は「原則主義」「貸借対照表重視」「グローバル基準」の3つ。日本基準では損益計算書、つまり収益から費用を差し引いて算出した値に重きを置く。これに対しIFRSは貸借対照表、つまり資産から負債を差し引いて算出する純資産を重視している。資産の取得価格を重視する日本基準に対し、IFRS基準では現在時点での価格（時価）を重視する。

IFRS導入のメリットは、海外に子会社を持つ企業の場合、親会社と子会社の会計基準を統一できること。円滑に管理できるほか、海外の企業や投資家に説明しやすくなり、海外からの投資も増える可能性が高まる。一方、IFRSを適用するまでの複雑な手続きやコストの増加がデメリットである。

国際銀行間通信協会（SWIFT）

国際銀行間通信協会（SWIFT）とは、金融機関が国境を越えた送金業務を素早く安全にできるよう、送金額や口座名など必要な情報をやり取りする通信サービスの運営団体。SWIFTはSociety for Worldwide Interbank Financial Telecommunicationの略。1973年に設立され、日本を含む200を超える国・地域の1万1000以上の金融機関などが利用。1日約4200万件のやり取りを仲介しており、ビジネスの信頼できる国際決済ネットワークとして機能している。

欧米諸国が2022年3月、ウクライナ侵攻を進めるロシアへの経済制裁の一環として、ロシアの大手7銀行グループをこのSWIFTから排除したことで注目を集めた。SWIFTは本部がベルギーにあるため、欧州連合（EU）の決定に従った排除だった。欧米には、SWIFTから遮断することでロシア企業の輸出入や投資、借り入れを難しくし、ロシア経済にダメージを与える狙いがあったとされる。

国際決済銀行（BIS）

国際決済銀行（BIS）とは、1930年に発足した各国の中央銀行をメンバーとする国際機関。BISはBank for International Settlementsの略。中央銀行間の協力を促進するほか、中央銀行からの預金受け入れなどの銀行業務も行っている。日本を含め63カ国・地域の中央銀行が加盟している（2022年6月末時点）。

国際的な金融問題などを検討する各種委員会があり、そのうちバーゼル銀行監督委員会で合意されたものに「バーゼル合意」がある。国際的に活動する銀行の経営健全性を確保するために、銀行の自己資本比率や流動性比率等に関して一定の基準を設けるもので、日本を含む多くの国で銀行規制として採用されている。日本では「BIS規制」の名で知られる。1988年に最初に策定され（バーゼル1）、2004年に改定（バーゼル2）。さらに2007年から始まった世界的な金融危機を受け、2017年に新たな規制の枠組み（バーゼル3）が合意された。

国内総生産（GDP）

国内総生産（GDP）とは一定の期間に国内の経済活動によって生み出された財とサービスの付加価値の合計のこと。GDPはGross Domestic Productの略。1つの国（地域）がもうけたお金ともいえ、経済規模を表す重要な指標である。

GDPには2種類あり、物価変動分を取り除いたものを「実質GDP」、物価変動を考慮しないものを「名目GDP」という。

「1人あたり名目国内総生産（GDP）」は、その国（地域）のGDPを人口で割ったもの。国や地域の生産性の高さの指標としてよく使われる。

GDPには日本にいる外国人の消費が含まれるが、海外にいる日本人の消費は含まれていない。そこで日本人の儲けを把握するために、国民総所得（GNI：Gross National Income）も用いられる。GNIは、GDPに、日本企業などの海外での儲けや、外国株式・債券への投資による収益などを加えた指標。かつては国民総生産（GNP：Gross National Product）が使われていたが、今はGNIに切り替わっている。

国内総生産（GDP）デフレーター

国内総生産（GDP）デフレーターとは、国内の総合的な物価動向を把握するための指数の1つ。この数字が上昇すればインフレ傾向にあり、逆に下落すればデフレ傾向にあることを示している。国内総生産（GDP）は一定期間に国内に生み出されたモノやサービスの付加価値のことで、生産数量に市場価格をかけて合計したのが「名目GDP」。名目GDPから物価変動の影響を取り除いたものを「実質GDP」という。

GDPデフレーターは名目GDPを実質GDPで割って算出される。「デフレート（deflate）」とは、「しぼませる」という意味。

コマーシャルペーパー（CP）

コマーシャルペーパー（CP）とは、企業が短期金融市場から資金を調達するために発行する無担保の約束手形のこと。CPはCommercial Paperの略。無担保のため、財務体質が健全な企業のみ発行できる。一般的に、金融機関が発行を引き受けて投資家に販売する。額面金額は1億円以上で、発行形式は額面よりも低い金額で発行し、期限がきたらその額面を返還する「割引発行」。発行時との差額が買い手への利息となる。

CPの償還期間は通常1年未満で、1カ月以内に設定されることが多い。金利は発行する企業の信用力で決まる。

サーキットブレーカー制度（SCB）

サーキットブレーカー制度（SCB）とは、株式市場の先物取引において、呼値が一定の値幅以上の変動を起こした場合に、取引を一時停止するなどの措置を取る制度。SCBはStatic Circuit Breakerの略。日本取引所グループでは相場が過熱してきた場合、取引を一時中断することで投資家の過熱感を鎮め、冷静な判断の機会を設けるための措置と説明する。

同グループでは日経225先物、日経225mini、TOPIX先物、ミニTOPIX、東証グロース市場250指数などに呼値の可能な範囲を一定の値幅内に制限する制度を導入。設定する値幅は原則、四半期ごと（3、6、9、12月）に見直して運用している。

IT（情報技術）の発達で自動取引ソフトを用いた市場参加者が増えた結果、サーキットブレーカー制度の目的とする効果を十分に得られなくなっているとも指摘されている。

債券・証券の格付け

債券・証券の格付けとは、格付け機関が社債、国債などの返済能力の確実性、株式の配当支払い能力の高さに応じてランク付けを行うこと。一般的に債券の格付けが高ければ低金利での資金調達が可能になるが、低ければ金利の利率が高くなって資金繰りが苦しくなる。

世界的な格付け機関としては、米ムーディーズ・インベスターズ・サービス（Moody's Investors Service）、米S&Pグローバル・レーティング（旧スタンダード＆プアーズ）があり、日本では格付投資情報センター（R&I：Rating & Investment Information,Inc.）など。

サムライ債

サムライ債とは、日本以外の国家や、日本に本拠地を持たない機関・法人などが、日本国内で円建てにより発行する債券のこと。正式には「円貨建て外債」のことで、「円建て外債」とも呼ばれる。

アジア開発銀行（ADB）が1970年に60億円の債券を発行したのが、初のサムライ債。当初は国や州、国際機関などの公的なものが中心だったが、その後、発行体や形態が多様化している。利払いが外貨で償還が円の「リバースデュアルカレンシー債」や、利払いが円で償還が外貨の「順デュアル債（デュアルカレンシー債）」の形式をとったものも発行されている。

時価会計

時価会計は、「株式」「社債」「不動産」などの保有資産の価値を決算期末ごとに見直し、時価と簿価の差額を評価損益として、貸借対照表や損益計算書などの財務諸表に反映させる会計手法。期末時点における企業の財政状態を正確に公表するための手法だといえる。

時価会計に対し、資産取得時の価額を原価として計上する会計を取得原価主義会計という。資産価格の変動を読み取ることができず、企業の経営状態を正確に把握することが難しい。

時価会計によって国際基準に基づいた財務諸表の作成ができれば、企業の「財政状態」「経営状態」「将来性」などが、国内外の投資家に比較・判断されやすくなる。

自己資本利益率（ROE）

自己資本利益率（ROE）とは、企業が株主から預かったお金でどれだけ効率的に利益を上げているかを示す指標のこと。ROEはReturn On Equityの略。最終的なもうけである純利益を自己資本で割って算出する。ROEの数値が高いほど効率よく稼いでいることを示し、海外投資家が企業の収益力を評価する基準として重視する。

日本企業は欧米企業に比べてROEが低い。しかし、2014年に経済産業省のプロジェクトがまとめた通称「伊藤レポート」で、「各企業は最低限8％を上回るROEを目指すべきだ」とする提言が発表されたことを契機に、日本でもROEを重視する傾向が強まった。近年、改善傾向にあるものの欧米企業との差は大きい。

自社株買い

　自社株買いは、株式会社が過去に発行した株式を自社の資金を使って直接買い戻すこと。株主への利益還元の手段として実施する企業が増えている。市場に出回る株式の数が減るため、1株あたりの利益や自己資本利益率（ROE）は改善する。

　目的を定めずに自社株としてそのまま保有するケースは、金庫株ともいう。金庫株のメリットは、①自社の株価が上昇している局面で企業買収に金庫株を使用して、現金支出を抑える、②再度株式市場に売り出すことで設備投資資金などを調達する、③自己株消却で発行済み株式を減らし、1株あたりの価値を高めて株価を上昇させる──などだ。

失業率と求人倍率

　失業率は、日本では完全失業率ともいわれ、15歳以上の労働力人口（就業者と完全失業者の合計）に占める完全失業者の割合を指す。完全失業者とは、①仕事がなくて労働力調査の期間中に少しも仕事をしなかった（就業者ではない）、②仕事があればすぐ就くことができる、③調査期間中に求職活動をしていた（過去の求職活動の結果を待っている場合を含む）──の3つの条件を満たす者と定義されている。

　求人倍率は求職者1人に対する求人の数のことで、「有効求人倍率」と「新規求人倍率」の2つがある。有効求人倍率は、公共職業安定所（ハローワーク）に申し込まれた求人数のうち、「前月から繰越された有効求人数」と当月の「新規求人数」の合計数である「月間有効求人数」を、「月間有効求職者数」で割った値。

　新規求人倍率は、公共職業安定所で扱った該

当月の「新規求人数」を、「新規求職申込件数」で割ったもの。

　求人倍率が1倍を超えて高くなればなるほど仕事が見つけやすい状態を示している。失業率などとともに雇用情勢を表す代表的な指標となっている。有効求人倍率は景気の現状と一致し、新規求人倍率は数カ月先の景気を予測する判断材料となる。

需給ギャップ（GDPギャップ）

　需給ギャップ（GDPギャップ）とは、経済の供給力と現実の需要の間にある開きのこと。「国内総生産（GDP）ギャップ」ともいう。市場全体の供給力（潜在GDP）と実際の需要（実質GDP）の差を示し、「（実質GDP－潜在GDP）÷潜在GDP」で計算される。

　需要が供給を上回っている状況が「需要超過」で、逆の場合は「供給超過」。需要超過になると景気は過熱状態を示すため需要抑制策が取られ、供給超過になると失業率の上昇や物価の下落を招き、景気は下降を示す。

　日本では内閣府と日銀が算出している。需給ギャップの数値がプラスなら、需要超過で物価が上昇しやすい状況とされ、デフレ脱却を占う意味で市場の注目度が高い。ただ、本来観測することができない潜在GDPを基に算出するため、用いるデータや推計方法などによって大きく変動する場合がある。

上場投資信託（ETF）

　上場投資信託（ETF）とは、証券取引所で取引される投資信託のこと。ETFはExchange Traded Fundの略。東証株価指数（TOPIX）や日経平均株価といった株価指数や商品、

REIT、債券など、様々な価格に連動するように設定されている投資信託である。売買から決済、税金などもすべて株式と同じで、信用取引にも利用できる。

1990年以降、米国を中心に急成長した。日本では2001年7月に東京証券取引所と大阪証券取引所（現・大阪取引所）に、合計5銘柄が上場された。商品指数などのほか、現在は韓国や中国、ブラジル、ロシア、南アフリカなど、海外の株価指数に連動するETFも上場。選択の幅が広がっている。貴金属や原油先物といった商品を運用対象とするETFも増えている。

ETFの特色は、①簡単に分散投資できる、②費用が安い、③値動きが分かりやすい、④いつでも売買できる——の4つ。ETFは指標の情報が日々報道されているので、値動きや損益が把握しやすく、初心者にも分かりやすい。

消費活動指数

消費活動指数とは、短期的な消費活動を把握するため、日本銀行が毎月発表している指数。乗用車、飲食料品、旅行、通信など数十種類のモノやサービスの販売統計を基にしている。

同様の指数として総務省が公表する家計調査があるが、サンプルの偏りや、月々の数字の振れが大きくなるといった欠点があり、これを解消する目的で日銀が開発した。

消費活動指数は、政府や業界団体など供給側からの統計を基に作成されるが、訪日外国人が消費した金額を差し引いた指数も出し、国内消費者に限った傾向もつかめるようにしている。

消費者物価指数（CPI）

消費者物価指数（CPI）とは、消費者が購入す

る様々な商品価格の平均的な変動を測定した指数。CPIはConsumer Price Indexの略。総務省が毎月1回、発表している。基準年は5年ごとに改定し、指数に採用する品目とそのウエートはこの基準改定に合わせて見直す。「経済の体温計」ともいわれ、国内の様々な経済政策を決める上で、重要な指標として使われている。

指数に採用している品目は582品目（2020年に改定）。総合指数のほかに、①生鮮食品を除いたもの（コアCPI）、②持ち家の帰属家賃を除いたもの、③食料（酒類を除く）およびエネルギーを除いたもの（コアコアCPI）などを公表している。

新株予約権付社債（転換社債＝CB）

新株予約権付社債（転換社債＝CB）とは、発行企業の株式を取得できる権利が付いた社債で、この一種が転換社債だ。正式名称は「転換社債型新株予約権付社債」。英語表記「Convertible Bond」の頭文字から「CB」とも呼ばれる。一定期間中であれば、あらかじめ設定された価格（転換価格）で社債から株式に交換でき（株式転換）、株価が転換価格より高い時に株式転換して売却すれば利益を得られる。株式転換をしなくても、通常の社債（普通社債）と同じように利子が付き、満期には額面で償還される。

なお、転換社債は2002年の商法改正により従来のワラント債（非分離型）と債券種別が同じになり、いずれも法律上の名称が「新株予約権付社債」となった。

新規株式公開（IPO）

新規株式公開（IPO）とは、株式を証券取引所に新たに上場すること。IPOはInitial Public Offeringの略。株式を上場することで、証券市場を通じて多数の投資家から機動的に資金を調達しやすくなり、業容拡大のチャンスになる。銘柄が新聞などにも掲載されるため、企業の知名度も向上し、社員の採用活動にもプラスに働く。

デメリットは①株式の売買が証券取引所を通じて自由になるため、買収されるリスクが増大する、②株主・アナリストなどからの期待に応えることが求められ、経営が短期的視野に左右されやすくなる、③上場維持費用の負担などで管理コストが増加する——などだ。

既に上場している企業でも、株式公開のデメリットがメリットを上回れば、上場廃止に踏み切り、非上場会社に戻るケースや、TOB（株式公開買い付け）をかけられて上場廃止に追い込まれるケースもある。

新設住宅着工戸数

新設住宅着工戸数とは、国内で新たに建設に着手した住宅の戸数。国土交通省が毎月1回、発表している。住宅投資は景気動向とともに、通常ローンを組んで投資されることから長期金利の影響も受ける。発表される戸数は利用関係別に持家、貸家、分譲、給与住宅に分けられる。分譲は一戸建てとマンションなどで、給与住宅は、企業や官庁などが給与の一部として造る社宅や官舎などだ。

新発10年物国債利回り

新発10年物国債利回りとは、国が新規に発行する償還期間10年の国債の流通利回り。信用度が高いことから長期金利の指標として一般に利用され、企業の設備投資などの長期資金借入金利や、住宅ローン金利に大きな影響を与える。

国債は国が元本を保証しているため、不況期には安全資産として銀行や証券・生命保険会社などの購入が増える傾向にある。買い手が多ければ国債価格が上昇し、国債利回りは逆に低下。長期金利も低下する。反対に、国債価格が下落すると国債利回りが上昇し、長期金利も上昇。つまり、国債価格は市場の金利水準の変化に連動するといえる。

信用収縮（クレジット・クランチ）

信用収縮（クレジット・クランチ）とは、金融システムが極端に逼迫すること。金融機関が融資を抑制し、経済全体の資金供給量が細る状況を指す。企業の設備投資や生産活動を縮小させ、景気を悪化させる恐れがある。

信用不安から金融市場の流動性が失われる状況のことを言う。金融機関が、融資枠の縮小や融資条件の厳格化といった貸し渋りをすることで、企業等は資金を借りづらくなる。とくに信用力の低い中小企業は資金繰りが難しくなり、倒産へつながることもある。

ストックオプション

ストックオプションとは、自社の株式を、会社があらかじめ決めた価格（権利行使価額）で購入できる権利（Stock Option）を社員や役員

に割り当てる仕組みのこと。一定の期間や定められた数量の範囲内で、好きな時に自社株を購入することができる。購入後、時価で売却し、その差額が利益になる。売却せずにそのまま保有し続けることも可能。

会社の株価が上昇すれば社員の利益につながるため、社員の働く意欲を高められるというメリットがある。

税効果会計

税効果会計とは、企業の会計上の収益・費用と、法人税法上の益金・損金との差を調整する会計処理のこと。企業会計上では費用になっても、税務会計上では費用にならないものがあり、この企業会計と税務会計の費用に関する認識のズレを調整し、適切に期間配分することをいう。

例えば、企業は取引先が倒産して売掛金が回収できなくなることに備えて貸倒引当金を費用計上できるが、税務会計上では貸倒引当金を損金計上することはできない。このような差異を調整するのが税効果会計で、これによって企業の正しい利益が分かるようになる。

税効果会計の適用義務があるのは上場企業と金融商品取引法の規制を受けている非上場企業、会計監査人を設置している企業、会社法上の大企業で、中小企業は適用外となっている。

潜在成長率

潜在成長率とは、その国が本来持っている労働力や資本などを最大限使ったときに見込める経済成長率のこと。生産設備に投資した「資本」、技術革新や生産効率が向上した分を反映した「生産性」、生産活動に必要な「労働力」の3つから算出する。実際の経済成長率が、潜在成長率より高ければインフレ圧力が大きくなり、逆ならばデフレ圧力が大きくなる。

ただし、潜在成長率はあくまで推計で算出するもの。算出機関によって定義や前提条件、推計方法などが異なるため、数字にばらつきが出ることに留意が必要である。

想定為替レート

想定為替レートとは、企業が年間の事業計画や業績見通しをつくる際にあらかじめ決めておく為替相場の水準のこと。ドルやユーロに対する円相場を示すことが多いが、最近は生産拠点が広がっているため、新興国通貨の想定レートを公表する企業もある。

各企業が独自に設定するため、その企業の為替に対する見通しや、為替相場の変動が業績にどの程度影響を及ぼすかが予測できる。

想定為替レートより円安が進めば、自動車や電機などの製造業は輸出競争力が高まり、為替差益が発生して円換算で利益が拡大する。

ソブリン・ウエルス・ファンド（SWF、政府系ファンド）

ソブリン・ウエルス・ファンド（SWF、政府系ファンド）とは、政府が国家資産を投資して運用するため投資ファンドのこと。SWFはSovereign Wealth Fundの略。政府が直接的、あるいは間接的に運営し、石油などの1次産品の輸出収入を原資とする商品系ファンドと、外貨準備や財政余剰の一部を原資とする非商品系ファンドに大別される。資金の大半は世界各国の株式や国債などで運用されているが、不動産、プライベートエクイティ（未公開株式）など

に投資対象を広げる傾向もみられる。

代表的なSWFはノルウェー政府年金基金。北海油田から得られる石油・ガス田の資源収入を元手にし、国民の年金資産を増やす世界最大級のファンド。運用を担うノルウェー銀行インベストメント・マネジメント（NBIM）は、ESG投資の旗振り役として知られる。

ダウ工業株30種

ダウ工業株30種とは、米ダウ・ジョーンズ社が算出・公表している、世界で最も有名な株価指数。「ニューヨーク・ダウ」とも呼ばれる。米国を代表する30銘柄を基に構成され、1896年から公表されている。構成する銘柄の株価の合計を単純に株数で割った、株価平均型の指数。

産業構造の変化を反映するため、ダウ・ジョーンズ社が発行するウォール・ストリート・ジャーナル紙によって、不定期に銘柄の入れ替えが行われる。「工業」というものの、鉄道と公共事業以外であれば、消費財や金融なども含めたすべての企業が対象。

ディスクロージャー（情報開示）

ディスクロージャー（情報開示）とは、企業などが、投資家や債権者といった利害関係者に、経営や財務状況などの各種情報を開示すること。情報を公開することで企業の透明性を高め、一般投資家や消費者の信頼を向上させるのが目的。制度上のものと、任意のものに大別される。

制度上のディスクロージャーには、「金融商品取引法」によって定められたものと「会社法」で定められたものがある。株式上場企業の場合は、金融商品取引所などの要請に基づく制度が定められている。発表内容や時期などが強制されており、事業年度ごとの有価証券報告書と四半期報告書の提出、決算短信の発表、株主総会の招集通知に計算書類を添付することなどがこれにあたる。

任意のディスクロージャーは、一般に「IR（Investor Relations）」といわれ、決算発表説明会の開催や月次データの開示などがある。

デリバティブ（金融派生商品）

デリバティブ（金融派生商品）とは、株式、債券、外国為替、金利といった伝統的な金融商品から派生した金融商品で、先物取引やオプション取引、スワップ取引などがある。「〜から〜を導き出す、派生する」という意味の動詞「derive」の名詞形「derivative（デリバティブ）」から来ている。少額の資金で大きな取引ができるため、典型的なハイリスク・ハイリターン商品といえる。

動産担保融資（ABL）

動産担保融資（ABL）とは、在庫などの動産や売掛債権を担保として活用する資金調達方法。ABLはAsset Based Lending の略。ABLの対象になるのは、製品や商品の在庫、仕掛品、原材料、車両、機械などの動産や、受取手形、売掛金といった売掛債権など。牛や豚など、従来では考えられなかったようなものを担保にすることもできる。

不動産を持たなくても、在庫や売掛債権を活用して資金を調達できるため、資金調達力が弱い中小企業の経営改善や事業再生を図るために、金融庁が普及を後押ししてきた。

投資ファンド

投資ファンドとは、複数の投資家から資金を調達してファンド（基金）とし、投資家に代わってファンドマネジャーが運用して得られた収益を投資家に配分する仕組み。資金の募集方法によって2種類に分けられる。広く多くの人から資金を集めて運用する場合、不特定多数を対象に募る形式を「公募ファンド」といい、限られた人からだけ集める形式を「私募ファンド」という。公募型の代表として「投資信託」、私募型の例として「ヘッジファンド」が挙げられる。

キャッシュフロー（現金の流れ）を生みだすものであれば、運用の対象となる。ビットコインなどを運用対象とするファンドも現れている。

東証再編

東証再編とは東京証券取引所が2022年4月に実施した株式上場市場を再編したことを指す。従来の市場第1部・市場第2部・マザーズ・JASDAQの4市場をプライム市場・スタンダード市場・グロース市場の3市場に再編した。最上位であるプライム市場への上場は、市場で流通する株式の比率が35％以上、流通株式ベースの時価総額100億円以上などが条件となり、東証1部より上場基準が厳しくなった。プライム市場の基準を厳格化することで企業に経営の質の向上を促すとともに、多くの海外投資家を呼び込むのが狙い。

東証1部の8割強にあたる1839社がプライム市場に移行し、東証1部の企業数から338社減った。ただ、経過措置により、東証1部上場企業のうちプライム市場の条件を満たしていなくても希望すれば実質4年はプライム市場に所属できる。経過措置を活用した約300社は、基準達成に向けた計画書を提出。基準を下回る状況が続いた場合、東証がプライム基準をクリアするか判定する基準日から3カ月以内に計画の進捗状況を開示しなければならない。23年10月には177社が特例措置を使ってスタンダード市場に移行し、プライム市場の上場企業の選別が進んでいる。

また、再編以降は投資などにより一時的に赤字を計上している場合も、プライム市場への上場が可能になる。メルカリは再編後初めて市場変更の承認を得て、22年6月にグロース市場からプライム市場へ移行した。

独立系金融アドバイザー（IFA）

独立系金融アドバイザー（IFA）とは、特定の金融機関に所属しない独立した立場で顧客に資産運用のアドバイスを行う専門家。IFAはIndependent Financial Advisorの略。「独立系ファイナンシャルアドバイザー」とも呼ばれる。内閣総理大臣の登録を受けた事業者で、金融商品の仲介もする。

業務は、IFA法人などが銀行や証券会社などと業務提携して進める。証券口座の開設や金融商品の購入など、一連の助言やサポートを行うことができる。

ドル基軸通貨体制

ドル基軸通貨体制とは、米国のドルを基軸通貨とする国際通貨体制。基軸通貨とは、貿易決済や金融取引などに幅広く使われ、人々の価値基準として認識される通貨のこと。第2次大戦前までは英ポンドが基軸通貨だったが、戦後は米ドルに交代。

1945年発効のブレトンウッズ協定で定められた。ドルを唯一の金本位通貨とし、各国通貨の為替レートをドルとの間で固定する。

1973年に変動相場制へ移行した後も実質的にドルが基軸通貨の役割を果たしている。その一方で、2008年秋の米国に端を発した世界的金融危機や中国元の台頭などを背景に、ドルを基軸とする通貨制度の見直しを求める声が強まった。

20年12月、国際通貨基金（IMF）がリポートを発表。「基軸通貨としては米ドルの支配が続く可能性が高い。しかし、新しく出現したデジタル通貨や新しい決済エコシステムなどの要素が、準備通貨を巡る状況の変化を加速させる可能性がある」と指摘。新興国を中心にドル以外の通貨を利用する動き「ドル離れ」が広がりつつある。

なでしこ銘柄

なでしこ銘柄とは、経済産業省と東京証券取引所が東証に上場している企業を対象に、女性人材の活用を積極的に進めて業績向上につなげている企業のこと。「女性活躍推進」に優れた上場企業を投資家にとって魅力ある銘柄として紹介し、各社の取り組みを加速化していくことが狙い。2012年度にスタートし、毎年発表している。

一定のスクリーニング要件を通過した企業について、女性活躍調査のスコアリング結果に自己資本利益率（ROE）による加点を経て、業種ごとに「なでしこ銘柄」を選定。全体順位上位のスコアの企業のうち、「なでしこ銘柄」として選定されなかった企業を、「準なでしこ」として業種を問わず選定している。

日銀短観

日銀短観とは、日本銀行（日銀）が発表する全国企業短期経済観測調査の略。短観は、海外でも「TANKAN」の名で知られる。日銀が統計法に基づいて実施する統計調査で、景気の動向などについて全国約1万社の企業を対象にアンケート調査し、結果をまとめたもの。4、7、10、12月の年4回公表される。

企業から見た景気動向や先行きの見通しを示す業況判断指数（DI：Diffusion Index）は、景況判断を「良い」「さほど良くない」「悪い」の3段階で聞き、「良い」と答えた企業の割合から、「悪い」と答えた企業の割合を差し引いて作成する。「良い」と「悪い」の回答が同数であれば「0」となる。

日経景気インデックス（日経BI）

日経景気インデックス（日経BI）とは、日本経済新聞社が2000年6月から月次で算出・発表している、景気動向を反映した指数。BIはNikkei Business Indexの略。公開は原則として翌月末。「鉱工業生産」「有効求人倍率」「商業販売額」の3指標を基にまとめた指数で、定期的に基準（＝100）となる年を見直している。

生産、労働、需要という経済の3つの側面を代表する指標の変化率を合成し、景気の方向性だけでなく水準を示すことができるのが特徴。速報性のある月次指標だけで構成されている。

供給サイドの指数（鉱工業生産）よりも、需要サイドの指数（有効求人倍率、商業販売額）を強く反映させているため、消費者の景況実感がより反映されやすく、他の指数よりも景気の回復を機敏に捉えることができるといわれている。

日経商品指数

日経商品指数とは、景気の動向に敏感な複数の商品について、日本経済新聞社が1970年の平均価格を基準値（＝100）とし、原材料価格の動きを指数としてまとめたもの。多数の事業者が自由に現物を取引し、需給や競争によって価格が変動する品目を採用しており、市場規模や取引の変化に応じて品目を入れ替え、景気の先行指標としての信頼性を維持している。

日次で算出する17種は1974年11月から、月次で算出する42種（速報として週末値も算出）は1975年7月から公表している。景気の後退・回復それぞれの局面に対して、早く反応する傾向があるため、景気動向を占う指標としてエコノミストなどが活用している。42種は、内閣府の景気動向指数の一要素（先行系列）にも組み込まれている。

バフェット指数

バフェット指数とは、世界的に著名な投資家ウォーレン・バフェット氏が株価の割安・割高を判断するときに使っているといわれる指標。指数の計算式は「当該国の株式時価総額÷当該国の名目GDP×100」。

経済が順調な先進国では、株式市場の株価が国内総生産（GDP）と比例して上昇していくという考えが基になっており、GDPが成長していないのに株価が上昇していると不自然な状態と考えるわけだ。バフェット指数が100を超えていると割高、100以下だと割安と判断する。

バフェット指数を解釈するときに注意すべきは、株価が割高であるからといってすぐに株の暴落が起こるというわけではないことである。ときとして割高な状態が何らかの要因で何年も継続する可能性もある。

バブル崩壊

バブル崩壊とは、1991年から1993年頃にかけて株価や地価が急落した国内景気の下落状況のこと。実体が伴わずに膨らんだ泡のように「バブル」景気がはじけた様子に例えてこの表現が使われる。

政府は1980年代後半、景気浮揚策として公共事業拡大と低金利政策を実行。企業・個人は余ったお金を株式・不動産投資に回し、株価・地価が急上昇した。その後、金融政策の転換により公定歩合が段階的に引き上げられた結果、1989年末に3万8915円の高値を付けた日経平均株価は1990年末に2万3848円にまで下落。また、銀行の不動産融資を実質的に制限する総量規制政策により地価も下がり、バブル景気は終焉を迎えた。その後、「土地神話」の崩壊とデフレ経済を招き、長く経済停滞が続いた。

フィデューシャリー・デューティー（顧客本位の業務運営）

フィデューシャリー・デューティー（顧客本位の業務運営）とは、もともとは英米法において「信認を受けた者が履行すべき義務」を指す言葉。金融業界で使う場合は「金融機関は資産を預けている顧客に対し、利益を最大限にすることを目標に利益に反する行為を行ってはならない」という金融機関の役割や責任全般を指す。

2014年に金融庁がまとめた「金融モニタリング基本方針」の中で初めて扱ったことで話題となった。17年に金融庁が提言した「顧客本位の業務運営に関する原則」により、その重要度

がさらに増した。

付加価値税（VAT）

　付加価値税（VAT）とは、欧州連合（EU）やアジアなどの国で、物やサービスの購買時に課せられる間接税のことで、日本の消費税に相当する。VATはValue Added Taxの略。EU加盟国はVATを導入しており、標準税率の下限は15％。上限については規定がなく、国によって税率が異なる。食品や医薬品などについては、国ごとに軽減税率を適用する商品やサービスを定められる。

　日本から旅行した場合や、出張など業務上の支出を現地で行った場合は、購入額が一定の基準額を超えればVATが返還される。

物価連動国債

　物価連動国債とは、物価動向に合わせて債権保有者への支払いが変わる国債で、インフレ連動国債とも呼ばれる。満期まで利率は変わらないが、元本（国が返済する金額）が物価（消費者物価指数）の変動に合わせて変動するため、受け取れる利息が増減する仕組み。

　通常の固定利付国債は、発行時の元金額が償還時まで変わらず、利率もすべての利払いで同一である。償還時には最後の利子と発行時の元金額が支払われる。それに対し物価連動国債では表面利率は発行時に固定されるものの、物価変動に連動して元本が変わるので、発行後に物価が上昇すれば上昇率に応じて元本が増加し受け取る利息も増える。

　インフレなら元本が増加し、デフレなら減少する。インフレに強い金融商品ともいえる。デフレ時には、元本割れするものと、利率を低く

する代わりに元本を保証するタイプがある。日本では2013年度発行分からは物価がどれだけ下がっても、償還時の元本が額面を下回らない「元本保証」が付いている。

プライムレート

　プライムレートとは、民間銀行が信用力の高い企業に融資をする際に適用する最優遇金利。貸出期間が1年未満のものは短期プライムレート（短プラ）、1年以上のものは長期プライムレート（長プラ）と呼ばれる。

　短プラは個人や中小企業を対象とした融資に用いられ、金利は各行が独自に決定する。企業向けの短期の貸出金利はこれをベースに信用リスクの大きさに応じて金利を上乗せする。また、変動金利型の住宅ローンは短プラを基準に金利が決められている。

　長プラについては、かつては長期信用銀行が発行する金融債の利率に一定の利率を加えたものが基準とされていた。だが、近年は短プラを基準に一定の利率を上乗せするケースが増えており、これを「新長期プライムレート」という。

フリーキャッシュフロー（FCF）

　フリーキャッシュフロー（FCF）とは、会社が本業で生み出したお金のうち、自由（フリー）に使える現金（キャッシュ）のこと。Free Cash Flowの略。「純現金収支」ともいう。投資家が、企業の「現金を稼ぐ力」を評価する尺度として利用する。一般的には、営業活動で獲得した営業キャッシュフローと、投資活動によって流出入した投資キャッシュフローを差し引きして求める。

企業経営者の判断で自由に使え、株主への還元や借入金の返済に充てられる。プラスの場合は経営状況が良好とされ、資金に余裕があるため、銀行融資に頼らない機動的な投資ができる。なお拡大期・成長期にある企業は積極的な投資を重ね、マイナスが続くこともある。

ペイオフ

ペイオフとは、金融機関が破綻した場合に、預金者を保護するための制度。預金などの払戻しについて、預金者1人あたり元本1000万円までとその利息を、「預金保険金」として預金保険機構が預金者に直接支払う。元本1000万円を超える部分については、破綻した金融機関の清算に応じた配当割合によって支払われる。

預金保険法では、預金の一定額までのみの保護を原則にしているが、銀行破綻が相次いだ1990年代の金融危機の際、政府はペイオフを凍結し預金を全額保護するようにした。2010年に日本振興銀行が破綻した際のペイオフが、初めての実施となった。

米雇用統計

米雇用統計とは、米国の雇用情勢を調べた経済指標で、米労働省が原則として毎月第1週の金曜日に前月分を発表する。十数項目の雇用関連統計が発表されるうち、雇用情勢の動向を予測できる「非農業部門の雇用者増加数」と「失業率」はとくに注目度が高い。

米政府から最初に発表される前月の指標で、米連邦準備理事会（FRB）の金融政策決定にも大きな影響を与えるため、米国だけではなく各国の市場関係者が注視する。

ヘッジファンド

ヘッジファンドとは、通貨や株式、債券など様々な金融商品への投資にあたって、先物やオプションなどの金融派生商品（デリバティブ）での運用も行い、相場の上下にかかわらず利益を追求するファンドのこと。ヘッジは「避ける」という意味で、リスクを避けながら運用するといった意味から用いられている。株式投資や投資信託よりも高い利回りが期待できるとされている。

株や債券に限らず、あらゆる金融投資を試みるオルタナティブ投資ファンドの一種。投資対象は、農産物・鉱物、不動産などの商品、未公開株や金融技術が駆使された先物、オプション、スワップなどの取引。

元手以上の資金で運用することで利益率を高めることを狙う。ただし、運用に失敗した場合は損失が生じるリスクが高まる。このため、ヘッジファンドは運用会社が私募形式で出資者を募る。相手は富裕層や金融機関などの大口投資家。最低購入金額も一般人には出せないような金額に設定されている。

持ち株会社

持ち株会社とは、他の会社の株式を所有してその事業活動を管理下に置き、経営権を握る目的で設立された会社のこと。ホールディングカンパニーとも呼ばれる。持ち株会社を「親会社」、株式を保有される他社を「子会社」という。

持ち株会社には、「純粋持ち株会社」「事業持ち株会社」「金融持ち株会社」などがある。純粋持ち株会社は本業を持たずに他社の事業活動を支配する会社、事業持ち株会社は本業を行うかたわら他社の事業活動を支配する会社であ

る。また、純粋持ち株会社のうち子会社が金融機関に限定されている場合を、金融持ち株会社という。

1997年に過度の資本集中を生じる場合を除いて持ち株会社設立が解禁された。それにより、企業の分社化によるリストラクチャリングや合併による業界再編が容易になった。

ラップ口座

ラップ口座とは、投資家が投資先選びなどの資産運用や管理を金融機関に任せる金融サービス。ラップは「包む」という意味で、運用に関する包括的なサービスが提供される。ポートフォリオの資産配分構築や比率調整に関するアドバイス、運用会社・投資信託などの紹介、定期的な報告などがそのサービス例。

1999年にスタート。開始当初は最低投資金額を1億円以上とするなど、基本的に富裕層が対象だった。投資先を投資信託に絞る「ファンドラップ」が普及し最低額が300万～500万円に引き下げられ、敷居が低くなって普及がさらに進んだ。

ただ、最低投資金額や手数料が比較的高額というデメリットもある。運用が好調でも手数料を差し引けば利益を圧迫していたというケースも想定される。

リーマン・ショック

リーマン・ショックとは、2008年に米国の大手投資銀行リーマン・ブラザーズが経営破綻したのを機に、世界的に発展した金融・経済危機。英語圏ではthe collapse of Lehman BrothersやBankruptcy of Lehman Brothersと表すことが多い。

2008年9月15日、低所得者向けの高金利住宅ローン「サブプライムローン」関連のクレジット・デフォルト・スワップ（CDS）の多額損失を計上したリーマン・ブラザーズが倒産。多くのCDSを保有し経営危機にあった米大手保険会社AIGが、連鎖して破綻するのではないかという懸念が高まった。さらに金融機関救済を巡る米政府の対応も一貫性に欠けたため市場の不信感をあおり、市場や企業にお金が回らなくなる信用収縮と株価暴落が、世界的に広がっていった。

株価暴落による逆資産効果は米国で深刻な消費減退を招き、対米輸出不振を通じて、ヨーロッパや日本も第2次世界大戦後初の同時マイナス成長に陥った。

連結経常利益

連結経常利益とは、子会社や関連会社などを含めたグループ全体の事業・財務活動で得られた利益のこと。本業のもうけを示す連結営業利益に、財務活動で発生した金融収支などの営業外損益を加えたもの。

近年、企業では事業部門別の経営責任を明確にするために分社化が進み、本社の単独決算ではグループ全体の企業業績の実態がつかめない。そこで、連結経常利益が企業グループの収益力を示す指標として重視されている。

国際

ASEANプラス3

東南アジア諸国連合（ASEAN）加盟10カ国に、日本、中国、韓国の3カ国を加えた首脳会議。

1997年のアジア通貨危機を契機に、ASEAN首脳会議に日中韓3カ国が招待され、それ以降、定期的にASEANプラス3による首脳会議や外相会議が開かれている。

ASEANを構成するのは、ブルネイ、カンボジア、インドネシア、ラオス、マレーシア、ミャンマー、フィリピン、シンガポール、タイ、ベトナムの10カ国。

BRICS（ブリックス）

ブラジル（Brazil）、ロシア（Russia）、インド（India）、中国（China）、南アフリカ（South Africa）の新興経済大国5カ国を、その頭文字から「BRICS（ブリックス）」と呼ぶ。注目されだした頃の表記は「BRICs」だった。

米証券大手ゴールドマン・サックスが2001年の投資家向けレポートで、南アを除く4カ国を「BRICs」と命名。レポートでは先進6カ国（米日英独仏伊、以下G6）とBRICsの国内総生産（GDP）を比較して、「BRICs4カ国のGDPが、39年にはG6の合計を上回る」と分析して注目を浴びた。

11年に開催された第3回首脳会議から、南アが正式メンバーとして参加。グループ名の表記は「BRICS」（Sは大文字で、南アを示す）となった。

アジア太平洋経済協力（APEC）

アジア太平洋経済協力（APEC）とは、アジア太平洋地域の21の国と地域が参加する経済協力の枠組み。APECはAsia-Pacific Economic Cooperation の略。日本や米国、ロシア、ペルーなどが名を連ねている。1989年に、12カ国・地域の閣僚会議として開始。1993年から首脳会議も開始。

アジア太平洋地域の持続可能な成長と繁栄に向けて、貿易・投資の自由化・円滑化や地域経済統合の推進、経済・技術協力などの活動を実施している。

アフリカ開発会議（TICAD）

アフリカ開発会議（TICAD）とは、日本政府の主導で3年に1度開催されるアフリカ地域の開発をテーマとする国際会議。TICADはTokyo International Conference on African Developmentの略。増加する人口と豊富な資源を抱えるアフリカには、世界が注目している。中国をはじめ、日本以外の各国もアフリカとの関係強化を進めている。

アフリカ大陸自由貿易圏（AfCFTA）

アフリカ大陸自由貿易圏（AfCFTA）とは、アフリカ大陸の市場を統一し、アフリカ各国間の関税撤廃を目指す自由貿易協定。アフリカ連合（AU）加盟国55カ国・地域のうち44カ国・地域が2018年3月に設立協定に署名し、19年5月発効、21年1月に運用を開始した。23年3月時点でエリトリアを除く54カ国・地域が署名し、46カ国が批准を終えた。

アフリカ域内での貿易の活性化を目指すが、各国を結ぶ道路、港湾整備の遅れ、不安定な電力供給、地域紛争による治安の悪化など、物流網の整備が課題だ。

アフリカ連合（AU）

アフリカ連合（AU）とは、アフリカ統合を掲げてアフリカの全独立国家55カ国・地域が加

盟する世界最大級の地域機関。AUはAfrican Unionの略。2002年7月に設立し、本部はエチオピアの首都アディスアベバ。

　1963年5月に設立されたアフリカ統一機構（OAU）から、アフリカ諸国の一層の政治的・経済的・社会的統合の実現と、紛争の予防解決によるアフリカの平和を目的に設立した。アフリカ諸国・諸国民間の一層の統一性・連帯の達成、アフリカの政治的・経済的・社会的統合の加速化、アフリカの平和・安全保障・安定の促進を目的とする。アフリカではアフリカ連合を頂点に、西アフリカ諸国経済共同体（ECOWAS）、中部アフリカ諸国経済共同体（CEEAC）、政府間開発機構（IGAD）、南部アフリカ開発共同体（SADC）などの地域・準地域機構が活動している。

エルニーニョ

　エルニーニョとは、太平洋赤道域の日付変更線付近から南米沿岸にかけて、海面水温が平年より高くなる状態が1年程度続く気象現象のこと。一方で同じ海域において海面水温が平年より低い状態が続く気象現象は「ラニーニャ（現象）」と呼ばれる。それぞれ数年おきに発生し、世界的な異常気象の要因になると考えられている。

　エルニーニョが発生すると、日本では夏は気温が低く日照時間が減少し、西日本の日本海側で降水量が多くなりがちだ。冬は気温が高くなる傾向がある。ラニーニャが発生すると、夏は気温が高く、沖縄・奄美では南から湿った気流の影響を受けやすくなり、降水量が多くなることが多い。冬は気温が低くなる傾向がある。

　なお、エルニーニョはスペイン語で「神の子キリスト（男の子）」、ラニーニャは「女の子」を意味する。

核拡散防止条約（NPT）

　核拡散防止条約（NPT）とは、米国、英国、ロシア、フランス、中国の5カ国を核兵器国とし、それ以外の国の核兵器保有を禁止する条約で、正式名称は「核兵器の不拡散に関する条約」。NPTはNuclear Non Proliferation Treatyの略称。5カ国以外の国が核兵器を開発・保有することを防ぐ核不拡散や、原子力の平和的利用などの推進を主な目的に1970年3月に発効した。

　日本は1976年6月に批准している。締約国数は191カ国・地域（2021年5月現在）。北朝鮮は1985年に加盟したものの、1993年と2003年に一方的に脱退を宣言。事実上の核兵器保有国であるインド、パキスタン、イスラエル、南スーダンは加わっていない。5年ごとに条約の運用を検討する運用検討会議を開催することを定めている。

気候変動に関する政府間パネル（IPCC）

　気候変動に関する政府間パネル（IPCC）とは、気候変動に関する最新の研究成果を世界の研究者の協力のもとで整理し、最新の報告書をまとめる政府間組織。IPCCはIntergovernmental Panel on Climate Changeの略。1988年に国連環境計画（UNEP）と世界気象機関（WMO）が共同で設立した。

　3つの作業部会がそれぞれ定期的に報告書をまとめる。IPCCは2021年8月に公表した報告書で地球温暖化について、「人間の影響が大気、海洋及び陸域を温暖化させてきたことには疑う余地がない」と表現した。

経済連携協定（EPA）

経済連携協定（EPA）とは、貿易の自由化に加え、投資、人の移動、知的財産の保護や競争政策におけるルール作り、様々な分野での協力の要素などを含む、幅広い経済関係の強化を目的とする協定。EPAはEconomic Partnership Agreement の略。複数の国と地域の間で、モノだけではなくヒトとサービスを移動しやすくして経済関係を強化する。

これに対して、自由貿易協定（FTA:Free Trade Agreement）は、特定の国や地域の間で、物品の関税やサービス貿易の障壁等を削減・撤廃することを目的とする。

国際原子力機関（IAEA）

国際原子力機関（IAEA）とは、核拡散防止条約（NPT）の下、各施設の査察や軍事目的への転用の可能性を検証する機関。IAEAはInternational Atomic Energy Agencyの略。核を巡る問題は政治的な色彩が強いため、国連の専門機関ではなく、自治機関として1957年に設立された。

主な目的は、原子力の平和的利用を促進すると同時に、軍事的利用への転用を防ぐための保障措置を設定し、実施することである。核兵器の開発疑惑から、過去にイラクや北朝鮮への査察を実施したことがある。検証する対象は相手国が申告した施設、物資のみだが、違反疑惑があれば未申告施設への「特別査察」もできる。

国連難民高等弁務官事務所（UNHCR）

国連難民高等弁務官事務所（UNHCR）とは、難民の生命を保護する機関で、難民に国際的保護を与え、自主的な帰還、保護国での定住、第三国での定住などを支援している。UNHCRはUnited Nations High Commissioner for Refugees の略。国連総会によって1950年に創設され、スイスのジュネーブを拠点に活動を開始。

日本の同機関への資金協力は1967年以来継続している。1991 ～ 2000年末までは、日本人の緒方貞子氏（故人）が第8代高等弁務官を務めた。

国連平和維持活動（PKO）

国連平和維持活動（PKO）とは、世界各地で起こる紛争を解決するための国連の活動。PKOはUnited Nations Peacekeeping Operationsの略称。国連PKOとも呼ぶ。

紛争当事者による対話を通じた紛争解決の支援を目的とする活動が中心だったが、国際社会が対応を求められる紛争の多くが、国家間の紛争から国家内の紛争および国内紛争と国際紛争の混合型へと変わった結果、国連PKOの任務も多様化した。選挙の実施、文民警察の派遣、人権擁護、難民支援から行政事務の遂行、復興開発まで、多くの分野での活動を任務としている。

日本は、1992年6月制定（2001年に一部改正）の「国際連合平和維持活動等に対する協力に関する法律」（いわゆるPKO協力法）に基づき、この活動に参加。同法は、武器の使用は要員の生命等の防護のために必要な最小限のものに限るなどの「PKO参加5原則」を定めている。

シェンゲン協定

シェンゲン協定とは、欧州域内で移動の自由

を保障する協定のこと。加盟国間で原則、出入国審査なしで自由に国境を越えられ、欧州統合の理念を象徴する規定の1つ。現在は欧州連合（EU）域外のスイスなどを含む27カ国で実施している。1985年にルクセンブルク・シェンゲンで当時の欧州経済共同体に加盟していたベルギー、フランス、ルクセンブルク、オランダ、西ドイツ（当時）の5カ国で署名されたのが始まり。1999年に発効したアムステルダム条約により、シェンゲン協定の内容はEU条約に組み込まれた。

シェンゲン協定の理念を揺さぶるのが難民や不法移民の問題だ。発端となったのは、2011年、北アフリカ各国の政変（アラブの春）を受けて多くの難民がEU内に流入したこと。移民の急増により雇用が奪われるといった不安感や密入国者への恐怖心などから域内で国境審査の復活を求める声が上がった。

新開発銀行（NDB）

新開発銀行（NDB）とは、ブラジル、ロシア、インド、中国、南アフリカの5カ国が運営する国際開発金融機関。NDBはNew Development Bankの略。通称BRICS銀行ともいう。2014年7月にブラジルで開かれた第6回BRICS首脳会議で創設に正式合意し、15年7月にモスクワで第1回総会を開いた。中国・上海に本部を置き、16年に営業を開始した。国際通貨基金（IMF）と世界銀行に対する不満から、協力関係をより大きくし、欧米が主導する国際金融体制への対抗を目指している。

地政学リスク

地政学リスクとは、特定の地域が抱える政治的・軍事的・社会的な緊張の高まりが、その地域や世界経済に悪影響を与えたり、特定の商品の価格を変動させたりするリスクのこと。地政学的リスクともいう。地政学とは、地理的な条件が国の政治や経済に及ぼす影響を研究する学問。

一例として、地域紛争やテロによって原油価格が値上がりして企業業績が悪化したり、世界経済が停滞したりすることが挙げられる。投資判断や消費者心理に影響することもある。

仲裁裁判所

仲裁裁判所とは、国連海洋法条約が海洋紛争を解決する手段として定める4つの裁判所のうちの1つ。他の3つは国際司法裁判所、国際海洋法裁判所、特別仲裁裁判所である。

仲裁裁判所で行われる裁判は、紛争の発生ごとに当事国の合意で選ばれる仲裁人によって行われる裁判をいい、あらかじめ選任された裁判官で構成される常設的な裁判所が行う裁判とは区別される。国際海洋法裁判所や国際司法裁判所と異なり、仲裁裁判所は相手方の当事国が拒んでも手続きを進められ、判決に従うよう命じることができる。不服は申し立てられないが、締結国が命令を無視した場合でも強制的に従わせる手段はない。

ハーグ条約

ハーグ条約とは、1980年にオランダのハーグ国際私法会議で採択され、1983年に発効した「国際的な子の奪取の民事上の側面に関する条約」のこと。国際結婚が破綻し、どちらか一方の親が無断で16歳未満の子どもを国外に連れ出し、もう一方の親から返還要求があった場

合には、原則として子どもを元の居住国に戻すことを義務付けている。応じない場合、裁判所が指定する者（返還実施者）によって強制的に子どもが元の居住国に戻される。

日本は長い間未加盟だったが、2013年5月に国会でハーグ条約の締結が承認され、14年4月に発効した。以降、日本はハーグ条約実施法に基づきハーグ条約を実施してきた。19年5月、同実施法の一部を改正する法律案が可決・成立し、20年4月に施行された。子の返還の強制執行手続の実効性を一層確保するのが目的で、国内の子の引渡しの強制執行を可能とした。

その他

CxO（最高〇〇責任者）

CxO（最高〇〇責任者）とは、「組織の責任者（Chief）」と「業務や機能（x）」と「執行役（Officer）」を組み合わせた経営用語。最高経営責任者（CEO）や最高執行責任者（COO）、最高財務責任者（CFO）などがある。

CxOは執行役員と同様に役員の権限や責任に対して法的な裏付けはなく、xに入る業務や機能で最も地位の高い責任者。ただ、取締役と兼務することもある。

CxOの種類は増えており、CTO（最高技術責任者）、CMO（最高マーケティング責任者）、CIO（最高情報責任者）、CHRO（最高人事責任者）、CLO（最高法務責任者）などがある。

宇宙基本計画

宇宙基本計画とは、国の宇宙政策の基本方針を定めたもので、政府の宇宙政策委員会が策定する、宇宙開発・利用の国家戦略を示した計画。宇宙基本法に基づいて10年先を見通して政策をまとめている。2009年に初めて作られた。23年6月に改訂された計画では、宇宙安全保障の確保に向けて「衛星コンステレーション等を活用した情報収集体制の構築」など情報収集の強化や、宇宙航空研究開発機構（JAXA）と民間企業との連携強化などを盛り込んだ。

オムニチャネル

オムニチャネルとは、実店舗やインターネット上の通販サイトなど、オンラインとオフラインの両者を含めたあらゆる販路を統合して顧客にアプローチする手法のこと。顧客に最も合う形で商品を販売し、全体の売り上げを最大化させる。オムニとは「すべて」を意味し、チャネルは「企業と顧客をつなぐ経路や接点」を指す。

オムニチャネルに対し、O2O（Online to Offline）はECサイトやSNS（交流サイト）などで、実店舗で使えるクーポンを発行するなどして、オンラインからオフラインへとユーザーを誘導することを指す。

OMO（Online Merges with Offline）も広がってきている。実店舗にある商品のタグなどに記載されたQRコードを読み取ることで、インターネット上で商品の詳細情報を閲覧できるようにするなど、オンラインとオフラインの両者を駆使する手法だ。

学習到達度調査（PISA）

学習到達度調査（PISA）とは、学習到達度に関する国際的な調査のこと。経済協力開発機構（OECD）が3年に1度、15歳児を対象に実施

する。PISAはProgramme for International Student Assessmentの略。主に「読解力」「数学的リテラシー」「科学的リテラシー」の3分野について行われる。2000年の初調査には32カ国（OECD加盟国28、非加盟国4）が参加した。日本は国立教育政策研究所が調査の実施を担当している。

日本は03年の調査で順位が急落した。この「PISAショック」を機に学力低下への批判が高まり、文部科学省は脱・ゆとり路線を本格化、学習指導要領の改訂や、小中学校の授業時間や学習内容を増やすなどした。

環境影響評価
（環境アセスメント）

環境影響評価（環境アセスメント）とは、道路建設やダム事業など、環境に影響を及ぼす可能性がある一定規模以上の開発の際に、事業者が事前に現地調査などで環境への影響を見積もり、結果を公表する仕組み。環境アセスともいう。地元で説明会を開くなどして住民の意見を聞き、環境配慮を行う手続きの総称。

1969年に米国で法制化された国家環境政策法（NEPA）が世界初の環境アセス。その後、世界各国で導入されてきた。日本では、環境基本法の制定（1993年）をきっかけとして、1997年に「環境影響評価法」（環境アセスメント法）が制定、1999年に施行された。

景品表示法（景表法）

景品表示法（景表法）とは、商品やサービスの品質、内容、価格などを偽って表示することを規制したり、景品類の最高額を制限したりする法律。2014年11月、不当表示に課徴金を科す改正景品表示法案が成立し、16年4月に施行

された。有名ホテルのレストランでの食材虚偽表示問題が13年に発覚したことなどが改正のきっかけとなった。

23年5月には改正景品表示法が成立、故意の不当表示に対して行政措置なしで罰金を科したり、違反を繰り返す事業には課徴金を1.5倍にしたりする規定を盛り込んだ。さらに、10月からは「ステルスマーケティング（ステマ）」の広告主に対する規制が始まった。

コンパクトシティ

コンパクトシティとは、商業施設や住宅を市街地に集約して郊外に居住地域が広がらないようにし、可能な限り生活圏を小さくまとめた街のこと。電車や徒歩で効率的な移動が可能になり、高齢者も車の運転をせずに通院や買い物ができる。都市の中心部に住む人が減り、反対に郊外に住む人が増えるドーナツ化現象を解決する手段として注目されるようになった。

メリットは①車を持たない人も生活しやすい、②車での移動が減り、二酸化炭素の排出量が減る、③病院など公共施設を集約することで行政コストを削減できる――などだ。

サプライチェーン（供給網）

サプライチェーン（供給網）とは、製造業、流通業で、製品開発、原材料や部品の調達、製造、物流、販売といった一連の工程のこと。

新型コロナウイルスの世界的な感染拡大を受けて、各国政府は出入国制限や営業規制を実施し、企業活動は大幅に制限された。製造業にとって深刻な問題は、自社のサプライチェーンが途絶し、顧客に製品やサービスが供給できなくなるリスクが発生したことだ。日本政府は海

外生産拠点の分散・再配置を支援する方針を打ち出している。

サプライチェーン途絶を引き起こす原因は多い。日本では、地震や風水害などが毎年のように発生しており、その事後対応に多くの企業が苦慮している。事業継続マネジメント（BCM）の一環として、サプライチェーンマネジメント（SCM）を再検討する動きが広まるだろう。

事業再生ADR（裁判以外の紛争解決）

事業再生ADRとは、多大な債務で経営に行き詰まった企業を、会社更生法や民事再生法による法的手続きではなく、政府が認めた第三者が企業と金融機関など債権者の間を仲介、債権債務の話し合いを調整し、解決させる仕組み。ADR は Alternative Dispute Resolution の略。

第三者となる仲介機関は、現在は事業再生実務家協会（JATP）が唯一の認定機関である。JATPが指摘する事業再生ADRのメリットは①事業継続に必要な資金の借り入れを優先的に取り扱う道が開かれるため、メインバンクなども融資をしやすい、②中立的立場の専門家が債務者の財産状態や計画案をチェックするので、メイン以外の金融機関にも計画案の信頼性を理解してもらいやすい——などだ。

新経済連盟（新経連）

新経済連盟（新経連）とは、楽天の三木谷浩史社長を中心に、2012年6月に発足した経済団体。代表理事は三木谷楽天グループ会長兼社長、副代表理事は藤田晋サイバーエージェント社長。前身は10年に設立された「e ビジネス推進連合会」。12年6月に名称を「新経済連盟」に改称した。楽天は04年に入会した日本経済団体連合会（経団連）から、電力政策を巡る見解の相違を理由に11年6月に退会している。

水道事業民営化

地方自治体が全面的に担っていた水道事業のうち、施設運営の権利を民間事業者に移すこと。全国の多くの自治体では、人口減少で水の需要が減っている中、老朽化が進む水道施設の保全に十分な財源・人員を充てられないという実態がある。これを受け、2018年12月、水道事業の基盤を強化する改正水道法が成立。複数の自治体が連携することによって水道事業の効率化を促すとともに、民間事業者の技術を導入することで経営の効率化を図り、施設の改善・長寿命化、水道料金の抑制などにつなげることを狙いとしている。

今改正における民営化とは、自治体が公共施設の所有権を維持しながら運営権を一定期間民間に売却する「コンセッション方式」という手法の導入を指す。コンセッション方式の導入は水道では前例がないが、空港や有料道路では一定の成果を上げている。

改正法では、自治体による水道料金の枠組みの設定、定期的なモニタリングや立ち入り検査の実施、災害時の復旧における民間の負担軽減などを規定している。しかし、海外では民営化後に水道料金の高騰や水質悪化などのトラブルが相次いでいることや、災害時や経営破綻時の対応への不安などから、導入を危惧する声は少なくない。

22年4月から宮城県で全国初の民間企業による上下水道と工業用水の運営が始まった。メタウォーターなど10社で構成するグループが水道事業を運営している。

製造小売業（SPA）

製造小売業（SPA）とは、小売企業が企画から製造、販売までを垂直統合させたビジネスモデルのこと。1986年に米衣料品大手ギャップの会長が、自主企画商品を委託生産させ、自らのチェーン店で販売するという自社の業態を「Specialty store retailer of Private label Apparel」と表現したことからできた造語。

スウェーデンのH＆M、スペインのZARA、ファーストリテイリング（ユニクロ）などアパレル分野を中心として広がったが、他の分野にも急速に広がっている。良品計画（無印良品）、ニトリホールディングス、大創産業（ダイソー）などが日本のSPA企業として有名。

成年後見制度

不動産や預貯金などの財産管理や、医療や福祉などの諸契約において、認知症の高齢者など自己の意思決定が困難な人々を守るため、本人の代理として諸契約など法律行為に関わる業務を支援する制度。2000年から開始され、判断能力を既に失った人が対象となる法定後見制度と、判断能力が十分なうちに、本人が後見人をあらかじめ選ぶ任意後見制度がある。

法定後見制度の場合、成年後見人は家庭裁判所が選任する。親族のほか、法律や福祉の専門家などの第三者やその他の法人が選ばれる場合もある。厚生労働省は弁護士などの専門職後見人だけでなく、各地域における市民後見人も確保し、支援体制づくりの取り組みを推進している。しかし、後見人を務めた弁護士などの専門職による財産の横領など不正への対策や成年後見制度の認知不足といった課題がある。

政府は22年3月、成年後見制度の利用を促進する「第二期成年後見制度利用促進基本計画」を閣議決定した。計画は22年度から26年度までの5年間。制度の利用を促すとともに、地域連携ネットワークを強化するため市町村の相談窓口の設置や中核機関の整備を進める。不正防止の徹底や適切な後見人などの選任、後見人を柔軟に交代できるような対策をとるなど、制度の運用改善も盛り込まれた。

政府開発援助（ODA）

政府開発援助（ODA）とは、開発途上国などへの先進国政府機関による公的開発援助。ODAはOfficial Development Assistanceの略。経済開発や福祉向上への寄与が主な目的で、軍事的な援助は含まない。援助金は道路、港湾、橋梁などの社会基盤の整備、学校や病院の建設など、幅広い分野に充てられる。

日本のODA援助実績は1990年代から2000年までは世界一だった。しかし、一般会計のODA予算は1997年度の1兆1687億円をピークに減少。日本は厳しい財政状況が続く中で、ODA予算は足踏み状態にある。

全国学力テスト

全国学力テストは、文部科学省が日本全国の小中学校の最高学年（小学6年生、中学3年生）全員を対象として、学力・学習状況の調査を目的として行う全国学力・学習状況調査。2007年度より実施。児童・生徒の学習環境や生活環境を調査するアンケートも併せて行う。

教科に関する調査は国語、算数・数学が基本。12年度から理科、19年度から英語が追加された（いずれも3年に1度程度の実施）。また、19年度から「知識」と「活用」を一体的に問う問題

形式で実施されている。オンラインで実施するCBT（Computer Based Testing）方式は25年度に中学理科で導入される予定。

単位労働コスト

単位労働コストとは、生産量1単位あたりの人件費を指す。賃金と雇用者数を掛け合わせた名目雇用者報酬を実質国内総生産（GDP）で割って求める。前年比などの変化で測ることが多い。

単位労働コストが上昇した場合、企業が賃金コスト上昇分を販売価格に転嫁できなければ、企業収益が悪化する。最新設備の導入や労働者の技能向上などで労働生産性が高まり、従業員に支払う賃金が下落すれば、単位労働コストは低下する。労働生産性が低下したり、賃金が上昇したりすれば単位労働コストは上がる。日本銀行は金融政策の判断材料の1つとして単位労働コストを活用している。

知的財産高等裁判所
（知財高裁）

知的財産高等裁判所（知財高裁）とは、東京高等裁判所の特別支部として、特許権などの知的財産権訴訟を専門に審理する裁判所。特別支部ではあるが、知財高裁だけの意思決定機関である裁判官会議や、自前の所長、事務局を持つなど、一定の独立性は確保している。

知財高裁が取り扱うのは、東京高等裁判所の管轄に属する民事・行政事件のうち、その性質や内容が知財権に関するすべての事件だ。一定の範囲の司法行政事務を独自に行う権限が与えられている。具体的には、特許庁が行った審決に対する不服申し立てとしての審決取消訴訟は、全国の事件をすべて取り扱う。

データドリブン

データドリブンとは、集めたデータを分析し、ビジネスの意思決定や企画立案、戦略策定などに役立てること。直感や経験といった主観とは異なり、合理的で客観的な判断を可能にする。消費行動の多様化、ビッグデータの蓄積、人工知能（AI）を活用したデータ分析技術の進歩、DX（デジタルトランスフォーメーション）の推進などを背景に注目を集め、重視されている。

データドリブンを中心にした経営や組織運営は「データドリブン経営」「データドリブンマネジメント」、同様にマーケティング手法は「データドリブンマーケティング」などと呼ばれる。

データドリブン実行のためには、データ分析スキルを持つ「データサイエンティスト」「データアナリスト」といったデジタル人材が必要で、国内では育成が急務となっている。

特定秘密保護法

特定秘密保護法とは、日本の安全保障に関する情報のうち、特に秘匿することが必要であるものを「特定秘密」として指定し、取扱者の適性評価の実施や漏洩した場合の罰則などを定めた法律。正式名称は「特定秘密の保護に関する法律」。2013年12月に成立し、施行は14年12月。

特定秘密になるものは①防衛、②外交、③スパイ活動防止、④テロ防止──の4分野に関する未公開の情報で、漏れれば国の安全保障に著しい支障を来すと判断されるものだ。

特定秘密保護法の柱の1つが機密漏洩の厳罰化。特定秘密を扱うことを認められた公務員や

民間人が漏らした場合、故意で懲役10年以下、過失で2年以下の禁錮を科す。

特許権

特許権とは、発明を保護するための権利。「特許法」で規定される知的財産権の1つで、独占的な権利が与えられ、その存続期間は出願日から原則20年。特許庁へ出願し、審査を受けて認められるもので、その要件は「発明であること」「新規性があること」「進歩性があること」などである。

海外の場合、特許権は各国ごとに成立するものなので、特許協力条約に基づく国際出願が必要になる。特許庁へ国際出願すれば、条約加盟国すべてに同時出願したとして扱われる。

特許侵害

特許侵害とは、特許権により保護されている製品などを、特許権者に無断で模倣し、製造や販売をすること。特許権は特許出願から原則20年間、特許発明を独占できる権利である。その間に、第三者が無断で商売として特許発明を使用すると特許侵害となる。

特許権の侵害は不法行為の1つにあたる。損害賠償を求める場合、立証に必要な証拠を集めなければならないが、特許権侵害のケースは非常に困難だ。このため、特許法をはじめ各知的財産法では、損害額を推定する規定をもうけている。

2019年5月、改正特許法が成立・公布された。この改正では、第三者の専門家が工場等に立ち入って調査を行う新たな証拠収集制度（査証制度）が新設されるとともに、損害賠償の算定方法が見直された。これにより、中小やベンチャーなど資金力が十分ではない企業にとっても、訴訟を起こすハードルが低くなった。

特許法

特許法は「発明の保護及び利用を図ることにより、発明を奨励し、もって産業の発達に寄与する」ことを目的に1960年4月に施行された。社会・ビジネス環境の変化でたびたび一部が改正されてきた。改正された後の法律を一般的に改正特許法と呼ぶ。

2015年に成立・公布された特許法等の改正法が16年4月に施行され、社員が仕事で生み出した発明（職務発明）の制度が見直された。従来は、職務発明の特許を受ける権利は、発明者に帰属するため、企業は社員に「相当額」の対価を払い、権利を譲り受ける仕組みだった。改正法では契約や勤務規則などで定めた場合は、はじめから会社に帰属できるようになった。従来の「発明の対価」は対価の支払いのみだったが、改正法では「相当の金銭、その他の経済上の利益を受ける権利」と明記された。

19年の改正では、特許を侵害されたと感じた企業が訴訟に必要な証拠を集めやすくする仕組みとして、「査証制度」が設けられた。施行は20年10月。21年5月には、特許権侵害訴訟で裁判所が広く第三者から意見を募集できる制度を導入することを柱とする「特許法等の一部を改正する法律」が公布された。22年4月施行の改正特許法では、裁判所が特許権侵害訴訟で専門家などから意見を集める「第三者意見募集制度」が導入された。

ドミナント戦略

ドミナント戦略とは、小売業がチェーン展開

する場合の出店方法の1つで、特定の地域に集中投資し、占有率や知名度で一気に高めて優位性を築く戦略。ドミナント（Dominant）は「優位に立つ」といった意味がある。

集中して店舗展開する地域をドミナントエリアという。地域の特性に合った店舗モデルを準備し、出店計画を効率化でき、配送センターを拠点に一定の範囲に出店するため、効率的な配送により経費の削減もできる。

セブン−イレブンのドミナント方式は有名で、創業時から高密度多店舗出店を基本戦略とし、店舗ごとに商圏を隣接させながら店舗網を拡大してきた。

ナショナルブランド、プライベートブランド

全国的に有名なメーカーのブランドをナショナルブランド（NB：National Brand）、大手卸や大手小売チェーンが独自に企画・開発したブランドをプライベートブランド（PB：Private Brand）と呼ぶ。

PBは大量の商品を発注し、無駄な機能や広告・宣伝を省くことでNBより安く製造でき、自社のブランド力強化にもつながるメリットがある。最近は大手メーカーも参加し、独自性をアピールする戦略の1つとして重視されている。当初は価格の安さを魅力としていたが、多様化する消費志向に対応して味や健康を重視した高価格帯の製品も増加している。

ピーター・ドラッカー

ピーター・ドラッカーとは、経営学者、経営コンサルタント、著述家（1909−2005）。オーストリアで生まれ、1937年に米国に渡った。ニューヨーク大学教授などを経て、1971年にカリフォルニア州クレアモント大学院大学教授に就任。以降は同地をベースに教育、執筆、コンサルタント活動を続けた。

専門領域は経営や経済をはじめ、社会、政治、歴史、哲学、自己実現など多方面に及び、数多くの著作を残した。特に経営理論とその実践に多大な貢献をし、「マネジメント」の体系を確立したことで知られる。ゼネラル・エレクトリック（GE）のジャック・ウェルチやP&Gのアラン・ラフリーなど、ドラッカーを師と仰いできた世界的経営者は多く、今なお世界中の経営トップやビジネスパーソンに影響を与え続けている。

代表作に『The Practice of Management（現代の経営）』『The Effective Executive（経営者の条件）』などがある。

フィリップ・コトラー

フィリップ・コトラーとは、米国の経営学者（1931−）。マサチューセッツ工科大学で経済学の博士号を取得したのち、ノースウエスタン大学のケロッグ経営大学院教授に就任。現代マーケティングの大家で、『Marketing Management（マーケティング・マネジメント）』『Principles of Marketing（マーケティング原理）』といったマーケティングの教科書として読み継がれる著作を数多く執筆している。

コトラーが活用・実践したマーケティングの概念で有名なのが、米国のマーケティング学者のエドモンド・ジェローム・マッカーシーが提唱した「4P理論」だ。製品やサービスを市場に導入する際に、製品（Product）・価格（Price）・場所（Place）・販売促進（Promotion）の4要素を効果的に組み合わせるというもので、コトラーは4P理論を拡張させた「6P理論」「7P理論」を提唱。このほか、セグメンテーション（Segmentation）・

ターゲティング（Targeting）・ポジショニング（Positioning）の3要素からなる「STP理論」や、市場における企業の地位を「リーダー」「チャレンジャー」「フォロワー」「ニッチャー」の4種類に分類した競争地位戦略を提唱したことでも知られる。

プレートと活断層

　プレートとは、地球の表面を覆う厚さ10～100キロメートルほどの板状の硬い岩石層のこと。日本は海のプレートである「太平洋プレート」と「フィリピン海プレート」、陸のプレートである「北米プレート」と「ユーラシアプレート」という4プレートの境界に位置する。

　プレートは移動しており、しばしば地震の原因になっている。海洋プレートが海溝で沈み込むときに大陸プレートの端が巻き込まれ、それが反発して跳ね上がることで起こる地震を海溝型地震という。2011年3月の東北地方太平洋沖地震（東日本大震災）もその一例。

　活断層とは、岩盤に力が加わってできた裂け目（断層）のうち、過去に繰り返し動き、今後もずれる可能性がある断層のこと。これがずれたり、岩盤が破壊されたりすることで内陸型地震が発生する。

ベーシックインカム

　ベーシックインカムとは、政府が性別や年齢、所得や資産を問わず、すべての国民に無条件で一定の金額を支給し、必要最低限の生活を保障する制度。

　新型コロナウイルスの感染拡大による景気悪化を機に、世界的にベーシックインカム導入を巡る議論が活発になった。年金や生活保護な

ど、既存の複雑な社会保障制度をベーシックインカムに一本化できれば、社会保障制度の簡素化につながることも期待される。生活困窮者の減少や犯罪の抑止につながるという意見と、就労意欲をそぐため働かない人が増えるという意見がある。実現には、巨額の財源確保が課題。

ベンチャーキャピタル（VC）

　ベンチャーキャピタル（VC）とは、投資家から集めた資金で主に未上場のベンチャー企業に出資する投資会社やファンドのこと。VCはVenture Capitalの略。株式を取得し、将来的にその企業が成長して新規株式公開（IPO）した際に株式を売却し、利益を得る。一般的なベンチャーキャピタルでは、企業への出資と同時にキャピタリストと呼ばれる専門家が経営コンサルティングを行って経営を支援する。

　ベンチャーキャピタルはハイリスク・ハイリターンな投資でもある。未上場の段階で株式を取得し、上場時に高くなった株式を売却することで大きな値上がり益を期待できるが、中には上場にいたらず、資金の回収が全くできないこともあるためだ。

ポジティブアクション

　ポジティブアクションとは、社会的・構造的な差別で不利益を被っている人に、一定の範囲で特別の機会を提供することなどにより、実質的な機会均等の実現を目指す暫定的な措置を指す。「積極的改善措置」と訳されることもある。この措置が法律的に最初に明記されたのは、1997年の改正男女雇用機会均等法。2015年に成立し、16年4月からスタートした女性活躍推進法も、ポジティブアクション法と位置

付けられる。

　ポジティブアクションの手法は多様。内閣府男女共同参画局は①指導的地位に就く女性等の数値に関する枠などを設定する（クオータ制）、②指導的地位に就く女性等の数値に関して、達成すべき目標と達成までの期間の目安を示してその実現に努力する——などを挙げている。

マイケル・ポーター

　マイケル・ポーターとは、米国の経営学者で、米ハーバード・ビジネス・スクールの教授（1947－）。競争戦略の第一人者で、代表的な著作『Competitive Strategy（競争の戦略）』は経営戦略論の古典として知られる。

　同書では、①企業が競争環境で成功するための3つの基本戦略（コストリーダーシップ戦略・差別化戦略・集中戦略）、②業界の競争構造を「新規参入の脅威」「代替品の脅威」「売り手の交渉力」「買い手の交渉力」「競争業者間の敵対関係」の5要素から分析する「ファイブフォース分析（5F分析）」について解説。どちらもビジネスパーソンとして押さえておきたい経営戦略のフレームワークとなっている。

リバースモーゲージ

　リバースモーゲージとは、自宅を担保にして高齢者に生活費など老後資金を提供する仕組み。直訳すると「逆住宅ローン」。毎月一定額の融資を貸し付けるパターンと、必要資金を一括で貸し付けるパターンがある。借入者の死亡時に住宅を処分して返済資金に充てられる。住宅があれば金融資産と同じように生活資金に活用できるため、高齢社会に不可欠の金融商品と

期待されている。

　半面、「長生きすると、設定された融資極度額まで資金を使ってしまう恐れがある」「存命中に土地の価値が下落すると融資極度額の見直しがされる恐れがある」などのリスクがある。住宅などの不動産を担保とするため、これらの相続ができなくなる点も注意が必要だ。

路線価

　路線価とは、相続税や贈与税などを計算するための土地価格のこと。すべての土地を細かく計算することは不可能なため道路の土地価格を計算し、その評価額を周辺の土地の価格とする。国税庁は「路線価は、路線（道路）に面する標準的な宅地の1平方メートルあたりの価額（1000円単位で表示）のことであり、路線価が定められている地域の土地等を評価する場合に用いる」としている。

　1月1日時点での地価公示価格、売買実例価格、不動産鑑定士による評価額などの情報を基に決められ、国税庁が毎年7月に発表する。このほか、公的機関が公表する主な地価の指標として、都道府県による基準地価や国土交通省による公示地価がある。

INDEX

索　引

数字・アルファベット

50音

あ

さ

ま

や

ら

わ

【編著者プロフィール】
日経HR編集部（にっけいえいちあーるへんしゅうぶ）
就職・転職や働き方をテーマに学生、大学、企業を取材。学生や社会人のキャリア形成をサポートするため、
就職・転職、キャリアアップに必要な情報や、身につけておくべき教養をコンテンツとして提供している。

【執筆協力】
山口裕史／有限会社 office texte（若槻基文、藤田隆介）／有限会社共同制作社（阿部みち子）／萩一晶／
大迫秀樹／吉田秀道／南文枝／上田里恵
〈校正〉有限会社共同制作社／株式会社ぷれす／株式会社シナップス

日経キーワード 2024-2025

発行日──2023年12月6日　第1刷

編著者──日経HR編集部

発行者──齋藤 惠

発　行──株式会社日経HR
　　　　　　〒101-0045 東京都千代田区神田鍛冶町 3-6-3
　　　　　　URL　https://www.nikkeihr.co.jp/

発　売──株式会社日経BPマーケティング

編集協力────────株式会社カルチャー・プロ
表紙デザイン──────松田喬史（Isshiki）
DTP─────────株式会社カルチャー・プロ／株式会社シーアンドシー
本文デザイン──────WOOD HOUSE DESIGN　川端俊弘
印刷・製本──────大日本印刷株式会社

ISBN978-4-296-11944-8　C2034

本書に関するお知らせや訂正情報などは、小社 Web サイトで公開します。
本書の内容に関するご質問は、以下のアドレスまでお願いします（お電話では受け付けておりません）。
book@nikkeihr.co.jp

乱丁本・落丁本はお取り替えいたします。

模擬試験
〔正解・解説〕

この正解・解説は本体からはずしてご利用ください。

1. 正解 — (5)

解説 本文の大意は，「現代では，父親が生き方についてのお手本をしっかり子供に示すことがむずかしいものとなっている。しかし，いいか悪いかは別にして，父親の生き方は子供に何らかの影響を与えるので，それははっきり示しておいた方がよい」。

(1) 子供にプラスになるか，マイナスになるかはわからないとしている。

(2) 優秀な人ほど，「その生き方に迷いが生じやすく，定まった生き方を確立しにくい」と述べている。

(3) 「父も母も自分の生き方を見失っている」とは述べていない。

(4) 「父親の権威が低下しているので，父親が子供にお手本を示せない」とは述べていない。

2. 正解 — (3)

解説 〈全訳〉時間が経過するのは確かに早い。半年がすでに経過してしまった。もちろん "すでに半年" というのは私の個人的感情である。おそらく，"まだ半年" と感じる人もいるだろう。

たとえ，それが物理的に同じ長さの時間であっても，その受け止め方は人によって大きく異なる。人はいやいやながら働いているとき，あたかも時計の針が非常にゆっくり動いていると感じるであろう。しかし，楽しいことをしているときには，時間は "一瞬のうち" に過ぎてしまう。人は年をとると，1年が "一瞬のうち" に終わってしまう。それから，人は子供時代の1年がどんなに豊かで長いものであったかを深い感慨をもって思い出すことになる。そのとき，人は "少年老い易く，学成り難し"（芸術は長し，人生は短し）という中国の詩の一節が真実を物語っていることを痛切に悟るのである。

3. 正解 — (4)

解説 〈全訳〉多くの人々は，個人的な意味で "幸福" の思想が比較的新しい思想であることを知らない。ただし，フランス革命よりは古いものではない。幸福は人間生活の中で統制できる要因，あるいは支配できる要因であるべきだというような思想は，古代や中世の人々の間ではほとんど生まれなかった。"進歩" という漠然とした概念とともに，幸福はこの2世紀の間の(産物)である。この2世紀の間，人は自然の力に打ち勝ったと感じ始め，そして個々の人間性に関する思想が家族，種族，都市あるいは国家よりも重要なものとなった。

4. **正解** ― (3)

解説 「判断力のある人」を「判」,「行動力がある人」を「行」,「堅実性の ある人」を「堅」,「積極性のある人」を「積」とすると,命題は上から, 判 →行,堅→積,積→行 となる。

(1) 堅→積 と 積→行 からは,何も導けない。

(2) 判→行 から,行‾→判‾ となる。積→行‾ と 行‾→判‾ より,積→判‾ となる。つまり,「積極性のない人は判断力がない」となる。

(3) 積‾→行‾ から,行→積 となる。判→行 と 行→積 より,判→積 となる。つまり,「判断力のある人は積極性がある」となる。

(4) 積‾→行‾ から,行→積 となる。しかし,行→積 と 判→行 からは, 何も導けない。

(5) 判→行 から,行‾→判‾ となり,判‾→堅‾ は導けない。

5. **正解** ― (4)

解説 「一定の規則に従って」,五十音の字を数字で表しているのだから, 「サクラチルコロ」が「21 63 51 74 53 65 55」になるように,子音 の数字と母音の数字を検討していくと,次のようになっている。

	1	6	2	7	3	8	4	9	5	10
1	ア	カ	サ	タ	ナ	ハ	マ	ヤ	ラ	ワ
4	イ	キ	シ	チ	ニ	ヒ	ミ		リ	ヰ
3	ウ	ク	ス	ツ	ヌ	フ	ム	ユ	ル	ウ
2	エ	ケ	セ	テ	ネ	ヘ	メ		レ	ヱ
5	オ	コ	ソ	ト	ノ	ホ	モ	ヨ	ロ	ヲ

6. **正解** ― (3)

解説 アの「DはEに敗れた」,イの「BはEに勝ったが,Aに敗れた」を表に ○(勝ち),×(負け)で記入したものが表1である。

表1

	A	B	C	D	E
A		○			
B	×				○
C					
D					×
E		×		○	

表2

	A	B	C	D	E
A		○		×	○
B	×			×	○
C				×	○
D	○	○	○		×
E	×	×	×	○	

　5チームがリーグ戦を行った場合，その総試合数は，$_5C_2 = \dfrac{5 \times 4}{2 \times 1} = 10$（試合）となる。条件エより，引き分け試合はなかったので，A〜Eチームの勝ち数の合計は 10 となる。

　次に，条件ウに注目する。A，B，C の 3 チームは同率であったので，勝ち数は同じものとなる。各チームの勝ち数を 1 とすると，$1 \times 3 = 3$ となる。条件アより，D チームが優勝し，E に敗れているので，D チームの勝ち数は最大で 3 となる。A，B，C の勝ち数 3 に，D チームの勝ち数 3 を足すと，$3 + 3 = 6$ この結果，E チームの勝ち数は $10 - 6 = 4$ となる。優勝チームは D なので，これは条件に反する。

　そこで，A，B，C の各チームの勝ち数を 2 とすると，$2 \times 3 = 6$　優勝した D チームの勝ち数を 3 とすると，$6 + 3 = 9$　よって，E チームの勝ち数は $10 - 9 = 1$ となる。

　以上を整理すると，A チーム→ 2 勝 2 敗，B チーム→ 2 勝 2 敗，C チーム→ 2 勝 2 敗，D チーム→ 3 勝 1 敗，E チーム→ 1 勝 3 敗，となる。

　D チームは 3 勝 1 敗であるので，A，B，C に対しては勝利したことになる。E チームは 1 勝 3 敗であるので，A，B，C に対して負けたことになる。これらを表に○，×で記入したのが表 2 である。

　表 2 を見てわかるように，A チームは 2 勝 1 敗となっているので，A は C に敗れたことになる。これを記入したのが表 3 である。

　表 3 を見てわかるように，C チームは 2 勝 1 敗となっているので，C は B に敗れたことになる。これを記入したのが表 4 である。

表3

	A	B	C	D	E
A		○	×	×	○
B	×			×	○
C	○			×	
D	○	○	○		×
E	×	×	×	○	

表4

	A	B	C	D	E
A		○	×	×	○
B	×		○	×	○
C	○	×		×	○
D	○	○	○		×
E	×	×	×	○	

7. **正解** ─ (2)

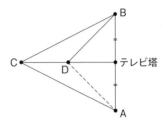

解説 与えられた条件に合うように，A，B，C，D，テレビ塔の位置を図示すると，図のようになる。A 地点から北西の方向に D 地点はある。

8. **正解** ─ (5)

解説 条件より，「A は 4 回とも 3 位以上にはなれなかった」ので，A はゲームの 1 回目，2 回目，3 回目，4 回目とも，得点は 0 であった。これを（0，0，0，0）と表すことにする。

「B の合計得点は 1 点であった」ので，4 回のゲームのうち，1 回だけ 3 位であったと考えられる。ただ，何回目のゲームで 3 位であったかはわからない。とりあえず，これを（1，0，0，0）と表しておくことにする。

「C は 1 回だけ 3 位以上になり，合計得点は 3 点であった」ので，C は 1 回だけ 1 位になったと考えられる。ただ，何回目のゲームで 1 位であったかはわからない。とりあえず，これを（3，0，0，0）と表しておくことにする。

「D は 3 回 3 位以上になり，合計得点は 4 点であった」ので，D は 1 回 2 位になり，2 回 3 位になったと考えられる。とりあえず，これを（2，1，1，0）と表しておくことにする。

「E の合計得点は 6 点であった」ので，可能性としては次の 3 通りが考えられる。「1 位が 1 回，2 位が 1 回，3 位が 1 回」「1 位が 2 回」「2 位が 3 回」。これらをとりあえず，（3，2，1，0）（3，3，0，0）（2，2，2，0）と表しておく。

「F の合計得点は 10 点であった」ので，可能性としては次の 2 通りが考えられる。「1 位が 2 回，2 位が 2 回」「1 位が 3 回，3 位が 1 回」。これらをとりあえず，（3，3，2，2）（3，3，3，1）と表しておく。

以上を整理すると，

A（0，0，0，0）
B（1，0，0，0）
C（3，0，0，0）
D（2，1，1，0）
E（3，2，1，0）（3，3，0，0）（2，2，2，0）
F（3，3，2，2）（3，3，3，1）

　ただし，1回のゲームにつき，1位，2位，3位はそれぞれ1人しかいないので，これをもとに4回のゲームでの各人の結果を表にまとめると，可能性は次の2通りとなる。

	可能性1	可能性2
A	0, 0, 0, 0	0, 0, 0, 0
B	1, 0, 0, 0	1, 0, 0, 0
C	0, 3, 0, 0	0, 3, 0, 0
D	2, 0, 1, 1	2, 0, 1, 1
E	0, 2, 2, 2	0, 1, 2, 3
F	3, 1, 3, 3	3, 2, 3, 2

　なお，Eは（3，3，0，0）の可能性もあったが，Cが（0，3，0，0），Fが（3，1，3，3）であることから，Eが4ゲームのうち，2回1位をとることはあり得ないことになる。

9.　**正解** － (4)

　解説　与えられた立方体の展開図は図1のようになる。図1を変形すると図2，図3などのようになる。このように自由自在に変形できるまでにトレーニングしておくとよい。

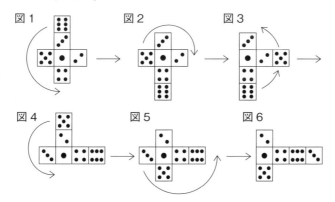

　選択肢(1)と(4)について検討すると，次のようになる。

(1)

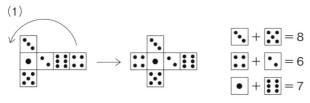

(4)

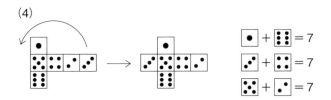

10. **正解** — (2)

解説 Aから見た方向の図から，右図におけるア，イ，ウの部分の立方体の数は1つとわかる。エ，オ，カの部分の立方体の数は，少なくとも1つの部分の立方体の数が3つとなる。キ，ク，ケの部分の立方体の数は，少なくとも1つの部分の立方体の数が2つとなる。

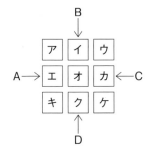

Bから見た方向の図から，右図におけるウ，カ，ケの部分の立方体の数が3つとなる。しかし，ウはすでに立方体の数は1つと確定しており，ケの部分の立方体は多くても2つである。したがって，カの部分の立方体の数が3つとなる。イ，オ，クの部分の立方体の数は1つとわかる。ア，エ，キの部分の立方体の数は，少なくとも1つの部分の立方体の数が2つとなる。しかし，アはすでに立方体の数は1つと確定しているので，エとキの部分の立方体の数が2つとなるか，または，エあるいはキの部分の立方体の数が2つとなる。

Cから見た方向の図の場合，左側の立方体の数が2つとなっているが，これはケとキの部分，または，ケあるいはキの部分にあたる。中央の立方体の数が3つとなっているが，これはカの部分にあたる。

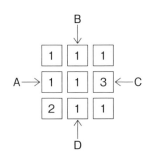

Dから見た方向の図の場合，左側の立方体の数が2つとなっているが，これもエとキの部分，または，エあるいはキの部分にあたる。右側の立方体の

数が3つとなっているが、これはカの部分にあたる。

　以上より、ア～ケの部分の考えられる立方体の最小の数は図のようになる。つまり、キの部分の数が2、エとケの部分の数が1のとき、立方体の数は最小となる。したがって、求めるものは、$1+1+1+1+1+3+2+1+1=12$（個）となる。

11. 　正解 ― (3)

　解説　A駅を出発したときの乗客の人数をx（人）とすると、各駅を出発した時の乗客の人数はそれぞれ次のように表すことができる。

　　B駅… $\dfrac{x}{2}+10$

　　C駅… $\left(\dfrac{x}{2}+10\right)\times\dfrac{1}{2}+13=\dfrac{x}{4}+5+13=\dfrac{x}{4}+18$

　　D駅… $\left(\dfrac{x}{4}+18\right)\times\dfrac{1}{2}+16=\dfrac{x}{8}+9+16=\dfrac{x}{8}+25$

　　E駅… $\left(\dfrac{x}{8}+25\right)\times\dfrac{1}{2}+0=\dfrac{x}{16}+\dfrac{25}{2}$

　また、終着駅のF駅で降りた人数は25人であったので、次式が成立する。

　　$\dfrac{x}{16}+\dfrac{25}{2}=25$　　　$x+200=400$　　　$x=200$

　A駅を出発したときの乗客数は200人であったので、D駅を出発したときの人数は、$\dfrac{200}{8}+25=25+25=50$

　以上より、求めるものは、$200-50=150$（人）

12. 　正解 ― (3)

　解説　基本料金をx（円）、超過料金をy（円）とすると、次式が成立する。

　　$x+(95-15)y=7{,}000$　……①

　　$1.05\times\{x+(155-15)y\}=11{,}760$　……②

　①より、$x+80y=7000$　　　$x=7000-80y$　……①′

　②より、$1.05\times(x+140y)=11{,}760$　　　$1.05x+147y=11{,}760$　……②′

　①′を②′に代入すると、

　　$1.05\times(7000-80y)+147y=11{,}760$

　　$7{,}350-84y+147y=11{,}760$

　　$63y=4{,}410$　　　$y=70$（円）　……③

　③を①′に代入すると、

　　$x=7{,}000-80\times70=1{,}400$（円）

13. 正解 ― (3)

解説 題意より，$b×c=18$　18を素因数分解すると，$18=2×3×3$

a，b，cの最大公約数は3であるので，bとcは3の倍数である。

また$b>c$であることから，$b=2×3=6$，$c=3$

題意より，$a×b=108$　$b=6$であるので，

$$a=108÷b=108÷6=18$$

14. 正解 ― (3)

解説 円Oの弧P′Nに対する円周角である∠P′MNは90°である。よって，△P′MNと△P′POは相似である。

PM：MP′＝O′N：NP′＝1：2　ゆえに，△P′O′M＝2△PO′M……①

また，P′O′：NO′＝3：1であることから，

$△MNO′＝\dfrac{1}{3}△P′O′M$……②

②より，△P′O′M＝3△MNO′……②′　　②′を①に代入すると，

3△MNO′＝2PO′M　　したがって，PO′M：MNO′＝3：2

15. 正解 ― (5)

解説 (1) すべての人の年間収入が1,000(万円)と考えると，1,000×(4,580＋1,567)＝1,000×6,147＝6,147,000(万円)

(2) (2,150＋10,210)÷26,870＝12,360÷26,870≒0.46　約46％を占めている。

(3) 与えられた表に示されているのは世帯数だけで，各世帯の構成人数は示されていない。よって，この時点で誤肢と判断する。

(4) その割合が最も小さいと思われるC市に着目して，その割合を計算してみることがポイント。5,474÷18,246≒0.3　つまり，約30％であるので，この時点で誤肢と判断できる。

(5) (1,567＋603＋2,190＋1,460)÷(12,053＋18,246)≒0.192　よって，約19.2％と計算してもよいが，計算が大変なので次のような方法で処理するとよい。(16＋6＋22＋15)÷(121＋182)＝59÷303≒0.194　よって，約19.4％したがって，正しい。

16. 正解 ― (1)

解説 2020年を100とした場合，2021年の物価上昇率を$α$，2022年の物価上昇率を$β$とすると，2022年の物価水準は100×(1＋$α$)(1＋$β$)となる。これを計算すると，100×(1＋$α$)(1＋$β$)＝100×(1＋$α$＋$β$＋$αβ$)　　$αβ$の数値は非常

に小さいので，これは0と考えてよい。たとえば2021年の物価上昇率を1％，2022年の物価上昇率を2％とすると，2022年の物価水準は2020年の物価より，1+2=3（％）上昇したことになる。

ア：正しい。家事用品の場合，2021年に2％低下し，2022年に1％低下しているので，2005年を100とした場合，2022年の物価指数は100−(2+1)＝97となる。

イ：誤り。被服・履物の場合，2021年の物価上昇率は3％，2022年の物価上昇率は4.5％。よって，2022年の物価指数は107.5。一方，保健医療の場合，2021年の物価上昇率は1％，2022年の物価上昇率は5.5％。よって，2022年の物価指数は106.5。

ウ：誤り。これらのほかに，食料，教育，教養娯楽も上昇している。

17. **正解** ─ (3)

解説 (1) 「内閣総理大臣は，任意に国務大臣を罷免することができる。」（憲法第68条2項）

(2) 「内閣総理大臣その他の国務大臣は，文民でなければならない。」（憲法第66条2項）

(3) 憲法第68条1項，第7条5号参照。

(4) 「国務大臣は，その在任中，内閣総理大臣の同意がなければ，訴追されない。」（憲法第75条）

(5) 内閣法では，内閣総理大臣を除く国務大臣の数は原則14人とされ，必要があればさらに3人まで任命できることになっている。

18. **正解** ─ (4)

解説 (1)(3)(4) 「この憲法の改正は，各議院の総議員の3分の2以上の賛成で，国会が，これを発議し，国民に提案してその承認を経なければならない。この承認には，特別の国民投票又は国会の定める選挙の際行はれる投票において，その過半数の賛成を必要とする。」（憲法第96条1項）

(2) 憲法改正の発議については，両議院は対等である。

(5) このように解するのは少数である。

◆憲法改正の要件

19. 正解 — (3)

解説 (1) 2023年度末における国債残高は1,068兆円に上ると見込まれている。国債残高＝国の借金，と考えている人が多いが，それは誤り。国の借金＝国債残高＋借入金（金融機関から）＋政府短期証券。なお，財務省は2023年3月末時点で，国の借金は1,270兆4,990億円になったと発表した。

(2) 日本はアメリカと同様，直接税中心主義を採用しているので，消費税率は徐々に引き上げられているものの，国税に占める直接税の割合は依然50％を超えている。ただ，景気などによりその割合は55％〜65％になる。2022年度（当初予算）における直接税の割合は57.8％。

(3) 2022年度の一般会計（当初予算）は約108兆円である。一方，2022年度の名目GDPは約563兆円である。よって，108÷563≒0.191 つまり，20％程度となる。

(4) 2022年度の当初予算における国債依存度は34.3％，2023年度のそれは31.1％。これまでに，当初予算における国債依存度が50％を超えたことはない。

(5) トップ3は例年通り，社会保障関係費，国債費，地方交付税交付金であるが，第4位は防衛関係費となった。よって，第5位は公共事業関係費，第6位は文教及び科学振興費となった。

20. 正解 — (3)

解説 A：誤り。2020年の世界全体の実質経済成長率はマイナス3.3％であったが，2021年のそれは各国で経済活動制限が段階的に緩和されたことから，6.1％の経済成長率を達成した。2022年のそれは，ロシアのウクライナ侵攻とそれに伴う対ロシア制裁の影響などにより，3.4％の経済成長率にとどまった。2023年のそれは2022年の経済成長率を下回る見込みである。

B：誤り。ここで覚えておくことは，利上げは2022年3月から始まり，2023年5月まで10会合連続で実施されたが，2023年6月の会合では利上げは実施されず，5.00〜5.25％のまま据え置かれたこと。7月の会合で再び利上げされたが，9月の会合では据え置きとなり，FF金利は5.25〜5.50％のままとなった。

C：正しい。イギリスは2020年1月にEU（欧州連合）を離脱しているため，TPPへの加入を通商政策の柱としていた。一方，TPP加盟国は自由貿易の枠組みを拡大したいと考えていたため，両者の利害が一致した。

D：正しい。2022年のユーロ圏の実質経済成長率は3.5％，ドイツのそれは1.8％，フランスのそれは2.6％。また，IMFの見通しによると，2023年のユーロ圏の実質経済成長率は0.8％，ドイツのそれはマイナス0.1％，フランスのそれは0.7％。

21. 正解 ― (4)

> 解説　A：誤り。70歳以上75歳未満の場合，一般の人は2割，現役並みの所得のある人は3割である。ところが，75歳以上の場合，一般の人は一般Ⅰと一般Ⅱの2つに区分され，一般Ⅰは1割，一般Ⅱは2割となっている。一方，現役並みの所得のある人は3割である。
>
> 　また，小学生以上70歳未満の場合，所得の多寡に関係なく，3割である。そして，未就学児の場合，2割である。
>
> B：誤り。日本国内に住んでいたなら，外国人であっても国民年金に加入する必要がある。また，学生であっても，無職であっても，20歳に達した場合には国民年金に加入しなければならない。
>
> C：正しい。健康保険は，「組合健康保険」と「協会けんぽ」の2つがあり，前者は大企業の従業員，後者は中小企業の従業員が加入している。なお，「協会けんぽ」の正式名称は「全国健康保険協会管掌健康保険」である。
>
> D：正しい。共済年金と厚生年金の統合に際しては，「共済年金と厚生年金の制度的な差異については基本的に厚生年金に揃えて解消する」ことなどが行われた。

22. 正解 ― (5)

> 解説　A：正しい。ロシアのウクライナ侵攻以降，アメリカ，日本，西欧諸国などのいわゆる「民主主義グループ」と，ロシア，中国などの「強権グループ」との対立は激化することになった。そして，両グループの対立激化を利用して発言力を強めているのが，いわゆる「グローバルサウス」と呼ばれる国々で，この代表格がインドである。
>
> B：誤り。オーストラリアと韓国は「グローバルサウス」には含まれない。コモロはアフリカ，クック諸島は南太平洋にある。ロシア，中国などの「強権グループ」も「グローバルサウス」の取り込みを狙っている。
>
> C：正しい。なお，改正マイナンバー法などの関連法施行後，現行の健康保険証を最長1年間利用できる経過措置が設けられた。
>
> D：誤り。国民年金の保険料の最終納付率は，年金制度への不信感が高まった2010年度に最低の64.5％を記録したが，その後は10年連続で上昇し，2020年度には80.7％となり，初めて80％を超えた。

23. 正解 ― (1)

> 解説　A：正しい。サステナビリティという考え方は，近年環境破壊という

大きな課題に対応するために普及したもので，企業にとっても企業が存続・発展するためにはきわめて重要な視点といえる。また，サステナビリティを実現するため，国連において「SDGs」が採択された。

B：正しい。生成 AI は，ディープラーニング（深層学習）の研究による進化により，新たな創造が可能となったことで，新しい画像，文章，音声など新しいコンテンツを生み出すことができるようになった。

C：誤り。高齢化社会は 65 歳以上の人口割合が 7 ％を超えた社会のこと，高齢社会はその割合が 14％を超えた社会のこと，そして超高齢社会はその割合が 21％を超えた社会のことをいう。わが国の場合，2007 年に超高齢社会に突入した。

D：誤り。申請したのは大阪府・大阪市と長崎県の 2 地域であった。政府は 2023 年 4 月，大阪府・大阪市の整備計画は認定したものの，長崎県の整備計画については資金面に課題があるとして，継続審査とした。

24. **正解** － (1)

解説 (1) 天智天皇は，即位前は中大兄皇子といい，中臣鎌足（後の藤原鎌足）とともに蘇我氏を滅ぼし，大化の改新の政治を推進した。

(2) 福原に遷都（1180 年）したのは，平清盛である。桓武天皇は，781 年に即位し，律令体制の再建に努力した。784 年に長岡に遷都したが，長岡京造営の継続が困難になったため，794 年平安に遷都した。

(3) 白河天皇は，摂関政治を行う藤原氏の権力をおさえるため，1086 年，院政を開始した。執権政治を行ったのは鎌倉幕府である。

(4) 元弘の変（1331 年）の後，滅亡したのは鎌倉幕府である。1333 年，新田義貞が鎌倉を占領し，鎌倉幕府は滅んだ。なお，建武の新政の崩壊後，室町幕府が成立した。

(5) 孝明天皇の妹である和宮が結婚したのは 14 代将軍家茂である。なお，この後，坂下門外の変（1862 年）が起こり，幕府主導による公武合体策は挫折した。

CHECK

正中の変（1324 年）……後醍醐天皇の企てた第 1 回目の鎌倉幕府打倒計画。計画は事前にもれ，日野資朝は佐渡に流されたが，天皇は事なきをえた。

建武の新政（1333 年）……後醍醐天皇は鎌倉幕府を倒し，天皇親政を実現した。しかし，武士を無視した公家中心の政治のために，2 年で崩壊した。

25. 正解 — (3)

  解説 (1)(2) 義和団の乱が発生したため，日本・ロシア軍を主力とする連合軍が鎮圧。これを北清事変という。そして，ロシアは北清事変を機に満州に駐兵した。日本は日英同盟を結び，対ロシア交渉にあたったが決裂し，ロシアとの戦争に突入した。なお，ロシア革命が発生したのは第一次世界大戦中である。

  (4) ウィルソンは，パリ講和会議（1919 年）で国際連盟の設立を提唱した大統領である。

  (5) ロシアから賠償金がとれなかったため，多額の賠償金を予期していた国民は激高し，日比谷焼き打ち事件などが各地で発生した。

  CHECK

  義和団の乱（1900 年）……山東省の秘密結社義和団（白蓮教の一派）が扶清滅洋（清朝を助け，西洋を滅ぼす）を唱えて蜂起した事件。

  ポーツマス条約（1905 年）……戦力の限界に達した日本はセオドア＝ローズヴェルトの斡旋により，ポーツマスで講和条約に調印した。日本全権は小村寿太郎，ロシア全権はウィッテ。

26. 正解 — (1)

  解説 (1) ウィーン体制とは，ウィーン会議によって成立したヨーロッパの保守反動体制のこと。

  (2) 神聖同盟に関する記述である。四国同盟は，メッテルニヒの提唱により，イギリス，プロイセン，ロシア，オーストリアの4か国の間に成立したもので，自由主義・国民主義運動を抑圧した反動機関。

  (3) ウィーン体制は，自由主義運動を抑圧するものである。

  (4) ラテンアメリカ諸国やギリシャの独立により，ウィーン体制は激しく動揺し，1830 年に七月革命が発生した。この影響により各国で革命運動が起こり，ベルギーが独立を宣言した（1830 年）。

  (5) 神聖ローマ帝国は復活せず，35 の君主国と4つの自由市からなるドイツ連邦がつくられた。

  CHECK

  ウィーン会議（1814 年〜 15 年）……ナポレオン戦争後のヨーロッパの諸問題を解決するために開かれた国際会議。タレーランの提唱した正統主義が基本原則で，フランス革命前の状態にもどそうとした。

27. **正解** ― (2)

解説 (1) この種の問題は，キーワードなどをもとに推測することが解法へのテクニックである。

A：「ジャワ島のバタヴィアを根拠地として」から，オランダとわかる。なぜなら，ジャワ島があるインドネシアは，1945年までオランダの植民地であった。なお，「南アフリカのケープ植民地を東方貿易の中継とした」とあるので，「ケープ植民地はイギリス領であるので，Aはイギリスに関する記述」と判断した人も多いと思うが，ケープ植民地はウィーン会議（1814年～15年）においてオランダ領からイギリス領となった。

B：イギリスがアジアに進出したとき，すでに東南アジア以東はオランダ，ポルトガルに独占されていた。そのため，イギリスは「インド経営に専念した」。なお，イギリスはイギリス＝オランダ戦争に勝利し，海上権を握った。

C：カナダの場合，ケベック地方を中心にフランス系住民が多いことから，フランスに関する記述とわかる。なお，フレンチ＝インディアン戦争（1755～63）により，イギリスが勝利したため，イギリスのカナダ支配が確立した。

CHECK

イギリス＝オランダ（英蘭）戦争……イギリスのオリヴァ＝クロムウェルがオランダの中継貿易を排除するため，航海法（1651年）を制定した。これを機に，イギリスとオランダの間で3回にわたり戦争が起こり，結局，イギリスが勝利した。

28. **正解** ― (2)

解説 (1) マラカイボ湖はベネズエラ西部に位置している。マラカイボ油田は同国最大の油田である。

(2) 五大湖はアメリカとカナダの国境地帯につらなる5つの湖沼群のことで，西からスペリオル湖，ミシガン湖，ヒューロン湖，エリー湖，オンタリオ湖。周辺は五大湖沿岸工業地域を形成し，デトロイト，シカゴなどの都市がある。

(3) チュメニ油田はオビ川流域の西シベリア低地に分布する油田の総称で，バイカル湖と距離的にかなり離れている。

(4) カスピ海は黒海の東側に位置し，ロシア，カザフスタン，トルクメニスタン，アゼルバイジャン，イランに囲まれている。

(5) アイセル湖はゾイデル海の干拓によるもので，貿易都市アムステルダムにある。

29. 正解 ―（2）

解説 A：「インカ帝国の中心地」から，ペルーとわかる。ペルーの銅鉱生産量は（2020年）はチリに続いて世界第2位。
B：コーヒー豆の生産量（2021年）はブラジルが第1位で，ベトナムが第2位，コロンビアが第3位である。
C：決め手となるキーワードは「太平洋岸を奪われて，内陸国となった」「首都ラパス」「すず鉱の生産高は世界有数」。すず鉱の生産量（2019年）は，ペルーが世界第4位，ボリビアが世界第5位，ブラジルが世界第6位である。また，銀鉱の生産量（2019年）は，チリが世界第6位，ボリビアが世界第8位である。

30. 正解 ―（2）

解説 A：正しい。
B：「複心」は誤りで，「腹心」が正しい。
C：「露天」は誤りで，「露店」が正しい。
D：誤り。「陪償」は誤りで，「賠償」が正しい。
E：正しい。

31. 正解 ―（5）

解説 （1）安隠（誤り）→安穏（正しい）
（2）憤概（誤り）→憤慨（正しい）
（3）裕然（誤り）→悠然（正しい）
（4）毒説（誤り）→毒舌（正しい）

32. 正解 ―（3）

解説 （1）『和解』志賀直哉
（2）『阿部一族』森鷗外
（4）『不如帰』徳冨蘆花
（5）『蒲団』田山花袋

33. 正解 ―（2）

解説 角 θ は第2象限の角なので，$\sin\theta > 0$

$\sin^2\theta + \cos^2\theta = 1$ より，$\sin^2\theta = 1 - \left(-\dfrac{2}{3}\right)^2 = 1 - \dfrac{4}{9} = \dfrac{5}{9}$

$\sin\theta = \pm\dfrac{\sqrt{5}}{3}$　$\sin\theta > 0$ より，$\sin\theta = \dfrac{\sqrt{5}}{3}$

$$\tan\theta = \frac{\sin\theta}{\cos\theta} = \frac{\dfrac{\sqrt{5}}{3}}{-\dfrac{2}{3}} = -\frac{\sqrt{5}}{2}$$

34. 正解 — (2)

解説 右図のように，鉛直下向き，A
方向，B方向に3つの力が作用してい
る。おもりは静止しているので，3つ
の力の合力は0となる。

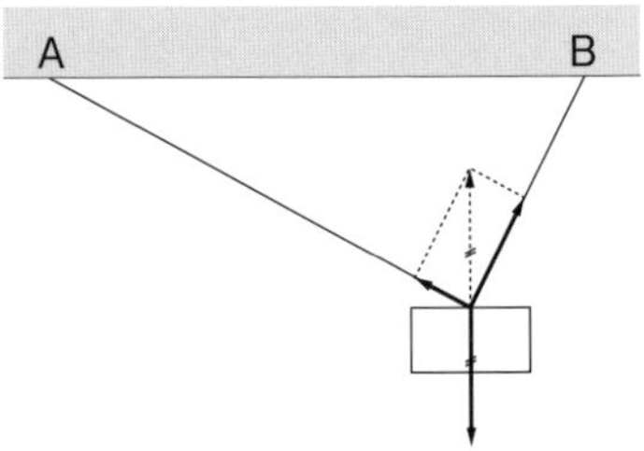

A方向には，$100 \times \cos60°$
$$= 100 \times \frac{1}{2} = 50 \ (\mathrm{kg})$$
B方向には，$100 \times \cos30°$
$$= 100 \times \frac{\sqrt{3}}{2} = 50\sqrt{3} \ (\mathrm{kg}) \quad \text{の重さがかかる。}$$

35. 正解 — (5)

解説 A：塩化ナトリウム（NaCl）は，強酸（HCl）の陰イオンと強塩基
（NaOH）の陽イオンとが結合してできた正塩である。このような塩が水に
溶けても，そこで生じるNa^+とCl^-は単に水和するだけで加水分解せず，水
溶液は中性を示す。

B：酢酸ナトリウム（CH_3COONa）は，弱酸（CH_3COOH）の陰イオンと強
塩基（NaOH）の陽イオンが結合してできた正塩である。このような塩が
水に溶けると，そこで生じるNa^+は水和するだけであるが，CH_3COO^-はH^+
との結合力が強いことから，一部のCH_3COO^-が水分子からH^+を奪い，酢
酸分子CH_3COOHとなる。このため，下に示したように水溶液中にOH^-が
残るため，水溶液は塩基性を示すことになる。
$$CH_3COO^- + H_2O \ \rightleftarrows \ CH_3COOH + OH^-$$
C・D：強酸と強塩基あるいは弱酸と弱塩基からできた塩の水溶液は中性で
あるが，弱酸と強塩基あるいは強酸と弱塩基からできた塩の水溶液は，イ
オンの加水分解のため，前者は塩基性に，後者は酸性になる。

36. 正解 — (4)

解説 (1) 動脈は心臓から出る血管で，内皮をとりまく筋肉は厚く，弾力性
に富んでいる。
(2) 静脈は心臓に帰る血管で，内皮をとりまく筋肉は薄く，弾力性に乏しい。

静脈内は血流がゆるやかなので，逆流しないように静脈弁がある。

(3) 毛細血管は，動脈と静脈をつなぐ血管である。毛細血管では，ルージェ細胞という収縮性のある細胞が熱の放散を防ぐ。ルージェ細胞は一種の食細胞である。

(4) 心臓の拍動の回数は，ヒトの場合，大人で1分間に70回，乳児だと1分間に130回である。

(5) 肺動脈は誤りで，肺静脈が正しい。つまり，肺循環とは，血液が，右心室→肺動脈→肺の毛細血管→肺静脈→左心房の順に流れることをいう。なお，肺動脈には静脈血，肺静脈には動脈血が流れている。また，肺循環により左心房にもどってきた動脈血は，左心室にいき，左心室から大動脈に送り出され，からだ全体に循環する。

CHECK

動脈血……酸素を多く含んでいる血液。

静脈血……酸素を少ししか含んでいない血液。

肺循環……右心室→肺動脈→肺の毛細血管→肺静脈→左心房

体循環……左心室→大動脈→全身の毛細血管→大静脈→右心房

（大動脈には動脈血，大静脈には静脈血が流れている。）

37. 正解 — (3)

解説　(1) シベリア気団は，日本には主として冬に到来し，寒冷で湿度の低い気団である。冬の北西の季節風は，この気団の空気が流れ出したものである。

(2) オホーツク気団は，日本には主として梅雨期と秋雨期に到来し，寒冷で湿度の高い気団である。

(3) 夏の南寄りの季節風は，この気団の空気が流れ出したものである。

(4) 赤道気団は，日本には主として春から秋にかけて，台風などによって日本に送られる。

(5) 揚子江気団は，温暖で湿度の低い気団である。移動性高気圧に伴い，中国大陸方面から東進してくる。

1. **正解** — (5)

解説 （大意）美は感じるものであり，感じて心で語り合う対象である。にもかかわらず，現代では微細な解説が氾濫しているため，現代人は知識がなければ美術作品を見ることができなくなった。そのため，美はもう心で感じ取れず，わかるわからないばかりを考えている。

「加減乗除」の意味は，(5)の「わかろうとあれこれ考える」となる。なぜなら，「美を感じ取ることはできず」，知識によって美術作品を見ているので，対象物が「わかる，わからない」のみが関心事となる。

2. **正解** — (4)

解説 〈全訳〉私の犬が姿を消した後，私が長い間ひどく悲しんだので，母は東京へ旅行に行った折，1つがいのチャボを私に買ってきてくれた。チャボが入っていた金属の箱はあまりにも小さかったので，大工に頼み，庭の隅に鶏小屋を作ってもらった。チャボは犬と違い，かわいらしくなく，一緒に駆け回ることもできなかった。しかし，私はチャボにも愛すべき何かがあると考えた。私はがんばってチャボの世話をし，えさをやり，小屋をきれいにした。チャボの世話をすることは楽しみであった。数日後，私はチャボによって産み落とされた小さな白い卵を見た。次の日もまた，巣の中のそこにきちんと卵が置かれていた。これらの卵は新しい卵にまちがいない。なぜなら，昨日の卵は学校に行く前，朝食に私たちが食べてしまった。鳥が一生懸命がんばって卵を産んだ後，その卵を食べたことに申し訳ない気持ちになった。もし，卵をそのままにしておけば，卵は変化し，ひよこにふ化するのではないか。私の母は言った。「私には，めんどりが年中卵を抱いていることは期待できないと思うけれど，いずれにせよ，しばらくの間卵を取らないで，何が起こるかを見ることにしましょう。」

3. **正解** — (3)

解説 〈全訳〉ある日，1人の老人が通りで何かを探していた。彼は何かを拾いあげ，それをポケットに入れた。そして，また何かを拾い，ポケットに入れた。彼はそうしたことを続けた。警官が老人のところにやって来て，何をしているのか尋ねた。老人はポケットから割れたガラスの破片を取り出し，それを警官に見せた。老人は少し離れたところで遊んでいる子供たちを指さし，笑いながら言った。「子供たちを見てみなさい。彼らは靴も靴下もはか

ないで遊んでいる。私は彼らに足をけがして欲しくないんです。」

4. 【正解】 — (4)

【解説】 条件ウに着目する。なぜなら、400m競走におけるCの順位が3位と確定しているからである。次に、条件オとアに着目する。E＞A、E≠1位、A≠5位となる。したがって、400m競走においては、○－E－C－A－○。また、条件エより、Dは1位か4位であるが、すでにAが4位で確定しているので、Dは1位となる。この結果、Bは5位となる。以上より、400m競走においては、D－E－C－A－Bの順となる。

100m競走においては、条件エより、Dは4位となる。また、条件イより、B＞Eとなる。なぜなら、400m競走においてE＞Bなので、100m競走はB＞Eとなる。条件オとアより、E＞A、E≠1位、A≠5位となる。B＞EとE＞Aより、B＞E＞Aが成立する。以上を整理すると、Dは4位、B＞E＞A、E≠1位、A≠5位。したがって、100m競走においては、B－E－A－D－○となる。○にはCが入るので、B－E－A－D－C。

	A	B	C	D	E
〔100m競走〕	3位	1位	5位	4位	2位
〔400m競走〕	4位	5位	3位	1位	2位

合計点　A⇒3＋2＝5（点）　　B⇒7＋1＝8（点）
　　　　C⇒1＋3＝4（点）　　D⇒2＋7＝9（点）　　E⇒5＋5＝10（点）

5. 【正解】 — (4)

【解説】

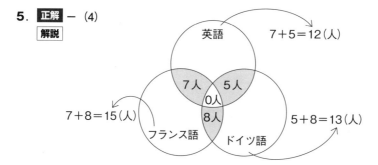

この問題のポイントは、「全員、英語、フランス語、ドイツ語のうち2か国語を話すことができること」と「3か国語全部話せる者がいないこと」である。

条件より，英語を話せる者は12人いるが，「全員２か国語を話すことはできるが，全員３か国語を話すことができない」ので，12人全員がフランス語かドイツ語のどちらかを話せることになる。

条件より，「英語とフランス語の両方を話せる者は７人である」ので，英語を話せる12人のうち，５人（12−7＝5）はドイツ語を話せることになる。つまり，英語とドイツ語の両方を話せる者は５人となる。

また，フランス語を話せる者は15人で，このうち英語を話せる者は７人であるので，フランス語とドイツ語の両方を話せる者は８人（15−7＝8）となる。

6. 正解 ― (5)

解説 条件アより，選出された者について次の関係が成立する。

体育会に属する男子の数＝文化会に属する男子の数

体育会に属する女子の数＝文化会に属する女子の数

条件イとウより，Ｂクラスから選出された者は２人とも女子で，ともに文化会に属している。

条件エより，Ｃクラスから選出された者の１人は女子で，体育会に属している。

条件オより，Ｄクラスから選出された２人の男子のうち，１人は体育会，もう１人は文化会に属している。

条件カより，Ｅクラスから選出された２人の男子のうち，１人は体育会に属している。

Ａクラスから選出された者については，２通りの場合が考えられる。つまり，２人とも男子である場合と，１人が男子で，もう１人が女子である場合である。

ただ，Ｂクラスから女子が２人選出され，Ｃクラスから女子が１人選出されているので，条件アの「体育会に属する女子の数＝文化会に属する女子の数」が成立するためには，Ａクラスから女子が１人選出されなければならない。また，Ｂクラスから選出された女子は２人とも文化会に属しており，Ｃクラスから選出された女子は体育会に属しているので，「体育会の数＝文化会の数」が成立するためには，Ａクラスから選出された女子は体育会に属していなければならない。

7. 正解 ― (1)

解説 この種の問題は，あらゆるケースを考えつくかどうかを問うものである。

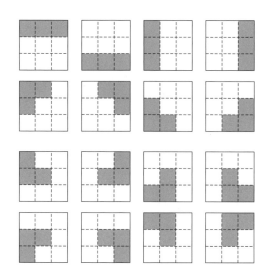

8. **正解** — (5)

解説 条件A～Eをもとに，表を作成すると，表1となる。なお，表中の「テ」は「テニス部」，「サ」は「サッカー部」，「水」は「水泳部」，「バ」は「バレー部」をそれぞれ示している。○はその部に所属していること，×は所属していないこと，をそれぞれ示している。

表1

	テ	サ	水	バ
A	○			
B		○		
C				○
D				×
E	×		○	
		3人		3人

表2

	テ	サ	水	バ
A	○	○	×	×
B	×	○	×	○
C	○	×	×	○
D	×	○	○	×
E	×	×	○	○
		3人		3人

　表2は，表1をもとにし，Aがサッカー部に所属していると仮定し，他の空欄を推理したものである。

　Aがサッカー部に所属しているとすると，Aは水泳部，バレー部には所属していないことになる。Dの発言から，DはCと同じ部に所属していないので，Dはバレー部に所属していないことになる。バレー部に所属しているのは3人なので，BとEの2人はバレー部に所属していることになる。ここで，Cがサッカー

部に所属しているとすると，BとCの所属する部が2つとも同じになる。これは条件に反するので，Cはサッカー部に所属していないことになる。この結果，Dはサッカー部に所属していることになる。

次に，Dがテニス部に所属しているとすると，AとDの所属する部が2つとも同じになる。これは条件に反するので，Dはテニス部に所属していないことになる。この結果，Dは水泳部に所属していることになる。したがって，Cはテニス部に所属しており，また，水泳部に所属していないことになる。

以上より，表2が完成する。

次に，Aが水泳部に所属していると仮定する必要があるが，ここで注目すべきはEの「私はテニス部に入ると水泳部が入部を許可しない」の発言。よって，Aはテニス部に入っているので，水泳部には入っていないことになる。

最後に，Aがバレー部に所属していると仮定し，空欄を埋めていくと，表3が完成する。表3は一見，正しいように思えるが，Dの「私はA，B両君と同じ部に入っています」という発言を満たしていない。表2はこれを満たしている。

以上より，成立するのは表2だけとなる。

表3

	テ	サ	水	バ
A	○	×	×	○
B	×	○	×	○
C	×	×	○	○
D	○	○	×	×
E	×	○	○	×
		3人		3人

9. **正解** ― (4)

解説 条件甲を満たす頂点エの位置は図1である。また，条件乙を満たす頂点オと頂点カの位置は図2と図3である。よって，この時点で記号のつけ方は4通りある。

再度，図2と図3を見てもらいたい。頂点キと頂点クも入れかえがあるので，合計8通りとなる。

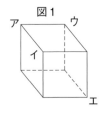

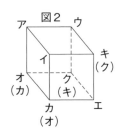

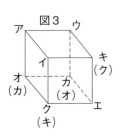

10. 正解 ― (5)

解説 ホース1本当たりの給水量を$a\ell$／分，排水量を$b\ell$／分とする。ホースを2本にすると，5分間に，水は水槽の$\frac{1}{4}$から$\frac{1}{3}$に増えたので，5分間での増加量は，$240\times\frac{1}{3}-240\times\frac{1}{4}=80-60=20$（$\ell$）となる。したがって，題意より，$5\times2a-5\times b=20$が成立する。ゆえに，$2a-b=4$　……①

次に，ホースを3本にすると，水は水槽の$\frac{1}{3}$から$\frac{1}{2}$に増えたので，4分間での増加量は，$240\times\frac{1}{2}-240\times\frac{1}{3}=120-80=40$（$\ell$）となる。したがって，題意より，$4\times3a-4b=40$が成立する。ゆえに，$3a-b=10$……②

$$\begin{array}{r}
①-②\qquad 2a-b=4\\
-)\ 3a-b=10\\
\hline
-a\ \ =-6\qquad a=6
\end{array}$$

$2\times6-b=4$より，$\quad b=8$

水槽の$\frac{1}{2}$から満杯になるには，$240\times\frac{1}{2}=120$（ℓ）の水を必要とする。満杯になるまでの時間をt（分）とすると，

$$3\times6\times t-8t=120\qquad 18t-8t=120$$
$$10t=120\qquad t=12\text{（分）}$$

11. 正解 ― (4)

解説 A，B，C校の出身者は同数なので，これをx（名）とする。また，D，E校の出身者も同数なので，これをy（名）とする。

題意より，$3x+2y=21$　x，yは整数なので，(x, y)の組で，$(1, 9)$ $(3, 6)$ $(5, 3)$が考えられる。

$x=1$，$y=9$の場合，「1年生の部員の出身校はA校とB校」なので，1年生の部員の人数は最大でも，$1+1=2$（名）

1年生，2年生，3年生の各人数は同数で，それぞれ7名（$21\div3$）である。したがって，これは題意に反するので不適。

$x=3$，$y=6$の場合，1年生の部員の人数は最大でも，$3+3=6$（名）となるので，これも不適。

$x=5$，$y=3$の場合，次のようになる。

（1年生）	A校，B校
（2年生）	C校，D校
（3年生）	B校，C校，E校

上表は，１年生の部員の出身校はA校，B校，２年生の部員の出身校はC校，D校，３年生の部員の出身校はB校，C校，E校であることを示している。

A校出身の部員は１年生だけなので，B校出身の１年生の部員の人数は７－５＝２（名）となる。なぜなら，$x=5$であり，各学年の人数は７名である。よって，B校出身の３年生の部員の人数は５－２＝３（名）となる。この結果，C校出身の３年生の部員とE校出身の３年生の部員の合計人数は７－３＝４（名）となる。

E校出身の部員は３年だけであり，$y=3$であるので，E校出身の３年生の部員は３名となる。したがって，C校出身の３年生の部員は４－３＝１（名）となる。この結果，C校出身の２年生の部員は５－１＝４（名）となる。

12. 正解 ─ (3)

解説 本問は，中点連結定理の応用問題である。次図のように，EFの延長とABとの交点をGとする。

$\triangle$ABCにおいて，GF∥BCであり，AF＝FCより，

$$GF=\frac{1}{2}BC=\frac{1}{2}\times7=3.5$$

$\triangle$ABDにおいて，GE∥ADであり，BE＝EDより，$GE=\frac{1}{2}AD=\frac{1}{2}\times3=1.5$

以上より，EF＝GF－GE＝3.5－1.5＝2（cm）

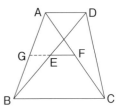

13. 正解 ─ (3)

解説 箱Aから箱Bに玉を２個移すとき，同時に２個移すと考えるのではなく，１個移し，そして，もう１個移すと考えた方がわかりやすい。

まず，赤い玉を１個移し，次に白い玉を１個移すとする。

この場合，$\dfrac{2}{2+3+2}\times\dfrac{3}{1+3+2}=\dfrac{2}{7}\times\dfrac{3}{6}=\dfrac{1}{7}$

反対に，白い玉を１個移し，次に赤い玉を１個移すとする。

この場合，$\dfrac{3}{2+3+2}\times\dfrac{2}{2+2+2}=\dfrac{3}{7}\times\dfrac{2}{6}=\dfrac{1}{7}$

したがって，箱Aから箱Bに赤い玉を１個，白い玉を１個移すときの確率は$\dfrac{1}{7}+\dfrac{1}{7}=\dfrac{2}{7}$

また，このとき，箱Bには，赤い玉が３個，白い玉が４個，黒い玉が２個入っている。この状態において，箱Bから箱Aに赤い玉を１個，白い玉を１個移す。

まず，赤い玉を１個移し，次に白い玉を１個移す。

この場合，$\dfrac{3}{3+4+2}\times\dfrac{4}{2+4+2}=\dfrac{3}{9}\times\dfrac{4}{8}=\dfrac{1}{6}$

反対に，白い玉を1個移し，次に赤い玉を1個移す。

この場合，$\dfrac{4}{3+4+2}\times\dfrac{3}{3+3+2}=\dfrac{4}{9}\times\dfrac{3}{8}=\dfrac{1}{6}$

したがって，箱Bから箱Aに赤い玉を1個，白い玉を1個移すときの確率は$\dfrac{1}{6}+\dfrac{1}{6}=\dfrac{1}{3}$

以上より，求めるものは，$\dfrac{2}{7}\times\dfrac{1}{3}=\dfrac{2}{21}$

14. 正解 — (4)

解説 右図において，AD，AFは接線であることから，AD＝AF。また，四角形ODAFは，∠DAF，∠ODA，∠OFAとも90°であり，AD＝AFであることから，正方形である。題意より，OD＝3cmであるので，AD＝AF＝3cm

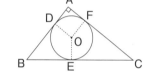

BD，BEは接線であることから，BD＝BE

CE，CFは接線であることから，CE＝CF

題意より，BA+AC＝21cm　AD＝AF＝3cmであるので，

BD+CF＝21-3-3＝15　BD+CF＝BE+CE＝15

次に，△ABC＝△OAB+△OBC+△OCA

$\qquad\qquad=\dfrac{1}{2}\times BA\times OD+\dfrac{1}{2}\times BC\times OE+\dfrac{1}{2}\times AC\times OF$

$\qquad\qquad=\dfrac{1}{2}\times BA\times3+\dfrac{1}{2}\times BC\times3+\dfrac{1}{2}\times AC\times3$

$\qquad\qquad=\dfrac{1}{2}\times3\times(BA+BC+AC)$

BA+AC＝21，BC＝BE+CE＝15より，

$\qquad$△ABC$=\dfrac{1}{2}\times3\times(21+15)=54\,(\text{cm}^2)$

15. 正解 — (4)

解説 (1) 中国の生産台数が1990年〜2020年の間，飛躍的に増加した原因について，与えられた表からはまったくわからない。よって，誤肢となる。

(2) 1990年のインドの生産台数は364，2020年の日本の生産台数は8,068である。そして，1990年のインドの生産台数を100としたとき，次式が成立する。364：100＝8,068：x　　$364x$＝806,800　　∴x＝2,216

(3) 正確に計算しなくても正誤の判断がつくように，大半の問題の場合は作成してある。よって，どの程度の概算にするかがポイントになる。

アメリカについて次のように計算してみる。(128＋77＋88)÷3＝293÷3≒98。ドイツの場合，(50＋55＋59)÷3＝164÷3≒55　したがって，98÷55≒1.8（倍）

(4) 中国の2000年の生産台数は約207万台，2020年の生産台数は約2,523万台。よって，中国の世界計に占める割合は，2000年では，200÷5,800≒0.03。2020年では，2,500÷7,700≒0.32。したがって，32－3＝29（%）上昇したことになる。29%なので約30%といえる。

(5) アメリカの減少率＝$\frac{128-77}{128}＝\frac{51}{128}$≒0.39　一方，ブラジルの減少率＝$\frac{34-20}{34}＝\frac{14}{34}$≒0.41　したがって，誤肢。

16. **正解** － (2)

解説　与えられた図は，A〜D国の，「年金給付費の国民所得に対する割合」「医療給付費の国民所得に対する割合」「その他の給付費の国民所得に対する割合」を示したものである。

(1) 国別の国民所得が示されていないので，国別の年金給付費を算出できない。したがって，国別の比較ができない。

(2) 年金給付費の国民所得の割合は12%，医療給付費の国民所得に対する割合は8%，その他の給付費の国民所得に対する割合は4%。したがって，12%＝8%＋4%

(3) 国民所得が示されていないので，B国，D国とも，実額を算出できない。

(4) 4%＋6%＞8%　つまり，その他の給付費は年金給付費と医療給付費の合計額より少ない。

(5) 国民所得が示されていないので，国別の比較はできない。

17. **正解** － (4)

解説　(1) 「内閣総理大臣は，国会議員の中から国会の議決で，これを指名する。」（憲法第67条1項）

(2) 内閣不信任決議または信任決議否決の方法で，内閣の総辞職を求めることは，衆議院の特権である。「内閣は，衆議院で不信任の決議案を可決し，又は信任の決議案を否決したときは，10日以内に衆議院が解散されない限り，総辞職をしなければならない。」（憲法第69条）

(3) 内閣の締結した条約について，裁判所が憲法適合性を審査することについての憲法上の明文はない。

(4) 裁判所は具体的事件の発生を前提として裁判を行うので，事件発生前に

法律の合憲・違憲を判断することはできない。

(5) 最高裁判所の指名した者の名簿に基づいて，内閣が下級裁判所の裁判官を任命する。

CHECK

違憲立法審査権……法律・命令などが憲法に違反していないかどうかを審査する権限のことで，わが国では，すべての裁判所に認めている。ただ，最終的権限は最高裁判所が有する。

18. 正解 — (3)

解説 この種の問題はキーワードをもとに，問題を解くことがポイントである。

A：ホッブズのキーワードは，「自然権を放棄するという相互契約」で，各人が自然権を行使することを断念し，その行使を国家にゆだねるというものである。

B：ロックのキーワードは「人民の抵抗する権利」である。各人の契約により，自然権を代表者に信託するが，権力の不法な行使に対して，人民は抵抗する権利を有するというものである。

C：ルソーのキーワードは「一般意思」である。「一般意思」とは，国民全体の自由・平等の確保を目的とした公共の意思のことで，ルソーは一般意思の形成に参加するとともに，ここで形成された一般意思に自己をゆだねる必要があるとした。

19. 正解 — (5)

解説 (1) NATOの原加盟国は，アイスランド，アメリカ，イギリス，イタリア，オランダ，カナダ，デンマーク，ノルウェー，フランス，ベルギー，ポルトガル，ルクセンブルクの12か国である。NATO（北大西洋条約機構）は，ソ連を中心とする東側と対峙していたが，冷戦終結後はその性格を変えた。その後，NATOの東方拡大が進展し，東ヨーロッパ諸国などの加盟により，2020年3月には30か国体制となった。また，2023年4月，フィンランドがNATOに加盟した。スウェーデンも近い将来，加盟すると考えられている。

(2) インドはASEANの加盟国ではない。ASEAN（東南アジア諸国連合）は1967年，タイ，インドネシア，マレーシア，フィリピン，シンガポールの東南アジア5か国により結成された地域協力機構で，その後，ブルネイ，ベトナム，ミャンマー，ラオス，カンボジアが加盟し，「ASEAN10」が実現した。東ティモールが加盟すると，「ASEAN11」となる。

(3) 2023年10月現在，EU加盟国は27か国である。現在，加盟候補国として，トルコ，北マケドニア，アルバニアなど8か国ある。試験によく出る

のが「トルコがEU加盟国であるかどうか」ということ。現時点で，トルコはEU加盟国ではない。

(4) AU（アフリカ連合）は，アフリカ55の国・地域が加盟する世界最大級の地域機関である。よって，"AUの加盟国は著しく多い"と覚えておくことがポイント。本部はエチオピアのアディスアベバにある。

(5) NAFTAは「北米自由貿易協定」，USMCAは「アメリカ・メキシコ・カナダ協定」のことである。つまり，呼称から「自由貿易」の文言が外されているように，USMCAは管理貿易の色彩が強いといえる。

CHECK

EU……欧州連合。本部はブリュッセル。2004年に，ポーランド，チェコ，スロバキア，ハンガリー，スロベニア，バルト三国，キプロス，マルタの10か国が加盟した。2007年1月には，ブルガリアとルーマニアが加盟した。2013年7月にはクロアチアが加盟国となった。2019年12月の総選挙の結果，イギリスは翌2020年1月末にEUを離脱した。この結果，加盟国は27か国となった。

20. **正解** ― (3)

解説　1ドル＝150円とは，150円支払えば，1ドル受け取ることができることである。これが，1ドル＝140円になると，140円支払えば，1ドル受け取ることができる。同じ1ドルをもらうのに，140円支払えばいいのだから，「円の価値はドルに対して高くなった（円高）」といえる。したがって，「円安」とは，1ドル＝150円であったものが，1ドル＝160円，あるいは1ドル＝170円になることをいう。

　次に「円高」による輸出あるいは輸入への影響を考えてみる。

　輸出については，外国為替相場が1ドル＝150円のとき，300万円の日本車はアメリカで2万ドルで売られる（300（万円）÷150（円）＝2（万ドル））。ところが，1ドル＝140円になると，300万円の日本車はアメリカで2万1千4百ドルで売られる（300（万円）÷140（円）＝2.14（万ドル））。つまり，円高になると，日本が輸出し販売している商品の価格は上昇することになる。一般には商品の価格が上昇すれば売れ行きは落ちるので，日本からの輸出量は長期的には減少することになる。

　輸入については，1ドル＝150円のとき，6万ドルのドイツ車は日本で900万円で売られる（6（万ドル）×150（円）＝900（万円））。ところが，1ドル＝140円になると，6万ドルのドイツ車は日本で840万円で売られる（6（万ドル）×140（円）＝840（万円））。つまり，円高になると，日本で輸入し販売している商品の価格は低下することになる。一般に商品の価格が低下すれば，売

れ行きは増加するので，日本の輸入量は長期的には増加することになる。

CHECK

	輸出量	輸入量
円高	減少	増加
円安	増加	減少

21. 正解 － (1)

解説 (1) 経済統計を見る場合に注意することの1つに，「年」と「年度」がある。2019年とは，2019年1月～2019年12月をいう。一方，2019年度とは，2019年4月～2020年3月をいう。わが国において，新型コロナウイルスの感染が拡大したのは2020年に入ってのことなので，2019年度の場合，2020年1月～2020年3月の間，新型コロナウイルスの感染拡大により経済活動が低迷した。この結果，2019年度の経済成長率はマイナス0.8％となった。

(2) 誤り。前年度比で約5兆円増えたのは防衛関係費である。「社会保障関係費の歳出全体に占める割合は32.3％」で正しい。正誤を考える場合，「32.3％」が正しいのかどうかを考えるのではなく，30％に達しているのかどうか，について考えることがポイントである。つまり，少し大きい視点で考えることがポイントである。

(3) 誤り。注意することは，ここでの消費者物価指数は年平均の消費者物価指数ということ。よって，生活体感しての物価上昇率と開きが生じることもある。2022年の消費者物価指数（生鮮食料品を除く）は前年比で2.3％の上昇であるので，2％程度と覚えておこう。

(4) 誤り。「貿易収支は過去最大の約20兆円の黒字を記録した」の箇所が誤り。2022年2月にロシアがウクライナに侵攻したことで原油などの国際価格が高騰し，これに円安が重なったことで，2022年の輸入額は118兆円に達し，貿易収支の赤字は過去最大の約20兆円を記録した。

(5) 誤り。スーパーについては，ネットスーパーが「巣ごもり需要」の増加により売上げを伸ばした。そのため，2020年，2021年，2022年の対前年比の売上高はいずれもプラスであった。また，コンビニエンスストアの2020年と2021年の売上高も2019年のそれを下回った。

22. 正解 － (2)

解説 A：正しい。この結果，政府と地方自治体による行動制限はなくなり，療養などのあり方は基本的に個人の判断に任せられた。また，公費による支援は縮小された。

B：誤り。2030年問題ではなく，2025年問題という。覚えていないならば，

1949＋75＝2024　よって，2030年ではないと判断できる。社会保障費には，医療費，介護費などが含まれる。

C：誤り。前年の19位から2位下落し，21位となった。また，2016年から2023年の期間での日本の平均順位は16.75位である。なお，1位－フィンランド，2位－スウェーデン，3位－デンマークで，アメリカは39位，中国は63位であった。

D：正しい。「無人航空機を有人地帯において補助者なしで目視できない範囲を自動飛行させることが可能になった」ということは，ドローンの「レベル4飛行」が解禁されたということである。この結果，ドローンの活用がビジネス分野を中心に推進されると考えられている。

23. **正解** － (2)

解説　A：正しい。線状降水帯の発生も，地球温暖化による異常気象の1つである。線状降水帯による災害は日本のみならず，世界各地で発生している。

B：誤り。ウイグル族は，トルコ系民族で大半はイスラム教徒である。新疆ウイグル自治区では，ウイグル族とここに新たに住み始めた漢民族との間で何度も衝突が生じている。

C：正しい。ジョブ型雇用に対して，メンバーシップ型雇用がある。これは，入社後に職務，勤務地，異動，昇進などが決まるものである。

D：正しい。現在，健康保険組合でも医療費の増大により財政が危機的状況となっている。そのため，政府は低価格なジェネリック医薬品の普及を推進しているが，現在，ジェネリック医薬品の数量シェアは80％程度である。

24. **正解** － (3)

解説　(1) 地方の豪族のみならず，中央の貴族なども所有地を拡大した。

(2) 墾田永年私財法の制定は8世紀であり，武士が台頭したのは平安時代中期（10世紀頃）以降である。

(4) 後三条天皇の出した延久の荘園整理令は基準に合わない荘園を停止したもので，廃止には至っていない。

(5) 鎌倉時代，地頭が貴族などの荘園を侵略し，自己の基盤を強化した。

CHECK

荘園……田地を主体とした大規模な私有地のこと。三世一身法，墾田永年私財法の発布により，貴族・寺社・地方豪族が開墾し，これを私有地とした。これが初期荘園（墾田地系荘園）と呼ばれるものである。ところが10世紀に入ると，開発領主がその利権を守るために，土地を名目上，中央の貴族や寺社に寄進し，不輸・不入権を確保した。これが寄進地系荘園である。

25. 正解 — (5)

解説 足利義満の時代を中心とする文化は北山文化, 足利義政の時代を中心とする文化は東山文化である。北山文化は金閣に象徴される文化で, 公武の文化がいっそう融合され, 水墨画など中国文化の影響が強くみられる。東山文化は銀閣に象徴される文化で, 禅宗の影響が強く, 「わび」「さび」を尊び, やや逃避的な傾向がある。

(1) 幕府を室町の「花の御所」に移したのは義満である。

(2) 狩野正信・元信父子が水墨画に大和絵の技法を取り入れ, 狩野派を開いたのは戦国時代である。

(4) 観阿弥・世阿弥が活躍したのは義満の時代である。

26. 正解 — (1)

解説 (1) 七年戦争 (1756 ～ 63 年) とは, シュレジエンをめぐるオーストリアとプロイセンの戦争のこと。これと並行して北アメリカとインド植民地をめぐり, イギリスとフランスが抗争した (フレンチ＝インディアン戦争)。七年戦争では, オーストリア・フランス・ロシアが提携, プロイセン・イギリスが提携し, 戦ったが, 結局, プロイセンが勝利した。また, イギリスがフランスを撃破し, 北アメリカとインド植民地における優位を確保した。

(2) フランクリンがフランスと交渉し, フランスとの同盟に成功 (1778 年), フランスが参戦した。また, スペイン, オランダも参戦した。

(3) 植民地の人々のうち, 独立賛成派, 反対派, 中立派はともに 3 分の 1 ずつであった。

(4) 独立賛成派は自営農民, 商工業者, 反対派は役人, 大商人, 大地主で占められていた。

(5) ジェファソンなどが起草した「独立宣言」は苦戦の最中に発布された (1776 年 7 月)。パリ条約が締結されたのは 1783 年。なお, パリ条約により, 植民地 13 州の独立が承認され, ミシシッピ川以東の地が与えられた。

27. 正解 — (2)

解説 (1) 宋 (北宋) (960 ～ 1127 年) は, 後周の節度使趙匡胤により建国された。親衛軍を強化して節度使を廃して文臣を重用し, 文治政治を行った。

(3) 文治主義を採用したことから軍事力は弱体化し, 異民族の侵入を許した。そのため, 異民族に金品を贈るなど不利な条件で和議を結んだ。

(4) 農業が発達するとともに, 商業や貿易も著しく発達した。また, 手工業も発達した。宋の財政が危機に陥ったのは, 異民族に対する多額の金品や

軍事費の膨張によるものである。

(5) 製紙法の発明は漢の時代である。

CHECK

趙匡胤（927～976年）……宋初代皇帝（太祖）。藩鎮（武人）勢力を抑えて文治政治を推進，君主独裁の中央集権体制の基礎を確立した。

王安石（1021～86年）……宋（北宋）の政治家。富国強兵のための改革（新法）を実施した。富国策として青苗・均輸法，強兵策として保甲・保馬法を定めた。

28. 正解 ― (5)

解説 A：「1年中高温」「雨季と乾季との区別が明瞭にみられる」から，サバナ気候とわかる。熱帯雨林気候の特色は，年中高温で，1年中多雨であること。また，午後にはスコールがあり，密林が多い。

B：「乾燥した気候」「長い乾季のあとに弱い雨季がある」ことから，ステップ気候とわかる。砂漠気候の特色は，降水量がきわめて少ないこと。

C：「温和な温帯気候」「1年中平均して降水がある」「偏西風の影響を受ける」から，西岸海洋性気候とわかる。温暖湿潤気候の特色は，四季の変化が明瞭であり，比較的気温の年較差が大きいこと。

CHECK

弱い乾季のある熱帯雨林気候……熱帯雨林気候とサバナ気候の間に分布する。季節風（モンスーン）の影響で弱い乾季がある。

温暖冬季少雨気候……温帯夏雨気候ともいい，モンスーンや熱帯雨林低気圧の影響で夏季に雨量が多い。

29. 正解 ― (4)

解説 A：「チャオプラヤ（メナム）川」といえば，タイと覚えておこう。これに対して，メコン川はチベット高原を水源とし，ラオス・タイ国境を流れて，カンボジア・ベトナム南部を貫流し，南シナ海に注ぐ。

B：東南アジアでのイスラム教国といえば，まずはインドネシアと考えておこう。石炭の産出量（2018年）は世界第3位，すず鉱の産出量（2018年）は中国に続き世界第2位である。また，米の生産量（2019年）は世界第3位，コーヒー豆の生産量（2019年）は世界第4位，カカオ豆の生産量（2019年）は世界第3位である。

C：ベトナムはインドシナ半島の東半分を占めている。1945年に独立後，国内は南北に分裂し，長期にわたり内戦が続き，1976年に南北が統一された。

ドイモイ政策を推進し，社会主義型市場経済による国づくりを行っている。

CHECK

　シンガポール……中国系が住民の4分の3を占め，他にマレー系，インド系。
　　国名はサンスクリット語で「ライオンの都」の意味。

　マレーシア……1981年末以降，ルックイースト政策（東方政策）を掲げ，工
　　業化を推進しており，現在もこの政策は一応，継続されている。

　ミャンマー……北は中国，東はラオスとタイ，西はインドと接している。

30. **正解** ─ (3)

解説

　A：**奇想天外**　まったく思いもよらない奇抜なこと。
　　　河童の川流れ　名人でも思わぬ失敗をすることがあるというたとえ。
　B：**言語道断**　あきれ果てて，言葉も出ないほどであること。
　　　釈迦に説法　よく知り尽くしている人に対して，ものを教えようとする
　　　　　　　　　　愚かさのたとえ。
　C：**馬耳東風**　人に何を言われても気にせず，知らん顔をしていること。
　　　犬に論語　いくら道理を説いても無駄なことのたとえ。
　D：**鎧袖（がいしゅう）一触**　あっけなく相手を負かすたとえ。
　　　袖振り合うも多生の縁　どんなささやかな出会いも大切にせよということ。
　E：**雲散霧消**　物事が一度に消えてなくなること。
　　　覆水盆に返らず　一度やってしまったことは取り返しがつかないことのたとえ。

31. **正解** ─ (3)

解説

　A：**閑古鳥が鳴く**　商売などがはやらなくて，さびれているようすのたとえ。
　　　門前市を成す　大勢の人が訪れてにぎわうことのたとえ。
　B：**柳に雪折れ無し**　やわらかくてしなやかなものは，かたく強いものより，
　　　　　　　　　　　試練に耐えることができることのたとえ。
　　　柔よく剛を制す　柔軟な者がかえって剛強な者に勝つことのたとえ。
　C：**恩を以て怨みに報ず**　うらみのある相手に対しても，広い気持ちをもっ
　　　　　　　　　　　　て善意でこたえること。
　　　後足で砂をかける　その人から受けた恩義に報いるどころか，去りぎわ
　　　　　　　　　　　　に迷惑をかけたりすること。
　D：**言わぬは言うに優る**　何も言わずにいるほうが，かえって相手に気持ち
　　　　　　　　　　　　　が伝わることが多いということ。

雄弁は銀，沈黙は金　おしゃべりは銀の価値であるが，黙っていること
　　　　　　　　　　　　　は金の価値があること。
　E：**火事後の火の用心**　時機に遅れて間に合わないことのたとえ。
　　暮れぬ先の提灯　手まわしがよすぎて間が抜けていることのたとえ。

32. 正解 — (2)

解説 (1)『天地創造』はハイドンの作品。バッハには，『マタイ受難曲』
『ヨハネ受難曲』などの作品がある。

(3)『椿姫』はヴェルディの作品。ヴィヴァルディには，『四季』などの作品が
ある。なお，ハイドンの作品にも『四季』がある。

(4)『ボレロ』はラヴェルの作品。ドビュッシーには，『牧神の午後への前奏
曲』などの作品がある。

(5)『くるみ割り人形』はチャイコフスキーの作品。ドヴォルザークには，
『新世界より』などの作品がある。

33. 正解 — (2)

解説 $x^2+4x+y^2=0$ より，$x^2+4x+4+y^2=4$，$(x+2)^2+y^2=4$，$(x+2)^2+y^2=2^2$
したがって，中心 $(-2,\ 0)$，半径 2 の円となる。

34. 正解 — (4)

解説 (1)(2) 音波は媒質の弾性によって伝わる縦波で，音速は媒質の性質
で決まり，音源の運動状態には無関係である。

(3) 湿度が高くなるほど音速は大きくなるが，大きな差はない。したがって，
ふつうの湿度のときの，空気中の音速 V〔m/s〕は　$V=331.5+0.6t$　(t：温
度）で求める。

(4) 空気中の音速は，気圧にはほとんど無関係で，温度の上昇にともない大
きくなる。

(5) 水中の音速は空気中の音速よりもずっと大きい。また，固体中の音速は
水中の音速よりもさらに大きい。

CHECK
高い音と低い音……高い音は振動数が多く，低い音は振動数が少ない。
大きい音と小さい音……大きい音は振幅が大きく，小さい音は振幅が小さい。

35. 正解 — (2)

解説 　1価の陽イオンになりやすいのは，最外殻電子が1つであるアルカリ
金属（水素を除く第1族の元素）である。アルカリ金属は，Li（リチウム），

Na（ナトリウム），K（カリウム），Rb（ルビジウム），Cs（セシウム），Fr（フランシウム）の6元素から成る。また，NaとKはイオン化傾向が大きく，水に入れると激しく反応して水素を発生する。

　　　$2Na + 2H_2O \longrightarrow 2NaOH + H_2 \uparrow$

なお，Ca（カルシウム），Mg（マグネシウム）は第2族に属する元素である。

CHECK

アルカリ土類金属……第2族の元素のうち，Ca（カルシウム），Sr（ストロンチウム），Ba（バリウム），Ra（ラジウム）の4元素をいう。最外殻電子数が2個で，2価の陽イオンになりやすい。

36. **正解** ー（3）

　解説 (1) 道管は，細胞の上下の境目がなくなった筒状の管で，死んだ細胞からできている。なお，道管の役目は，根から吸収された水や養分を植物体の各部に送ることにある。

(2) 形成層は，茎や根の木部と師部の間にある分裂組織である。形成層は新しい細胞をつくり，その細胞が成長すると，茎が太っていく。

(3) 植物体内の余分な水が水蒸気となり，気孔から体外に出されるはたらきを蒸散作用という。

(4) 師管は，細胞の上下のしきりにふるいのような小さな穴がたくさんあいている管で，生きている細胞からできている。この小さな穴を通じて，葉で同化された養分の移動が行われる。

(5) 根毛は，根の表皮細胞からの突起物で，土の粒と粒の間のすき間に入り込んで，土粒間の水分や養分をとり入れる。

37. **正解** ー（1）

　解説 (1) 月は地球の周りを公転しており，公転周期は27.32日である。また，月は公転しながら，自転もしており，自転周期は27.32日である。そのため，月はいつも地球に同じ面を向けている。

(2) 月食とは，太陽—地球—月が一直線上に並び，月が地球の影に入って見えなくなる現象である。

(3) 月は太陽と同じ方向にあるときは，全面が影となって新月になる。一方，月が太陽と正反対の位置に来ると全面が照らされて満月になる。

(4) 月は地球の周りをまわっているので，月が太陽の周りを1回転するのに，1年かかる。一方，新月から新月までは1か月である。

(5) 上弦と下弦のときには小潮となり，新月と満月のときには大潮となる。

1. 正解 — (5)

　解説　Aの「それ」に着目すると「それ」に該当するものはDかEである。また，CはAの内容を詳論し，締めくくる働きをしていることから，「A－C」の順となる。そこで，「D－A－C」あるいは「E－A－C」にあてはまる選択肢を探すと，(5) だけとなる。

2. 正解 — (3)

　解説　〈全訳〉イギリス人の家庭は城であると言われるのが常だった。この格言は，イギリス人の家庭は何か防御的でもてなしが悪いという印象をつくり出しているという限りにおいて，それはまったく誤りである。というのは，イギリスよりも，家庭生活がいつも友人たちに，そして見知らぬ人にでさえも開放されている国はない。しかし，イギリス人は隣人に干渉されることを嫌い，密接な交際なしに生活することを好むという意味では，ある程度の真実を表している。イギリス人は社交的ではあるが，交際好きなわけではない。つまり，イギリス人は自分と気心の合った人とは容易に付き合うが，絶えずどんな人とも接触しなければならない共同生活の類いについては愛着をもっていない。

　　clubbable「社交的な」　　　gregarious「交際好きな」

〈選択肢の検討〉

(1)「もてなしが悪いので，他人に対して不親切であるという印象をもたれている」という記述は本文中にない。

(2)「イギリス人は，隣人とは仲良くしなければならないと思っている」という記述は本文中にない。

(4) 本文中に「イギリスよりも家庭生活が開放されている国はない」と書かれている。

(5)「他人の生活に干渉することを嫌う」という記述は本文中にない。

3. 正解 — (1)

　解説　〈全訳〉"もしあなたが彼らに1インチを与えれば，彼らは1マイルをとろうとするだろう"。このことわざの意味は，人間の欲望は決して満足することはないということで，"インチ"と"マイル"は"わずか"と"たくさん"を意味している。

4. **正解** ─ (1)

解説 第1の箱から1つの玉を，第2の箱から2つの玉を，第3の箱から3つの玉を，第4の箱から4つの玉を，第5の箱から5つの玉をそれぞれ取り出して，まとめてはかりにかける。

全部鉄の玉である場合，$10 \times (1 + 2 + 3 + 4 + 5) = 10 \times 15 = 150$（g）となる。よって，重さが150gを超えた場合には，これらの中に金の玉が入っていることになる。

例えば，重さが155gであった場合，$155 - 150 = 5$（g）。金の玉の重さと鉄の玉の重さは $11 - 10 = 1$（g）違うので，5gの開きがあるということは，金の玉が5個入っていることになる。金の玉を5つ取り出したのは第5の箱なので，この時点で，金の玉が入っているのは第5の箱ということになる。

また，重さがちょうど150gである場合には，第1～第5の箱には金の玉が入っていないので，第6の箱に金の玉が入っていることになる。以上より，1回の計量でわかる。

5. **正解** ─ (2)

解説 条件Ⅰより，図1のエはカレーショップ，ウはB，イはCとわかる。

条件Ⅱから，位置関係は図2のように表すことができる。

条件Ⅲから，位置関係は図3のように表すことができる。

条件Ⅳから，ファストフードとEは道の同じ側にあるので，これに条件Ⅲを加えると，ファストフード，E，コンビニは道の同じ側にあることになる。

ここで，図1と図3を組み合わせてみる。図1のアがDであるとすると，オはEとなり，Aはコンビニとなる。ところが，ファストフード，E，コンビニは道の同じ側にあるので，図4と矛盾することになる。したがって，"アはDではない"ことになる。

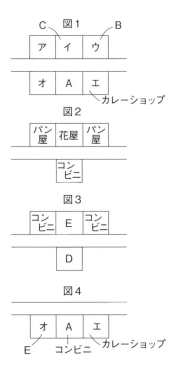

次に，オがDであるとすると，ア
はEとなり，イはコンビニとなる。よ
って，ウはファストフードとなる。

そして，これに図2を加えると，A
は花屋，オはパン屋となる。

これらの位置関係を示すと，図5
となる。

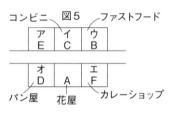

6. **正解** — (4)

解説 F点が工事中でない場合，A点からB点へ行く最短経路の道順の数は，

$$_{5+3}C_3 = {}_8C_3 = \frac{\overset{4}{\cancel{8}} \times 7 \times \overset{2}{\cancel{6}}}{\underset{1}{\cancel{3}} \times \underset{1}{\cancel{2}} \times 1} = 56 \text{（通り）}$$

また，F点を通って，A点からB点
へ行く最短経路の道順の数は右図に
示すように，18通りである。

これについては，A点からF点に行
く最短経路の道順の数は，

$$_{2+1}C_2 = \frac{3 \times 2}{2 \times 1} = 3 \text{（通り）}$$

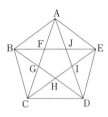

F点からB点に行く最短経路の道順の数は，

$$_{2+2}C_2 = \frac{4 \times 3}{2 \times 1} = 6 \text{（通り）}$$

したがって，3×6＝18（通り）というように計算してもよい。

以上より，求めるものは，56−18＝38（通り）

7. **正解** — (2)

解説 正五角形の頂点および対角線の交点を右
図のようにA〜Jとする。

まず，単独の三角形に着目する。

（△AFJ，△BGF，△CHG，△DIH，△EJI）

（△ABF，△BCG，△CDH，△DEI，△EAJ）

以上で2種類。

次に，2つの三角形からなるものを考える。

（△ABG，△BCF，△CHB，△CDG，△DIC　等）

正五角形の2つの辺からなるものを考える。

（△ABC，△BCD，△CDE，△DEA，△EAB）

なお，△ACI，△BJD等は△ABCと大きさは同じである。

正五角形の1つの辺と，それに対する頂点でつくられるものを考える。

（△ABD，△BCE，△CDA，△DEB，△EAC）

以上より，5種類の三角形はすべて大きさが異なっている。

8. **正解** — (4)

解説 A，B，C，D，Eの順に並んで，Eが自分のかぶっている帽子の色をわかるためには，A〜Dの4人のうち2人が赤色の帽子をかぶり，1人が青色，1人が黄色の帽子をかぶっていなければならない。すると，Eは自分が黄色の帽子をかぶっているとわかる。

Cは「Eが自分の帽子の色をわかっている」と知っているので，CはA，B，C，Dの4人のうち，2人が赤色，1人が青色，1人が黄色の帽子をかぶっている，とわかる。

こうした状況下において，CがAとBの帽子の色を見て，自分の帽子の色がわかったということは，AとBの2人が青色と黄色の帽子をかぶっていたことになる。よって，Cは自分の帽子が赤色であるとわかった。また，Dの帽子の色も赤色となる。

(1) と (2) Aが青色の帽子をかぶっていたのか，それとも黄色の帽子をかぶっていたのかについてはわからない。Bについても同様のことがいえる。

9.

解説 図1のように正八面体の6つの頂点をA～Fとする。次に図2のように，A ⟷ F，B ⟷ D，C ⟷ E の3組の頂点のペアを作る。すると，これらの3組の頂点の位置関係は図3のようになる。

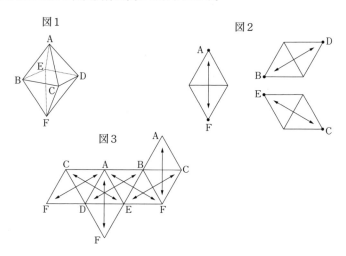

上記の手法を一般にAF法（AF・BD・CE法）というが，これを使って本問を解く。

図Ⅰについては，辺 a の両端を点A，点Bとして，AF法を使っていくと，辺 a と重なる数字は「9」であるとわかる。

図Ⅱについては，辺 b の両端を点A，点Bとして，AF法を使っていくと，辺 b と重なる数字は「4」であるとわかる。

以上より，求めるものは，$9 + 4 = 13$

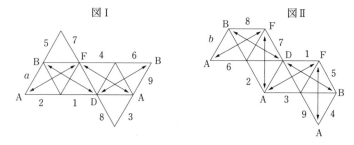

10. **正解** ― (2)

解説　本問の場合，各自が来た正刻の時間と，各自が持っている時計が何分進んでいるか，それとも何分遅れているかを表してまとめることが肝要である。

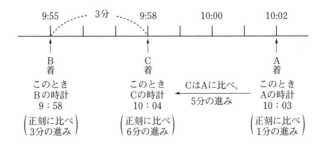

(1) B は C の時計では，10 時 1 分に来た。

(2) 正刻に比べ，C の時計は 6 分の進み，B の時計は 3 分の進み。よって正しい。

(3) A の時計は正刻より 1 分進んでいる。

(4) C の時計は正刻より 6 分進んでいる。

(5) A は B より 7 分遅く来た。

11. **正解** ― (5)

解説　ブリキ板の縦の長さを x (cm) とすると，横の長さは $2x$ (cm) となる。なぜなら，横と縦の長さの比は 2：1 である。よって，直方体の底面の縦の長さは $(x-20)$ cm，横の長さは $(2x-20)$ cm となる。

題意より，$(x-20)(2x-20) \times 10 = 12 \times 1{,}000$ が成立する。

$$(2x^2 - 20x - 40x + 400) \times 10 = 12{,}000$$
$$2x^2 - 60x + 400 = 1{,}200$$
$$x^2 - 30x - 400 = 0$$
$$(x+10)(x-40) = 0$$
$$x = -10, \quad x = 40$$

しかし，$x > 0$ だから，$x = 40$ (cm)

12. **正解** ― (4)

解説　下図に示すように，1 回戦において不戦勝となるチームは 2 チームである。よって，不戦勝のところにはいる確率は $\dfrac{2}{30}$。そして，2 回戦，3 回

戦，準決勝，決勝で勝つ確率は，それぞれ $\frac{1}{2}$ である。

したがって，求めるものは，

$$\frac{2}{30} \times \frac{1}{2} \times \frac{1}{2} \times \frac{1}{2} \times \frac{1}{2} = \frac{1}{15} \times \frac{1}{16} = \frac{1}{240}$$

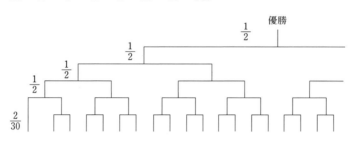

13. **正解** － (3)

解説　1から16までの和は，$\frac{16 \times (16+1)}{2} = 136$

よって，四方陣の和をnとすると，$4n = 136$　　$n = 34$

つまり，縦，横，斜め，いずれの
和も34となる。

15	6	3	10
4	B	C	5
14	D	E	11
1	12	13	8

したがって，Aについては，

15＋4＋A＋1＝34　　　A＝14

このようにして順次空欄を埋める
と，右図のようになる。

図のB，C，D，Eに入る数字は，
2，7，9，16

B＋C＝34－4－5　　　B＋C＝25

B＋E＝34－15－8　　　B＋E＝11

B＋C＝25に該当する数字は，9，16

B＋E＝11に該当する数字は，2，9

したがって，B＝9，C＝16，E＝2となる。

以上より，A＋B＝14＋9＝23

14. **正解** — (3)

解説 右図に示すように，求める面積をSとすると，

$S=\triangle DBC-\triangle DFC$

$\triangle DFC$と$\triangle BFE$において，

$\angle C=\angle E=90°$

$\angle DFC=\angle BFE$（対頂角）

よって，$\triangle DFC\equiv\triangle BFE$

$DF=BF$

$FC=x$とすると，

$x^2+24^2=DF^2=BF^2$

$BF=BC-FC=32-x$

$BF^2=(32-x)^2$

$x^2+24^2=(32-x)^2 \qquad x=7$

$\triangle DFC=\dfrac{1}{2}\times7\times24=84$

$S=32\times24\times\dfrac{1}{2}-84=300$（cm²）

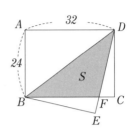

15. **正解** — (3)

解説 与えられた表の見方は，例えば，男性の20〜30歳は，BMI18.5未満が32人，18.5〜25未満が36人，25以上が32人で合計100人。男性の31〜50歳は，BMI18.5未満が7人，18.5〜25未満が25人，25以上が68人で合計100人。男性の51〜60歳は，BMIが18.5未満が6人，18.5〜25未満が16人，25以上が78人で合計100人。

(1) BMIが18.5〜25未満の男性は，36+25+16=77（人）。よって，77÷600≒0.128 つまり，全体の12.8%を占める。

(2) 肥満とは，BMIが25以上をいう。よって，男女別にBMI25以上を計算すると，男性は，32+68+78=178（人），女性は，38+40+59=137（人）したがって，肥満は男性に多い。年齢別にみると，20〜30歳は，32+38=70（人），31〜50歳は，68+40=108（人），51〜60歳は，78+59=137（人）したがって，肥満は51〜60歳が最も多い。

(3) BMIが25以上の男性は，32+68+78=178（人） 一方，BMIが18.5未満の女性は，37+29+22=88（人） よって，178÷88≒2.02 したがって，約2倍といえる。

(4) BMI25以上に注目すると，男女とも，年齢が上がるにつれて，BMI25以上の人数は増加している。つまり，女性にもそうした傾向はみられる。

(5) BMI18.5〜25未満の男女を年齢別にみると，20〜30歳は，36＋25＝61（人），31〜50歳は，25＋31＝56（人），51〜60歳は，16＋19＝35（人）。したがって，20〜30歳が最も多い。

16. **正解** ―(2)

解説　A，B，C，D，E 5か国の2000年と2020年における米生産量と米輸出量は次の通りである（単位：万t）。

＜A国＞	2000年	2020年
米生産量	6,000	10,000
米輸出量	1,000	2,000

＜B国＞	2000年	2020年
米生産量	12,000	18,000
米輸出量	2,000	4,500

＜C国＞	2000年	2020年
米生産量	10,000	14,000
米輸出量	3,000	5,000

＜D国＞	2000年	2020年
米生産量	6,000	16,000
米輸出量	3,000	5,000

＜E国＞	2000年	2020年
米生産量	14,000	16,000
米輸出量	6,000	7,000

(1) 2000年において米生産量が最も多いのはE国である。B国が12,000（万t）であるのに対して，E国は14,000（万t）。最も少ないのはA国とD国である。

(2) D国の2000年における米輸出率$=\dfrac{3,000}{6,000}=0.5$　A国は$\dfrac{1,000}{6,000}=0.1\dot{6}$

B国は$\dfrac{2,000}{12,000}=0.1\dot{6}$　C国は$\dfrac{3,000}{10,000}=0.3$　E国は$\dfrac{6,000}{14,000}≒0.43$

(3) 2020年におけるC国の生産量は14,000（万t）。一方，2000年におけるE国の米輸出量は6,000（万t）。ゆえに，$\dfrac{14,000}{6,000}=2.\dot{3}$　つまり，3倍に達していない。

(4) 各国の2020年における米輸出率は次の通り。

A国$=\dfrac{2,000}{10,000}=0.2$　　B国$=\dfrac{4,500}{18,000}=0.25$　　C国$=\dfrac{5,000}{14,000}≒0.36$

D国$=\dfrac{5,000}{16,000}≒0.31$　　E国$=\dfrac{7,000}{16,000}≒0.44$

(5) 2000 年〜 2020 年にかけての米生産の増加量は次の通り。

A 国→ 1,0000 − 6,000 = 4,000（万 t） B 国→ 18,000 − 12,000 = 6,000

C 国→ 14,000 − 10,000 = 4,000 D 国→ 16,000 − 6,000 = 10,000

E 国→ 16,000 − 14,000 = 2,000 ゆえに，D 国の増加量が最も多い。

一方，2000 年から 2020 年にかけての米輸出の増加量は次の通り。

A 国→ 2,000 − 1,000 = 1,000（万 t） B 国→ 4,500 − 2,000 = 2,500

C 国→ 5,000 − 3,000 = 2,000 D 国→ 5,000 − 3,000 = 2,000

E 国→ 7,000 − 6,000 = 1,000 ゆえに，B 国の増加量が最も多い。

17. **正解** ― (4)

解説 選挙区制には，大選挙区制と小選挙区制がある。前者は 1 選挙区から 2 名以上の議員を選出するものであり，後者は 1 選挙区から 1 名の議員を選出するものである。なお，中選挙区制は大選挙区制の一種で，1 選挙区から 3 〜 5 名の議員を選出するものである。

大選挙区制と小選挙区制のメリット，デメリットは次のようにまとめられる。

	大選挙区制	小選挙区制
メリット	・死票を少なくできる。 ・小政党でも当選者を出すことができる。 ・国民の意思が議席数に公正に反映されやすい。	・選挙費用が少なくてすむ。 ・選挙人は投票する人を決めやすい。 ・多数党の出現が容易となり，政局が安定しやすい。
デメリット	・選挙費用が多額になりやすい。 ・候補者とのつながりが少ないため，候補者を判断しづらい。 ・小党分立になりやすいため，政局が不安定になる。	・死票が多くなる。 ・小政党に不利となる。 ・国民の意思を議会に公正に反映できない。 ・不正選挙が生じやすい。

(1)・(2)・(3)・(5) はいずれも大選挙区制に関する記述である。

18. **正解** ― (2)

解説 A：正しい。区割り変更とは，例えば Y 県は 1 区と 2 区があり，1 区は a 市，b 市，c 市，2 区は d 市，e 市，f 市，g 市から構成されていたとすると，1 区は a 市，b 市，c 市，d 市，2 区は e 市，f 市，g 市から構成されるように変更することである。小選挙区の数を増減した場合，必然的に区割り変更が実施されることになる。

B：誤り。ここは試験によく出題されると思うので，正確に覚えておくこと。東

京都の選挙区は5つ，神奈川県は2つ，埼玉県・千葉県・愛知県はそれぞれ1つ増えた。一方，次の10県はそれぞれ選挙区が1つ減った。宮城県，福島県，新潟県，滋賀県，和歌山県，岡山県，広島県，山口県，愛媛県，長崎県。

C：誤り。比例代表のブロックは次の11である。北海道，東北，北関東，東京，南関東，北陸信越，東海，近畿，中国，四国，九州。これらのうち，東京ブロックの定数は2つ，南関東ブロックの定数は1つ増え，一方，東北，北陸信越，中国のブロックの定数はそれぞれ1つ減った。

D：正しい。次の道府県の選挙区の数は変更ないものの，人口の増減の関係から区割りが変更になった。道府県名について覚える必要はないが，「選挙区の数に変更はないものの，区割りの変更がなされた道府県がある」ことは覚えておこう。北海道，茨城，栃木，群馬，岐阜，静岡，大阪，兵庫，島根，福岡。

19. 正解 — (2)

解説　A：景気刺激策となる。公共投資を増大すると，少なくとも増大分は需要が増加するので，景気を刺激することになる。

B：景気抑制策となる。売りオペレーションを実施すると，日銀が金融市場から資金を吸収することになるので，通貨量は減少し，景気を抑制することになる。

C：景気刺激策となる。減税を実施すると，消費者の実質所得は増加するので，それに伴い，消費支出が増加し，景気を刺激することになる。

D：景気刺激策となる。買いオペレーションを実施すると，日銀が金融市場に資金を放出することになるので，通貨量は増加し，景気を刺激することになる。

E：景気抑制策となる。預金準備率を引き上げると，市中銀行が預金準備金として日銀に預金しなければならない資金が増加するため，その増加分だけ，市中銀行が企業に貸し出す資金量は減少することになる。よって，景気を抑制することになる。

F：景気抑制策となる。市中金利が引き上がると，企業が市中銀行から融資を受ける際の金利が上昇するため，企業は市中銀行からの借り入れを抑制することになる。よって，景気を抑制することになる。

20. 正解 — (4)

解説　A：誤り。債券のみならず，株式の運用も行っている。投資の基本となる資産構成割合（ポートフォリオ）は国内と外国の株式，債券でそれぞれ25％を目安としている。年金積立金の運用を開始した2001年度から

2022 年度までの 22 年間の累積収益額は 108 兆円に達している。

B：正しい。イールドカーブの"イールド"とは、"債券（国債など）利回り"のことである。また、イールドカーブとは、債券の利回りと債券の残存期間（5 年，10 年など）の関係をグラフ化したもので，通常は債券の残存期間が長くなるほど，債券の利回りは上昇することになる。

C：正しい。海外ではすでに，米ドルと連動した「テザー」などの発行が始まっている。日本でも大手行が連携して，「ステーブルコイン」と呼ばれるデジタル通貨の開発を進めているが，普及に向けたハードルは高いと考えられている。

D：誤り。2023 年 7 月にブルネイで TPP が発効したことにより，2018 年 3 月にチリで TPP に署名した当初メンバーの 11 か国がすべて出そろった。なお，2018 年 3 月に署名された新しい TPP は正式には「環太平洋パートナーシップに関する包括的及び先進的な協定（CPTPP）」という。TPP11 とも呼ばれることがある。

E：正しい。企業物価指数は従来「卸売物価指数」といわれていたが、2000 年基準改定時に，卸売物価指数から企業物価指数に統計名称が変更された。なお，企業物価指数は消費者物価で扱われるサービスや生鮮食品は対象にならない。

21. **正解** ─ (4)

解説　(1) 75 歳以上は 95 万 6,000 円で，約 4.0 倍であった。ここでのポイントは，1 人当たりの医療費を比較すると，75 歳以上は 75 歳未満の約 4.0 倍であること。よって，約 4.0 倍を覚えておけばよい。出題に使用される資料が 2021 年度のものであったり，2022 年度のものであったりするので，必ず 4.0 倍とはならないので，4.0 倍前後の数字が記入されていたら，その選択肢は正解であると考えてよい。

(2) 近年，自営業者は減少している。そのため，第 1 号被保険者の割合は年々低下することになり，2021 年度においてその割合は 21％にまで低下した。一方，第 2 号被保険者の割合は 2000 年度において 53％であったが，2021 年度には 67％まで上昇した。なお，第 1 号被保険者は国民年金のみに加入している者，第 2 号被保険者は国民年金に加入するとともに厚生年金に加入している者，第 3 号被保険者は第 2 号被保険者に扶養されている者（専業主婦など），が該当する。自営業者や学生は国民年金だけに加入しているので，第 1 号被保険者に分類される。

(3) 2021 年度の年金総額は 56.0 兆円で，その内訳は，国民年金が 24.5 兆円，厚生年金（第 1 号）が 25.5 兆円，厚生年金（第 2〜4 号）が 6.1 兆円である。よって，

国民年金は 43.7%, 厚生年金 (第1号) は 45.5%, 厚生年金 (第2〜4号) は 10.8%である。厚生年金 (第1号) は, 共済年金と統合する前の厚生年金を示している。厚生年金 (第2〜4号) はかつての共済年金を示している。

(4) 居宅介護サービスとは, 要支援・要介護の人が基本的に居宅で受けられる介護サービスのことで, 具体的には訪問介護, デイサービスなどがある。地域密着型サービスとは, その地域の住民のため, 市区町村内で提供される介護サービスのことで, 地域によりサービスの種類は異なる。施設介護サービスは, 介護保険施設に入居することで受けられるサービスのこと。

(5) 隠れ待機児童は, 2022 年4月時点で 61,283 人であったが, 2023 年4月時点では 66,168 人に増加した。したがって, 今後は個別ニーズに合った取り組みが課題となる。

22. 　**正解** ― (4)

解説　A：誤り。産業廃棄物の総排出量も生活ゴミと同様, 減少傾向にあるものの, 生活ゴミの減少率よりも低い値にとどまっている。たとえば, 2005 年度は4億 2,200 万トン, 2020 年度は3億 9,215 万トンであった。なお, 2020 年度において排出された産業廃棄物のうち, 53.4％は再生利用, 44.2％は減量化され, 残りの 2.4％が最終処分された。よって, 産業廃棄物の再生利用率は 50％強と覚えておくとよい。

B：誤り。前半の記述は正しい。よって,「中国とアメリカの2か国で世界全体の約 45％を排出している」ことは覚えておこう。地域別にみると, アジア, 欧州, 北米の順となっている。北米は国の数が少ないため, 欧州よりも排出量は少ないものとなる。なお, 1990 年代においては, アジアよりも欧州の排出量の方が多かった。

C：正しい。世界平均の合計特殊出生率をみると, 1970 年→ 4.85, 1990 年→ 3.31, 2021 年→ 2.27 となっている。また, 2021 年の国別の合計特殊出生率をみると, 韓国のみが 0.81 で, 1.0 を下回っている。ヨーロッパの各国の合計特殊出生率は1倍台であり, 2.0 に達している国はない。主要国では, アメリカ→ 1.66, 日本→ 1.30, 中国→ 1.16, インド→ 2.03, イギリス→ 1.56, ドイツ→ 1.58, フランス→ 1.83, ロシア→ 1.49。

D：誤り。平均初婚年齢は男性の場合, 2010 年→ 31.2 歳, 2015 年→ 30.7 歳, 2020 年→ 30.0 歳と低下している。女性の場合も, 2010 年→ 29.7 歳, 2015 年→ 29.4 歳, 2020 年→ 28.9 歳と低下している。よって, 男女とも晩婚化については歯止めがかかったといえる。ここで覚えておくことは,「男女と

も晩婚化に歯止めがかかったこと」で，各年の平均初婚年齢を覚える必要
はないと考える。

　一方，生涯未婚率は男性の場合，2010年→20.1％，2015年→23.4％，
2020年→26.7％，女性の場合，2010年→10.6％，2015年→14.1％，2020
年→17.3％となっている。よって，非婚化傾向は進展しているといえる。

23. 正解 ─ (3)

解説　(1) 誤り。「ALPS（多核種除去設備）」により大部分の放射性物質を基
準以下にすることはできるが，トリチウム（三重水素）は取り除けない。そのため，
大量の海水を混ぜることで，トリチウムの濃度を国の放出基準の40分の1未満に
したうえで放出している。

(2) 誤り。カーボンニュートラルとは，経済活動などで排出された温室効果ガスの
排出量を森林などによる吸収量で均衡させることで，炭素中立と訳される。なお，
カーボンクレジットとは，温室効果ガスの削減量あるいは吸収量をクレジット
（排出権）として発行し，他の企業との間で取引する仕組みのこと。

(3) メタバースの世界に入り込むためには，利用者はパソコンのほか，ゴーグ
ル型のVR（バーチャルリアリティー）端末を装着しなければならない。メ
タバースの世界では，自分のアバターがゲームの中でキャラクターとなって
主役を演じることなどもできる。

(4) 誤り。アルテミス計画はアメリカ主導で行われるが，アメリカ単独の計
画ではない。アメリカを中心に欧州，日本，カナダなどが共同で進める有
人月探査計画である。なお，アメリカがアルテミス計画を推進する背景に
は中国の存在がある。2020年，中国の月探索機「嫦娥（じょうが）5号」
は月の岩石や土壌を地球に持って帰ることに成功した。

(5) 誤り。サブスクリプションの場合，利用している商品やサービスがアッ
プデートや新機能を追加した場合，その分の別料金を支払う必要はなく，
従来のままの料金で最新版を利用できる。また，リースの場合，途中解約
すると違約金が発生するが，サブスクリプションの場合，いつでも好きな
ときに解約することができる。

24. 正解 ─ (4)

解説　A：正中の変（1324）とは，後醍醐天皇の企てた1回目の鎌倉幕府打
倒計画のこと。元弘の変（1331）は2回目の鎌倉幕府打倒計画で，この結
果，後醍醐天皇は隠岐（島根県）に流罪となった。

B：三世一身法は723年に制定された。人口の増加などにより口分田が不足したため，この対策として政府は三世一身法や墾田永年私財法（743）を制定した。

C：承平・天慶の乱（935～941）は，地方で勢力をたくわえた武士団による最初の反乱。東国で起こった平将門の乱（935～940）と，西国で起こった藤原純友の乱（939～941）を，その反乱の年代をとって承平・天慶の乱という。

D：御成敗式目は執権北条泰時のときに制定（1232）された。当時の御家人の最大の願いは所領の安全であったが，当時所領をめぐる争いが絶えなかったため，これを処理するために御成敗式目が制定された。また，これにより，公家法である律令とは別に武家法ができた。

E：白河天皇は1086年，摂関政治に対抗するため，堀河天皇に位を譲り上皇となって院政を開始した。続いて，鳥羽上皇，後白河上皇が院政を行い，権力が上皇へと移った。

25. 正解 — (2)

解説　A：誤り。遣唐使ではなく，遣隋使が正しい。第1回の遣隋使は『日本書紀』によれば607年で，聖徳太子は大陸文化の摂取と，隋との積極的な対等外交による新羅・百済への威圧を狙って，小野妹子を大使として派遣した。また，隋に代わり唐が建国されると，630年，遣隋使に引き続いて遣唐使が派遣された。

B：正しい。平氏は大宰府を支配して内海航路権を握り，大輪田泊（神戸市）や音戸瀬戸（広島県）を修築し，宋との貿易を独占した。

C：正しい。倭寇とは，13～16世紀，朝鮮半島から中国沿岸にかけて活動した日本人の海賊のこと。日明貿易が開始されると一時消滅したが，勘合貿易の中断後，倭寇の活動は再び盛んになった（これは後期倭寇と呼ばれる）。なお，後期倭寇の中心は中国人やポルトガル人で，日本人は1～2割程度であった。

D：正しい。江戸幕府は貿易の利益を犠牲にして鎖国政策を推進し，1641年をもって鎖国体制が完成した。この結果，長崎におけるオランダと中国，それに対馬の宗氏とつながりのある朝鮮が鎖国後の国交3か国となった。

E：誤り。清の領土保全，門戸開放，機会均等の3原則を唱えたのはアメリカの国務長官ジョン＝ヘイである。この門戸開放宣言は，フィリピンを領有したアメリカが中国貿易に積極的になったことを示すものである。

26. 正解 — (2)

解説　A：220年，魏の曹操の子曹丕が後漢の帝位を奪うと，蜀の劉備，呉の孫権がそれぞれ皇帝と称した。この結果，魏・蜀・呉の分立する三国時代（220〜280）となった。次いで，魏から帝位を奪った司馬炎が晋を建て，280年に呉を滅ぼして中国を統一したが，まもなく華北は五胡と呼ばれる異民族の活動の舞台となり，晋は江南にのがれた。五胡十六国時代（304〜439）とは，華北において五胡（匈奴，羯，鮮卑，氐，羌）や漢人による16の国々が興亡した時代をいう。

B：黄巾の乱（184）は宗教結社太平道に指導された宗教的色彩の強い農民の大暴動で，鎮定されたものの，後漢滅亡の原因となった。

C：垓下の戦い（前202）において劉邦（漢の高祖）が項羽を破り，前漢を建国した。

D：華北は439年，北魏（386〜534）によって統一された。また，これより少し前に江南では東晋に代わり宋（420〜479）が成立しており，南北朝時代（439〜589）となった。

北朝では，その後，北魏が東西に分裂し，東魏は北斉に，西魏は北周に代わった。そして，北周が北斉を滅ぼした。

南朝では，宋の次に斉，梁，陳と王朝が代わった。

さらに，581年，北周の外戚であった楊堅が北周を滅ぼして隋を建国。589年には南朝の陳を滅ぼして全中国を統一した。

E：875年，塩の密売商人王仙芝が乱を起こすと，これに呼応して同じ塩の密売商人黄巣が黄巣の乱を起こした。全国を巻きこむ農民の大暴動となったが，884年に鎮圧された。乱の後，唐は地方政権に転落し，907年に滅亡した。

27. 正解 — (2)

解説　百年戦争（1337〜1453）の発生原因は2つあり，1つは「フランスのカペー朝が断絶し，ヴァロワ朝が成立した際，イギリス王エドワード3世が王位継承権を主張したこと」，もう1つは「イギリスの羊毛の輸出先である毛織物業地帯フランドル地方の支配をめぐる両国の経済的利害の対立」である。フランスはシャルル7世が要衝オルレアンを包囲され滅亡の危機に直面したが，ジャンヌ＝ダルクがオルレアンの囲みを破ってからフランス軍が優勢となった。

(1) ばら戦争（1455〜85）……ランカスター家とヨーク家のイギリス王位をめぐる内乱。ランカスター家が赤ばら，ヨーク家が白ばらの記章をつけた

ことから，この名がある。

(3) 三十年戦争（1618 ～ 48）……ドイツの宗教戦争。諸外国の干渉で，国際戦争に発展した。1648 年，ウェストファリア条約が締結されたものの，ドイツの近代化は著しく遅れることになった。

(4) ユグノー戦争（1562 ～ 98）……フランスの宗教戦争。新旧両派の対立は諸外国の干渉を招くことになる。1589 年，ユグノーの指導者アンリ 4 世が王位につきブルボン朝を開き，みずからは旧教に改宗し，1598 年ナントの勅令を出してユグノーに信教の自由を大幅に認めたことで，戦争は終結した。

(5) 七年戦争（1756 ～ 63）……シュレジエンをめぐるオーストリアとプロイセンの戦争。オーストリア継承戦争（1740 ～ 48）後，オーストリアのマリア＝テレジアがプロイセンの孤立化をはかるためフランスと同盟を結んだことで，長年の宿敵であったハプスブルク家とブルボン家とが提携することになった。これを見たプロイセンはイギリスと手を結び，1756 年，オーストリアに侵入した。オーストリアはこれに対抗するため，フランス，スペイン，ロシアなどに援助を求めた。また，七年戦争と並行して，北アメリカとインド植民地をめぐり，イギリスとフランスが抗争した。

28. 正解 — (4)

解説　A：正しい。準平原は侵食が進んで平地化した地形のことで，別言すれば侵食により起伏が小さくなった地形のこと。侵食が何度も行われたことで，地形は海面近くの高さまで平坦化していることが多い。

B：正しい。構造平野とは，古生代や中生代の水平地層の表面が侵食されて形成された平地で，侵食面でわずかな起伏がある。また，硬軟の互層がゆるやかに傾斜しているところではケスタ地形ができる。パリ盆地やロンドン盆地がその代表例である。

C：誤り。フィヨルドは，氷河の侵食によってできた氷食谷が沈水し形成されたもので，狭くて深く，奥行きは長い。代表例として，ノルウェー西海岸，チリ南岸，グリーンランドなどがある。

D：誤り。三角江（エスチュアリ）の定義は正しく記述されている。三角江の代表例としては，テムズ川・エルベ川の河口などがある。平野を流れる河川が沈水してできたものであるため，後背地に恵まれ，大都市が発達する。テムズ川ではロンドン，エルベ川ではハンブルク。

CHECK
三角州……河口付近の堆積平野。形がギリシア文字の Δ（デルタ）に似ていることから，こう呼ばれる。

リアス(式)海岸……険しい山地が海に迫り，深い入江と高い岬とが鋸（のこぎり）の歯のように配列している海岸。スペインのリアス地方にこの種の海岸が発達しているのでこの名がある。

29. 正解 － (2)

解説 A：メルカトル図法に関する記述である。メルカトル図法は図法の中で最も出題頻度が高い。特徴は「経線と緯度が直交する」「等角航路が直線で表わされる」「航海図として用いられる」であるので，ここの箇所を丸覚えしておくとよい。

B：サンソン図法に関する記述である。サンソン図法を改良したモルワイデ図法は，緯線は高緯度ほど間隔を狭くし，中央経線以外の経線はすべて楕円曲線（ホモログラフ）を用いている。サンソン図法の場合，高緯度はひずみが著しいが，モルワイデ図法では高緯度地方の形も比較的よく，世界全図に用いられる。

C：正距方位図法に関する記述である。正射図法，平射図法，心射図法は正距方位図法と同様，正方位図法である。正方位図法の場合，投影の視点をどこに置くかにより図法が異なるが，正射図法は視点を無限の遠方において投影したものであり，心射図法は視点を地球の中心において投影したものである。

D：グード図法に関する記述である。ボンヌ図法は世界全体を描くとハート型になるため世界全体を描くには適当でないが，中緯度地方の地方図・大陸図に用いられる。

30. 正解 － (3)

解説 (1) 更正（×）→ 更生（○）

(2) 召集（×）→ 招集（○）「召集」は「国会を召集する」「非常召集」などで使われる。一方，「招集」は「メンバーに招集をかける」などで使われる。

(4) 啓聴（×）→ 傾聴（○）

(5) 化神（×）→ 化身（○）

31. 正解 － (5)

解説 (1) 無為徒食（むいとしょく）とは，何もしないで，ぶらぶらと日を過ごすこと。

(2) 軽挙妄動（けいきょもうどう）とは，深い考えもなしに軽々しい行動を

とること。

(3) 夏炉冬扇（かろとうせん）とは，時季はずれでまるで役に立たないもののたとえ。

(4) 八面六臂（はちめんろっぴ）とは，1人で多方面において何人分もの働きをすること。

(5) 朝三暮四（ちょうさんぼし）とは，「どんぐりを朝に3つ，暮れに4つ与えたら猿が怒ったので，朝に4つ，暮れに3つにしたら猿が喜んだ」という故事による。

32. 正解 ─ (2)

解説 A：誤り。『徒然草』は鎌倉時代の随筆である。

B：正しい。『枕草子』は随筆の傑作で，鋭い観察力と機知に富んでいる。

C：正しい。井原西鶴の同じ町人物である『日本永代蔵』は，知恵や才覚によって長者となる町人の姿を立志伝風に描いたものである。

D：誤り。『奥の細道』は芭蕉が1688年3月から東北・北陸の旅に出発し，7か月の旅行を行って書いたものである。

E：誤り。『土佐日記』は平安時代の作品である。

33. 正解 ─ (3)

解説 右図において，平行線の錯角により，

$\angle BAE = \angle ECD = 70°$

$\angle EBC = \angle EDA = \angle y$

$\angle BAE + \angle ABE + \angle EBC + \angle x = 180°$

$\angle BAE + \angle ABE + \angle y + \angle x = 180°$

$70° + 45° + \angle y + \angle x = 180°$

$\angle x + \angle y = 180° - 70° - 45° = 65°$

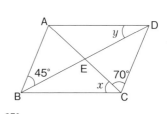

34. 正解 ─ (1)

解説 抵抗R_1，R_2，R_3………
を直列につないだときの全抵抗Rは，

$R = R_1 + R_2 + R_3$………

一方，抵抗R_1，R_2，R_3………
を並列につないだときの全抵抗Rは，

$\dfrac{1}{R} = \dfrac{1}{R_1} + \dfrac{1}{R_2} + \dfrac{1}{R_3}$………

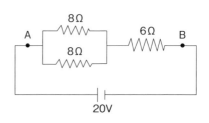

ゆえに，並列接続部分の合成抵抗は，$\dfrac{1}{R}=\dfrac{1}{8}+\dfrac{1}{8}=\dfrac{1}{4}$　　$R=4$

以上より，全抵抗は，$4+6=10\,(\Omega)$

オームの法則より，$I\,(\mathrm{A})=\dfrac{20}{10}=2\,(\mathrm{A})$

35. 正解 ─ (3)

解説　A：正しい。一方，イオン化傾向の小さい金属は水の中で電子を放ちにくい。なお，水溶液中で陽イオンになりやすい金属はイオン化傾向が大きいといい，陽イオンになりにくい金属はイオン化傾向が小さいという。

B：正しい。これは，電子がイオン化傾向の大きい金属から小さい金属のイオンの方に移動するためである。

C：誤り。イオン化傾向の小さい金属は酸化されにくく，不活発である。

D：誤り。金属をイオン化傾向の大きいものから順に並べたものをイオン化列という。金属のイオン化列は次の通りである。

$K>Ca>Na>Mg>Al>Zn>Fe>Ni>Sn>Pb>(H_2)>Cu>Hg>Ag>Pt>Au$

E：誤り。Mg は熱水と反応して，水素を発生する。Al は高温の水蒸気と反応する。水と反応しないのは，上記のイオン化列の Ni ～ Au である。

36. 正解 ─ (2)

解説　(1) 中枢神経系には，大脳，間脳，中脳，小脳，延髄，脊髄の6つがある。

(2) 大脳皮質は新皮質と古い皮質から成るが，その大部分は新皮質である。

(3) 間脳の主なはたらきは体温を一定に保つことであるが，中脳のそれは眼球の運動やひとみの大きさを調整することである。また，からだの平衡を保つはたらきをするのは小脳である。

(4) 外側に白質，内側に灰白質がある。脊髄は，体の各部の感覚器と脳との，刺激や命令の連絡路となっている。

(5) 末梢神経系は，そのつくりからは脳神経と脊髄神経に分けられる。また，はたらきのうえからは体性神経系と自律神経系に分けられる。

37. 正解 ─ (5)

解説　(1) 高気圧とは，中心にいくほど気圧が高くなっているものをいう。低気圧とは，中心にいくほど気圧が低くなっているものをいう。

(2) 高気圧の場合，高気圧の中心から周囲に向かって，右まわりに風が吹き

出している。一方，低気圧の場合，周囲から低気圧の中心に向かって，左まわりに風が吹き込んでいる。

(3) 低気圧の中心付近では等圧線の間隔が狭いので，強い風が吹いている。一方，高気圧の中心付近では等圧線の間隔が広いので，風が弱い。

(4) 高気圧の中心付近では下降気流が生じている。そのため，雲はできにくいので，天気がよい。一方，低気圧の中心付近では上昇気流が生じている。そのため，雲ができやすいので，天気が悪い。

(5) 北半球（南半球）では，風向は等圧線に対して直角の方向より少し右（左）にそれた向きとなる。

模擬試験の得点表

　合格ラインを約6割5分と考え，合格点を24点以上とします。

　試験終了後，まちがった箇所をチェックし，正しい知識を身に付けましょう。たまたま，正解の選択肢を選んだ箇所も同様です。知識を蓄積するための手段として活用してください。

●模擬試験1

科　　目	正解数／出題数
文章理解	／3
判断推理	／7
数的推理	／4
資料解釈	／2
小　　計	／16
政　　治	／2
経　　済	／2
社　　会	／3
思　　想	／0
日　本　史	／2
世　界　史	／2
地　　理	／2
国　　語	／2
文学・芸術	／1
数　　学	／1
物　　理	／1
化　　学	／1
生　　物	／1
地　　学	／1
小　　計	／21
合　　計	／37

●模擬試験2

科　　目	正解数／出題数
文章理解	／3
判断推理	／6
数的推理	／5
資料解釈	／2
小　　計	／16
政　　治	／3
経　　済	／2
社　　会	／2
思　　想	0
日　本　史	／2
世　界　史	／2
地　　理	／2
国　　語	／2
文学・芸術	／1
数　　学	／1
物　　理	／1
化　　学	／1
生　　物	／1
地　　学	／1
小　　計	／21
合　　計	／37

●模擬試験3

科　　目	正解数／出題数
文章理解	／3
判断推理	／7
数的推理	／4
資料解釈	／2
小　　計	／16
政　　治	／2
経　　済	／2
社　　会	／3
思　　想	0
日　本　史	／2
世　界　史	／2
地　　理	／2
国　　語	／2
文学・芸術	／1
数　　学	／1
物　　理	／1
化　　学	／1
生　　物	／1
地　　学	／1
小　　計	／21
合　　計	／37

memo

memo

memo

memo

別冊 解答・解説

矢印の方向に引くと切り離せます。

文部科学省後援

'24
年度版

英検®準

過去6回
問題集

1級

別冊 解答・解説

矢印の方向に引くと切り離せます。

成美堂出版

CONTENTS

※別冊は，付属の赤シートで答えを隠してご利用下さい。

● 合格基準スコア ●

一次試験 ‥‥‥‥‥‥‥‥‥‥‥‥‥‥‥‥‥‥‥‥‥ 1792
（満点2250／リーディング750, リスニング750, ライティング750）

二次試験 ‥‥‥‥‥‥‥‥‥‥‥‥‥‥‥‥‥‥‥‥‥‥ 512
（満点750／スピーキング750）

本書で使用する記号

S＝主語　　　　V＝動詞
O＝目的語　　　C＝補語

to *do* ／ *doing*＝斜体のdoは動詞の原形を表す

空所を表す(　)以外の(　)＝省略可能・補足説明
[　]＝言い換え可能

2023年度 第②回

筆記 解答欄

問題番号	1	2	3	4
(1)	①	②	❸	④
(2)	①	❷	③	④
(3)	①	②	❸	④
(4)	❶	②	③	④
(5)	①	❷	③	④
(6)	①	②	❸	④
(7)	①	②	③	❹
(8)	①	②	③	❹
(9)	①	❷	③	④
(10)	①	②	③	❹
(11)	①	❷	③	④
(12)	①	❷	③	④
1 (13)	①	②	③	❹
(14)	①	②	❸	④
(15)	①	②	❸	④
(16)	❶	②	③	④
(17)	①	❷	③	④
(18)	❶	②	③	④
(19)	①	②	❸	④
(20)	❶	②	③	④
(21)	①	②	❸	④
(22)	❶	②	③	④
(23)	❶	②	③	④
(24)	❶	②	③	④
(25)	①	❷	③	④

問題番号	1	2	3	4
(26)	①	②	❸	④
(27)	①	②	③	❹
2 (28)	①	❷	③	④
(29)	①	②	❸	④
(30)	①	❷	③	④
(31)	①	②	③	❹

問題番号	1	2	3	4
(32)	①	②	③	❹
(33)	①	②	③	❹
(34)	①	❷	③	④
(35)	①	②	③	❹
(36)	❶	②	③	④
(37)	①	②	❸	④
3 (38)	①	②	③	❹
(39)	①	❷	③	④
(40)	①	②	❸	④
(41)	❶	②	③	④

4 の解答例は
p.19をご覧く
ださい。

リスニング 解答欄

問題番号	1	2	3	4
No.1	①	②	③	❹
No.2	①	②	❸	④
No.3	❶	②	③	④
No.4	❶	②	③	④
No.5	①	②	❸	④
Part 1 No.6	①	❷	③	④
No.7	①	②	③	❹
No.8	❶	②	③	④
No.9	①	②	❸	④
No.10	①	②	③	❹
No.11	①	②	③	❹
No.12	①	❷	③	④
A No.13	①	❷	③	④
A No.14	①	②	③	❹
B No.15	❶	②	③	④
B No.16	❶	②	③	④
C No.17	①	❷	③	④
Part 2 C No.18	①	②	❸	④
D No.19	①	❷	③	④
D No.20	①	②	③	❹
E No.21	❶	②	③	④
E No.22	①	②	❸	④
F No.23	①	②	❸	④
F No.24	①	❷	③	④
G No.25	①	②	❸	④
H No.26	①	②	③	❹
Part 3 I No.27	①	②	❸	④
J No.28	①	❷	③	④
K No.29	①	❷	③	④

指示文の訳 各英文を完成させるのに最も適切な単語または語句を4つの選択肢の中から選び，その番号を解答用紙の所定欄にマークしなさい。

(1) 正解 3

訳 レイラは上級クラスのトレーニングはあまりに激しすぎるとわかったので，もっと楽なクラスに変更することに決めた。

解説 空所直前にtoo「あまりにも」とあるので，空所にはthe workouts in the advanced class「上級クラスのトレーニング」の様子を表す形容詞が入る。文後半の she decided to change to an easier class「もっと楽なクラスに変更することに決めた」から，上級クラスは難しいと考えられるので，**3**のstrenuous「努力を要する，激しい」が適切。subtle「微妙な」，contrary「反対の」，cautious「用心深い」。

(2) 正解 2

訳 税理士はその女性にこの1年間のすべての財務記録をまとめるように要求した。彼は彼女の納税申告用紙を準備し始める前に，それらを見る必要があった。

解説 第1文のThe tax accountant「税理士」，第2文のtax forms「納税申告用紙」などから，納税に関する記述とわかる。空所直後にall her financial records over the past year「この1年間のすべての財務記録」とあるので，**2**のcompile「〜を編纂する，まとめる」を入れると文脈に合う。punctuate「〜に句読点を付ける」，bleach「〜を漂白する」，obsess「（〜のことが）頭から離れない」。

(3) 正解 3

訳 エミリオは自宅の水道管の1つが少し漏れているのを発見した。念のため，何が問題か正確にわかるまで，彼はバルブを閉めて水を止めた。

解説 第1文にa small leak in one of the water pipes「水道管の1つが少し漏れている」とあり，空所の前にturned off「〜を止めた」とあるので，**3**のvalve「バルブ」を入れると状況に合う。depot「駅，発着所，倉庫」，canal「運河」，panel「パネル」。

(4) 正解 1

訳 A：あなたとリンダは知り合ってどれくらいになるのですか，ビル。　B：ああ，少なくとも10年は，たぶんもっと長くお互いを知っているよ。

解説 Bがwe've known each other for at least 10 years「少なくとも10年は，お互いを知っているよ」と答えているので，Aは「知り合ってどれくらいになるか」を尋ねたと考えられる。したがって，**1**のacquaintedが正解。acquaintは「〜を知り合いにさせる」という意味の動詞で，受動態be acquaintedで「知り合いである」という意味を表す。discharge「〜を解放する」，emphasize「〜を強調する」，subdue「〜を征服する，鎮圧する」。

※2024年度第1回から，試験形式の変更に伴い大問1の問題数は18問になります。

(5) 正解 **2**

訳 私たちの地元の公民館は普段は主要な部屋が1つあるが、必要なときには、間仕切りを閉じて2つの小さな部屋を作ることができる。

解説 空所の前に close「～を閉じる」とあり、空所にはその目的語が入る。空所の後に create two smaller rooms「2つの小さな部屋を作る」とあり、大きなひと部屋を区切って使うこともあるということなので、**2**の partition「間仕切り」が適切。estimation「評価、見積もり」、assumption「仮定、想定」、notion「観念、意見」。

(6) 正解 **3**

訳 タイラーの父は、休暇の前に地元の銀行で外貨をいくらか手に入れてはどうかと提案した。というのも、外国で両替するのはもっと高いことが多いからだ。

解説 空所後の before his vacation「休暇の前に」、文後半の changing money abroad is often more expensive「外国で両替するのはもっと高いことが多い」から、外貨両替が話題とわかる。したがって、**3**の currency「通貨」が正解。tactic「作戦」、bait「えさ」、menace「脅威」。

(7) 正解 **4**

訳 豊富な天然資源のおかげで、その国は金属や石炭、天然ガスなどの輸出を通じて多額のお金を稼ぐことができる。

解説 空所直後に natural resources「資源」、文後半に it (= the country) is able to earn a great deal of money through exports such as metals, coal, and natural gas「その国は金属や石炭、天然ガスなどの輸出を通じて多額のお金を稼ぐことができる」とあるので、天然資源が豊富だと考えられる。したがって、**4**の abundant「豊富な」が適切。unjust「不当な」、insubstantial「実体のない」、elastic「弾性のある」。

(8) 正解 **4**

訳 最初、エンツォは履歴書に以前の仕事を6つ全部記載した。けれども、書類を1ページに短縮するために、そのうちの2つを省かなければならなかった。

解説 第2文に He had to remove two of them (= six of his previous jobs)「そのうちの2つを省かなければならなかった」とあるので、履歴書が1ページを超えないように短くしたのだとわかる。したがって、**4**の condense「～を短縮する、圧縮する」が正解。dispute「～に反論する、～を議論する」、mumble「～をつぶやく」、mistrust「～を信用しない」。

(9) 正解 **2**

訳 たいていの国では、適切なビザなしで働く外国人は見つかると強制送還される。けれども、彼らを故国に送り返すのは多額のお金がかかることがある。

解説 第2文に sending them home can cost a lot of money「彼らを故国に送り返すのは多額のお金がかかることがある」とあり、them は foreigners working without a proper visa「適切なビザなしで働く外国人」を指す。deport で「～を強制送還する、国外退去させる」という意味を表すので、**2**の deported を入れると状況に合う。mend

「～を修繕する」，perceive「～を知覚する，理解する」，distribute「～を分配する」。

(10)　正解　**4**

訳　ティムはスマートフォンの使用に時間を使いすぎていることを気にしている。彼はＥメールを数分おきに確認したいという強い衝動に駆られる。

解説　第1文のhe（＝Tim）is spending too much time using his smartphone「スマートフォンの使用に時間を使いすぎている」，第2文のcheck his e-mail every few minutes「Ｅメールを数分おきに確認する」から，スマートフォンを見たくてたまらない様子がうかがえる。**4**のcompulsion「衝動」を入れると，a strong compulsion「強い衝動」となり，文意が通る。suspension「一時停止」，extension「拡張，延長」，seclusion「隔絶，隠遁」。

(11)　正解　**2**

訳　Ａ：今年は新年の決意はしたの，セリーナ？　Ｂ：ええ，間食は甘いものでなく健康にいいものを食べ始めることにしたの。でも，チョコレートやキャンディを避けるのは難しいわ。

解説　Ａの質問に対し，ＢがYes, I decided to start eating healthy snacks ...「ええ，…健康にいいものを食べ始めることにしたの」と自分の決意を答えている。New Year's resolutionで「新年の決意」という意味を表すので，**2**のresolution「決意，解決」が正解。astonishment「驚き」，vulnerability「弱さ，脆弱性」，repression「鎮圧，抑圧」。

(12)　正解　**2**

訳　ミランダは預金口座の金額がだんだん減っていることに気づいたので，毎月出費を減らし始めることに決めた。

解説　文後半にshe decided to start spending less「出費を減らし始めることに決めた」とあるので，預金の額が少ないと考えられる。dwindleで「だんだん減少する」という意味を表すので，**2**のdwindlingが適切。graze「草を食べる」，browse「拾い読みをする，閲覧する」，rebound「跳ね返る」。

(13)　正解　**4**

訳　その女の子は高い場所が怖かったので，父親の手を握った。彼女は塔のてっぺんから窓の外を見ながら，手をしっかりとつかんでいた。

解説　第2文のShe held it tightlyのitは，空所直後のher father's handを指すので，空所にはholdの同義語が入ると考える。gripで「～を握る」という意味なので，**4**のgrippedが正解。harass「～を困らせる」，breach「～を破る」，drain「～を排出させる」。

(14)　正解　**4**

訳　アキコは同僚たちがひそひそ話をしているのを見たとき，詮索せずにはいられなかった。彼女は，彼らが何を話しているのかを聞くために近づいていった。

解説　第2文にto hear what they were talking about「彼らが何を話しているのかを聞くために」とあるので，アキコは同僚たちのひそひそ話の内容を知りたかったとわかる。したがって，**4**のnosy「詮索好きな，知りたがって」が適切。obedient「従順な」，

flexible「柔軟な」，sinful「罪深い」。

(15)　正解　**3**

訳　吹雪のため，登山者たちは山頂にたどり着けなかった。彼らは頂上からほんの数百メートルで引き返さなければならなかった。

解説　第2文They（＝the climbers）had to turn around just a few hundred meters from the top.「彼らは頂上からほんの数百メートルで引き返さなければならなかった」から，登山者たちは登頂できなかったとわかる。したがって，**3**のsummit「頂上」が正解。subsidy「補助金，助成金」，mirage「蜃気楼，幻想」，crutch「松葉杖，支え」。

(16)　正解　**1**

訳　ジョナサンが会社で働き始めたとき，1日中仕事をしないことがよくあった。けれども数か月後には，彼はもっと作業を引き受けるようになり，今は暇な時間がほとんどない。

解説　第2文のhe took on more tasks and now has little free time「彼はもっと作業を引き受けるようになり，今は暇な時間がほとんどない」から，働き始めた当初は任せてもらえる仕事が少なかったと考えられる。したがって，空所には**1**のidle「仕事がない，動いていない」を入れると状況に合う。agile「機敏な」，sane「正気の」，needy「困窮した」。

(17)　正解　**2**

訳　A：ねえ，聞いて。テレビ局のアナウンサーとしてのあの仕事の面接を受けることになったんだ！　B：それはすごいけど，まだ楽観しすぎてはいけないよ。その職を得るための競争は激しいだろうから。

解説　Bが空所の後でThere'll be a lot of competition for that position.「その職を得るための競争は激しいだろうから」と言っていることから，簡単に仕事に就けるとは思っていないとわかり，そのことをAに助言している。空所を含む文はdon'tで始まる否定の命令文なので，空所には**2**のoptimistic「楽観的な」を入れると文脈に合う。courteous「礼儀正しい」，suspicious「疑い深い，怪しい」，flustered「うろたえた」。

(18)　正解　**1**

訳　通勤中に，ジョージーは隣にいる電車の乗客のイヤホンからの音がとてもうるさいと思ったので，別の席に移ることにした。

解説　空所を挟んでso ～ that ...「とても～なので…だ，…なほど～だ」が使われている。thatの後にshe decided to move to another seat「別の席に移ることにした」とあるので，騒音が我慢できなかったと考えられる。したがって，**1**のbothersome「うるさい，わずらわしい」が正解。compelling「やむにやまれぬ，説得力のある」，flattering「お世辞の，喜ばせる」，daring「大胆な，向こう見ずな」。

(19)　正解　**2**

訳　A：今年の夏のパレードがとても混んでいて信じられなかった。　B：そうだよね！通りにすごくたくさんの観客がいて，ほとんど動けないほどだったよ。

解説　Aの発言I couldn't believe how crowded this year's summer parade was.「今年の夏のパレードがとても混んでいて信じられなかった」から，パレードを見物する

人たちで混雑していたとわかる。空所には，**2**のspectators「観客」を入れると状況に合う。patriot「愛国者」，mimic「物まね芸人，人まねをする動物」，executive「幹部，重役」。

(20) 正解 **1**

訳 ジョセフは仕事から家まで帰るのにタクシーに乗る余裕があるかどうかわからなかったが，財布を確認すると，乗車するお金を十二分に持っていることに気づいた。

解説 文前半にwas not sure if he could afford a taxi home from work「仕事から家まで帰るのにタクシーに乗る余裕があるかどうかわからなかった」とあり，butが続くので，後半はそれとは逆の内容となる。したがって，**1**のample「豊富な，十二分の」が正解。regal「威厳ある，堂々とした」，vain「無駄な，虚栄心の強い」，crafty「ずるい」。

(21) 正解 **3**

訳 両親が関わると生徒の学校の成績が上がることが明らかになった。その一例が，家で子供たちの学校の勉強を手助けすることだ。

解説 空所直後のinvolvement「関わり」に注目。第2文にhelping children with schoolwork at home「家で子供たちの学校の勉強を手助けすること」とあり，手助けをする，つまり関わるのは親だと考えられる。したがって，**3**のParental「親の」が適切。obsolete「すたれた，時代遅れの」，numb「麻痺した，呆然とした」，infamous「悪名高い」。

(22) 正解 **1**

訳 この数十年，汚染により多くの種が危うく絶滅するところだった。しかしながら，最近の保護活動はそれらの一部が回復するのに役立っている。

解説 第2文が逆接を表すHowever「しかしながら」で始まってconservation efforts「保護活動」によって種の一部が回復してきていることが述べられている。空所にwipe out ～「～を絶滅させる」を受動態にした**1**を入れると第2文と対照的な内容になり，2つの文のつながりが自然になる。break up ～「～をばらばらにする」，fix up ～「～を手配する」，turn down ～「～を断る」。

(23) 正解 **1**

訳 デイブは近所の人がかご1杯の新鮮な野菜をくれてうれしかったが，家に帰ると，どうやってその料理に取りかかったらいいのかわからないことに気づいた。

解説 文後半はbutで始まるので，「野菜をもらってうれしかった」とは対照的な内容となる。空所直前にhe did not know how to「どうやって～したらいいのかわからなかった」，直後にcooking them(＝a basket of fresh vegetables)「それらを料理すること」とあるので，空所には**1**のgo about「～に取りかかる」を入れると文脈に合う。pull out ～「～を引っぱり出す」，take in ～「～を取り入れる」，bring down ～「～を下げる，倒す」。

(24) 正解 **1**

訳 A：当社はあまりにも職業にふさわしくない外見でない限り，従業員が快適な服装をすることを許可しています。 B：それは初めてです。前職ではカジュアルな服装をするとひんしゅくを買いました。

解説 Aの発言に対するBの反応から，Bはこれまで仕事ではきちんとした服装をして

いたと考えられる。空所直後にat my last job「前職では」とあるので，前職ではカジュアルな服装がどう思われていたかを表す語句を選ぶ。frown upon ～で「～にまゆをひそめる，～がひんしゅくを買う」という意味を表すので，**1**のfrowned uponが正解。carry on ～「～を続ける」，enter into ～「～に入る，～を始める」，cross off ～「～を線を引いて消す」。

(25)　正解　**2**

訳　地域担当部長が先週，小さな支店を訪れ，そこがどんな様子かを見るためにいくつかの会議に同席した。

解説　空所直後にa few meetings「いくつかの会議」とあり，空所に入る句動詞の目的語となっている。sit in on ～で「～を傍聴する，～に同席する」という意味を表すので，空所には**2**のsat in onを入れると状況に合う。go back on ～「（約束など）を破る」，speak down to ～「～に見下して話す」，look up to ～「～を見上げる，尊敬する」。

2	**一次試験・筆記**	ドキュメンタリーブーム（問題編pp.46〜47） 蟻浴（問題編pp.48〜49）

指示文の訳　それぞれの文章を読んで，各空所に入れるのに最も適切な語句を4つの選択肢の中から選び，その番号を解答用紙の所定欄にマークしなさい。

ドキュメンタリーブーム

Key to Reading　第1段落：導入（ドキュメンタリーブームの負の側面）→第2段落：本論①（懸念すべき傾向1）→第3段落：本論②（懸念すべき傾向2）という3段落構成の説明文。それぞれの段落のトピックセンテンスを意識し，最近のドキュメンタリーの状況と問題点について，論理的に読み進めていく。

訳

近年，テレビストリーミングサービスの成長により，ドキュメンタリーの巨大な新市場が生まれた。制作されるドキュメンタリーの数は急増しており，映像作家にとってはありがたい，新たな機会を与えているが，負の側面もある。問題の1つは，多くの映像作家がコンテンツをコントロールできなくなりつつあると感じていることである。一部のドキュメンタリーは多くの視聴者を魅了し，莫大な経済的利益をもたらしたため，ストリーミングサービスを運営する企業は，制作予算を惜しまなくなった。多額の資金が絡むため，映像作家は強いプレッシャーから，商業的魅力を高めるためにストーリーを変更せざるを得ないように感じてしまうことがしばしばある。

これにより，ドキュメンタリーの社会的価値の低下が懸念されるようになった。ドキュメンタリーはかつて，調査報道の一つとみなされていたが，その素材には顕著な変化が見られる。実犯罪などのジャンルの人気が高まるにつれ，事実情報とエンターテインメントの境界線があいまいになってきているのだ。かつては視聴者に情報を提供し，社会問題に対する意識を高めることに専念していたドキュメンタリーが，主に視聴者に衝撃を与えたり，楽しませたりすることを目的とした，煽情的なエンターテインメントになることが，日常茶飯事となっている。

映像作家にとってもう1つの懸念すべき傾向は，有名人のドキュメンタリーの台頭である。これまで映像作家は一般に，人々が誇張したり，あからさまな嘘をついたりすることを恐れて，平凡なドキュメンタリーの被写体に対しては料金を支払わないという，ジャーナリズムの伝統に従っていた。しかし今，ミュージシャンなどの有名人は，往々にして視聴者を魅了することが保証されているため，彼らのストーリーに対して，数百万ドルの報酬が支払われている。当然のことながら，有名人以外の人々も見返りを要求し始めており，それが映像作家にとって道徳的なジレンマを生み出している。

(26)　正解　3

選択肢の訳　**1**　依然として無視されている　　**2**　十分な報酬が支払われていない　**3**　コンテンツをコントロールできなくなりつつある　　**4**　多額の予算が必要である

解説　空所の直後の2文に注目する。companies that operate streaming services have become more generous with their production budgets「ストリーミングサービスを運営する企業は，制作予算を惜しまなくなった」とあり，このことをプレッシャーに感じた映像作家が，feel as though they have no choice but to alter the stories「ストーリーを変更せざるを得ないように感じてしまう」。つまり，本来あるべき姿から外れたものを制作してしまうということ。よって，**3**のlosing control over content「コンテンツをコントロールできなくなりつつある」を入れると意味がとおる。lose control overは「～のコントロールを失う，～を制御できなくなる」の意味。

(27)　正解　4

選択肢の訳　**1**　人々の解釈の仕方　　**2**　登場人物たち　　**3**　制作コストの増加　**4**　社会的価値の低下

解説　第2段落の最終文より，かつてのドキュメンタリーは，informing viewers and raising awareness of problems in society「視聴者に情報を提供し，社会問題に対する意識を高める」ものであったが，最近は，sensationalist entertainment designed primarily to shock or excite viewers「視聴者に衝撃を与えたり，楽しませたりすることを目的とした，煽情的なエンターテインメント」になりつつあることが分かる。つまり，近年のドキュメンタリーの懸念材料は，**4**のdecreasing social value of (documentaries)「（ドキュメンタリー）の社会的価値の低下」。

(28)　正解　2

選択肢の訳　**1**　何よりも　　**2**　当然のことながら　　**3**　その一方　　**4**　それにもかかわらず

解説　空所を含む文の1文前と空所を含む文の主語が，Famous people, such as musicians「ミュージシャンなどの有名人」とnoncelebrities「有名人以外」と逆の立場の2者であることに注目。前者についてはare now paid millions of dollars for their stories「今，彼らのストーリーに対して，数百万ドルの報酬が支払われている」，後者についてはare also starting to demand compensation「見返りを要求し始めている」とあり，有名人以外も有名人と同様の報酬を求めていることから，**2**のUnderstandably「当然のことながら」を入れると意味がとおる。

蟻浴（ぎよく）

Key to Reading 第1段落：導入（鳥の蟻浴とは）→第2段落：本論①（鳥の蟻浴の理由1）→第3段落：本論②（鳥の蟻浴の理由2）という3段落構成の説明文である。鳥の蟻浴について，なぜ鳥がそのような行動をするのかを，蟻の特性と絡めて読み進めよう。

訳

　動物行動学分野とは，動物の行動を理解するために自然の生息地で動物を研究することである。しかし，動物の行動の背後にある理由について結論を導くことは，必ずしも簡単ではない。例えば，ある鳥は「蟻浴」と呼ばれる行動を見せる。これは通常，鳥がアリをくちばしでつまみ上げ，羽にこすりつけることを指す。同様に，鳥が翼を広げてアリ塚に止まり，アリに体中を這い回らせている様子も観察されている。広範囲を観察したにもかかわらず，動物行動学者は鳥がなぜこのような行動をするのか，未だ確信が持てずにいる。

　よく知られている理論の1つは，その行動が鳥の健康に寄与しているというものである。アリは，細菌や真菌から身を守ってくれ，そして他の昆虫にとっては有毒でもある，蟻酸と呼ばれる物質を自然に生成する。この物質を鳥の羽にこすりつければ，病気を抑制し，有害な害虫を寄せ付けないようにできるだろう。鳥は一般的にアリを用いるが，代わりに特定の甲虫やヤスデを用いる鳥も見られる。これらの生物も有害な害虫を遠ざける化学物質を生成するという事実が，この理論を裏付けている。

　別に浮上した説としては，鳥の羽にアリをこすりつけることで，アリを食べられる状態に準備するというものがある。科学者らは実験で，一部の鳥は，化学物質を持つアリよりも，科学者が蟻酸を除去したアリを食べる可能性が高いことを発見した。蟻酸は栄養豊富なアリの腹の隣にある袋に蓄えられている。一部の科学者は，鳥は蟻浴により，くちばしでこの袋を取り除こうとしなくても，アリに蟻酸を放出させることができるのだろうと考えている。だがこのプロセスは，アリを魅力的なおやつにする部分を，損なってしまう可能性がある。

(29)　正解　**3**

選択肢の訳　**1** 言いかえれば　**2** 一つの理由には　**3** 同様に　**4** その結果として

解説 空所を含む文の1つ前の文に，蟻浴について，a bird picking up some ants with its beak and rubbing them on its feathers「鳥がアリをくちばしでつまみ上げ，羽にこすりつける」とある。一方，空所を含む文は，birds … sitting on anthills with their wings spread out and allowing ants to crawl all over their bodies「鳥が翼を広げてアリ塚に止まり，アリに体中を這い回らせている」とあり，これも蟻浴についての追加説明であると推測できることから，**3**のSimilarly「同様に」を入れると意味がとおる。

(30)　正解　**2**

選択肢の訳　**1** アリが鳥に害を及ぼす生物を食べる　**2** その行動が鳥の健康に寄与している　**3** その行動がアリの数を操作する　**4** 鳥が他の昆虫を引き寄せようとしている

解説 空所を含む文の直後の2文を参照。蟻酸についての説明のあと，If this substance is rubbed onto a bird's feathers, it could help inhibit disease and deter harmful pests.「この物質を鳥の羽にこすりつければ，病気を抑制し，有害な害虫を寄せ付けない

ようにできるだろう」とあることから，**2**の the behavior contributes to birds' health「その行動が鳥の健康に寄与している」を入れると意味が通る。

(31) 正解 **4**

選択肢の訳 **1** 傷んだ羽を取り除くのに役立つ　**2** 栄養素をアリに移す　**3** 鳥の食欲を増進する　**4** アリを食べられる状態に準備する

解説 空所を含む文の直後に科学者が行った実験の結果として，scientists discovered that some birds were more likely to consume ants that had their formic acid removed by the scientists than ants that retained the chemical.「一部の鳥は，化学物質を持つアリよりも，科学者が蟻酸を除去したアリを食べる可能性が高いことを発見した」とある。第2段落より，蟻酸には毒があることから，これが除去されたアリを好んで食べるということは，鳥が蟻浴をすることで，蟻酸を取り除いていると推測できる。よって，**4**の prepares the ants to be eaten「アリを食べられる状態に準備する（＝鳥がアリを食べられる状態にする）」が正解。

3	**一次試験・筆記**	アメリカにおける大学の発展（問題編pp.50〜51） 機械か人間か？（問題編pp.52〜53） マリウスの改革（問題編pp.54〜56）

指示文の訳 それぞれの文章を読んで，各質問に対する最も適切な答えを4つの選択肢の中から選び，その番号を解答用紙の所定欄にマークしなさい。

アメリカにおける大学の発展

Key to Reading 第1段落：導入＋本論①（アメリカにおける大学建設の始まり）→第2段落：本論②（大学の生き残り競争）→第3段落：本論③＋結論（アメリカの大学制度が20世紀に成功することができた背景）という3段落構成の説明文。アメリカの大学制度がどのような過程を経て世界で最も成功した例の1つになったかを考えながら読み進めよう。

訳
土地を売ることは富を増やす一般的な方法であるが，19世紀のアメリカの地方の地主にとって，これは必ずしも簡単なことではなかった。当時，地方の人口は少なかったため，地主には買い手を引き付ける方法が必要であった。1つの方法は価格を低く抑えることだったが，地主たちは大学の建設という別の戦略にも目を向けた。大学は文化と学習の中心であるため，これを行うことで，彼らの地域の土地はより望ましいものになった。大学は信じられないほど速いペースで建設され，1880年までにアメリカの大学の数は，ヨーロッパの5倍に達した。

いくつかの古い優良校を除き，アメリカのほとんどの大学には少数の学生と講師しかいなかった。教員は学者というよりも，当時アメリカに存在していたキリスト教の様々な支部を代表する宗教家であることが多かった。大学経営者は，これがそれらの宗教団体からの学生を引き付けるのに役立つことを知っていた。学生が授業料を支払うことができれば，大学入学資格を得ることは一般に難しくなかったが，学生を獲得するための熾烈な競争の結果，授業料は低く抑えられていた。残念ながら，学生数が少ないことにより多くの大学が閉校を余儀なくされ，存続できた大学は継続的な資金集めによってのみ，運営を続ける

※2024年度第1回から，試験形式の変更に伴い大問3の1問目 (32)〜(34) が削除されます。

ことができた。

　しかし，20世紀のアメリカの人口増加に伴い，高等教育の需要は増加し続けた。残った大学には土地，建物，図書館などのインフラが整っていたため，この需要に応えるのに有利な立場にあった。さらに，学生のニーズに敏感であることが存続の1つの手段であったため，それらの大学はほとんどの場合，質の高い教育，優れたスポーツ・レジャー施設を提供した。大学が将来を確かなものにするもう一つの手段は，卒業生との緊密な関係を維持し，気前のよい寄付金を受け取ることだった。これらすべての要因により，アメリカの大学制度は世界で最も成功した例の1つに転換を遂げることができた。

(32)　正解　4

質問の訳　19世紀，アメリカに非常に多くの大学が建てられたのはなぜか。

選択肢の訳　**1**　地方の富のレベルが高まったことにより，子供たちに大学教育を受けさせたいと考える家庭が増えた。　**2**　裕福な地主が，世間のイメージを良くし，死後も確実に記憶されるための手段として，大学を建設した。　**3**　アメリカに住むヨーロッパ人が，母国で受けられるのと同じレベルの教育を提供する大学を望んでいた。　**4**　大学の建設は，地方に土地を所有する人々にとって，土地の価値を高め，より多くの買い手を引きつけるための1つの手段だった。

解説　第1段落では，アメリカでどのようにして大学の数が増えていったかについて述べている。地主が土地の買い手を見つける手段の1つとして，第3文で大学建設を挙げており，続く第4文にその結果として，Doing this made the land in their area more desirable, as colleges were centers of culture and learning.「大学は文化と学習の中心であるため，これを行うことで，彼らの地域の土地はより望ましいものになった」とある。この内容をまとめた選択肢**4**が正解。

(33)　正解　4

質問の訳　19世紀のアメリカの大学の多くの教員について正しいことはどれか。

選択肢の訳　**1**　彼らは劣悪な条件で働かされたため，短期間で辞めた。　**2**　彼らの給与は通常，大学自体ではなく宗教団体から支払われていた。　**3**　大学で最高の地位を獲得するために，彼らの間で激しい競争があった。　**4**　彼らの宗教的背景は，学生を大学に入学させる効果的な手段となる傾向があった。

解説　19世紀のアメリカの大学教員については，第2段落第2文にreligious men representing the different branches of Christianity「キリスト教の様々な支部を代表する宗教家」であることが多かったとあり，次の文に，そのことがそれらの宗教団体からの学生を引き付けるのに役立っていたとある。これらの内容をまとめた選択肢**4**が正解。

(34)　正解　2

質問の訳　アメリカの大学が20世紀に成功を収めた理由の1つは，それらが〜

選択肢の訳　**1**　体育プログラムの質を高めるために，地元のスポーツチームと提携したことである。　**2**　元学生との永続的な関係を築くことで，財政面での安全性を高めることができたからである。　**3**　主に地元地域から学生を募集することに重点を置くことで，他の大学との競争を減らしたことである。　**4**　独自の施設を建設するのではなく，地域に既にあった施設を利用することで，コストを抑えたことである。

解説 大学存続の手段については，第3段落第3文に being sensitive to students' needs「学生のニーズに敏感であること」，第4文に maintaining close ties with their graduates, from whom they would receive generous donations「卒業生との緊密な関係を維持し，気前のよい寄付金を受け取ること」とある。この後者の内容と一致する選択肢**2**が正解。

機械か人間か？

Key to Reading 第1段落：導入（火星探査車オッピーの人気）→第2段落：本論①（オッピーの擬人化とNASAの思惑）→第3段落：本論②＋結論（物体の擬人化の危険性）という3段落構成の説明文。なぜ人間は物体を擬人化したがるのか，またそれによりどのような影響が及び得るかを考えながら読み進めよう。

訳

2004年，NASAの探査車オポチュニティが火星に着陸した。「オッピー」という愛称が付けられたゴルフカートほどの大きさの探査車は，惑星を調査し，その表面の画像を撮影するために送られた。オッピーのミッションは90日間続くことになっていたが，探査車はその後15年間にわたり，画像とデータを地球に送信し続けた。その間，それは大衆の興味をかき立てた。実際，人々はオッピーに非常に愛着を持ち，オッピーが動かなくなると，亡くなった人に宛てたものと同様の哀悼のメッセージを，ソーシャルメディアに送信した。

人間以外の物に人間の特性を与える行為は，擬人化として知られており，人間が幼い頃から自然に行っていることである。例えば，おもちゃ，車，家などの物体に愛着心を抱くことは，あらゆる年齢の人々にとって珍しいことではない。オッピーのことを「彼女」と呼んだり，子供のように思ったりするエンジニアたちも，この傾向には無縁ではなかった。人間性を無生物に投影することの効果の1つは，人々がそれを守らないといけない気持ちになり，その幸福に関心を向けさせることのようだ。NASAは，オッピーを意図的により人間らしく見せ，体から伸びた頭のような構造の中に目のようなカメラレンズを備えたデザインにすることで，この現象を有利に利用したようだ。オポチュニティミッション以前は，大々的に報道された失敗により，NASAに対する国民の信頼が低下し，NASAの資金も削減されていた。オッピーに人間の特徴を与えることは，大衆を味方にし，恐らくNASAのミッションのための追加の資金を呼び込むための効果的な戦略であったことが示唆されている。

オッピーを人間として考えることは無害に見えるかもしれないが，物体を擬人化すると不幸な結果を招く可能性がある。例えば，AIが人間の脳と同じように機能すると仮定すると，その機能に対する非現実的な期待が生じ，大きなメリットを提供できない状況でAIが使用される可能性がある。擬人化は，AIや機械が人間に対して反乱を起こすなど，悪夢のようなシナリオを人々に危惧させる可能性もある。機械が脅威であるというこの考えは，機械が人間と同じように論理的に考えるという誤解から生じている。しかし，どうやら人間は擬人化せずにはいられないようだ。ジャーナリストのスコット・サイモンは，「機械に多くの時間を費やして，機械に話しかけたり，機械からの連絡を待ったり，機械のことを心配し始めると，科学者でさえ，機械に個性を見出してしまう」と著している。

(35) 正解 **4**

質問の訳 オッピーに対する人々の反応について分かることは何か。

選択肢の訳 **1** 火星に関する新しい発見に興味があったため，人々はすぐにオッピー

を応援した。　**2**　オッピーのミッションの重要性を知らせる努力がほとんど行われていなかったため，人々はオッピーに親しみを感じるのが難しいと感じた。　**3**　オッピーが地球に送り返した情報は専門的すぎて科学者ではない人々には理解できなかったため，人々はすぐにオッピーのミッションへの興味を失った。　**4**　人々は オッピーに非常に感情的なつながりを感じていたため，オッピーが稼働しなくなったときは哀悼の意を表した。

解説　第1段落最終文に people became so attached to Oppy that when it ceased to function, they sent messages of condolence over social media similar to those intended for a deceased person「人々はオッピーに非常に愛着を持ち，オッピーが動かなくなると，亡くなった人に宛てたものと同様の哀悼のメッセージを，ソーシャルメディアに送信した」とある。この内容をまとめた選択肢4が正解。選択肢は，sent messages of condolence を expressed sympathy と表している。

(36)　正解　**1**

質問の訳　第2段落によると，オッピーをより人間らしく見せたのは，〜ようだ。

選択肢の訳　**1**　NASAの活動に対する全面的な支援を増やし，より多くの資金を獲得できるようにするための戦略だった。　**2**　子供たちが人間に似たロボットにより大きな関心を示したという実験に基づいていた。　**3**　心理学者が，この戦略により，エンジニアがそれを期限内に完了させるためにより懸命に働くようになるだろうと示唆したために行われた。　**4**　政府がNASAに，そのデザインをおもちゃに使用しやすいものにするよう，圧力をかけた結果であった。

解説　第2段落最後から2文目より，NASAは当時資金を削減されていた。次の文に，It has been suggested that giving Oppy human characteristics was an effective strategy to win over the public and perhaps even attract additional funding for NASA's mission.「オッピーに人間の特徴を与えることは，大衆を味方にし，恐らくNASAのミッションのための追加の資金を呼び込むための効果的な戦略であったことが示唆されている」とあることから，このことが，オッピーが擬人化された理由であると分かる。これらの内容を言い換えた選択肢1が正解。

(37)　正解　**3**

質問の訳　この文章によると，擬人化にはどのような潜在的な問題があるか。

選択肢の訳　**1**　人間が自分でやった方がコストがかからない仕事を，機械に頼るようになる可能性がある。　**2**　AIや機械が仕事を正しく遂行するのに何の指導も必要ないと，人々が誤解する可能性がある。　**3**　AIや機械が人間と同じように動作するという考えは，人々に彼らが何ができるかを誤解させる可能性がある。　**4**　科学者がAIと築いている関係により，人間のニーズよりもAIの進歩が優先される可能性がある。

解説　擬人化の問題については，第3段落第2文以降を参照。第2文に Assuming AI works in the same way as the human brain, for example, may lead to unrealistic expectations of its capabilities, causing it to be used in situations where it is unable to provide significant benefits.「例えば，AIが人間の脳と同じように機能すると仮定すると，その機能に対する非現実的な期待が生じ，大きなメリットを提供できない状況でAIが使用される可能性がある」とある。つまり，AIの実際の機能と人間の期待の間に差が生じるということ。これを cause people to misunderstand what they are

able to do「人々に彼らが何ができるかを誤解させる」と言い換えた**3**が正解。

マリウスの改革

Key to Reading 第1段落：導入（マリウスの改革が始まるまで）→第2段落：本論①（貧困市民の入隊）→第3段落：本論②（退役軍人の役割）→第4段落：本論③（マリウスの改革の負の影響と共和国の崩壊）という4段落構成の説明文。設問に先に目を通し，読み取るべきポイントを押さえてから，本文を読み進めよう。

訳

　紀元前2世紀の終わり頃，ローマ共和国は西ヨーロッパからの部族民による侵略の脅威に直面し，アフリカで一連の屈辱的な敗北を経験した。急速に拡大する共和国のニーズにローマ軍がもはや対応できないことを認識したローマの指導者ガイウス・マリウスは，全面的な改革の実施に乗り出した。これらはマリウスの改革として知られるようになり，ローマ軍を，恐らく古代において最も有能な戦闘部隊であろう，その勢いをほとんど止められないほどの軍事機構に変えた。慣例的に，ローマ軍への兵士の入隊は期限付きで，継続的な募集が必要となったため，必然的に，往々にして戦闘経験のない新兵が多くなった。さらに，軍隊に入るには資産を所有している必要があり，ローマ共和国内の貧困の増加により，この要件を満たすことができる潜在的な新兵の数が大幅に減少した。

　マリウスの改革は，資産を所有しているという必要条件と新兵が自分で武器や防具を準備するという必要条件の両方を撤廃することを含む，複数の方策から成っていた。これにより，最貧市民でも入隊することが可能になり，軍は使用する武器や防具を統一および改善できたため，より装備の整った兵士をそろえることができた。軍隊の兵士は「軍団兵」として知られるようになり，軍事戦略の訓練を受けた。恐らく最も重要なことは，この改革により，入隊の決定的な動機が与えられたことである。というのは，16年間務めた兵士には，農地と完全なローマ市民権が報酬として与えられたのだった。ローマ共和国の急速な拡大は，貧困の中で暮らしている非市民の住民が多く存在し，彼らにとってその状況から逃れる機会が非常に魅力的なものだったことを意味していた。

　ローマ軍は，より良く訓練され，より高いモチベーションを持った兵士によって重要な軍事的勝利を収め，ローマの拡大に貢献した。元軍団兵が受け取った土地は通常，新たに征服された属州にあったため，これらの退役軍人はローマ文化の普及に貢献した。彼らの存在はまた，ローマの支配に対する地元の抵抗に打ち勝つことを容易にし，ローマ共和国への統合プロセスを円滑に進めることになった。退役軍人がいるだけで，反乱を防ぎ侵略に抵抗することができたため，新しい領土にはさらなる安全がもたらされた。

　マリウスの改革はローマ軍を大きく改善したが，同時にローマ社会に予期せぬ影響を与え，最終的には共和国の崩壊を招くことになった。軍隊が必要に応じて徴兵された裕福な市民で大部分を構成されていた頃，軍隊はローマの政治にはほとんど影響を与えなかった。しかし，マリウスの改革の後，軍の軍団兵は非常に統制され，将軍に対する強い忠誠心が育まれた。その結果，将軍たちは，ローマ共和国の安全と拡大を確実にするためというよりはむしろ，自らの政治的影響力を得るために指揮下の軍隊を利用したいという誘惑に抵抗することが困難であると自覚することになった。これが内乱につながり，最終的にジュリアス・シーザーは軍隊を使って選挙で選ばれた政府を打倒し，自らをローマの指導者と宣言することに成功した。これにより比較的民主的なローマ共和政は終わりを告げ，全権を有する皇帝が統治する，専制国家創設への道が開かれた。

(38)　正解　4

質問の訳　マリウスの改革の理由の1つは何か。

選択肢の訳　**1**　ローマ共和国内の財政問題は，ローマの指導者が軍への資金を削減するより他に選択の余地がないことを意味した。　**2**　軍隊の兵士の数が増加するにつれて，ローマ共和国を守るために彼らを西ヨーロッパやアフリカに輸送することがより困難になった。　**3**　兵士たちが長年軍隊に留まることを強いられ，軍務に対して低賃金しか受け取らなかったため，兵士たちの間で不満が生じた。　**4**　ローマの指導者が，ローマ共和国が軍事目標を達成するために必要な人員や技術が軍隊にないことを懸念した。

解説　第1段落第2文から，ローマ軍が急速に拡大するローマ共和国のニーズに対応できなくなっていたためにマリウスが軍の改革を行ったことがわかる。改革前の軍の状況について第4，5文で，当時のローマ軍への兵士の入隊は期限付きで，継続的に兵士が募集されていたため，new recruits often having no previous fighting experience「戦闘経験のない新兵」が多くなったこと，軍隊に入るには資産を所有している必要があったため，the pool of potential recruits who could meet this requirement「この要件を満たすことができる潜在的な新兵の数」が大幅に減少したことが述べられている。つまり，ローマ軍は人員と技術（manpower or skills）不足に陥っていたと言えるので**4**が正解。

(39)　正解　2

質問の訳　マリウスの改革によって起こった重要な変化は何か。

選択肢の訳　**1**　ローマ市民のみがローマ軍に参加できるという規則が導入され，ローマ市民権を取得しようとする人が増加した。　**2**　ローマ軍に従事することは，ローマ共和国に住む人々にとって生活を向上させる手段であったため，より魅力的なものとなった。　**3**　ローマ軍は既に軍事経験のある男性のみを受け入れたため，十分な新兵を見つけるのに苦労した。　**4**　兵士がローマ軍で過ごすことを求められる年数が短縮され，兵士の平均年齢が下がった。

解説　第2段落第1文で，マリウスの改革によって，the removal of both property requirements and the need for recruits to prepare their own weapons and armor「資産を所有しているという必要条件と新兵が自分で武器や防具を準備するという必要条件の両方が撤廃」されたことが述べられている。また第4文に，これによりa crucial incentive for enlistment「入隊の決定的な動機」が与えられたと述べられている。続く最終文のThe rapid expansion of the Roman Republic meant there were many noncitizen inhabitants who lived in poverty and for whom an opportunity to escape their situation was hugely appealing.「ローマ共和国の急速な拡大は，貧困の中で暮らしている非市民の住民が多く存在し，彼らにとってその状況から逃れる機会が非常に魅力的なものだったことを意味していた」より，これらの内容を1文で表した選択肢**2**が正解。

(40)　正解　3

質問の訳　第3段落によると，ローマ軍が新たな領土を占領した後，〜

選択肢の訳　**1**　軍隊が近隣地域を攻撃し，ローマ共和国の拡大を継続できるよう，それらの地域に送られる兵士の数が大幅に増やされた。　**2**　地方の人々はローマ社会に

すぐに慣れることができるよう，ローマの言語と文化を学ぶためにローマの首都に招待された。　**3**　元兵士にそこの土地が与えられ，そのおかげで地元の人々を支配し，その地域をさまざまな脅威から確実に守ることがはるかに容易になった。　**4**　発生した多くの反乱を軍隊が防ぐことができなかったため，その地域はしばしばあっという間に再び失われることになった。

解説　第3段落第2文より，元軍団兵には通常，新たに征服された属州の土地が与えられた。彼らについて，3文目に Their presence also made it easier to overcome local resistance to Roman rule and facilitated the process of integration into the Roman Republic.「彼らの存在はまた，ローマの支配に対する地元の抵抗に打ち勝つことを容易にし，ローマ共和国への統合プロセスを円滑に進めることになった」，最終文に The mere presence of the veterans brought greater security to new territories, since they could assist in preventing rebellions and resisting invasions.「退役軍人がいるだけで，反乱を防ぎ侵略に抵抗することができたため，新しい領土にはさらなる安全がもたらされた」とあることから，この内容とほぼ一致する選択肢**3**が正解。本文中の former legionaries「元軍団兵」, veterans「退役軍人」を選択肢では ex-soldiers「元兵士」と言い換えている。

(41)　正解　**1**

質問の訳　マリウスの改革はローマ社会にどのような影響を与えたか。

選択肢の訳　**1**　軍隊が政治的手段として利用され，ローマの指導者が市民に選ばれるのではなく軍事力によってその地位を獲得するシステムが生み出された。　**2**　軍隊に従事することを拒否した人々の富と社会的地位は減少した一方で，元軍団兵はしばしば政府の高い官職に就いた。　**3**　ローマ軍が非常に大きくなったため，その維持にかかる費用がローマ共和国崩壊の主な原因となった。　**4**　軍団兵の規律の欠如がローマ市民と軍との間に緊張を生み，最終的には内戦につながった。

解説　第4段落第1文より，マリウスの改革は, had an unexpected impact on Roman society that eventually led to the downfall of the republic.「ローマ社会に予期せぬ影響を与え，最終的には共和国の崩壊を招くことになった」。この具体的な内容を第2文〜第5文で述べている。強い忠誠心を持つ軍団兵を有する将軍が，ローマ共和国のためではなく, use the forces under their command to gain political influence for themselves「自らの政治的影響力を得るために指揮下の軍隊を利用する」ことを選択するようになり，結果的に内乱を招き，ジュリアス・シーザーが統治する，専制国家が始まることになった。この内容と一致する選択肢**1**が正解。

4　一次試験・英作文
（問題編p.57）

指示文の訳　●次のトピックについてエッセイを書きなさい。
●答えの裏付けに，以下に挙げたポイントのうちの2つを使いなさい。
●構成：導入，本論，結論
●長さ：120〜150語

※2024年度第1回から，大問4に文章の要約を書く問題が加わります。

●エッセイは解答用紙のB面に用意されたスペースに書きなさい。
スペースの外側に書かれた内容は，採点の対象とはなりません。

トピックの訳 企業には，リサイクルしやすい商品の製造が求められるべきか。

ポイントの訳 ●企業の利益 ●顧客の需要 ●公害 ●商品の品質

解答例

Companies should be required to produce goods that are easy to recycle. This opinion is based on the following reasons: customer demand and pollution.

First, goods that are simple to recycle significantly reduce pollution. They not only lower the carbon footprint of factories but also lead to fewer products thrown away in landfills, where they often release harmful gases. Therefore, producing such goods is a key part of companies' environmental responsibility.

Second, customer demand for sustainable products has been growing rapidly. Consumers are increasingly aware of the impact of their purchasing decisions, and many are actively seeking out eco-friendly products. If companies do not produce goods that are easily recyclable, they will fail to fulfill the needs of this growing market of environmentally conscious consumers.

In conclusion, producing goods that can be easily recycled should be required for companies, as this helps meet new consumer demands and protect the environment.

解答例の訳

企業には，リサイクルしやすい商品の製造が求められるべきだ。この意見は次の理由に基づいている。すなわち，顧客の需要および公害だ。

第一に，リサイクルしやすい商品は公害を著しく減少させる。それらは工場のカーボンフットプリントを下げるのみならず，しばしば有毒ガスの放出元である埋め立て地に処分される商品数の減少につながる。そのため，そのような商品の製造は，企業の環境責任の重要な要素である。

第二に，持続可能な商品に対する顧客の需要は急増し続けている。消費者は，自身の購買決定がもたらす影響をますます意識するようになってきており，大勢の者が環境に優しい商品を積極的に探し出している。企業は容易にリサイクル可能な商品を製造しなければ，成長しつつある環境意識の高い消費者の購買層の需要を満たすことができないだろう。

結論として，容易にリサイクル可能な商品の製造は企業に求められるべきだ，というのもこのことは，新しい消費者の需要に応えることと環境保護の助けとなるからだ。

解説 TOPIC文で示されている意見について，「求められるべきである／求められるべきではない」のどちらかの立場に立って，自分の意見とその根拠をエッセイの形でまとめる形式。エッセイをまとめる際には，POINTSとして示されたキーワードのうち2つを選んで使用する必要がある。これらのキーワードに挙げられている語句については，例えば，Customer demand「顧客の需要」はwhat customers demand「顧客が求めること」などと，必要に応じて形を変えて表現しても良い。

段落構成に関する，導入（introduction）→本論（main body）→結論（conclusion）という基本的な指定は必ず守ること。解答例のように本論を2つに分ける場合は，論点の

重複がないように，それぞれの段落を別の視点からまとめる。その際，各段落の論点が明確になるように，談話標識（discourse markers）を使うと論理的にまとまりのある文章となり，効果的である。また，結論をまとめるときは，第1段落の単純な繰り返しにならないよう，表現を若干でも工夫することが好ましい。

TOPIC文　「企業には，リサイクルしやすい商品の製造が求められるべきか」という質問についての意見を求める内容。

語句　be required to ～「～することが求められる」/ goods「商品」

第1段落（導入）　エッセイの冒頭で，TOPIC文のテーマを正しく理解していることと，自分が「企業には，リサイクルしやすい商品の製造が求められるべきか」という質問について，「求められるべきである／求められるべきではない」のどちらの立場に立っているかを明示する。解答例は，疑問文のTOPIC文を平叙文に直し，自分が前者の立場であることを明確に示している。また，POINTSの中からCustomer demandとPollution「公害」の2つを取り上げていることも，コロン（:）を用いて簡潔に示している。

語句　be based on ～「～に基づいている」/ following「次の」

第2段落（本論①）　第2段落では，順序を表す談話標識であるFirst「第一に」から始め，第1段落で示した観点の一つである「公害」について述べている。また，第3文では，Therefore「そのため」という談話標識を用いて，リサイクルしやすい商品が環境に優しいゆえに，そのような商品の製造が企業の環境責任の重要な要素であると示している。

語句　significantly「著しく」/ lower「～を低下させる」/ carbon footprint「カーボンフットプリント（商品やサービスの原材料調達から廃棄・リサイクルに至るまでの全工程を通じてもたらされる温室効果ガスの量を二酸化炭素排出量に換算して表示すること）」/ lead to ～「～につながる」/ landfill「埋め立て地」/ release「～を放出する」/ responsibility「責任」

第3段落（本論②）　第3段落では，第1段落で示したもう一つの観点である「顧客の需要」について意見を展開している。この段落では，順序を表すSecond「第二に」から始め，第2文では，第1文で示した持続可能な商品に対する顧客の需要についての補足説明を加えた上で，続く第3文では，企業はリサイクルしやすい商品を製造しなければ，その需要を満たすことができないだろうと述べている。

語句　sustainable「持続可能な」/ be aware of ～「～を意識している」/ increasingly「ますます」/ actively「積極的に」/ eco-friendly「環境に優しい」/ fulfill「～を満たす」/ -conscious「～意識の高い」/ consumer「消費者」

第4段落（結論）　最終段落では，In conclusion「結論として」という談話標識から文を始めて，自分がTOPIC文の質問に対しYesの立場であること，および第2・3段落で述べた意見を，第1～3段落とは多少表現を変えて再度提示し，文章を締め括っている。

語句　meet「～を満たす」/ protect「～を保護する」

Part 1　一次試験・リスニング
（問題編pp.58〜59）

指示文の訳　準1級の試験のリスニングテストが始まります。指示を注意して聞いてください。テスト中に質問をすることは許されていません。

このテストは3つのパートに分かれています。これら3つのパートの質問は全て選択肢の中から正解を選ぶ問題です。それぞれの質問について，問題冊子に書かれている4つの選択肢の中から最も適切な答えを選び，解答用紙の該当箇所にその答えをマークしなさい。このリスニングテストの全てのパートで，メモを取ってもかまいません。

それでは，これから Part 1 の指示を行います。このパートでは No. 1 から No.12 まで12の会話が放送されます。それぞれの会話に続いて，質問が1つ流れます。各質問に対して，最も適切な答えを選んで解答用紙にマークする時間が10秒あります。会話と質問は1度しか読まれません。それでは，準1級のリスニングテストを始めます。

No.1　正解　**4**

放送文　*A:* Why are you reading that paperback book, Dad? I just gave you an e-reader for your birthday! *B:* I already finished the book you downloaded for me. *A:* There's more where that came from. And there are a lot of free e-books on the Internet. *B:* Yeah, I know. But downloading them is the problem. *A:* I'm always happy to help, Dad. *B:* That would be great. And while you're at it, can you show me how to make the letters bigger on the reader? *A:* Of course.
Question: What is the man's problem?

訳　A：なんで紙の本を読んでるの，お父さん？　誕生日に電子書籍リーダーをプレゼントしたばかりなのに！　B：お前がダウンロードしてくれた本はもう読み終わったんだよ。A：ダウンロード元のサイトには，まだまだあるよ。それにインターネットには無料の電子書籍もたくさんあるし。　B：そうだね。でもダウンロードするのが問題なんだ。　A：いつでも喜んで（ダウンロードを）手伝うよ，お父さん。　B：それはありがたいね。ついでに，リーダーで文字を大きくする方法も教えてくれる？　A：もちろん。

質問の訳　男性の問題は何か。

選択肢の訳　**1**　電子書籍リーダーが見つからない。　**2**　電子書籍を買いたくない。
3　電子書籍リーダーを壊してしまった。　**4**　電子書籍をダウンロードするのが難しい。

解説　1往復目のやりとりから，A（＝娘）がB（＝父親）に電子書籍リーダーをプレゼントしたが，Bが電子書籍ではなく紙の本を読んでいる場面。Bが紙の本を読んでいる理由を「お前（＝A）がダウンロードしてくれた本はもう読み終わった」と述べたのに対し，Aが「インターネットには無料の電子書籍がたくさんある」と述べると，Bは「ダウンロードするのが問題なんだ」と述べている。よって，Bはインターネットから電子書籍をダウンロードすることに問題を抱えていることがわかるので，problem を hard と言い換えた**4**が正解。

No.2　正解　**3**

放送文　*A:* It's nice to see you coming to yoga class more regularly, José. *B:* Yeah, I've been getting into it a little more lately. Still, the poses don't seem to get any easier. *A:* Be patient with yourself; change happens gradually. *B:* Sometimes I feel embarrassed because the other students are so much more flexible. *A:* Don't worry about comparing yourself with anyone. Yoga is a holistic mind-and-body practice, not a competition. *B:* I'll try to keep that in mind next time I fall over in class.

Question: What will the man probably do?

訳 A：あなたがヨガクラスにより頻繁に来てくれるようになってうれしいです, ホセ。B：はい，最近前より少しはまってきています。でも，ポーズがなかなか簡単にとれないんですけどね。 A：自分に忍耐強くなって。変化は徐々に起こるものです。 B：他の生徒のほうがずっと柔軟性があるので，ぼくはときどき恥ずかしくなります。 A：他人と比べて気にするのはやめて。ヨガは心と体の統合的な実践であって，競争ではありません。 B：今度授業中に転んだら，そのことを心に留めておくようにします。

質問の訳 男性はおそらくどうするか。

選択肢の訳 **1** ヨガの個人レッスンを受ける。 **2** 別の活動を見つける。 **3** 今のクラスを続ける。 **4** 別のヨガグループに参加する。

解説 1〜2往復目のやりとりから，A（＝女性）とB（＝José）が，ヨガクラスで話している場面。1往復目でBは「ポーズがなかなか簡単にとれない」と述べ，2往復目でもBは「他の生徒のほうがずっと柔軟性があるので，ぼくはときどき恥ずかしくなります」と述べており，ヨガがうまくできなくて悩んでいるとわかる。これに対しAが「自分に忍耐強くなって」（2往復目），「他人と比べて気にするのはやめて」（3往復目）とアドバイスすると，Bは「今度授業中に転んだら，そのことを心に留めておくようにします」と前向きな発言をしている。Bは今のクラスを続けていくつもりであることがわかるので，next time を continue に，また in class を his current class に言い換えた **3** が正解。

No.3 正解 **1**

放送文 *A:* Have you met the new boss? *B:* I have. We discovered we're from the same hometown. We even went to the same high school, though she was a few years ahead of me. *A:* Small world! What did you think of her? *B:* She's very knowledgeable about the publishing business. She has some interesting plans, and that's what our division needs. *A:* Well, that's exciting. We need a supportive leader.

Question: What is one thing we learn about the new boss?

訳 A：新しい上司に会った？ B：会ったよ。地元が同じだってわかったんだ。高校も同じだったんだよ，彼女は私より数年上だけどね。 A：世間は狭いね！ 彼女のことをどう思った？ B：彼女は出版ビジネスにとても詳しいの。興味深い計画を持っていて，それは私たちの部署に必要なことなんだ。 A：そうか，それはワクワクするね。ぼくたちには支えてくれるリーダーが必要だもんね。

質問の訳 新しい上司についてわかることの1つは何か。

選択肢の訳 **1** 部署に対しての新しいアイデアを持っている。 **2** 出版についてほとんど知らない。 **3** 優秀な学生だった。 **4** スタッフの給料を上げたいと思っている。

解説 1往復目のやりとりから，A（＝男性）とB（＝女性）が，新しい上司について話している場面。2往復目でBが「（新しい上司は）興味深い計画を持っていて，それは私たちの部署に必要なことなんだ」と述べているので，新しい上司は，Bの部署に対しての新しいアイデアを持っていることがわかる。よって，interesting plans を new ideas に，また our division needs を for the division に言い換えた **1** が正解。

No.4 正解 **1**

放送文 **A:** Why are all of your clothes piled up on the bed? **B:** I'm sorting through them to see which items I want to donate. **A:** Didn't you do that about a month ago for a school fund-raiser? It's not like your size has changed since then. **B:** No, but the community center is gathering clothes for a family who just had a house fire. They lost everything. **A:** That's terrible. Do they need men's clothes? I could part with a few items myself.

Question: Why is the woman giving away her clothes?

訳 A：どうして君の洋服が全部ベッドの上に山積みになっているの？ B：寄付したいものを探すために整理しているの。 A：1か月くらい前にも，学校の募金活動のためにやってなかった？ あれから君の体形が変わったわけでもあるまいし。 B：体形が変わったわけじゃないけど，家が火事になった家族のために公民館で服を集めているのよ。その人たちは何もかも失くしてしまったの。 A：それは大変だね。男性用の服は必要かな？ぼくも少し分けてあげられるよ。

質問の訳 なぜ女性は自分の服を手放すのか。

選択肢の訳 **1** 困っている家族を助けたいと思っている。 **2** 彼女に合わなくなった。 **3** 学校で行事がある。 **4** 収納場所がない。

解説 1往復目のやりとりから，B（＝女性）が，寄付するものを探すために自分の服を整理している場面。2往復目でBは「家が火事になった家族のために公民館で服を集めているのよ。その人たちは何もかも失くしてしまったの」と述べているので，Bが火事ですべてを失い困っている家族を助けるために，自分の服を寄付したいと考えていることがわかる。よって，donateをhelpに，またlost everythingをin needと表した**1**が正解。

No.5 正解 **3**

放送文 **A:** Did you see the latest newsletter? It seems our merger with Evan's Real Estate is now official. **B:** I'm dreading moving our offices, but I admit it makes sense. **A:** I agree. We've been working with their agents for years. This will just reduce our operating expenses and strengthen our market position. **B:** Yeah. But I've heard that some of our staff have decided to leave to work on their own. **A:** I think the merger is just convenient timing for them. They've wanted to become independent for a while. **B:** Well, I'll still be sad to see them go.

Question: What is one thing the man says about the merger?

訳 A：最新のニュースレターを見た？ ぼくたちとエヴァンズ不動産との合併が正式に決まったようだよ。 B：オフィスを移転するのは大変そうだけど，合併は理にかなっているわ。 A：同感だよ。ぼくたちは何年も彼らの代理店と仕事をしてきた。これで営業経費も削減できるし，市場での地位も強化できる。 B：そうね。でも，スタッフの何人かは独立を決めたそうよ。 A：合併が彼らにとって都合のいいタイミングだっただけだと思うよ。彼らは以前から独立を望んでいたからね。 B：まあ，それでも彼らがいなくなるのは寂しいけどね。

質問の訳 合併について男性が言っていることの1つは何か。

選択肢の訳 **1** 仕事量を減らす助けになる。 **2** 自営の代理店との仕事が増える。

3 会社のさらなる成功につながる。　　**4** 多くのスタッフが解雇されることになる。

解説　1往復目のやりとりから，A（＝男性）とB（＝女性）が，自分たちの勤務する会社とエヴァンズ不動産との合併について話している場面。1往復目でBが「合併は理にかなっている」と述べると，Aも「同感だよ」，「これで営業経費も削減できるし，市場での地位も強化できる」と述べているので，Aは合併が自社のさらなる成功につながると考えていることがわかる。よって，reduce our operating expenses and strengthen our market position を more successful に言い換えた **3** が正解。

No.6　正解　**2**

放送文　*A:* What do you think about installing solar panels on our roof?　The initial costs are a little high, but we'd save a lot on energy bills.　*B:* Well, panels are becoming more efficient, and they're eco-friendly.　But I don't think they'd be a good match for us.　*A:* Why not?　*B:* It would take something like 15 years to make our money back on the investment, but we won't be living in this house that long.　*A:* But wouldn't solar panels make the place worth more when we sell it?　*B:* Not by much.　By then, our panels would be outdated.
Question: What does the man say about solar panels?

訳　A：うちの屋根にソーラーパネルを設置するのはどう？　初期費用はちょっと高いけど，光熱費はかなり節約できるわ。　B：そうだね，パネルの効率はよくなっているし，環境にも優しいよね。でも，うちには合わないと思うな。　A：どうして合わないの？　B：投資の元を取るには15年くらいかかるだろうけど，この家にはそんなに長く住まないだろうし。　A：でも，ソーラーパネルがあれば，売るときに価値が上がるんじゃないかしら？　B：それほどの差はないよ。その頃にはパネルは古くなっているだろうし。

質問の訳　男性はソーラーパネルについてどう言っているか。

選択肢の訳　**1**　将来はより安くなるだろう。　**2**　夫婦のお金の節約にはならないだろう。　**3**　数年で買い換える必要がある。　**4**　環境上の利点はあまりない。

解説　1往復目のやりとりから，A（＝妻）とB（＝夫）が，自分の家の屋根にソーラーパネルを設置することについて話している場面。1往復目でBは「うちには合わないと思うな」と述べ，2往復目でも「投資の元を取るには15年くらいかかるだろうけど，この家にはそんなに長く住まない」と述べている。また，3往復目でAがソーラーパネルがあれば，売るときに価値が上がると述べたことに対しても，「それほどの差はないよ」と述べている。よって，Bはソーラーパネルを設置してもお金の節約にはならないだろうと考えていることがわかるので，don't think they'd be a good match for us を not save the couple money と言い換えた **2** が正解。

No.7　正解　**4**

放送文　*A:* Could you have a look at this translation, Jared?　*B:* Sure.　Is it the one that Miki did for LTR Chemicals?　*A:* Yes.　Please give it extra attention because they're very particular about accuracy.　We can't afford to lose them as a client.　*B:* OK.　Is the deadline urgent?　*A:* No, we're ahead of schedule and still have a few days until it's due.　Miki has a tendency to rush to get things back to me quickly, even though I ask her to take her time.　*B:* OK, I'll give it a thorough check.

Question: What does the woman imply?

訳　A：この翻訳を見てもらえますか，ジャレッド？　B：ええ。ミキがLTRケミカルズのために翻訳したものですか。　A：はい。彼らは正確さにとてもこだわるので，特に注意して見てください。クライアントとして失うわけにはいきませんから。　B：わかりました。期限は急ぎですか。　A：いえ，予定より早く進行していて，まだ期限まで数日あります。ミキは，私がゆっくりやってくださいと言っても，よく急いで返そうとするんですよ。　B：わかりました，しっかりチェックします。

質問の訳　女性は何を言いたいのか。

選択肢の訳　**1**　ミキはまだ翻訳を終えていない。　**2**　期限が変更になる可能性がある。　**3**　クライアントがたくさんミスを犯している。　**4**　ミキはしばしば十分に注意深く仕事をしない。

解説　1往復目のやりとりから，A（＝女性）がB（＝Jared）に，ミキが翻訳した書類のチェックを依頼している場面。2往復目でAが「彼ら（＝LTRケミカルズ）は正確さにとてもこだわるので，特に注意して見てください」と述べ，さらに「（LTRケミカルズを）クライアントとして失うわけにはいきませんから」と述べているので，チェックをする翻訳が重要なクライアントに関するもので，特に正確性が重視されるものであることがわかる。このような状況の中で，3往復目でAはミキについて，「私が（重要な書類なのでミスしないように）ゆっくりやってくださいと言っても，よく急いで返そうとするんですよ」と述べている。よって，Aはミキはしばしば十分に注意深く仕事をしないと考えていることがわかるので，rush to get things back to me quickly を not work carefully enough と言い換えた **4** が正解。

No.8　正解　**1**

放送文　*A:* Honey, the travel agent just called. He said the cruise is nearly sold out, so we have to decide soon.　*B:* Actually, I've been having second thoughts. I was looking at reviews on several websites, and there seem to be a lot of dissatisfied customers.　*A:* Really? A few of the ones I saw were very positive. Well, we don't have to go. I just think you should get some kind of reward for working so hard lately.　*B:* How about increasing our budget a bit and booking a cruise with a better reputation?　*A:* OK. I'll talk to the agent.

Question: Why is the man worried about their holiday?

訳　A：あなた，旅行代理店から電話があったの。クルーズはほぼ完売だから，早く決めないといけないって。　B：実は，ちょっと考え直したんだ。いくつかのウェブサイトで口コミを見ていたんだけど，不満を持っているお客さんが多いみたいなんだ。　A：そうなの？　私が見た中にはとても好意的なものもいくつかあったよ。まあ，無理に行く必要はないよね。ただ，あなたは最近すごく頑張っているんだから，何かご褒美があってもいいと思うんだけど。　B：予算を少し増やして，もっと評判のいいクルーズを予約するのはどうかな？　A：わかった，代理店に相談してみるね。

質問の訳　なぜ男性は休暇のことを心配しているのか。

選択肢の訳　**1**　ネットで多くの苦情を見つけた。　**2**　クルーズの料金が上がった。　**3**　仕事の休みが取れない。　**4**　別のクルーズを予約することができない。

解説　1往復目のやりとりから，A（＝女性）とB（＝男性）が，旅行代理店を通しての

クルーズの申し込みについて話している場面。1往復目で,「クルーズはほぼ完売だから,早く決めないといけない」と旅行代理店に言われたと述べたAに対し,Bは「実は,ちょっと考え直したんだ」と述べたあと,「いくつかのウェブサイトで口コミを見ていたんだけど,不満を持っているお客さんが多いみたいなんだ」と述べている。よって,Bがそのクルーズについてネットで多くの苦情を見つけたことがわかるので,reviews on several websitesやa lot of dissatisfied customersをmany online complaintsと言い換えた**1**が正解。

No.9　正解　**3**

放送文　*A:* Did you watch the season finale of *Shield Force* last night?　*B:* Of course! I thought that was the best episode of the entire season.　*A:* What did you think of the scene where Agent Martinez was revealed to be the traitor?　*B:* That was such a shocker. I was so sure it was going to be Agent Turner, but the way they explained it made perfect sense.　*A:* Totally. The writing on that show is just fantastic.　*B:* I can't wait to see what happens next season.

Question: What do the speakers imply about *Shield Force*?

訳　A:昨夜の『シールド・フォース』のシーズン最終回を見た?　B:もちろん! シーズン通して最高の回だったと思ったわ。　A:マルティネス捜査官が裏切り者であることが明らかになったシーンはどう思った?　B:あれは衝撃的だった。私はてっきりターナー捜査官が裏切り者だと思ってたんだけど,彼らの説明で完璧に納得したわ。　A:その通りだね。あの番組の脚本は本当に素晴らしい。　B:次のシーズンが待ちきれないね。

質問の訳　話者たちは『シールド・フォース』について何を言いたいか。

選択肢の訳　**1**　個性的なキャラクターが多い。　**2**　番組の脚本が非常に良くなった。**3**　筋の予測が難しかった。　**4**　もう次のシーズンは更新されないかもしれない。

解説　1往復目のやりとりから,A(=男性)とB(=女性)が,昨夜の『シールド・フォース』のシーズン最終回について話している場面。2往復目で,マルティネス捜査官が裏切り者であることが明らかになったシーンの感想をAからたずねられたBは,「あれは衝撃的だった。私はてっきりターナー捜査官が裏切り者だと思ってた」と自分の予想と筋が違っていたことが衝撃だったと述べ,Aも「その通りだね」と同意している。よって,AもBも筋の予測が難しかったと考えていることがわかるので,I was so sure it was going to be Agent Turner, but …をhard to predictと言い換えた**3**が正解。

No.10　正解　**4**

放送文　*A:* I've been thinking about assigning Mark to manage the new software project.　*B:* Do you think he can handle it? I know he's bright, but he's only been with the firm for 18 months.　*A:* Well, I was originally considering Genevieve, but she's really got her hands full these days. That leaves either Mark or Yasuhiro.　*B:* In that case, I guess we have no choice but to give it to Mark. The last time we put Yasuhiro in charge of a project, things quickly went off the rails.

Question: What does the woman imply about Mark?

訳　A:マークに新しいソフトウェアプロジェクトの管理を任せようと思っているんだ。B:彼がそれをこなせると思う?　優秀なのは知っているけど,まだ入社してたった18

か月よ。　A：当初はジュヌビエーブを考えていたんだけど，彼女は最近，ほんとに手一杯なんだ。そうなるとマークかヤスヒロのどちらかなんだよね。　B：それなら，マークに任せるしかないわね。前回，ヤスヒロにプロジェクトを担当させたときは，すぐに計画が狂ってしまったもんね。

質問の訳　女性はマークについて何を言いたいか。

選択肢の訳　**1**　ヤスヒロより忙しい。　**2**　ジュヌビエーブと仲が悪い。　**3**　しばしば判断を誤る。　**4**　経験が足りないかもしれない。

解説　1～2往復目のやりとりから，A（＝男性）とB（＝女性）が，新しいソフトウェアプロジェクトの管理を誰に任せるかについて話している場面。1往復目でAから，マークに管理を任せようと思っていると言われたBは，「（マークが）優秀なのは知っているけど」と言ったあと，「まだ入社してたった18か月よ」と述べている。よって，Bは，マークはまだ経験が足りないかもしれないと考えていることがわかるので，only been with the firm for 18 months を may not have enough experience と言い換えた**4**が正解。

No.11　正解　**4**

放送文　*A:* Hey, did you take Professor Ritter's Politics 302 class last semester? *B:* Yeah. Some of the lectures were interesting, but I wouldn't really recommend it. *A:* Oh. I heard it involves a lot of reading. Was that the problem? *B:* Actually, the workload seemed reasonable to me. My issue was that when she was marking papers, Professor Ritter seemed to favor students who share her political views. *A:* Oh, really? *B:* If I were you, I'd sign up for Professor Tamura's or Professor Wilson's class instead.

Question: What is the man's opinion of Professor Ritter?

訳　A：ねえ，前学期にリッター教授の政治学302の授業を取った？　B：うん。講義のいくつかは興味深かったけど，あまりお勧めできないね。　A：ああ，読む量が多いって聞いたわ。それが問題だったの？　B：実際，作業量はぼくには妥当に思えたよ。問題は，論文を採点するときに，リッター教授が自分と同じ政治的見解を持つ学生を優遇しているように見えたことなんだ。　A：まあ，そうなの？　B：ぼくが君だったら，代わりにタムラ教授かウィルソン教授のクラスに申し込むな。

質問の訳　男性のリッター教授に対する意見は何か。

選択肢の訳　**1**　講義が長くなりがちだ。　**2**　宿題が多すぎる。　**3**　政治的見解が極端だ。　**4**　公平な採点をしない。

解説　1往復目のやりとりから，A（＝女性）とB（＝男性）が，リッター教授の政治学302の授業を取るべきかについて話している場面。2往復目でBは「問題は，論文を採点するときに，リッター教授が自分と同じ政治的見解を持つ学生を優遇しているように見えたことなんだ」と述べているので，Bはリッター教授が公平な採点をしないと考えていることがわかる。よって，favor students who share her political views を not grade fairly と言い換えた**4**が正解。

No.12　正解　**2**

放送文　*A:* We need to do something about the dogs. Their barking is becoming a real problem. *B:* I don't know. Most dogs bark at strangers, no?

A: Yes, but ours bark every time someone goes past the house. We'll get complaints from the neighbors if this keeps up. *B:* Well, we've already tried every training method we could find online. I'm not sure what else we can do. *A:* I think we should hire a proper dog trainer. I know it'll be expensive, but it'll be worth it for some peace and quiet. *B:* I guess you're right.

Question: What will the man and woman probably do?

訳 A：犬たちのことをどうにかする必要があるわ。鳴き声が本当に問題になってきているの。 B：わからないな。たいていの犬は知らない人に吠えるんじゃないの？ A：そうなんだけど，うちの犬たちは誰かが家の前を通るたびに吠えるのよ。このままだと近所から苦情が来るわ。 B：まあ，ネットで見つけたしつけの方法はもう全部試したし。他に何ができるかわからないな。 A：ちゃんとしたドッグトレーナーを雇うべきだと思うわ。高くつくだろうけど，静かで穏やかな時間を過ごすためには，それだけの価値はあるわよ。 B：君の言うとおりだろうね。

質問の訳 男性と女性はおそらくどうするか。

選択肢の訳 **1** ネットで解決策を探す。 **2** プロに助けてもらう。 **3** 近所の人にアドバイスを求める。 **4** より静かな近隣に引っ越す。

解説 1往復目のやりとりから，A（＝女性）とB（＝男性）が，飼い犬の鳴き声の問題について話している場面。3往復目でAが「ちゃんとしたドッグトレーナーを雇うべきだと思うわ。高くつくだろうけど〜それだけの価値はあるわよ」と述べると，Bも「君の言うとおりだろうね」と述べているので，男性と女性はお金を払ってプロのドッグトレーナーに依頼しようと考えていることがわかる。よって，hire a proper dog trainerをget help from a professionalと言い換えた**2**が正解。

Part 2 一次試験・リスニング
（問題編pp.60〜61）

指示文の訳 それでは，これからPart 2の指示を行います。このパートでは(A)から(F)までの6つの文章が放送されます。それぞれの文章に続いて，No.13からNo.24まで質問が2つずつ流れます。それぞれの質問に対して，最も適切な答えを選んで解答用紙にマークする時間が10秒あります。文章と質問は1度しか読まれません。それでは始めます。

(A)

放送文 *Sukkoth*

Sukkoth is a religious holiday celebrated by Jewish people around the world. It originated thousands of years ago as a harvest festival. During the festival, people demonstrated their appreciation to their god for the year's crops. Later, the holiday became connected with the time immediately after the ancient Jewish people had escaped from slavery in Egypt. According to tradition, the Jewish people wandered in the desert and had to live in fragile shelters called sukkahs that protected them from the heat of the sun.

Today, Jewish people celebrate the holiday by building a sukkah in their

backyards or on balconies. Sukkahs generally have three walls, and the roof is made with leaves and has openings so that the stars are visible above. During the festival's seven days, people consume their meals in the sukkah, and if they live in a warm climate, they sleep in it as well.

Questions No.13 Why did people originally celebrate Sukkoth?

No.14 What is one thing we learn about modern sukkah buildings?

訳　仮庵の祭り

仮庵の祭りは，世界中のユダヤ人が祝う宗教的な祭日である。何千年も前に収穫祭として始まった。祭りの間，人々はその年の作物に対する感謝を神に示した。その後，この祝日は，古代ユダヤの人々がエジプトの奴隷状態から脱出した直後のときと結び付けられるようになった。伝統によれば，ユダヤの民は砂漠をさまよい，太陽の熱から身を守るスッカーと呼ばれる壊れやすいシェルターで暮らさなければならなかったという。

今日，ユダヤ人は自宅の裏庭やバルコニーにスッカーを建ててこの祭日を祝う。スッカーには一般的に3面の壁があり，屋根は葉で作られ，星が上に見えるように開口部がある。祭りの7日間，人々はスッカーの中で食事をとり，温暖な気候に住んでいる場合はスッカーの中で眠りもする。

No.13　正解 **2**

質問の訳　もともと人々はなぜ仮庵の祭りを祝ったのか。

選択肢の訳　**1**　作物の品質を向上させるため。　**2**　自分たちが栽培した食べ物に感謝するため。　**3**　砂漠を出られるように祈るため。　**4**　エジプトでの時間を祝うため。

解説　仮庵の祭りのもともとの目的について，第1段落第2文で「何千年も前に収穫祭として始まった」と述べた上で，次の文で「祭りの間，人々はその年の作物に対する感謝を神に示した」と述べられている。よって，もともとは人々が収穫した食べ物に感謝するために仮庵の祭りを祝ったことがわかるので，demonstrated their appreciation を give thanks と，また the year's crops を the food they grew と言い換えた **2** が正解。

No.14　正解 **4**

質問の訳　現代のスッカーの建物についてわかることの1つは何か。

選択肢の訳　**1**　壁に砂漠の絵が描かれている。　**2**　涼しくするために覆われている。　**3**　食事はその中で調理されなければならない。　**4**　中から空が見える。

解説　現代のスッカーの建物について，第2段落第2文で「（今日の）スッカーには一般的に3面の壁があり〜星が上に見えるように開口部がある」と述べられている。よって，現代のスッカーの建物では，開口部を通して中から空が見えることがわかるので，the stars are visible を see the sky と言い換えた **4** が正解。

(B)

放送文　*Vultures*

Vultures are birds well-known for their diet, which consists of the remains of dead animals. This association has given many people a negative impression of the birds, but we in fact owe much gratitude to vultures. By eating dead animals, the birds prevent disease-causing germs from entering the environment,

including water sources. And because the strong acid in their stomachs is so good at killing germs, vultures are unlikely to pass on diseases to humans.

The bodies of dead animals do more than spread disease—they also release CO_2 and other greenhouse gases as they decay on the ground. When vultures feed, they prevent this from happening. However, in many parts of the world today, vulture populations have declined significantly, resulting in millions of tons of extra greenhouse-gas emissions entering the atmosphere. Ensuring vulture populations remain healthy is therefore an important step in combating climate change.

Questions No.15 What does the speaker say about disease-causing germs?

No.16 What is suggested about climate change?

訳 ハゲワシ

ハゲワシは動物の死骸を食べることでよく知られている鳥である。そのため，ハゲワシに対してネガティブな印象を持つ人も多いが，実は私たちはハゲワシに多くの恩恵を受けている。動物の死骸を食べることで，ハゲワシは病気を引き起こす菌が水源などの環境に侵入するのを防いでいる。また，ハゲワシの胃の中の強酸は病原菌を殺すのに非常に適しているため，ハゲワシが人間に病気をうつすことはまずない。

動物の死体は病気を蔓延させるだけでなく，地上で腐敗する際に二酸化炭素やその他の温室効果ガスを放出する。ハゲワシが餌を食べることで，これの発生を防ぐことができる。しかし現在，世界の多くの地域でハゲワシの個体数が著しく減少しており，その結果，大気中に何百万トンもの温室効果ガスが余分に排出されている。したがって，ハゲワシの個体数を健全な状態に保つことは，気候変動と闘うための重要な一歩なのである。

No.15 正解 **1**

質問の訳 病原菌について，話者は何と言っているか。

選択肢の訳 **1** ハゲワシは人間への感染を食い止める。 **2** ハゲワシはしばしばそれらを他の動物に感染させる。 **3** ハゲワシにとって致命的な場合もある。 **4** ハゲワシの胃の中で生き残る。

解説 病原菌について，第1段落第3文で「動物の死骸を食べることで，ハゲワシは病気を引き起こす菌が水源などの環境に侵入するのを防いでいる」と述べたうえで，次の文で「ハゲワシの胃の中の強酸は病原菌を殺すのに非常に適しているため，ハゲワシが人間に病気をうつすことはまずない」と述べられている。よって，ハゲワシが病原菌の人間への感染を食い止めるために役立っていることがわかるので，preventをstopと，またpass on diseases toをaffectingと言い換えた**1**が正解。

No.16 正解 **1**

質問の訳 気候変動についてどのようなことが示唆されているか。

選択肢の訳 **1** ハゲワシの食習慣は気候変動の影響を軽減するのに役立っている。 **2** 気候変動の結果，世界中でハゲワシの個体数が増加した。 **3** 気候変動のためにハゲワシの食料源が変化した。 **4** 気候変動のためにハゲワシは新しい生息地を見つけざるを得なくなった。

解説 気候変動について，第2段落第1文で「動物の死体は〜地上で腐敗する際に二酸

化炭素やその他の温室効果ガスを放出する」と述べた上で，次の文で「ハゲワシが餌を食べることで，これの発生を防ぐことができる」と述べられている。また，第2段落最終文でも「ハゲワシの個体数を健全な状態に保つことは，気候変動と闘うための重要な一歩」と述べている。よって，ハゲワシが動物の死体を食べることが気候変動の影響を軽減するのに役立っていることがわかるので，when vultures feed を vultures' feeding habits と，また prevent this from happening を reduce its effects と言い換えた**1**が正解。

(C)

放送文 *Praising Employees*

Everyone knows that praise is important for motivating employees and increasing their satisfaction. Surprisingly, however, according to researchers, praise can improve employee performance even when the employee does not earn the praise. When researchers gave praise to random workers, the quality of the workers' output increased dramatically compared to those who were not praised.

Another study suggests that some kinds of praise are more effective than others. The study identifies two kinds of mindsets. Those with a so-called fixed mindset think they are born with a certain level of ability and that they are unlikely to get better at things. On the other hand, those with a so-called growth mindset feel that they have the capability to acquire new skills and talents. It seems that praising effort rather than results may have a positive effect because it encourages a growth mindset in unhappy employees who would otherwise be frustrated with their jobs.

Questions   No.17   What is one thing research found about praising employees?
No.18   What does the speaker suggest about unhappy employees?

訳   従業員を褒める

褒めることが従業員のやる気を引き出し，満足度を高めるために重要であることは誰もが知っている。しかし意外なことに，研究者によれば，たとえ従業員が褒められるようなことをしていなくても，褒めることで従業員のパフォーマンスが向上することがある。研究者が無作為に労働者を褒めたところ，褒められなかった労働者に比べて，労働者の成果の質が劇的に向上したのだ。

別の研究では，ある種の褒め方は他の褒め方よりも効果があることが示唆されている。この研究では，2種類のマインドセットを特定している。いわゆる固定マインドセットを持つ人は，自分の能力は生まれつき決まっており，物事をよりうまくこなす可能性は低いと考える。一方，いわゆる成長マインドセットを持つ人は，自分には新しいスキルや才能を身につける能力があると感じている。結果よりも努力を褒めることは，そうでなければ仕事に不満を抱くであろう不幸な従業員の成長マインドセットを促すので，プラスの効果があるのかもしれない。

No.17   正解 **2**

質問の訳   従業員を褒めることについて，研究によって発見されたことの1つは何か。
選択肢の訳   **1** 労働者はしばしば，自分は褒められるに値しないと考える。   **2** 無作為に褒めることで，パフォーマンスが向上することがある。   **3** 褒めすぎはパフォーマ

31

ンスを低下させることがある。　**4**　ほとんどの上司は，十分に褒めていない。

解説　従業員を褒めることについて，第1段落最終文で「研究者が無作為に労働者を褒めたところ，褒められなかった労働者に比べて，（褒められた）労働者の成果の質が劇的に向上した」と述べられている。よって，無作為に褒めることでもパフォーマンスが向上することがあることがわかるので，gave praise to random workersをrandom praiseと，またoutput increasedをimprove performanceと言い換えた**2**が正解。

No.18　正解　**3**

質問の訳　不幸な従業員について，話者は何を示唆しているか。

選択肢の訳　**1**　褒められると否定的に反応する傾向がある。　**2**　仕事を心配しすぎている。　**3**　成長マインドセットを持つことが有益かもしれない。　**4**　周りの労働者のマインドセットに影響を与える。

解説　不幸な従業員について，第2段落最終文で「結果よりも努力を褒めることは，そうでなければ仕事に不満を抱くであろう不幸な従業員の成長マインドセットを促すので，プラスの効果があるかもしれない」と述べられている。よって，不幸な従業員にとって，成長マインドセットを持つことが有益かもしれないことがわかるので，have a positive effectをbenefitと，またencouragesをhavingと言い換えた**3**が正解。

(D)

放送文　*Manod Mine*

　During World War II, there was great fear that Britain would be invaded by Nazi Germany. In this environment, it was decided that paintings from the National Gallery in London should be moved somewhere safer. At first, it was suggested that they be shipped to Canada, but British leaders worried about the threat from the German submarines that were sinking thousands of ships. Eventually, the art treasures were stored in an old mine in a remote area of Wales called Manod.

　Transporting the art was extremely difficult as many of the works were large and had to be moved carefully through the small mine entrance. Furthermore, there was great concern that moisture and cold temperatures would damage the paintings, so special air-conditioned structures were built in the mine to contain them. Thanks to the project at Manod, the paintings survived the war, and much was learned about preserving art.

　Questions　No.19　Why did British leaders reject the original plan?

　No.20　What was learned from the experience at Manod?

訳　マノッド鉱山

　第二次世界大戦中，イギリスはナチス・ドイツに侵略されることをとても恐れていた。そんな中，ロンドンのナショナル・ギャラリーの絵画をより安全な場所に移すことが決定された。当初はカナダへの移送が提案されたが，イギリスの指導者たちは，何千隻もの船を沈めていたドイツの潜水艦の脅威を危惧した。結局, 美術品はマノッドと呼ばれるウェールズの辺境にある古い鉱山に保管されることになった。

　美術品の多くは大きく，小さな坑道の入口から慎重に移動させなければならなかったた

め，運搬は困難を極めた。さらに，湿気や寒さによって絵画が傷んでしまうことが強く懸念されたため，作品を保管するための特別な空調設備が鉱山内に建設された。マノッドでのプロジェクトのおかげで，絵画は戦争を生き延び，芸術の保存について多くの知見が得られた。

No.19　正解　2

質問の訳　なぜイギリスの指導者たちは当初の計画を拒否したのか。

選択肢の訳　**1**　侵略は起きないと信じていた。　**2**　美術品が破壊されることを心配していた。　**3**　カナダが侵略される可能性が高いと考えた。　**4**　ドイツ人が美術品を盗むことを恐れた。

解説　当初の計画とそれに対するイギリスの指導者たちの反応について，第1段落第3文で「当初はカナダへの移送が提案されたが，イギリスの指導者たちは，何千隻もの船を沈めていたドイツの潜水艦の脅威を危惧した」と述べられている。よって，イギリスの指導者たちは，美術品をカナダに移送する船がドイツの潜水艦によって沈められ，美術品が破壊されることを心配していたことがわかるので，the threat を the art would be destroyed と言い換えた **2** が正解。

No.20　正解　4

質問の訳　マノッドでの経験から何が学ばれたか。

選択肢の訳　**1**　戦時中の美術品の重要性。　**2**　より大きな鉱山を作る方法。　**3**　低温が絵画に与える影響。　**4**　美術品を良好な状態に保つ方法。

解説　マノッドでの経験から学ばれたことについて，第2段落最終文で「マノッドでのプロジェクトのおかげで，〜芸術の保存について多くの知見が得られた」と述べられている。よって，マノッドで美術品を保管した経験から，美術品を良好な状態に保つ方法について多くの知見が得られたことがわかるので，preserving art を keeping art in good condition と言い換えた **4** が正解。

(E)

放送文　*The Midnight Ride of Sybil Ludington*

On the night of April 26, 1777, during the American Revolution, a messenger arrived at American commander Henry Ludington's house. The messenger warned of a coming British attack, but Ludington's soldiers were scattered around the region. The commander's daughter, Sybil, bravely volunteered to alert them. Though just 16 years old, Sybil rode on horseback for over 65 kilometers in stormy weather. Thanks to her night ride, the troops assembled and drove away the British. After the war, however, Sybil was forgotten for many years. Some historians question whether Sybil's ride ever really happened. While documents show that the British attack occurred, there are no official records of Sybil's journey. It appeared in a history book published in the 1800s, but the book failed to give sources to confirm it. Nevertheless, the story has been widely accepted, and Sybil has become a symbol of the role of women in the American Revolution.

No.22 What is one reason some historians doubt Sybil's ride?

訳 シビル・ルディントンの真夜中の騎行

アメリカ独立革命中の1777年4月26日の夜，アメリカ軍司令官ヘンリー・ルディントンの家に使者がやってきた。使者はイギリス軍の攻撃が迫っていることを警告したが，ルディントンの兵士たちは各地に散らばっていた。司令官の娘シビルは，勇敢にも兵士たちに警告するために志願した。シビルはまだ16歳だったが，荒天の中，65キロ以上の距離を馬で駆け抜けた。彼女の夜間騎行のおかげで軍隊は集結し，イギリス軍を追い払った。しかし，戦後，シビルは長い間忘れ去られていた。

歴史家の中には，シビルの騎行が本当にあったことなのか疑問視する者もいる。英国の攻撃があったことは文献に残っているが，シビルの旅についての公式記録はない。1800年代に出版された歴史書にも登場するが，その本にはそれを確認する資料が記載されていない。それにもかかわらず，この物語は広く受け入れられ，シビルはアメリカ独立革命における女性の役割の象徴となっている。

No.21　正解　**1**

質問の訳 シビル・ルディントンの騎行の目的は何だったか。

選択肢の訳 **1** 攻撃を警告するのに役立てるため。 **2** イギリス兵の位置を確認するため。 **3** アメリカ軍のための補給物資を集めるため。 **4** 父親を危険から遠ざけるため。

解説 シビル・ルディントンの騎行の目的について，第1段落第3文で「司令官の娘シビルは，勇敢にも兵士たちに（イギリス軍の攻撃が迫っていることを）警告するために志願した」と述べられ，次の文で「シビルはまだ16歳だったが，荒天の中，65キロ以上の距離を馬で駆け抜けた」と述べられている。よって，シビル・ルディントンが兵士たちにイギリス軍の攻撃が迫っていることを警告するために騎行したことがわかるので，alert を warn と言い換えた**1**が正解。

No.22　正解　**3**

質問の訳 歴史家がシビルの騎行を疑う理由の1つは何か。

選択肢の訳 **1** その夜，別の女性が騎行した証拠がある。 **2** イギリス軍による攻撃の記録がない。 **3** 公式には記録されていなかった。 **4** ある歴史書がそれは起こらなかったと主張している。

解説 歴史家がシビルの騎行を疑う理由について，第2段落第2文で「英国の攻撃があったことは文献に残っているが，シビルの旅についての公式記録はない」と述べられ，次の文でも「1800年代に出版された歴史書にも登場するが，その本にはそれを確認する資料が記載されていない」と述べられている。よって，シビルの騎行が，公式には記録されていなかったことがわかるので，no official records を not officially documented と言い換えた**3**が正解。

(F)

放送文 *Banff Sunshine Village*

During the economic boom of the 1950s in the US and Canada, interest in

recreational activities increased dramatically. One activity that grew in popularity was skiing. However, many ski resorts found that they needed more snow on their mountains to meet customer demand. Machines were developed to create snow artificially using water and compressed air, enabling ski resorts to operate even without a lot of natural snowfall.

However, snowmaking requires significant energy consumption as well as water from reservoirs and lakes. A Canadian ski resort known as Banff Sunshine Village relies instead on a method called snow farming. The resort takes advantage of the area's windy conditions by putting up fences at high altitudes to catch snow that blows in from surrounding mountains. Later, the snow is transported down to slopes that need it. This allows the resort to maximize snow cover in an environmentally sustainable and energy-efficient way.

Questions No.23 What does the speaker say about many ski resorts in the 1950s?

No.24 What is true about Banff Sunshine Village?

訳 バンフ・サンシャイン・ヴィレッジ

1950年代のアメリカやカナダでの好景気の間，レクリエーション活動への関心が飛躍的に高まった。その中で人気が高まった活動の１つがスキーだった。しかし，多くのスキーリゾートは，顧客の需要に応えるためには，山にもっと多くの雪が必要であると認識していた。水と圧縮空気を使って人工的に雪を作る機械が開発され，天然の雪があまり降らなくてもスキーリゾートが営業できるようになった。

しかしながら，造雪には多大なエネルギー消費と貯水池や湖からの水を必要とする。カナダのバンフ・サンシャイン・ヴィレッジというスキーリゾートは，その代わりにスノー・ファーミングと呼ばれる方法を採用している。このリゾートは，周辺の山々から吹き込む雪を受け止めるフェンスを高所に設置することで，この地域の風が強いという条件を利用している。その後，雪を必要とするゲレンデまで雪が運ばれる。これにより，このリゾートは環境的に持続可能でエネルギー効率に優れた方法で，積雪量を最大化することを可能にしている。

No.23 正解 3

質問の訳 1950年代の多くのスキーリゾートについて，話者は何と言っているか。

選択肢の訳 **1** より人口の多い地域に移転しなければならなかった。 **2** 顧客の不評により閉鎖せざるを得なかった。 **3** 十分な積雪がなかった。 **4** 人工雪の使用に反対していた。

解説 1950年代の多くのスキーリゾートについて，第１段落第１〜２文で，1950年代のアメリカやカナダでスキーの人気が高まったと述べたうえで，次の文で「多くのスキーリゾートは，顧客の需要に応えるためには，山にもっと多くの雪が必要であると認識していた」と述べられている。よって，1950年代の多くのスキーリゾートには十分な積雪がなかったことがわかるので，**needed more snow**を**not receiving enough snow**と言い換えた**3**が正解。

35

No.24　正解　2

質問の訳　何がバンフ・サンシャイン・ヴィレッジについて正しいか。
選択肢の訳　**1**　人工雪の使用により，経営が悪化した。　**2**　運営のために風を利用している。　**3**　地域の他のスキー場に雪を提供している。　**4**　ゲレンデの標高が異常に高い。
解説　バンフ・サンシャイン・ヴィレッジについて，第2段落第3文で「このリゾート（＝バンフ・サンシャイン・ヴィレッジ）は〜この地域の風が強いという条件を利用している」と述べられている。よって，バンフ・サンシャイン・ヴィレッジが運営のために風を利用していることがわかるので，takes advantage of を makes use of と言い換えた **2** が正解。

Part 3　一次試験・リスニング
（問題編pp.62〜63）

指示文の訳　それでは最後に，Part 3の指示を行います。このパートでは(G)から(K)までの5つの文章が放送されます。英文は実生活における状況を述べたもので，効果音を含むものもあります。それぞれの文章には，No.25からNo.29まで，質問が1問ずつ用意されています。それぞれの文章が流れる前に，問題冊子に書かれている状況の説明と質問を読む時間が10秒あります。文章を聞いた後に，最も適切な答えを選んで解答用紙にマークする時間が10秒あります。文章は1度しか読まれません。それでは始めます。

No.25　正解　3

放送文　*(G)*　You have 10 seconds to read the situation and Question No.25.

We're near the harbor, so there are a lot of good seafood options. Kingsley's is a very popular lobster restaurant and bar, but it doesn't open until eight. Shrimp Lover is a seafood restaurant that just opened one month ago. It's about 45 minutes away by train. Randy's is a unique Mexican restaurant just a block away. They only have counter seats, but I'm sure you can be seated right away, even at dinner time. Then, there's Boca here in the hotel, but it's very difficult to get a table if you haven't booked at least a day in advance.

Now mark your answer on your answer sheet.

訳　*(G)*　状況と質問25を読む時間が10秒あります。
港の近くですから，おいしいシーフードのお店がたくさんございます。キングスレイズは大人気のロブスターレストラン＆バーですが，8時オープンです。シュリンプ・ラバーは1か月前にオープンしたばかりのシーフードレストランです。電車で45分ほどの距離です。ランディーズはすぐ近くのブロックにあるユニークなメキシカンレストランです。カウンター席しかありませんが，ディナータイムでもすぐに席に座れると思います。それから，このホテル内にはボカがございますが，少なくとも前日までにご予約いただけませんとテーブルを確保するのは非常に困難です。
それでは，解答用紙に答えをマークしなさい。

状況の訳　あなたはホテルに滞在している。今，午後6時30分で，近くのレストランで午後7時ごろに夕食をとりたいと思っている。コンシェルジュは次のように言った。

質問の訳 あなたはどのレストランを選ぶべきか。

選択肢の訳 **1** キングスレイズ。 **2** シュリンプ・ラバー。 **3** ランディーズ。 **4** ボカ。

解説 Situationからわかるのは，①今，午後6時30分であること，②「あなた」は近くのレストランで午後7時ごろに夕食をとりたいと思っていること。キングスレイズは，第2文で「8時オープンです」とあり，午後7時ごろに夕食をとることができないので不適。シュリンプ・ラバーは，第4文で「電車で45分ほどの距離」とあり，「近くのレストラン」とは言えず，また早くても午後7時15分ごろに着くので，②の条件を満たさず不適。ランディーズは，第5文に「すぐ近くのブロックにある」とあるので「近くのレストラン」という条件を満たし，第6文に「ディナータイムでもすぐに席に座れる」とあるので，「午後7時ごろに夕食をとりたい」という条件も満たすので，**3**が正解。

No.26 正解 **4**

放送文 *(H)* You have 10 seconds to read the situation and Question No.26.

Welcome to CD Masters. This holiday season, don't miss out on our "CD Surprise" boxes with 30 random CDs inside. Additionally, to sell up to 99 CDs, any registered member can log into their account on our website and start the sales procedure. If you don't have an account, you can register today just by filling out the form on our website. If you would prefer to register over the phone, press 1. If you are looking to sell 100 or more CDs at once, press 2. A representative will speak with you to schedule a home visit to assess your CD collection.

Now mark your answer on your answer sheet.

訳 *(H)* 状況と質問26を読む時間が10秒あります。

CDマスターズへようこそ。このホリデーシーズンでは，30枚のCDがランダムに入った「CDサプライズ」ボックスをお見逃しなく。また，最大99枚のCDをお売りになるために，登録メンバーであればどなたでも当ウェブサイトのアカウントにログインし，売却手続きを開始することができます。アカウントをお持ちでない方は，当ウェブサイトのフォームにご入力いただくだけで，今すぐご登録いただけます。電話での登録をご希望の場合は，1を押してください。一度に100枚以上のCDをお売りになりたい場合は，2を押してください。担当者がお客様とお話しし，あなたのCD コレクションを査定するためのご自宅への訪問のスケジュールをお立ていたします。

それでは，解答用紙に答えをマークしなさい。

状況の訳 あなたは，500枚の音楽CDコレクションの半分を売却することを決めた。あなたは中古CDを売買している店に電話し，次のような録音メッセージを聞いた。

質問の訳 あなたは何をすべきか。

選択肢の訳 **1** オンラインで売却手続きを始める。 **2** CDを箱に詰め始める。 **3** ウェブサイトから用紙をダウンロードする。 **4** （買い取り）査定の予約をする。

解説 Situationからわかるのは，「あなた」は500枚の音楽CDコレクションの半分，すなわち250枚のCDを売却するつもりであること。録音メッセージでは，最後から2文目で「一度に100枚以上のCDをお売りになりたい場合は，2を押してください」と述べたあと，次の文で「あなたのCD コレクションを査定するためのご自宅への訪問のスケジュー

ルをお立ていたします」と述べている。よって，「あなた」がすべきことは，（買い取り）査定の予約をすることなので，to schedule を make an appointment と，to assess を for an assessment と，それぞれ言い換えた**4**が正解。

No.27 正解 **3**

放送文 *(I)* You have 10 seconds to read the situation and Question No.27.

In History 103, students can learn about European history in the eighteenth and nineteenth centuries. This class has no group projects, and there is an option available to take it online. Next, Philosophy 105 is for those who want to grasp the gist of Western philosophy, including that of ancient Greece and Rome. Students are expected to take part in spirited team debates in each class. History 202 is a lecture-based class and is non-interactive. It focuses primarily on ancient Egyptian, Greek, and Roman history. Finally, Latin 102 focuses exclusively on ancient Rome. In that class, you'll learn Latin by reading ancient Roman plays.

Now mark your answer on your answer sheet.

訳 *(I)* 状況と質問27を読む時間が10秒あります。

歴史103では，18世紀から19世紀にかけてのヨーロッパの歴史について学ぶことができます。このクラスにはグループ・プロジェクトはなく，オンラインで履修するオプションもあります。次に哲学105は，古代ギリシャやローマを含む西洋哲学の要点を把握したい人のためのクラスです。学生は各クラスで，チーム対抗の活発なディベートに参加することが求められます。歴史202は講義中心のクラスで，双方向性はありません。主に古代エジプト，ギリシャ，ローマの歴史に焦点を当てています。最後に，ラテン語102は古代ローマに特化しています。このクラスでは，古代ローマの戯曲を読みながらラテン語を学びます。

それでは，解答用紙に答えをマークしなさい。

状況の訳 あなたは大学生である。あなたは古代ギリシャとローマについて学びたいが，グループワークは好きではない。あなたは指導教官の説明を聞いている。

質問の訳 あなたはどのクラスを取るべきか。

選択肢の訳 **1** 歴史103。 **2** 哲学105。 **3** 歴史202。 **4** ラテン語 102。

解説 Situationからわかるのは，①「あなた」は古代ギリシャとローマについて学びたいことと，②「あなた」はグループワークが好きではないこと。歴史103は，指導教官の説明の第1文に「18世紀から19世紀にかけてのヨーロッパの歴史について学ぶ」とあり，①の条件を満たさず不適。哲学105は，第4文に「学生は各クラスで，チーム対抗の活発なディベートに参加する」とあり，②の条件を満たさず不適。歴史202は，第5文に「講義中心のクラスで，双方向性はありません」とあり②の条件を満たす。また，第6文に「主に古代エジプト，ギリシャ，ローマの歴史に焦点」とあり①の条件も満たす。よって，**3**が正解。

No.28 正解 **2**

放送文 *(J)* You have 10 seconds to read the situation and Question No.28.

Thank you for calling the TSS Electronics help desk. For corporate customers who have questions regarding the details of their contracts, press 1.

For technical support or to request a replacement for any of our products currently under warranty, press 2. To arrange for a repair or check the repair status of a product outside of warranty, press 3. For information about the different tablet models and data plans that we provide, press 4. For all other inquiries, please remain on the line until a representative becomes available.

Now mark your answer on your answer sheet.

訳 *(J)* 状況と質問28を読む時間が10秒あります。

TSSエレクトロニクスヘルプデスクにお電話いただきありがとうございます。法人のお客様で，ご契約内容に関するお問い合わせは，1を押してください。保証期間内の製品に関する技術サポートや交換のご依頼は，2を押してください。保証期間外の製品の修理手配や修理状況の確認は，3を押してください。さまざまなタブレット機種やデータプランに関するお問い合わせは，4を押してください。その他のお問い合わせは，担当者がご案内するまでそのままお待ちください。

それでは，解答用紙に答えをマークしなさい。

状況の訳 あなたが2週間前に娘に買ったタブレット・コンピュータが壊れた。1年の保証期間がある。あなたは製品メーカーに電話し，次のような録音メッセージを聞いた。

質問の訳 あなたは何をすべきか。

選択肢の訳 **1** 1を押す。 **2** 2を押す。 **3** 3を押す。 **4** 4を押す。

解説 Situationからわかるのは，①壊れたタブレット・コンピュータは「あなた」が2週間前に買ったものであることと，②タブレット・コンピュータの保証期間は1年であること。②から保証期間は1年であり，①から壊れたタブレット・コンピュータは「あなた」が2週間前に買ったものなので，そのタブレット・コンピュータは保証期間内であることがわかる。録音メッセージでは，保証期間内の製品について，第3文で「保証期間内の製品に関する技術サポートや交換のご依頼は，2を押してください」と述べている。よって，「あなた」がすべきことは，2を押すことなので**2**が正解。

No.29 正解 **2**

放送文 *(K)* You have 10 seconds to read the situation and Question No.29.

Several tours will be starting shortly. First, Spark of Genius is an hour-long tour about electricity that includes an exciting 30-minute 3D movie. We also have The Age of Dinos, which is a tour that explores the fascinating period when dinosaurs ruled the earth. It takes half an hour. Deep into the Sea is a 40-minute tour that looks at amazing deep-sea creatures. It can be a little scary, so this tour is not recommended for children under the age of 10. Finally, don't forget you can make reservations for our Museum after Dark overnight tour to experience an unforgettable night among our amazing exhibits.

Now mark your answer on your answer sheet.

訳 *(K)* 状況と質問29を読む時間が10秒あります。

まもなくいくつかのツアーが始まります。まず，「スパーク・オブ・ジーニアス」は，30分のエキサイティングな3D映画を含む電気に関する1時間のツアーです。「ジ・エイジ・オブ・ダイノズ」もございます，このツアーは，恐竜が地球を支配していた魅力的な時代を探るツアーです。所要時間は30分です。「ディープ・イントゥー・ザ・シー」は，

驚くべき深海生物に迫る40分のツアーです。少し怖いかもしれませんので，このツアーは10歳未満のお子様にはお勧めできません。最後に，当館の素晴らしい展示品の中での忘れえぬ夜をご体験いただくために，「ミュージアム・アフター・ダーク」のオーバーナイトツアーのご予約をお忘れなく。

　それでは，解答用紙に答えをマークしなさい。

状況の訳　あなたと7歳の息子は科学博物館にいる。あなたはツアーに参加したい。あなたはあと45分で博物館を出なければならない。あなたは次のアナウンスを聞いた。

質問の訳　あなたはどのツアーを選ぶべきか。

選択肢の訳　**1**　「スパーク・オブ・ジーニアス」。　**2**　「ジ・エイジ・オブ・ダイノズ」。**3**　「ディープ・イントゥー・ザ・シー」。　**4**　「ミュージアム・アフター・ダーク」。

解説　Situationからわかるのは，①「あなた」は7歳の息子と科学博物館にいること，②「あなた」はツアーに参加したいこと，③「あなた」はあと45分で博物館を出なければならないこと。「スパーク・オブ・ジーニアス」についてアナウンスでは，第2文に「電気に関する1時間のツアー」とあり，③の条件を満たさず不適。「ジ・エイジ・オブ・ダイノズ」は，第4文に「所要時間は30分」とあり，すべての条件を満たすので，**2**が正解。

カードA　二次試験・面接
(問題編pp.64〜65)

指示文の訳　1分間，準備する時間があります。

これは，旅行好きな夫婦についての話です。

ストーリーのナレーションを行うのに与えられる時間は2分間です。

ストーリーは以下の文で始めてください。

ある日，夫婦はカフェで話をしていました。

ナレーションの解答例　One day, a couple was talking at a café. The man was telling the woman that he was able to take a week off for summer vacation, and she looked excited. That weekend, the couple was at home making plans for the holiday. The woman was showing him a "Guided Group Tours" brochure, but the man had no interest in it and told her that he would plan their trip himself. A few weeks later, the couple was visiting a tourist site with a traditional tower. There were many tourists. The man was looking at a popular restaurant on his phone and suggested that they go there next. One hour later, the couple arrived at the restaurant. A tour group had arrived before them and was going inside the restaurant. A waiter from the restaurant apologized and told them that the restaurant was fully booked.

解答例の訳　ある日，夫婦はカフェで話をしていました。男性は女性に，夏休みに1週間の休暇を取ることができると伝えており，彼女はうきうきしている様子でした。その週末，夫婦は自宅で休暇の予定を立てていました。女性は彼に，「ガイド付き団体ツアー」のパンフレットを見せていましたが，男性はそれには関心がなく，自分たちの旅行を自分で計画すると彼女に伝えました。数週間後，夫婦は伝統的な塔のある観光スポットを訪れ

ていました。大勢の観光客がいました。男性は携帯電話で有名なレストランを見ていて，次にそこへ行こうと提案しました。1時間後，夫婦はそのレストランに到着しました。ツアーの一行は彼らよりも先に到着していて，レストランの店内に入っていました。レストランのウエイターが謝罪し，レストランは全席予約済みだと彼らに伝えました。

解説 ナレーションは，4コマのイラストの進行に沿ってまとめていく。2〜4コマ目の左上方にある時間の経過を表す語句は，各コマの描写の冒頭部分で必ず使うこと。また，吹き出し内の文字情報も適宜ナレーションに盛り込むことになるが，せりふに関しては間接話法を使う場合，主語や（助）動詞などを適切な形に変える必要がある点に注意する。他，パンフレットに書かれた文字など，イラスト内の情報も適切な形でストーリーに取り入れること。なお，動詞の時制は，過去形および過去進行形を基本に時間の経過がわかるよう描写するが，解答例のように過去完了形を使うことで，状況をより良く描写できる場合もあることも念頭に置いておきたい。

①1コマ目：夫婦がカフェで話をしている場面。男性の吹き出しにSummer Vacation「夏休み」とあり，その直下に描かれているカレンダーの3日から9日までの日付が一つの大きな赤丸で囲まれていることから，男性が1週間の夏休み休暇を取ることが可能だと女性に伝えている場面だと判断できる。また，女性の心躍っているような表情もナレーションに盛り込むと良い。

②2コマ目：That weekendで始める。夫婦が自宅で休暇の予定を立てている場面。女性がGuided Group Tours「ガイド付き団体ツアー」と書かれたパンフレットを男性に見せているが，男性のI'll plan our trip.「自分たちの旅行は自分で計画するよ」というせりふや表情・仕草から，男性はそのツアーには関心がないのだと考えられる。解答例ではこの男性のせりふを，… told her that he would plan their tripと間接話法で表現し，文末に再帰代名詞himselfを置くことで，内容をより明確に描写している。

③3コマ目：A few weeks laterで始める。夫婦が，伝統的な塔のある観光スポットを訪れている場面。男性が手に持っているスマートフォンの画面に，3つの評価星と共にRestaurant「レストラン」と書かれており，彼がLet's go here next.「次はここへ行こう」と提案している。解答例ではこの様子を，suggest that 〜「〜ということを提案する」を用いて間接話法で表現しているが，このようにsuggest that 〜を使う場合は，that節中の動詞は原形または〈should＋動詞の原形〉とすべき点に注意。また，せりふ中のhereをthereに置き換える必要もある。なお，解答例同様，夫婦の他にも大勢の人々が訪れている点もナレーションに盛り込むと効果的だろう。奥に小さめに描かれているツアーガイドやバスについて描写するのも良い。

④4コマ目：One hour laterで始める。夫婦がレストランに到着した場面。レストラン関係者と思われる人物の吹き出しにWe're fully booked.「全席ご予約でいっぱいです」とあり，謝罪している様子から，夫婦はいざレストランを訪れたものの中に入れない状況なのだとわかる。一方で，レストランの入り口付近には，ツアーガイドと思われる人物，および店内に入って行く複数の人々が描かれている。解答例ではこの様子を，過去完了形を用いてA tour group had arrived before themと表現している。

質問の訳 No. 1 4番目の絵を見てください。あなたがその女性なら，どのようなことを考えているでしょうか。
では〜さん（受験者の氏名），カードを裏返して置いてください。
No. 2 日本は今後も，人気の観光地であり続けるでしょうか。

No. 3 サービス業の従業員は，雇い主から十分な高待遇を受けていると思いますか。
No. 4 今日の人々の生活の質は昔よりも良いでしょうか。

No.1 解答例

I'd be thinking, "I had a feeling something like this would happen. Tour agencies reserve popular restaurants in advance. I should have insisted that we take the group tour."

解答例の訳 「このようなことが起こるような気がしていた。ツアー旅行代理店なら，事前に人気のレストランを予約するものだ。団体ツアーへの参加を主張すべきだった」と私は思っているでしょう。

解説 解答例では，質問の仮定法過去形に合わせて，直接話法でI'd be thinking, "～."の形で答えている。4コマ目で描かれているような人気レストランに入店できない状況をsomething like this「このようなこと」と表現し，その類いのことが起こる気がしていたと述べた後，ツアー旅行代理店なら人気レストランを事前予約するものだと言い，最後は後悔を表す〈should have＋過去分詞〉「～すべきだった」を用いて，団体ツアーへの参加を主張すべきだったと悔やんでいる。あるいは，引用符内の2文目以降をHowever, there should be other good eating places around here. All we have to do now is look for them online and try another one.「でも，この辺りには他にも良い飲食店があるはずだ。私たちが今すべきなのは，それらをオンラインで探して，別の所に行ってみることだけだ」などと，その人気レストランへの入店は諦めつつも前向きな内容にするのも良いだろう。

No.2 解答例

Absolutely. Japan is known all over the world for its safety, hospitality, and good food. Thanks to social media, that information will continue to spread. The number of international visitors continues to increase yearly.

解答例の訳 もちろんです。日本は治安，もてなし，おいしい食べ物で，世界中で知られています。ソーシャルメディアのおかげで，その情報は広がり続けるでしょう。海外からの観光客の数は毎年，増え続けています。

解説 解答例では，Absolutely「もちろんです」と，自分がYesの立場にあることを強調してから，日本が世界的に知られている3点（治安，もてなし，おいしい食べ物）を具体的に挙げ，ソーシャルメディアのおかげでそれらの長所が拡散され続けるだろうと予測している。そして，4文目では，海外から日本への観光客の数が増加傾向にあるという事実を述べ，解答を締め括っている。あるいは，同じYesの立場でありながら，解答例の2文目をThese days, many people in the world associate Japan with unique culture such as anime and manga.「今日，日本といえばアニメや漫画といった独特な文化を連想する人は大勢います」などと，解答例とは別の長所を挙げながら答えても良いだろう。

No.3 解答例

No.It's common for employees in the service industry to quit their jobs after a short period. This indicates they aren't satisfied with their working conditions. It's the employers' responsibility to keep their employees happy.

解答例の訳 いいえ。サービス業の従業員が短期間で仕事を辞めてしまうのは珍しいこ

とではありません。このことは，彼らがその労働環境に満足していないということを示しています。自社の従業員を満足させ続けるのが雇い主の責務です。

解説 解答例では，Noの立場から，サービス業における従業員の短期間の離職がありふれたものである点に言及し，2文目ではこの内容をThisで指し，このことが労働環境への彼らの不満足を物語っていると論を展開している。そして，3文目で，自社の従業員を満足させ続けねばならないという雇い主側の責務について述べ，解答を締め括っている。あるいは，YesともNoとも断定しない立場から，It depends. Certainly, there are many employees in the service industry who are forced to work under poor working conditions, and this problem should be resolved immediately. But I know there are some workers in the same industry who are treated well and satisfied with their working conditions.「ケースバイケースです。確かに，サービス業界には，劣悪な労働環境で働くことを余儀なくされている従業員が大勢いて，この問題は直ちに解決されるべきです。しかし，同じ業界でも高待遇を受けていて労働環境に満足している働き手がいるということも私は知っています」なども良いだろう。

***No.4* 解答例** Definitely. Advancements in technology have made people's lives more comfortable and convenient. For example, household appliances have reduced people's workload at home, so they have more time to do things they enjoy.

解答例の訳 絶対にそうです。テクノロジーの進歩は，人々の生活をより快適に，かつ便利にしてきました。例えば，家電製品は自宅での人々の負担を減らしてきたので，彼らは自分が楽しめることをする時間をより多く持てています。

解説 解答例ではまず，Definitely「絶対にそうです」と自分がYesの立場にあることを強調した後，テクノロジーの進歩が快適さと便利さという点で人々の生活の質を向上させてきたことを述べ，3文目ではその具体例として，家電製品によって人々が享受している負担減というメリットに言及している。他にも，3文目を，One example is the Internet, and it is so convenient that no one can imagine the world without it.「その一例はインターネットで，それはあまりにも便利なので，私たちはそれなしの世界を想像することができません」と，別のテクノロジーの具体例を挙げながら意見を述べても良いだろう。

カードB 二次試験・面接
(問題編pp.66〜67)

指示文の訳 1分間，準備する時間があります。
これは，息子がスポーツ好きの夫婦についての話です。
ストーリーのナレーションを行うのに与えられる時間は2分間です。
ストーリーは以下の文で始めてください。
ある日，一家は自宅にいました。

ナレーションの解答例 One day, a family was at home. The mother had been scolding their son, and the father came to see what was happening. The

43

son seemed to have broken a vase by kicking a soccer ball in the house. He was crying as the mother explained to the father that their son's behavior was terrible. That weekend, the couple was out walking and saw a sign for a soccer school for kids in front of the ABC Culture Center. This gave the father an idea. A few months later, the son was proudly showing a trophy and a certificate for "best player" to his parents. They looked proud of him. At a parent-teacher meeting, the father and son were called in by the elementary school teacher. She was showing them the son's report card and said that he only did well in P.E. The son looked embarrassed.

訳 ある日，一家は自宅にいました。母親が息子を叱っていて，父親は何が起こっているかを確認しに来ました。息子は，家の中でサッカーボールを蹴ったことによって花瓶を割ってしまったようでした。母親が父親に，息子の素行がひどいと説明している間，彼は泣いていました。その週末，夫婦は外を歩いていて，ABCカルチャーセンターの正面にある，子ども向けサッカースクールの看板を目にしました。これが，父親にあるアイデアを与えました。数か月後，息子は誇らしげにトロフィーと「最優秀選手」の賞状を両親に見せていました。彼らは彼のことを誇らしく思っている様子でした。保護者面談で，父親と息子は小学校教員に呼び寄せられていました。彼女は彼らに息子の成績通知表を見せていて，彼は体育しか成績が良くないと述べました。息子はばつが悪そうでした。

解説 ナレーションは，4コマのイラストの進行に沿ってまとめていく。2～4コマ目の左上方にある時間の経過や場所を表す語句は，各コマの描写の冒頭部分で必ず使うこと。吹き出し内のせりふは，間接話法または直接話法を使ってストーリーに盛り込むが，間接話法を使う場合，主語や動詞などを適切な形に変える点に注意する。また，建物や看板のイラストの文字情報や，賞状の吹き出し内にある文字情報も適切な形でストーリーに盛り込む。動詞の時制は，過去形および過去進行形を基本に，時間の経過がわかるように描写する。

①1コマ目：泣く息子の前で，母親が彼の素行について父親に伝えている場面。泣いている息子のそばに割れた花瓶とサッカーボールが描かれており，困り顔の母親がHis behavior is terrible.「彼の素行がひどい」と父親に伝えている様子から，息子は家の中でボール遊びをしている最中に花瓶を割ってしまったのだと推察できる。解答例では，母親のせりふを間接話法で，… explained to the father thatに続けて盛り込んでおり，Hisをtheir son'sに，isをwasにそれぞれ正しく置き換えている。なお，父親はドアのそばでドアノブを回していることから，様子を確認しに部屋に入って来たところだと判断できる。

②2コマ目：That weekendで始める。両親がABCカルチャーセンターのそばを歩いている場面。カルチャーセンターの看板にSoccer School for Kids「子ども向けサッカースクール」とあり，これを見ている父親の吹き出し内に豆電球が描かれている点に着目。この様子から，父親は看板を見て何かの着想を得たのだと分かる。解答例では看板についての描写をした後に，This gave the father an idea.「これが，父親にあるアイデアを与えました」と，Thisを用いて簡潔にこの様子を表現している。

③3コマ目：A few months laterで始める。息子が両親に賞状を見せている場面。テーブルにトロフィーが置かれている点，および賞状の吹き出し内にBEST PLAYER「最優秀選手」とある点，息子が誇らしげな様子である点などから，彼は，2コマ目で描かれているサッカースクールに通い出し，そこで賞状を獲得したのだと推察可能。なお，解答例

のように，両親もうれしそうな表情を浮かべている点もナレーションに取り入れると良い。

④4コマ目：At a parent-teacher meetingで始める。学校の面談で息子，父親，教師が話をしている場面。教師が通知表のようなものを見せながら，He only does well in P.E.「彼は体育しか成績が良くありません」と困った表情を浮かべながら話している点に着目し，この様子を簡潔に描写する。息子がうつむきながらばつの悪そうな表情をしている点もナレーションに盛り込むことで，状況がより伝わるナレーションになるだろう。

質問の訳 No. 1　4番目の絵を見てください。あなたがその父親なら，どのようなことを考えているでしょうか。
では～さん（受験者の氏名），カードを裏返して置いてください。
No. 2　テレビゲームのプレーはスポーツと見なされるべきでしょうか。
No. 3　親は我が子と，重要な家庭内問題について話し合うべきですか。
No. 4　政府は学生に，もっと大学の奨学金を与えるべきでしょうか。

***No.1* 解答例**　I'd be thinking, "My son is still young and full of energy. There's nothing wrong with only doing well in P.E. for now. Eventually, he'll settle down and start doing better in other subjects."

解答例の訳　「息子はまだ幼くて，元気いっぱいだ。当分は，体育の成績しか良くなくても何も問題はない。ゆくゆくは，彼は腰を据えて他の教科の成績を上げ始めるだろう」と私は思っているでしょう。

解説　質問の仮定法過去形に合わせて，直接話法でI'd be thinking, "～."のように始めると良い。解答例では，息子の幼さとあふれる活力に言及し，差し当たりは体育の成績しか良くなくても問題がないと述べた後，最終的には体育以外の教科の成績が向上するだろうという希望的観測を伝えている。あるいは，解答例とは異なる観点から，I'd be thinking, "I should have made my son interested not only in sports but also in other things. But it is not too late even now, and we can take this opportunity to lead him to be engaged in other things such as English conversation, music, books, art, etc."「『息子には，スポーツに対してだけでなく他のことにも興味を抱かせるべきだった。でも，今からでもまだ遅くはないし，私たちはこれを機に，彼が英会話や音楽，本，美術といった他のことにも携わるよう仕向けることができる』と私は考えているでしょう」などとしても良いだろう。

***No.2* 解答例**　Definitely not. Sports are characterized by physical exercise that makes your body fit. Most video games involve just sitting. In fact, I think playing video games for a long time can be harmful to one's physical health.

解答例の訳　絶対にそうされるべきではありません。スポーツは，自分の体を良いコンディションに保つ身体運動によって特徴付けられます。大半のテレビゲームは座っていることだけを必要とします。実際，長時間に及ぶテレビゲームのプレーは身体的な健康の害になり得ると思います。

解説　解答例では，まずDefinitely not「絶対にそうされるべきではありません」と，自分がNoの立場にあることを強調してから，自分の体を良いコンディションに保つ身体運動こそがスポーツの特徴であり，それとは対照的に大半のテレビゲームは座っているこ

45

とだけが求められる，と対比的に説明している。そして，In fact「実際」という談話標識に続けて，テレビゲームが身体的な健康の害になり得ると思うと意見を展開している。あるいは，Yesの立場から，These days, e-sports are gaining in popularity. Given this growing trend, in my opinion, we are required to consider e-sports as real sports as well in this day and age. Also, e-sports can provide equal opportunities with physically handicapped people, and I think this is a very good point. 「最近では，eスポーツは人気が高まっています。この強まる傾向を考慮に入れると，私の意見では，今の時代，eスポーツも同様に真のスポーツと見なすことが私たちには求められています。また，eスポーツは体に障害のある人々にも平等な機会を提供でき，これはとても良い点だと思います」なども良いだろう。

No.3 解答例　Yes. Important family decisions usually involve the children. They'll have an opinion on something that will affect their future. Furthermore, discussing issues will strengthen the relationships between family members.

解答例の訳　はい。重要な家庭の決断にはたいてい，子どもも関わっています。彼らは，自分の将来に影響することについての意見を持っていることでしょう。さらに，問題についての話し合いで家族間の関係性は強固なものとなるでしょう。

解説　解答例では，Yesの立場から，重要な家庭の決断というのはたいてい子どもも関わってくるという点を述べ，子どもたちも自分の将来に影響することについての意見を持っているはずだと言っている。そして，追加を表すFurthermore「さらに」を用いて，話し合いを通じて家族間の絆が深まり得る点もメリットとして挙げている。あるいは，4文目を，3文目までと同じ路線で，Therefore, parents should take account of their children's opinions as well as theirs.「そのため，親は，子どもたちの意見を自分たちの意見と同じくらい考慮すべきです」と帰結を表す内容にしても良いだろう。

No.4 解答例　Yes. Education, including higher education, is a basic human right. Governments should provide equality to their citizens, so they should support more students from all economic backgrounds.

解答例の訳　はい。高等教育を含め，教育は基本的人権です。政府は自国民に平等性を提供すべきなので，彼らはあらゆる経済的背景の学生をもっと支援すべきです。

解説　解答例では，Yesの立場から，教育を受ける権利が基本的人権である点を述べた後，政府というものは人々に平等性を提供すべきなのだから，あらゆる経済的背景の学生をもっと支援すべきだと論を展開している。もしくは，同じYesの立場でありながらも，3文目をGovernments should provide more university scholarships which students do not need to pay them back, since many Japanese people are in financial trouble due to the repayment of scholarships after graduation.「政府は返済の必要がない大学奨学金をもっと支給すべきです，というのも，多くの日本人は卒業後，奨学金の返済のせいで金銭的な困難に陥っているためです」などとしても良いだろう。

2023年度 第1回

筆記 解答欄

問題 1

問題番号	解答
(1)	3
(2)	1
(3)	1
(4)	1
(5)	2
(6)	3
(7)	2
(8)	1
(9)	4
(10)	4
(11)	2
(12)	4
(13)	1
(14)	1
(15)	1
(16)	3
(17)	3
(18)	2
(19)	4
(20)	1
(21)	1
(22)	4
(23)	4
(24)	2
(25)	3

問題 2

問題番号	解答
(26)	3
(27)	4
(28)	2
(29)	2
(30)	1
(31)	1

問題 3

問題番号	解答
(32)	1
(33)	2
(34)	3
(35)	2
(36)	3
(37)	1
(38)	3
(39)	4
(40)	2
(41)	2

4 の解答例は p.62をご覧ください。

リスニング 解答欄

Part 1

問題番号	解答
No.1	2
No.2	3
No.3	1
No.4	4
No.5	3
No.6	2
No.7	4
No.8	3
No.9	3
No.10	1
No.11	4
No.12	2

Part 2

	問題番号	解答
A	No.13	1
A	No.14	4
B	No.15	2
B	No.16	1
C	No.17	3
C	No.18	4
D	No.19	4
D	No.20	2
E	No.21	1
E	No.22	4
F	No.23	3
F	No.24	1

Part 3

	問題番号	解答
G	No.25	2
H	No.26	2
I	No.27	3
J	No.28	3
K	No.29	1

指示文の訳　各英文を完成させるのに最も適切な単語または語句を4つの選択肢の中から選び，その番号を解答用紙の所定欄にマークしなさい。

(1)　正解　3

訳　最初，ミックは1人で外国で暮らすことになるという考えにおじけづいた。けれども，いったんそうしてしまうと，恐れていたよりも難しくはなかった。

解説　空所直後にby the idea of going to live abroad by himself「1人で外国で暮らすことになるという考えに」とあるので，空所にはそれに対するミックの気持ちを表す語が入る。第2文にit was less difficult than he had feared「恐れていたよりも難しくはなかった」とあるので，「恐れていた」という気持ちを表す，**3の**daunted「おじけづいた」が適切。pacify「〜を静める」，restore「〜を回復する」，tackle「〜に取り組む」。

(2)　正解　1

訳　生徒たちは試験の直前に詰め込むのではなく，学期を通して一定のペースで勉強するよう勧められている。

解説　空所直前のinstead of「〜ではなく」に着目。文前半にpace their studying throughout the semester「学期を通して一定のペースで勉強する」とあるので，空所にはそれとは対照的な内容が入る。cram「詰め込み勉強をする」の動名詞である**1の**crammingが正解。detain「〜を拘留する」，swell「膨らむ」，embrace「〜を抱きしめる」。

(3)　正解　1

訳　大統領選討論会で，その2人の候補者の怒りは燃え上がった。彼らはその夜ずっと，諸問題に対する互いの見解について腹を立てて攻撃し合った。

解説　第2文のangrily attacked each other's positions「互いの見解について腹を立てて攻撃し合った」から，候補者は2人とも怒っていたことがわかる。空所直前にThe two candidates' tempers「その2人の候補者の怒り」とあるので，この状況を表すのに適切な語は，**1の**flared「燃え上がった」。digest「〜を消化する」，profess「公言する」，tumble「転ぶ」。

(4)　正解　1

訳　多くの銀行が株式市場の暴落後に事業を続けるため，政府に介入を要求した。支援は主に多額の融資という形で行われた。

解説　第2文のThe help「支援」は空所に入る語を言い換えている。空所直後にto stay in business after the stock market crash「株式市場の暴落後に事業を続けるため」とあることから，銀行が政府に要求したのは，**1の**intervention「介入」が適切。appreciation「評価，感謝」，accumulation「蓄積」，starvation「飢餓」。

※2024年度第1回から，試験形式の変更に伴い大問1の問題数は18問になります。

(5)　正解　**2**

訳　警察は犯罪現場において確実に，いかなる形でも証拠が損なわれたり，変えられたりしないようにするため，厳格な手順に従わなければならない。

解説　文後半に to make sure the evidence is not damaged or altered in any way「確実に，いかなる形でも証拠が損なわれたり，変えられたりしないようにするため」とあるので，証拠を扱うには厳格な決まりがあると考えられる。これを表す語としては，**2**の protocols「手順, 慣例」が適切。tribute「賛辞」, reservoir「貯水池」, portion「部分」。

(6)　正解　**3**

訳　審判はその2人の選手が取っ組み合いをしたため退場させた。彼らはその試合の残りでプレーすることは許されなかった。

解説　第2文 They(＝the two players) were not allowed to play in the rest of the game.「彼らはその試合の残りでプレーすることは許されなかった」から，2人は退場させられたとわかる。したがって，**3**の ejected「〜を退場させた」が正解。slaughter「〜を虐殺する」, administer「〜を運営する」, conceive「〜を思いつく」。

(7)　正解　**2**

訳　猫は自分の子どもたちを守ることで知られている。彼らは，自分の子猫たちにとって危険な存在となり得ると思ったほかの動物を攻撃することがよくある。

解説　空所直前に be protective of their「自分の…を守る」とあり，第2文に to their kittens「自分の子猫たちとって」とあることから，空所には「子猫」を表す語が入ると考えられる。したがって，**2**の offspring「子供たち」が正解。offspring は単数も複数も同じ形ということに注意。prey「獲物」, ritual「儀式」, remain「残りもの，遺体」。

(8)　正解　**1**

訳　グリーンビル・ユナイテッドのファンたちは，シーズン中のチームの成績不振によりAリーグからBリーグへの降格に至るとがっかりした。

解説　when以下の the team's poor performance「チームの成績不振」，空所直後の from the A-League to the B-League「AリーグからBリーグへの」などから，このチームは上位リーグから下位リーグに降格したとわかる。したがって，**1**の demotion「降格」が正解。craving「切望」, aggravation「悪化」, hassle「口論，面倒」。

(9)　正解　**4**

訳　ビビはハイキングやスポーツをすることが大好きなので，あまりすぐに傷まない服が必要である。彼女は買い物に行くとき，たいてい長持ちする服を買う。

解説　空所にはどのような服かを表す形容詞が入る。第1文後半の she needs clothes that do not wear out too quickly「あまりすぐに傷まない服が必要である」から，**4**の durable「長持ちする」が正解。swift「迅速な」, aloof「離れた，よそよそしい」, shallow「浅い」。

(10)　正解　**4**

訳　消費者は銀行からだと名乗って電話をかけてくる人に，いかなる個人情報も明かすべきではない。というのも，このような電話は犯罪者からの場合があるからだ。

解説　文後半に as such calls are sometimes from criminals「というのも，このような電話は犯罪者からの場合があるからだ」とあるので，personal information「個人情報」は伝えないべきだと言いたいことがわかる。したがって，**4の** disclose「～を明らかにする」が適切。sway「揺れる」，detest「～を嫌悪する」，contemplate「～を熟考する」。

(11)　正解　**2**

訳　そのテニスの優勝者はほかの選手に思いやりがなく，史上最も偉大な選手だと主張しているので，傲慢さを批判されることがよくある。

解説　文前半に the tennis champion is unfriendly to other players and claims he is the greatest player who has ever lived「そのテニスの優勝者はほかの選手に思いやりがなく，史上最も偉大な選手だと主張している」とあり，空所にはその性格を表す語が入る。したがって，**2の** arrogance「傲慢さ」が正解。commodity「日用品」，neutrality「中立」，specimen「標本」。

(12)　正解　**4**

訳　多くの読者がその著者の小説は理解できないと思った。彼は，はっきりとした意味のない長くて紛らわしい文を書くことで知られていた。

解説　第2文に long, confusing sentences that had no clear meaning「はっきりとした意味のない長くて紛らわしい文」とあり，その著者の小説はわかりにくかったと考えられるので，**4の** incomprehensible「理解できない」が正解。genuine「本物の」，impending「差し迫った」，subdued「控えめな」。

(13)　正解　**1**

訳　「クラスの皆さん，全員にとても注意深く聞いて欲しいと思います」と先生が言った。「私がこれから言うことの多くは教科書に書いてありませんが，テストに出ますよ。」

解説　先生は第2文で，Much of what I will say is not in the textbook but will be on the test.「私がこれから言うことの多くは教科書に書いてありませんが，テストに出ますよ」と，生徒たちに重要なことを伝えている。**1の** attentively「注意深く」を入れて生徒たちに注意深く聞くように促す内容にすると，状況に合う。consecutively「連続して」，wearily「疲れて，うんざりして」，eloquently「雄弁に」。

(14)　正解　**1**

訳　その学校は教育の最先端にいることで知られている。そこの先生たちは教室で最新の教授法と最新の科学技術を使っている。

解説　第2文の Its teachers use the newest teaching methods and the latest technology「そこの先生たちは最新の教授法と最新の科学技術を使っている」から，**1の** forefront「最先端」が正解。lapse「過失，経過」，doctrine「教義，主義」，myth「神話」。

(15)　正解　**1**

訳　その市長は演説で力強い言葉を使ったが，それは公共交通機関に関する彼の案を市民が支持することが極めて重要だと彼が考えたからであった。

解説　文後半に it was extremely important that the citizens support his plan「彼の案を市民が支持することが極めて重要だ」とあるので，市長は演説で自分の案を力説したと考えられる。したがって，**1**の forceful「力強い，説得力のある」が適切。merciful「慈悲深い」，futile「無益な」，tranquil「穏やかな」。

(16)　正解　**3**

訳　そのポップ歌手が亡くなったとき，彼女はお気に入りの慈善団体に1000万ドルを超える遺産を残した。「私たちは彼女の寛大さにとても感謝します」と慈善団体の広報担当者は述べた。

解説　第1文の When the pop singer died「そのポップ歌手が亡くなったとき」，空所直後の of over \$10 million「1000万ドルを超える」，第2文の so grateful for her generosity「彼女の寛大さにとても感謝します」などから，歌手は慈善団体に遺産を残したと推測できる。したがって，**3**の legacy「遺産」が正解。rhyme「韻，押韻詩」，justice「公正，司法」，majority「大多数」。

(17)　正解　**3**

訳　山頂に近づくにつれて，高地で酸素濃度が低いため，何人かのハイカーたちは気分が悪くなり始めた。

解説　文前半に As they approached the top of the mountain「山頂に近づくにつれて」とあるので，ハイカーたちは高い山の上を歩いているとわかる。したがって，**3**の altitude「標高，高地」が正解。apparatus「器具一式，装置」，equation「方程式，均一化」，mileage「総走行マイル数」。

(18)　正解　**2**

訳　テッドはささやかな収入で暮らしている。彼は小さなアパートに住み，勘定を支払い，時々外食できる程度の稼ぎがなんとかある。

解説　第2文の内容から，テッドの収入は決して多くはないことがわかる。この状況を表すには，**2**の modest「ささやかな，控えめな」が適切。blissful「至福の」，showy「派手な」，sturdy「頑丈な」。

(19)　正解　**4**

訳　その大工はテーブルのために均一な材木を注意深く選んだ。全体が同じ厚さでなければ，問題が起こるだろう。

解説　第2文後半に if it did not have the same thickness throughout「全体が同じ厚さでなければ」とあるので，大工が選んだのは全体が同じ厚さの材木だと考えられる。この様子を表すには，**4**の uniform「均一の」が適切。reckless「無謀な」，gaping「大きく開いた」，dreary「わびしい，退屈な」。

(20) 正解 **1**

訳 ピーターは孤独を好む静かな男性で，子どもたちにめったに愛情を示さなかったが，子どもたちは彼に本当に愛されているとわかっていた。

解説 文後半に they(= Pieter's children) knew that he(= Pieter) truly loved them「子どもたちは彼に本当に愛されているとわかっていた」とあるので，ピーターがめったにしなかったのは愛情表現だと思われる。**1**の affection「愛情」を入れると文脈に合う。circulation「循環」，oppression「圧迫」，coalition「連立」。

(21) 正解 **1**

訳 アントンはスピーカーからおかしなブーンという音が出ているのが聞こえたので，すべてのケーブルが適切につながれていることを確かめるために点検した。

解説 空所直前に strange「おかしな」，直後に coming from his speakers「スピーカーから…音が出ている」とあるので，**1**の buzz「ブーンという音」が正解。peck「つつくこと，コツコツという音」，thorn「とげ」，core「芯，中心」。

(22) 正解 **4**

訳 昨夜遅く，1人の男がコンビニ強盗をしようとしていたところを捕まった。警察は彼に武器を捨てさせ，彼を逮捕した。

解説 第2文 The police forced him to drop his weapon and arrested him.「警察は彼に武器を捨てさせ，彼を逮捕した」から，その男は犯罪を行ったことがわかる。したがって，**4**の hold up「〜を強奪する，〜で強盗する」が正解。shrug off「〜を受け流す，〜を振り払う」，sit out「〜に加わらない」，run against「〜に出くわす」。

(23) 正解 **4**

訳 ジルはずっとフランスが大好きだったので，会社のパリ支社で働くチャンスがあったときはそれに飛びついた。実際，最初に志願したのは彼女だった。

解説 第2文に she(= Jill) was the first to apply「最初に志願したのは彼女だった」とあるので，ジルは何としてもパリ支社で働きたかったとわかる。この状況に合うのは，**4**の jumped at「〜に飛びついた」。plow through「〜をかき分けて進む」，pull on「〜を引っぱって着る」，throw off「〜を振り捨てる」。

(24) 正解 **2**

訳 Ａ：仕事の予定に合うようにあなたが登録した講座はどんな調子ですか。　Ｂ：オンラインなので，自分のペースで勉強できるんです。仕事から家に戻ってから教材を読むことができるので，うまくいきそうですよ。

解説 Ａは How's 〜 going?「〜の調子はどうですか」とＢにたずねている。the class (that) you signed up for で「あなたが登録した講座」という意味。空所直前の to は「〜するために」という意味を表す不定詞の副詞的用法。fit in with 〜で「〜に合わせる」という意味を表し，状況に合うので，**2**の fit in が正解。get over「〜を克服する」，hold onto「〜にしがみつく」，take after「〜に似ている」。

(25) 正解 **3**

訳 新しい課に移る前に，ベティは現在のプロジェクトをすべて今後その仕事を行う予定の人に引き継ぐだろう。

解説 文頭に Before moving to her new section「新しい課に移る前に」，空所直後に all of her current projects「現在のプロジェクトをすべて」，さらに後半に to the person who will be doing her job from now on「今後その仕事を行う予定の人に」とあるので，ベティは自分の仕事を別の人に引き継ぐと考えられる。hand over ～ to ...で「～を…に引き継ぐ」という意味を表すので，**3** の hand over が正解。beef up「～を増強する」，bank on「～を当てにする」，slip by「いつの間にか過ぎ去る」。

2	一次試験・筆記	世間話を超えて（問題編pp.74〜75） シング（The Thing）（問題編pp.76〜77）

指示文の訳 それぞれの文章を読んで，各空所に入れるのに最も適切な語句を4つの選択肢の中から選び，その番号を解答用紙の所定欄にマークしなさい。

世間話を超えて

Key to Reading 第1段落：導入（人間関係が人に与える影響）→第2段落：本論①（見知らぬ人との会話に関する最近の研究）→第3段落：本論②（知らない人との世間話以上の会話が有意義であること）という3段落構成の説明文。研究結果やそこから得られる仮説について，空所の前後関係に注目しながら読み進めよう。

訳

ある研究は，人間関係が人の健康状態に影響を与えると示している。肯定的な人間関係は幸福感を高めるだけでなく，身体的健康にも良い影響を与える。これまでのところ，大半の研究は，家族や友人など身近な人との関係に焦点を当ててきた。これは理にかなっている。というのも，私たちが問題を抱えていたり自分の考えや意見を共有したいと思ったりするとき，そのような人に話す可能性が最も高いからである。対照的に，最近の研究では，私たちが見知らぬ人とどのように接するかを調査しており，その結果はかなり意外なものであった。

ある研究では，被験者を初対面の人とペアにし，各ペアに天気などの軽い話題と，個人的な目標など，より本質的な話題を考え出すように求めた。研究開始時，被験者の大半は，カジュアルな会話の方が楽しいだろうと考えた。各会話の後被験者たちは，楽しさとそれぞれのパートナーとの間に感じるつながりに基づいてその会話を評価するように言われた。その結果，被験者の予想は間違っていたことがわかった。つまりほとんどの被験者は，深刻な話題について話し合った後，全体的により肯定的な経験をしたと報告したのである。

この研究結果は，人は見知らぬ人とのより深いレベルでの交流から恩恵を受けられるだろうということを示唆している。実際，この研究の被験者たちは概して，自分たちの生活において，知らない人ともっと頻繁に有意義な会話を行いたいという願望を示した。しかし彼らは，他の人々はそのような願望を共有しないとも考えていた。研究者たちは，この推測は間違っており，ほとんどの場合，見知らぬ人もまた，世間話以上の話をすることに興味があると考えている。

(26) 正解 **3**

選択肢の訳　**1** 引き換えに　　**2** 例えば　　**3** 対照的に　　**4** 要するに

解説　第1段落第3文では，従来の研究について，most studies have focused on relationships with people we are close to「大半の研究は，身近な人との関係に焦点を当ててきた」と述べ，これを支持する内容が空所の直前まで続く。空所を含む文は，最近の研究ではhow we interact with strangers「私たちが見知らぬ人とのどのように接するか」を調査していると述べている。空所前後で対照的な内容になっているので，**3**のIn contrast「対照的に」が正解。

(27) 正解 **4**

選択肢の訳　**1** 話題が被験者を緊張させた　　**2** 被験者の評価は必ずしも一致しなかった　　**3** 話題の選択肢が多様すぎた　　**4** 被験者の予想は間違っていた

解説　空所直後の文で，研究結果についてmost subjects reported having a more positive experience overall after discussing serious topics「ほとんどの被験者は，深刻な話題について話し合った後，全体的により肯定的な経験をしたと報告した」と述べている。これは研究開始当初の被験者たちのthey would enjoy casual conversations more「カジュアルな会話の方が楽しいだろう」という予想と正反対なので，被験者の予想は間違っていたということがわかる。**4**のsubjects' expectations had been wrong「被験者の予想は間違っていた」が正解。

(28) 正解 **2**

選択肢の訳　**1** 明確に伝えることは難しいだろう　　**2** 他の人々はそのような願望を共有しない　　**3** 家族は認めてくれないだろう　　**4** 自分たちのプライバシーが第一であるべきだ

解説　空所直後にThe researchers believe that this assumption is incorrect「研究者たちは，この推測は間違っていると考えている」とあるので，文後半の内容によって否定される選択肢を見つければよい。空所直後の文後半のfor the most part, strangers are also interested in going beyond casual conversation「ほとんどの場合，見知らぬ人もまた，世間話以上の話をすることに興味がある」と反対の内容を表す**2**のother people did not share this desire「他の人々はそのような願望を共有しない」が正解。

シング（The Thing）

Key to Reading　第1段落：導入（長らく謎だった化石シングの正体）→第2段落：本論①（モササウルスがどうやって卵を産むのかについての議論）→第3段落：本論②（恐竜の卵についての新たな知見）という3段落構成の説明文である。モササウルスについて従来考えられていたことと新説，恐竜の卵に関する発見などを整理しながら読み進めよう。

訳

チリの博物館の棚に10年近く放置されていた，「シング」として知られる謎の化石の正体が，ついに突き止められた。現在研究者たちは，それは6600万年前の殻の柔らかい卵であり，中にはおそらく恐竜と同時期に存在した大型の水生爬虫類であるモササウルスがいたのだと考えている。これまでの化石証拠は，モササウルスは卵を産まないことを示

唆していた。しかし，研究者たちの発見はこの考えを覆すものであり，彼らが言うには，化石の大きさと，それがモササウルスの化石が発見された地域で見つかったという事実が，その結論を裏付けているとのことだ。

　研究者たちは「シング」の正体を明らかにしたことに興奮しているが，この発見によって新たな議論が始まった。ある説では，モササウルスは開けた水域に卵を産み，子どもはほとんどすぐに孵化したとしている。一方，モササウルスは現代の爬虫類がそうであるように，浜辺に卵を産みつけ，それを埋めたと考える科学者もいる。どちらが正しいかは，今後の研究によって明らかになるだろうと期待されている。

　アメリカの別の研究者グループが以前発見された恐竜の赤ん坊の化石を詳しく調べた結果，先史時代の生物の卵に新たな光が当てられた。恐竜は硬い殻の卵を産むと考えられていたが，この仮説の根拠となった化石は，限られた恐竜種のものであった。米国の研究者たちは，その分析を通じて，初期の恐竜の卵が実は軟らかい殻であったことを示唆する証拠を発見した。もしこれが本当なら，恐竜の卵がほとんど発見されていない理由を説明できるかもしれない。柔らかい素材は分解されやすいので，化石記録として保存される可能性はかなり低くなるのだ。

(29)　正解　3

選択肢の訳　1　恐竜に狩られた可能性が高い　　2　食糧を卵に頼っていた　　3　卵を産まなかった　　4　恐竜とともに存在しなかったかもしれない

解説　空所を含む文は「これまでの化石証拠は，モササウルスは（　　）ことを示唆していた」という意味。直後に研究者の発見(＝シングはモササウルスの卵である)はchallenge this idea「この考えを覆す」とあるので，選択肢の中から，シングがモササウルスの卵であることと矛盾するものを選ぶ。**3**の **did not lay eggs**「卵を産まなかった」が正解。

(30)　正解　2

選択肢の訳　1　同様に　　2　一方　　3　結果として　　4　例えば

解説　空所直前の文は，モササウルスが開けた水域に卵を産み，子どもはほとんどすぐに孵化した(would have laid their eggs in open water, with the young hatching almost immediately)という説を述べている。空所を含む文はmosasaurs would have laid their eggs on the beach and buried them「浜辺に卵を産みつけ，それを埋めた」という説で，空所直前の文とまったく異なるので，**2**の **On the other hand**「一方」が正解。

(31)　正解　1

選択肢の訳　1　恐竜の卵がほとんど発見されていない　　2　恐竜の種類が減った　　3　卵を産めない恐竜もいた　　4　恐竜の赤ちゃんはしばしば生き残れなかった

解説　「もしこれ(＝恐竜の卵の殻が柔らかいこと)が本当なら，（　　）理由を説明できるかもしれない」の空所に当てはまる内容を選ぶ。空所直後でSince softer materials break down easily, they are much less likely to be preserved in the fossil record.「柔らかい素材は分解されやすいので，化石記録として保存される可能性はかなり低くなるのだ」とあることから，**1**の **few dinosaur eggs have been found**「恐竜の卵がほとんど発見されていない」が正解。

指示文の訳　それぞれの文章を読んで，各質問に対する最も適切な答えを４つの選択肢の中から選び，その番号を解答用紙の所定欄にマークしなさい。

明日の鶏

Key to Reading　第１段落：導入＋本論①（1940年代以前のアメリカの養鶏）→第２段落：本論②（戦後の鶏肉需要と業界の変化）→第３段落：本論③（鶏肉の普及の暗い一面）という３段落構成の説明文。従来の養鶏と，戦後の業態の変化，またその変化がどのように影響したかに注目しながら読み進めよう。

訳

　1940年代以前，アメリカの鶏のほとんどは家族経営の農場で飼育されており，肉よりも卵の生産に重点が置かれていた。当時貧困と食糧不足が一般的であったため，人々は鶏を犠牲にすることなく定期的なタンパク源を確保したかったのだ。さらに，農家は一般的にその鶏がどれだけその土地の条件に合っているか——例えば乾燥した気候に適しているのか，それとも湿度の高い気候に適しているのか——に基づいて品種を選んだため，実に多種多様な鶏が飼育されていた。

　しかし，第二次世界大戦後，豚肉や牛肉などの食肉が普及したため，卵はタンパク源として太刀打ちできなくなった。そこでアメリカ農務省は，経済的に飼育でき，より多くの肉を生産できる鶏の種類を見つけるために，「明日の鶏」コンテストというイベントを立ち上げた。総合優勝に輝いたのは異なる品種の掛け合わせで，より早く育ち，他の種類よりも大きく，様々な気候に適応することができた。このコンテストに触発され，育種会社は，同じような望ましい特徴を持つ鳥を安定的に供給するため，品種を複雑に混ぜ合わせた鶏を作り始めた。このような遺伝子の組み合わせを作り出すことは困難であったため，ほとんどの農家は，自分で鶏を繁殖させるよりも，そのような会社から若鶏を購入するしかなかった——開発が業界を一変させたのだ。

　このコンテストは鶏肉消費の大衆化に貢献したが，この流れには暗い面もあった。大量の鶏を小さなケージに閉じ込めた大規模な施設で飼育する方が経済的になったのだ。その結果，多くの小規模農場が廃業に追い込まれただけでなく，動物愛護活動家たちによれば，鶏のストレスとなり，病気のレベルを高める原因となるような飼育環境を作り出した。このコンテストによって鶏肉は通常の食品となったが，その価値があるのかどうか疑問視する声もあった。

(32)　正解　**1**

質問の訳　1940年以前のアメリカの鶏肉産業についてわかることの一つは何か。

選択肢の訳　**1**　各農場で飼育される鶏の種類は通常，その農場がある地域の気候に左右された。　**2**　各農場は，突然の環境変化に備えて複数の種類の鶏を飼育していた。
3　鶏が食べられるのは一般的に，非常に貧しい人々によってか，食糧不足の時だけだった。
4　全国に多くの養鶏場があったため，生産された卵の多くは無駄になってしまった。

解説　第１段落第３文後半に，farmers generally chose a breed based on how well

※2024年度第１回から，試験形式の変更に伴い大問３の１問目(32)〜(34)が削除されます。

it was adapted to the local conditions「農家は一般的にその鶏がどれだけその土地の条件に合っているかに基づいて品種を選んだ」とある。土地の条件には，直後の例で述べられている通り，気候などを含むので，同じ内容を述べている**1**が正解。

(33) 正解 **2**

質問の訳 米国農務省が「明日の鶏」コンテストを開催したのは，〜からである。

選択肢の訳 **1** 豚肉や牛肉などの他の種類の肉が高価になりつつあり，アメリカ国民がより安価な代替品を求めていた **2** ほとんどの養鶏場は卵の生産に重点を置いており，食肉生産により適した鶏を作る必要性が生じた **3** アメリカでは多くの養鶏場が廃業し，深刻な鶏肉不足が起こった **4** アメリカの人々は，長い間同じ種類の卵を食べ続けることに飽き，生産者が違う種類の鶏肉を欲しがった

解説 第2段落第2文に，The US Department of Agriculture therefore set up an event called the Chicken of Tomorrow contest「そこでアメリカ農務省は，『明日の鶏』コンテストというイベントを立ち上げた」とあるので，理由は直前の第1文にある。the growing availability of meat such as pork and beef meant eggs could not compete as a source of protein「豚肉や牛肉などの食肉が普及したため，卵はタンパク源として太刀打ちできなくなった」，つまり卵ではなく鶏肉を生産する必要があったので，選択肢**2**が正解。

(34) 正解 **3**

質問の訳 コンテストが鶏肉産業に与えた影響の一つはどのようなものか。

選択肢の訳 **1** 農家が，複数の種類の鶏を組み合わせることが比較的簡単であることを知り，新しい鶏の品種作出の励みとなった **2** アメリカ全土で小規模な養鶏場の数が増えたが，その多くは経営が行き届かず，施設も安っぽいものだった。 **3** 鶏の苦痛を増やし健康を害するような環境で鶏を飼育する動きが始まった。 **4** 農家は，飼育方法を改善することで，より多く，よりおいしい鶏肉を生産できることに気づいた。

解説 第3段落では鶏肉消費の広まりとともに大規模施設で鶏を飼育するようになったことの弊害について述べている。第3文後半に it also created conditions for the birds that, according to animal rights activists, caused the chickens stress and led to higher levels of sickness「動物愛護活動家たちによれば，鶏のストレスとなり，病気のレベルを高める原因となるような飼育環境を作り出した」とあるので，この内容と一致する選択肢**3**が正解。

アメリカの学校における規律

Key to Reading 第1段落：導入（従来の学校教育の基となっていた報酬と罰のシステム）→第2段落：本論①（報酬と罰で教育を行うことの問題点）→第3段落：本論②＋結論（自己規律に関わる脳の部位の解明と，脳構造を変えられる教育方法）という3段落構成の説明文。従来の教育方法と，最新の研究で明らかになったことをそれぞれ把握しながら，本文を読み進めよう。

訳

何十年もの間，アメリカの学校で使われてきたしつけの方法は，心理学者B・F・スキナーの理論に基づいてきた。スキナーは，報酬と罰のシステムが人々の行動を改善する最も効

果的な方法であると考えていた。一般的に，規則を破った生徒には，１日かそれ以上の間，授業への出席を禁じられたり，終業後も教室に残らされたりするなどの罰が与えられる。これらは，生徒が教師の指示に従いクラスメートを尊重するように教えるためのものである。しかし，懲罰は一時的に教室に平穏をもたらすには効果的かもしれないが，長期にわたって継続的に使われると，罰によって正すつもりの行動そのものを強めてしまう可能性があることが，最近の心理学的研究で明らかになっている。

　現在，多くの専門家は，子どもたちが適切な行動をとれるようになるためには，自制心を養うことが不可欠だと考えている。規則を守らせるために罰を与えるということは，外的な圧力によって良い行動を取らせるということである。一方，自制心とは，内的な動機づけや自信，他者へ寛容であることから生まれるものであり，これらの代用として罰を用いることは，その発達を遅らせたり，妨げたりすることになる。同様に，シールのようなご褒美の使用は，生涯にわたり生徒の助けとなる知識や社会的能力の重要性を理解するのではなく，生徒がただ先生を喜ばせようとするだけのことになってしまう。

　近年，こうした考えを裏付ける研究が増えている。前頭前皮質として知られる脳の領域は，私たちが課題に集中するのを助け，自己規律を守る役割を担っており，これによって私たちは自分の行動の結果を考えることができる。研究によると，問題行動を起こす生徒は前頭前皮質が発達していない可能性がある。しかし幸いなことに，繰り返し経験することで脳構造は変化することが証明されており，このことは，前頭前皮質の発達に影響を与えることも可能であることを示唆している。児童行動専門家のロス・グリーンは次のように考えている。それは，教育者が態度を改め，生徒の悪い行動をしたときの気持ちに耳を傾け，生徒が直面する問題の解決策を考え出すよう促すと，それが前頭前皮質に物理的な影響を与えることができるということだ。グリーン氏は，多くの学校で問題行動を大幅に減らすことに大成功したプログラムを考案し，そして近年，彼のアイデアがメディアで大々的に取り上げられた結果，ますます多くの教育者に取り入れられている。

(35)　正解　2

質問の訳　学校における罰の使用について，心理学的研究は何を示しているか。

選択肢の訳　**1** 罰が効果的である可能性が高いのは，その悪影響を軽減するために，報酬と一緒に使われる場合だけである。　**2** 短期的にはより良い行動をもたらすことに成功するかもしれないが，長期的には有害である。　**3** 体罰よりもはるかに効果的な，さまざまな新しいタイプの罰がある。　**4** 生徒に教師に従わせ，クラスメートを尊重させるためには，何らかの罰を与えることが必要である。

解説　学校における罰について，心理学的研究の内容が示されているのは第１段落最終文。文前半では，as effective as punishment may be in bringing peace to the classroom temporarily「一時的に教室に平穏をもたらすには効果的かもしれない」，後半では it can intensify the very behavior it is intended to correct when used continually over an extended period of time「長期にわたって継続的に使われると，罰によって正すつもりの行動そのものを強めてしまう」と，短期的効果と長期的効果を対比して述べている。この内容と一致する選択肢 **2** が正解。文前半の bringing peace to the classroom temporarily が producing better behavior in the short term と，後半の内容が be harmful in the long term と言いかえられている。

(36) 正解 **3**

質問の訳 この文章によると，ご褒美の使用が生徒に与える効果の一つは何か。

選択肢の訳 **1** 生徒に努力することの利点を教え，学業上の目標に集中することがうまくなるようにすることができる。 **2** 物質的なものを欲しがるようになり，他者に喜ばれるような行動をとる必要性をあまり意識しなくなる。 **3** 後々の人生に役立つはずの重要なスキルを身につけることを妨げうる。 **4** 教師に言われたことをするだけではなく，自分で目標を決めることの大切さに気づかせる。

解説 第2段落では，罰が生徒の自制心を養う妨げになることを述べた後，ご褒美について最終文でSimilarly, ...「同様に〜」と述べており，良くない内容が続くことがわかる。生徒は attempting to please the teacher rather than understanding the importance of gaining knowledge and social skills that will help them throughout their lives「生涯にわたり生徒の助けとなる知識や社会的能力の重要性を理解するのではなく，生徒がただ先生を喜ばせようとするだけのことになってしまう」とあるので，これと同じ内容を表す選択肢**3**が正解。prevent 〜 from doing ...「〜が…するのを妨げる」

(37) 正解 **1**

質問の訳 ロス・グリーンは子どもの脳についてどのように考えているか。

選択肢の訳 **1** 子どもが自分で問題を解決するのを助けることで，行動を制御する脳の部分の発達を促すことができる。 **2** 低年齢児の脳は高年齢児の脳とは異なる働きをするので，問題行動を扱う際には異なる方法で対処する必要がある。 **3** 脳の前頭前皮質として知られる部位は，子どもの行動をコントロールする上で，一部の科学者が考えているほど重要ではないかもしれない。 **4** 素行不良は，子どもの学業成績に悪影響を及ぼすだけでなく，子どもの脳の正常な成長を永久に妨げる。

解説 ロス・グリーンが子どもの脳について述べているのは最終段落第5文。教育者が生徒の気持ちに耳を傾け問題の解決策を考え出すよう促すと，this can have a physical effect on the prefrontal cortex「それが前頭前皮質に物理的な影響を与えることができる」とある。前頭前皮質（the prefrontal cortex）は，物事に集中したり自己規律を守る役割を担う脳の部分である。この内容と一致する**1**が正解。

ロバート・ザ・ブルースとアーブロース宣言

Key to Reading 第1段落：導入（ロバート・ザ・ブルース台頭前の背景）→第2段落：本論①（ロバートの即位）→第3段落：本論②（アーブロース宣言ができた経緯とその後）→第4段落：結論（アーブロース宣言の歴史的意味）という4段落構成の説明文。人名や各勢力の立場を整理しながら読み進めよう。

訳

1286年，スコットランド国王アレクサンダー3世の突然の死により，様々な貴族の間で権力闘争が起こり，危うく内戦に発展するところだった。この事態を収拾するため，イングランド王エドワード1世が，ライバルたちの中から新しい統治者を選ぶよう要請された。エドワード自身，最終的にはスコットランドを支配したいという野心を持っていたが，新しい指導者が自分に忠誠を誓うことを唯一の条件として同意した。彼はジョン・バリオールという貴族を新王に選んだが，イングランドがスコットランドの問題に対して何度も権

勢を振るったため，やがて恨みが募った。転機となったのは，エドワードが，イングランドとフランスとの紛争において，スコットランドに軍事援助を提供するよう強要しようとしたときだった。バリオールが自国をフランスと同盟させたため，エドワードはスコットランドに侵攻してバリオールを破り，王位を奪った。

これが，スコットランド貴族ロバート・ザ・ブルースがイングランドの支配からスコットランドを解放しようとして直面した状況だった。父が王位を巡る争いでバリオールのかつてのライバルの一人であったロバートは，政治的に優位に立ち，イングランド軍をスコットランドから追い出す反乱を起こした。ロバートは1306年にスコットランド王に即位し，国内では絶大な支持を得たが，ローマ・カトリック教会の指導者であるローマ教皇を怒らせてしまった。彼はイングランドとの和平を求める教会の要請を無視しただけでなく，国王に即位する前に，王位に最も近いライバルの命を礼拝の場で奪ったのだ。

スコットランドの指導者たちは，教会の承認がなければ，この国が国際的に孤立し，脆弱なままであることを知っていた。スコットランド独立の国際的な承認は，スコットランドがイングランド——撤退したにもかかわらず，ロバートをスコットランドの王として正式に承認していない——のような強国の影に隠れて存続するためには特に重要なことだった。そこで1320年，スコットランドの最有力貴族たちが，今日「アーブロース宣言」として知られる文書を作成するために集まった。それはスコットランドの独立を宣言し，ローマ教皇にロバートをスコットランドの統治者として承認するよう要請するものだった。しかし，その年の後半に貴族たちが受け取った反応は，当初は宣言が実効性も持たなかったことを示していた。ローマ教皇はスコットランドの要求を拒否しただけでなく，イングランドにはスコットランドとの関係において平和的解決を追求するよう促したが，スコットランドの自称独立を認めることもしなかった。しかし数年後，和平条約によってスコットランドがついにイングランドの脅威から解放された後，この宣言の影響により，ローマ教皇はロバートとその王国を承認した。

今日，アーブロース宣言はスコットランドの歴史において最も有名な文書の一つである。歴史家の中には，この文書がアメリカの独立宣言に影響を与えたと主張する者さえいるが，その証拠は乏しい。しかし，学者たちの主張はおおむね次の点で一致している。それは，アーブロース宣言を歴史的なものにしているのは，国王はスコットランド国民の承認がなければ統治できないと表明している点である。具体的には，貴族たちはこの文書を用いて，自分たちを裏切る支配者を排除する権利を大胆に主張したのである。この意味で，この文書は一国の統治者と国民との間の契約の先駆的な例であり，その契約において統治者は，国民が自由な社会で暮らせるようにする責任があった。

(38)　正解　**3**

質問の訳　スコットランド王アレクサンダー3世の死後，何が起こったか。

選択肢の訳　**1**　スコットランドはエドワード1世を騙して，エドワードの利益に反していたにもかかわらずジョン・バリオールを選ばせることができた。　**2**　エドワード1世は，ジョン・バリオールが王になろうとすることを支持しなかったスコットランド貴族の忠誠心を疑い始めた。　**3**　エドワード1世は，スコットランドに対する権力を拡大するために，この状況を自分の有利になるように利用しようとした。　**4**　スコットランドはフランスの軍事力にたいへんな脅威を感じ，両国の外交関係は悪化した。

解説　第1段落第1〜2文から，アレクサンダー3世の死後，王位を巡る諸侯の争いが

起こり，この混乱を収めるためにイングランド王エドワード1世が次の王を決めるように要請されたという状況がわかる。エドワード1世が指名に際し，新しい指導者が彼に忠誠を誓うことを条件（the condition that the new leader pledged loyalty to him）にしたこと，また，第4文後半でresentment soon grew as England repeatedly exerted its authority over Scotland's affairs「イングランドがスコットランドの問題に対して何度も権勢を振るったため，やがて恨みが募った」と述べられていることから，この状況を利用して彼がスコットランドに支配力を広げようとしていたことが読み取れる。この内容と一致する選択肢3が正解。

(39)　正解　4

質問の訳　ロバート・ザ・ブルースはスコットランド王になった後，どのような問題に直面したか。

選択肢の訳　**1**　彼は偉大な軍事指導者であったが，政治手腕に欠けていたため，イングランドとの交渉がうまくいかなかった。　**2**　宗教に関してライバルと意見の相違があったため，多くのスコットランド国民は彼を支持しなくなった。　**3**　スコットランドとイングランドの宗教的な相違により，スコットランドが再び攻撃される可能性が高くなった。　**4**　彼が権力を得るために行ったことのせいで，スコットランドは，イングランドから安全であるために必要な支持を得ることができなかった。

解説　ロバートが王になったことは第2段落第3文で述べられており，同じ文の後半にalthough he enjoyed tremendous support domestically, he had angered the Pope, the leader of the Roman Catholic Church「国内では絶大な支持を得たが，ローマ・カトリック教会の指導者であるローマ教皇を怒らせてしまった」とある。また，その原因は直後に「イングランドとの和平を求める教会の要請を無視した（ignored the church's requests that he make peace with England）」「国王に即位する前に，王位に最も近いライバルの命を礼拝の場で奪った（he had also taken the life of his closest rival to the throne in a place of worship before being crowned king）」と説明されている。さらに，第3段落第1〜2文から，教会から認められることが国際的な承認を得るために重要であることがわかる。これらの内容をまとめた選択肢4が正解。

(40)　正解　2

質問の訳　「アーブロース宣言」が書かれた年に，

選択肢の訳　**1**　ローマ教皇がスコットランドの国家としての独立を認めることを優先事項と考えていることが明らかになった。　**2**　教皇は，ロバートも彼の国も認めていないにもかかわらず，イングランドとスコットランドの和平を促そうとした。　**3**　イングランドとスコットランドの間の和平の約束は，スコットランドが教皇から援助を得ようとしたことによって危うくなった。　**4**　スコットランドは，ローマ教皇にロバートが真の国王であることを認めさせるのに十分な国際的認知を得ることができた。

解説　アーブロース宣言について述べられているのは第3段落第3〜4文で，1320年にその文書を作成するために集まったとある。直後の第5文で，The response the nobles received later in the year ...「その年の後半に貴族たちが受け取った反応は…」とあるので，この辺りに注目する。第6文に，教皇はスコットランドの要求を拒否し，failed to confirm its self-proclaimed independence, although he did urge England to

pursue a peaceful resolution in its dealings with the nation「イングランドにはスコットランドとの関係において平和的解決を追求するよう促したが，スコットランドの自称独立を認めることもしなかった」とある。この内容と一致する選択肢**2**が正解。

(41) 正解 **2**

質問の訳 アーブロース宣言の一般的な解釈の１つは何か。

選択肢の訳 **1** それは，ロバートが当初人々が考えていたよりもはるかに優れた指導者であったことを示すものである。 **2** それは，一国の統治者が統治する人々に対して負っていた義務について，新たな見方をもたらした。 **3** 当時，スコットランドの統治者と貴族の間には，学者たちが考えていたよりもはるかに多くの対立があったことを明らかにしている。 **4** 王や女王が国を治めていたのでは，有益な政治体制が成り立たないことを示唆した。

解説 アーブロース宣言の一般的な解釈は最終段落第３文Scholars generally agree, ...以降で述べられている。この宣言は，国王が国民の承認なしに国を統治できないと表明した点で歴史的であり，最終文に a pioneering example of a contract between a country's ruler and its people「一国の統治者と国民との間の契約の先駆的な例」とある。この内容と一致する選択肢**2**が正解。

---

4 一次試験・英作文
（問題編p.85）

指示文の訳 ●次のトピックについてエッセイを書きなさい。
●答えの裏付けに，以下に挙げたポイントのうちの２つを使いなさい。
●構成：導入，本論，結論
●長さ：120〜150語
●エッセイは解答用紙のB面に用意されたスペースに書きなさい。
スペースの外側に書かれた内容は，採点の対象とはなりません。

トピックの訳 企業はもっとオンラインサービスを提供すべきですか。

ポイントの訳 ●利便性 ●費用 ●職 ●環境

解答例

In today's fast-paced digital world, I believe businesses should provide more online services. The benefits of doing so are related to convenience and cost.

Firstly, providing more online services leads to increased convenience. For instance, online customer support provides people with the means to contact businesses whenever they have queries. This can be particularly beneficial for busy people or international customers who live in different time zones.

Additionally, online services can be cost-effective for businesses. With the rise of e-commerce, moving to online digital platforms can reduce expenses and streamline operations. Selling products online, for example,

※2024年度第１回から，大問4に文章の要約を書く問題が加わります。

can help businesses cut utility bills. Companies can also reach a wider audience and increase profits without constructing more physical stores.

In conclusion, businesses should provide more online services, as this will not only allow them to enhance customers' experiences but also reduce operating costs.

解答例の訳

今日の急成長中のデジタル世界においては，企業はもっとオンラインサービスを提供すべきだと思う。そうすることによってもたらされるメリットは利便性と費用に関連している。

第一に，より多くのオンラインサービスを提供することは利便性の向上につながる。例えば，オンライン上の顧客サポートは人々に，質問があるときにはいつでも企業に連絡する手段を与える。これは，忙しい人や異なるタイムゾーン下で暮らす外国の顧客にはとりわけ有益であり得る。

さらに，オンラインサービスは企業にとって費用効果が高いものであり得る。電子商取引の増加で，オンライン上のデジタルプラットフォームへの移行は経費の削減と業務の効率化を可能にする。例えば，オンラインでの商品販売は，企業が公共料金を削減するのに役立ち得る。また，企業はより幅広い客に認知してもらうこと，および追加の実店舗を建設することなく収益を増加させることも可能だ。

結論として，企業はもっとオンラインサービスを提供すべきだ，というのもこれにより彼らは顧客体験の向上のみならず事業費の削減も可能になるからだ。

解説 TOPIC文について，「提供すべきである／提供すべきではない」のどちらかの立場に立って，自分の意見とその根拠をエッセイの形でまとめる形式。エッセイをまとめる際には，POINTSとして示されたキーワードのうち2つを選んで使用する必要がある。これらのキーワードに挙げられている語句については必要に応じて形を変えて表現したり類義語で置き換えたりしても良い。

段落構成に関する，導入（introduction）→本論（main body）→結論（conclusion）という基本的な指定は必ず守ること。解答例のように本論を2つに分ける場合は，論点の重複がないように，それぞれの段落を別の視点からまとめる。その際，各段落の論点が明確になるように，談話標識（discourse markers）を使うと論理的にまとまりのある文章となり，効果的である。また，結論をまとめるときは，第1段落の単純な繰り返しにならないよう，表現を若干でも工夫することが好ましい。

TOPIC文 「企業はもっとオンラインサービスを提供すべきですか」という質問について意見を求める内容。

語句 business「企業」/ provide「〜を提供する」

第1段落（導入） まずエッセイの冒頭で，TOPIC文のテーマを正しく理解していることと，自分が「提供すべきである／提供すべきではない」のどちらの立場に立っているかを明示する必要がある。解答例では，I believe (that) 〜「私は〜と思う」を使って，自分が前者の立場にいることを最初に示している。また，POINTSの中からconvenience「利便性」とcost「費用」の2つを取り上げていることも明示している。

語句 fast-paced「急成長の」/ benefit「メリット」/ be related to 〜「〜に関係している」

第2段落（本論①） 第2段落では，順序を表す談話標識であるFirstly「第一に」から文を始め，第1段落で示した1つ目の観点である「利便性」について説明している。また，第2文では，第1文で言及した利便性向上の具体例を，For instance「例えば」という

談話標識を用いて挙げ，第3文ではその恩恵を特に享受できる人々を示している。

語句 lead to ～「～につながる」/ increased「向上した」/ means「手段」/ query「質問」/ particularly「とりわけ」/ beneficial「有益な」/ time zone「タイムゾーン」

第3段落（本論②） 第3段落では，第1段落で示した2つ目の観点である「費用」について意見を展開している。追加を表すAdditionally「さらに」で始め，オンラインサービスが企業にとって費用効果が高いものであり得るという意見を先に示し，オンライン上のデジタルプラットフォームへの移行によって企業が可能となることを，費用の観点から説明している。第3文では削減できる経費の具体例を説明する文脈で，例を表すfor example「例えば」を，第4文では会社にとって可能となる他のことを説明する際に，追加を表すalsoを用いている。

語句 cost-effective「費用効果が高い」/ rise「増加」/ e-commerce「電子商取引」/ expenses「経費」/ streamline「～を能率的にする」/ operation「業務」/ utility bill「公共料金」/ physical store「実店舗」

第4段落（結論） 最終段落では，in conclusion「結論として」という談話標識から文を始めて，企業はもっとオンラインサービスを提供すべきだという結論を再度述べ，第2～3段落でそれぞれ述べた2つの観点を理由に挙げ，文章を締め括っている。

語句 enhance「～を向上させる」/ operating costs「事業費」

Part 1　一次試験・リスニング
（問題編pp.86～87）

CD 青-27 ～ CD 青-39

指示文の訳 準1級の試験のリスニングテストが始まります。指示を注意して聞いてください。テスト中に質問をすることは許されていません。

このテストは3つのパートに分かれています。これら3つのパートの質問は全て選択肢の中から正解を選ぶ問題です。それぞれの質問について，問題冊子に書かれている4つの選択肢の中から最も適切な答えを選び，解答用紙の該当箇所にその答えをマークしなさい。このリスニングテストの全てのパートで，メモを取ってもかまいません。

それでは，これからPart 1の指示を行います。このパートではNo.1からNo.12まで12の会話が放送されます。それぞれの会話に続いて，質問が1つ流れます。各質問に対して，最も適切な答えを選んで解答用紙にマークする時間が10秒あります。会話と質問は1度しか読まれません。それでは，準1級のリスニングテストを始めます。

No.1　正解　2

放送文 *A:* Hi, Professor. Can I talk to you about my assignment? *B:* Sure. I was surprised when you didn't turn it in at the start of class. That's never happened before. *A:* My brother was in an accident, and I was at the hospital with him. *B:* I'm sorry to hear that. Is he OK? *A:* Yes, he's home now, but I didn't have time to get my assignment done. *B:* Well, I can let you turn it in tomorrow. How would that be? *A:* Great. Thank you!

Question: What will the woman probably do tomorrow?

訳 A：こんにちは，教授。課題のことで相談してもいいですか。　B：もちろんです。

あなたが授業の最初に課題を提出しなかったので，驚きました。こんなこと初めてでしたから。　A：兄が事故にあって，一緒に病院にいたんです。　B：それはお気の毒に。お兄さんは大丈夫なの？　A：ええ，今は家にいるんですが，課題を終わらせる時間がなくて。B：じゃあ，明日提出ということにしてあげましょう。どうですか？　A：よかった。ありがとうございます！

質問の訳　女性は明日おそらく何をするか。

選択肢の訳　**1**　入院中の兄を見舞う。　**2**　課題を提出する。　**3**　兄に助けを求める。
4　新しい課題のトピックを選ぶ。

解説　1往復目のやりとりから，A（＝女性）が授業の課題を提出できなかったことについて，B（＝教授）に相談している場面。2，3往復目で，Aが「兄が事故にあって，一緒に病院にいたんです」「課題を終わらせる時間がなくて」と，課題を提出できなかった理由をBに述べると，Bは「明日提出ということにしてあげましょう」と期限を延ばす提案をしている。これを受けてAは「よかった。ありがとうございます！」と述べているので，Aは明日課題を提出するだろうことがわかる。よって，turn it を submit her assignment と言い換えた**2**が正解。

No.2　正解　**3**

放送文　*A:* I can't believe the government wants to raise taxes again.　*B:* They say it's necessary to pay for the new education plan.　*A:* Well, it seems like there are a lot of areas in the budget that could be reduced instead.　Spending on highways, for one.　*B:* That's for sure.　I read a news report just yesterday saying that few drivers are using the new highways, even though they cost billions.
A: Right.　I'd write a letter to the government if I thought it'd do any good.
Question: What do these people think?

訳　A：政府がまた増税しようとしているなんて信じられないわ。　B：新教育プランのために必要なんだって。　A：あのね，その代わりに減らせる予算はたくさんあるはずよ。幹線道路への支出とかね。　B：確かにそうだね。昨日読んだニュースでは，新しい幹線道路は何十億もかかったのに，ドライバーはほとんど使っていないと言っていたよ。　A：そのとおりね。少しでもよくなるんだったら，政府に手紙でも書くんだけど。

質問の訳　この人たちはどう考えているか。

選択肢の訳　**1**　教育費がかかりすぎる。　**2**　予算はすぐに減らされそうだ。　**3**　政府は無駄遣いをしている。　**4**　メディアは政府に対して不公平だ。

解説　1往復目のやりとりから，A（＝女性）とB（＝男性）が，政府の増税について話している場面。2往復目でAが「その（＝新教育プランにかかる費用の）代わりに減らせる予算はたくさんあるはずよ。幹線道路への支出とかね」と述べると，Bも「確かにそうだね」と同意し，「新しい幹線道路は何十億もかかったのに，ドライバーはほとんど使っていないと言っていたよ」と述べているので，2人とも幹線道路への支出など，政府が無駄遣いをしていると考えていることがわかる。よって，there are a lot of areas in the budget that could be reduced instead を wasting money と言い換えた**3**が正解。

No.3 正解 **1**

放送文 *A:* Thanks for inviting me to lunch. *B:* Sure. I wanted to celebrate your promotion. It's too bad I won't see you as often, though, since you'll be moving to the fourth floor. *A:* Well, we'll still have meetings together. And maybe we could have a weekly lunch or something. *B:* Great idea. But you'll probably be eating at your desk a lot more often. *A:* That's true. I guess my workload is going to be pretty heavy. *B:* Yes, at least until you get used to your new position.

Question: What is one thing we learn from the conversation?

訳 A：ランチに誘ってくれてありがとう。 B：どういたしまして。あなたの昇進を祝いたかったんだ。でも，あなたが4階に異動になるから，あまり頻繁に会えなくなるのは残念だけどね。 A：まあ，それでもミーティングは一緒だし。それに，週に一度ランチでもどう？ B：いいね。でも，デスクで食べることが多くなるんじゃない？ A：そうだね。仕事の量がかなり多くなりそうだし。 B：そうだよね，少なくとも新しい役職に慣れるまではね。

質問の訳 この会話からわかることの1つは何か。

選択肢の訳 **1** 男性はずっと忙しくなるだろう。 **2** 女性はより多くの会議に出席する必要があるだろう。 **3** 女性は4階の人たちが嫌いだ。 **4** 男性は新しい役職に就きたくなかった。

解説 1往復目のやりとりから，B（＝女性）が，A（＝男性）の昇進を祝ってAをランチに誘った場面。2往復目で，Aが「（今後は）週に一度ランチでもどう？」とBに提案すると，Bは「いいね」と答えたあとで，「でも，（仕事が忙しくて）デスクで食べることが多くなるんじゃない？」と述べ，それに対しAも「そうだね。仕事の量がかなり多くなりそうだし」と述べている。よって，男性の仕事が今後かなり忙しくなるだろうことがわかるので，my workload is going to be pretty heavyを **become much busier** と言い換えた**1**が正解。

No.4 正解 **4**

放送文 *A:* I'm going next door to see Carol. I'll be back in an hour. *B:* Sure. By the way, how is she doing after her surgery? *A:* She's doing much better, but she still has trouble moving around. Today, I'm going to do a little cleaning and prepare some food for her that she can just heat up. *B:* I'm sure she appreciates your help. *A:* I think she does. The other day, she got me a gift certificate to a spa so I can get a massage.

Question: Why is the woman visiting her neighbor?

訳 A：隣のキャロルに会いに行ってくるよ。1時間で戻るよ。 B：わかった。ところで彼女の手術後の様子はどうなの？ A：だいぶ良くなっているけど，まだ動き回るのが大変みたい。今日は少し掃除をして，温めるだけでできる食事を用意してあげようと思っているんだ。 B：彼女はきっと君の助けに感謝していると思うよ。 A：そうだと思うよ。この間，マッサージが受けられるスパのギフト券を買ってくれたの。

質問の訳 なぜ女性は隣人を訪ねるのか。

選択肢の訳 **1** 彼女にマッサージをしてあげるため。 **2** 食べ物を買うため。

3 彼女に商品券をあげるため。　**4** 家事をするため。

解説 1往復目でB（＝男性）が「彼女（＝隣人のキャロル）の手術後の様子はどうなの？」とたずねると，A（＝女性）は「だいぶ良くなっているけど，まだ動き回るのが大変みたい」と述べたあと，「今日は少し掃除をして，温めるだけでできる食事を用意してあげようと思っているんだ」と述べている。よって，Aが手術後のキャロルを気づかって，キャロルの家事を手伝ってあげている状況であることがわかるので，do a little cleaning and prepare some food for her that she can just heat up を do some housework と言い換えた**4**が正解。

No.5 正解 **3**

放送文 *A:* Alan, the printer is giving me that error message again.　*B:* Are you sure the paper is the right size?　*A:* Of course. I've checked it several times. *B:* This is ridiculous. We just bought that printer two weeks ago. I'll call the computer shop and ask them to replace it.　*A:* I think we should try to get a refund instead. I've seen reviews saying this brand's printers frequently need to be repaired.　*B:* OK, I'll look into it. We can use our old one until we decide which model we want to buy.

Question: What will the man probably do first?

訳 A：アラン，プリンターがまたエラーメッセージを出しているんだけど。　B：用紙のサイズが合ってるか確認した？　A：もちろん。何度も確認したわ。　B：馬鹿げているよ。そのプリンターは2週間前に買ったばかりなのに。コンピューターショップに電話して交換してもらうよ。　A：返金してもらったほうがいいんじゃない？　このブランドのプリンターは頻繁に修理が必要だというレビューを見たことがあるのよ。　B：わかった，調べてみるよ。どの機種を買うか決めるまで，古い機種を使えばいいんだし。

質問の訳 男性はおそらくまず何をするか。

選択肢の訳 **1** プリンターを交換してくれるように店に依頼する。　**2** 古いプリンターを修理してもらう。　**3** 店から返金してもらうようにする。　**4** 店に行って他の機種を確認する。

解説 1～2往復目のやりとりから，たびたびエラーメッセージが出て，2週間前に買ったばかりのプリンターの調子がよくない状況であることがわかる。2往復目でB（＝Alan）が「コンピューターショップに電話して交換してもらうよ」と述べたのに対し，A（＝女性）が「返金してもらったほうがいいんじゃない？」と提案すると，Bは「わかった」と同意し，「（返金してもらうにはどうすればいいか）調べてみるよ」と述べている。よって，男性はプリンターを返品して店から返金してもらうことを考えていることがわかるので，get a refund を get money back from the shop と言い換えた**3**が正解。

No.6 正解 **2**

放送文 *A:* How was your business trip to Tokyo last week?　*B:* It was a disaster.　*A:* What happened? Did the client back out of the deal?　*B:* No, but their lawyer objected to the wording of the contract, and there was a big delay while we modified the text. Then, before we could finalize the deal, we had an emergency at headquarters, and I had to return immediately.　*A:* That's awful.

B: Yes. I'm going to have to go back to Tokyo in a couple of weeks.

Question: What was one problem the man had during his trip?

> **訳**　A：先週の東京出張はどうだった？　B：最悪だったよ。　A：何があったの？クライアントが契約から手を引いたとか？　B：そうじゃないけど，先方の弁護士が契約書の文言に異議を唱えて，文章を修正している間に，大幅な遅れが生じちゃったんだ。その後，契約をまとめる前に本社で緊急事態が発生しちゃって，ぼくはすぐに戻らなければならなかったんだ。　A：それは大変だったね。　B：うん。2週間後に，また東京に戻らなければならないんだ。

> **質問の訳**　男性が出張中に困ったことの1つは何だったか。

> **選択肢の訳**　**1**　クライアントが契約をキャンセルした。　**2**　契約書を修正する必要があった。　**3**　弁護士は重大なミスを犯した。　**4**　彼は重要な会議に遅刻した。

> **解説**　1往復目でB（＝男性）が「（東京出張は）最悪だったよ」と述べたのに対し，2往復目でA（＝女性）が「何があったの？」とたずねている。これに対してBは「先方の弁護士が契約書の文言に異議を唱えて，文章を修正している間に，大幅な遅れが生じちゃったんだ」と述べ，さらに「契約をまとめる前に本社で緊急事態が発生しちゃって，ぼくはすぐに戻らなければならなかったんだ」とも述べている。よって，Bは東京出張中に，契約書の修正を迫られたが，契約前に本社に戻らなければならない状況になり困ったことがわかるので，modified the text を to be revised と言い換えた **2** が正解。

No.7　正解　**4**

> **放送文**　*A:* Hi, Nick. How's your new job going? *B:* Well, it's taking me a while to adjust. *A:* Are your responsibilities very different from your last job? *B:* No, but my boss is. She always says she's going to do things but then forgets about them! I'm constantly having to remind her about deadlines. *A:* That sounds frustrating. *B:* It sure is. Still, at least she isn't bothering me about my work. *A:* I guess things could be worse.

Question: What does the man say about his new job?

> **訳**　A：こんにちは，ニック。新しい仕事はどう？　B：そうだな，慣れるのに少し時間がかかっているかな。　A：前の仕事とは責務が大きく違うの？　B：いや，でも上司が違うんだ。彼女はいつもやるって言うんだけど，それを忘れちゃうんだ！　ぼくはいつも彼女に期限の念押しをしなければならないんだ。　A：それはイライラしそうだね。　B：そうなんだよ。それでも，少なくとも彼女はぼくの仕事のことで煩わせることはないんだけどね。　A：状況がさらに悪化する可能性もあると思うよ。

> **質問の訳**　男性は新しい仕事について何と言っているか。

> **選択肢の訳**　**1**　上司が彼を信用していない。　**2**　締め切りが非常に厳しい。　**3**　必要なスキルが不足している。　**4**　上司がきちんとしていない。

> **解説**　1往復目のやりとりから，B（＝Nick）の新しい仕事についての会話。2往復目でA（＝女性）から，「（新しい仕事は）前の仕事とは責務が大きく違うの？」とたずねられたBは，「いや，でも上司が違うんだ」と答えたあと，「彼女（＝新しい上司）はいつもやるって言うんだけど，それを忘れちゃうんだ！」と述べ，さらに「ぼくはいつも彼女に期限の念押しをしなければならないんだ」とも述べている。よって，Bは，上司がやるべきことや期限をよく忘れたりして，きちんとしていないことにイライラしていることがわ

かるので，forgets about them を not well organized と言い換えた**4**が正解。

No.8 正解 **3**

放送文 *A:* I'm thinking we should replace the sofa soon. It's getting pretty worn out. *B:* Do you want to check out that new furniture store down the road? *A:* Nah, I was thinking of just getting one online. That's usually much cheaper. *B:* Really? I'd rather we try a sofa out before actually buying it. *A:* I suppose you're right. Our budget isn't very large, though, so we'll probably have to put off the purchase until the store offers some discounts. *B:* Let's look around some other stores, too. They might have some good deals on.

Question: What will the couple probably do?

訳 Ａ：そろそろソファーを買い換えた方がいいんじゃないかと思っているんだ。だいぶくたびれてきたし。 Ｂ：道路沿いにある新しい家具屋さんに行ってみる？ Ａ：いや，ネットで買おうと思っているんだ。たいていは，そのほうがずっと安いよ。 Ｂ：そうなの？実際に買う前にソファーを試してみたいな。 Ａ：君の言うとおりだね。とはいえ，予算はそれほど多くないから，お店が値引きしてくれるまで買うのは見送ることになりそうだね。 Ｂ：他の店もいくつか見てみようよ。掘り出し物があるかもしれないよ。

質問の訳 夫婦はおそらくどうするか。

選択肢の訳 **1** すぐに新しいソファーを手に入れる。 **2** ネットでソファーを購入する。 **3** セール中のソファーを探す。 **4** 今使っているソファーを修理する。

解説 1往復目のＡ（＝男性）の発言から，ソファーの買い替えについて話している場面とわかる。1往復目でＢ（＝女性）が道路沿いにある新しい家具屋に行くことを提案すると，Ａは「いや，ネットで買おうと思っているんだ」と述べている。しかし，Ｂが「実際に買う前にソファーを試してみたいな」と言うと，Ａも「君の言うとおりだね」と同意し，「お店が値引きしてくれるまで買うのは見送ることになりそうだね」と述べている。さらに，Ｂも「他の店もいくつか見てみようよ。掘り出し物があるかもしれないよ」と述べているので，夫婦は値引きされたソファーを探すつもりであることがわかるので，some discounts を on sale と言い換えた**3**が正解。

No.9 正解 **3**

放送文 *A:* It's so warm today! Hard to believe it's February. I could even go for some ice cream. *B:* Today is lovely, but the weather report says we may get a big snowstorm this weekend. *A:* Are you kidding? That would be a temperature drop of nearly 20 degrees. *B:* We'd better check how much food and water we have and go to the grocery store if necessary. *A:* Good idea. After getting snowed in at our cabin last year, I want to make sure we're stocked up just in case.

Question: What does the man suggest?

訳 Ａ：今日はすごく暖かいね！ 2月とは思えない。アイスクリームでも食べに行きたいくらいよ。 Ｂ：今日はいい天気だけど，天気予報によると週末は大雪になるかもしれないみたいだよ。 Ａ：冗談でしょう？ 気温が20度近く下がることになるわ。 Ｂ：食べ物と水の量を確認して，必要なら食料品店に行っておいたほうがいいね。 Ａ：いい考えね。去年は山小屋で雪に見舞われたから，念のため備蓄はしておきたいわね。

質問の訳 男性は何を提案しているか。

選択肢の訳 **1** 天気予報をチェックする。 **2** 週末に山小屋に行く。 **3** 緊急のための物資を準備する。 **4** アイスクリームを食べに行く。

解説 1往復目でB（＝男性）は「天気予報によると週末は大雪になるかもしれないみたいだよ」と述べ，2往復目では「（大雪に備えて）食べ物と水の量を確認して，必要なら食料品店に行っておいたほうがいいね」と提案している。よって，check how much food and water we have and go to the grocery store if necessary を preparing emergency supplies と言い換えた**3**が正解。

No.10 正解 **1**

放送文 *A:* Good morning, Ms. Redfield. I just got a call from Irene. She says she needs to take a half day off this morning. *B:* Again? That's the second time this week. *A:* Yes. I'm a bit worried. She's also been late quite a few times in the last couple of months. *B:* She's quite skilled with computers, though, and the clients seem very satisfied with her. I *am* concerned about her motivation, however. It might be best to have a talk with her, in case she's considering leaving the company. *A:* I'll set up a meeting.

Question: What does the woman imply about Irene?

訳 A：おはようございます，レッドフィールドさん。アイリーンから電話がありました。今朝は半休を取りたいそうです。 B：またですか？ 今週2回目ですよ。 A：はい。ちょっと心配しています。ここ数か月，彼女は何度も遅刻しているし。 B：彼女はコンピューターの扱いにはかなり長けているし，クライアントもとても満足しているようですけどね。ただ，彼女のモチベーションが心配ですね。万が一退職を考えているようなら，一度話をしたほうがいいかもしれませんね。 A：面談の機会を設けます。

質問の訳 女性はアイリーンについて何をほのめかしているか。

選択肢の訳 **1** 仕事への熱意を欠いている。 **2** 解雇されるだろう。 **3** クライアントに不評だ。 **4** コンピューターのスキルを向上させる必要がある。

解説 1〜2往復目のやりとりから，A（＝男性）とB（＝Ms. Redfield）が，アイリーンの勤務態度について懸念を抱いている場面。1往復目でBは「また（半休）ですか？ 今週2回目ですよ」と述べ，Aが「ここ数か月，彼女は何度も遅刻している」と述べると，Bは「彼女のモチベーションが心配ですね」と述べている。よって，Bは，遅刻や半休を繰り返すアイリーンは仕事への熱意を欠いていると感じていることがわかるので，concerned about her motivation を lacks enthusiasm for her job と言い換えた**1**が正解。

No.11 正解 **4**

放送文 *A:* Hey, Jack! How was your trip to the Yucatán? *B:* Great. Check out these paintings I picked up. *A:* Wow! They're gorgeous! Did you find them at a local gallery? *B:* No, I got them from artists at local markets, and they were unbelievably cheap. *A:* Well, you should get better frames for them before you put them on the wall. *B:* Actually, I looked into that today. They cost 10 times what the paintings did, so I'm hesitant. *A:* I really think they deserve better than these cheap frames, don't you?

Question: What does the woman say about the paintings?

訳 A：あら，ジャック！　ユカタンへの旅はどうだった？　B：すばらしかったよ。ぼくが買ったこの絵を見て。　A：わあ！　とってもすてきね！　地元のギャラリーで見つけたの？　B：いいや，地元のマーケットでアーティストから買ったんだけど，信じられないくらい安かったよ。　A：ええと，壁に飾る前に，もっといい額縁を買ったほうがいいと思うわ。　B：実は今日，それを調べてみたんだ。額縁は絵の10倍もするから，ちょっと躊躇してるんだ。　A：こんな安っぽい額縁より，もっといい額縁で飾ったほうが絶対いいと思うわ。

質問の訳　女性はその絵について何と言っているか。

選択肢の訳　**1**　男性は絵を売って利益を得ようとするべきだ。　**2**　絵は画廊に飾られるべきだ。　**3**　男性は絵の価値を知るべきだ。　**4**　絵は適切に展示されるべきだ。

解説　1往復目のやりとりから，B（＝Jack）が旅行で買った絵をA（＝女性）に見せている場面だとわかる。2往復目でAは「わあ！　とってもすてきね！」と述べ，3往復目では「壁に飾る前に，もっといい額縁を買ったほうがいいと思うわ」，さらに4往復目でも「こんな安っぽい額縁より，もっといい額縁で飾ったほうが絶対いいと思うわ」と述べている。よって，Aは，その絵はとても美しく，その美しさにふさわしい額縁で展示すべきだとBに伝えていることがわかるので，should get better frames for them や deserve better than these cheap frames を displayed properly と言い換えた**4**が正解。

No.12　正解　**2**

放送文 *A:* Hey, Joseph? There's no water coming from the faucet. *B:* Oh, right, they're inspecting the pipes down the street. *A:* What? That's news to me. *B:* Sorry, I forgot to tell you. There won't be any water until 7 p.m. We got a couple of notices about it while you were out of town. *A:* Why didn't you tell me earlier? I wanted to wash some clothes tonight for work tomorrow. *B:* I'm sorry. I did prepare some bottles of water, so we have enough for cooking and drinking. *A:* That's something, at least.

Question: Why does the man apologize to the woman?

訳 A：ねえ，ジョセフ？　蛇口から水が出ないんだけど。　B：そうなんだよ，通りの水道管を点検してるんだ。　A：え？　それは初耳だよ。　B：ごめん，言うの忘れてた。午後7時まで水は出ないんだ。君が留守の間に何度か水道管点検についてのお知らせがあったんだ。　A：どうしてもっと早く言ってくれなかったの？　明日の仕事のために，今夜服を洗濯したかったのに。　B：ごめん。水のボトルを何本か用意したから，料理をしたり飲んだりするのには十分な水はあるんだ。　A：ともかく，それは良かったわ。

質問の訳　なぜ男性は女性に謝るのか。

選択肢の訳　**1**　水筒に水を入れるのを忘れた。　**2**　水が止まることを彼女に言わなかった。　**3**　水道管点検のお知らせをなくしてしまった。　**4**　水道管を傷つけた。

解説　1往復目でB（＝Joseph）から，通りの水道管の点検で断水していることを聞いたA（＝女性）は，「え？　それは初耳だよ」と述べ，それに対してBが「ごめん，言うの忘れてた。午後7時まで水は出ないんだ。君が留守の間に何度か水道管点検についてのお知らせがあったんだ」と謝っている。よって，Bは水道管点検で断水になるのをAに言い忘れていたことを謝っていることがわかるので，forgot to tell you を did not tell her と，また

there won't be any water を the water would be turned off と言い換えた**2**が正解。

指示文の訳 それでは，これから Part 2 の指示を行います。このパートでは (A) から (F) までの 6 つの文章が放送されます。それぞれの文章に続いて，No.13 から No.24 まで質問が 2 つずつ流れます。それぞれの質問に対して，最も適切な答えを選んで解答用紙にマークする時間が 10 秒あります。文章と質問は 1 度しか読まれません。それでは始めます。

(A)

放送文 *The Three Sisters*

For centuries, Native Americans all over North America grew corn, beans, and squash, which were often called the Three Sisters. The Three Sisters were planted together because of the strong benefits that the combination brings. When beans are grown with corn, the corn provides support for the beans as they climb up to get more sunlight. Additionally, squash keeps weeds away, and beans increase the amount of the beneficial chemical nitrogen in the soil. To make the combination work, however, planting each crop at the time when it will most help the others is essential.

In the distant past, Native American farmers were even able to grow the Three Sisters in the desert areas of the American southwest, but, unfortunately, most of this knowledge has been lost. Some Native Americans are currently working to rediscover the techniques that would allow them to grow the vegetables in very dry conditions.

Questions No.13 What is one thing that we learn about growing the Three Sisters?

No.14 What are some Native Americans trying to do now?

訳 スリー・シスターズ

何世紀にもわたり，北米中のネイティブ・アメリカンたちは，トウモロコシ，マメ，カボチャを栽培していたが，それらはしばしばスリー・シスターズと呼ばれていた。スリー・シスターズが一緒に植えられたのは，この組み合わせがもたらす強いメリットのためである。トウモロコシと一緒に豆を栽培すると，トウモロコシは，マメがより多くの日光を浴びるためによじ登る際の支えとなる。さらに，カボチャは雑草を寄せ付けず，マメは土壌中の有益な化学物質である窒素の量を増やす。ただし，この組み合わせをうまく機能させるには，それぞれの作物が他の作物に最も役立つ時期に植えることが不可欠である。

遠い昔，ネイティブ・アメリカンの農民たちは，アメリカ南西部の砂漠地帯でスリー・シスターズを栽培することさえできていたが，残念なことに，この知識はほとんど失われてしまった。現在，一部のネイティブ・アメリカンたちが，非常に乾燥した条件下でも野菜を栽培できるであろうその技術を再発見しようと努力している。

No.13 正解 1

質問の訳 スリー・シスターズの栽培についてわかることの1つは何か。

選択肢の訳 **1** それぞれの作物がいつ植えられるかが重要だ。 **2** 北アメリカのごく限られた地域でしか育たない。 **3** 雑草に打ち勝つのが難しい。 **4** 植物と植物の間にスペースが必要だ。

解説 スリー・シスターズの栽培について，第1段落第2文で「スリー・シスターズが一緒に植えられたのは，この組み合わせがもたらす強いメリットのためである」と述べたうえで，第1段落最終文で「ただし，この組み合わせをうまく機能させるには，それぞれの作物が他の作物に最も役立つ時期に植えることが不可欠である」と述べられている。よって，スリー・シスターズのそれぞれの作物が植えられる時期が重要であることがわかるので，planting each crop at the time when it will most help the others を When each of the crops is planted と，また essential を important と言い換えた**1**が正解。

No.14 正解 4

質問の訳 今，一部のネイティブ・アメリカンの人々は何をやろうとしているか。

選択肢の訳 **1** より近代的な栽培技術を用いる。 **2** 砂漠で栽培できる新しい植物を見つける。 **3** スリー・シスターズの育て方を他の人に教える。 **4** 忘れられた栽培方法を回復する。

解説 今，一部のネイティブ・アメリカンの人々がやろうとしていることについて，第2段落最終文で「現在，一部のネイティブ・アメリカンたちが，非常に乾燥した条件下でも野菜を栽培できるであろうその技術を再発見しようと努力している」と述べられている。よって，rediscover を recover と，また the techniques that would allow them to grow the vegetables in very dry conditions を growing methods と言い換えた**4**が正解。

(B)

放送文 *Children in Cities*

In previous generations, children generally had more freedom to explore their surroundings. These days, parents commonly prohibit children from taking walks, crossing streets, or even playing at playgrounds unsupervised. Author Tim Gill argues children today would benefit from being allowed to do things on their own. However, he acknowledges that since modern cities have become increasingly dangerous places, it is difficult for parents to avoid setting strict rules for children.

Gill believes design is the key to making cities child friendly. Cities are currently designed to allow people to travel easily by car, but cars are one of the greatest threats to children's safety. Rather than simply building more playground spaces, Gill wants to make cities safer for children to move through. While completely rebuilding cities is not realistic in the short term, Gill suggests that easier measures such as turning streets into car-free zones for a short time each week could have immediate benefits.

Questions *No.15* What does Tim Gill imply about modern parents?

No.16　What is one thing Gill suggests that cities do?

訳　都市の子どもたち

　以前の世代では，子どもたちはたいていはもっと自由に周囲を探検していた。最近では，親は子どもたちに，散歩したり通りを渡ったり，監視のない遊び場で遊んだりすることさえ禁じている。著述家のティム・ギルは，現代の子どもたちは，自分で何かをすることを許された方が有益だと主張する。しかしながら彼は，現代の都市はますます危険な場所になっているため，親が子どもたちに厳しいルールを設けないようにするのは難しいとも認めている。

　ギルは，デザインこそが子どもに優しい都市を作るカギだと考えている。現在，都市は人々が車で簡単に移動できるように設計されているが，車は子どもたちの安全にとって最大の脅威のひとつである。ギルは，単に遊び場を増やすのではなく，子どもたちがより安全に移動できる都市にしたいと考えている。都市を完全に再構築することは短期的には現実的ではないが，毎週短時間，道路を自動車乗り入れ禁止区域にするなどの簡単な対策で，すぐに効果が得られるとギルは提案している。

No.15　正解　**2**

質問の訳　現代の親について，ティム・ギルは何を暗示しているか。

選択肢の訳　**1**　子どもの安全を十分に考えていない。　**2**　しばしば子どもに厳しいルールを設けることを強いられる。　**3**　子どもと過ごす時間をもっと増やすべきだ。　**4**　子どもにいろいろな経験をさせている。

解説　現代の親に関するティム・ギルの考えについて，第1段落第3文では「ティム・ギルは，現代の子どもたちは，自分で何かをすることを許された方が有益だと主張する」と述べられている一方，次の文では「彼（＝ティム・ギル）は～親が子どもたちに厳しいルールを設けないようにするのは難しいとも認めている」と述べられている。よって，ティム・ギルは，やむを得ないながらも，親が子どもに厳しいルールを設けている現状があると考えていることがわかるので，setting strict rules for children を set strict rules for their children と表した**2**が正解。

No.16　正解　**1**

質問の訳　ギルが都市に提案していることの1つは何か。

選択肢の訳　**1**　通りが自動車通行禁止になる時間を設定する。　**2**　遊び場から駐車場をなくす。　**3**　都市の中心部の外側に新しい道路を作る。　**4**　デザインを変えて車をより安全にする。

解説　ギルが都市に提案していることについて，第2段落最終文で「毎週短時間，道路を自動車乗り入れ禁止区域にするなどの簡単な対策で，すぐに効果が得られるとギルは提案している」と述べられている。ギルは，通りが自動車通行禁止になる時間を設定することを提案していることがわかるので，turning streets into car-free zones for a short time を set times when streets are closed to cars と言い換えた**1**が正解。

(C)

放送文　*Art in the Amazon*

　An enormous collection of primitive paintings discovered in the Amazon jungle

is causing debate among scientists. Thousands of images have been discovered on rock walls, and the team of researchers who discovered them believe that they include representations of extinct creatures that disappeared after the Ice Age ended. If so, the artists may have been the first humans ever to reach the Amazon region, arriving before it was covered in rain forest. Many of the larger animals appear to be surrounded by men with their hands raised in the air, and it is suspected the animals were being worshipped.

Other scientists, however, have expressed doubts regarding the age of the paintings. Since the images are extremely well-preserved, these critics believe it is likely they were painted centuries rather than millennia ago. Furthermore, since the images lack detail, the scientists argue that they might represent creatures brought to the Americas by Europeans.

Questions No.17 What does the team of researchers believe about the paintings?

No.18 What do some other scientists think about the paintings?

訳 アマゾンのアート

アマゾンのジャングルで発見された原始絵画の膨大なコレクションが，科学者たちの間で議論を呼んでいる。岩壁に描かれた何千枚もの絵が発見され，発見者の研究チームは，それらには氷河期が終わった後に姿を消した絶滅生物の絵が含まれていると考えている。もしそうだとすれば，それを描いた画家たちは，熱帯雨林に覆われる前にアマゾン地域に到達した最初の人類だったのかもしれない。大きな動物の多くは，両手を上げた男性たちに囲まれているように見え，動物が崇拝されていたのではないかと推測されている。

しかし，他の科学者たちは，その絵の年代について疑問を呈している。これらの絵は非常に保存状態が良いので，批評家たちは，数千年前ではなく数世紀前に描かれた可能性が高いと考えているのだ。さらに，この絵は細部まで描かれていないため，科学者たちは，ヨーロッパ人がアメリカ大陸に持ち込んだ生物を表しているのではないかと主張している。

No.17 正解 **3**

質問の訳 研究者のチームはこの絵についてどう考えているか。

選択肢の訳 **1** 熱帯雨林がどのように形成されたかを説明している。 **2** 初期の人類がどのような姿をしていたかを示している。 **3** 絶滅した生物を含んでいる。 **4** 宗教的な儀式に使われた。

解説 研究者のチームのこの絵に関する考えについて，第1段落第2文では「岩壁に描かれた何千枚もの絵が発見され，発見者の研究チームは，それらには氷河期が終わった後に姿を消した絶滅生物の絵が含まれていると考えている」と述べられている。よって，extinct creatures that disappeared を **creatures that have died out** と言い換えた**3**が正解。

No.18 正解 **4**

質問の訳 他の科学者たちはこの絵についてどう考えているか。

選択肢の訳 **1** 保存する必要はない。 **2** おそらくヨーロッパ人によって作られた。 **3** 昔はもっと細かく描かれていた。 **4** 何千年も前のものではない。

解説 他の科学者たちのこの絵に関する考えについて，第2段落第1文で「他の科学者

たちは，その絵の年代について疑問を呈している」と述べられ，次の文でも「数千年前ではなく数世紀前に描かれた可能性が高いと考えている」と述べられている。よって doubts regarding the age of the paintings を not thousands of years old と言い換えた **4** が正解。

(D)

放送文 *Milton Berle*

Milton Berle was one of America's most famous comedians. He was successful on stage and in films, and in the 1940s, he began hosting one of the world's first television programs. Berle's variety show was known for its silly comedy and wide range of guest performers. Televisions were rare luxury items when it began, but the program was such an incredible hit that it became a driving reason behind the huge increase in TV ownership.

As well as his pioneering work as an entertainer, Berle also fought for civil rights, famously helping to break down barriers against Black performers appearing on TV. When an advertiser tried to prevent a Black dance group from appearing on his show, Berle refused to perform until the advertiser gave in and the dancers were allowed on. Berle also set a record for appearing in more charity performances than any other performer.

Questions *No.19* What is one thing that we learn about Milton Berle's TV show?

No.20 What is one thing Berle was known for?

訳 ミルトン・バール

ミルトン・バールはアメリカで最も有名なコメディアンの一人だった。舞台や映画で成功を収め，1940年代には，世界最初のテレビ番組の1つの司会を始めた。バールのバラエティ番組は，おバカなコメディと幅広いゲスト出演者で知られていた。番組が始まった当時，テレビは稀少な高級品だったが，この番組は驚異的なヒットを記録し，テレビの所有者が激増する原動力となった。

エンターテイナーとしての先駆的な仕事だけでなく，バールは公民権運動のためにも闘い，黒人のパフォーマーがテレビに出演するのを阻む障壁を取り除くのに貢献したことでも有名である。ある広告主が，黒人ダンスグループが彼のショーに出演するのを阻止しようとしたとき，広告主が折れてダンサーたちの出演が認められるまで，バールは出演を拒否した。バールはまた，どのパフォーマーよりも多くのチャリティー・パフォーマンスに出演した記録も作った。

No.19 正解 **4**

質問の訳 ミルトン・バールのテレビ番組についてわかることの1つは何か。

選択肢の訳 **1** 人気のある映画が原作だった。 **2** たくさんの豪華商品をプレゼントした。 **3** 毎週お笑いコンテストがあった。 **4** 多くの人がテレビを買うきっかけになった。

解説 ミルトン・バールのテレビ番組について，第1段落最終文で「番組が始まった当時，テレビは稀少な高級品だったが，この番組は驚異的なヒットを記録し，テレビの所有者が

激増する原動力となった」と述べられており，ミルトン・バールのテレビ番組を見るために，当時は稀少な高級品だったテレビを多くの人々が買うようになったことがわかる。よって，became a driving reason behind the huge increase in TV ownership を led many people to buy TV sets と言い換えた **4** が正解。

No.20 正解 **2**

質問の訳 バールが有名だったことの1つは何か。

選択肢の訳 **1** 黒人パフォーマーを支援するチャリティーを始めたこと。 **2** テレビ業界における人種差別と闘ったこと。 **3** 彼が制作したユニークな広告。 **4** 素晴らしいダンスの技能。

解説 バールが有名だったことについて，第2段落第1文では「バールは公民権運動のためにも闘い，黒人のパフォーマーがテレビに出演するのを阻む障壁を取り除くのに貢献したことでも有名である」と述べられ，次の文でも，黒人ダンスグループの出演を広告主が阻止しようとしたとき，そのグループの出演が認められるまで，バールが出演を拒否したことが述べられている。よって，break down barriers against Black performers appearing on TV を fighting racism in the TV industry と言い換えた **2** が正解。

(E)

放送文 *Déjà Vu*

The term "déjà vu" refers to a person's feeling that they have already experienced the situation they are currently in. While causes for déjà vu have been proposed since the nineteenth century, little research was done on it until the 2000s, when the scientist Alan Brown studied the phenomenon. He found that people experience it less as they age and that it is usually triggered by a location or setting.

More recently, researchers used virtual reality to study déjà vu. They had subjects enter virtual environments, such as bowling alleys or subway stations. Some of these spaces were laid out similarly—for example, pieces of furniture with similar shapes but different appearances were arranged in the same positions. The researchers found subjects were more likely to feel déjà vu when entering new spaces that were organized like spaces they had previously entered. Still, they say this is likely just one of many factors that cause déjà vu.

Questions No.21 What was one of Alan Brown's findings about déjà vu?

No.22 In the virtual reality study, what led some subjects to experience déjà vu?

訳 デジャヴ

デジャヴとは，現在自分が置かれている状況をすでに経験したことがあると感じることを指す。デジャヴの原因は19世紀から提唱されているが，2000年代に科学者のアラン・ブラウンがこの現象を研究するまで，ほとんど研究されていなかった。ブラウンは，年齢を重ねるにつれてデジャヴを体験することが減少すること，そしてデジャヴは通常，場所や設定によって引き起こされることを発見した。

最近では，研究者たちがバーチャル・リアリティーを使ってデジャヴを研究した。彼らは，被験者にボーリング場や地下鉄の駅などのバーチャルな環境に入ってもらった。これらの

77

スペースのいくつかは，例えば，形は似ているが見た目は異なる家具が同じ位置に配置されているなど，同じようにレイアウトされていた。研究者たちは，被験者が以前入ったことのある空間と同じように構成された新しい空間に入るとデジャヴを感じやすいことを発見した。しかし，研究者たちは，これはデジャヴを引き起こす多くの要因のひとつに過ぎない可能性が高いと言っている。

No.21 正解 **1**

質問の訳 アラン・ブラウンのデジャヴについての発見の1つは何だったか。

選択肢の訳 **1** 若い人にほどよく起こる。 **2** 以前の研究では，主に男性を被験者としていた。 **3** 19世紀以降により多く見られるようになった。 **4** 人々はしばしば他の感情と間違える。

解説 アラン・ブラウンのデジャヴについての発見について，第1段落第3文では「ブラウンは，年齢を重ねるにつれてデジャヴを体験することが減少すること〜を発見した」と述べられており，ブラウンは，年を取るほどデジャヴを体験することが減少し，逆に，若い人ほどよくデジャヴを体験することを発見したことがわかる。よって，experience it less as they age を occurs more often when people are younger と言い換えた **1** が正解。

No.22 正解 **4**

質問の訳 バーチャル・リアリティーの研究で，一部の被験者にデジャヴを体験させたものは何だったか。

選択肢の訳 **1** 大きな公共の場所を探索すること。 **2** 全く同じ家具が置かれた空間を見ること。 **3** 異なる空間で同じ行動をすること。 **4** 見慣れたレイアウトの空間に入ること。

解説 バーチャル・リアリティーの研究について，第2段落第4文では「研究者たちは，被験者が以前入ったことのある空間と同じように構成された新しい空間に入るとデジャヴを感じやすいことを発見した」と述べられており，被験者が見慣れたレイアウトの空間に入るとデジャヴを体験しやすいことがわかる。よって，new spaces that were organized like spaces they had previously entered を a space with a familiar layout と言い換えた **4** が正解。

(F)

放送文 *The English Longbow*

During medieval times, one of the deadliest weapons used by English armies was the longbow. About two meters in length, this powerful weapon allowed an archer to fire extremely rapidly, shooting up to six arrows per minute. A variety of arrows were used, such as the bodkin and the broadhead. The bodkin arrow was the most common, and its narrow tip could pass through most kinds of armor. The larger broadheads, on the other hand, caused more-devastating wounds to lightly armored enemies.

Though highly effective, the longbow required years of practice to master. Since it was an essential tool for English armies, King Henry VIII even passed a

law requiring that all healthy males train regularly in its use. Examinations of the skeletons of longbowmen have found that this training actually altered them physically. Bones in their arms became thickened, and their spines became twisted through constant use of the bow.

Questions *No.23* What is one thing that we learn about bodkin arrows?

No.24 What does the speaker say about King Henry VIII?

訳 イングランドの長弓

中世の時代，イングランド軍が使用した最も致命的な武器のひとつが長弓だった。長さ約2メートルのこの強力な武器は，1分間に最大6本の矢を放つという極めて速い射撃を可能にした。ボドキンやブロードヘッドなど，さまざまな矢が使われた。ボドキン矢は最も一般的で，先端が細く，ほとんどの鎧を貫くことができた。一方，大型のブロードヘッドは，軽装甲の敵に致命的な傷を負わせた。

長弓は非常に効果的ではあったが，使いこなすには長年の練習が必要だった。イングランド軍にとって必要不可欠な道具であったため，ヘンリー8世は，健康な男子は全員，長弓の使い方を定期的に訓練することを義務づける法律まで制定した。長弓使いの骨格を調べたところ，この訓練が彼らに実際に肉体的な変化をもたらしたことがわかった。腕の骨は太くなり，背骨は弓を使い続けることでねじれたのだった。

No.23 正解 **2**

質問の訳 ボドキン矢についてわかることの1つは何か。

選択肢の訳 **1** 他の矢よりも速く飛ぶ。 **2** 鎧に有効だった。 **3** 最も長いタイプの矢だった。 **4** 一般的に鋼鉄で作られていた。

解説 ボドキン矢について，第1段落第4文では「先端が細く，ほとんどの鎧を貫くことができた」と述べられており，ボドキン矢が鎧に有効だったことがわかる。よって，could pass through most kinds of armor を **effective against armor** と言い換えた**2**が正解。

No.24 正解 **1**

質問の訳 話者はヘンリー8世について何と言っているか。

選択肢の訳 **1** 男性たちに長弓を使う練習をさせた。 **2** 長弓を射る名人だった。 **3** 長弓の攻撃で大怪我をした。 **4** 外国の軍隊に長弓を売った。

解説 ヘンリー8世について，話者は第2段落第2文で「ヘンリー8世は，健康な男子は全員，長弓の使い方を定期的に訓練することを義務づける法律まで制定した」と述べており，ヘンリー8世が男性たちに長弓を使う練習をさせたことがわかる。よって，passed a law requiring that all healthy males train regularly in its use を **forced men to practice using longbows** と言い換えた**1**が正解。

Part 3 一次試験・リスニング
(問題編pp.90～91)

指示文の訳 それでは最後に，Part 3の指示を行います。このパートでは(G)から(K)までの5つの文章が放送されます。英文は実生活における状況を述べたもので，効果音を含

むものもあります。それぞれの文章には，No.25からNo.29まで，質問が1問ずつ用意されています。それぞれの文章が流れる前に，問題冊子に書かれている状況の説明と質問を読む時間が10秒あります。文章を聞いた後に，最も適切な答えを選んで解答用紙にマークする時間が10秒あります。文章は1度しか読まれません。それでは始めます。

No.25 正解 **2**

放送文 *(G)* You have 10 seconds to read the situation and Question No.25.

OK, the Western is an all-leather backpack. It converts to a briefcase, so it's great for business environments. It's a bit heavy, though, so I wouldn't use it on long walks. The Dangerfield is a waxed canvas backpack that's water-resistant, so it's great for outdoor activities. It's also handsome enough for the office. The Spartan is also made of waxed canvas. It's very functional but a bit too sporty for professional contexts. The Winfield is a similar bag, but it's made of water-resistant leather. The thin strap can make it uncomfortable to carry for extended periods of time, though.

Now mark your answer on your answer sheet.

訳 *(G)* 状況と質問25を読む時間が10秒あります。

はい，ウエスタンはオールレザーのバックパックです。ブリーフケースに変形するので，ビジネスシーンに最適です。でもちょっと重いので，長く歩くときには使いません。デインジャーフィールドはワックス加工されたキャンバス地のバックパックで，防水加工が施されているので，アウトドアに最適です。見栄えがするデザインなので，オフィスでもお使いになれます。スパルタンもワックス加工されたキャンバス地でできています。とても機能的ですが，仕事用には少しスポーティーすぎます。ウィンフィールドも似たようなバッグですが，こちらは防水レザー製です。ストラップが細いので，長時間の持ち運びには不向きかもしれませんが。

それでは，解答用紙に答えをマークしなさい。

状況の訳 あなたは今度の出張で使うバッグが必要だ。また，休日にはそのバッグを使ってハイキングに行くつもりだ。店員はあなたに次のように言っている。

質問の訳 あなたはどのバッグを買うべきか。

選択肢の訳 **1** ウエスタン。 **2** デインジャーフィールド。 **3** スパルタン。 **4** ウィンフィールド。

解説 Situationからわかるのは，①「あなた」は今度の出張で使うバッグを必要としていることと，②「あなた」は休日にはそのバッグを使ってハイキングに行くつもりだということ。店員は，第2文でウエスタンについて「ビジネスシーンに最適です」と述べているので，出張に使うことができ①には合致する。しかし次の文で「ちょっと重いので，長く歩くときには使いません」と述べており，ハイキングには向かないので②には合致しない。店員は，第4文でデインジャーフィールドについて「防水加工が施されているので，アウトドアに最適です」と述べているので②に合致し，さらに次の文で「見栄えがするデザインなので，オフィスでもお使いになれます」と述べているので，①にも合致する。よって，**2**が正解。店員は，第7文でスパルタンについて「仕事用には少しスポーティーすぎます」と述べているので，①に合致せず不適切。店員は，最終文でウィンフィールドについて「長時間の持ち運びには不向き」と述べているので，②に合致せず不適切。

No.26　正解　**2**

放送文 *(H)*　You have 10 seconds to read the situation and Question No.26.

Nearest to the airport are SKM Budget Parking and the Vanier Plaza Hotel. They both offer covered parking lots that feature security patrols. SKM Budget Parking is the better deal at $13 per day. It only offers short-term parking, though, for up to a week max. If your trip is longer than that, you could pay a $17 rate at the Vanier Plaza Hotel. If an open, non-patrolled parking lot is acceptable, then Nelson Street Skypark offers parking for $9 per day. Another option would be the Econolodge, which is $19 per day. It's indoors and quite safe, though it's a little far.

Now mark your answer on your answer sheet.

訳 *(H)*　状況と質問26を読む時間が10秒あります。

空港に最も近いのは、SKMバジェット・パーキングとバニエ・プラザ・ホテルだよ。どちらも屋根付き駐車場で、警備員が巡回している。SKMバジェット・パーキングの方が1日13ドルとお得だ。ただし、そこは最長1週間までの短期駐車場しかないけど。それ以上の旅行なら、バニエ・プラザ・ホテルで17ドル払うこともできる。警備員の巡回のない露天駐車場でもいいなら、ネルソン・ストリート・スカイパークが1日9ドルで駐車場を提供している。もうひとつの選択肢はエコノロッジで、1日19ドル。少し遠いけど、屋内でかなり安全だよ。

それでは、解答用紙に答えをマークしなさい。

状況の訳　あなたは空港の近くに16日間駐車する必要がある。最安値ですませたいが、車が傷つくのが心配だ。友人が（駐車場の）選択肢についてあなたに教えてくれている。

質問の訳　あなたはどの駐車場を利用すべきか。

選択肢の訳　**1**　SKMバジェット・パーキング。　**2**　バニエ・プラザ・ホテル。　**3**　ネルソン・ストリート・スカイパーク。　**4**　エコノロッジ。

解説　Situationからわかるのは、①「あなた」は空港の近くに駐車する必要があることと、②駐車期間は16日間であること、③「あなた」は最安値ですませたいが、車が傷つくのを心配していること。友人は、SKMバジェット・パーキングとバニエ・プラザ・ホテルについて「空港に最も近い」「どちらも屋根付き駐車場で、警備員が巡回している」と述べているので、①と、③の「車が傷つくのが心配」という要請には合致する。しかし、SKMバジェット・パーキングについては、第4文で「最長1週間までの短期駐車場しかない」と述べており、②に合致しないので不適切。バニエ・プラザ・ホテルについては「それ以上の旅行なら、バニエ・プラザ・ホテルで17ドル払うこともできる」と述べているので、②の「16日間」という要請にも合致する。バニエ・プラザ・ホテルの料金は17ドルで、9ドルのネルソン・ストリート・スカイパークより高いが、ネルソン・ストリート・スカイパークは「警備員の巡回のない露天駐車場」なので、③の「車が傷つくのが心配」という要請に合致せず不適切。よって、**2**が正解。エコノロッジは「少し遠い」と言っているので、①と合致せず、また、安全ではあるが「最安値」とは言えないので③とも合致しない。

No.27　正解　**3**

放送文 *(I)*　You have 10 seconds to read the situation and Question No.27.

Please look at the display. If the green light is blinking, this means it needs to be cleaned. To do this, simply remove the filter and clean it carefully. You can find a tutorial video on our website. If the blue light is flashing, the air conditioner may be overheating. In such a case, you can speed up cooling by leaving the panel open. Be sure to unplug the air conditioner before touching the unit. If this does not solve the problem, and you would like to schedule a service call by a technician, press 1.

Now mark your answer on your answer sheet.

訳 *(I)* 状況と質問27を読む時間が10秒あります。

　表示を見てください。緑色のランプが点滅している場合は，クリーニングが必要なことを意味します。クリーニングするには，フィルターを取り外し丁寧に洗浄してください。当社のウェブサイトでチュートリアルビデオをご覧いただけます。青いランプが点滅している場合は，エアコンがオーバーヒートしている可能性があります。このような場合は，パネルを開けたままにしておくと冷却を早めることができます。エアコンに触る前に必ずコンセントを抜いてください。それでも問題が解決せず，技術者による修理サービスをご希望の場合は，1を押してください。

　それでは，解答用紙に答えをマークしなさい。

状況の訳 エアコンが突然動かなくなり，青いランプが点滅している。カスタマーサポートに電話すると次のような録音メッセージが流れてきた。

質問の訳 あなたはまず何をすべきか。

選択肢の訳 **1** エアコンのフィルターを外す。　**2** エアコンのパネルを開ける。
3 エアコンの電源を切る。　**4** サービスの予約をする。

解説 Situationからわかるのは，①エアコンが突然動かなくなったことと，②青いランプが点滅していること。録音メッセージでは，第5文で「青いランプが点滅している場合は，エアコンがオーバーヒートしている可能性があります」と述べられ，第6文で「パネルを開けたままにしておくと冷却を早めることができます」と述べている。ただし，続く第7文では「エアコンに触る前に必ずコンセントを抜いてください」と述べているので，「あなた」がパネルを開ける前にまずすべきこととしては，unplugをdisconnectと言い換えた**3**が正解。

No.28 正解 **3**

放送文 *(J)* You have 10 seconds to read the situation and Question No.28.

I understand you've only read the September issue. I'll explain the others briefly. The July issue has an overview of the latest advancements in physics, centering on last year's breakthrough in the field of particle physics. The next issue focuses on recent genetic discoveries and various ongoing experiments with DNA and RNA, but unfortunately, this one is out of print. The October issue is also centered around research in genetics, especially its potential medical applications. Finally, if you'd like to deepen your understanding of modern geology, the November issue would be perfect. It thoroughly explains the current mainstream theories on volcano formation.

Now mark your answer on your answer sheet.

訳 *(J)* 状況と質問28を読む時間が10秒あります。

お客様は9月号しか読んでいらっしゃらないのですね。他の号について簡単にご説明申し上げます。7月号は，素粒子物理学の分野における昨年の飛躍的な前進を中心に，物理学における最新の進歩を概観しています。その次の号は，最近の遺伝子の発見と，DNAやRNAを使った現在進行中の様々な実験を中心としていますが，あいにくこちらは絶版です。10月号も遺伝学の研究，特に医療への応用の可能性に焦点を当てています。最後に，現代地質学についての理解を深めたいのであれば，11月号が最適です。火山形成に関する現在主流の理論を徹底的に解説しています。

それでは，解答用紙に答えをマークしなさい。

状況の訳 あなたは月刊科学雑誌のバックナンバーを注文したい。あなたは遺伝学に興味がある。あなたが雑誌社に電話すると，次のように言われた。

質問の訳 あなたはどの号を注文すべきか。

選択肢の訳 **1** 7月号。 **2** 8月号。 **3** 10月号。 **4** 11月号。

解説 Situationからわかるのは，①「あなた」は月刊科学雑誌のバックナンバーを注文したいことと，②「あなた」は遺伝学に興味があること。第3文で7月号は「物理学における最新の進歩を概観」と述べられており，②に合致せず不適切。続く第4文で「その次の号（＝7月号の次の号）は〜絶版です」と述べられているので8月号は注文できないから①に合致せず不適切。10月号については，第5文で「遺伝学の研究〜に焦点を当てています」と述べられているので，①，②ともに合致しており，**3**が正解。なお，最後から2文目から，11月号は現代地質学についてなので，②に合致せず不適切。

No.29　正解　**1**

放送文 *(K)*　You have 10 seconds to read the situation and Question No.29.

Bentham Foods is recalling all cans of its tuna sold from May 15 to July 1 because of suspected health risks. Customers who have consumed tuna from these cans are advised to call our recall hotline. For unopened cans, if you have one or more cases of 24 cans, please visit our website for instructions on how to arrange a pickup and a full refund. Customers with less than one case may exchange the cans or return them for a full refund at the store where they were purchased. The cans don't pose any risk while unopened, but please avoid consuming tuna from any cans bought during the affected dates.

Now mark your answer on your answer sheet.

訳 *(K)*　状況と質問29を読む時間が10秒あります。

ベンサム・フーズでは，健康被害の疑いがあるとして，5月15日から7月1日までに販売されたツナ缶の全量を回収いたします。これらの缶詰のツナをお召し上がりになったお客様は，リコール・ホットラインまでご連絡ください。未開封の缶詰については，24缶入りのケースを1ケース以上お持ちのお客様は，弊社ウェブサイトにて引き取りと全額返金のご手配の方法をご確認ください。1ケース未満の缶詰をお持ちのお客様は，購入された店舗にて，缶詰の交換または返品による全額の払い戻しを承ります。未開封であれば危険はありませんが，対象期間中に購入された缶詰のツナの摂取はお控えください。

それでは，解答用紙に答えをマークしなさい。

状況の訳 あなたは5月30日にスーパーマーケットでベンサム・フーズのツナ缶を5缶買った。あなたはテレビで次のようなアナウンスを聞いた。あなたはそのツナをまったく

食べていない。

質問の訳 あなたは何をすべきか。

選択肢の訳 **1** 缶詰を買った店に持っていく。 **2** ベンサム・フーズのリコール・ホットラインに電話する。 **3** 缶を引き取ってもらう手配をする。 **4** ベンサム・フーズのウェブサイトにアクセスし手順を確認する。

解説 Situationからわかるのは，①「あなた」は5月30日にスーパーマーケットでベンサム・フーズのツナ缶を5缶買ったことと，②「あなた」はそのツナをまったく食べていないこと。アナウンスの第4文では「1ケース（＝第3文から24缶）未満の缶詰をお持ちのお客様は，購入された店舗にて，缶詰の交換または返品による全額の払い戻しを承ります」と述べているので，「あなた」がすべきことは，缶詰を買った店に持っていくことであり，**1**が正解。

カードA 二次試験・面接
(問題編pp.92〜93)

指示文の訳 1分間，準備する時間があります。

これは，家族と一緒に暮らしていた大学生についての話です。

ストーリーのナレーションを行うのに与えられる時間は2分間です。

ストーリーは以下の文で始めてください。

ある日，大学生は母親と祖父と一緒にテレビを見ていました。

ナレーションの解答例 One day, a university student was watching TV with his mother and grandfather. The TV program was explaining that many elderly drivers were involved in traffic accidents. The grandfather looked concerned by this news and said that he should stop driving. The other family members agreed. The next week, the student was walking outside of ABC Driving School. He was holding a registration form for the school as he had decided to get a driver's license. A few months later, the grandfather and the mother were sitting at home. The student was proudly holding his driver's license and said to his grandfather that now he could drive him anytime. The grandfather seemed delighted to hear this. That weekend, the grandfather was looking at his calendar. He seemed pleased to have made many plans. The mother told her son that his grandfather had plans every weekend.

解答例の訳 ある日，大学生は母親と祖父と一緒にテレビを見ていました。テレビ番組では，大勢の高齢ドライバーが交通事故に巻き込まれていると説明していました。祖父はこのニュースを見て心配になった様子で，自分は運転するのをやめるべきだと言いました。他の家族は賛成しました。翌週，大学生はABC自動車教習所の外を歩いていました。彼は運転免許証の取得を決心していたため，教習所の登録用紙を手に持っていました。数か月後，祖父と母は家で腰掛けていました。大学生は得意げに自分の運転免許証を手に持ちながら，祖父にいつでも彼を車で送ることができると言いました。祖父はこれを聞いてとてもうれしそうでした。その週末，祖父はカレンダーを見ていました。彼はたくさんの予

定を入れていて満足げでした。母は息子に，祖父には毎週予定が入っていると伝えました。

解説 ナレーションは，4コマのイラストの進行に沿ってまとめていく。2〜4コマ目の左上方にある時間の経過を表す語句は，各コマの描写の冒頭部分で必ず使うこと。また，吹き出し内のせりふは，間接話法または直接話法を使ってストーリーに盛り込むが，間接話法を使う場合，主語や動詞などを適切な形に変える必要がある点に注意。他，テレビ画面，用紙，建物，カレンダーなどに書かれた文字など，イラスト内の情報は適切な形でストーリーに取り入れること。なお，動詞の時制は，過去形および過去進行形を基本に，時間の経過がわかるよう描写する。

①1コマ目：大学生が家族とテレビを見ている場面。テレビ画面に Accidents Involving Elderly Drivers「高齢ドライバーを巻き込む事故」と映っており，その下には右肩上がりのグラフが配置されていることから，番組では交通事故に遭う高齢ドライバーの数が上昇している状況を伝えているのだと考えられる。また，I should stop driving.「自分は運転をやめるべきだ」と発言している祖父に対し，大学生と母親はうなずいているので，彼らは祖父の考えに賛意を示しているのだとわかる。なお，祖父はテレビを見ながら心配そうな表情をしているので，解答例ではこの点も look「〜に見える」を用いて盛り込んでいる。

②2コマ目：The next week で始める。大学生が自動車教習所の外を歩いている場面。大学生が両手で持っている用紙には Registration Form「登録用紙」と，向かっている建物には ABC Driving School「ABC 教習所」と書かれていることから，彼は運転免許証の取得のために教習所に通う決断をしたのだと判断できる。

③3コマ目：A few months later で始める。大学生が家族に運転免許証を見せている場面。運転免許証を携えた大学生が明るい表情をしながら I can drive you anytime.「いつでも車で送ってあげられる」と言っていることから，運転免許証の取得を知らせているシーンだと推測できるので，解答例のように proudly「得意げに」などの語句を使って，学生の気持ちを描写すると効果的だろう。また，解答例では大学生の発言内容を間接話法で盛り込んでいる。なお，祖父も明るい表情を浮かべているので，祖父も大学生の知らせと発言内容に対し喜んでいるのだとわかる。

④4コマ目：That weekend で始める。カレンダーの前に3人で立っている場面。カレンダーの Sat.「土曜日」と Sun.「日曜日」に漏れなくゴルフと釣りのイラストが描かれている点，および母親の He has plans every weekend.「彼は毎週末に予定が入っている」という発言内容に着目して，状況を読み取る。母親の発言内容だけでなく，満足げにカレンダーを眺めている祖父の様子もナレーションに取り入れると良い。

質問の訳 No.1 4番目の絵を見てください。あなたがその大学生なら，どのようなことを考えているでしょうか。
では〜さん（受験者の氏名），カードを裏返して置いてください。
No.2 親は自分の子どもにもっと厳しくあるべきだと思いますか。
No.3 近頃テレビで見るニュースを人は信用できるでしょうか。
No.4 将来的には，定年を過ぎても働くことを選択する人々が増えるでしょうか。

***No.1* 解答例** I'd be thinking that I'll need to talk to my grandfather about his plans. I want to help him get around and enjoy himself, but I also need to be able to make my own plans on the weekends sometimes.

解答例の訳 祖父と，彼の予定について話をする必要があるだろうと私は思っているでしょ

う。彼がいろいろな場所へ行って楽しむのを手伝いたいとは思っていますが，私も時々は，週末に自分自身の予定を立てることができるようになっておく必要があります。

解説 解答例では，質問の仮定法過去形に合わせて，間接話法で**I'd be thinking that ～.**の形で答えている。祖父の予定について彼と話をする必要性について述べ，彼の移動と楽しみの助けとなりたい旨を示しながらも，自分もたまには週末に予定を立てることができるようになる必要があると締めくくっている。あるいは，regret「～を後悔する」を用いて，I'd be thinking that I regret not telling him that I also wanted to make my own plans on the weekends sometimes. Enjoying my life is important, so I'll tell my feelings to him soon. I'm sure he'll understand.「自分も時々は週末に予定を入れたいと思っているということを彼に伝えなかったのを後悔していると私は思っているでしょう。自分の人生を楽しむのは大切なことなので，近々，彼に自分の気持ちを伝えようと思います。きっと，彼ならわかってくれるでしょう」などと，悔やみながらも，話をすれば祖父は理解を示してくれるだろうという内容にしても良いだろう。

No.2 解答例　I don't think so. Children need to have some freedom in their lives. Having too many rules prevents children from expressing themselves. Also, children need to learn how to make their own decisions.

解答例の訳 そうは思いません。子どもは自分たちの人生においていくらかの自由を享受する必要があります。ルールの抱え過ぎは子どもが自己表現する妨げとなります。また，子どもは自分たち自身の決断を下す方法を学ぶ必要もあります。

解説 解答例では，Noの立場から，子どもが人生において自由を享受する必要があると主張してから，ルールが多過ぎると自己表現ができなくなると補足している。そして，追加を表すAlsoを用いて，自分で決断を下す方法を学ぶ必要性もあると付け足している。あるいは，Yesの立場で，I think so. Parents should be stricter with their children, and directly teach them what is right and wrong. But needless to say, parents also need to be stricter with themselves so they can be a good example for their children.「そう思います。親は子どもにもっと厳しくして，何が良くて何が悪いかを彼らに直接教えるべきです。しかし，言うまでもありませんが，子どもたちにとっての良き模範となれるよう，親も同様に自分自身により厳しくする必要があります」などとしても良いだろう。

No.3 解答例　I don't think so. There is tough competition between TV stations to get more viewers. This means that they often exaggerate news stories. Unfortunately, this is also true for many newspapers and news websites these days.

解答例の訳 そうは思いません。より多くの視聴者を獲得しようというテレビ局同士の間の激しい競争があります。この結果，彼らはニュースを誇張することがよくあります。残念ながら，これは近頃の多くの新聞やニュースウェブサイトにも当てはまります。

解説 解答例では，Noの立場から，視聴者数を稼ぐテレビ局同士の間の競争に言及し，この結果としてニュースの誇張がしばしばあると伝えている。さらに，テレビのみならず新聞やインターネット上のサイトでもこの傾向があると補足している。あるいは，YesともNoとも断定しない切り口で，It depends. Some TV programs exaggerate their news

stories and cannot be trusted, but others deliver high-quality ones to us. The most important thing is to be critical of information we get, think for ourselves, and judge a particular news story is trustworthy or not. 「ケースバイケースです。ニュースを誇張していて信頼できないテレビ番組もありますが，高品質なものを私たちに届けてくれる番組もあります。最も大切なのは，手にする情報に批判的になって，自分の頭で考え，特定のニュースが信頼できるものか否かを判断することです」などでも良いだろう。

No.4 解答例

Yes. People will receive less money from the national pension system in the future, so they'll have to continue working for several years. Otherwise, they'll be unable to live comfortably after they retire.

解答例の訳 はい。人々は将来，国民年金制度からもらえるお金が減ると思われるので，彼らは数年間働き続ける必要があるでしょう。さもなければ，彼らは退職後，安楽に暮らすことができなくなります。

解説 解答例では，Yes の立場から，将来的には国民年金制度の受給額が減少するという見込みに言及した後，そのために労働を継続する必要が生じるだろうという意見を伝えている。そして，数年間働き続けなければ快適に過ごせなくなるということを，副詞 Otherwise「さもなければ」を用いて表現している。あるいは，同じ Yes でありながらも別の視点から，Yes. At present, many elderly people still continue to work after retiring. This is partly because they need to make a living, but I think some of them chose to keep on working because they wanted to derive satisfaction from work. In this day and age when each individual pursues his or her own happiness, the trend will grow. 「はい。現在，多くの高齢者が依然として退職後も働き続けています。これは部分的には生計を立てる必要があるからですが，労働から満足感を得たいという理由で働き続けることを選択した人もいると思います。個人が自分の幸福を追求する現代においては，この傾向は高まるでしょう」などと答えても良いだろう。

カードB 二次試験・面接
(問題編pp.94〜95)

指示文の訳 1分間，準備する時間があります。
これは，歯科医院で働いていた女性についての話です。
ストーリーのナレーションを行うのに与えられる時間は2分間です。
ストーリーは以下の文で始めてください。
ある日，女性は歯科医院の受付で働いていました。

ナレーションの解答例 One day, a woman was working at the reception desk of a dentist's office. There were many patients in the waiting room, including children. The children looked very unhappy to be at the dentist and were crying. The woman was concerned to see this. A few days later, the woman was speaking with the dentist. She suggested that the dentist's office

should provide toys for children to play with while they wait. The dentist thought it would be a good idea and agreed. The next week, there was a play area with some toys in the waiting room. Some children were playing with the toys, and they looked happy to be at the dentist. The woman was glad to see this. Later that day, the woman was looking at the toys with the dentist. The toys seemed to be badly damaged, and the dentist said that they already needed new toys.

訳 **ある日，女性は歯科医院の受付で働いていました。** 待合室には子どもたちを含めて大勢の患者がいました。子どもたちは歯医者にいることがとても嫌な様子で，泣いていました。女性はこれを見て心配しました。数日後，女性は歯科医と話をしていました。彼女は，歯科医院が子どもたちに，待っている間に遊べるおもちゃを提供してはどうかと提案しました。歯科医はそれが良い考えだと思い，賛成しました。翌週，待合室には複数のおもちゃがある遊び場が用意されていました。複数の子どもがおもちゃで遊んでいて，彼らは歯医者にいることに満足している様子でした。女性はこれを見て喜ばしく思いました。その日の後で，女性は歯科医とおもちゃを見ていました。おもちゃはひどく損傷しているようで，歯科医は，自分たちには新しいおもちゃがすでに必要だと言いました。

解説 ナレーションは，4コマのイラストの進行に沿ってまとめていく。2〜4コマ目の左上方にある時間の経過を表す語句は，各コマの描写の冒頭部分で必ず使うこと。吹き出し内のせりふは，間接話法または直接話法を使ってストーリーに盛り込むが，間接話法を使う場合，主語や動詞などを適切な形に変える点に注意。動詞の時制は，過去形および過去進行形を基本に，時間の経過がわかるように物語を展開していく。他，登場人物の仕草や表情，吹き出し内のイラストなどに着目しながら状況を読み取り，簡潔に描写するよう心掛けると良い。

①1コマ目：女性が歯科医院の受付で働いている場面。待合室には複数の人々がおり，そのうちの2人の子どもが泣いている。彼らは歯医者に足を運んでいることが嫌なのだと推測でき，この光景を見ている女性の表情が曇っていることから，女性は現状に懸念を抱いているのだと判断できる。他，開かれている奥のドアのそばにいる歯科医や，泣いている子どもに困っている様子の保護者についてふれても良いだろう。

②2コマ目：A few days later で始める。女性が歯科医と話をしている場面。女性の吹き出し内におもちゃのイラストが描かれており，歯科医がうなずいている様子である。このことから，女性は歯科医に子ども向けのおもちゃを用意することを提案しており，歯科医はこの考えに賛意を示しているのだとわかる。解答例のように，suggest that 〜「〜を提案する」を使う場合，that 節内は〈(should) ＋動詞の原形〉にする点に注意しよう。

③3コマ目：The next week で始める。再び，女性が歯科医院の受付で働いている場面。今回は受付の脇に子ども向けの遊び場が用意されており，そこでは子どもがおもちゃで遊んでいる。また，歯科医の元に向かう子どもも，ぬいぐるみを持っている。1コマ目とは対照的に，描かれているどの人物も困った顔をしておらず，明るい表情を浮かべている点に着目。受付の女性も，自分のアイデアが功を奏していることに満足げな様子である。

④4コマ目：Later that day で始める。女性と歯科医が遊び場付近で話をしている場面。遊び場にあるおもちゃは2〜3コマ目のものと比べるとかなり損傷している様子で，歯科医が We already need new toys.「私たちにはすでに新しいおもちゃが必要です」と言っていることから，おもちゃは子どもたちが遊んだことで壊れてしまったのだと推測できる。

なお，解答例では歯科医の発言を間接話法でナレーションに盛り込んでいる。

質問の訳 No.1　4番目の絵を見てください。あなたがその女性なら，どのようなことを考えているでしょうか。

では〜さん（受験者の氏名），カードを裏返して置いてください。

No.2　今は過去に比べて子育てが難しいと思いますか。

No.3　会社は商品をより安価にすることに力を注ぎ過ぎていると思いますか。

No.4　政府は日本の高齢化社会のニーズを満たすことができるでしょうか。

No.1 解答例
I'd be thinking that we should buy more durable toys this time.　Many children play with the toys every day, so it's not surprising that the first ones got damaged quickly.

解答例の訳　今度はもっと耐久性のあるおもちゃを買うべきだと私は思っているでしょう。大勢の子どもが毎日おもちゃで遊ぶので，最初のものがすぐに損傷してしまうのは驚くべきことではありません。

解説　解答例では，質問の仮定法過去形に合わせて，間接話法でI'd be thinking that 〜. の形で答えている。次回はより耐久性の高いおもちゃを買う必要があると述べた後，日々大勢の子どもがおもちゃで遊ぶために，最初に購入した分のおもちゃがすぐに損傷してしまうのは驚くには当たらないと伝えている。あるいは，I'd be thinking that we need to tell our patients that toys should be treated with care.　Putting up a notice or something might be a good idea.　At any rate, since this is our first attempt, we should try to improve the situation gradually by trial and error.「患者たちに，おもちゃは大事に扱うべきだと伝える必要があると私は思っているでしょう。掲示か何かを出したりすることがいいアイデアかもしれません。とにかく，これは私たちにとっての初の試みなので，試行錯誤で状況を少しずつ改善するよう努めるべきです」などとしても良いだろう。

No.2 解答例
I don't think so.　Technology makes it easy for parents to keep their children safe, as parents can use smartphones to contact their children easily or check their locations.　Also, there's a lot of free advice for parents available online.

解答例の訳　そうは思いません。テクノロジーのおかげで親は子どもたちの安全を保ちやすくなっています，というのも親は子どもたちと簡単に連絡を取ったり彼らがいる場所を確認したりするのにスマートフォンを使用できるからです。また，オンライン上では親向けの無料の助言がたくさん閲覧できます。

解説　解答例では，Noの立場から，テクノロジーのおかげで親が子どもたちの安全を確保するのが容易になっていると述べてから，その理由について，スマートフォンで簡単に連絡が取れたり場所を確認できたりすると伝えている。そして，追加を表すAlso「また」を用いて，ネット上で親向けの助言が多数無料で閲覧可能であるというメリットについても言及している。あるいは，Yesの立場から，Due to the development of technology and the rapid spread of the Internet, children today are exposed to many new risks such as fake news, an invasion of privacy, and cyberbullying.　Eliminating these risks is difficult, so the current situation definitely makes it difficult for parents to raise children.「テクノロジーの発展とインターネットの急速な普及のせいで，

今日の子どもたちはフェイクニュースやプライバシーの侵害，ネット上でのいじめといった多数の新たなリスクにさらされています。これらのリスクを取り除くのは困難なので，現状は間違いなく，親が子育てをするのを難しくしています」などとしても良いだろう。

No.3　解答例　Not at all. These days, saving money is the first priority for most people. That means people will prefer to buy cheaper products, and companies that make cheap products will survive in the long run.

解答例の訳　そうは全く思いません。近頃では，貯金をすることが大半の人にとっての最優先事項です。その結果，人はより安い商品を購入したいと思うようになるでしょうし，安価な商品を作る企業は長い目で見れば生き残るでしょう。

解説　解答例ではまず，Not at all.「そうは全く思いません」と，自分がNoの立場であることを強調している。続けて，貯金が多くの人々にとっての最優先事項であるという現状に言及し，その結果として，消費者はより安い商品を購入したいと思うようになり，安価な商品を作る企業は長期的に見れば存続するだろうと予測している。あるいは，解答例とは逆にYesの立場から，Yes. In my opinion, some companies are going all out to produce inexpensive products, and consequently, there are many products in the market that are poor in quality. As consumers, we need to make an appeal to companies, and remind them that quality can be important than quantity.「はい。私の意見では，安価な製品の生産に注力し過ぎている企業もあり，その結果，質がおろそかになっているたくさんの製品が市場に出回っています。消費者として，私たちは企業に訴えかけ，彼らに質の方が量よりも大事であり得るということを念押しする必要があります」などとしても良いだろう。

No.4　解答例　Yes. Recently, there have been major advancements in medical technology. This includes robots that can take care of elderly patients. Also, the government is working to increase the number of medical facilities.

解答例の訳　はい。最近は，医療技術において大きな前進が見られます。これには，高齢患者の介護をすることができるロボットが含まれます。また，政府は医療施設の数を増やすことに尽力しています。

解説　解答例では，Yesの立場から，政府が日本の高齢化社会のニーズを満たすことができる根拠として，高齢者を介護することが可能なロボットを含めた最近の医療技術の進歩に言及した後，政府が医療施設の数を増やしてもいると述べている。あるいは，Noの立場から，Since the number of elderly people is expected to increase as the days go by, the cost to meet all their needs will be too enormous for the government in the future. Therefore, we may not be able to rely too much on the government's support, and we may be required to support people around us by ourselves.「高齢者の数は歳月が経つにつれて増加する見込みなので，彼らのニーズを漏れなく満たす費用は，将来の政府にとってあまりにも莫大なものとなるでしょう。そのため，私たちは政府の援助に頼り過ぎることができないかもしれず，自分たち自身で身の回りの人々を支えることが求められるかもしれません」でも良いだろう。

2022年度 第3回

筆記 解答欄

問題番号		1	2	3	4
1	(1)				4
	(2)				4
	(3)		2		
	(4)				4
	(5)			3	
	(6)			3	
	(7)		2		
	(8)				4
	(9)				4
	(10)		2		
	(11)		2		
	(12)			3	
	(13)	1			
	(14)		2		
	(15)	1			
	(16)	1			
	(17)				4
	(18)		2		
	(19)			3	
	(20)	1			
	(21)	1			
	(22)	1			
	(23)		2		
	(24)	1			
	(25)			3	

問題番号		1	2	3	4
2	(26)	1			
	(27)			3	
	(28)				4
	(29)				4
	(30)			3	
	(31)	1			

問題番号		1	2	3	4
3	(32)				4
	(33)		2		
	(34)		2		
	(35)			3	
	(36)				4
	(37)				4
	(38)				4
	(39)	1			
	(40)		2		
	(41)			3	

4 の解答例は
p.107をご覧
ください。

リスニング 解答欄

問題番号			1	2	3	4
Part 1		No.1				4
		No.2	1			
		No.3				4
		No.4	1			
		No.5		2		
		No.6			3	
		No.7			3	
		No.8	1			
		No.9				4
		No.10			3	
		No.11	1			
		No.12		2		
Part 2	A	No.13				4
		No.14	1			
	B	No.15			3	
		No.16		2		
	C	No.17				4
		No.18		2		
	D	No.19			3	
		No.20				4
	E	No.21	1			
		No.22			3	
	F	No.23		2		
		No.24	1			
Part 3	G	No.25		2		
	H	No.26				4
	I	No.27				4
	J	No.28		2		
	K	No.29	1			

指示文の訳 各英文を完成させるのに最も適切な単語または語句を4つの選択肢の中から選び，その番号を解答用紙の所定欄にマークしなさい。

(1) 正解 **4**

訳 フェルナンドは会社の成功にとって重要だったので，来月彼が退社した後に何が起きるか皆心配している。

解説 空所後のto the success of the company「会社の成功にとって」と組み合わせるのにふさわしい選択肢は**4**。be instrumental to ～で「にとって重要な」の意味になる。これを入れると，文後半の「来月彼が退社した後に何が起きるか皆心配している」という内容とも合う。desperate「必死の」，philosophical「哲学の，思慮深い」，inadequate「不適当な」。

(2) 正解 **4**

訳 一部の人たちは，その映画が過小評価されていたと感じている。それは何の賞も受賞しなかったが，それがすばらしい芸術作品だったと信じる人々がいる。

解説 空所後の文にit did not win any awards「何の賞も受賞しなかった」けれどもa great work of art「すばらしい芸術作品」だったと信じる人がいるとある。**4**を入れてthe film was underrated「その映画は過小評価されていた」とすると文脈に合う。overtake「～を追い越す」，override「～をくつがえす」，underfeed「～食料を十分与えない」。

(3) 正解 **2**

訳 第二次世界大戦中に5,000万人を超える人々が亡くなった。それは歴史上，他のどの戦争よりも多くの死亡事例である。

解説 More than 50 million people「5,000万人を超える人々」にduring World War II「第二次世界大戦中に」起きたこととしてふさわしい動詞は**2**のperish(ed)「(戦争や事故などで)死ぬ」。これを入れると次の文のdeaths「死，死亡事例」とも合う。worship「～を崇拝する」，haunt「(幽霊などが) ～に出没する」，jeer「あざける，ひやかす」。

(4) 正解 **4**

訳 ウォルトのレストランでは伝統的に田園地方の貧しい人々によって食されていた料理を出している。彼は，小作農家の人々は安価な食材からおいしい食事を作るのが上手だったと言う。

解説 選択肢には職業や身分を表す名詞が並んでいる。この中で，第1文のpoor people in the countryside「田園地方の貧しい人々」を表すのにふさわしいのは**4**のpeasants「小作農家の人」である。correspondent「(新聞などの) 特派員」，janitor「管理人，用務員」，captive「捕虜，人質」。

※2024年度第1回から，試験形式の変更に伴い大問1の問題数は18問になります。

(5)　正解　**3**

訳　新しい建物の設計計画における重大な不備の発見により、建設が数か月遅れることとなった。

解説　a serious（　　）in the design plans「設計計画における重大な（　　）」の空所に入れて意味が通るのは、**3**のflaw「不備、欠点」のみである。この文の主語は空所を含むThe discovery ... buildingで、〈S＋cause＋O＋to do〉「SがOに～させる（原因となる）、Sにより（結果的に）Oが～することとなる」という構文になっている。clog「邪魔なもの、故障」、boom「好況、流行」、dump「ごみ捨て場」。

(6)　正解　**3**

訳　自分のプレゼンテーションをするときになって、レイチェルは自分が不安で動けなくなっていることに気づいた。彼女は話すことができず、皆の前でただ立っていた。

解説　〈find＋oneself＋形容する語〉で「自分が（知らないうちに）～（の状態）になっていることに気づく」という表現になる。選択肢には過去分詞が並んでおり、過去分詞が形容詞的にherselfを形容することになる。空所直後にwith fear「不安で」があること、presentation「プレゼンテーション」というシチュエーションであることから、正解は**3**のparalyzed「麻痺した、動けなくなった」。trim「～を刈り込む」、tease「～をからかう」、acquire「～を獲得する」。

(7)　正解　**2**

訳　その2か国はかつて戦争で互いに戦ったことがあるという事実にもかかわらず現在は友好的な関係を享受していて、実のところ、同盟国である。

解説　〈the fact that＋S＋V〉で「SがVするという事実」の意味。2か国が戦争したという事実の前にDespite「～にもかかわらず」があるので、空所に**2**を入れてan amicable relationship「友好的な関係」とすると自然な流れになる。最後のallies「同盟国」はこの関係を言いかえたものである。alleged「申し立てられた」、abusive「無礼な、暴力的な」、adhesive「粘着性の」。

(8)　正解　**4**

訳　ティナの新たな目標は健康になることだ。食事にもっと多くの野菜を含めることに加えて、彼女は日課に運動プログラムを組み入れることを決めた。

解説　第1文のto get healthy「健康になる」という目標を達成するための具体例が第2文に書かれている。解答のカギとなるのは、空所後のinto her daily routine「日課に」。空所に**4**のincorporateを入れて、incorporate ～ into ...「…に～を組み入れる」の形にすると文意が通る。commemorate「～を記念する」、alienate「～を疎外する」、liberate「～を解放する」。

(9)　正解　**2**

訳　一部の歴史家は、犬の飼育は1万年以上前に起こったと考えている。その後ずっと犬はペットとして飼われ、農場で働いていたものだった。

解説　選択肢の中でthe（　　）of dogs「犬の（　　）」の空所に入れて意味が通るのは

2のdomestication「飼育」のみである。なお，the domestication of dogs occurredはdogs were domesticatedとしてもほぼ同じ意味になる。elevation「昇進，高度」，deception「だますこと」，verification「証明」。

(10) 正解 **2**

訳 オスカーは友好的な性格と優しい物腰で知られている。彼は毎朝，自分の机に向かって歩いて行くとき，職場の全員にていねいに挨拶する。

解説 空所直前のheは第1文の主語Oscarをさす。第1文で語られている彼の性格friendly personality and good manners「友好的な性格と優しい物腰」に合うようにするためには，空所に**2**を入れてcourteously greets everyone「全員にていねいに挨拶する」とすると文の流れに合う。scarcely「ほとんど〜ない」，tediously「うんざりするほど」，obnoxiously「不愉快に」。

(11) 正解 **2**

訳 新しい図書館の計画は資金不足のために延期されていた。しかし数年後，その計画は復活し，建設工事が始まった。

解説 第1文に新しい図書館の計画がwas put on hold「延期された」とある。第2文に逆接を示す副詞howeverがあるので，続くthe plan was（　　　）の空所には延期と反する意味を表す**2**のrevivedを入れて「その計画は復活した」とする。そうすると，続くconstruction work started「建設工事が始まった」とも合う。deprive「〜を奪う」，obstruct「〜を妨げる」，agitate「〜（群衆など）を扇動する」。

(12) 正解 **3**

訳 マギーの祖母は最近とても虚弱になった。彼女は今や歩くのに介助を必要としていて，1人では階段を上ることができない。

解説 空所のある文は現在完了形を用いたSVCの形で，Maggie's grandmother＝very（　　　）の関係になる。第2文にneeds help to walk「歩くのに介助を必要としている」，cannot climb stairs by herself「1人では階段を上ることができない」とあるので，マギーの祖母の状態を表すのに適切な選択肢は**3**のfrail「虚弱な」。poetic「詩的な」，savage「獰猛な」，rash「性急な」。

(13) 正解 **1**

訳 その小説家は1人で仕事をするのが好きだ。周囲に人が誰もいない地域にある田舎の家にいるときだけよく書けると彼女は言う。

解説 第2文のSheは第1文のThe novelistを指す。第2文に，彼女はan area with no people around「周囲に人が誰もいない地域」にある田舎の家にいるときだけよく書けると述べられている。likes to work in（　　　）の空所に**1**を入れてin solitude「1人で，孤独に」とすると文の流れに合う。corruption「不正行為，堕落」，excess「超過，逸脱」，consent「合意」。

(14) 正解 **2**

訳 考古学者らは，古代の埋葬地を発掘している際，宝飾品や陶磁器類の破片を含む

数多くの人工遺物を発見した。それらは地元の歴史博物館に寄贈される予定だ。

解説 空所後の including pieces of jewelry and pottery「宝飾品や陶磁器類の破片を含む」は空所を説明しているので，**2** の artifacts「人工遺物」を入れると文の流れに合う。artifacts は，文頭の Archaeologists「考古学者ら」が発見するものとしてもふさわしい。setback「つまずき，後退」，pledge「誓約，公約」，salute「敬礼」。

(15)　正解　**1**

訳 より高速なインターネット接続とより高機能なコンピュータにより，従来に増して多くの情報が高速で送信されることが可能だ。

解説 助動詞を用いた受け身の文。more information can be (　　) at high speed「より多くの情報が高速で (　　) ことが可能だ」の空所に入れて意味が通るのは **1** の transmitted「〜が送信される」のみである。rejoice「〜を大いに喜ばせる」，nauseate「〜に吐き気をもよおさせる」，offend「〜の感情を害する」。

(16)　正解　**1**

訳 マリアは兄がギャンブルで全財産を失ったと知った後で彼を批判して，彼を救いようがないと考えた。

解説 〈call ＋人＋形容詞 [名詞]〉で「(人) を〜だと考える，みなす」という意味になる。空所後の，had lost all of his money gambling「ギャンブルで全財産を失った」人物を形容するのにふさわしい選択肢は **1** の pathetic「救いようがない，哀れな」。analytical「分析的な」，dedicated「ひたむきな」，ceaseless「絶え間ない」。

(17)　正解　**4**

訳 その建築家は現代風に建物を設計することで有名だった。彼は自分のデザインが現在の社会的，文化的な動向を反映することを求めた。

解説 in a (　　) style は「〜風に，〜な様式で」の意味。第 2 文の reflect current social and cultural trends「現在の社会的，文化的な動向を反映する」と合うようにするには，**4** の contemporary「現代の，同時代の」を入れるとよい。preceding「先立つ，前の」，simultaneous「同時に起こる」，plentiful「豊富な」。

(18)　正解　**2**

訳 メディアの報道不足により，化学物質の流出に関してその町に情報が届かないままになった。メディアは流出が制御不能になってようやくその事故に関する報道を開始した。

解説 〈leave ＋ O ＋形容する語〉で「O を〜のままにする」という表現なので，left the town uninformed は直訳すると「その町を情報が届かないままにした」という意味。これの主語が A lack of media (　　)「メディアの (　　) 不足」なので，**2** の coverage「報道」が正解となる。enrollment「入学，申込」，assortment「詰め合わせ (た物)」，leverage「てこ」。

(19)　正解　**3**

訳 入ってくる税金よりも多くの資金を何年も使い続けた末，政府は現在数兆ドルの

赤字を抱えている。

解説 空所前後の部分だけを見て答えられる問題。a (　　) of trillions of dollars「数兆ドルの（　　）」の空所に入れて意味が通る選択肢は**3**の deficit「赤字」だけである。これを入れれば，文前半の「入ってくる税金よりも多くの資金を何年も使い続けた」とも合う。fatigue「疲労」，petition「歎願（書）」，conspiracy「共謀」。

(20)　正解　**1**

訳　その芸術家は，石からきめ細かい彫像を彫ることで生計を立てていた。そのような固い物質を彫るために，彼女はたくさんの特別な道具を使った。

解説 make a living by doing で「〜することで生計を立てる」という表現。(　　) detailed figures out of stone「石からきめ細かい彫像を（　　）こと」の空所に入れて意味が通るのは**1**の carving「〜を彫刻すること，彫ること」である。lure「〜を誘いこむ，誘惑する」，soothe「〜をなだめる」，rank「〜を位置づける」。

(21)　正解　**1**

訳　ルースは自分のチームがコートを行ったり来たりして走っているとき，ベンチから見ていた。残念ながら，肩のけがのせいで彼女は試合の出場辞退を余儀なくされていた。

解説 〈S＋forces＋人＋to do〉で「Sが（人）に〜することを強要する，Sのせいで（人）が〜することを余儀なくされる」という意味になる。a shoulder injury「肩のけが」のせいで余儀なくされることとしてふさわしいのは，withdraw from the game「試合の出場を辞退する」こと。正解は**1**。bypass「〜を迂回する」，upgrade「〜をアップグレードする」，overload「〜に（荷物を）積みすぎる」。

(22)　正解　**1**

訳　ジョセリンは西から嵐が押し寄せてきているのを見ることができた。空は暗くなりはじめ，風が徐々に強くなった。

解説 see 〜 doing で「〜が…しているのを見る」という意味になる。第2文に「空は暗くなりはじめ，風が徐々に強くなった」とあるので，the storm (　　) from the west「西から嵐が（　　）」の空所には**1**の rolling in「押し寄せてきている」を入れると文意が通る。add up「合計する」，hold out「（最後まで）辛抱する」，pass down「（次世代に）伝える」。

(23)　正解　**2**

訳　その会社は最終的に倒産するまで5年間，売り上げ低下に苦しんだ。同社は先週，恒久的に廃業した。

解説 第1文前半に suffered from five years of decreasing sales「5年間，売り上げ低下に苦しんだ」とある。その結果 finally「最終的に」起こることとして適切な選択肢は**2**の went under「倒産した」。なお第2文に出てくる closed its doors も「（会社が）廃業した，倒産した」という意味を表す。dial up「〜に電話回線で接続する」，come along「やってくる」，pull through「（危機などを）乗り越える」。

(24) 正解 **1**

訳 その契約書の文字があまりに小さかったので，ガスは言葉を判読するために拡大鏡を必要とした。

解説 文字があまりに小さかったのでneeded a magnifying glass to (　) the words「言葉を(　)ために拡大鏡を必要とした」とある。空所には**1**のmake out「判読する」を入れるのが適切。tune up「（楽器を）調律する」，draw up「（文書などを）作成する」，blow out「吹き消す，吹き飛ばす」。

(25) 正解 **3**

訳 その猫は生まれたばかりの子猫たちの世話をしていた。彼女は誰かが彼らに近づきすぎるたびに神経質になった。

解説 The cat was (　) her newborn kittens「その猫は生まれたばかりの子猫たち(　)」の空所には**3**を入れると文意が通る。watch(ing) overは「～を見守る，～の世話をする」の意味の句動詞。pack up「荷造りする」，look into ～「～を調査する」，show up「姿を現す」。

---

2 一次試験・筆記　カリフォルニア・チャイナタウン（問題編pp.102～103）
植物の計画（問題編pp.104～105）

指示文の訳 それぞれの文章を読んで，各空所に入れるのに最も適切な語句を4つの選択肢の中から選び，その番号を解答用紙の所定欄にマークしなさい。

カリフォルニア・チャイナタウン

Key to Reading 第1段落：導入（チャイナタウンができた経緯）→第2段落：本論①（サンノゼのチャイナタウンに関する従来の仮説と，最近の新説）→第3段落：本論②（その他の発見から得られた，住民の生活様式に関する洞察）という3段落構成の説明文。遺跡等の分析結果とそこから考えられる仮説を中心に読み進めよう。

訳

19世紀後半，米国に移住した中国人は，仕事や住居を探す際，アメリカ白人からのたいへんな差別に直面した。その結果，彼らは，チャイナタウンとして知られる近隣の地域に集まって住む傾向ができたが，そこでは仕事や住居を見つけるためのより良い機会があった。最大のチャイナタウンのひとつは，カリフォルニア州サンノゼ市にあったが，1887年の火災で焼失してしまったため，住民の生活についてはほとんど知られていない。

長い間，サンノゼのチャイナタウンに供給された食品は，香港や中国からもたらされたものだと考えられてきた。しかし最近，かつてのごみ捨て場にあった魚の骨を考古学者が分析したところ，必ずしもこれが事実であるとは限らないという証拠が得られた。これらの特定の骨が際立っていたのは，ジャイアント・スネークヘッドとして知られる種のものだったからだ。この魚の原産地は中国でも香港でもなく，むしろ東南アジア諸国であるため，考古学者たちは，魚はどこか他の場所で捕らえられた後香港に運ばれ，それから米国で消費するために輸送されたと考えている。

この発見がサンノゼのチャイナタウンに供給を行っていた貿易網の複雑さに関する洞察を提供する一方で，この遺跡での他の発見によって，近隣の移住民の生活様式に関する情報が明らかになった。例えば，住民は，彼らの食の伝統をいくらか維持していたと思われる。牛の遺骨の存在は，住民が牛肉を食べる西洋の習慣を取り入れていたことを示唆しているが，考古学者が発見した動物の遺骨の中で最も多かったのは，豚の骨であった。豚肉は，彼らの本国では主食であったため，この骨は豚の飼育と消費の習慣が移住民の間で続いていたことを示している。

(26)　正解　**1**

選択肢の訳　**1**　その結果　　**2**　このことにもかかわらず　　**3**　同様に　　**4**　対照的に

解説　空所を含む文の1文前で，Chinese immigrants to the United States faced significant discrimination from White Americans when looking for employment and accommodation「米国に移住した中国人は，仕事や住居を探す際，アメリカ白人からのたいへんな差別に直面した」と述べている。ここから，(　　), they tended to live in neighborhoods known as Chinatowns「(　　)，彼らはチャイナタウンとして知られる近隣の地域に集まって住む傾向ができた」と述べていることから，**1**のConsequently「その結果」が正解。

(27)　正解　**3**

選択肢の訳　**1**　さらなる謎に導く　　**2**　食物の多くは低品質であった　　**3**　必ずしもこれが事実であるとは限らない　　**4**　すべての積み荷が安全に到着したわけではない

解説　空所を含む文の1文前でIt was long assumed that the food items supplied to San Jose's Chinatown originated in Hong Kong and China.「長い間，サンノゼのチャイナタウンに供給された食品は，香港や中国からもたらされたものだと考えられてきた」と述べている。その後に，空所を含む文がRecently, however, ... と始まることから，従来の仮説を否定する内容が続くことがわかる。**3**のthis was not always the case「必ずしもこれが事実であるとは限らない」が正解。

(28)　正解　**4**

選択肢の訳　**1**　これまでに考えられていたよりも分裂していた　　**2**　しばしば中国へ荷物を送っていた　　**3**　十分な食料を得るために苦労していた　　**4**　食の伝統をいくらか維持していた

解説　空所後の2文で，pig bones were the most common type of animal remains archaeologists discovered「考古学者が発見した動物の遺骨の中で最も多かったのは，豚の骨であった」，the bones indicate the custom of raising and consuming pigs continued among the immigrants「この骨は豚の飼育と消費の習慣が移住民の間で続いていたことを示している」と述べていることから，**4**のmaintained some of their food traditions「食の伝統をいくらか維持していた」が正解。

植物の計画

Key to Reading　第1段落：導入（開花植物の，昆虫を介した生殖活動）→第2段落：本論①（アリストロキア・ミクロストマがハエを利用して授粉を行う過程）→第3段落：本

論②（アリストロキア・ミクロストマに関するさらなる発見と新説）という3段落構成の説明文である。開花植物について既にわかっていること，アリストロキア・ミクロストマに関する発見とそこからの新説を整理しながら読み進めよう。

訳

　開花植物の大半は，授粉を昆虫に頼っている。昆虫が花に接触すると，その体に花粉がつく。そして，その昆虫が植物の上を移動したり，同種の別の植物のところへ行ったりすると，この花粉はその植物の雌の部分に接触する。この授粉プロセスにより，植物は生殖することができる。引き換えに，植物は通常，花の蜜など，昆虫が必要とするものを提供する。

　開花植物は，様々な方法で花粉媒介昆虫を引き付けることに成功している。例えば，鮮やかな色の花びらでハエの注意を引く植物もある。研究者たちは最近，アリストロキア・ミクロストマという植物が，ハエが卵を産み付ける，甲虫の死骸のような臭いを放つことでハエを引き寄せることを発見した。しかしこの植物は，ただその臭いでハエを騙すだけではない。ハエを一時的に花の中に閉じ込めてしまうのだ。ハエが花の中を動き回ると，その体についている花粉が植物上に広がる。また，その植物は，ハエが放たれた後も別の植物に授粉できるように，自身の花粉をハエの体に確実に付着させる。

　研究者たちは，この植物が実際に，死んだ甲虫が放つ臭いと同じ化学物質を放出していることを発見した。この化学物質は植物にはほとんど存在しないため，研究者たちは，この植物は，死んだ甲虫を産卵場所として利用するハエを標的にするために特別に進化したと考えている。また彼らは，この説のさらなる裏付けがあるとも言っている。それは，その植物の花が枯れ葉や地面の岩の間――まさにハエが通常甲虫の死骸を探す場所――にあるという事実である。

(29)　正解　**4**

選択肢の訳　1　むしろ　　2　要するに　　3　それにもかかわらず　　4　引き換えに

解説　空所直前までの内容と，空所を含む文の関係を考える。空所直前までの内容は，昆虫を利用した植物の生殖方法であり，これは植物の利益になることである。空所を含む文はthe plants usually provide something the insect needs, such as a meal of nectar「植物は通常，花の蜜など，昆虫が必要とするものを提供する」と述べていることから，**4の In exchange**「引き換えに」が正解。

(30)　正解　**3**

選択肢の訳　1　虫の死骸を集める　　2　虫から臭いを隠す　　3　その臭いでハエを騙す　　4　ハエに安全な場所を提供する

解説　「しかしこの植物は，ただ（　　　）だけではない」の空所に当てはまる内容を選ぶので，空所を含む文の直前を参照する。attracts flies by smelling like the dead beetles that some flies lay eggs in「ハエが卵を産み付ける，甲虫の死骸のような臭いを放つことでハエを引き寄せる」と述べているので，**3の trick the flies with its smell**「その臭いでハエを騙す」が正解。空所後は，ただ臭いで騙すだけでなく何をするかの内容を述べていることに注意。

(31)　正解　**1**

選択肢の訳　1　この説のさらなる裏付けがある　　2　化学物質には別の目的がある

3 植物は重要な食料源である　　**4** 多くの昆虫は植物を危険視している

解説　「また彼らは，（　　）とも言っている」の空所に当てはまる内容を選ぶ。空所を含む文の直前で the researchers believe the plant has evolved specifically to target flies that use dead beetles as egg-laying sites「研究者たちは，この植物は，死んだ甲虫を産卵場所として利用するハエを標的にするために特別に進化したと考えている」と述べている。空所後の the plant's flowers are located among dead leaves and rocks on the ground——exactly where the flies usually search for dead beetles「その植物の花が枯れ葉や地面の岩の間——まさにハエが通常甲虫の死骸を探す場所——にある」は，その説を裏付ける内容なので，**1**の there is further support for this theory「この説のさらなる裏付けがある」が正解。

3	**一次試験・筆記**	柵と生態系（問題編 pp.106〜107） サッカー戦争（問題編 pp.108〜109） 点字との争い（問題編 pp.110〜112）

指示文の訳　それぞれの文章を読んで，各質問に対する最も適切な答えを4つの選択肢の中から選び，その番号を解答用紙の所定欄にマークしなさい。

柵と生態系

Key to Reading　第1段落：導入＋本論①（柵が生態系に及ぼす影響）→第2段落：本論②（柵が野生動物観光にも悪影響を与える可能性）→第3段落：本論③（柵の影響を抑えるためにどうするか）という3段落構成の説明文。柵が生態系にどのように影響するのか，またそこからどのような問題が起こるのか，どのような方針でそうした問題の解決策を検討すべきかを読み取ろう。

訳

柵は，敷地を分割し，とりわけ安全を確保するのに役立つ。柵はまた，生態系にも影響を与える。BioScience 誌に掲載された研究は，柵は，それが設置された地域の動物種の間に「勝者」と「敗者」を生み出すと結論づけている。この研究によると，ジェネラリスト種—様々な食物を摂取し複数の生息地で生き残ることができる種—は，物理的な境界をほとんど問題にしない。一方，生存のために特殊な条件を必要とするスペシャリスト種は，特定の食物源や地理的領域から切り離されることに苦しむ。スペシャリスト種はジェネラリスト種よりも数が多いため，この研究では，各勝者に対して，複数の敗者が存在することがわかった。

柵の影響は生態系に限ったことではない。20世紀半ば，南部アフリカのボツワナでは，畜牛を侵す病気の拡散を防ぐための国際的な規制に対処するため，柵を設置した。柵は牛の保護に役立っているが，ヌーのような動物の季節的な移動を妨げ，水へのアクセスを妨げている。その結果ヌーの個体数が減少し，生態系だけでなく，この地域の野生動物観光も脅かされている。政府が柵に依存し続けることで，動物の移動が制限され，ボツワナの経済にとって貴重な野生動物観光が損なわれるのではないかと懸念されている。

柵の生態系への悪影響は，柵に変更を加えてある種の動物を通過させることで抑えられる。しかし，この研究を著した人々は，より根本的な改革が必要だと考えている。彼らが言うには，すべての柵を撤廃することは現実的な選択肢ではない。その代わりに，全体像

※2024年度第1回から，試験形式の変更に伴い大問3の1問目 (32)〜(34) が削除されます。

を見据えたフェンス計画を実行するべきだという。例えば，フェンスはしばしば短期的な結果を得るために建設されて撤去されるが，研究者たちは，数か月後，あるいは数年後でも，柵がまだそこにあるかのように行動する動物がいることを発見している。したがって，柵の設計と設置場所については，生態系への影響を最小限に抑えるために，あらゆる側面から検討する必要がある。

(32) 正解 4

質問の訳 第1段落で紹介した研究は，〜ことを示している。

選択肢の訳 **1** 複数種の生息地を横断する柵は，単一種の生息地内に設置された柵よりも，動物にとって有益である **2** 柵は多くの問題を引き起こすが，動物個体群の生存能力に与える影響は，以前考えられていたよりも小さい **3** 柵は，ある種を，多くの動物が生き残るために必要な資源を使い果たす他の有害な種から守るのに有効である **4** 柵は一部の種には害はないが，多くの動物に深刻な悪影響を及ぼす可能性がある。

解説 第1段落では，柵がその地域の生態系に及ぼす影響について述べており，柵を問題としない「勝者」であるジェネラリスト種（generalist species）と，柵によって悪影響を受ける「敗者」であるスペシャリスト種（specialist species）があると説明している。第1段落最終文にBecause specialist species outnumber generalist species, the study found that for every winner, there are multiple losers.「スペシャリスト種はジェネラリスト種よりも数が多いため，この研究では，各勝者に対して，複数の敗者が存在することがわかった」とある。この文とほぼ同じ内容を述べている**4**が正解。

(33) 正解 2

質問の訳 ボツワナに建設された柵について，正しいことは何か。

選択肢の訳 **1** 柵が動物の移動パターンに変化を引き起こした結果，牛の間で病気が蔓延した。 **2** 国の経済にとって重要な産業に間接的な影響を与える可能性がある。 **3** 野生動物を見るためにこの国を訪れる観光客の安全性を高めるために必要であると考えられている。 **4** 病気を蔓延させる種を減らすことに成功したことで，生態系に予想外の恩恵をもたらしている。

解説 第2段落は，ボツワナで畜牛の病気感染防止のために設置された柵の影響についての内容である。第3〜4文では，ヌーなどの動物の移動が妨げられ個体数が減少した結果，生態系だけでなく，野生動物観光にも悪影響が出ていると述べている。また，第2段落最終文にThe government's continued reliance on fences has led to concerns that limiting animal migration will hurt wildlife tourism, which is valuable to Botswana's economy.「政府が柵に依存し続けることで，動物の移動が制限され，ボツワナの経済にとって貴重な野生動物観光が損なわれるのではないかと懸念されている」とあり，ボツワナ経済にとって，野生動物観光（wildlife tourism）は重要度の高い産業であるということがわかる。これらの内容をまとめた選択肢**2**が正解。

(34) 正解 2

質問の訳 柵の建設の際に慎重な計画が必要な理由のひとつは何か。

選択肢の訳 **1** 建設後に柵の設計を変更すると，実際には新しい柵を建設するよりも多くの問題を引き起こす可能性がある。 **2** 柵が撤去された後も，その地域の動物に

影響を与え続ける可能性がある。　　**3**　事前に明確な計画を立てずに，ある地域に複数の柵を設置しても，危険区域への動物の侵入を防ぐことはできない。　　**4**　捕食動物から身を守るために柵を利用する動物種が増えた。

解説　第3段落最終文に Consideration should therefore be given to all aspects of fence design and location to ensure a minimal impact on ecosystems.「したがって，柵の設計と設置場所については，生態系への影響を最小限に抑えるために，あらゆる側面から検討する必要がある」とあるので，その前文を参照する。researchers have found that months——or even years——later, some animals continue to behave as if the fences are still there「研究者たちは，数か月後，あるいは数年後でも，柵がまだそこにあるかのように行動する動物がいることを発見している」と述べている。この内容と一致する選択肢**2**が正解。

サッカー戦争

Key to Reading　第1段落：導入（「サッカー戦争」の始まり）→第2，3段落：本論①（「サッカー戦争」の真の背景）→第4段落：本論②＋結論（戦争激化の要因とその後）という4段落構成の説明文。設問に先に目を通し，読み取るべきポイントを押さえてから，本文を読み進めよう。

訳

　1969年7月，中米のエルサルバドルとホンジュラスの間で，サッカーのワールドカップ予選での両国の対戦をきっかけに，短期間ながら激しい戦争が起きた。この紛争はしばしば「サッカー戦争」と呼ばれるがその原因はスポーツをはるかに超えたところにあった。

　ホンジュラスはエルサルバドルよりはるかに大きいが，人口密度ははるかに低い。1800年代後半から，エルサルバドルの土地は主にエリート一族が支配しており，それは，一般農民のための土地はほとんどないということを意味した。1960年代までに，約30万人のエルサルバドル人が安価な土地や仕事を得るためにホンジュラスに不法入国した。ホンジュラス政府は，経済的ストレスの原因は移民であると非難し，移民を土地から追い出し，国外へ追いやった。エルサルバドルの富裕層は，多くの移民が帰国することによる経済的悪影響を恐れ，ホンジュラスに対して軍事行動を起こさなければ，エルサルバドル大統領を転覆させると脅した。これが長年にわたる国境紛争と相まって，両国の関係は最悪になった。

　さらに緊張を高めたのは，両国のメディアで，互いへの恨みを煽るような記事をでっち上げたり，誇張したりした。エルサルバドルのマスコミが，ホンジュラス政府はエルサルバドル人移民を残酷かつ違法に扱っていると非難する一方，ホンジュラスの報道機関は，その同じ移民が重大な罪を犯していると報じた。このような報道は，それぞれの国の政府の要請によって行われた。エルサルバドルの目的は，隣国に対する軍事力の必要性を国民に納得させることであり，一方ホンジュラスでは，政府はエルサルバドル移民国外追放の決定について大衆の支持を得たいと考えていた。

　ワールドカップ予選の試合は，移民問題が激化していた頃と同時期に行われていた。最終戦の日，エルサルバドルは，ホンジュラスのエルサルバドル人に対する暴力を非難して国交を断絶し，その後数週間以内にエルサルバドル軍がホンジュラスを攻撃し，戦争が始まった。歴史家は，サッカー戦争という言葉は誤解を招きかねないと指摘する。当時，アメリカは中米諸国と同盟を結んでいたが，戦争には参加しないことを選択した。実際，ア

メリカの外交官によれば，スポーツイベントが紛争の背景にあるという不正確な思い込みによって，アメリカ政府は紛争の深刻さを見過ごしたという。土地の所有権など，紛争の真の発端となる問題は未解決のままだった。結果として，その後数十年間，政治的，社会的に不安定な状態が続き，最終的には，エルサルバドルで内戦が勃発することとなった。

(35)　正解　**3**

質問の訳　第2段落によると，ホンジュラスへのエルサルバドル人移民はどのような点で「サッカー戦争」の原因となったのか。

選択肢の訳　**1**　エルサルバドルの大統領は，移民をホンジュラスの家から追い出すことは，ホンジュラスが攻撃してくる兆候だと考えた。　　**2**　ホンジュラス政府が，土地を求める貧しいホンジュラス人をエルサルバドルに移住させ始めたため，エルサルバドル農民が腹を立て報復にホンジュラスに移住した。　　**3**　移民がホンジュラスから追い出された後，金持ちのエルサルバドル人は，ホンジュラスに対して戦争を起こすよう政府に圧力をかけた。　　**4**　両国間を行き来する移民の絶え間ない移動は，ホンジュラスの国境当局を悩ませた。

解説　第2段落第5文に，Wealthy Salvadorans feared the negative economic effects of so many immigrants returning home and threatened to overthrow the Salvadoran president if military action was not taken against Honduras.「エルサルバドルの富裕層は，多くの移民が帰国することによる経済的悪影響を恐れ，ホンジュラスに対して軍事行動を起こさなければ，エルサルバドル大統領を転覆させると脅した」とある。この内容と一致する選択肢**3**が正解。

(36)　正解　**4**

質問の訳　サッカー戦争が始まる前の時期，両国のメディアは，

選択肢の訳　**1**　エルサルバドル人移民がより良い待遇を受けられるように両政府に圧力をかけようとした。　　**2**　両国の政府によって，市民に対する不法行為を報道することが妨げられた。　　**3**　サッカーの対立に重点を置くあまり，より重要な違法行為に関するニュースを報道できなかった。　　**4**　相手国を悪者にするような事実無根の，あるいは誤解を招くようなニュースをでっち上げるよう自国の政府に要請された。

解説　両国のメディアが行ったこととして，第3段落第1文でmade up or exaggerated stories that fueled their bitterness toward one another「互いへの恨みを煽るような記事をでっち上げたり，誇張したりした」と述べている。また，第3文にSuch reports were made at the request of the countries' governments「このような報道は，それぞれの国の政府の要請によって行われた」とある。これらの内容をまとめた選択肢**4**が正解。

(37)　正解　**3**

質問の訳　この文章の著者は最終段落で何を示唆しているか。

選択肢の訳　**1**　アメリカの外交官たちは，ホンジュラスとエルサルバドルとの間で再び戦闘が勃発することを今もなお心配し続けている。　　**2**　サッカー戦争のひどい影響は，ホンジュラスとエルサルバドルに，戦争に至るまでの自分たちの行動が間違っていたことを認識させた。　　**3**　サッカー戦争に対する誤った思い込みは，その真の原因が認識されなかったことを意味し，その結果，別の紛争が起こった。　　**4**アメリカ政府の政策に

より，多くの中米諸国が国交を断絶し，地域の紛争が悪化した。

解説 最終段落第5，6文で，アメリカが，サッカーが紛争の背景にあると考え，土地の所有権など真の原因を見過ごしたため問題は未解決のままだったと述べている。その結果が最終文の continued political and social instability and, ultimately, a civil war in El Salvador in the following decades「その後数十年間，政治的，社会的に不安定な状態が続き，最終的には，エルサルバドルで内戦が勃発」なので，この内容と一致する **3** が正解。

<h2 style="text-align:center">点字との争い</h2>

Key to Reading 第1段落：導入＋本論①（ボストン・ライン・タイプという視覚障害者のための筆記方式）→第2段落：本論②（明確になっていく点字との差）→第3段落：本論③（「点の戦争」の実態）→第4段落：結論（点の戦争の終結と恩恵）という4段落構成の説明文。選択肢を検討するときは，本文中の語（句）の言い換えに注意しよう。

訳

点字は今日の視覚障害者にとって標準的な筆記方式であるが，盛り上がった点々が文字を表すこのアルファベットだけが，常に唯一の方式だったわけではない。もうひとつの方式であるボストン・ライン・タイプは，1830年代にサミュエル・グリドリー・ハウという，米国の盲学校の目の見える指導員によって作られた。ハウのシステムは，目の見える人が使う標準的な英語のアルファベットの文字を利用したものだが，指で感じられるように文字が盛り上がっていた。しかし，目の不自由な生徒たちにとって，ある文字を別の文字と区別するのは，点字よりも難しいことだった。それでも，ハウは，目の見えない読者と目の見える読者が教材を共有できるという事実が，このデメリットを上回ると考えた。ハウは，彼のシステムによって，視覚障害者は，よりよく社会に溶け込むことができると主張した。彼は，点字はほとんどの健常者にとってなじみがないため，孤立を助長すると考えていた。

点は比較的簡単に書くことができるため，点字は大半の視覚障害者にとってより読みやすいだけでなく，より実用的であることが徐々に明確になっていった。ボストン・ライン・タイプで書くには特別な印刷機が必要だったが，点字は簡単な携帯用具で済む上に，タイプライターでも打つことができた。それでも，生徒たちが点字を圧倒的に好んだにもかかわらず，ボストン・ライン・タイプは盲学校で公式に使われ続けたが，これは，ボストン・ライン・タイプによって，目の見える教師が新しい記号を覚えることなく教えることができたからである。ボストン・ライン・タイプが人気を失っても，他のシステムが導入され続け，様々な筆記方式が標準となるよう競い合い，「点の戦争」として知られるようになった。

その一つがニューヨーク・ポイントというもので，盛り上がった点で構成されているという点で，点字に似ていた。主な利点は，片手でタイプできることだった。しかし，点字の方が，大文字や特定の句読点をより効率的かつ明瞭に表示することができた。候補は他にもあり，どれが優れているかという議論はすぐに激しくなっていった。一方，目の不自由な人たちは大きな不便を強いられた。読める本の供給は既に不足しており，筆記方式の競合により，彼らの選択肢はさらに狭まった。新しい方式を学ぶには多大な時間と労力が必要だったからだ。ある全国大会では，講演者が，次に視覚障害者向けの印刷方式を新たに発明した者には暴力で応じようと冗談交じりに提案し，彼らの不満を要約したという。

点の戦争は1900年代に入っても続き，様々なグループが資金と認知を巡って争った。

最終的には，盲目の活動家ヘレン・ケラーが，この論争に終止符を打つのに多大な影響を与えた。彼女は，大文字と句読点に関するニューヨーク・ポイントの弱点は極めて深刻で，指で読むのはたいへんだと述べた。点字が勝利し，他のシステムは徐々に姿を消した。点の戦争は一時期，視覚障害者教育の妨げになったが，明るい兆しもあった。この激しい戦いは，新しいタイプライターなどの様々な技術の開発を促し，視覚障害者の識字率や現代社会への参加能力を大幅に向上させたのである。

(38)　正解　**4**

質問の訳　サミュエル・グリドリー・ハウはボストン・ライン・タイプについてどのように考えていたか。

選択肢の訳　**1**　視覚障害者が読むのに時間がかからないという事実は，書くのに点字より多大な時間がかかるという点を補って余りある。　**2**　盛り上がった点と他の特徴の組み合わせにより視覚障害者同士の意思の疎通の際，より使いやすくなった。
3　生徒が習得するのは難しかったが，点字よりも早く読めることは大きな利点だった。
4　視覚障害者が，目の見える人とよりよく調和するために役立つという点で，採用する価値があった。

解説　ボストン・ライン・タイプは盲学校の生徒にとっては読みづらいものであったが，それでもハウがそれを使用した理由が第1段落第5文以降で述べられている。目の見える人と同じ英語のアルファベットを使用するので，reading materials could be shared by both blind and sighted readers「目の見えない読者と目の見える読者が教材を共有できる」ため，ハウは，His system … would allow blind people to better integrate into society「彼のシステムによって，視覚障害者は，よりよく社会に溶け込むことができる」と考え，これが読みづらさを上回る利点であると主張した。これに一致する選択肢**4**が正解。

(39)　正解　**1**

質問の訳　第2段落で，この文章の著者はボストン・ライン・タイプについて何を示唆しているか。

選択肢の訳　**1**　その継続的な使用は，視覚障害者の最善の利益にはならなかった。どの方式を使うべきかについての彼らの意見は考慮されなかったようだ。　**2**　盲学校の教師たちは，点の数が少ない方式の方が生徒にとって読みやすいと考え，それを使わないように生徒たちを説得した。　**3**　「点の戦争」を引き起こしたにもかかわらず，生徒の間で人気があり，その人気が，視覚障害者用の他の道具が開発される重要な要因となった。　**4**　タイプライター導入後に初めて，盲学校の生徒がボストン・ライン・タイプの筆記に成功した。

解説　第2段落第1，2文で，視覚障害者にとってはボストン・ライン・タイプよりも点字の方が読みやすく書きやすいということがわかる。生徒たちには点字の方が圧倒的に人気であったが，ボストン・ライン・タイプが学校で使用され続けていたのは，it allowed sighted instructors to teach without having to learn new sets of symbols「目の見える教師が新しい記号を覚えることなく教えることができた」（第3文）からである。視覚障害者自身の意見は考慮されなかったということなので，この内容と一致する選択肢**1**が正解。選択肢では，視覚障害者にとって読み書きが難しいということを，Its continued

use was not in the best interests of blind people と言い換えている。

(40) 正解 **2**

質問の訳 全国大会での講演者の提案は，視覚障害者が〜ことを示唆している。

選択肢の訳 **1** 点字もニューヨーク・ポイント・システムも，目の不自由な読者のニーズを満たせないと思っていた **2** どちらの方式を使うべきかという議論が，間接的に視覚障害者の読書へのアクセスを妨げていることに不満を感じていた **3** 視覚障害者によって開発されていない筆記方式の使用を強制されることを嫌っていた **4** 本を読むことを学ぶよりも，他の種類の教育の方がはるかに重要になっていると考え始めていた

解説 全国大会の講演者の提案に言及しているのは，第3段落最終文。a speaker reportedly summed up their frustrations by jokingly suggesting a violent response to the next person who invents a new system of printing for the blind「とある講演者が，次に視覚障害者向けの印刷方式を新たに発明した者には暴力で応じようと冗談交じりに提案し，彼らの不満を要約したという」とある。この段落では，ニューヨーク・ポイント・システムをはじめ，様々な筆記方式が標準方式としての候補にあがり議論が激化する一方，視覚障害者自身は筆記方式の競合によってむしろ読書の選択肢が限られ，たいへんな不都合を強いられた（severely inconvenienced）ことが述べられている。この内容と一致する選択肢 **2** が正解。prevent 〜 from doing ...「〜が…するのを妨げる」

(41) 正解 **3**

質問の訳 この文章の著者は点の戦争についてどのような結論を出しているか。

選択肢の訳 **1** それは非常に深刻なもので，今日でも視覚障害者のための技術の研究や開発に悪影響を及ぼしている。 **2** もしヘレン・ケラーがこの争いへの関与を決断しなければ，悪感情を引き起こすことはそれほどなかっただろう。 **3** 競争が視覚障害者の生活向上につながったため，長期的にはプラスの効果もあった。 **4** 当時の人々がタイプライターのような技術をもっと受け入れていれば，この事態は避けられたかもしれない。

解説 著者の結論は，第4段落最終文で述べられている。激しい競争が，stimulated the development of various technologies, such as new typewriters「新しいタイプライターなどの様々な技術の開発を促し」，greatly enhanced blind people's literacy rates and ability to participate in modern society「視覚障害者の識字率や現代社会への参加能力を大幅に向上させた」とある。この内容と一致する選択肢 **3** が正解。

4 一次試験・英作文
(問題編p.113)

指示文の訳 ●次のトピックについてエッセイを書きなさい。
答えの裏付けに，以下に挙げたポイントのうちの2つを使いなさい。
●構成：導入，本論，結論
●長さ：120〜150語
●エッセイは解答用紙のB面に用意されたスペースに書きなさい。
　スペースの外側に書かれた内容は，採点の対象とはなりません。

※2024年度第1回から，大問4に文章の要約を書く問題が加わります。

トピックの訳　あなたは次の意見に賛成ですか，それとも反対ですか：政府は再利用可能な商品を促進するためにもっと多くのことをすべきだ

ポイントの訳　●費用　●事業者への影響　●ごみ　●安全性

解答例

I agree that the government should do more to promote reusable products, particularly in relation to garbage and costs.

Firstly, increasing the adoption of reusable products will directly impact the amount of garbage that humans produce. Throwing away items after a single use, for example, is a significant factor in the buildup of waste in landfills all over the world. By encouraging greater awareness of reusable products, governments can actively help the environment.

Secondly, reusable products can be cost-effective for both consumers and businesses. People still buy plastic bags at supermarkets, and many restaurants purchase single-use chopsticks. Government promotion of reusable alternatives, however, would save money for shoppers and reduce overhead costs for businesses, which could have a wider positive economic impact.

In conclusion, I feel that promoting reusable products should be a priority for the government because the environmental and cost benefits are too important to ignore.

解答例の訳

　私は，特にごみと費用との関連で，政府が再利用可能な商品を促進するためにもっと多くのことをすべきであるということに賛成だ。

　第一に，再利用可能な商品の採択を増やすことは，人間が生み出すごみの量に直接的に影響を及ぼすだろう。例えば，一度だけ使った後で商品を処分することは，世界中の埋め立て地における廃棄物の蓄積をもたらす重大な要因となっている。再利用可能な商品に対するより高い意識を奨励することにより，政府は積極的に環境を改善することができる。

　第二に，再利用可能な商品は消費者にも事業者にも費用対効果が高まる。人々は依然としてスーパーでレジ袋を購入し，多くのレストランは使い捨ての箸を購入している。しかし，再利用可能な代替品を政府が奨励することは，買い物客にとってはお金の節約に，事業者にとっては一般諸経費の削減になり，これはより広範なプラスの経済効果になり得る。

　結論として，私は，環境および費用便益が無視できないほどに重要であるため，再利用可能な商品の促進が政府にとっては優先事項であるべきだと思う。

解説　TOPIC文で示されている意見について，「賛成である／反対である」のどちらかの立場に立って，自分の意見とその根拠をエッセイの形でまとめる形式。エッセイをまとめる際には，POINTSとして示されたキーワードのうち2つを選んで使用する必要がある。これらのキーワードに挙げられている語句については，例えば，Effect on businessesはpositive[negative] impacts on industry「業界へのプラスの〔マイナスの〕影響」などと，必要に応じて形を変えて表現しても良い。

　段落構成に関する，導入（introduction）→本論（main body）→結論（conclusion）という基本的な指定は必ず守ること。解答例のように本論を2つに分ける場合は，論点の重複がないように，それぞれの段落を別の視点からまとめる。その際，各段落の論点が明

確になるように，談話標識（discourse markers）を使うと論理的にまとまりのある文章となり，効果的である。また，結論をまとめるときは，第1段落の単純な繰り返しにならないよう，表現を若干でも工夫することが好ましい。

TOPIC文　「政府は再利用可能な商品を促進するためにもっと多くのことをすべきだ」という意見について賛成か反対かを求める内容。

語句　government「政府」/ promote「〜を促進する」/ reusable「再利用可能な」

第1段落（導入）　まずエッセイの冒頭で，TOPIC文のテーマを正しく理解していることと，自分が「政府は再利用可能な商品を促進するためにもっと多くのことをすべきだ」という意見について，「賛成である／反対である」のどちらの立場に立っているかを明示する必要がある。解答例は，文を I agree that 〜「私は〜ということに賛成である」から始め，自分が前者の立場にいることを明確に示している。また，POINTS の中から Garbage「ごみ」と Costs「費用」の2つを取り上げていることも，すでにここで示している。

語句　particularly「とりわけ」/ in relation to 〜「〜に関して」

第2段落（本論①）　第2段落では，順序を表す談話標識である Firstly「第一に」から始め，第1段落で示した1つ目の観点である「ごみ」について述べている。また，第2文では，人間が生み出すごみの具体例を，for example「例えば」という談話標識を用いて挙げている。

語句　increase「〜を増やす」/ adoption「採択」/ directly「直接的に」/ impact「〜に影響を与える」/ throw away 〜「〜を処分する」/ item「商品」/ a single use「1回限りの使用」/ significant「重大な」/ factor「要因」/ buildup「蓄積」/ waste「廃棄物」/ landfill「埋め立て地」/ encourage「〜を奨励する」/ awareness「意識」/ actively「積極的に」

第3段落（本論②）　第3段落では，第1段落で示した2つ目の観点である「費用」について意見を展開している。この段落では，順序を表す secondly「第二に」，逆接を表す however「しかし」という2つの談話標識を駆使しながら，再利用可能な商品が消費者側にも事業者側にも費用対効果が高いという点に焦点を当てている。

語句　cost-effective「費用対効果が高い」/ consumer「消費者」/ single-use「使い捨ての」/ promotion「奨励」/ alternative「代替物」/ overhead costs「一般諸経費」

第4段落（結論）　最終段落では，In conclusion「結論として」という談話標識から文を始めて，自分が TOPIC 文の意見に賛成の立場であることを，第1段落とは多少表現を変えた上で再度述べ，文章を締め括っている。

語句　priority「優先事項」/ cost benefit「費用便益」/ ignore「〜を無視する」

Part 1　一次試験・リスニング
（問題編pp.114〜115）

指示文の訳　準1級の試験のリスニングテストが始まります。指示を注意して聞いてください。テスト中に質問をすることは許されていません。

このテストは3つのパートに分かれています。これら3つのパートの質問は全て選択肢の中から正解を選ぶ問題です。それぞれの質問について，問題冊子に書かれている4つの選択肢の中から最も適切な答えを選び，解答用紙の該当箇所にその答えをマークしなさい。

このリスニングテストの全てのパートで，メモを取ってもかまいません。

　それでは，これからPart 1の指示を行います。このパートではNo.1からNo.12まで12の会話が放送されます。それぞれの会話に続いて，質問が1つ流れます。各質問に対して，最も適切な答えを選んで解答用紙にマークする時間が10秒あります。会話と質問は1度しか読まれません。それでは，準1級のリスニングテストを始めます。

No.1　正解　**4**

放送文　*A:* Hi, Ron. Why are you sitting there? Where's the new receptionist? *B:* She called to say she'll be late. *A:* Again? That's the third time since she started. What's her excuse now? *B:* She said her babysitter hasn't turned up yet. *A:* I know she has her problems, but it can't go on like this. I'll have to have a talk with her. *B:* Please do. I'm tired of filling in.

Question: What is the woman going to do?

訳　A：あら，ロン。どうしてそこに座っているの？　新しい受付係はどこ？　B：彼女から遅れるって電話がありました。　A：また？　彼女が入ってから3回目ですよ。今度はどういう言い訳をしてるの？　B：ベビーシッターがまだ来ないそうです。　A：彼女にも事情があるのはわかるけど，このままってわけにはいきませんね。彼女と話してみないといけないみたいね。　B：そうしてください。もう穴埋めはうんざりです。

質問の訳　女性はどうするつもりか。

選択肢の訳　**1**　男性に受付係の穴埋めをしてもらう。　**2**　男性に受付係をクビにするように頼む。　**3**　受付係の仕事を自分でやる。　**4**　遅刻について受付係に警告する。

解説　1往復目でA（＝女性）に「新しい受付係はどこ？」とたずねられたB（＝Ron）は，「彼女（＝新しい受付係）から遅れるって電話がありました」と述べ，3往復目では「もう穴埋めはうんざりです」と述べているので，新しい受付係が出勤せず，代わりにBが受付をしている状況だとわかる。2往復目でAは，「彼女が入ってから3回目（の遅刻）」と述べ，さらに3往復目では「このままってわけにはいきませんね。彼女と話してみないといけないみたいね」と述べ，それに対しBも「そうしてください」と答えている。よって，女性は，新しい受付係に遅刻しないように注意するつもりであることがわかるので，have a talk with herを **warn the receptionist** と言い換えた**4**が正解。

No.2　正解　**1**

放送文　*A:* Tim, I'm concerned about your performance in my science class. *B:* Didn't I pass the test yesterday? *A:* No, and you've missed several assignments. *B:* I'm sorry. I've had to work late every night this month at my part-time job. *A:* Well, we need to solve this problem. *B:* OK. I'll talk to my boss about cutting back my hours. *A:* And how about coming in for extra work before or after school? *B:* Thanks, Mrs. Roberts. I'll be here early tomorrow morning.

Question: What conclusion can be made about the student?

訳　A：ティム，理科の授業の成績を心配しています。　B：ぼくは昨日のテストに合格しなかったんですか？　A：ええ，それに宿題も何回かやりませんでしたね。　B：すみません。今月はアルバイトで毎晩遅くまで働かなければなりませんでした。　A：では，その問題を解決する必要がありますね。　B：わかりました。アルバイトの時間を減らす

よう上司に相談してみます。　A：それから，学校の前か放課後に特別な課題をするのはどうかしら？　B：ありがとうございます，ロバーツ先生。明日の朝早くここに来ます。

質問の訳 この生徒についてどのような結論が得られるか。

選択肢の訳 **1** 授業の成績を上げなければならない。　**2** 仕事のスケジュールを変更できない。　**3** アルバイトを辞めるだろう。　**4** 理科の授業に出ない。

解説 A（＝女性：Mrs. Roberts）はB（＝生徒：Tim）に1往復目で「理科の授業の成績を心配しています」，2往復目でNoと言ってティムが昨日のテストに合格しなかったことを伝えて「宿題も何回かやりませんでしたね」，さらに3往復目で「その問題を解決する必要がありますね」と述べている。よって，AがBの成績を心配しており，Bはそれを改善しなければならない状況であることがわかるので，concerned about your performance in my science classをimprove his class performanceと言い換えた**1**が正解。Bは「アルバイトの時間を減らすよう上司に相談してみます」と述べており，アルバイトは続けるつもりなので，**3**は不適切。

No.3　正解　**4**

放送文 *A:* Hey, Dave. You look down. What's wrong? *B:* Well, mostly, it's just that I'm not enjoying my job. *A:* Have you thought about doing something else? *B:* Yes, but I haven't been able to find anything that pays as well. With the kids almost in college and the house payments, I can't really just quit. *A:* I hear you. Well, I hope things work out for you. *B:* Thanks, but right now I'm not very optimistic.

Question: What is the man's problem?

訳 *A:* やあ，デイブ。浮かない顔しているね。どうしたの？　B：まあ，ちょっと仕事を楽しめていないってだけのことなんだけどね。　A：他の仕事をしようと思ったことはあるの？　B：あるけど，同じくらい給料のいい仕事が見つからないんだ。子供ももうすぐ大学生になるし，家のローンもあるから，辞めるに辞められないんだ。　A：そうだよね。まあ，いろいろうまくいくといいね。　B：ありがとう，でも今はあんまり楽観できないんだ。

質問の訳 男性の問題は何か。

選択肢の訳 **1** 子供の大学の学費が払えない。　**2** 会社から遠すぎるところに住んでいる。　**3** 十分な給料をもらっていないと思っている。　**4** 今の会社を辞められないと感じている。

解説 1往復目でB（＝Dave）は，「ちょっと仕事を楽しめていないってだけのことなんだけどね」と述べているので，Bが仕事に満足できていない状況であることがわかる。2往復目でA（＝女性）に「他の仕事をしようと思ったことはあるの？」と聞かれると，Bは「同じくらい給料のいい仕事が見つからない」，「子供ももうすぐ大学生になるし，家のローンもあるから，辞めるに辞められないんだ」と述べており，転職も考えたが，今の会社を辞められないと思っていることがわかる。よって，can't really just quitをunable to leave と言い換えた**4**が正解。

No.4　正解　**1**

放送文 *A:* Morning, Fiona. Coffee? *B:* Make it a big one! I was working on a project report until midnight last night. I can't believe I'm here so late every

day.　*A:* Didn't they warn you about the overtime when you interviewed?　*B:* Well, they sort of did.　What really bothers me, though, is that every time I think I've achieved my targets, my manager changes them.　*A:* That's corporate life. At least you have summer vacation to look forward to.　*B:* Yeah.　I hope they actually let me take it!

Question: What is the woman's main complaint?

訳　A：おはよう，フィオナ。コーヒー飲む？　B：たっぷりのにして！　昨夜，夜中までプロジェクトの報告書を書いていたの。毎日こんなに遅くまでここにいるなんて信じられないわ。　A：面接のとき，残業について知らされていなかったの？　B：まあ，言われたけどね。でも本当に困るのは，目標を達成したと思うたびに，上司が目標を変えてくることなのよ。　A：それが会社生活というものだよ。いくらなんでも，楽しみにしてる夏休みはもらえるんでしょ。　B：ええ。本当に取らせてもらえるといいんだけどね！

質問の訳　女性の主な不満は何か。

選択肢の訳　**1**　頻繁に新しい目標を与えられる。　**2**　残業代が十分に支払われない。　**3**　休暇の申請が却下された。　**4**　彼女の報告書が否定的な評価を受けた。

解説　2往復目でB（＝Fiona）は，「でも本当に困るのは，目標を達成したと思うたびに，上司が目標を変えてくることなのよ」と述べているので，Bは上司がたびたび目標を変えてくることに困っている状況であることがわかる。よって，every time … my targets, my manager changes them を frequently given new goals と言い換えた**1**が正解。Bは「本当に（夏休みを）取らせてもらえるといいんだけどね！」とは述べているが，休暇の申請が却下されたとは述べていないので**3**は不適切。

No.5　正解　**2**

放送文　*A:* Dad, I want to go to grad school straight after university.　Maybe I'll do a master's in psychology.　*B:* That's a big commitment, and it doesn't sound like you have a clear plan.　How about working for a few years first?　*A:* I'm afraid if I don't do this soon, I never will.　I'm worried about the cost, though. *B:* I've told you I'd help with that.　But I really think a year or two in the real world would give you valuable experience.　*A:* OK.　Let me think about it a bit more.

Question: What does the man tell his daughter?

訳　A：お父さん，大学を卒業したらそのまま大学院に行きたいと思っているの。たぶん心理学の修士課程に進むと思う。　B：それは大きな決断だけど，明確なプランがあるわけでもなさそうにも思えるね。まずは数年働いてみたらどうかな？　A：すぐにやらないと，いつまでたってもできないんじゃないかと思っているわ。費用が心配なんだけども。B：それは協力すると言っただろう。でも本当に，実社会で1，2年経験すれば，貴重な経験ができると思うよ。　A：わかった。もう少し考えさせてね。

質問の訳　男性は娘に何と言っているか。

選択肢の訳　**1**　来年修士号を取得するべきだ。　**2**　仕事の経験を積むべきだ。　**3**　1年間彼の助けを借りることができる。　**4**　まずはお金を貯めるべきだ。

解説　1往復目でA（＝娘）が「大学を卒業したらそのまま大学院に行きたいと思っているの」と述べたのに対し，B（＝父親）は「まずは数年働いてみたらどうかな？」と提案し，さらに2往復目でも「実社会で1，2年経験すれば，貴重な経験ができると思うよ」

と述べているので，Bは，娘は大学卒業後にすぐに大学院に行くべきではなく，その前にまずは実社会で数年働いてみるべきだと考えていることがわかる。よって，working for a few yearsやa year or two in the real worldをget some work experienceと言い換えた**2**が正解。

No.6　正解　**3**

放送文　*A:* Shelly, personnel asked me to remind you the deadline for enrolling in an insurance plan is tomorrow. *B:* I know, but I have no idea which one's best for me. *A:* They're all described on the company website. Why don't you look there? *B:* I have, but it wasn't very helpful. I find all the different options so confusing. *A:* Maybe you should have someone in personnel explain the choices again. *B:* I guess I have no choice.

Question: What will the woman probably do next?

訳　A：シェリー，人事から，君に保険プランの加入期限が明日までだって確認してほしいって言われたんだけど。　B：わかってるけど，どれが私に一番いいのか全然わからなくて。　A：会社のウェブサイトに全部書いてあるよ。見てみたら？　B：見たけど，あまり役に立たなかったのよ。いろいろな選択肢があってすごく混乱するわ。　A：人事の人にもう一度説明してもらった方がいいんじゃないかな。　B：そうするしかないわね。

質問の訳　女性はおそらく次に何をするか。

選択肢の訳　**1**　ウェブサイトをもっと注意深く見直す。　**2**　男性と同じプランを選ぶ。　**3**　人事担当者との面談を申し込む。　**4**　別の保険プランを探す。

解説　1往復目でA（＝男性）から，保険プランの加入期限が明日までだと言われたB（＝Shelly）は，「どれが私に一番いいのか全然わからなくて」と述べ，2往復目でAに，会社のウェブサイトに全部書いてあると言われてもBは，「見たけど，あまり役に立たなかった〜すごく混乱するわ」と述べているので，Bはどの保険プランを選べばいいかわからず困っていることがわかる。Aに，人事の人に説明してもらうことを勧められると，Bは「そうするしかないわね」と答えているので，Bが人事の担当者に説明の面談を申し込むだろうことがわかる。よって，have someone in personnel explainをrequest a meeting with personnelと言い換えた**3**が正解。

No.7　正解　**3**

放送文　*A:* Happy birthday, Kimiko! *B:* Farouk, there you are! I was getting worried you wouldn't make it to the party. Did you get lost? *A:* Sorry to be so late. No, your house was easy to find. Actually, I felt a little drowsy, so I pulled off the highway for a short nap. The next thing I knew, an hour had passed. *B:* Well, I'm just glad you made it here safely. How was the traffic? *A:* Not as heavy as I'd feared. Is it all right if I sit down? *B:* Of course.

Question: Why did the man arrive late?

訳　A：キミコ，誕生日おめでとう！　B：ファルーク，来てくれたんだ！　パーティーに来られないんじゃないかって心配してたのよ。道に迷ったの？　A：だいぶ遅くなってごめん。いや，君の家はすぐに見つかったよ。実は，少しうとうとしちゃったんで，幹線道路を降りて少し仮眠したんだ。気がついたら1時間経ってたんだ。　B：そうなの，無

事に来てくれてよかったわ。渋滞はどうだった？　Ａ：心配していたほどではなかったよ。座ってもいい？　Ｂ：もちろん。

質問の訳　男性はなぜ遅れて到着したのか。

選択肢の訳　**1**　大渋滞に巻き込まれた。　**2**　車の調子が悪かった。　**3**　長時間眠りすぎた。　**4**　幹線道路で道に迷った。

解説　1～2往復目からＢ（＝Kimiko）の誕生日パーティーにＡ（＝Farouk）が遅れて到着した場面だとわかる。「道に迷ったの？」とＢにたずねられたＡは「いや，君の家はすぐに見つかったよ」と言ったあと，「幹線道路を降りて少し仮眠したんだ。気がついたら１時間経ってたんだ」と述べているので，Ｂはうっかり長く仮眠しすぎたことがわかる。よって，I pulled off ～ for a short nap.　The next thing I knew, an hour had passedを slept for too long と言い換えた**3**が正解。「渋滞はどうだった？」とたずねられたＢは「心配していたほどではなかったよ」と述べているので，**1**は不適切。

No.8　正解　**1**

放送文　*A:* Honey, look at Jason's report card. He's still struggling in math.　*B:* I guess I should start helping him with his homework again.　*A:* I think it's past that point now.　We need to seriously consider getting him a tutor.　*B:* We're already paying so much for his private schooling.　Shouldn't his teachers be doing something about it?　*A:* I understand your frustration, but I think some one-on-one time in another environment would really help him.　*B:* I just hate to think of spending even more money right now.

Question: What does the man think?

訳　Ａ：あなた，ジェイソンの成績表を見て。数学にまだ苦労しているみたい。　Ｂ：また宿題を手伝ってやり始めた方がいいかな。　Ａ：もうそういう時期は過ぎたと思うの。家庭教師をつけることを真剣に考えないと。　Ｂ：ぼくたちはすでに彼の私立学校のためにとても高いお金を払っているんだよ。先生たちが何とかしてくれないのかな？　Ａ：不満はわかるけど，別の環境で１対１の時間を持つことは，かなり彼の助けになると思うのよ。　Ｂ：ぼくはただ，今，さらにお金を使うことを考えるのは嫌なんだよ。

質問の訳　男性はどう考えているか。

選択肢の訳　**1**　ジェイソンの先生はもっと努力すべきだ。　**2**　ジェイソンは私立学校に転校すべきだ。　**3**　ジェイソンの宿題の量が増えている。　**4**　ジェイソンを家庭教師のもとに行かせるべきだ。

解説　1往復目から，両親が息子のジェイソンの成績表を見て，数学の成績を心配している状況だとわかる。Ａ（＝女性）から家庭教師をつけることを提案されたＢ（＝男性）は「ぼくたちはすでに彼の私立学校のためにとても高いお金を払っているんだよ。先生たちが何とかしてくれないのかな？」と述べ，3往復目でも「（家庭教師の費用として）さらにお金を使うことを考えるのは嫌なんだよ」と述べているので，男性は家庭教師をつけるのではなく，ジェイソンの学校の先生に息子の成績改善のためにもっと尽力してほしいと思っていることがわかる。よって，Shouldn't his teachers be doing something about it? を Jason's teachers should make more effort. と言い換えた**1**が正解。

No.9 正解 **4**

放送文 *A:* Hello, Michael. How are you liking your new position? I hear it's been keeping you on the road quite a bit. *B:* Yes, I've spent more time abroad recently than I have at home. *A:* I envy you. I'm tired of going to the office every single day. *B:* Well, even though I'm traveling, mostly all I get to see is the inside of hotels and factories. *A:* I hope you're not regretting changing positions. *B:* No, things should settle down soon.

Question: What does the woman imply?

訳 A：こんにちは，マイケル。新しい仕事はどう？　出張が多いって聞いているわよ。 B：うん，最近は家にいる時間より海外で過ごす時間の方が長いんだ。　A：うらやましいな。毎日毎日，会社に行くのはうんざりよ。　B：まあ，旅行といっても，ほとんどホテルと工場の中しか見ないけどね。　A：転職したことを後悔していないよね。　B：うん，もうすぐ落ち着くと思うんだ。

質問の訳 女性は何を言いたいのか。

選択肢の訳 **1** 男性は前職に戻るべきだ。　**2** 彼女はもうすぐ職位を変えるだろう。 **3** 男性はもっと家で過ごすべきだ。　**4** 彼女は仕事でもっと旅行したい。

解説 1往復目でA（＝女性）から「新しい仕事はどう？」とたずねられたB（＝ Michael）が，「最近は家にいる時間より（仕事で）海外で過ごす時間の方が長いんだ」と答えると，Aは「うらやましいな。毎日毎日，会社に行くのはうんざりよ」述べているので，Aは毎日会社に行くだけでなく，Bのようにもっと出張したいと思っていることがわかる。よって，tired of going to the office every single dayを would like to travel for work more と言い換えた**4**が正解。

No.10 正解 **3**

放送文 *A:* Morning, Deborah. Hey, are you OK? *B:* What? Oh, sorry, Stan. I'm just in a bad mood. *A:* What happened? *B:* I got confused while transferring at Baxter Station and almost missed my usual train. It's like a maze now because of the construction. *A:* They're doing major renovations, right? *B:* Yes, and the directions for passengers were unclear. I never thought I'd get lost in the train station I use every morning. *A:* How long will the work continue? *B:* Until the end of the year. I guess I'll have to get used to it.

Question: Why is the woman in a bad mood?

訳 A：おはよう，デボラ。どうしたの，大丈夫？　B：え？　ああ，ごめん，スタン。ちょっと機嫌が悪いの。　A：何があったの？　B：バクスター駅で乗り換えるときにまごついちゃって，いつもの電車に乗り遅れそうになったのよ。今，工事中で迷路みたいなの。　A：大改装中なんでしょう？　B：うん，それで乗客への案内もわかりづらいのよ。毎朝使っている駅で迷子になるとは思わなかったわ。　A：工事はいつまで続くの？　B：年末まで。慣れるしかないわね。

質問の訳 女性はなぜ機嫌が悪いのか。

選択肢の訳 **1** 駅の改装が予定より遅れている。　**2** 乗った列車がいつもより混んでいた。　**3** 乗り換えに苦労した。　**4** いつも使っている駅が閉鎖されていた。

解説　1往復目でA（＝Stan）から「どうしたの，大丈夫？」とたずねられたB（＝ Deborah）は，「ちょっと機嫌が悪いの」と述べ，2往復目でAが「何があったの？」と言って，機嫌が悪い理由をたずねると，Bは「バクスター駅で乗り換えるときにまごついちゃって，いつもの電車に乗り遅れそうになったのよ」と述べている。よって，Bが機嫌が悪い理由は，駅で乗り換えに苦労したことだとわかるので，got confused while transferringを had trouble changing trains と言い換えた**3**が正解。

No.11　正解　**1**

放送文　*A:* Have you finished that book already?　*B:* Yes.　Since I turned 50, I've been trying to read more for mental stimulation.　I want to stay sharp and alert.　*A:* That's great.　Lately, all I ever read are boring work-related documents and manuals.　*B:* That does sound dull.　These days, I'm mostly reading historical fiction, although sometimes I try to read science books for general audiences. *A:* Maybe I should start reading some fiction as well, before I forget how to enjoy a book.

Question: Why is the woman reading books?

訳　A：その本はもう読み終えたの？　B：うん。50歳を過ぎてから，精神的な刺激のためにより多く読書するようにしているの。いつまでも鋭敏でいたいわ。　A：すばらしいね。最近は，ぼくが読むものと言えば，仕事関係のつまらない書類やマニュアルばかりなんだ。　B：それはほんとに退屈そうね。私は最近は歴史小説を読むことが多いけど，たまに一般向けの科学書も読んでみているわ。　A：本の楽しみ方を忘れてしまう前に，ぼくも小説でも読み始めたほうがいいみたいだね。

質問の訳　女性はなぜ本を読んでいるのか。

選択肢の訳　**1**　心をアクティブに保つため。　**2**　仕事のスキルを向上させるため。　**3** 仕事を忘れるため。　**4**　小説のアイデアを得るため。

解説　1往復目でA（＝男性）から「その本はもう読み終えたの？」とたずねられたB（＝ 女性）は，「うん」と言ったあと，「精神的な刺激のためにより多く読書するようにしているの。いつまでも鋭敏でいたいわ」と述べているので，女性は精神的な刺激のためにより多く読書しようとしていることがわかる。よって，mental stimulationやstay sharp and alertを keep her mind active と言い換えた**1**が正解。

No.12　正解　**2**

放送文　*A:* Which trail should we take, Jack?　*B:* Trail A looks like the easiest one.　The cable car carries us halfway up the mountain, and then we hike for about an hour to the peak.　*A:* How about something more challenging?　I think we could handle climbing the whole way.　*B:* I don't know.　All the overtime I've been working recently has really cut into my workouts.　I'm not sure my legs will carry me all the way up.　*A:* All right.　Trail A it is, then.

Question: What do we learn about the man?

訳　A：ジャック，どのコースに行こうかしら？　B：Aコースが一番簡単そうだね。ケーブルカーで山の中腹まで行って，そこから山頂まで1時間ほど歩くんだ。　A：もっと難しいコースはどう？　全行程を登っても大丈夫だと思うわ。　B：どうかな。最近，残業

続きで運動不足なんだ。この足で登りきれるかどうか自信がないよ。　A：わかったわ。じゃ
あ，Ａコースにしましょう。

質問の訳　男性について何がわかるか。

選択肢の訳　**1**　経験豊富な登山家だ。　**2**　最近あまり運動していない。　**3**　難易度
の高いコースを歩きたがっている。　**4**　ケーブルカーに乗るのが嫌いだ。

解説　1往復目の対話から，Ａ（＝女性）とＢ（＝Jack）が，登山道の入り口等で，ど
の登山コースを登るかについて話している場面であることがわかる。2往復目でＡ（＝女性）
が「（Ａコースより）もっと難しいコースはどう？　全行程を登っても大丈夫だと思うわ」
と述べると，Ｂは「最近，残業続きで運動不足なんだ。この足で登りきれるかどうか自信
がないよ」と述べているので，Ｂは最近，運動不足であることがわかる。よって，
recently has really cut into my workouts を has not gotten much exercise
recently と言い換えた**2**が正解。

Part 2　一次試験・リスニング
（問題編pp.116〜117）

CD 赤-14 〜 CD 赤-20

指示文の訳　それでは，これからPart 2の指示を行います。このパートでは(A)から(F)
までの６つの文章が放送されます。それぞれの文章に続いて，No.13からNo.24まで質
問が２つずつ流れます。それぞれの質問に対して，最も適切な答えを選んで解答用紙にマー
クする時間が10秒あります。文章と質問は１度しか読まれません。それでは始めます。

(A)

放送文　*Annie Londonderry*

Annie Cohen Kopchovsky—commonly known as Annie Londonderry—was
the first woman to ride a bicycle around the world. Some people say she did
this in response to a bet that a woman could not make such a journey, though
the truth of that story is debated. When she began her journey in 1894, she had
only ridden a bicycle a few times. Still, she wanted to prove women had the
mental and physical strength to meet such a challenge.

Londonderry believed women should be less restricted in their family and
work lives and encouraged women to wear whatever clothing they wanted. In
fact, she wore men's clothing for much of her journey. Along the way,
Londonderry made money in various ways, including telling stories of her
adventures and displaying companies' advertising posters on her bicycles. In
fact, the nickname "Londonderry" comes from the name of a spring water
company whose product she promoted.

Questions　*No.13*　What is one reason Annie Londonderry began her trip?

No.14　What is one way Londonderry earned money on her trip?

訳　アニー・ロンドンデリー

アニー・ロンドンデリーとして知られるアニー・コーエン・コプチョフスキーは，女性
として初めて自転車で世界一周を果たした人物である。女性にはこのような旅はできない

という賭けに応えてやったことだと言う人もいるが，その話の真偽については議論がある。1894年に旅を始めたとき，彼女はまだ数回しか自転車に乗ったことがなかった。それでも彼女は，女性にはこのような挑戦に見合う精神的肉体的な強靭さがあることを証明したかったのだ。

ロンドンデリーは，女性は家庭生活や仕事においてあまり制限されるべきではないと考え，女性が好きな服を着ることを奨励した。実際，彼女は旅の大半で男性用の服を着ていた。旅の道中，ロンドンデリーは冒険談を語ったり，自転車に企業の広告ポスターを貼ったりするなど，さまざまな方法でお金を稼いだ。実際,「ロンドンデリー」というニックネームは，彼女が宣伝した湧水会社の名前に由来している。

No.13 正解 **3**

質問の訳 アニー・ロンドンデリーが旅を始めた理由の1つは何か。

選択肢の訳 **1** 不調な体調を改善するため。 **2** サイクリングテクニックを披露するため。 **3** ジェンダーの固定観念に挑戦するため。 **4** 新しい種類の自転車をテストするため。

解説 アニー・ロンドンデリーが旅を始めた理由について，第1段落第2文では「女性にはこのような旅（＝自転車で世界一周）はできないという賭けに応えてやったことだと言う人もいる」と述べられ，第1段落最終文でも「彼女は，女性にはこのような挑戦に見合う精神的肉体的な強靭さがあることを証明したかったのだ」と述べられている。よって，ロンドンデリーが，男性・女性であることに基づいて定められた既成の社会的観念を打破するために旅を始めたことがわかるので，in response to a bet that a woman could not make such a journey や prove women had the mental and physical strength to meet such a challenge を challenge a gender stereotype と言い換えた**3**が正解。

No.14 正解 **1**

質問の訳 ロンドンデリーが旅でお金を稼いだ方法の1つは何か。

選択肢の訳 **1** 企業の宣伝を手伝った。 **2** 婦人服を作って販売した。 **3** 湧水会社を設立した。 **4** 通常男性がする仕事を引き受けた。

解説 ロンドンデリーが旅でお金を稼いだ方法について，第2段落第3文では「旅の道中，ロンドンデリーは～自転車に企業の広告ポスターを貼ったりするなど，さまざまな方法でお金を稼いだ」と述べられ，さらに第2段落最終文で「『ロンドンデリー』というニックネームは，彼女が宣伝した湧水会社の名前に由来している」とも述べられている。よって，ロンドンデリーが，お金を稼ぐために企業の宣伝を手伝ったことがわかるので，displaying companies' advertising posters on her bicycles を helped companies to advertise their products と言い換えた**1**が正解。

(B)

放送文 *Barn Quilts*

Quilting involves sewing layers of fabric into patterns to create a warm, attractive blanket known as a quilt. On farms in some parts of the US, however, quilt patterns are also used for a different purpose: to create artwork on the side of barns. The practice of painting symbols on barns was first brought to

the US in the 1800s by German immigrants, who believed the images would bring good fortune to their farms.

In 2001, one American woman decided to paint a quilt design on her barn to honor her mother, who had been a quilt maker. She encouraged other barn owners to decorate their barns with similar designs, now known as "barn quilts." This led to the creation of a "barn quilt trail" —a series of local barn quilts that visitors could view. Many communities now have such trails, and the boost to tourism has improved local economies.

Questions ***No.15*** What does the speaker say about the paintings made by German immigrants?

No.16 What has been one effect of "barn quilts" in the US?

訳 バーン・キルト

キルティングでは，キルトと呼ばれる暖かくて魅力的な毛布を作るために，何層もの布を模様に縫い合わせる。しかし，アメリカのある地域の農場では，キルト模様が別の目的にも使われている。納屋の側面にアート作品を作るためである。納屋にシンボルを描く習慣は，1800年代にドイツからの移民によって初めてアメリカにもたらされたが，彼らはその描写が農場に幸運をもたらすと信じていたのだ。

2001年，一人のアメリカ人女性が，キルト職人だった母に敬意を表して，自分の納屋にキルトのデザインを描くことにした。彼女は他の納屋の所有者にも同様のデザインで納屋を飾ることを勧め，それは現在では「バーン・キルト」として知られている。これが，訪問者が一連の地域のバーン・キルトを見ることできる「バーン・キルト・トレイル」の創設につながった。現在では多くの地域でこのようなトレイルが整備され，観光客の増加によって地域経済が向上している。

No.15 正解 **3**

質問の訳 話者はドイツ系移民が描いた絵画についてどのように語っているか。

選択肢の訳 **1** その描写が彼らにドイツを思い出させた。 **2** その描写はプロの芸術家によって作られた。 **3** その描写が幸運をもたらすと信じられていた。 **4** その描写は短冊状の布に描かれていた。

解説 ドイツ系移民が描いた絵画について，第1段落最終文で「納屋にシンボルを描く習慣は，1800年代にドイツからの移民によって初めてアメリカにもたらされたが，彼らはその描写が農場に幸運をもたらすと信じていた」と述べられている。よって，believed the images would bring good fortune を **believed to bring good luck** と言い換えた**3**が正解。

No.16 正解 **2**

質問の訳 アメリカにおける「バーン・キルト」の効果の1つは何か。

選択肢の訳 **1** 趣味として裁縫を始める人が増えた。 **2** いくつかの地域では観光客が増えた。 **3** 農場間の競争が激しくなった。 **4** 農場により多くの納屋が建てられた。

解説 アメリカにおける「バーン・キルト」の効果について，第2段落で，一人のアメリカ人女性が自分の納屋にキルトのデザインを描くことを始め，他の納屋の所有者にもこれを勧めたことが，「バーン・キルト・トレイル」の創設につながったことが述べられた

あと，第2段落最終文で「現在では多くの地域でこのようなトレイルが整備され，観光客の増加によって地域経済が向上している」と述べられている。よって，the boost to tourismをtourism has increasedと言い換えた**2**が正解。

(C)

放送文 *The Little Ice Age*

An era known as the Little Ice Age began in the fourteenth century and continued for around 500 years. Carbon dioxide levels in the atmosphere dropped considerably, which lowered air temperatures around the world. This resulted in reduced agricultural harvests worldwide. The traditional explanation is that this ice age came about due to erupting volcanoes and decreased solar activity.

However, according to more-recent research, farmland returning to forest may have been a major factor in the cooling of the planet. The native populations of North, Central, and South America had cleared large areas of forest for farming. When European colonists arrived in the late fifteenth century, they brought terrible illnesses. This caused the native populations to drop dramatically and left them unable to maintain the land. Researchers claim this resulted in a large increase in forest growth, which meant less carbon dioxide and a cooler planet.

Questions No.17 What is true about the Little Ice Age?

No.18 According to more-recent research, what happened that led to the Little Ice Age?

訳 小氷期

　小氷期と呼ばれる時代が14世紀に始まり，約500年間続いた。大気中の二酸化炭素濃度が大幅に低下し，世界中の気温が低下した。その結果，世界中で農作物の収穫が減少した。従来の説明では，この氷河期は火山の噴火と太陽活動の低下によって起こったとされてきた。

　しかし，より最近の研究によれば，農地が森林に戻ったことが地球を冷やした大きな要因であった可能性がある。北アメリカ，中央アメリカ，南アメリカの先住民は，農耕のために広大な森林を伐採していた。15世紀後半にヨーロッパから入植者がやってくると，彼らはひどい病気をもたらした。そのため先住民の人口が激減し，土地を維持することができなくなった。その結果，森林が大幅に増加し，二酸化炭素が減少して，地球がより寒冷化したのだと研究者たちは主張している。

No.17 正解 **4**

質問の訳 何が小氷期についての真実か。

選択肢の訳 **1** 1世紀弱続いた。　**2** 気象パターンに関する新しい発見につながった。
3 火山付近の人々に最も大きな影響を与えた。　**4** 農業に世界的な影響を与えた。

解説 小氷期について，第1段落第2文で「大気中の二酸化炭素濃度が大幅に低下し，世界中の気温が低下した」と述べられたあと，次の文で「その結果，世界中で農作物の収穫が減少した」と述べられている。よって，resulted in reduced agricultural harvests worldwideをhad a global impact on farmingと言い換えた**4**が正解。第1段落第1文で「小氷期と呼ばれる時代が〜約500年間続いた」と述べられているので，**1**は不適切。

No.18　正解　2

より最近の研究によると，何が小氷期をもたらしたのか。

1 北アメリカのヨーロッパ人が大都市を建設し始めた。　**2** アメリカ大陸全域で森林が拡大した。　**3** 世界人口の増加により，公害が増加した。　**4** 病気がヨーロッパ中の多くの木を枯らした。

最近の研究について，第2段落第1文では「より最近の研究によれば，農地が森林に戻ったことが地球を冷やした大きな要因であった可能性がある」と述べられ，そのあとの文で，ヨーロッパからの入植者がもたらした病気によって，北アメリカ，中央アメリカ，南アメリカで農耕のため広大な森林を伐採していた先住民の人口が激減したことで，「森林が大幅に増加し～地球がより寒冷化した」と述べられている。よって，farmland returning to forest を forests expanded と言い換えた**2**が正解。ヨーロッパからの入植者がもたらした病気によって先住民の人口が激減したという記述（第2段落第3，4文）はあるが，病気がヨーロッパ中の多くの木を枯らしたという記述はないので**4**は不適切。

(D)

Disappearing Fireflies

Fireflies are one of the most beloved insects because of their ability to create light, but firefly populations seem to be declining. The expansion of urban areas is a problem, not only because it destroys fireflies' habitats but also because of the constant artificial light in cities and suburbs. Fireflies attract mates by flashing their lights, so when these flashes become difficult to see, fireflies have trouble reproducing successfully.

Unfortunately, there have not been many studies of fireflies, in part because they are difficult to locate when they are not creating light. Scientists largely depend on information from amateurs, who report seeing fewer fireflies recently. Fireflies' light-flashing patterns vary by species, and scientists are requesting that more people count firefly flashes and report their observations. In this way, scientists will be able to better track the various species.

Questions　*No.19*　What is one thing the speaker says is putting fireflies in danger?

　　No.20　What have scientists asked people to do?

消えゆくホタル

ホタルはその光を作り出す能力から，最も愛されている昆虫のひとつだが，ホタルの個体数は減少しているようだ。都市部の拡大は，ホタルの生息地を破壊するだけでなく，都市や郊外では人工的な光が絶えないこともホタルにとって問題となる。ホタルは光を点滅させることで交尾の相手を集めるので，その点滅が見えにくくなると繁殖がうまくいかなくなるのだ。

残念なことに，ホタルの研究はあまり行われてこなかったが，その理由のひとつは，ホタルが光を発していないときにその場所を特定するのが難しいからである。科学者たちは，最近ホタルを見かけることが少なくなったというアマチュアからの情報に大きく依存して

いる。ホタルの発光パターンは種類によって異なるため，科学者たちはより多くの人々に
ホタルの発光を数え，観察結果を報告するよう求めている。こうすることで，科学者たち
は様々な種をよりよく追跡できるようになるだろう。

No.19　正解　**3**

質問の訳　ホタルを危険な状態にしていると話者が述べていることの1つは何か。

選択肢の訳　**1**　都市の発展による騒音の増加。　**2**　それらを捕まえようとする人々の
試み。　**3**　都市部の明るさ。　**4**　他の昆虫との競争の激化。

解説　ホタルを危険な状態にしている要因について，第1段落第2文では「都市や郊外
では人工的な光が絶えないこともホタルにとって問題となる」と述べ，次の文でその具体
的な理由について「ホタルは光を点滅させることで交尾の相手を集めるので，その点滅が
見えにくくなると繁殖がうまくいかなくなる」と述べられている。よって，the constant
artificial light in cities and suburbs を the brightness of urban areas と言い換え
た**3**が正解。「都市部の拡大は，ホタルの生息地を破壊する」という記述（第1段落第2文）
はあるが，都市の発展による騒音の増加に関する記述はないので**1**は不適切。

No.20　正解　**4**

質問の訳　科学者たちは人々に何をするよう求めているか。

選択肢の訳　**1**　光を発していないホタルを探す。　**2**　彼らがより多くの研究資金を得
られるように協力する。　**3**　家の周りに違うタイプの光を使う。　**4**　見たホタルにつ
いてレポートを作成する。

解説　科学者たちが人々に求めていることについて，第2段落第1文で，ホタルの研究
があまり行われてこなかった理由として「ホタルが光を発していないときにその場所を特
定するのが難しい」ことを述べたあと，第3文では「科学者たちはより多くの人々にホタ
ルの発光を数え，観察結果を報告するよう求めている」と述べられている。よって，
count firefly flashes and report their observations を make reports on any
fireflies they see と言い換えた**4**が正解。

(E)

放送文　*Smart Dogs*

　Dogs can be taught to respond to many words. For example, they can obey
commands to sit or roll over. But do dogs actually process and understand
words in the same way humans do? One team of researchers attempted to
investigate this question. The researchers wanted to gather data directly from
dogs themselves rather than from their owners' reports, so they used an imaging
machine to scan dogs' brains while the dogs heard different words.

　Before the scan, the dogs, which were of various breeds, were taught certain
words. While the dogs were in the machine, the words they had been taught and
words they did not know were both spoken to them. Surprisingly, the dogs'
brains showed more activity after they heard the unfamiliar words. This is the
reverse of a human response—our brains are more active in response to words
we know.

Questions   No.21   What was the purpose of the research?

No.22   What did the researchers discover about the dogs' brain activity?

訳   賢い犬

　犬は多くの言葉に反応するように教えることができる。例えば，犬は，お座りや転がれという命令に従うことができる。しかし，犬は実際に人間と同じように言葉を処理し，理解しているのだろうか。ある研究チームがこの疑問を調査しようと試みた。研究者たちは，飼い主の報告からではなく，犬自身から直接データを集めたいと考え，画像処理装置を使って，犬がさまざまな言葉を聞いている間に犬の脳をスキャンした。

　スキャンの前に，様々な犬種の犬たちが特定の言葉を教えられた。犬たちが装置の中にいる間，教えられた単語と知らない単語の両方が話しかけられた。驚いたことに，犬たちの脳は知らない言葉を聞いた後，より活発な活動を示した。これは人間の反応とは逆で，私たちの脳は知っている言葉に対してより活発に反応する。

No.21   正解   **1**

質問の訳   研究の目的は何だったか。

選択肢の訳   **1**   言葉についての犬の理解を調べる。　**2**   いろいろな声に対する犬の反応を調べる。　**3**   犬のいろいろな訓練の仕方を研究する。　**4**   飼い主の感情に対する犬の反応の仕方を調べる。

解説   研究の目的について，第1段落第3文で「犬は実際に人間と同じように言葉を処理し，理解しているのだろうか」という疑問が述べられ，次の文で「研究チームがこの疑問（＝犬は実際に人間と同じように言葉を処理し，理解しているのか）を調査しようと試みた」と述べられている。よって，investigate を study に，また do dogs 〜 understand words in the same way humans do を dogs' understanding of words に言い換えた **1** が正解。

No.22   正解   **3**

質問の訳   研究者は犬の脳の活動について何を発見したか。

選択肢の訳   **1**   飼い主の報告と一致した。　**2**   犬種によって異なった。　**3**   人間の脳のそれとは逆だった。　**4**   慣れた命令に反応すると増加した。

解説   犬の脳の活動に関する発見について，第2段落第3文で「犬たちの脳は知らない言葉を聞いた後，より活発な活動を示した」と述べられ，次の文で「これは人間の反応とは逆」と述べられている。よって，the reverse of a human response を opposite to that of human brains と言い換えた **3** が正解。

(F)

放送文   *Root Cellars*

　Elliston is a village on the Canadian island of Newfoundland. Its long winters mean preserving and storing food has always been an important part of life there. Traditionally, local people accomplished this by using root cellars, which are tunnel-like structures in the sides of small hills. They are called root cellars because they commonly hold root vegetables, such as potatoes and carrots. The root cellars maintain the perfect temperature and moisture levels for

preserving the vegetables.

Root cellars can be found in many places with long winters. However, Elliston is known as the "Root Cellar Capital of the World." For much of its history, the village was a fishing town. But when commercial fishing was banned after a decline in fish populations, Elliston's residents needed a new source of income. They decided to promote their root cellars as an attraction, and today, visitors come from all over to see them.

Questions No.23 What is one thing the speaker says about root cellars?

No.24 What is one reason root cellars are important in Elliston today?

訳 ルートセラー

　エリストンはカナダのニューファンドランド島にある村だ。冬が長いため，食料の保存と貯蔵が常に生活の重要な部分を占めてきた。伝統的に，地元の人々は小高い丘の側面にあるトンネルのような構造物であるルートセラーを使ってこれを実現してきた。ジャガイモやニンジンなどの根菜類を入れるのが一般的なので，ルートセラーと呼ばれている。ルートセラーは，野菜を保存するのに最適な温度と水分レベルを保つ。

　ルートセラーは，冬が長い多くの場所で見られる。しかし，エリストンは「世界のルートセラーの首都」として知られている。村の歴史の大半は漁業の町だった。しかし，魚の数が減少して商業漁業が禁止されると，エリストンの住民は新たな収入源を必要とした。エリストンの人々は，ルートセラーを観光名所として宣伝することにし，今日では各地からルートセラーを見にやってくる観光客がいる。

No.23 正解 **2**

質問の訳 話者がルートセラーについて述べていることの1つは何か。

選択肢の訳 **1** 冬の保温に役立つ。 **2** 一部の野菜を保存するのに役立つ。 **3** 名前はその形に由来している。 **4** 一年中野菜を育てるのに使われる。

解説 ルートセラーについて，第1段落最終文に「ルートセラーは，野菜を保存するのに最適な温度と水分レベルを保つ」と述べられている。よって，ルートセラーが野菜を保存するのに役立っていることがわかるので，maintain the perfect temperature and moisture levels for preserving the vegetablesをuseful for storing some vegetablesと言い換えた**2**が正解。

No.24 正解 **1**

質問の訳 ルートセラーが今日のエリストンで重要である1つの理由は何か。

選択肢の訳 **1** 地域経済を支えるのに役立っている。 **2** 周辺の村の模範となっている。 **3** 漁業の存続に役立っている。 **4** 貴重な鉱物が含まれていることがわかった。

解説 今日のエリストンにおけるルートセラーの重要性については，第2段落第4文で「魚の数が減少して商業漁業が禁止されると，エリストンの住民は新たな収入源を必要とした」とエリストンの住民の経済状況について述べられたあと，第2段落最終文で「今日では各地からルートセラーを見にやってくる観光客がいる」と述べられている。よって，ルートセラーがそれを見に来る観光客の存在によって地域経済を支えるのに役立っていることがわかるので，visitors come from all over to see themをhelp to support the local economyと言い換えた**1**が正解。

指示文の訳 それでは最後に，Part 3の指示を行います。このパートでは(G)から(K)までの5つの文章が放送されます。英文は実生活における状況を述べたもので，効果音を含むものもあります。それぞれの文章には，No.25からNo.29まで，質問が1問ずつ用意されています。それぞれの文章が流れる前に，問題冊子に書かれている状況の説明と質問を読む時間が10秒あります。文章を聞いた後に，最も適切な答えを選んで解答用紙にマークする時間が10秒あります。文章は1度しか読まれません。それでは始めます。

No.25 正解 **2**

放送文 *(G)* You have 10 seconds to read the situation and Question No.25.

The bus downtown leaves every half hour, and you can take a taxi from the taxi stand at any time. However, all the streets going to the center of town are very busy at this time of day. It's likely to take more than 40 minutes. The subway leaves every 5 to 10 minutes from the underground station. It's a 15-minute ride from the airport to downtown. You can also take the light-rail train. It's slower than the subway but provides a nice view of the city.

Now mark your answer on your answer sheet.

訳 *(G)* 状況と質問25を読む時間が10秒あります。

ダウンタウンへのバスは30分おきに出ていますし，タクシー乗り場からはいつでもタクシーに乗車できます。ただ，この時間帯は中心街へ行く道はどこもとても混んでいます。40分以上はかかるでしょう。地下鉄は地下の駅から5分から10分おきに出ています。空港からダウンタウンまでは15分ほどです。ライトレールにお乗りになることもできます。地下鉄より遅いですが，街の景色をお楽しみいただけます。

それでは，解答用紙に答えをマークしなさい。

状況の訳 あなたは空港に着いたばかりだ。あなたはできるだけ早くダウンタウンに行く必要がある。あなたは案内所で次のように言われた。

質問の訳 あなたはどのようにダウンタウンに行くべきか。

選択肢の訳 **1** バスで。 **2** 地下鉄で。 **3** タクシーで。 **4** ライトレールで。

解説 Situationからわかるのは，①「あなた」は空港に着いたばかりであることと，②「あなた」はできるだけ早くダウンタウンに行く必要があること。案内所のスタッフの発言から，ダウンタウンへの交通手段として，バス（第1文），タクシー（第1文），地下鉄（第4文），ライトレール（第6文）の4つがあることがわかる。それぞれの交通手段に関して，案内所のスタッフは，バスは30分おきに出ていて，タクシーはタクシー乗り場からいつでも乗車できるが，いずれも「40分以上はかかる」と述べている。また，地下鉄については「駅から5分から10分おきに出ています」「空港からダウンタウンまでは15分ほど」と述べ，ライトレールは「地下鉄より遅い」と述べている。よって，できるだけ早くダウンタウンに行く必要がある「あなた」が選ぶべき交通手段としては，駅から5分から10分おきに出ていて，15分ほどでダウンタウンに行ける**2**の地下鉄が正解。

No.26　正解　**4**

放送文　*(H)*　You have 10 seconds to read the situation and Question No.26.

　We offer several courses. Giovanni's introductory course on Monday evenings is ideal if this will be your first experience learning Italian. Martina's course on Tuesdays is for businesspeople looking to develop their written fluency in Italian to an advanced level. It's not suitable for beginners. Alfredo's intermediate course on Thursdays is suitable for people who want to improve their language skills in just a few months. Finally, Teresa's course on Fridays is for people who want to learn Italian and Italian culture through operas. This is a popular course, so I recommend registering today if you are interested.

　Now mark your answer on your answer sheet.

訳　*(H)*　状況と質問26を読む時間が10秒あります。

　いくつかのコースをご用意しております。月曜夜のジョバンニの入門コースは，初めてイタリア語を学ばれるなら最適です。火曜日のマルティナのコースは，イタリア語の筆記能力を上級レベルまで伸ばしたいビジネスパーソンのためのコースです。初心者の方には適していません。木曜日のアルフレッドの中級コースは，たった数か月でイタリア語の能力を向上させたい方に適しています。最後に，金曜日のテレサのコースは，オペラを通してイタリア語とイタリア文化を学びたい方のためのコースです。人気のコースなので，興味がおありなら，今すぐ申し込むことをお勧めします。

　それでは，解答用紙に答えをマークしなさい。

状況の訳　あなたはイタリア語を少し話せるが，3か月後のイタリアでの休暇の前にブラッシュアップしたいと思っている。あなたは月曜日と木曜日は時間がある。語学学校の担当者があなたに次のように言った。

質問の訳　あなたはどのコースを選ぶべきか。

選択肢の訳　**1**　マルティナのコース。　**2**　ジョバンニのコース。　**3**　テレサのコース。　**4**　アルフレッドのコース。

解説　Situationからわかるのは，①「あなた」はイタリア語を少し話せること，②「あなた」は3か月後のイタリアでの休暇の前にイタリア語をブラッシュアップしたいと思っていること，③「あなた」は月曜日と木曜日に時間があることの3つ。語学学校の担当者の発言から，「月曜夜」（第2文），「火曜日」（第3文），「木曜日」（第5文），「金曜日」（第6文）の4つの曜日にコースが開講されていることがわかる。③から，「あなた」が通えるコースは，時間がある「月曜夜」か「木曜日」の2つのみ。「木曜日」のコースについて，語学学校の担当者は「中級コース」（第5文）と述べているところ，①から，「あなた」はイタリア語を少し話せるので「中級コース」は適切。また②から，「あなた」は3か月でブラッシュアップしたいと思っているところ，担当者は「たった数か月でイタリア語の能力を向上させたい方に適しています」（第5文）と述べており，この点からも「木曜日」のコースは適切と言える。よって，**4**が正解。「月曜夜」のコースは，担当者が「初めてイタリア語を学ばれるなら最適」（第2文）と述べているところ，①から，「あなた」はイタリア語を少し話せるので不適切。

No.27 正解 4

放送文 *(I)* You have 10 seconds to read the situation and Question No.27.

Good morning, shoppers. Today is the Mayfield Mall 15th Anniversary Sale. Check out the first-floor shops for huge discounts on kids' clothing and back-to-school items. All business wear on the second floor, including suits and shoes, is 50 percent off. And don't forget the sporting goods center on the third floor, where we're offering 25 percent off every item. Remember, discounts are only available for shoppers who have registered for the sale at the fourth-floor kiosk. By registering, you will receive a card that you can present at all participating shops.

Now mark your answer on your answer sheet.

訳 *(I)* 状況と質問27を読む時間が10秒あります。

お買い物の皆様，おはようございます。本日はメイフィールド・モール15周年記念セールです。1階のショップでは，子供服や新学期アイテムが大幅割引中です。スーツや靴など，2階のビジネスウェアはすべて50％オフです。3階のスポーツ用品センターでは，全品25％オフで販売しておりますので，お見逃しなく。割引は，4階のキオスクでセールにご登録いただいたお客様にのみ適用されることをお忘れなく。ご登録いただきますと，全参加店舗でご提示いただけるカードを差し上げます。

それでは，解答用紙に答えをマークしなさい。

状況の訳 あなたは新しいビジネススーツを買うためにショッピングモールに到着したところだ。あなたはできるだけお金を節約したい。あなたは次のようなアナウンスを聞いた。

質問の訳 あなたはどの階に最初に行くべきか。

選択肢の訳 **1** 1階。 **2** 2階。 **3** 3階。 **4** 4階。

解説 Situationからわかるのは，①「あなた」は新しいビジネススーツを買うためにショッピングモールに来たことと，②「あなた」はできるだけお金を節約したいこと。アナウンスの第4文では，「スーツや靴など，2階のビジネスウェアはすべて50％オフ」と述べられており，ビジネススーツは2階で販売されていることがわかる。しかし，最後の2文では，「割引は，4階のキオスクで～ご登録いただいたお客様にのみ適用」，「ご登録いただきますと，全参加店舗でご提示いただけるカードを差し上げます」と述べられている。②から，「あなた」はできるだけお金を節約したいと考えているので，「あなた」は割引の適用を受けるために，最初に4階のキオスクに行ってセールに登録する必要があるので，**4**が正解。

No.28 正解 2

放送文 *(J)* You have 10 seconds to read the situation and Question No.28.

Welcome to All Adventures Park. Unfortunately, due to repairs, the walk-through reptile attraction Lizard Encounter will be closed until further notice. Our space-themed roller coaster, Into the Sky, has also suspended operation today due to strong winds. We apologize for the inconvenience. Please note, however, that our ranger-guided drive-through safari, Discovery Drive, is operating as usual, and most of the animals will be outdoors and visible. Finally, don't forget to check out the park's newest addition, Dream Fields, where guests can use VR technology to experience the game of baseball like never before!

Now mark your answer on your answer sheet.

訳 **(J)** 状況と質問28を読む時間が10秒あります。

オール・アドベンチャーズ・パークへようこそ。あいにく修理のため，通り抜け型の爬虫類アトラクション「リザード・エンカウンター」は，追ってお知らせするまで閉鎖いたします。また，宇宙をテーマにしたジェットコースター「イントゥ・ザ・スカイ」も強風のため，本日は運転を見合わせます。ご不便をおかけして申し訳ございません。なお，森林警備隊員のガイドによるドライブスルー・サファリの「ディスカバリー・ドライブ」は通常通り営業しており，ほとんどの動物は屋外でご覧いただけます。最後に，VR技術を使って今までにない野球を体験できる，当パークの最新施設「ドリーム・フィールズ」のチェックもお忘れなく！

それでは，解答用紙に答えをマークしなさい。

状況の訳 あなたとあなたの家族はテーマパークにいる。あなたの子供たちは動物や自然にとても興味を持っている。あなたは次のようなアナウンスを聞いた。

質問の訳 あなたはどのアトラクションに行くべきか。

選択肢の訳 **1** リザード・エンカウンター。 **2** ディスカバリー・ドライブ。 **3** イントゥ・ザ・スカイ。 **4** ドリーム・フィールド。

解説 Situationからわかるのは，①「あなた」が家族とテーマパークにいることと，②「あなた」の子供たちは動物や自然にとても興味を持っていること。テーマパークのアナウンスから，「リザード・エンカウンター」は修理のため現在閉鎖されており（第2文），また「イントゥ・ザ・スカイ」も，強風のため今日は運転を見合わせている（第3文）ことがわかるので，「あなた」は，この2つのアトラクションには行くことができない。残りのアトラクションは，森林警備隊員のガイドによるドライブスルー・サファリの「ディスカバリー・ドライブ」と，VR技術を使って今までにない野球を体験できる「ドリーム・フィールズ」の2つだが，②から，「あなた」の子供たちは動物や自然にとても興味を持っているので，動物や自然に関するアトラクションである**2**の「ディスカバリー・ドライブ」に行くのが適切。

No.29 正解 **1**

放送文 **(K)** You have 10 seconds to read the situation and Question No.29.

Parents, I'd like to introduce the faculty members in charge of the new after-school activities. Mr. Gilbert will be teaching students table tennis once a week on Fridays. Ms. DeLuca is in charge of the swimming club, which will meet on Mondays and Thursdays. Mr. Roth will be sharing his expertise in music by giving clarinet lessons every Wednesday. And Ms. Santos will be available in the library for study group to help students with their homework on Tuesdays and Thursdays. Please speak to the appropriate faculty member for further details.

Now mark your answer on your answer sheet.

訳 **(K)** 状況と質問29を読む時間が10秒あります。

保護者の皆様，新しい放課後活動の担当教員をご紹介します。ギルバート先生は週1回，金曜日に生徒に卓球を指導します。デルーカ先生はスイミングクラブを担当し，月曜日と木曜日に開催します。ロス先生は毎週水曜日にクラリネットのレッスンを行い，音楽の専門知識を伝えます。また，サントス先生は，火曜日と木曜日に生徒の宿題を支援するため，図書館で勉強会を開きます。詳細は担当教員にお声がけください。

それでは，解答用紙に答えをマークしなさい。

状況の訳 あなたは息子に新しい技能を学ばせたいと思っている。息子はすでに 水曜日の放課後に水泳のレッスンを受けている。学校の管理者が次のようなアナウンスをした。

質問の訳 あなたは誰に声をかけるべきか。

選択肢の訳 **1** ギルバート先生。 **2** デルーカ先生。 **3** ロス先生。 **4** サントス先生。

解説 Situationからわかるのは，①「あなた」は息子に新しい技能を学ばせたいと思っていることと，②「あなた」の息子は水曜日の放課後に水泳のレッスンを受けていること。消去法で考える。①と②から，スイミングクラブを担当するデルーカ先生は不適切。同様に②から，「あなた」の息子は水曜日の放課後は水泳のレッスンがあるので，同じ時間帯である水曜日の放課後に行われるロス先生の活動も不適切。サントス先生は，活動内容が生徒の宿題を支援するための勉強会であり，新しい技能を学ぶとは言えないので，①に合わず不適切。ギルバート先生の活動内容は卓球の指導であり新しい技能を学ぶことができるので①の要請に合致し，また時間も金曜日の放課後なので，②の水泳のレッスンとも重ならない。よって，**1**が正解。

カードA 二次試験・面接
（問題編pp.120〜121）

指示文の訳 1分間，準備する時間があります。

これは，小さな会社の社長についての話です。

ストーリーのナレーションを行うのに与えられる時間は2分間です。

ストーリーは以下の文で始めてください。

ある日，社長は会社を歩き回っていました。

ナレーションの解答例 One day, a company president was walking around the office. He passed the break room, where a couple of employees were drinking coffee and chatting. He heard one of them say, "I've been feeling tired lately." The president was surprised to hear this. That afternoon, he was in his office reading an article. The article was saying that naps boost worker performance, and this gave the president an idea. A month later, the company president was checking on the company's new nap room. The president was happy to see that several employees were using the room to take a nap and become refreshed. The next day, the company president was in a meeting. An employee ran into the meeting room because he was late for the meeting. He looked like he had just woken up, and he said that he had forgotten to set an alarm.

解答例の訳 **ある日，社長はオフィスを歩き回っていました。**彼は休憩室を通り過ぎ，そこでは2人の従業員がコーヒーを飲みながら談笑していました。彼は彼らのうちの1人が，「私は最近，疲れを覚えているのです」と言うのを耳にしました。社長はこれを聞いて驚きました。その日の午後，彼は自分のオフィスで記事を読んでいました。その記事には仮眠が労働者の仕事ぶりを高めると書かれており，これが社長に着想を与えました。1カ月後，社長は会社の新しい仮眠室を確認していました。社長は，数人の従業員が仮眠を

取ってリフレッシュするためにその部屋を利用しているのを見て満足でした。翌日，社長は会議に出ていました。1人の従業員が，会議に遅れていたため会議室に走って入って来ました。彼は目を覚ましたばかりの様子で，目覚ましをかけ忘れていたと言いました。

解説　ナレーションは，4コマのイラストの進行に沿ってまとめていく。2～4コマ目の左上方にある時間の経過を表す語句は，各コマの描写の冒頭部分で必ず使うこと。また，吹き出し内のせりふは，間接話法または直接話法を使ってストーリーに盛り込むが，間接話法を使う場合，主語や動詞などを適切な形に変える必要がある点に注意する。他，新聞，プレートなどに書かれた文字など，イラスト内の情報も適切な形でストーリーに取り入れること。なお，動詞の時制は，過去形および過去進行形を基本に，時間の経過がわかるよう描写する。

①1コマ目：社長が従業員たちの会話を耳にしている場面。休憩室では2人の従業員が休んでおり，コーヒーを飲みながら話をしている。そのうちのI've been feeling tired lately. 「私は最近，疲れを覚えているのです」という男性による発言に対し，女性がうなずいている様子が描かれている。2人の表情から，彼らは最近疲れを覚えるという点について意見が一致しており，これを，たまたま休憩室のそばを通っていた社長が耳にして驚いている様子をナレーションに盛り込む。なお，解答例では男性のせりふは直接話法を用いてそのまま取り入れている。

②2コマ目：That afternoonで始める。社長が新聞記事を読んでいる場面。新聞内の見出しから，仮眠が労働者のパフォーマンスを向上させることについての記事だとわかる。明るい表情をした社長の吹き出しに豆電球が描かれていることから，社長はこの記事から仮眠に関連した何かしらの着想を得たと判断できるだろう。

③3コマ目：A month laterで始める。社長が，Nap Room「仮眠室」というプレートが掲示されている部屋を満足げに眺めている場面。ちょうど1人の従業員がリフレッシュした様子で部屋から出て来ているところであり，部屋の中では数名の従業員が仮眠を取っている様子が描かれている。これらのことから，この会社では最近，2コマ目の新聞記事にインスパイアされた社長によって仮眠室が設けられ，社長がその様子を確認しに来ているのだと推測できる。

④4コマ目：The next dayで始める。社長が従業員たちと会議に出ている場面。ドアを開けながら入って来ている男性の吹き出しにI forgot to set an alarm.「目覚ましをかけ忘れました」とある点，社長の隣に座る人物が眉をひそめている点，その男性が慌てている点などから，彼は仮眠室を利用していたものの，寝過ぎてしまい会議に遅刻してしまったのだと推測できる。解答例ではこの遅れた従業員の発言内容を間接話法で表している。

質問の訳　No.1　4番目の絵を見てください。あなたがその社長なら，どのようなことを考えているでしょうか。
では～さん（受験者の氏名），カードを裏返して置いてください。
No.2　給料は職業を選ぶ際の最も重要な要素だと思いますか。
No.3　人々の意見はメディアにあまりにも影響されやすいでしょうか。
No.4　政府は労働者の権利を保護するためにもっと多くのことをすべきでしょうか。

No.1 **解答例**　I'd be thinking, "It's natural that people need some time to get used to using the nap room. It will improve our productivity in the long term. For now, I can just send out a reminder about not

oversleeping."

「仮眠室の利用に慣れるのにはいくらかの時間が人々に必要であるというのは当然だ。それは長期的には私たちの生産性を高めてくれることだろう。差し当たりは，寝過ごさないようにという通知を出すことくらいしか私にできることはない」と私は思っているでしょう。

解説 質問の仮定法過去形に合わせて，直接話法でI'd be thinking, "〜." のように始めると良い。解答例では，It's natural that 〜「〜ということは当然である」を用いて，仮眠室に慣れるのに当然時間がかかるものだという一般論を述べてから，長期的に見れば生産性の向上につながるだろうというメリットを説明している。そして，差し当たりは自分には注意喚起することしかできないという点を述べ，発言を締め括っている。あるいは，解答例とは異なる観点で，後悔を表す〈should have ＋過去分詞〉「〜すべきだった」を使って，引用符内をI should have reminded my employees of not oversleeping. I need to take some measures in order to make sure that such a thing would never happen again.「私は従業員に，寝過ごさないように念押ししておくべきだった。私は，そのようなことが二度と起こらないよう，何らかの策を講じる必要がある」などとしても良いだろう。

No.2 解答例　No. It's more important for people to find a career that interests them personally. Being interested makes people feel passion for their work, and this allows them to become much better workers.

解答例の訳 いいえ。人々にとっては，個人的に自分の興味をそそる職業を見つけることの方が大切です。興味が湧くことで人々は仕事への情熱を覚え，これによって彼らははるかに優秀な労働者になることができるのです。

解説 解答例では，Noの立場から，職業を選ぶ際には仕事への関心の方が給料よりも大切であるという観点から，関心を抱くことが仕事への情熱につながり，これにより優秀な労働者になれるという利点を中心に述べている。あるいは，Yesの立場で，Yes. There are many other important factors such as being interested and how challenging the job is. But nevertheless, how much money people get paid really counts when it comes to choosing a career. In my opinion, the higher the income is, the more motivated workers can get, this leading to enriching their lives.「はい。関心を持つことや仕事のやり甲斐といった別の大事な要素はたくさんあります。しかしそれでもやはり，どれくらいのお金をもらえるかという点は，職業を選択する際には極めて重要です。私の意見では，収入が高ければ高いほど，労働者はより意欲的になり，このことは彼らの人生の充実につながります」と，譲歩しつつも給料に力点を置く観点で答えても良いだろう。

No.3 解答例　Definitely. People have gotten worse at thinking for themselves. These days, people tend to believe everything that is reported in the news. People need to think more critically about the truth of media reports.

解答例の訳 絶対にそうです。人々は自分の頭で考えることがますます苦手になっています。近頃では，人々はニュースで報道されていることを全部信じてしまう傾向にあります。人々は，メディア報道の真実についてもっと批判的に考える必要があります。

解説 解答例ではまず，Definitely「絶対にそうです」と自分がYesの立場にあることを強調してから，人々が自分の頭で考えることが不得手になってきている状況を説明し，あらゆるニュース報道を信じてしまう傾向にあるという問題点に言及している。そして，報道の真実についてもっと批判的に考える必要性を訴えている。あるいは，Noの立場から，No. Certainly, some people accept what is reported in the news without question, but others do not, including my friends and acquaintances. In addition, many experts point out the risk of being deceived by fake news these days, and as a result of this, I think public awareness about media literacy has steadily improved. 「いいえ。確かに，ニュースで報道されることをうのみにする人々もいますが，私の友人や知人を含め，そうではない人々もいます。さらに，今日では多くの専門家がフェイクニュースにだまされることの危険性について指摘しており，この結果，メディアリテラシーについての人々の意識は着実に向上していると思います」などと答えても良いだろう。

No.4 **解答例** Yes. In recent years, many companies have been taking advantage of their workers. It's very difficult for many workers to protect themselves, so the government needs to make sure that companies follow the law.

解答例の訳 はい。近年では，多くの企業が従業員を都合よく利用し続けています。大勢の労働者にとっては自分を守ることはとても難しいので，政府は確実に会社が法を守るようにする必要があります。

解説 解答例ではYesの立場から，従業員を都合よく利用している企業が数多く存在する現状に触れた後，労働者側が自分自身を守ることが困難であるがゆえに，政府こそが会社に働きかけるべきだという意見を展開している。あるいは，3文目を，The government should closely monitor and punish such companies more severely so that workers' rights can be guaranteed, if necessary. 「労働者の権利が保障されるよう，政府は必要に応じてそのような会社をしっかり監視してより厳しく罰するべきです」などとするのも良いだろう。

カードB 二次試験・面接
（問題編pp.122〜123）

指示文の訳 1分間，準備する時間があります。
これは，スケートボードでの滑り方を習得したいと思った少女についての話です。
ストーリーのナレーションを行うのに与えられる時間は2分間です。
ストーリーは以下の文で始めてください。
ある日，少女は学校から歩いて家に帰っていました。

ナレーションの解答例 One day, a girl was walking home from school. She passed by a skate park and looked around. Some kids were skateboarding there. There was a boy doing a big jump on his skateboard, and the girl was quite impressed. She thought that skateboarding was really cool. The next day, the girl was at home talking with her parents. She told them that

she wanted to start skateboarding. Her mother looked a little worried about it, but they decided to let her get a skateboard. A month later, the girl was skateboarding at the skate park. She was practicing hard to learn how to skateboard. One of the other kids at the park was cheering her on. A week later, though, the girl was in the hospital. She had injured herself, and a nurse was putting a bandage on her head. Her mother looked very upset and said that she wasn't allowed to skateboard anymore.

訳 **ある日，少女は学校から歩いて家に帰っていました。**彼女はスケートボード場のそばを通り，辺りを見回しました。そこでは数人の子どもがスケートボードで滑っていました。スケートボードで大きくジャンプしている少年がいて，少女はとても感銘を受けました。彼女は，スケートボードで滑ることがとてもかっこいいと思いました。翌日，少女は家で両親と話をしていました。彼女は彼らに，スケートボードを始めたいと伝えました。お母さんはそれについて少し心配そうでしたが，彼らは彼女にスケートボードを持たせてあげることにしました。1か月後，少女はスケートボード場でスケートボードで滑っていました。彼女は，スケートボードでの滑り方を習得するために熱心に練習していました。他の子どものうちの1人は，彼女に声援を送っていました。しかし，1週間後，少女は病院にいました。彼女はけがをしていて，看護師が彼女の頭に包帯を巻いていました。お母さんはとても動揺した様子で，彼女にはもうスケートボードで滑ることが許されないと言いました。

解説 ナレーションは，4コマのイラストの進行に沿ってまとめていく。2〜4コマ目の左上方にある時間の経過を表す語句は，各コマの描写の冒頭部分で必ず使うこと。吹き出し内のせりふは，間接話法または直接話法を使ってストーリーに盛り込むが，間接話法を使う場合，主語や動詞などを適切な形に変える点に注意する。また，場所を表す看板のイラスト内にある文字情報も適切な形でストーリーに盛り込む。動詞の時制は，過去形および過去進行形を基本に，時間の経過がわかるように描写する。

①1コマ目：少女が，スケートボードで滑っている子どもたちを眺めている場面。Skate Park「スケートボード場」という看板がフェンスに取り付けられている場所で，2人の子どもがスケートボードで遊んでいる。この様子を見ている少女が明るい表情を浮かべていることから，彼女は彼らおよびスケートボードに肯定的な感情を抱いているのだと読み取れる。解答例のように，遊んでいる子どものうちの1人が大きく跳躍している様子をナレーションに盛り込むと効果的だろう。

②2コマ目：The next day で始める。少女が自宅で両親と話をしている場面。少女の吹き出し内に，少女自身がスケートボードで滑っているさまが描かれていることから，彼女は両親に，自分もスケートボードを始めたいと伝えているのだと判断できる。なお，解答例では，少女の話を聞いて懸念を抱いている様子の母親についても，look「〜のように見える」を使って描写している。

③3コマ目：A month later で始める。少女が他の子どもたちとスケートボードで遊んでいる場面。一番右にいる少年が少女を見ながら片腕を上げていることから，彼は少女に声援を送っているのだと推察できる。解答例では少女が熱心に練習しているという設定にしているが，これとは違う観点で，すでに少女がかなり滑れるようになっており，これに少年が感銘を受けているという設定にしても良いだろう。

④4コマ目：A week later で始める。少女が病院にいる場面。看護師に包帯を巻かれ

ている点，および取り乱している様子の母親とNo more skateboarding!「もうスケートボードは禁止！」というせりふの内容から，少女はスケートボードで遊んでいる最中にけがをしてしまったのだとわかる。解答例では，母親のNo more skateboarding!という発言を，be allowed to ～「～することが許されている」を否定文で用いた間接話法で表現している。

質問の訳 No.1 4番目の絵を見てください。あなたがその少女なら，どのようなことを考えているでしょうか。
では～さん（受験者の氏名），カードを裏返して置いてください。
No.2 親にとって，自分の子どもの学校生活に関与するのは大切ですか。
No.3 スポーツをするのは若者にとって，たくましい性格を育むのに良い方法でしょうか。
No.4 オリンピック大会のような国際的なイベントは国々の間の関係を向上させ得ると思いますか。

No.1 解答例
I'd be thinking that it isn't fair for my mom to stop me from skateboarding. My injury isn't so serious. It's more important that I stay active and make a lot of friends at the skate park.

解答例の訳 私は，スケートボードで滑るのをお母さんが禁止するのはフェアではないと思っているでしょう。私のけがはそんなに深刻なものではありません。私が活動的であり続けてスケートボード場でたくさんの友人を作る方が大切です。

解説 解答例では，質問の仮定法過去形に合わせて，間接話法のI'd be thinking that ～.の形で答えている。母によってスケートボードを禁止されることに納得がいかない点とけがが深刻ではない点に言及した上で，引き続き活動的にスケートボードで滑ることで得られるメリットを述べて解答を締め括っている。あるいは，I'd be thinking that I admit I should have been more careful not to be injured, but my mom's decision to forbid me to skateboard go too far. Since minor injuries are not rare in playing outside, I'll persuade her into letting me skateboard somehow after recovering from my injury.「けがをしないようにもっと気をつけるべきだったことは認めるけれども，自分にスケートボードで滑るのを禁止する母の決断は行き過ぎだと私は思っていることでしょう。外で遊ぶのにちょっとしたけがは珍しくないものなので，けがが回復したら，どうにかしてスケートボードをさせてもらえるよう母を説得するつもりです」などと，自身の注意不足を悔やみつつも，禁止の決断を下した母親を説得しようと試みる意思を表明する内容にしても良いだろう。

No.2 解答例
Yes, I think so. Children perform better in school with support from their parents. Parents can talk to their children about school, and they can give them good advice about their classes and social life.

解答例の訳 はい，そう思います。子どもは親からの支援があれば学校でもっとうまくやっていけるようになるものです。親は学校について子どもと話すことができ，子どもに，授業や社会生活についての良い助言を与えることができます。

解説 解答例では，Yesの立場で，子どもが学校生活を送る上では親からの支援がプラスに働くという意見を述べ，学校生活に関与することで親は子どもにとっての良き助言者に

なれることを主張している。あるいは，Noの立場から，No. I know parents are concerned about their children's school life, but I think they should interfere in it as little as they can. Rather, parents should encourage their children to think for themselves in order to solve problems they are facing. 「いいえ。親が子どもの学校生活を心配するのはわかりますが，彼らは極力それに干渉すべきではないと思います。むしろ，親は子どもが直面している問題を解決するために自分の頭で考えるよう彼らに奨励すべきです」などとしても良いだろう。

No.3 解答例 Definitely. Many sports help children to learn the value of teamwork, and they also teach the importance of hard work and practice. These lessons will help them to successfully achieve their goals in the future.

解答例の訳 絶対にそうです。多くのスポーツは子どもたちがチームワークの価値を学ぶのに役立ち，それらは勤勉さや練習の大切さを悟らせてくれもします。これらの教訓は，彼らが将来，目標を達成する上で役立つことでしょう。

解説 解答例ではまず，Definitely「絶対にそうです」と自分がYesの立場にあることを強調してから，多くのスポーツがチームワーク，勤勉さ，練習の大切さなどの価値を悟らせてくれるという点を述べ，さらに，これらの教訓が将来の目標達成において役立つだろうと付け加えている。あるいは，解答例とは違う観点から，I don't think it's always true. There are many other ways to achieve the same result. For instance, I have learned the value of persistence and teamwork through my guitar practice and my band's activity, so we should not limit the choice to sports. 「いつもそうであるとは思いません。同様の結果を達成するのには別の方法もたくさんあります。例えば，私はギターの練習やバンド活動を通じて粘り強さやチームワークの価値を学んできましたので，選択肢をスポーツに限定すべきではありません」と，実体験に触れながら説明しても良いだろう。

No.4 解答例 No. Many different nations have to work together to hold large events like the Olympics, but such relationships are only temporary. In the end, these events don't have a lasting effect on political relations.

解答例の訳 いいえ。オリンピック大会のような大規模なイベントを開催するにはさまざまな国が協力し合う必要がありますが，そのような関係性は一時的なものにすぎません。結局，この手のイベントは政治的関係には永続的な影響を及ぼしません。

解説 解答例では，Noの立場から，オリンピック大会のような大規模な国際的なイベントを通じて育まれる関係性が一時的なものにすぎないと述べ，開催に当たって必要とされる協力関係も結局は政治的関係には永続的な影響を及ぼさないと説明している。あるいは，3文目を，Giving financial support or cultural exchanges with each other will be a lot more effective in improving relations between nations. 「経済的な支援や相互の文化的な交流の方が，国々の間の関係を向上させるにははるかに効果的でしょう」と，代替案を述べる形にしても良いだろう。

2022年度 第2回

筆記 解答欄

問題番号		1	2	3	4
1	(1)	①	②	③	④
	(2)	①	②	③	④
	(3)	①	②	③	④
	(4)	①	②	③	④
	(5)	①	②	③	④
	(6)	①	②	③	④
	(7)	①	②	③	④
	(8)	①	②	③	④
	(9)	①	②	③	④
	(10)	①	②	③	④
	(11)	①	②	③	④
	(12)	①	②	③	④
	(13)	①	②	③	④
	(14)	①	②	③	④
	(15)	①	②	③	④
	(16)	①	②	③	④
	(17)	①	②	③	④
	(18)	①	②	③	④
	(19)	①	②	③	④
	(20)	①	②	③	④
	(21)	①	②	③	④
	(22)	①	②	③	④
	(23)	①	②	③	④
	(24)	①	②	③	④
	(25)	①	②	③	④

問題番号		1	2	3	4
2	(26)	①	②	③	④
	(27)	①	②	③	④
	(28)	①	②	③	④
	(29)	①	②	③	④
	(30)	①	②	③	④
	(31)	①	②	③	④

問題番号		1	2	3	4
3	(32)	①	②	③	④
	(33)	①	②	③	④
	(34)	①	②	③	④
	(35)	①	②	③	④
	(36)	①	②	③	④
	(37)	①	②	③	④
	(38)	①	②	③	④
	(39)	①	②	③	④
	(40)	①	②	③	④
	(41)	①	②	③	④

4 の解答例は
p.150をご覧
ください。

リスニング 解答欄

問題番号			1	2	3	4
Part 1		No.1	①	②	③	④
		No.2	①	②	③	④
		No.3	①	②	③	④
		No.4	①	②	③	④
		No.5	①	②	③	④
		No.6	①	②	③	④
		No.7	①	②	③	④
		No.8	①	②	③	④
		No.9	①	②	③	④
		No.10	①	②	③	④
		No.11	①	②	③	④
		No.12	①	②	③	④
Part 2	A	No.13	①	②	③	④
		No.14	①	②	③	④
	B	No.15	①	②	③	④
		No.16	①	②	③	④
	C	No.17	①	②	③	④
		No.18	①	②	③	④
	D	No.19	①	②	③	④
		No.20	①	②	③	④
	E	No.21	①	②	③	④
		No.22	①	②	③	④
	F	No.23	①	②	③	④
		No.24	①	②	③	④
Part 3	G	No.25	①	②	③	④
	H	No.26	①	②	③	④
	I	No.27	①	②	③	④
	J	No.28	①	②	③	④
	K	No.29	①	②	③	④

指示文の訳 各英文を完成させるのに最も適切な単語または語句を4つの選択肢の中から選び，その番号を解答用紙の所定欄にマークしなさい。

(1)　正解　**2**

訳 *A:* お母さん，今夜の夕食にハンバーグを作ってもらえる？　*B:* いいわよ，でもまず冷凍庫からお肉を出して解凍しないといけないわね。

解説 A（＝子供）がB（＝母親）に対して夕食に食べたいものを伝えている場面。Bの発言のtake the meat out of the freezer「冷凍庫からお肉を出す」から，ハンバーグを作るために使う肉は冷凍された状態であるとわかる。したがって，空所には**2**のthaw「解凍する」を入れると状況に合う。reckon「数える，考える」，stray「道に迷う」，shatter「粉々になる」。

(2)　正解　**4**

訳 ジョスリンはいつも息子に嘘を言わないよう言い聞かせていた。彼女は彼に強い正直の観念を植え付けることが重要だと考えていた。

解説 空所直前にit was important to「〜することが重要だ」とあるので，空所には直後のa strong sense of honesty「強い正直の観念」をどうするかを表す動詞が入る。instill 〜 in ...で「…に〜を教え込む，…に〜を植え付ける」という意味を表すので，**4**のinstillが正解。remodel「〜を作り変える」，stumble「つまづく」，overlap「〜を重ね合わせる」。

(3)　正解　**2**

訳 ザラは彼氏にとても腹を立てていたが，彼の誠実な謝罪を聞いた後で彼を許した。彼女は彼が本当にすまなく思っていると確信した。

解説 空所直後にapology「謝罪」とあり，空所にはどのような謝罪かを表す形容詞が入る。第2文のShe was sure that he really was sorry.「彼女は彼が本当にすまなく思っていると確信した」から，ザラの彼氏は心から謝ったとわかるので，この様子を表すのに適切な語は，**2**のearnest「誠実な」。detectable「検知できる」，cumulative「次第に増加する」，underlying「根本的な，潜在する」。

(4)　正解　**2**

訳 最初，スミス一家は裏庭の水泳プールを楽しんでいたが，清潔に保つのが非常に面倒になってきたので，ほとんどの時間はふたをしたまま放っておいた。

解説 空所の後のthey left it(＝backyard swimming pool) covered most of the time「ほとんどの時間はふたをしたまま放っておいた」から，スミス一家はプールを使わなくなったとわかる。その理由はkeeping it clean「清潔に保つこと」が大変だったからだと考えられる。such 〜 that ...で「非常に〜なので…」という意味を表すので，空所には**2**のnuisance「面倒なもの［こと・人］」を入れると文脈に合う。bureau「事

※2024年度第1回から，試験形式の変更に伴い大問1の問題数は18問になります。

務局」，sequel「続き」，metaphor「隠喩」。

(5)　正解　**4**

訳　歴史を通じて，多くの偉大な思想家たちが最初はその考えのために嘲笑されたものの，結局は真剣に受け取られるようになった。

解説　空所直前に at first「最初は」とあることに注目。文の後半に eventually being taken seriously「結局は真剣に受け取られるようになった」とあるので，空所にはそれとは逆の言動を表す語が入る。ridicule で「〜を嘲笑する」という意味を表すので，その過去分詞である**4**の ridiculed が正解。saturate「〜を浸す」，flatter「〜にお世辞を言う」，ingest「〜を摂取する」。

(6)　正解　**2**

訳　最初，その小さな女の子はスピーチコンテストで大勢の聴衆を前に恥ずかしかったが，1分ぐらい経つと彼女はもっと自信が出てきた。

解説　文後半に but after about a minute she began to feel more confident「だが，1分ぐらい経つと彼女はもっと自信が出てきた」とあるので，その前は女の子はあまり自信がなかったとわかる。この様子を表すには，**2**の bashful「内気な，恥ずかしがって」が適切。mortal「死を免れない」，pious「信心深い」，concise「簡潔な」。

(7)　正解　**2**

訳　タイプライターは過去の遺物である。それは会社や家庭にタイプライターが普通に見られた頃から，科学技術がどれだけ進歩したかを思い出させてくれる。

解説　第1文の主語 Typewriters が現在ではほとんど使われていないという事実や，空所直後の of the past，さらに第2文の since they(＝typewriters) were common in offices and homes「会社や家庭にタイプライターが普通に見られた頃から」から，空所には古いものについて表す語が入ると推測できる。したがって，**2**の relic「遺物」が正解。「タイプライターというもの」という1つの種類として扱っているので，不定冠詞の a が付いていることに注意。jumble「寄せ集め，不用品」，fraud「詐欺」，treaty「条約」。

(8)　正解　**4**

訳　その男性がトラの檻に近づいたとき，その大きな動物は低くうなった。その男性は恐ろしい音におののいて後ずさりした。

解説　第1文前半に the man approached the tiger's cage「その男性がトラの檻に近づいた」，第2文に in fear at the terrifying sound「恐ろしい音におののいて」とある。トラの出す恐ろしい音を表す語としては**4**の growled「うなった」が適切。sparkle「輝く」，leer「流し目で見る」，disprove「〜の誤りを証明する」。

(9)　正解　**3**

訳　警察官は法律を擁護することを誓わなければならない。これにはもちろん，自分自身が法律に従うことも含まれる。

解説　空所に入る動詞の目的語が the law であり，第2文に following the law

themselves「自分自身が法律に従うこと」とあるので，空所にもfollowに近い意味を表す語が入る。したがって，**3のuphold**「～を擁護する」が正解。gravitate「（重力によって）～を引きつける」，detach「～を引き離す」，eradicate「～を根絶する」。

(10) 正解 **2**

訳 全従業員が毎年必須の健康診断を受ける。会社はすべての労働者が必ずそうするよう法律によって義務づけられている。

解説 空所直後にmedical checkupとあるので，空所にはどのような健康診断かを表す形容詞が入る。第2文にCompanies are required by law to make sure all their workers do it.「会社はすべての労働者が必ずそうするよう法律によって義務づけられている」とあり，このitは「健康診断」を指すので，**2のcompulsory**「義務的な，必須の」が正解。gloomy「薄暗い，陰鬱な」，reminiscent「～を連想させる」，muddled「混乱した」。

(11) 正解 **1**

訳 生物学の学生は細胞分裂がどのように起こるかを学ばなければならないが，それは1つの細胞が2つに分かれるこの過程は自然界ではよく見られるからである。

解説 空所直前にcell「細胞」とあることに注目。文後半にthis process of a single cell splitting into two「1つの細胞が2つに分かれるこの過程」とあり，cell division で「細胞分裂」という意味なので，**1のdivision**「分裂，分割」が正解。appliance「器具」，imposition「賦課」，longitude「経度」。

(12) 正解 **1**

訳 その2つの会社が合併した後で，数人の上級従業員が不要となり，職を失った。

解説 空所直前のthe two companiesに注目。空所には2つの会社によって行われることを表す動詞が入る。したがって，**1のmerged**「合併した」が正解。pose「ポーズをとる」，conform「従う」，flock「群れをなす」。

(13) 正解 **1**

訳 運動中に脱水状態になるのを避けるために，常に十分な水を飲むべきである。トレーニングが長ければ長いほど，それだけ多くの水が必要である。

解説 空所直後にwhile exercising「運動中に」とあり，one should always drink enough water「常に十分な水を飲むべきである」と続いているので，空所には運動中に十分な水を飲まなかった場合に陥る状態を表す語が入る。したがって，**1のdehydrated**「脱水状態の」が正解。eternal「永遠の」，punctuated「中断させられた」，cautious「用心深い」。

(14) 正解 **3**

訳 ケンは家ではいつも行儀が良かったので，先生がケンはクラスで最も反抗的な生徒の1人だと言ったとき，母親はショックを受けた。

解説 文前半にKen was always well behaved at home「ケンは家ではいつも行儀が良かった」とあり，その後でhis mother was shocked「母親はショックを受けた」と

続いているので，ケンは家での態度と学校での態度が大きく違っていたと考えられる。したがって，well behaved とは対照的な意味を表す，**3** の disobedient「反抗的な」が正解。momentary「瞬間の」，miniature「小型の」，invincible「無敵の，不屈の」。

(15) 正解 **1**

訳 警察官は近くにいた人が何が起こったのかを目撃していたことを期待して，犯行現場で傍観者たちに質問をした。

解説 空所には警察官が質問をした相手に当たる目的語が入る。文後半に someone who had been nearby「近くにいた人」とあるので，この意味を1語で表す**1**の bystanders「傍観者」が適切。reformer「改革者」，mourner「会葬者」，pioneer「先駆者」。

(16) 正解 **4**

訳 数人の将官がその国の総理大臣を打倒しようと試みた。だが，彼らは失敗し，彼は権力を維持している。

解説 第2文に they(＝several generals) were unsuccessful, and he(＝the country's prime minister) remains in power「彼らは失敗し，彼は権力を維持している」とあるので，軍がクーデターに失敗したのだとわかる。空所には総理大臣を辞めさせる行動を表す動詞が入るので，**4**の overthrow「～を打倒する」が正解。irrigate「～を灌漑する」，harmonize「～を調和させる」，outpace「～より速い，～に勝る」。

(17) 正解 **4**

訳 ケイレブは提案の下書きを終えたので，部長にそれを評価するよう頼んだ。残念ながら，それにはまだ多くの改善が必要だと部長は思った。

解説 空所直後の it は a draft of his proposal を指し，ケイレブが「提案の下書き」について部長に何かをするように頼んだとわかる。第2文に she(＝Caleb's manager) thought it still needed a lot of improvement「それにはまだ多くの改善が必要だと部長は思った」とあり，「提案の下書き」の感想を述べ評価している。したがって，**4**の evaluate「～を評価する」を入れると文脈に合う。scrub「～をごしごし洗う」，enchant「～を魅了する」，prune「～を切り取る」。

(18) 正解 **4**

訳 アメリカ大統領のトマス・ジェファソンとジョン・アダムズは50年以上に渡り，お互いに手紙をやりとりした。この文通はアメリカ史の重要な一部である。

解説 第1文に exchanged letters with each other「お互いに手紙をやりとりした」とある。この内容を1語で簡潔に言い換えた**4**の correspondence「文通」が正解。matrimony「結婚生活」，federation「連邦」，horizon「地平線，水平線」。

(19) 正解 **4**

訳 暴動の間，町は無秩序状態に陥った。人々は通りに出て争ったり，窓を壊したりし，多くの店は略奪された。

解説 第2文の内容から，町は統制の効かない大混乱に陥ったことがわかる。この状態

を表す語としては，**4**のanarchy「無秩序，無政府状態」が適切。disclosure「暴露，開示」，admittance「入場（許可）」，attainment「到達，学識」。

(20)　正解　**3**

訳　いくつかの植物の花は実際に食べられ，サラダをもっとおいしく，見栄えも良くするために使うことができる。

解説　文後半にcan be used to make salads both more delicious ...「サラダをもっとおいしく…するために使うことができる」とあり，花をサラダに入れて食べるということなので，**3**のedible「食べられる，食用の」が正解。stationary「静止した」，candid「率直な」，hideous「恐ろしい，ぞっとする」。

(21)　正解　**4**

訳　その有名な科学者がスピーチの間中，多くの間違いをしてもだれも驚かなかった。彼は話し下手で悪評が高い。

解説　スピーチをした科学者は有名である一方，第2文にはhis poor speaking skills「話し下手」とある。notorious for ～で「～で悪評が高い」という意味を表すので，**4**のnotoriousが正解。treacherous「不誠実な，裏切りの」，momentous「重大な」，flirtatious「誘惑するような」。

(22)　正解　**1**

訳　先月，上司がブラッドを昇進させたとき，ブラッドの厳しい労働と長時間の勤務はすべて報われた。

解説　文後半にhis boss gave him a promotion「上司がブラッドを昇進させた」とあるので，ブラッドの労力に見合う結果が得られたとわかる。pay offで「利益をもたらす，報われる」という意味を表すので，**1**のpaid offが正解。write back「返事を書く」，chop up ～「～を切り刻む」，make over ～「～を作り直す」。

(23)　正解　**3**

訳　最高経営責任者のスピーチが非常にあいまいだったので，会社が深刻な財政難に陥っているという事実をジーナが理解するのにしばらくかかった。

解説　空所直後にtoがあることに注目。文前半にthe CEO's speech was so vague「最高経営責任者のスピーチが非常にあいまいだった」とあるので，「会社が深刻な財政難に陥っているという事実」がジーナにはわかりづらかったと考えられる。catch on to ～で「～を理解する」という意味を表し文脈に合うので，**3**のcatch onが正解。fill in ～「～を満たす」，duck out「外に出る」，give up「あきらめる」。

(24)　正解　**1**

訳　チームのメンバーそれぞれに新しいプロジェクトのためにすべき仕事があるが，彼らの作業すべてを調整する責任は部長が負う。

解説　文後半の主語はthe responsibility for coordinating all of their efforts「彼らの作業すべてを調整する責任」であり，目的語がthe manager「部長」である。空所には責任が部長にどうなるかを表す語句が入る。fall on ～で「～の負担となる」という意

味を表すので，**1**の falls on が正解。square with ～「～と一致する」，drop by「立ち寄る」，stack up「積み重なる」。

(25) 正解 **3**

> **訳**　その従業員は自分の罪を証明するファイルやその他の証拠を隠滅することによって，会社からの窃盗を隠そうとした。

> **解説**　文後半に by destroying files and other evidence that proved his guilt「自分の罪を証明するファイルやその他の証拠を隠滅することによって」とあるので，空所には証拠隠滅によって「会社からの窃盗」をどうしようとしたかを表す語句が入る。cover up ～で「～を隠す」という意味を表すので，**3**が正解。tuck away ～「～をしまい込む」，latch onto ～「～をつかまえる，～を理解する」，doze off「うたた寝する」。

2	**一次試験・筆記**	ナブタプラヤのストーンサークル（問題編pp.130〜131） グッドロード運動（問題編pp.132〜133）

> **指示文の訳**　それぞれの文章を読んで，各空所に入れるのに最も適切な語句を4つの選択肢の中から選び，その番号を解答用紙の所定欄にマークしなさい。

ナブタプラヤのストーンサークル

Key to Reading　第1段落：導入（ナブタプラヤのストーンサークル）→第2段落：本論①（ナブタプラヤの発展）→第3段落：本論②（ストーンサークルの目的）という3段落構成の説明文。それぞれの段落のトピックセンテンスを意識し，ナブタプラヤのストーンサークルの特徴とその目的について，論理的に読み進めていく。

> **訳**

多くの先史時代の社会は，ストーンサークルを造った。これらは，太陽の動きを追跡するなど，様々な理由で造られた。科学者に知られているそのような最古のサークルは，エジプトのナブタプラヤにある。このサークルは約7,000年前に造られたもので，恐らく世界で最も有名な先史時代のストーンサークルである，イギリスのストーンヘンジよりも1,000年以上も前のものである。今日のナブタプラヤの気候は非常に乾燥しているが，常にそうとは限らなかった。実際，サークルが造られた時期の激しい季節降雨により，一時的に湖が形成され，これらがウシを放牧する部族を，この地域に呼び込むことになった。

ナブタプラヤの最初の移住民は，約10,000年前にやって来た。考古学者は，これらの移住民が，1年中水を利用できるよう深井戸のシステムを構築し，家をまっすぐに並べて貯蔵スペースを備えつけたことを示す証拠を発見した。彼らはまた，彼らの生活の中心である，ウシの崇拝に焦点を当てた宗教を信仰した。これらの発見は，移住民が洗練された社会を発展させた証拠である。

研究結果によると，サークルの石の一部は，約7,000年前の1年で最も日が長い日に，太陽と並んでいた。これは，サークルが暦として使用されたことを示唆している。しかし，ある天体物理学者は，サークルには別の目的もあったと考えている。彼は，他の石の配置が，サークルが造られた当時のオリオン座の星の配置と一致していると指摘している。このため，彼はサークルが，夜空の星の位置を示す占星地図であったと提唱している。

(26) 正解 2

1 一方 **2** 実際 **3** それなのに **4** 同様に

解説 空所の前後の内容に注目する。前に Nabta Playa's climate is extremely dry today, but this was not always the case.「今日のナブタプラヤの気候は非常に乾燥しているが，常にそうとは限らなかった」とあり，後で heavy seasonal rainfall during the period when the circle was built led to the formation of temporary lakes 「サークルが造られた時期の激しい季節降雨により，一時的に湖が形成され」と，this was not always the case の具体的内容を示していることから，**2** の In fact「実際」が正解。not always the case は「いつでも当てはまるというわけではない」という意味。

(27) 正解 4

選択肢の訳 **1** 宗教思想に疑問を抱いた **2** 牧畜への興味を失った **3** 深刻な内部抗争を経験した **4** 洗練された社会を発展させた

解説 空所を含む文の前半の，「これらの発見」(These discoveries) が何の「証拠」(evidence) になっているのかを考える。These discoveries は，直前の2文より，ナブタプラヤの移住民が，深井戸のシステムを構築し，宗教への信仰心を持っていたことを指す。つまり，ナブタプラヤでは技術や文化が発展していたと推測できることから，**4** の developed a sophisticated society「洗練された社会を発展させた」を入れると意味がとおる。

(28) 正解 1

選択肢の訳 **1** 別の目的もあった **2** もっと以前に造られた **3** 元々は別の場所に造られた **4** 人々がその地域を避ける原因となった

解説 空所の前後の内容に注目する。サークルの目的として，前の1文が This suggests the circle was used as a calendar.「これは，サークルが暦として使用されたことを示唆している」，2文後が he proposes that the circle was an astrological map showing the positions of stars in the night sky.「彼はサークルが，夜空の星の位置を示す占星地図であったと提唱している」で，サークルの2つの異なる目的について示していることから，**1** の also had another purpose「別の目的もあった」を入れると意味がとおる。

グッドロード運動

Key to Reading 第1段落：導入（グッドロード運動の起源）→第2段落：本論①（グッドロード運動と農民）→第3段落：本論②（グッドロード運動と自動車の普及）という3段落構成の説明文である。グッドロード運動について，ドライバー，サイクリスト，農民のそれぞれの立場から読み進めよう。

訳

　19世紀後半に始まったグッドロード運動は，アメリカの景観を変え，国の道路と幹線道路のシステムを構築するのに役立った。この運動には驚くべき起源があった。今日，ほとんどの人は，道路システムがまず自動車ドライバーのニーズに応えて発達したと思い込んでいるが，これは誤った通説である。実はサイクリストを中心に要求が始まったのだ。近代の自転車の発明により，1890年代にサイクリングが流行し，何百万人ものアメリカ

人がより良く，安全な自転車道を求めた。

　サイクリストは，整備が不十分で危険なことが多かった道路の質を改善するよう，地方政府に圧力をかけ始めた。当初，この運動は，都市のサイクリストのレジャー活動を支援するために自分たちの税金が費やされることを望まない農民には，受け入れられなかった。しかし，次第に，農民たちは考えを変え始めた。この理由の1つは，「良い道路の真理：アメリカの農民たちへの手紙」と呼ばれる，影響力を持った論説集であった。これは，作物を市場に運ぶのが容易になるなど，道路の利点を強調することで，多くの農民を納得させた。

　自動車が普及するにつれ，この動きは急速に勢いを増した。特に，1900年代初頭にフォード・モデルTが開発されたことで，より良い道路を切望する多くの新しいドライバーが現れた。こうした手頃な価格の車が何百万台も販売され，ドライバーが増加したことにより，より多くの道路を建設し，既存の道路の質を改善するよう，政府への圧力がかけられることになった。

(29) 正解 **2**

選択肢の訳　**1**　自動車メーカーによって始められた　**2**　驚くべき起源があった　**3**　ドライバーの間で反対の声が生まれた　**4**　多くのサイクリストを怒らせた

解説　空所を含む文の直後の文で，グッドロード運動が自動車ドライバー（automobile drivers）のニーズに応えたものであるという考え方を，「誤った通説」（a myth）と表している。さらに次の文で，Actually, the demand started mainly with cyclists.「実はサイクリストを中心に要求が始まった」と述べていることから，運動の始まりが意外なものであったことを示す，**2**のhad a surprising origin「驚くべき起源があった」を入れると意味がとおる。

(30) 正解 **3**

選択肢の訳　**1**　抗議の声を高めた　**2**　別の道路を使い始めた　**3**　考えを変え始めた　**4**　サイクリストと敵対した

解説　空所を含む文の直前にAt first, the movement was resisted by farmers「当初，この運動は，農民には，受け入れられなかった」とあり，Gradually, however, farmers（　）.「しかし，次第に，農民たちは（　）」につながることから，**3**のbegan to change their minds「考えを変え始めた」を入れると意味がとおる。

(31) 正解 **2**

選択肢の訳　**1**　一方　**2**　特に　**3**　それにもかかわらず　**4**　したがって

解説　空所を含む文の直前のAs automobiles became common, the movement quickly gained momentum.「自動車が普及するにつれ，この動きは急速に勢いを増した」から，（　）, the invention of the Ford Model T in the early 1900s led to many new drivers, who were also eager for better roads.「（　），1900年代初頭にフォード・モデルTが開発されたことで，より良い道路を切望する多くの新しいドライバーが現れた」につながることから，強調したい事柄を表すときに使う，**2**のIn particular「特に」が正解。

指示文の訳 それぞれの文章を読んで，各質問に対する最も適切な答えを４つの選択肢の中から選び，その番号を解答用紙の所定欄にマークしなさい。

顔の認識

Key to Reading 第１段落：導入＋本論①（人間の顔認識能力）→第２段落：本論②（オーストラリアの研究者の発見①）→第３段落：本論③（オーストラリアの研究者の発見②）という３段落構成の説明文。人間の脳が，本物の顔と偽の顔をそれぞれどのように認識するかを考えながら読み進めよう。

訳

　人間は一般的に，顔を認識し，その表情を素早く読み取ることにとても長けている。これは，顔の特徴の処理を専門とする脳の特定の領域があるために，なし得ることである。古代人は，例えば，周囲の人々が怒っているかどうか，そのため，潜在的に危険であるかどうかを判断する必要があったであろうことから，この能力の発達は，進化という観点においては理にかなっている。しかし，意図しない結果の１つが，人々がしばしば，周囲の物体に顔があると考えてしまうことである。人々は，雲や木の幹，食べ物やコンセントに至るまで，様々な物体に，こうしたいわゆる偽の顔を認識する。

　オーストラリアの研究者は最近，脳が偽の顔をどのように処理するかについて詳しく知るための研究を行った。これまでの研究で，本物の顔の場合，その顔が表現している感情を判断するのに，見たばかりの顔の影響を受けることが明らかになった。例えば，幸せそうな顔を続けて見ると，人々は次に見た顔を，幸せを表現していると判断する傾向がある。オーストラリアの研究では，研究者が参加者に，特定の感情を表現する偽の顔を続けて見せた。本当の顔と同様に，参加者は偽の顔によって表現された感情を判断するのに，見せられたばかりの顔の影響を受けることを，彼らは発見した。この発見に基づいて，研究者は，脳は本物の顔を処理するのと同様の方法で，偽の顔を処理すると結論付けた。

　研究者はまた，人間の顔の配置に大まかにでも似ている特徴—口の上の２つの目と鼻—を持つ物体は，脳に，これらの特徴を感情表現の判断に使わせることがあると述べた。つまり，顔を認識するための脳の基準は，細部ではなく全体なのだ。研究者たちは，これが，脳が顔の表情をとても素早く判断できる理由の１つであると述べている。

(32)　正解　**4**

質問の訳 第１段落で，なぜこの文章の著者は雲のような物体について言及したか。

選択肢の訳 **1** 周囲の環境が，他人の感情をどれだけうまく判断できるかに影響を与え得るという考えを支持するため。　**2** 顔を識別できない人は，他の特定の物体を識別するのにも，いかに苦労するかを説明するため。　**3** 周りにある日用品に対する私達の反応が，脳の様々な領域によって制御されていることを説明するのに役立てるため。
4 人々が，顔が見えると想像する，日常にある物の例を提供するため。

解説 第１段落では，人間がどのように顔を認識するかについて述べている。「意図しな

※2024年度第１回から，試験形式の変更に伴い大問３の１問目(32)〜(34)が削除されます。

い結果の1つ」（one unintended consequence）として，最後から2文目でpeople often think they see faces on objects in their environment「周囲の物体に顔があると考えてしまう」ことを挙げている。次の文のa variety of objects, from clouds and tree trunks to pieces of food and electric sockets.「雲や木の幹，食べ物やコンセントに至るまで，様々な物体」はそれを示した日常にある物の例（examples of everyday things）なので，**4**が正解。

(33)　正解　**1**

質問の訳　過去の研究は，～ことを示している。

選択肢の訳　**1**　本物の顔が表現している感情に関する人々の判断は，直前に見た他の本物の顔の影響を受ける。　**2**　人々は本物の顔よりも偽の顔に，より早く感情的な意味付けをする。　**3**　人々は，本物の顔よりも偽の顔によって表現された感情を，より幸せでポジティブなものとして判断する傾向がある。　**4**　顔が感情を表していない場合，人々は偽の顔を区別するのにより時間がかかる。

解説　顔の認識に関する過去の研究については，第2段落第2～3文を参照。for real faces, people's judgement of what emotion a face is expressing is affected by the faces they have just seen.「本物の顔の場合，その顔が表現している感情を判断するのに，見たばかりの顔の影響を受けることが明らかになった」とあり，次の文で具体的な例を挙げている。この内容をまとめた選択肢**1**が正解。

(34)　正解　**2**

質問の訳　オーストラリアの研究者は，顔によって表現される感情を判断する脳の能力について，何と言っているか。

選択肢の訳　**1**　この能力は，生き延びるという点ではもはや人間への利点がないので，時間の経過と共に消滅する可能性がある。　**2**　脳が大まかな基準で顔を識別するという事実は，顔が表現する感情を人々が素早く判断することを可能にする。　**3**　脳は，顔が非常に明確な特徴を持っている場合にのみ，顔が表現する感情を正確に識別できる。　**4**　この能力は過去に，人間に利益だけでなく不利益をもたらしたにもかかわらず，進化した。

解説　脳の感情表現を判断する能力については，第3段落を参照。any object with features that even loosely resemble the layout of a human face ... can trigger the brain to assess those features for emotional expression「人間の顔の配置に大まかにでも似ている特徴を持つ物体は，脳に，これらの特徴を感情表現の判断に使わせることがある」とあり，最終文でこれを，「脳が顔の表情をとても素早く判断できる理由の1つ」と言っている。この内容と一致する選択肢**2**が正解。本文のtriggerは「～させる」という意味。

ドリアンとオオコウモリ

Key to Reading　第1段落：導入（ドリアンの人気の高まりと栽培状況）→第2段落：本論①（ドリアン栽培の困難さ）→第3段落：本論②＋結論（ドリアン栽培におけるオオコウモリの重要性）という3段落構成の説明文。選択肢を検討するときは，本文中の語（句）の言い換えに注意しよう。

　フットボールサイズのドリアンの果実は，その不快な臭いとクリーミーで甘い果肉でよく知られている。「果物の王様」として知られるドリアンは，ボルネオ島が原産と考えられているが，現在ではより広く栽培されており，世界中で消費されるドリアンの半分以上がタイで栽培されている。ドリアンは長い間，東南アジア全体で人気があったが，その人気は現在，世界の他の地域に広がっている。ドリアンには何百もの種類があるが，ほぼマレーシアのみで栽培されているムサンキングは，最も高く評価されている品種の1つである。ドリアンには高レベルのビタミンが含まれているため，その健康効果で売り込まれることが多く，輸出の増加につながっている。実際，専門家は，今後10年間でマレーシアから中国への出荷だけで，50％増加すると予測している。この状況を生かすべく，多くのマレーシアの農家は，ドリアンの生産を優先し，パーム油などの作物の生産をやめた。

　しかし，ドリアンの木を育てるのは簡単ではない。定期的な水やりと肥料を与える必要があり，温度に非常に敏感である。さらに，木立状に自生することはなく，他の樹木や低木の間で育つことでよく茂るため，果樹園で単一の作物として育てることは困難である。果実をたくさん収穫するために，樹木の花を確実に十分受粉させることは，農家にとってさらに困難である。ドリアンの木の特徴の1つは，花が夜にしか花粉を放出しないことであり，そのため，日中に採餌するミツバチなどの昆虫は，ドリアンに授粉しない。夜に活動する動物が授粉の役目を果たすが，自然に授粉されるのは，ドリアンの木の花の約25％のみである。このため，多くの農家は手作業で授粉するという，多くの労働力を要する方法に頼っている。

　研究によると，オオコウモリがドリアンの花の主な自然花粉媒介者であることが示されている。しかし，多くの農家はこれらのコウモリを，果実を食べて農家に損害を与え，利益を減らす単なる害獣と見なしているため，コウモリは追い払われたり，殺されたりしている。東南アジアの一部の文化では，コウモリの肉を食べると呼吸疾患が治ると信じられているため，コウモリは捕えられ，食料として売られ，その結果，絶滅の危機にさらされてもいる。オオコウモリの利点について人々に教えなければ，コウモリの数はさらに減少し，ドリアン農業に深刻な影響を与える可能性がある。

(35)　正解　**4**

質問の訳　第1段落によると，ドリアンの生産について正しいのはどれか。

選択肢の訳　**1**　ドリアンは現在，主にマレーシアで栽培されているが，これは，他の東南アジア諸国ではドリアンを栽培するのに十分な土地がもうないためである。　**2**　ドリアンは，従来栽培されていた場所ではよく売れているものの，他の国ではまだ人気がない。　**3**　高級品種のドリアンは，安価な品種よりも栄養価が高くないため，消費者から批判されている。　**4**　ドリアンの需要が高まっているため，マレーシアの農家は他の作物の栽培からドリアンの栽培に切り替えている。

解説　第1段落最後の3文を参照。最初の2文より，ドリアンの輸出が増加しており，今後もその傾向が続くことがわかる。さらに最終文で，In order to take advantage of this situation, many Malaysian farmers have stopped producing crops such as palm oil in favor of producing durians. 「この状況を生かすべく，多くのマレーシアの農家は，ドリアンの生産を優先し，パーム油などの作物の生産をやめた」と述べている。この内容をまとめた選択肢**4**が正解。

(36) 正解 **4**

質問の訳 ドリアン農家が考慮する必要がある要素の1つは,

選択肢の訳 **1** ドリアンの木はほぼ全ての温暖な気候で栽培できるが, 他の植物がほとんど生育していない地域で最もよく育つ。 **2** ドリアンの木が他の植物を追い出す傾向があるため, 在来植物の数が急激に減少している。 **3** ドリアンの木は, ミツバチや他の昼間の花粉媒介者が簡単に見つけられる場所で栽培する必要がある。 **4** ドリアンの木は, 自然に受粉するために放っておかれると, 木が大量の果実を付ける可能性は低くなる。

解説 ドリアンの栽培の難しさについては, 第2段落を参照。夜にのみ花粉を出すというドリアンの受粉について, 最後から2文目で, Animals that are active at night take over the role of pollination, but only about 25 percent of a durian tree's flowers ever get pollinated naturally.「夜に活動する動物が授粉の役目を果たすが, 自然に授粉されるのは, ドリアンの木の花の約25%のみである」と述べている。この内容を言い換えた選択肢**4**が正解。授粉の可能性の低さを, unlikely to produce a large amount of fruitと言い換えている。

(37) 正解 **1**

質問の訳 この文章の筆者がオオコウモリについて述べていることの1つは何か。

選択肢の訳 **1** ドリアンの花の受粉において, オオコウモリが果たす重要な役割についての認識が高まらなければ, ドリアンの生産は厳しいかもしれない。 **2** 東南アジアでは, 一部の市場で違法に販売されたコウモリの肉を食べた結果, 多くの人が病気になった。 **3** 一部のドリアン農家は, 捕まえて肉を売ることができるように, オオコウモリを意図的に果樹園に誘い込んでいる。 **4** 多くのオオコウモリが呼吸障害で死んだため, ドリアンの花の自然受粉媒介者が大幅に減少している。

解説 オオコウモリについて述べているのは, 第3段落。前半より, オオコウモリがドリアンの花にとって, 重要な受粉媒介者であるとわかる。しかし, 害獣として, また食肉のために殺され, 絶滅の危機に瀕している。この現実を受け, 最終文で, Without educating people about the benefits of giant fruit bats, the bats' numbers may decline further, which could have serious consequences for durian farming.「オオコウモリの利点について人々に教えなければ, コウモリの数はさらに減少し, ドリアン農業に深刻な影響を与える可能性がある」と結論づけている。この内容と一致する**1**が正解。本文のthe benefits of giant fruit batsを, the important role giant fruit bats play in durian flower pollinationと言い換えている。

長距離砂漠挺身隊

Key to Reading 第1段落: 導入(第二次世界大戦中の砂漠戦)→第2段落: 本論①(LRDGの結成)→第3段落: 本論②(LRDGの特徴)→第4段落: 本論③(LRDGとSAS)→第5段落: 結論(LRDGの最大の功績)という5段落構成の説明文。設問に先に目を通し, 読み取るべきポイントを押さえてから, 本文を読み進めよう。

訳
第二次世界大戦中, イギリスは北アフリカの砂漠でドイツとイタリアと戦った。砂漠戦

は，広く分散した部隊間の小規模な戦闘が特徴であり，敵からの発見と危険な日中の暑さの両方を回避するために，夜間に迅速に移動する必要があった。この地域は広大な砂地であるため，物資の輸送が困難であり，水不足により軍事行動は大幅に制限されていた。

　しかし，イギリス陸軍将校のラルフ・バグノルド少佐に，これらの過酷な状況は戦略上のチャンスをもたらした。戦争前に北アフリカの砂漠を何年も探索してきたバグノルドは，地形をよく知っており，敵軍を監視および追跡できる小型で機動性の高い車両部隊が非常に有益であると確信していた。当初，イギリスの司令官は，そのような長距離の情報収集には飛行機の方が適していると考え，そのような部隊を編成するという彼の提案を却下した。しかし，バグノルドは，地上で情報を収集することが有利であると主張し，彼の粘り強さが1940年6月のバグノルドを指揮官とする長距離砂漠挺身隊（LRDG）の結成につながった。

　LRDGは当初から型破りな部隊であった。階級間の通常の区別は適用されず，将校と正規兵はファーストネームで呼び合い，全員が同じ任務を遂行するものとされた。バグノルドは，戦場で勇敢に戦う者を求めるのではなく，例えば飲み水が限られているにもかかわらず，モチベーションを維持し，長時間でも注意を怠らないというような，並はずれたスタミナがあり，機知に富み，精神的な強さを備えた者を求めていた。LRDGの哨戒隊は，砂漠の状況に適応した特殊なトラックを使って約3週間，1,600キロメートル以上の範囲を単独で活動できるように装備されていた。燃料，弾薬，食料などの必要な物資はすべて部隊によって運ばれたため，念入りな補給計画が大変重要であった。

　LRDGの任務は主に，敵陣の背後深くに潜り，その動きを監視することであった。部隊は様々な武器を入手でき，隊員は主に情報を収集するように訓練されていたものの，地雷を設置したり，敵の飛行場や燃料貯蔵所への攻撃も展開したりした。敵陣の背後で攻撃を行うために1941年に編成されたイギリス軍の特殊空挺部隊（SAS）が，最初の任務で敵の領土にパラシュート降下した後，多くの死傷者を出した時には，LRDGは生存者を連れ戻す任務を負った。救助作戦は成功し，その隊員は砂漠に関する幅広い知識を持っていたため，LRDGはSASをすべての将来的標的まで陸上で運ぶ，または標的から連れ戻す任務を与えられ，移動と案内に携わった。これはほぼ確実に，SASが襲撃を成功させ，死傷者を減らすのに役立った。

　LRDGの最大の功績は1943年に達成されたが，この時，部隊は防御の固い敵の前線を見つかることなく回避するルートを見つけ，これにより敵の防御の弱点を攻撃できた。これは北アフリカ戦線における重要な転換点であり，そこでのイギリスの勝利に大きく貢献した。LRDGは，1945年までヨーロッパでの戦争遂行に多大な貢献を続けた。

(38)　正解　**4**

質問の訳　ラルフ・バグノルド少佐は，イギリス軍司令官に〜ということを納得させることができた。

選択肢の訳　**1**　兵士達は，適切な物資が供給されていなかったため，砂漠での任務において，ある程度の成功しか収められていない。　**2**　敵陣上を飛行し，砂漠で偵察を行うために使用された飛行機は，大幅な改良が必要である。　**3**　自身がそのような環境での経験がほとんどないという事実にもかかわらず，砂漠での任務で部隊を率いることができる。　**4**　砂漠での敵の活動に関する情報を収集するために，地上部隊を使用することは効果的な戦略である。

解説 ラルフ・バグノルド少佐の主張として，第2段落最終文に gathering information on the ground would be advantageous「地上で情報を収集することが有利である」とある。当初，イギリスの司令官は，砂漠での情報収集には飛行機の方が適していると考えていたが，少佐の説得により，LRDG結成が実現した。よって選択肢4が正解。選択肢は地上での情報収集について，an effective strategy「効果的な戦略」と表している。

(39) 正解 1

質問の訳 長距離砂漠挺身隊（LRDG）について正しいのはどれか。

選択肢の訳 **1** 選ばれた隊員の特性とその行動方法は，従来の軍隊のそれとは異なっていた。 **2** 予算が限られていたため，他の部隊よりも少ない物資と古い武器で間に合わせなければならなかった。 **3** 巡回には多数の隊員がいたため，将校は管理手法に関する特別な訓練を受けなければならなかった。 **4** その任務の成功は，部隊が定期的に敵陣の背後に物資を送ってもらえるかどうかに大きく依存していた。

解説 LRDGの特徴については，第3段落を参照。1文目に The LRDG was an unconventional unit from the outset.「LRDGは当初から型破りな部隊であった」とあり，その後の文で，階級間の通常の区別が適用されない，将校と正規兵はファーストネームで呼び合う，全員が同じ任務を遂行するなど，LRDG独自の特徴を述べている。この内容を1文で表した選択肢1が正解。本文の unconventional unit（型破りな部隊）を different from those of traditional military units（従来の軍隊のそれとは異なる）と表している。

(40) 正解 3

質問の訳 次のうち，LRDGと特殊空挺部隊（SAS）の関係を最もよく表しているのはどれか。

選択肢の訳 **1** 2つの部隊を組み合わせて，陸からと空からの襲撃を同時にできるようにした。 **2** 作戦の性質が似ていたため，2つの部隊は競合し，力を貸し合うことを望まなかった。 **3** LRDGは砂漠に関する知識を利用して，SASが任務の有効性と安全性の両方を改善するのを支援した。 **4** SASがLRDGの任務に関与したことで，LRDGは長期間にわたり，敵陣の背後にとどまることがより困難になった。

解説 LRDGとSASの関係については，第4段落3文目以降を参照。LRDGはSASの隊員救助作戦（the rescue mission）を行い，砂漠に関する知識を生かし，移動や案内（transportation and navigation）に携わった。その結果として，最終文で This almost certainly helped the SAS accomplish its raids with greater success and fewer casualties.「これはほぼ確実に，SASが襲撃を成功させ，死傷者を減らすのに役立った」と述べている。この内容とほぼ一致する選択肢3が正解。

(41) 正解 3

質問の訳 この文章の筆者によると，1943年に何が起こったか。

選択肢の訳 **1** LRDGが犯した失敗により，敵軍は，イギリスが獲得を望んでいた領土の支配を強化することができた。 **2** LRDGのヨーロッパへの移管は，SASがLRDGの支援なしに，防御の固い地域で敵軍を攻撃する以外に，選択の余地がなかったことを意味した。 **3** LRDGの活動により，イギリス軍は大きな強みを得ることができ，その地域の敵軍を破ることができた。 **4** イギリス軍司令官は，LRDGは敵の活動を監視する

よりも，イギリス領土を守るために役立てた方がよいと判断した。

解説 1943年の出来事については，第5段落を参照。1文目より，LRDGのおかげでイギリス軍が敵の防御の弱点を攻撃したとわかり，次の文で，This was a crucial turning point in the campaign in North Africa and contributed greatly to the British victory there.「これは北アフリカ戦線における重要な転換点であり，そこでのイギリスの勝利に大きく貢献した」と述べている。この内容と一致する選択肢**3**が正解。

4 一次試験・英作文
(問題編p.141)

指示文の訳 ●次のトピックについてエッセイを書きなさい。
●答えの裏付けに，以下に挙げたポイントのうちの2つを使いなさい。
●構成：導入，本論，結論
●長さ：120～150語
●エッセイは解答用紙のB面に用意されたスペースに書きなさい。
　スペースの外側に書かれた内容は，採点の対象とはなりません。

トピックの訳 人々はインターネット上の情報を信頼すべきですか。

ポイントの訳 ●学習　●ニュース　●オンラインショッピング
●ソーシャルメディア

解答例

　In my opinion, people should trust information on the Internet.　I have two reasons to support this based on news and learning.

　Firstly, Internet news sites are a fantastic source of trustworthy information.　The demand for up-to-date news has led to more people submitting videos and photos of events as they happen, such as natural disasters.　This information is easy to verify because it comes directly from people experiencing such events, making it easier to trust this information.

　Secondly, there are many online learning courses on the Internet with content that can be trusted.　To ensure their courses are reliable, educational institutions rigorously check the content of their online resources.　Moreover, these courses are widely recognized, adding to their authenticity.

　In conclusion, due to the increasing amount of news generated directly from the source and the high quality of learning resources online, we should trust information on the Internet.

解答例の訳

　私の意見では，人々はインターネット上の情報を信頼すべきだ。私には，ニュースと学習に基づいてこのことを裏付ける理由が2つある。

　第一に，インターネット上のニュースサイトは，信頼できる素晴らしい情報源だ。最新のニュースに対する需要の結果，より多くの人々が自然災害のような出来事の動画や写真

※2024年度第1回から，大問4に文章の要約を書く問題が加わります。

をその発生時に投稿している。この情報はその類の出来事を経験している人々に直接由来するため正しいと確認することは容易であり，それがこの情報を信頼しやすいものにしている。

　　第二に，インターネット上には信頼できるコンテンツを有しているオンライン上の学習講座がたくさんある。これらの講座が信頼できるものであることを保証するため，教育機関は，そのオンライン教材の中身を厳密に確認している。その上，これらの講座は広く認知されており，このことがその信頼性を高めている。

　　結論として，情報源から直接作り出されるニュースの量がどんどん増えていること，並びにオンライン上の学習教材の質の高さにより，私たちはインターネット上の情報を信頼すべきだ。

　解説　TOPIC 文について，「信頼すべきである／信頼すべきではない」のどちらかの立場に立って，自分の意見とその根拠をエッセイの形でまとめる形式。まとめる際には，POINTS として示されたキーワードのうち 2 つを選んで使用する必要がある。なお，キーワードに挙げられている語句については，必要に応じて形を変えて表現したり類義語で置き換えたりしても良い。

　　段落構成に関する，導入（introduction）→本論（main body）→結論（conclusion）という基本的な指定は必ず守ること。解答例のように本論を 2 つに分ける場合は，論点の重複がないように注意する。また，結論をまとめる際には第 1 段落の単純な繰り返しにならないよう，表現を若干でも工夫すると良いだろう。ただし，どうしても時間が足りない場合はエッセイの完成を優先する。

　TOPIC 文　「人々はインターネット上の情報を信頼すべきですか」という質問について意見を求める内容。

　語句　trust「～を信頼する」

第 1 段落（導入）　まずエッセイの冒頭で，自分が TOPIC 文のテーマを正しく理解していることと，「信頼すべきである／信頼すべきではない」のいずれの立場に立っているのかを明示する必要がある。解答例は，文を In my opinion「私の考えでは」から始め，自分が前者の立場にあることを，つまりインターネット上の情報を信頼すべきだと考えている立場にあることを表明している。これに続けて，2 つの理由があると前置きし，POINTS の News「ニュース」と Learning「学習」を観点として取り上げている。

　語句　reason「理由」/ support「～を裏付ける」/ based on ～「～に基づいて」

第 2 段落(本論①)　第 1 段落第 2 文で示した 2 つの理由のうち 1 つ目の観点である「ニュース」についての段落。この段落を Firstly「第一に」で，次の段落を Secondly「第二に」という，列挙を表す談話標識でそれぞれ始めることで，各段落の論点を明確にしている。第 2 段落では，第 1 文で「インターネット上のニュースサイトは信頼できる素晴らしい情報源だ」という意見を提示した後，より大勢の人々が自然災害時に情報発信をしている現状について触れ，そのような情報が出来事をじかに体験している人々による一次情報であるという点こそが信頼性の向上につながっているという持論を展開している。

　語句　site「サイト」/ fantastic「素晴らしい」/ source「源」/ trustworthy「信頼できる」/ demand「需要」/ up-to-date「最新の」/ lead to ～「～につながる」/ submit「～を投稿する」/ video「動画」/ happen「発生する」/ such as ～「～のような」/ natural disaster「自然災害」/ verify「～を正しいと確認する」/ come from ～「～に由来する」/ directly「直接」/ experience「～を経験する」/ make it easy to ～「～

することを容易にする」

第3段落（本論②） 第1段落で示した2つの理由のうち2つ目の観点である「学習」について の段落。この段落では，まず「インターネット上には信頼できるコンテンツを有して いるオンライン上の学習講座がたくさんある」と意見を述べた後，これらの講座の信頼 性の高さの理由について2点補足することで，意見に説得力を持たせている。この際，① 教育機関による厳密な確認作業，②認知度の高さ，という2点を，追加を表すMoreover 「その上」を用いて簡潔にまとめている。

語句 course「講座」/ content「コンテンツ，中身」/ ensure (that) 〜「〜だと保証 する」/ reliable「信頼できる」/ educational「教育の」/ institution「機関」/ rigorously「厳密に」/ check「〜を確認する」/ resource「教材，資源」/ widely「広く」 / recognize「〜を認識する」/ add to 〜「〜を増す」/ authenticity「信頼性」

第4段落（結論） 最終段落では，文章を締め括る際に用いるIn conclusion「結論として」 という談話標識から文を始め，理由・原因を表すdue to 〜「〜のために」によって導か れる前置詞句で2つの論点を簡潔にまとめ上げた後，第1段落で述べた意見を再度提示す ることでエッセイを結んでいる。

語句 increasing「ますます増加する」/ amount「量」/ generate「〜を生み出す」/ quality「品質」

Part 1 一次試験・リスニング
（問題編pp.142〜143）

指示文の訳 準1級の試験のリスニングテストが始まります。指示を注意して聞いてく ださい。テスト中に質問をすることは許されていません。

　このテストは3つのパートに分かれています。これら3つのパートの質問は全て選択肢 の中から正解を選ぶ問題です。それぞれの質問について，問題冊子に書かれている4つの 選択肢の中から最も適切な答えを選び，解答用紙の該当箇所にその答えをマークしなさい。 このリスニングテストの全てのパートで，メモを取ってもかまいません。

　それでは，これからPart 1の指示を行います。このパートではNo. 1からNo. 12まで 12の会話が放送されます。それぞれの会話に続いて，質問が1つ流れます。各質問に対 して，最も適切な答えを選んで解答用紙にマークする時間が10秒あります。会話と質問 は1度しか読まれません。それでは，準1級のリスニングテストを始めます。

No. 1　正解　**4**

放送文 *A:* Leaving for lunch already, Noah? *B:* Actually, I'm on my way upstairs. We have our company medical checkups today, remember? *A:* No, I completely forgot about them. *B:* You can still go. You don't need an appointment. *A:* Yeah, but I had a big breakfast this morning. You're not supposed to eat before the blood test, right? *B:* Right. In fact, I'm starving. Anyway, you'll have another chance next week. They'll be back again on Wednesday. *A:* Really? I'll make sure to remember.
Question: What will the woman probably do?

訳 *A:* もう昼食に行くの，ノア？　*B:* 実は，今2階に行くところなんだ。今日は会社の健康診断があるんだよ，覚えてる？　*A:* いいえ，そのことはすっかり忘れてたわ。*B:* まだ行けるよ。予約はいらないんだ。　*A:* うん，でも今朝は朝食をたくさん食べたの。血液検査の前に食べちゃいけないんでしょ？　*B:* そうだね。実は，お腹が空いているんだ。いずれにせよ，来週もう一度チャンスがあるよ。水曜日にまたやってくれるんだ。*A:* そうなの？　必ず覚えておくね。

質問の訳　女性はおそらくどうするか。

選択肢の訳　**1**　今日，血液検査を受ける。　**2**　朝食を少なくするようにする。**3**　ノアとランチに行く。　**4**　来週，健康診断を受ける。

解説　1往復目でB（＝Noah）から，「今日は会社の健康診断があるんだよ，覚えてる？」と言われたA（＝女性）は「そのことはすっかり忘れてたわ」と述べ，さらにBに，（今日）まだ健康診断に行けると言われても，「今朝は朝食をたくさん食べたの。血液検査の前に食べちゃいけないんでしょ」と述べていることから，Aが今日は健康診断を受けないことがわかる。3往復目でBが「来週もう一度（健康診断の）チャンスがあるよ」（you'll have another chance next week）と述べると，Aは「必ず覚えておくね」と答えているので，女性が来週，健康診断を受けるつもりであることがわかる。よって，have another chance を have a medical checkup と言い換えた**4**が正解。

No. 2　正解　**4**

放送文　*A:* Looks like I'll be putting in another 60-hour week.　Seems like I live here at the office these days.　*B:* You do live at the office these days, and they don't pay you nearly enough.　Why don't you drop a hint that you'd like to review your compensation?　*A:* But I've only been working here a year.　*B:* In which time they've doubled your responsibilities.　Come on, Laurie!　You need to stand up for yourself.　*A:* Well, maybe you're right.

Question: How does the man feel about the woman's situation?

訳　*A:* また週60時間労働になりそうなの。最近，私はこのオフィスに住んでいるようなものよ。　*B:* 君はここのところ，まさにオフィスに住んでいるみたいだけど，会社は君に十分な報酬を支払っていないよね。報酬を見直したいとほのめかしてみたらどうかな？　*A:* でも，ここで働き始めてからまだ1年しか経ってないのよ。　*B:* その間に，君の責任は2倍になったよね。さあ，ローリー！ 自分のために立ち上がるべきだよ。*A:* うーん，あなたの言う通りかもしれないね。

質問の訳　男性は女性の状況をどのように感じているか。

選択肢の訳　**1**　彼女はもっと休みを取るべきだ。　**2**　彼女はお金についてあまり気にするべきではない。　**3**　彼女はそれほどまでの責任を負う準備ができていない。**4**　彼女はもっと給料をもらっていいはずだ。

解説　1往復目で，週60時間労働になりそうだと長時間労働を嘆いているA（＝Laurie）に対し，B（＝男性）は「会社は君に十分な報酬を支払っていないよね。報酬を見直したいとほのめかしてみたらどうかな？」と述べ，2往復目でも「君の責任は2倍になったよね」と，Aの仕事の大変さを述べているので，Aの過大な労働量に比べて，Aが受け取る報酬が十分でないとBが考えていることがわかる。よって，don't pay you nearly enough を deserves more pay とAの立場で言い換えた**4**が正解。

No. 3 正解 **2**

放送文 *A:* Doctor, how were the test results? *B:* Not bad. It's just a sprain. Nevertheless, I still think you should avoid strenuous exercise for at least a couple of weeks after you leave the hospital today. *A:* But my softball team's got a big game this Thursday. *B:* I'm afraid you're going to have to sit that one out. You should wait till you fully recover or you may make it worse.

Question: What does the doctor tell the man?

訳 *A:* 先生，検査結果はどうでしたか。 *B:* 悪くないですね。ただの捻挫です。でも，今日退院してから少なくとも2週間は激しい運動は避けたほうがいいと思います。 *A:* でも，今度の木曜日にソフトボールチームの大事な試合があります。 *B:* 残念ながら，その試合は見送るしかないでしょう。完全に回復してからにすべきで，さもないと悪化するかもしれませんよ。

質問の訳 医者は男性に何と言っているか。

選択肢の訳 **1** 彼はさらなる検査を受ける必要がある。 **2** 彼は試合に出ることができないだろう。 **3** 彼は別の形の運動を見つける必要がある。 **4** 彼は病院にいなければならない。

解説 1往復目でB（＝医師）はA（＝男性）に，「今日退院してから少なくとも2週間は激しい運動は避けたほうがいい」と言い，2往復目で「今度の木曜日にソフトボールチームの大事な試合があります」と言ったAに対して，Bは「残念ながら，その試合は見送るしかないでしょう」（I'm afraid you're going to have to sit that one out.）と述べている。sit outで「参加しない，加わらない」の意味。よって，have to sit that one out を not be able to play in the game と言い換えた**2**が正解。

No. 4 正解 **2**

放送文 *A:* Hi, Phil. I'm sorry to bother you on your day off, but I'm not feeling well. Could you cover my shift this afternoon? *B:* Unfortunately, I've already got plans. *A:* I see. Do you know who might be able to change shifts with me? *B:* I'm not sure. *A:* Maybe the new guy can cover it. *B:* I'd just get in touch with the manager. It's her responsibility to deal with these issues. *A:* I know, but I hate bothering her. Maybe I should just work the shift. *B:* No, don't do that. You might make everyone else sick.

Question: What does the man imply the woman should do?

訳 *A:* こんにちは，フィル。お休みのところ申し訳ないんだけど，体調がよくないの。今日の午後のシフトを代わってもらえる？ *B:* あいにく，もう予定があるんだ。 *A:* そうなんだ。誰か私とシフトを代わってくれそうな人を知ってる？ *B:* わからないな。 *A:* もしかしたら，あの新入社員がカバーしてくれるかもしれないよね。 *B:* 店長に連絡すればいいんじゃない。こういうことに対処するのは彼女の責任だよ。 *A:* わかってるけど，彼女に迷惑をかけるのは嫌なの。私がシフトに入ればいいだけだよね。 *B:* だめだよ，そんなことしちゃ。他のみんなを病気にしてしまうかもしれないよ。

質問の訳 男性は女性が何をすべきと示唆しているか。

選択肢の訳 **1** 新入社員に連絡する。 **2** 店長に相談する。 **3** 自分でシフトに入る。

4 彼とシフトを変わる。

解説 1往復目で，A（＝女性）がB（＝Phil）に「体調がよくないの。今日の午後のシフトを代わってもらえる？」と述べたのに対し，Bは「あいにく，もう予定があるんだ」と述べてシフト交代の求めを断ったあと，3往復目で「店長に連絡すればいいんじゃない。こういうことに対処するのは彼女の責任だよ」と述べているので，Bは，Aが店長に相談するべきだと考えていることがわかる。よって，get in touch with the manager を speak to the manager と言い換えた **2** が正解。

No. 5　正解　**3**

放送文 *A:* I'm looking forward to our business trip next week. *B:* Me, too. I'll double-check the flight schedule tomorrow. *A:* Thanks. *B:* Have you finished putting together the presentation for our meeting? *A:* Not yet. I was planning to get it done tomorrow. *B:* That's a good idea. I remember trying to finish one at a hotel last year, and I couldn't connect to the Internet. *A:* Our hotel is supposed to have good Wi-Fi, but don't worry. It'll be done before we go.
Question: What will the woman do before leaving for the trip?

訳 *A:* 来週の出張が楽しみね。　*B:* 僕もだよ。明日，フライトスケジュールを再確認しておくよ。　*A:* ありがとう。　*B:* 会議で使うプレゼン資料の作成は終わったの？　*A:* まだよ。明日には完成させようと思っていたの。　*B:* それはいい考えだね。去年，ホテルでプレゼン資料を仕上げようとしたら，インターネットに接続できなかったのを覚えているよ。　*A:* 私たちのホテルはWi-Fiが充実しているはずだけど，心配しないで。私たちが行く前に終わらせておくから。

質問の訳 女性は出張に出発する前に何をするか。

選択肢の訳 **1** ホテルにインターネット接続について問い合わせる。　**2** 会議のスケジュールを確認する。　**3** プレゼンテーションの準備を終える。　**4** 飛行機のチケットを購入する。

解説 1往復目でA（＝女性）が「来週の出張が楽しみね」と述べているので，出張に出発するのは来週だとわかる。2往復目でB（＝男性）から「会議で使うプレゼン資料の作成は終わったの？」とたずねられたAは「まだよ。明日には完成させようと思っていたの」と述べ，4往復目でも「私たちが行く前に終わらせておくから」（It'll be done before we go.）と述べているので，Aは出張に出発する前にプレゼン資料の作成を終えるつもりだとわかる。よって，it'll be done を finish preparing the presentation と具体的に言い換えた **3** が正解。

No. 6　正解　**1**

放送文 *A:* Shall we order some more wine? *B:* I'd love to, but we should probably catch the bus home soon. It's already eleven. *A:* Eleven? Oh, dear. The last one will have left by the time we get to the bus stop. *B:* We can still catch the last train. *A:* That train doesn't come for another hour. I say we treat ourselves to a taxi. *B:* Works for me. *A:* Great. Let's head over to the main street. We can probably catch one there.

Question: What does the couple decide to do?

訳 *A:* ワインをもう少し頼みましょうか。 *B:* そうしたいけど，そろそろバスで帰らないとね。もう11時だよ。 *A:* 11時？ あら，そう。バス停に着くまでに，最終バスが出発してしまうわ。 *B:* まだ最終の電車に乗れるよ。 *A:* 電車は，あと1時間は来ないわ。タクシーに乗りましょうよ。 *B:* ぼくはそれで構わないよ。 *A:* よかった。大通りに行ってみましょう。たぶんそこでタクシーが捕まえられるわ。

質問の訳 夫婦はどうすることにするか。

選択肢の訳 **1** タクシーで帰宅する。 **2** さらにワインを注文する。 **3** 終電で帰宅する。 **4** 最寄りのバス停まで歩く。

解説 1往復目から，飲食店での対話で，現在の時刻は（夜の）11時という設定。2往復目でA（＝女性）が「バス停に着くまでに，最終バスが出発してしまうわ」と述べているのでバスでは帰宅できないことがわかる。2往復目でB（＝男性）が「まだ最終の電車に乗れるよ」と言っているが，Aが「電車は，あと1時間は来ないわ。タクシーに乗りましょうよ」と言うと，Bも「ぼくはそれで構わないよ」と同意し，さらにAが「大通りに行ってみましょう。たぶんそこでタクシーが捕まえられるわ」と述べているので，夫婦はタクシーで帰宅するつもりだとわかる。よって，treat ourselves to a taxiやcatch oneをtake a taxi homeと言い換えた**1**が正解。

No. 7 正解 **2**

放送文 *A:* Honey, did you see that the new restaurant down the block finally opened? *B:* I'm sorry, I can't chat right now. I need to start making dinner so it'll be ready by the time the kids get home from school. *A:* Leave dinner to me. *B:* Really? But you don't cook. You aren't planning to order takeout, are you? We just bought groceries. *A:* No. I know I'm not a good chef, but I found a cooking website for beginners. I saw a great recipe for a pasta dish I think I can make. *B:* Oh, that would be lovely!

Question: What does the man offer to do?

訳 *A:* ねえ，1ブロック行ったところにある新しいレストランがついにオープンしたのを知ってる？ *B:* ごめん，今おしゃべりできないわ。子供たちが学校から帰ってくるまでに準備できるように，夕食を作り始めなくちゃいけないの。 *A:* 夕食はぼくに任せて。 *B:* そうなの？ でも，あなたは料理をしないわよね。テイクアウトを頼むつもりじゃないよね？ ちょうど食料品を買ってきたばかりなのよ。 *A:* いいや。ぼくが料理が下手なのはわかっているけど，初心者向けの料理のウェブサイトを見つけたんだ。ぼくにも作れそうなパスタのすごいレシピを見たんだ。 *B:* ああ，それは素敵ね！

質問の訳 男性は何を申し出ているか。

選択肢の訳 **1** 学校帰りの子どもたちを迎えに行く。 **2** 家族のために夕食を作る。 **3** 今夜の夕食の材料を買う。 **4** 新しいレストランに料理を注文する。

解説 子供たちが学校から帰ってくるまでに夕食の準備をしなければならないと言ったB（＝女性）に対し，2往復目でA（＝男性）は「夕食はぼくに任せて」（Leave dinner to me.）と言い，3往復目でも「初心者向けの料理のウェブサイトを見つけたんだ。ぼくにも作れそうなパスタのすごいレシピを見たんだ」と述べているので，Aは妻や子供たちのために夕食を作ることを申し出たことがわかる。よって，leave dinner to meを

cook dinner for his family と言い換えた**2**が正解。「テイクアウトを頼むつもりじゃないよね？」とBに言われたAは「いいや」（No）と答えているので，**4**は不適。

No. 8　正解　**1**

別冊 解答・解説

放送文　*A:* AFP Automotive.　*B:* Hi. I'm on Highway 5. My engine overheated, and it won't start. I need my car towed, and I could use a ride downtown. I have to be at a meeting in an hour.　*A:* Could you tell me your policy number? *B:* It's A735.　*A:* I'm sorry. A car will arrive in about 10　minutes to take you downtown, but the system says you don't have towing coverage.　*B:* Really? I thought my plan included towing.　*A:* Unfortunately, you'll have to pay out of pocket this time, but we can add it to your insurance policy in the future.
Question: What is one problem the man has?

訳　*A:* AFPオートモーティブです。　*B:* こんにちは，ハイウェイ5号線にいます。エンジンがオーバーヒートしてしまって，かからないんです。車を牽引して，ダウンタウンまで送ってもらえませんか。1時間後に会議に出なければならないんです。　*A:* 保険証券番号を教えていただけますか。　*B:* A735です。　*A:* 申し訳ございません。10分ほどで車が到着し，ダウンタウンまでお送りいたしますが，システム上，お客様はレッカー移動の補償を受けられないことになっています。　*B:* そうなんですか。私のプランにはレッカー移動が含まれていると思ったのですが。　*A:* 残念ながら，今回は自己負担になりますが，将来的に保険に追加していただくことは可能でございます。

質問の訳　男性が抱えている問題は何か。

選択肢の訳　**1**　予想外の料金を支払わなければならない。　**2**　保険契約をキャンセルした。　**3**　会議に遅刻している。　**4**　保険会社が保険番号を見つけることができない。

解説　1往復目から，車のエンジンがオーバーヒートしてしまったB（＝男性）が，車を牽引して，ダウンタウンまで送ってもらうことをA（＝AFPオートモーティブの担当者の女性）に依頼している場面。3往復目でAは「システム上，お客様はレッカー移動の補償を受けられないことになっています」と述べ，4往復目で「残念ながら，今回は自己負担になります」と述べているから，Bはレッカー移動の費用を自己負担しなければならないことがわかる。また，3往復目でBは「私のプランにはレッカー移動が含まれていると思ったのですが」と述べているので，Bがレッカー移動の費用が保険で賄われると誤解していたこともわかる。よって，don't have towing coverage を has to pay an unexpected fee とBの立場で表した**1**が正解。

No. 9　正解　**3**

放送文　*A:* Excuse me, Professor Garcia. Could I ask you for some advice?　*B:* Of course. Is it about our art classes?　*A:* Sort of. I'm thinking about changing my major from communications to graphic design, but I'm not sure if it's a good idea.　*B:* Why are you considering the change?　*A:* It gives me career options. I could do advertising, marketing, or even web design.　*B:* Those are good careers. What's your concern?　*A:* Well, I'm not confident that my artistic skills are good enough.　*B:* I've seen your work. If you make the effort, I think you could be quite successful.

22年度第2回　リスニング　No. 7 ～ No. 9

Question: What does the woman imply?

訳 *A:* すみません，ガルシア教授。アドバイスをいただいてもよろしいでしょうか。 *B:* もちろんです。美術の授業のことですか。 *A:* そんなところです。専攻をコミュニケーションからグラフィックデザインに変えようと思っているのですが，いいのかどうかわからないんです。 *B:* なぜ変更を考えているのですか。 *A:* 職業の選択肢が増えるからです。広告やマーケティング，あるいはウェブデザインもできるかもしれません。 *B:* それらはすばらしい職業ですね。何が心配なんですか。 *A:* そうですね，自分の絵の技能が十分なものか自信がないんです。 *B:* あなたの作品を見たことがあります。努力すれば，かなり成功すると思いますよ。

質問の訳 女性は何をほのめかしているか。

選択肢の訳 **1** その男性は専攻を変えるべきではない。 **2** コミュニケーション関係の仕事の方がその男性には合っているかもしれない。 **3** グラフィックデザインはその男性にとって良い選択だ。 **4** その男性は授業で成績がよくない。

解説 1〜2往復目から，A（＝男性）が，B（＝ Professor Garcia）に，専攻をコミュニケーションからグラフィックデザインに変えることについてアドバイスを求めている場面だとわかる。4往復目でAが「自分の絵の技能が十分なものか自信がないんです」と述べたのに対し，Bは「努力すれば，かなり成功すると思いますよ」と述べているので，女性は，Aが専攻をグラフィックデザインに変えることをよい選択だと思っていることがわかる。よって，you could be quite successful を a good choice for the man と言い換えた**3**が正解。

No. 10 正解 **2**

放送文 *A:* Alicia, can I talk to you about that online meeting software we're using? *B:* Sure, Ben. What is it? *A:* We've been using the free version, but I think we should consider paying to upgrade to the full version. The free version can be inconvenient at times. *B:* The participant limit has been a problem. Sometimes we'd like to have more than eight people in a meeting at once. Could you submit an official request with the cost? *A:* Does that mean there's room in the budget for an upgrade? *B:* I'll see what I can do.

Question: What will the man do next?

訳 *A:* アリシア，今使っているオンラインミーティング・ソフトウェアのことで相談してもいい？ *B:* もちろん，ベン。何？ *A:* 今までは無料版を使ってきたけど，お金を払ってフルバージョンにアップグレードすることを検討した方がいいと思うんだ。無料版ではときどき不便なことがあるんだ。 *B:* 参加者数の制限がいつも問題になるよね。一度に8人以上で会議に参加したいときがあるものね。費用といっしょに正式な要望書を出してもらえる？ *A:* それって，アップグレードのための予算の余地があるということ？ *B:* 何とか考えてみるわね。

質問の訳 男性は次に何をするか。

選択肢の訳 **1** 他のオンラインチャットツールを探す。 **2** ソフトウェアのアップグレードのための要望書を準備する。 **3** オンラインミーティングにもっと多くの人に参加してもらう。 **4** 会社の予算を増やすように依頼する。

解説 1〜2往復目から，A（＝Ben）が，今使っている無料版のオンラインミーティ

ング・ソフトウェアを有料のフルバージョンにアップグレードすることについてB（＝Alicia）に相談している場面。2往復目でBは「参加者数の制限がいつも問題になるよね」と述べアップグレードする必要性に同意し、「費用といっしょに正式な要望書を出してもらえる？」とAに依頼しているので，ベンはそれに応じて，これから正式な要望書を作成することがわかる。よって，submit an official request を prepare a request と言い換えた**2**が正解。

No. 11 正解 **2**

放送文 *A:* Carol, I have a favor to ask you. *B:* What is it? *A:* Inspectors from Mexico are coming to our plant tomorrow, and our regular interpreter is on vacation. I remember you majored in Spanish in college. Do you think you could substitute? *B:* Well, I did study Spanish, but I'm not sure I can handle all the technical terms. *A:* What if we asked Barbara to do your regular work today, and you spent the rest of the afternoon brushing up on vocabulary? *B:* OK. I'll do my best.

Question: What will the woman do for the rest of the day?

訳 *A:* キャロル，お願いがあるんだけど。 *B:* 何ですか？ *A:* 明日，メキシコの検査官がうちの工場に来るんだけど，いつもの通訳が休暇中なんだ。君は大学でスペイン語を専攻していたよね。代わってもらえないかな？ *B:* ええ，確かにスペイン語は勉強しましたけど，専門用語のすべてに対応できるか自信がありません。 *A:* 今日は，バーバラに君の通常の業務を頼んで，君は午後の残りの時間で語彙のブラッシュアップをしたらどうかな？ *B:* わかりました。がんばります。

質問の訳 女性は今日このあとどうするか。

選択肢の訳 **1** 工場へ行く。 **2** スペイン語を勉強する。 **3** バーバラと会う。 **4** 通訳を探す。

解説 1～2往復目から，A（＝男性）が，明日，メキシコの検査官が来るが通訳が休暇中なので，大学でスペイン語を専攻していたB（＝Carol）に通訳をしてもらえないかと依頼している場面。2往復目でBが「専門用語のすべてに対応できるか自信がありません」と述べたのに対し，Aが「君は午後の残りの時間で語彙のブラッシュアップをしたらどうかな？」（you spent the rest of the afternoon brushing up on vocabulary）と提案すると，Bは「わかりました。がんばります」（OK. I'll do my best.）と答えているので，Bはこのあとスペイン語の語彙のブラッシュアップをすることがわかる。よって，brushing up on vocabulary を study Spanish と言い換えた**2**が正解。

No. 12 正解 **4**

放送文 *A:* Excuse me, ma'am, this is a no-parking zone. *B:* I'm sorry, officer. I felt ill while I was driving, so I stopped my car here to take a short rest. *A:* Are you OK? I can call an ambulance for you. *B:* No, thanks. I'm feeling much better now, but can I rest here for another 10 minutes or so? *A:* No problem. I'll stand by in the police car until you feel well enough to leave. Honk your horn if you need help. *B:* I will. Thanks.

Question: What is the police officer going to do?

訳 *A:* すみません，奥様，ここは駐車禁止区域です。　*B:* すみません，お巡りさん。運転中に気分が悪くなったので，ここで少し休むために車を停めました。　*A:* 大丈夫ですか。救急車を呼びましょうか。　*B:* いいえ，結構です。もうだいぶ良くなったんですが，あと10分くらいここで休んでもいいですか。　*A:* 大丈夫です。あなたが帰れるくらい元気になるまで，パトカーで待機しています。何かあったらクラクションを鳴らしてください。　*B:* そうします。ありがとうございます。

質問の訳　警察官は何をするつもりか。

選択肢の訳　**1**　無線で救急車を呼ぶ。　**2**　女性の車を動かしてあげる。　**3**　女性に駐車違反の切符を切る。　**4**　パトカーで待つ。

解説　1往復目から，運転中に気分が悪くなり，少し休むために駐車禁止区域に車を停めていたB（＝女性）に，A（＝警察官）が声をかけた場面。2～3往復目で「あと10分くらいここで休んでもいいですか」と述べたBに，Aは「大丈夫です。あなたが帰れるくらい元気になるまで，パトカーで待機しています」と述べているので，AはBが元気になるまでパトカーで待つつもりだとわかる。よって，stand by in the police car を wait in his police car と言い換えた**4**が正解。

Part 2　一次試験・リスニング
(問題編pp.144～145)

指示文の訳　それでは，これから Part 2 の指示を行います。このパートでは (A) から (F) までの6つの文章が放送されます。それぞれの文章に続いて，No. 13 から No. 24 まで質問が2つずつ流れます。それぞれの質問に対して，最も適切な答えを選んで解答用紙にマークする時間が10秒あります。文章と質問は1度しか読まれません。それでは始めます。

(A)

放送文　*The P-47　Thunderbolt*

When the P-47 Thunderbolt first appeared in World War II, American pilots worried that this extremely heavy fighter plane would be at a disadvantage against smaller, lighter German planes. The P-47 was indeed slower at low altitudes, but when it was flying high, it could outrun almost any other plane. One serious weakness early on was its limited fuel supply. Eventually, however, extra tanks were fitted onto the P-47 so that it could go on longer missions.

The P-47 had eight powerful machine guns and was able to carry an impressive selection of bombs and rockets. The real reason that pilots came to love it, though, is that it was one of the most durable planes of the war and survived many hits that would have destroyed other planes. In one extreme case, a pilot was able to land his P-47 after it was shot over 100 times.

Questions　No. 13　What problem did the P-47 Thunderbolt have at first?

No. 14　What did pilots like most about flying the P-47 Thunderbolt?

訳　P-47　サンダーボルト

第二次世界大戦でP-47サンダーボルトが初めて登場したとき，アメリカのパイロット

たちは，この非常に重い戦闘機が小さくて軽いドイツ機に対して不利になるのではないかと心配した。確かにP-47は低空飛行では遅かったが，高い高度を飛行しているときは，他のほとんどの飛行機を凌駕することができた。初期の深刻な弱点は，燃料の供給が限られていたことだった。しかし，やがてP-47に追加タンクが装着され，より長時間の任務に対応できるようになった。

P-47は8門の強力な機関銃を持ち，優れた種類の爆弾とロケット弾を搭載することができた。しかし，パイロットがP-47を愛するようになった本当の理由は，それが戦時中最も耐久性のある飛行機の1つであり，他の飛行機なら破壊されていたような多くの被弾に耐えたことである。極端な例を挙げれば，あるパイロットは，100回以上も被弾したP-47を着陸させることができた。

No.13 正解 **3**

質問の訳 P-47サンダーボルトには最初どんな問題があったのか。

選択肢の訳 **1** あまり高く飛べなかった。 **2** 小さくて軽すぎた。 **3** 短い距離しか飛べなかった。 **4** 珍しい種類の燃料を使った。

解説 第1段落第3文で「初期の深刻な弱点は，燃料の供給が限られていたことだった」(One serious weakness early on was its limited fuel supply.) と述べられている。燃料の供給が限られているとは，長い距離を飛ぶことができない，すなわち短い距離しか飛べないということ。よって，limited fuel supplyによる結果をcould only fly short distancesと表した**3**が正解。

No.14 正解 **1**

質問の訳 P-47サンダーボルトの操縦について，パイロットは何が最も気に入ったか。

選択肢の訳 **1** 他の飛行機より丈夫だった。 **2** 新しい種類の武器を持っていた。 **3** とても速く着陸することができた。 **4** 正確に爆弾を落とすことができた。

解説 第2段落第2文で「パイロットがP-47を愛するようになった本当の理由は，それが戦時中最も耐久性のある飛行機の1つであり，他の飛行機なら破壊されていたような多くの被弾に耐えたことである」(The real reason that pilots came to love it, though, is that it was one of the most durable planes of the war and survived many hits that would have destroyed other planes.) と述べられている。「他の飛行機なら破壊されていたような多くの被弾に耐えた」とは他の飛行機より丈夫だということ。よって，survived many hits that would have destroyed other planesをtougher than other planesと言い換えた**1**が正解。

(B)

放送文 *Ascension Island*

Ascension Island lies in the middle of the Atlantic Ocean. Originally, it was nearly treeless, and fresh water was scarce, which made for tough living conditions for the first settlers. However, in the 1840s, a British scientist named Sir Joseph Hooker started a program to transform the desert island. He started importing trees and other plants that were able to survive in the island's dry environment by absorbing water from mist in the air. His program eventually

resulted in an entire mountain being covered in forest. However, Hooker's plants have been so successful that several native plant species have gone extinct.

There is now a debate about the island's future. Some people say efforts must be made to preserve the plants that were originally found on the island. Others, though, want the new ecosystem to be left as is, since it has had benefits, such as increasing available water and creating the potential for agriculture.

Questions ***No. 15*** What was one result of Sir Joseph Hooker's program for Ascension Island?

No. 16 What do people disagree about regarding Ascension Island?

訳 アセンション島

アセンション島は，大西洋の真ん中に浮かんでいる。もともとは樹木がほとんどなく，淡水も乏しかったため，最初の入植者にとっては厳しい生活環境だった。しかし，1840年代，イギリスの科学者ジョセフ・フッカー卿が，この無人島を改造するプログラムに着手した。彼は，空気中の霧から水分を吸収し，乾燥した環境で生き抜くことができる樹木や植物の輸入を始めた。彼のプログラムの結果，山全体が森に覆われるようになった。しかしながら，フッカーの植物があまりにうまく生育したため，いくつかの在来種の植物が絶滅してしまった。

今，この島の将来について議論が起きている。元々この島にあった植物を保護する努力をしなければならないという人々がいる。しかし他方では，新しい生態系は，利用できる水を増やし，農業を可能にするなどの利点があるため，このまま残したいという人々もいる。

No.15 正解 **4**

質問の訳 アセンション島に対するジョセフ・フッカー卿のプログラムの一つの結果は何だったか。

選択肢の訳 **1** 水の供給量が減った。 **2** 大気汚染が少なくなった。 **3** 多くの人が島を離れなければならなくなった。 **4** 木の本数が増えた。

解説 第1段落第5文で「彼のプログラムの結果，山全体が森に覆われるようになった」(His program eventually resulted in an entire mountain being covered in forest.) と述べられている。山全体が森に覆われるようになったとは，木の本数が増えたということ。よって，resulted in an entire mountain being covered in forest を the number of trees increased と言い換えた**4**が正解。

No.16 正解 **3**

質問の訳 アセンション島について，人々は何の意見が合わないか。

選択肢の訳 **1** 新しい生態系をどう分類するか。 **2** 給水を何に使うか。 **3** 在来植物が保護されるべきかどうか。 **4** 農業がどこで許可されるべきか。

解説 第2段落第2文で一方の人々の意見として「元々この島にあった植物を保護する努力をしなければならない」(efforts must be made to preserve the plants that were originally found on the island) と述べられ，第2段落第3文で他方の意見とし

て「(新しい生態系を)このまま残したい」(want the new ecosystem to be left as is) と述べられている。2つの意見の対立点は,利点があるフッカーの植物によって駆逐されつつある在来植物を保護すべきかどうかということ。よって,preserve the plants that were originally found on the island を native plants should be protected と言い換えた**3**が正解。

(C)

放送文 *Vivian Maier*

One of the twentieth century's greatest street photographers, Vivian Maier is known for her fascinating images of people in cities like Chicago and New York. Maier worked in childcare, but her true passion was photography. She always had her camera with her, and this habit allowed her to capture unique and unusual shots of people going about their daily lives. Her photos depict everything from strangely dressed tourists to emergency workers caring for accident victims.

Despite the incredible number of photos she took, Maier was an intensely private person. Unlike most photographers, she refused to allow others to see her work. Nevertheless, a collection of her photos was purchased at an auction in 2007, and the buyers began exhibiting her unusual work. It was not until after her death in 2009, however, that she was recognized as an artistic genius.

Questions *No. 17* What is one thing we learn about Vivian Maier?

No. 18 How was Maier different from other photographers?

訳 ヴィヴィアン・マイヤー

20世紀のもっとも偉大なストリート・フォトグラファーの一人であるヴィヴィアン・マイヤーは,シカゴやニューヨークなどの都市の人々を魅力的に撮影した写真で知られている。マイヤーは保育士として働いていたが,彼女が本当に情熱を注いだのは写真だった。彼女は常にカメラを持ち歩いたので,日常生活を送る人々のユニークで珍しい場面を撮影することができた。奇妙な服装をした観光客から,事故の被害者を介抱する救急隊員まで,彼女の写真にはあらゆるものが写っていた。

彼女は膨大な数の写真を撮ったが,マイヤーは極めて引っ込み思案の人間だった。他のたいていの写真家とは異なり,彼女は自分の作品を他人が見ることを拒んでいた。それでも2007年にオークションで彼女の写真集が落札されると,その買い主は彼女の珍しい作品を展示し始めた。しかしながら,彼女が天才写真家として認められるようになったのは,2009年に彼女が亡くなってからのことだった。

No.17 正解 **1**

質問の訳 ヴィヴィアン・マイヤーについてわかることの1つは何か。

選択肢の訳 **1** どこにでもカメラを持ち歩いていた。 **2** 救急隊員と友達になった。 **3** 世話をしている子供たちにカメラを貸した。 **4** 旅行者としていろいろな場所に行った。

解説 第1段落第3文で「彼女は常にカメラを持ち歩いたので〜」(She always had her camera with her) と述べられている。常にカメラを持ち歩いたとは,どこにでも

カメラを持ち歩いていたということ。よって，always had her camera with herを carried her camera everywhereと言い換えた**1**が正解。

No.18 正解 **4**

質問の訳 マイヤーは他の写真家とどう違ったか。

選択肢の訳 **1** 早くから有名になった。 **2** 主にオークションで写真を撮っていた。 **3** とても大きな展覧会を開いた。 **4** 自分の写真を人に見せなかった。

解説 第2段落第2文で「彼女は自分の作品を他人が見ることを拒んでいた」（she refused to allow others to see her work）と述べられている。自分の作品を他人が見ることを拒むとは，自分の写真を人に見せなかったということ。よって，refused to allow others to see her workを did not show people her photosと言い換えた**4**が正解。

(D)

放送文 *The Impact of Cats*

Cats are one of the most popular pets today, but like many other pets, they affect the environment through their eating habits. As carnivores, cats primarily eat meat, the production of which releases substantial amounts of carbon dioxide gas into the atmosphere and often creates air and water pollution. According to a recent study, however, the management of cats' waste may be more harmful to the environment than their diet is.

Cat owners commonly prepare boxes for their cats that contain cat litter, a material that traps the cats' waste. However, the clay that is used in most litter is usually acquired through surface mining, a process that requires oil-powered heavy machinery and can destroy large natural areas. Recently, more manufacturers have begun producing litter made from environmentally friendly materials like wood and seeds. Nevertheless, clay-based litter is still the most used type due to its low cost and exceptional odor absorption.

Questions No. 19 What is one thing the speaker says about cat-food production?

No. 20 What do we learn about the process of collecting clay?

訳 猫が与える影響

猫は，現在最も人気のあるペットの一つだが，他の多くのペットと同様に，その食習慣を通じて環境に影響を与えている。肉食動物として，猫は主に肉を食べるが，その生産過程で大量の炭酸ガスが大気中に放出され，大気汚染や水質汚染を引き起こすことがよくある。しかし，最近の研究によると，猫の食事よりも排泄物の処理の方が環境に対してより有害である可能性がある。

猫を飼っている人は，猫の排泄物を閉じ込めるための猫砂を入れた箱を用意するのが一般的だ。しかし，たいていの猫砂に使用される粘土は，石油を動力源とする重機が必要な地表採掘で入手されるのが一般的であり，広大な自然を破壊してしまうことがある。最近では，木材や種子など，より環境に配慮した素材を使って猫砂を製造し始めるメーカーも増えてきた。それでも，安価で優れた臭いの吸着力があることから，粘土質の猫砂が現在

でも最も多く使用されている。

No.19　正解　**3**

質問の訳 キャットフードの製造について，話し手が言っていることの1つは何か。

選択肢の訳 **1** 真水を使う必要はない。 **2** 特定の気候でのみ可能だ。 **3** 大量のガスを発生させる。 **4** 昔より肉の使用量が減っている。

解説 第1段落第2文で「猫は主に肉を食べるが，その生産過程で大量の炭酸ガスが大気中に放出され～」(cats primarily eat meat, the production of which releases substantial amounts of carbon dioxide gas into the atmosphere ～) と述べられている。よって，releases substantial amounts of carbon dioxide gas を produces a large amount of gas と言い換えた**3**が正解。

No.20　正解　**2**

質問の訳 粘土の採取過程について何がわかるか。

選択肢の訳 **1** 使用する機械が非常に高価だ。 **2** 広範囲の土地にダメージを与えている。 **3** 近隣の農地に化学物質を放出する。 **4** 作業員にとって高頻度で危険だ。

解説 第2段落第2文で「たいていの猫砂に使用される粘土は～広大な自然を破壊してしまうことがある」(the clay that is used in most litter ～ can destroy large natural areas) と述べられている。よって，destroy large natural areas を damaging to wide areas of land と言い換えた**2**が正解。

(E)

放送文 *Profitable Experiences*

For many young people today, experiences have become more important than material things. This has created money-making opportunities for businesses that can provide memorable and exciting experiences. One recent example is "axe-throwing bars." While axes would normally be associated with chopping wood in a forest, now people in many cities can go to special bars and throw axes like darts. Some worry about the possible dangers of this activity, but fans argue that it is a fun way to release stress.

Such businesses that sell experiences have spread across the US, but critics argue these businesses may negatively affect communities in the long run. They say the businesses are probably a short-term trend whose popularity will not last. And, when the businesses close, their employees are left without a source of income. The critics recommend that cities encourage the development of businesses that will be popular for decades, not just a few years.

Questions　No. 21 What is one reason for the popularity of "axe-throwing bars"?

No. 22 What is one criticism of businesses that sell experiences?

訳 有益な経験

現代の多くの若者にとって，モノよりも体験がより重要なものとなっている。このこと

は，記憶に残るようなエキサイティングな体験を提供できる企業に，お金儲けの機会を生み出している。最近の例では，「斧投げバー」がある。斧といえば，ふつう森で薪を割ることが連想されるが，今では多くの都市では，特別なバーに行って斧をダーツのように投げることができる。この活動の危険性を心配する人もいるが，ストレス発散のための楽しいやり方だと言うファンもいる。

体験を販売するこのようなビジネスは全米に広がっているが，批評家たちは，これらのビジネスは長期的には地域社会に悪影響を与える可能性があると主張する。このビジネスは人気が長続きしない，おそらく短期的な流行だろうと言うのだ。そして，ビジネスが終了すると，その従業員は収入源を失うことになる。批評家たちは，数年ではなく，何十年にもわたって人気を博すようなビジネスの開発を都市が奨励するよう提言している。

No.21 正解 **1**

質問の訳 「斧投げバー」の人気の理由のひとつは何か。

選択肢の訳 **1** 若者の興味の変化。 **2** 若者の運動ニーズの高まり。 **3** 若者の経済状況。 **4** 若者の自然に対する情熱。

解説 第1段落第1文で「現代の多くの若者にとって，モノよりも体験がより重要なものとなっている」(For many young people today, experiences have become more important than material things.) と述べられている。モノよりも体験がより重要なものとなっているとは，若者の興味がモノから体験へと変化しているということ。よって，experiences have become more important than material things を changing interests と抽象的に表した**1**が正解。

No.22 正解 **1**

質問の訳 体験を売りにしたビジネスに対する批判の一つは何か。

選択肢の訳 **1** 長く生き残る可能性が低い。 **2** 都市部以外ではうまくいかない。 **3** 地元の人をほとんど雇っていない。 **4** 場所をとりすぎる。

解説 第2段落第2文で，批評家の意見として「このビジネスは人気が長続きしない，おそらく短期的な流行だろう」(the businesses are probably a short-term trend whose popularity will not last) と述べられている。よって，a short-term trend や will not last を unlikely to survive long と言い換えた**1**が正解。

(F)

放送文 *T. rex Skulls*

T. rex had two large holes at the top of its skull, which scientists used to believe held muscles that aided jaw movement. Recently, however, researchers realized that this would not have been an efficient location for jaw muscles, so they began searching for another explanation. They looked at a modern animal descended from dinosaurs: the alligator.

The researchers found that alligator skulls have similar holes. They are filled with blood vessels that help alligators control the amount of heat in their bodies. When alligators need to warm themselves, these areas absorb external heat, and they release heat when alligators need to cool down. Since large

meat-eating dinosaurs such as *T. rex* likely tended to overheat, these holes and blood vessels could have functioned as a sort of internal air-conditioning system. Of course, we cannot observe living dinosaurs, but studies like this provide interesting clues as to what these prehistoric giants were like.

Questions ***No. 23*** Why did the researchers decide to analyze alligators?

No. 24 What do the researchers now think the holes in *T. rex* skulls were used for?

訳 Ｔレックス（ティラノサウルス・レックス）の頭骨

　Ｔレックスの頭骨の上部には2つの大きな穴があったが，そこには顎を動かすための筋肉があると科学者たちは考えていた。しかし，最近になって，この穴は顎の筋肉にとって効率的な場所ではないことがわかり，研究者たちは別の説明を探し始めた。そこで彼らは，恐竜の子孫である現代の動物，ワニに注目した。

　研究者たちは，ワニの頭骨にも同じような穴があることを発見した。この穴には，ワニが体内の熱量をコントロールするのに役立っている血管が通っていた。ワニが体を温める必要があるときには，この部分が外部の熱を吸収し，冷やす必要があるときには，熱を放出するのだ。Ｔレックスのような大型の肉食恐竜は体温が高くなりやすいので，この穴と血管が，体内エアコンのような役割を担っていたのかもしれない。もちろん，生きている恐竜を観察することはできないが，このような研究は，先史時代の巨大な恐竜がどのようなものだったかを知る上で興味深い手がかりを与えてくれる。

No.23 正解 **2**

質問の訳 なぜ研究者たちはワニを分析することにしたか。

選択肢の訳 **1** ワニは効率的な顎を持っている。　**2** ワニは恐竜と同族だ。　**3** ワニは変わった場所に筋肉がある。　**4** ワニはＴレックスと同じ時期に進化した。

解説 第1段落最終文で「恐竜の子孫である現代の動物，ワニ」（a modern animal descended from dinosaurs: the alligator）と述べられている。子孫であるとは，ワニとＴレックスが同族であるということ。よって，descended from dinosaursを related to dinosaursと言い換えた**2**が正解。

No.24 正解 **4**

質問の訳 今，研究者は，Ｔレックスの頭骨の穴が何に使われていたと考えているか。

選択肢の訳 **1** 食べ物の消化を助けるため。　**2** 他の動物の気配を察知するため。　**3** 新しい血管を作るため。　**4** 体温を調節するため。

解説 第2段落第4文で「この穴と血管が，体内エアコンのような役割を担っていたのかもしれない」（these holes and blood vessels could have functioned as a sort of internal air-conditioning system）と述べられている。体内エアコンのような役割とは体温を調節する役割ということ。よって，internal air-conditioning systemを control their body temperatureと言い換えた**4**が正解。

指示文の訳 それでは最後に，Part 3の指示を行います。このパートでは (G) から (K) までの 5 つの文章が放送されます。英文は実生活における状況を述べたもので，効果音を含むものもあります。それぞれの文章には，No. 25からNo. 29まで，質問が 1 問ずつ用意されています。それぞれの文章が流れる前に，問題冊子に書かれている状況の説明と質問を読む時間が10秒あります。文章を聞いた後に，最も適切な答えを選んで解答用紙にマークする時間が10秒あります。文章は 1 度しか読まれません。それでは始めます。

No. 25 正解 **3**

放送文 *(G)* You have 10 seconds to read the situation and Question No. 25.

Welcome to Greenville. As we approach the gate, please remain in your seats with your seat belts fastened. We realize many of you have connecting flights, so we have gate agents standing by who can direct you to your connecting gates once you exit the plane. Please have your boarding passes ready to show them. If this is your final destination, you can find your luggage on the carousels in the main terminal. If you need to arrange ground transportation, look for the bus service just past the baggage claim. Customer service representatives are available throughout the airport if you need assistance.

Now mark your answer on your answer sheet.

訳 *(G)* 状況と質問25を読む時間が10秒あります。

グリーンヴィルへようこそ。ゲートに近づく間，シートベルトを締めたまま着席していてください。乗り継ぎ便がある方も多いと思いますので，飛行機を降りると，乗り継ぎゲートまでご案内する係員が待機しています。搭乗券をお手元にご用意の上，ご提示ください。こちらが最終目的地の場合は，メインターミナルのコンベヤーでお荷物をお探しいただけます。地上交通機関の手配が必要な場合は，手荷物受取所を過ぎたところにあるバスサービスをお探しください。サポートが必要な場合は，空港内のカスタマー・サービス担当者が対応いたします。

それでは，解答用紙に答えをマークしなさい。

状況の訳 あなたは今，着陸したばかりの飛行機に乗っていて，乗り継ぎ便に乗らなければならない。客室乗務員がアナウンスしている。

質問の訳 飛行機を降りたら，あなたはまず何をすべきか。

選択肢の訳 **1** 荷物を受け取る。 **2** バスに乗って別のターミナルに移動する。 **3** ゲートの係員を探す。 **4** 新しい搭乗券を印刷してもらう。

解説 Situationからわかるのは，①「あなた」は着陸したばかりの飛行機に乗っていることと，②「あなた」は乗り継ぎ便に乗らなければならないこと。客室乗務員は，乗り継ぎに関して，第3文で「乗り継ぎ便がある方も多いと思いますので〜乗り継ぎゲートまでご案内する係員が待機しています」(We realize many of you have connecting flights, so we have gate agents standing by who can direct you to your

connecting gates）と述べている。よって,「あなた」がまずすべきことは,乗り継ぎゲートまで案内してくれる係員のところに行くことなので,**3**が適切。

No. 26　正解　**4**

放送文　**(H)**　You have 10 seconds to read the situation and Question No. 26.

We sell four original incense brands. Bouquet Himalaya is a paper-type incense that features the scents of flowers from India. It has a deep, calming effect and helps relieve stress and anxiety. Next, Magnolia's Sanctuary is a stick-type incense that contains sweet-smelling substances. This incense will immediately lift your spirits and is perfect for creating an energizing mood. Akebono is a cone-type purifying incense made with sage, and it's popular among meditation practitioners. Finally, Shirley's Gift is a stick-type incense that was also developed specifically for releasing tension. The aroma calms the mind, creating a tranquil atmosphere.

Now mark your answer on your answer sheet.

訳　**(H)**　状況と質問26を読む時間が10秒あります。

当社では，4つのオリジナルのお香ブランドを販売しています。ブーケ・ヒマラヤは，インドの花の香りをモチーフにしたペーパータイプのお香です。鎮静作用がありストレスや不安の解消に役立ちます。次にマグノリアズ・サンクチュアリは，甘い香りの物質を含んだスティックタイプのお香です。このお香は，すぐに気分が高揚するので元気なムード作りに最適です。アケボノは，セージを使用した円錐形の浄化作用のあるお香で，瞑想をする人たちに人気があります。最後に，シャーリーズ・ギフトは，同じく緊張をほぐすことに特化して開発されたスティックタイプのお香です。香りは心を落ち着かせ，静寂な空間を創出します。

それでは，解答用紙に答えをマークしなさい。

状況の訳　あなたは，リラックスするために焚くスティックタイプのお香を買いたいと考えている。店員はあなたに次のように言う。

質問の訳　あなたはどのブランドのお香を買うべきか。

選択肢の訳　**1**　ブーケ・ヒマラヤ。　**2**　マグノリアズ・サンクチュアリ。　**3**　アケボノ。　**4**　シャーリーズ・ギフト。

解説　Situationからわかるのは，①「あなた」がお香を買う目的は，リラックスするためであることと，②「あなた」が買いたいのは，スティックタイプのお香であるということ。①に関しては，第3文に「鎮静作用がありストレスや不安の解消に役立ちます」とあるのでブーケ・ヒマラヤが適する。また，第7文に「緊張をほぐすことに特化して開発された」とあるのでシャーリーズ・ギフトも①に適する。しかし，②に関して，第2文に「ブーケ・ヒマラヤは〜ペーパータイプのお香です」とありスティックタイプではないのでブーケ・ヒマラヤは不適。第7文に「シャーリーズ・ギフトは〜スティックタイプのお香です」とあるのでシャーリーズ・ギフトは②にも適する。よって，「あなた」が買うべきお香は**4**のシャーリーズ・ギフト。

No. 27　正解　**2**

放送文　**(I)**　You have 10 seconds to read the situation and Question No. 27.

I'm calling to confirm your appointment to set up your new Internet service. It's scheduled for this Thursday. Our technician will arrive sometime between noon and 3 p.m. If this time slot is OK, no action is necessary. However, if it's not, please contact us to reschedule. Please note that we're currently experiencing high demand, so our only available appointment times would be next week. Also, our technicians are only available Monday through Friday between 9 a.m. and 6 p.m. Remember that our offices are closed on weekends. Thank you.

Now mark your answer on your answer sheet.

訳 *(I)* 状況と質問27を読む時間が10秒あります。

新しいインターネットサービス設定の予約の確認のお電話をさせていただきました。今週の木曜日に予約されています。弊社の技術者が，正午から午後3時の間にお伺いいたします。この時間帯でご都合がよろしければ，何もしていただく必要はありません。しかし，もしご都合が悪い場合は，予定を変更するよう私どもにご連絡ください。現在，予約が殺到しているため，予約可能な時間帯は来週のみとなりますのでご了承ください。また，技術者は月曜から金曜の午前9時から午後6時までの間のみ対応しております。週末は休業となりますのでご注意ください。ありがとうございました。

それでは，解答用紙に答えをマークしなさい。

状況の訳 今日は月曜日で，あなたは新しいインターネット・プロバイダーの担当者から音声メール［留守電］のメッセージを受け取る。あなたは今週の木曜日，正午から午後8時まで仕事をしなければならない。

質問の訳 あなたは何をすべきか。

選択肢の訳 1 今週末にスケジュールを変更する。 **2** 来週の平日にスケジュールを変更する。 **3** 今週の木曜日の午前中にスケジュールを変更する。 **4** 今週の金曜日の午後6時以降にスケジュールを変更する。

解説 Situationからわかるのは，①今日が月曜日であることと，②「あなた」は今週の木曜日，正午から午後8時まで仕事をしなければならないこと。第2〜3文から，当初の予約では，インターネットサービス設定のために技術者が来るのは，今週の木曜日の正午から午後3時の間。しかし，Situationの②から，「あなた」は今週の木曜日の正午から午後8時まで仕事がある。したがって，第5文から，「あなた」は予約変更の連絡を入れなければならない。第6文から予約可能な時間帯は「来週のみ」で，しかも第7文から技術者が対応するのは「月曜から金曜」，すなわち「平日のみ」。よって，「あなた」が予約すべき日程は「来週の平日」となるので，Monday through Friday を a weekday と言い換えた**2**が正解。なお，第6文から予約可能な時間帯は来週のみなので，**1**，**3**，**4**は不適。

No. 28 正解 **3**

放送文 *(J)* You have 10 seconds to read the situation and Question No. 28.

I've checked your application, and it appears that you've submitted all of the required forms that were on our website. It looks like you also paid your application fee when you submitted those documents. And we've been contacted by your high school regarding your transcripts, which should be arriving shortly. If you aren't sure what you want to major in yet, please

consider attending our open-campus event next week. Otherwise, all that's left for you to do is submit a letter from a teacher or employer recommending you. Once we receive that, we can start processing your application.

Now mark your answer on your answer sheet.

訳 *(J)* 状況と質問28を読む時間が10秒あります。

あなたの出願書類を確認したところ，ウェブサイトに掲載されている必要書類はすべて提出されたようですね。書類提出時に入学検定料もお支払いいただいているようです。また，あなたの高校から成績証明書について連絡がありましたので，まもなく到着するはずです。まだ何を専攻したいかが決まっていないのであれば，来週のオープンキャンパス・イベントへの参加も検討してみてください。そうでなければ，あとは先生や雇用主からの推薦状を提出するだけです。それを受領しましたら，あなたの出願手続きを開始します。

それでは，解答用紙に答えをマークしなさい。

状況の訳 あなたは心理学を学ぶために大学に入学しようとしている。入学担当者があなたの出願書類について話している。

質問の訳 あなたは何をすべきか。

選択肢の訳 **1** 出願料を払う。 **2** 来週，キャンパスイベントに行く。 **3** 推薦状をもらう。 **4** 高校の成績表を提出する。

解説 Situation からわかるのは，「あなた」は心理学を学ぶために大学に入学しようとしているということ。第4文で入学担当者は「まだ何を専攻したいかが決まっていないのであれば，来週のオープンキャンパス・イベントへの参加も検討してみてください」と述べているが，Situation から「あなた」は心理学を専攻することに決めているので，2は不適。続く第5文で入学担当者は「そうでなければ（＝すでに専攻が決まっているのなら），あとは先生や雇用主からの推薦状を提出するだけです」と述べているので，「あなた」がすることは推薦状をもらうこと。よって，a letter from a teacher or employer recommending you を a letter of recommendation と言い換えた**3**が正解。

No. 29 正解 **2**

放送文 *(K)* You have 10 seconds to read the situation and Question No. 29.

There are four local tours today. Our bus tour starting at 1 p.m. takes passengers to major sites all over the city, and it costs nothing. Next, a walking tour starts at 2:30. Local volunteer guides will escort you around the downtown area, and there's no charge. If you enjoy bike riding, join the tour starting at three. It costs $35, which includes bike rental fees and refreshments. Finally, if you take our tour starting at five, you can try various kinds of local cuisine. The participation fee is just a few dollars, but you'll have to pay for what you eat and drink at food stands or restaurants.

Now mark your answer on your answer sheet.

訳 *(K)* 状況と質問29を読む時間が10秒あります。

今日は4つの現地ツアーがあります。午後1時からのバスツアーは，お客様を市内各地の主要スポットにご案内するもので，参加費無料です。次に，2時30分からウォーキングツアーがあります。地元のボランティアガイドが繁華街を案内してくれるもので，料金は無料です。自転車に乗るのをお楽しみになるのなら，3時からのツアーに参加してくだ

さい。料金は35ドルで、自転車のレンタル料と軽食が含まれています。最後に、5時からのツアーに参加されれば、いろいろな種類の郷土料理が味わえます。参加費はほんの数ドルですが、屋台やレストランで食べたり飲んだりした分はお支払いいただく必要があります。

　それでは、解答用紙に答えをマークしなさい。

状況の訳　あなたは海外旅行中で、現地の無料ツアーに参加したいと思っている。あなたは車酔いしやすい。あなたはホテルのインフォメーションで次のように言われる。

質問の訳　あなたにとってどのツアーが最適か。

選択肢の訳　**1**　午後1時からのツアー。　**2**　午後2時30分からのツアー。　**3**　午後3時からのツアー。　**4**　午後5時からのツアー。

解説　Situationからわかるのは、①「あなた」は海外旅行中であること、②「あなた」は現地の無料ツアーに参加したいと思っていること、③「あなた」は車酔いしやすいこと。Situationの②に関して、無料のツアーは、第2文にある「午後1時からのバスツアー」と、第3～4文にある「2時30分からウォーキングツアー」の2つ。Situationの③から「あなた」は車酔いしやすいので、「午後1時からのバスツアー」は不適。したがって、「あなた」に最適なツアーは**2**の「**2時30分からのウォーキングツアー**」となる。

カードA　二次試験・面接
(問題編pp.148〜149)

指示文の訳　1分間、準備する時間があります。
これは、貯金したいと思っていた夫婦についての話です。
ストーリーのナレーションを行うのに与えられる時間は2分間です。
ストーリーは以下の文で始めてください。
ある日、女性は彼女の夫と話をしていました。

ナレーションの解答例　One day, a woman was talking with her husband. They were sitting at the dining room table, and they both looked concerned. The woman was looking at a lot of bills they needed to pay, and she said that living in the city was very expensive. That night, her husband was using the computer. He had found a website inviting people to come to ABC Village. It said that housing was cheap there, and the couple thought it looked like a nice place to live. A few months later, the woman's family was moving into a traditional Japanese house in the countryside. It was surrounded by beautiful nature. Two old farmers were happily working in the field nearby, and they looked up to see the family. A few weeks later, however, the family members were sitting inside their house, and the children were complaining that they missed their friends in the city.

解答例の訳　ある日、女性は彼女の夫と話をしていました。彼らはダイニングルームのテーブルの前に座っており、彼らは二人とも心配そうな様子でした。女性は彼らが支払う必要のある何枚もの請求書を眺めており、彼女は、都会暮らしがとても費用のかかるものだと

言いました。その晩，彼女の夫はコンピュータを使っていました。彼は，ABC村へ来ることを人々に勧めているウェブサイトを見つけました。それには，現地では住宅が安価であると書かれており，夫婦は，そこが住みやすそうな場所だと思いました。数か月後，女性の家族は，地方の伝統的な日本家屋へと引っ越しました。そこは美しい自然に囲まれていました。近くの畑では2名の高齢の農業従事者が満足げに働いており，彼らは目線を上げて一家を見ました。しかし，数週間後，一家は自宅の中で座っており，子どもたちは，都会にいる友だちと会えなくて寂しいと不満を漏らしていました。

解説　ナレーションは，4コマのイラストの進行に沿ってまとめていく。2〜4コマ目の左上方にある時間の経過を表す語句は，各コマの描写の冒頭部分で必ず使うこと。吹き出し内のせりふはもちろん，紙に書かれている文字情報，パソコンの画面に映っている文字情報なども適切な形でストーリーに取り入れること。動詞の時制は，過去形および過去進行形を基本に，時間の経過がわかるように描写する。

①1コマ目：夫婦で会話している場面。複数枚あるBill「請求書」と書かれた紙のうちの1枚を手にしている女性が，Living in the city is very expensive. 「都会暮らしはとても費用がかかる」と発言している様子を，解答例では she said that living in the city was very expensive と，間接話法で表している。ダイニングテーブルの椅子に腰掛けている夫婦が共に困っている表情を浮かべていることから，彼らは金銭面での懸念を抱いているのだと判断できるだろう。

②2コマ目：That night で始める。夫がパソコンを使用しており，その画面を夫婦で一緒に見ている場面。解答例では，画面に映っている Come to ABC Village「ABC村にお越しください」という文字情報から，a website inviting people to come to ABC Village「ABC村へ来ることを人々に勧めているウェブサイト」と，現在分詞を使って簡潔に表現している。Cheap Housing「安価な住宅」という文字情報についても，It said that housing was cheap there と間接話法で表している。二人の表情から，彼らはABC村に転居するという考えを肯定的にとらえていると推察できるだろう。

③3コマ目：A few months later で始める。夫婦一家が新居へと引っ越して来た場面。直前までのコマの流れから，この伝統的な外観を持つ日本家屋はABC村の家屋だと推測できる。また，解答例のように，新居が豊かな自然に囲まれている点，および2名の高齢男女が楽しそうに畑仕事をしている点についての描写もナレーションに盛り込むとよい。

④4コマ目：A few weeks later で始め，解答例ではその直後に逆接を表す however「しかし」を続けることで，物語の展開の仕方が直前のコマまでとは異なることを明確に示している。一家で話し合いをしている場面。困った表情を浮かべている2人の子どもが，We miss our friends in the city.「都会にいる友だちと会えなくて寂しい」と発言している様子を，解答例では動詞 complain that 〜「〜と不満を漏らす」を間接話法で用いて表現している。

質問の訳　No. 1　4番目の絵を見てください。あなたがその女性なら，どのようなことを考えているでしょうか。
では〜さん（受験者の氏名），カードを裏返して置いてください。
No. 2　住む場所を賃借するよりも家を買った方がよいと思いますか。
No. 3　日本は都市部の緑地の数を増やすべきですか。
No. 4　近頃の人々は私生活と仕事のバランスを上手に保っていますか。

No. 1 解答例 I'd be thinking that I should have considered my children's needs more before moving. It's natural for them to feel lonely in a village with few friends. Perhaps we can take the children to the city on the weekends.

解答例の訳 引っ越し前に，子どもたちのニーズをもっとよく考えるべきだったと私は思っているでしょう。彼らが友人のほとんどいない村で寂しく感じるのは当然です。おそらく，私たちは週末に子どもたちを都会へ連れて行くことができるでしょう。

解説 解答例では，質問の仮定法過去形に合わせて，間接話法で**I'd be thinking that ～.**の形で答えている。また，後悔を表す〈should have＋過去分詞〉を用いて，子どもたちが必要とするものを事前に熟慮すべきだったと悔やみ，続けて彼らが孤独感を覚えるのも無理はないと言った上で，最後に今後の対応策の一案を述べている。あるいは，基本的には解答例と同じ路線でありながらも，2文目以降を，But I'm sure my children will adapt to life in the countryside as time goes by, and find new friends here. Until then, maybe we should take them to the city sometimes.「でも，子どもたちはきっと，時が経過するにつれて地方での生活に順応し，ここで新しい友だちを見つけるでしょう。それまで，私たちは彼らをたまには都会へ連れて行くべきかもしれません」などとしても良いだろう。

No. 2 解答例 No, renting is better. Homeowners can't easily move to a different city to change jobs, for example. This means they might miss out on some big opportunities. Also, it's a lot of work to take care of a house.

解答例の訳 いいえ，賃貸の方が良いです。例えば，マイホームを持っていると，転職するために別の市へ容易には引っ越せません。この結果，彼らは絶好のチャンスを見逃してしまう可能性があります。また，家を管理するのは大変な負担でもあります。

解説 解答例では，Noの立場から，賃貸の方が良いと思う理由を，賃貸のメリットを直接的に述べるのではなく，自宅所有者が抱えると思われる2つのデメリット（①転職のために転居するのが容易ではないこと，②持ち家の管理が大変であること）を述べることで，賃貸という選択肢の方が望ましいという考えを間接的に伝えている。あるいは，解答例と同様にNoの立場から，2文目以降をGiven natural disasters such as big earthquakes, I think buying a home is a great risk, since they might be severely damaged or destroyed unexpectedly. As long as we rent a place to live, we can move elsewhere if necessary.「巨大地震のような自然災害を考慮に入れると，家を買うのは大きなリスクだと思います，というのもそれらは不意にひどく損傷を受けたり破壊されたりしかねないからです。住むための場所を賃借している限りは，私たちは必要に応じて別の場所に引っ越すことができます」などと答えるのも良いだろう。

No. 3 解答例 Yes. It's clearly important to have nature in our surroundings. It gives people a place where they can relax and relieve their stress. Having large parks full of trees and other plants also

helps to keep the air clean.

解答例の訳 はい。環境中に自然があることが重要なのは明らかです。それは人々に，くつろいだりストレスを軽減したりできる場を提供します。また，木や他の植物であふれた広い公園の存在は，空気をきれいにし続けることにも寄与します。

解説 解答例では，Yesの立場から，質問文のgreen spaceをnatureやlarge parks full of trees and other plantsなどと言い換えながら，それらが持つ２点のメリット（①くつろいだりストレスを軽減したりできる場の提供，②空気の浄化作用）を軸に，国は都市部の緑地の数を増やすべきだという意見を補強している。もしくは，解答例と同じ路線をたどりつつ，３文目で，In addition, since trees and plants are known to absorb carbon dioxide in the atmosphere, increasing the amount of green space itself will lead to reducing global warming.「加えて，木や植物は大気中の二酸化炭素を吸収することで知られているため，緑地の数を増やすこと自体は地球温暖化の低減につながるでしょう」などと，別のメリットを答えても良いだろう。

No. 4 **解答例** Not at all. These days, workplace culture is very competitive, so most people are under huge pressure to work hard. That leaves them with very little time to spend on hobbies or with family.

解答例の訳 まったくそうではありません。近頃では，職場文化はとても競争的なので，大半の人は熱心に働くよう非常に強く迫られています。その結果，彼らには趣味に費やす時間や家族と過ごす時間がほとんど残りません。

解説 解答例では，まずNot at all.「まったくそうではありません」と，自分がNoの立場にあることを強調してから，競争的な仕事文化のせいで大半の人は私生活とキャリアのバランスを上手に取ることができていない状況にあることを伝えている。あるいは，YesとNoを折衷した立場から，It depends. Certainly, some people work too hard, resulting in making a sacrifice of their private lives. However, not a few people, including an acquaintance of mine, seem to enjoy both their hobbies and work.「人によります。確かに，働きすぎにより私生活を犠牲にしている人もいます。しかし，私の知人を含めて，趣味と仕事の両方を楽しんでいるように見受けられる人も少なくありません」などとしても良いだろう。

カードB 二次試験・面接
（問題編pp.150〜151）

指示文の訳 １分間，準備する時間があります。
これは，海の近くに住んでいた夫婦についての話です。
ストーリーのナレーションを行うのに与えられる時間は２分間です。
ストーリーは以下の文で始めてください。
ある日，夫婦は海辺を散歩していました。
ナレーションの解答例 One day, a couple was taking a walk by the beach.

They passed by a fenced area, where a construction worker was putting up a sign that said a new airport was being constructed by ABC Construction. The couple was shocked to learn about the plan. A few days later, the couple joined a protest against the construction project. The husband was holding a sign that said "protect ocean life," and the wife was collecting signatures from people who opposed the construction of the airport. Six months later, the couple was at the construction site with a group of people. A sign said that the construction had been canceled, and the couple and the supporters of the protest were very pleased. A year later, the couple was looking at a newspaper at home. The wife was surprised to see an article that said ABC Construction had gone bankrupt.

訳 **ある日，夫婦は海辺を散歩していました。**彼らはフェンスで囲まれた区域のそばを通りましたが，そこでは建設作業員が，ABC建設会社によって新しい空港が建設中であると書かれている看板を立てていました。夫婦はその計画を知り，ショックを受けました。数日後，夫婦は建設計画に反対する抗議運動に参加しました。夫は，「海洋生物を守れ」と書かれたプラカードを手に持っており，妻は，空港の建設に反対する人々の署名を集めていました。6か月後，夫婦は人々の集団と共に建設現場にいました。看板には建設作業が中止されたと書かれており，夫婦と抗議運動の支持者たちはとても喜ばしく思っていました。1年後，夫婦は自宅で新聞を見ていました。妻は，ABC建設会社が倒産したと書かれている記事を見て驚きました。

解説 ナレーションは，4コマのイラストの進行に沿ってまとめていく。2〜4コマ目の左上方にある時間の経過を表す語句は，各コマの描写の冒頭部分で必ず使うこと。また，看板や新聞に書かれている文字情報を動詞say「〜と書いてある」などの表現を用いて間接話法でストーリーに盛り込む際，時制の一致に注意する。他，登場人物たちの表情などにも留意して彼らの感情をストーリーに取り入れながら，動詞の時制は過去形および過去進行形を基本に，時間の経過がわかるように描写すること。

①1コマ目：夫婦が看板を見ている場面。建設作業員がフェンスで囲まれた区域の前に立てている看板にAirport Construction Site「空港建設現場」と書かれており，その下に社名があることから，ABC建設会社によって新空港が建設中であることを知らせる看板であるとわかる。また，夫婦が浮かべている表情から，彼らはそのことにショックを受けていると判断できるだろう。

②2コマ目：A few days laterで始める。夫婦が他の人々と抗議運動に参加している場面。男性が持っているプラカードにあるProtect Ocean Life!「海洋生物を守れ！」という文字情報，および女性が集めている署名の吹き出しにあるイラストから，彼らは1コマ目に登場した空港建設計画に反対しているのだと考えられる。

③3コマ目：Six months laterで始める。夫婦が他の人々と看板を見ている場面。彼らは1コマ目で登場した建設現場にいると考えられ，看板にConstruction Canceled「建設作業中止」とあることから，新空港建設の計画は中止になったのだとわかる。夫婦を含め複数の人々が看板を見ながらうれしそうな表情を浮かべており，拍手をしていることから，彼らは2コマ目で描かれている抗議運動の参加者なのだと推察可能。

④4コマ目：A year laterで始める。夫婦が新聞記事を見ている場面。夫が広げている

新聞には ABC Construction Goes Bankrupt「ABC建設会社，倒産」とあり，妻はその記事を見て驚いている。ここでの ABC 建設会社とはもちろん，新空港の建設計画を立てていた企業である。なお，会社の倒産は妻が新聞を見ている時点よりも前に起きた出来事であると考えられるため，解答例では最終文の that 節で過去完了形〈had＋過去分詞〉を用いて，時系列を明確にしている。

質問の訳 No. 1　4番目の絵を見てください。あなたがその夫なら，どのようなことを考えているでしょうか。

では～さん（受験者の氏名），カードを裏返して置いてください。

No. 2　日本人はもっと自分の政治的意見を表明すべきだと思いますか。

No. 3　企業は社会に役立つためにもっと多くのことをすべきだと思いますか。

No. 4　個人の行動が地球温暖化の低減に寄与することはあり得ますか。

No. 1　解答例　I'd be thinking that it was partially my fault that the company went bankrupt. However, it's extremely important to protect the ocean environment, so I still think that we did the right thing by protesting the airport's construction.

解答例の訳　その会社が倒産したのは，部分的には自分のせいだったと私は思っているでしょう。しかし，海洋環境を保護することは肝要なので，私たちは空港建設に抗議することで正しい行いをしたと私は依然として考えています。

解説　解答例では，質問の仮定法過去形に合わせて，間接話法で I'd be thinking that ～. と表現している。ABC 建設会社が倒産してしまったのは抗議運動に参加していた自分のせいでもあることを述べながらも，2文目は逆接を表す However から始め，海洋環境保護の重要性に言及し，自分たちが正しいことをしたと締め括っている。あるいは，ABC 建設会社の倒産はあくまで企業側の責任であるという立場で，I'd be thinking that they should have listened to people living near the ocean before going forward with the construction project. I'm sorry that employees working for the company lost their jobs, but in these days when environmental protection is considered important, it is quite natural to care about the environment first.「彼らは建設計画を推し進める前に，海の近くに暮らす人々の意見に耳を傾けるべきだったと私は思っているでしょう。その会社に勤めていた従業員が職を失ったことについては気の毒に思いますが，環境保護が重要視される昨今，まず環境を気にかけることはごく当たり前のことです」などとしても良いだろう。

No. 2　解答例　Yes. There are many big problems in our society, so it's essential for Japanese people to feel more comfortable discussing political issues. It's the only way for us to begin solving these problems.

解答例の訳　はい。私たちの社会には大きな問題がたくさんあるので，日本人にはもっと気楽に政治問題を議論することが必要です。それは私たちにとって，これらの問題を解決し始めるための唯一の手段です。

解説　解答例では，Yes の立場から，自分たちの社会が大きな問題を多数抱えている点を指摘してから，政治議論こそ諸問題の唯一の解決手段であると述べている。あるいは，

解答例と同じ路線でありながらも，3文目を，具体例を表すFor example「例えば」で始め，For example, it is important that each of us talk with our friends about politics in our daily lives, as well as about our favorite subjects like music, sports, etc.「例えば，私たち一人一人が日常生活において，音楽やスポーツといった好きな話題についてと同様に，政治についても友人と話すことが大切です」でも良いだろう。

No. 3 解答例　No. Businesses already provide their communities with employment opportunities, and they contribute to society by developing new products. They shouldn't be expected to do more than that.

解答例の訳　いいえ。企業はすでにその地域社会に雇用機会を提供しており，新製品を開発することで社会に寄与しています。彼らはそれ以上のことをするよう求められるべきではありません。

解説　解答例では，Noの立場から，企業はすでに雇用機会の提供，および新製品の開発によって社会貢献しているのだから，それ以上のことが求められるべきではないと主張している。あるいは，Yesの立場から，Yes. Since each company is a part of society where it is doing business, they should never stop making efforts to help it in their own ways so that the whole society can develop more. In my opinion, that's also a part of their duties.「はい。各企業はそれが事業を行っている社会の一部なのだから，彼らは，社会全体がもっと発展できるよう，自分たちなりにその力になろうとする努力をやめるべきではありません。私の意見では，それも彼らの職務のうちの一つです」などとしても良いだろう。

No. 4 解答例　Absolutely. Reducing the amount of electricity people use at home would reduce the amount of fossil fuels burned. Things like air conditioners use a lot of energy, so limiting their use would definitely reduce global warming.

解答例の訳　もちろんです。家庭で人々が使用する電力量を減らせば，燃やされる化石燃料の量も減るでしょう。エアコンのような物はたくさんのエネルギーを使用するため，その使用を制限すれば地球温暖化が低減するということは間違いありません。

解説　解答例では，Absolutely.「もちろんです」と，自分がYesの立場にあることを強調してから，電力量の削減が燃やされる化石燃料の量の削減につながる点を伝えている。そして，具体例としてエアコンを挙げた上で，多くのエネルギーを使用するその手の機器の使用の制限が地球温暖化の低減につながると，確信を持って述べている。あるいは，同じくYesの立場で，Yes. But global warming is a global issue, so I admit the actions of individuals alone will not solve the problem easily. Nonetheless, I'm certain each individual's effort will lead to reducing global warming however small it is.「はい。しかし，地球温暖化は地球規模の問題なので，確かに個人の行動だけでは問題をたやすく解決することはないだろうという点は認めます。しかしそれでも，各個人の努力はそれがどんなに小さなものであっても地球温暖化の低減につながると私は確信しています」などでも良いだろう。

2022年度 第①回

筆記 解答欄

問題番号		1	2	3	4
1	(1)			●	
	(2)	●			
	(3)				●
	(4)				●
	(5)			●	
	(6)			●	
	(7)		●		
	(8)				●
	(9)	●			
	(10)			●	
	(11)	●			
	(12)	●			
	(13)		●		
	(14)				●
	(15)			●	
	(16)	●			
	(17)	●			
	(18)	●			
	(19)		●		
	(20)			●	
	(21)	●			
	(22)		●		
	(23)	●			
	(24)	●			
	(25)				●

問題番号		1	2	3	4
2	(26)				●
	(27)	●			
	(28)		●		
	(29)	●			
	(30)			●	
	(31)				●

問題番号		1	2	3	4
3	(32)				●
	(33)		●		
	(34)	●			
	(35)			●	
	(36)		●		
	(37)				●
	(38)		●		
	(39)	●			
	(40)			●	
	(41)			●	

4 の解答例は
p.194をご覧
ください。

リスニング 解答欄

問題番号			1	2	3	4
Part 1		No.1	●			
		No.2			●	
		No.3				●
		No.4		●		
		No.5		●		
		No.6	●			
		No.7	●			
		No.8			●	
		No.9	●			
		No.10				●
		No.11			●	
		No.12		●		
Part 2	A	No.13			●	
		No.14				●
	B	No.15			●	
		No.16				●
	C	No.17		●		
		No.18	●			
	D	No.19	●			
		No.20			●	
	E	No.21				●
		No.22		●		
	F	No.23		●		
		No.24	●			
Part 3	G	No.25			●	
	H	No.26	●			
	I	No.27	●			
	J	No.28				●
	K	No.29				●

指示文の訳 各英文を完成させるのに最も適切な単語または語句を4つの選択肢の中から選び，その番号を解答用紙の所定欄にマークしなさい。

(1) 正解 **3**

訳 その訴訟を審理した後で，裁判官は情状酌量することに決め，その男に警告を与えただけであった。彼女は，彼が自分の罪をとても後悔しているのは明らかだと言った。

解説 空所の後のonly gave the man a warning「その男に警告を与えただけであった」から，裁判官はその男の刑を軽くしたことがわかる。show mercyで「情けをかける」という意味を表し，状況に合うので，**3**のmercy「情け，慈悲」が正解。disgrace「不名誉」，closure「閉鎖」，seclusion「隔離」。

(2) 正解 **1**

訳 リサは双子の姉にそっくりだが，気質は全く違う。彼女は姉と違ってとても穏やかで，めったに腹を立てない。

解説 第2文のShe（＝Lisa）is very calm and rarely gets angry, unlike her sister.「彼女は姉と違ってとても穏やかで，めったに腹を立てない」はリサの性格を表している。したがって，**1**のtemperament「気質」が正解。accumulation「蓄積」，veneer「化粧板」，glossary「用語集」。

(3) 正解 **4**

訳 A：アナベル，宿題を終えたかどうか聞いているのにただ肩をすくめたりしないの。はっきりと答えなさい。 B：ごめんなさい，お母さん。もうすぐ終わるわ。

解説 A（＝Mom）がB（＝Annabel）の態度を叱っている場面。母親のAがGive me a clear answer.「はっきりと答えなさい」と言っていることから，娘のアナベルはあいまいな答え方をしたとわかる。shrug one's shouldersで「肩をすくめる」という意味を表し，宿題を終えたかどうかがはっきりわからない動作と言えるので，**4**のshrugが正解。echo「〜を反響させる，〜をおうむ返しに言う」，bow「〜を曲げる，おじぎをする」，dump「〜を捨てる」。

(4) 正解 **4**

訳 町で大きなビジネス会議があるとき，空室のあるホテルを見つけることはほぼ不可能である。たいていのホテルはすぐに予約でいっぱいになってしまう。

解説 第2文Most hotels quickly get fully booked.「たいていのホテルはすぐに予約でいっぱいになってしまう」から，会議期間中はホテルの予約が取れないことがわかる。この状況を表すのに適切なのは**4**のvacancy「空室」。sprain「ねんざ」，segment「区分」，transition「推移」。

※2024年度第1回から，試験形式の変更に伴い大問1の問題数は18問になります。

(5) 正解 **3**

訳 刑事は何時間もそのギャングの一員を尋問したが，だれが犯罪に手を貸したのか言おうとしなかった。結局，刑事は彼から情報を得るのをあきらめた。

解説 第1文のhe（＝the gang member）would not say who had helped him commit the crime「だれが犯罪に手を貸したのか言おうとしなかった」から，刑事は取り調べをしていることがわかる。interrogateで「～を尋問する」という意味を表すので，**3**のinterrogatedが正解。discharge「～を解放する」，convert「～を変換する」，affiliate「～を会員にする」。

(6) 正解 **3**

訳 怪我をした足首を治療するために，医者は圧迫を勧める。これは傷の周りに包帯をきつく巻くことによって行うことができる。

解説 第2文のwrapping a bandage tightly around the injury「傷の周りに包帯をきつく巻くこと」が，空所に当てはまる治療法の具体的なやり方を説明している。したがって，**3**のcompression「圧迫」が正解。depression「不況，憂鬱」，progression「進歩」，suspicion「疑惑」。

(7) 正解 **2**

訳 A：家に帰る途中で突然激しい雨が降り出して，ずぶ濡れになったよ。 B：私の助言に従って，傘を持って行くべきだったね。

解説 Aの発言のI got completely wet.「ずぶ濡れになったよ」から，Aは傘を持っていなかったことがわかる。BはYou should have ... taken an umbrella with you.「傘を持って行くべきだったね」と言っており，空所の後にはmy adviceとあるので，Bの助言にAが従わなかったと考えられる。heed someone's adviceで「～の助言に従う」という意味を表すので，**2**のheededが正解。mold「～を形成する」，twist「～をより合わせる，～をねじる」，yield「～を生み出す」。

(8) 正解 **4**

訳 もっと裕福な顧客を引きつける方法として，その香水会社は主に富裕層の人々に読まれている雑誌で製品の宣伝を始めた。

解説 空所直後にcustomersとあるので，空所にはどのような顧客かを表す形容詞が入る。文末にby wealthy people「富裕層の人々に」とあるので，この会社がターゲットにしている顧客層は裕福な人々だとわかる。したがって，**4**のaffluent「裕福な」が正解。theatrical「演劇の」，brutal「残酷な」，frantic「取り乱した，熱狂した」。

(9) 正解 **1**

訳 先生は，いくつかのささいな誤りを除けば，その生徒の小論文は完璧だと言った。彼は可能な限りの高得点を与えた。

解説 空所直後にerrorsとあるので，空所にはどのような誤りかを表す形容詞が入る。第1文後半にthe student's essay was perfect「その生徒の小論文は完璧だった」，さらに第2文にHe（＝The teacher）gave it（＝the student's essay）the highest

score possible.「彼は可能な限りの高得点を与えた」とあるので，大きな誤りではなく，取るに足らないものだったとわかる。したがって，**1**の trivial「ささいな」が正解。conclusive「決定的な」，palatial「宮殿のような」，offensive「侮辱的な」。

(10) 正解 **3**

訳 その怪我をしたサッカー選手は，決勝戦で自分の代わりの選手がプレーするのをうらやましそうに見た。彼は本当はプレーし続けたかった。

解説 空所にはこのサッカー選手が決勝戦をどのような気持ちで見ていたのかを表す副詞が入る。第2文に He had really wanted to continue playing.「彼は本当はプレーし続けたかった」とあるので，この気持ちを表すには，**3**の enviously「うらやましそうに」が適切。substantially「実質的に，かなり」，previously「以前に」，relevantly「関連して」。

(11) 正解 **1**

訳 エイブラハムのアパートの前にある新しいホテルは，町の向こうに見える山の景色を遮るほどには高くない。彼は今でも山々をはっきりと見ることができる。

解説 第2文に He can still see them（＝ the mountains）clearly.「彼は今でも山々をはっきりと見ることができる」とあるので，ホテルは低いため，景色を遮っていないことがわかる。したがって，**1**の obstruct「〜を遮る，〜を妨害する」が正解。delegate「〜を委任する」，entangle「〜をからませる」，boost「〜を引き上げる，〜を増加させる」。

(12) 正解 **1**

訳 白いカーペットの上に赤ワインをこぼしたので，マーサは石鹸と水で染みを落とそうとした。だが，それを完全に取り去ることはできなかった。

解説 第1文前半に Having spilled red wine on the white carpet「白いカーペットの上に赤ワインをこぼしたので」とあり，カーペットに染みがついたとわかる。空所の語は remove の目的語に当たり，空所直後に with soap and water とあるので，マーサは染みを取ろうとしたと考えられる。したがって，**1**の stain「染み」が正解。slit「切り込み」，bump「こぶ」，blaze「炎」。

(13) 正解 **2**

訳 戦争は1年間続いたが，どちらの側も優勢となることができなかった。どうやら勝利は不可能と思われたので，その2つの国は停戦することで合意した。

解説 空所に入る動詞の主語が neither side「どちら側も〜ない」であり，第2文にWith victory seemingly impossible「どうやら勝利は不可能と思われたので」とあるので，空所を含む節は戦争当事国のうちのどちら側も優位に立てなかったという意味を表すと考えられる。したがって，**2**の prevail「優勢である，勝つ」を入れると状況に合う。devise「〜を考案する」，evolve「進化する」，reconstruct「〜を再建する」。

(14) 正解 **4**

訳 その指導者は自国の政情不安を，自分の支配に対するいかなる反対をも阻止することを目的とした厳格な新法を導入するための口実として利用した。

解説 空所直後に for introducing strict new laws aimed at preventing any opposition to his rule「自分の支配に対するいかなる反対をも阻止することを目的とした厳格な新法を導入するための」と，空所の語に説明を加えている。この説明に適するのは，**4**の pretext「口実」。trance「恍惚」，downfall「失墜」，rampage「大暴れ」。

(15) 正解 **4**

訳 その容疑者は警察に無実を主張し続けた。彼は犯罪の起こった場所の近くにはいなかったと繰り返し言った。

解説 第2文に he（＝the suspect）had been nowhere near the place where the crime had occurred「彼は犯罪の起こった場所の近くにはいなかった」とあるので，容疑者は自分は無実だと訴えていると考えられる。空所に入る動詞の目的語が his innocence なので，**4**の assert「～を主張する」を入れると意味が通る。conceal「～を隠す」，counter「～に反論する」，expire「期限が切れる」。

(16) 正解 **1**

訳 良い著者は自分の作品から間違いを取り除くためにあらゆる努力をするが，しかし時には誤りを見逃し，後から訂正しなければならないこともある。

解説 文の後半が but で始まり，occasionally they（＝good writers）miss some errors「時には誤りを見逃す」とあるので，前半はそれとは対照的な内容となる。空所の直後が errors と同義語の mistakes であり，空所に入る動詞の目的語に当たるので，**1**の eliminate「～を取り除く」を入れ，make every effort to eliminate mistakes「間違いを取り除くためにあらゆる努力をする」とすると文脈に合う。expend「～を費やす」，stabilize「～を安定させる」，oppress「～を虐げる」。

(17) 正解 **1**

訳 誘拐犯たちは多額の身代金と引き換えに子供を両親に返した後で，その金を持って逃亡しようとした。だが，警察は間もなく彼らを捕まえ，その金を夫婦に返した。

解説 第1文前半に the kidnappers returned the child to its parents「誘拐犯たちは…子供を両親に返した」とあり，空所の前に in exchange for「～と引き換えに」とあるので，誘拐された子供と引き換えに犯人が要求するものである**1**の ransom「身代金」が正解。applause「拍手喝采」，monopoly「独占」，prank「いたずら」。

(18) 正解 **1**

訳 ギャスパーは名門大学に出願した。残念ながら，彼の成績では不十分だったため，あまり知られていない大学に行かなければならなかった。

解説 残念ながらあまり知られていない大学に行かなくてはならなかったという第2文の内容から，1文目にあるギャスパーが出願した大学は，合格した大学と違い，より知名度が高いと考えられる。したがって，**1**の prestigious「名声のある」が適切。spontaneous「自発的な」，cordial「友好的な」，petty「ささいな」。

(19) 正解 **2**

訳 スパイたちは気づかれずに軍事基地に侵入しようとして陸軍将校に変装した。

解説 文の後半に in an attempt to enter the military base without being noticed 「気づかれずに軍事基地に侵入しようとして」とあり，軍人に変装すれば目立たないため，空所には **2** の disguised を入れると状況に合う。disguise *oneself* as ～で「～に変装する」という意味を表す。chronicle「年代順に記録する」，render「～を与える」，revitalize「～を生き返らせる」。

(20) 正解 **3**

訳 ティモシーはとても献身的な従業員である。彼は頼りがいがあり，役に立ちたがっており，常に自分の会社と同僚に忠誠を示している。

解説 空所直後に employee が続くので，空所にはティモシーがどのような従業員なのかを表す形容詞が入る。第2文後半の he always shows loyalty to his company and coworkers「常に自分の会社と同僚に忠誠を示している」から，会社にとても忠実な社員だとわかるので，**3** の devoted「献身的な」が適切。grotesque「奇怪な」，defiant「反抗的な」，feeble「弱い」。

(21) 正解 **1**

訳 ポールが減量するのを手助けするために，主治医は食事を変えるよう勧めた。具体的には，彼女は彼に脂肪の多い食べ物を減らし，食物繊維をもっと摂るよう提案した。

解説 空所直後に his diet とあるので，空所にはポールが食事をどうすべきかを表す動詞が入る。第2文に，she（＝ his doctor）suggested that he eat fewer fatty foods and more fiber「彼女は彼に脂肪の多い食べ物を減らし，食物繊維をもっと摂るよう提案した」と具体的な指示があるので，空所に入るのは **1** の modify「～を（部分的に）変える，～を修正する」が適切。pluck「～を引き抜く」，exclaim「～と叫ぶ」，distill「～を蒸留する」。

(22) 正解 **2**

訳 A：仕事がすごく忙しい上に，今度は新入社員の研修に対処しないといけないんだ。
B：それは荷が重すぎるね。だれかほかの人が代わりにできないか，上司に聞いたほうがいいよ。

解説 A は I've been so busy at work「仕事がすごく忙しい」と言っており，すでにたくさんの仕事を抱えていることがわかる。また，空所直前に I have to とあり，直後に training our newest employee と続くので，A は自分の仕事に加え，新人研修に関しても何かする必要があると考えられる。したがって，空所には **2** の contend with「～に対処する」を入れると状況に合う。turn over「～をひっくり返す」，prop up「～を支える」，count off「番号を唱える」。

(23) 正解 **1**

訳 その幼い男の子は花瓶が割れたのを犬のせいにしようとした。けれども，母親はうそにはだまされず，彼を自分の部屋に行かせた。

解説 空所の直後の the lie「うそ」とは，具体的には第1文の to blame his dog for the broken vase「花瓶が割れたのを犬のせいにすること」である。第2文が However で始まり，空所直前には did not とあるので，母親は男の子の言い分を信じなかったと考

えられる。したがって，**1**の fall for「〜にだまされる」が正解。hang on「〜にしがみつく」，see out「〜を玄関まで見送る」，flag down「〜を停止させる」。

(24) 正解 **1**

訳 スピーチの中で，最高経営責任者は今後5年間の会社の発展計画を打ち出した。彼はこれが会社の成長に伴い皆の仕事に指針を示すのに役立つよう望んだ。

解説 空所直後に his plan とあり，**map out a plan** で「計画を立てる」という意味を表すので，**1**の **mapped out** が正解。leap in「飛びつく」，rack up「〜を積み重ねる」，space out「〜を一定の間隔で置く」。

(25) 正解 **4**

訳 昨年，ハロルドは全財産を費やして様々な会社の株を買った。彼は今後数年にわたって株式市場が好調に動くと見込んでいたのである。

解説 第1文の spent all his money buying shares in various companies「全財産を費やして様々な会社の株を買った」から，ハロルドが全財産をつぎ込んでも損はしないと見込んでいたと推測できる。**bet on 〜 do**ing で「〜が…することに賭ける，〜が…することを見込む」という意味を表すので，**4**の **betting on** を入れると状況に合う。cast away「〜を捨てる」，put down「〜を置く」，step up「〜を高める」。

2	一次試験・筆記	ピーターの法則（問題編pp.158〜159） 近視（問題編pp.160〜161）

指示文の訳 それぞれの文章を読んで，各空所に入れるのに最も適切な語句を4つの選択肢の中から選び，その番号を解答用紙の所定欄にマークしなさい。

ピーターの法則

Key to Reading 第1段落：導入（昇進とピーターの法則）→第2段落：本論①（ピーターの法則に関する研究内容）→第3段落：本論②（研究結果より推測できること）という3段落構成の説明文。それぞれの段落のトピックセンテンスを意識して論理的に読み進めていく。ピーターの法則がどのようなものか，その影響を軽減させるためにどのようなことをすべきかを中心に読み取ろう。

訳

　ピーターの法則として知られる理論は，管理職に仕事ぶりが良くない人が多い理由を明らかにするかもしれない。この理論によると，下の職務で活躍できる社員は，準備ができないまま，いずれ昇進する。その理由は，社員は通常，現在の職務での実績に基づいて昇進するためである。この種の昇進方法は論理的に思えるかもしれないが，社員の長所と短所を十分に考慮していないので，最終的に能力に適さない役職に就くことになってしまう。

　ある研究では，管理職に昇進した営業担当者のキャリアを調査した。予想通り，この調査では，最も優れた営業担当者が昇進する可能性が最も高いことがわかったが，管理職での実績は最も低かったこともわかった。この研究では，現在の実績のみに基づいて従業員を昇進させることには，2つのデメリットがあることが示された。企業は最終的に駄目な

管理職を生むだけでなく，下の職務で最も優秀な社員を失うことにもなる。

　この研究を行った研究者は，問題の１つは，企業が，優秀な社員は当然優れた管理職になると単純に推測するという過ちを犯していることであると述べている。ほとんどの企業では，新入社員は仕事の仕方について専門研修を受ける。一方，新しい管理職はたいてい，ほとんど，またはまったく研修を受けない。これは，新しい管理職に適切な研修を受けさせることが，ピーターの法則の影響を軽減する１つの方法であることを示唆しているように思われる。

(26)　正解　**4**

選択肢の訳　**1**　平均以下の給料を稼ぐ　　**2**　自分の仕事を愛する　　**3**　複数の会社で働いたことがある　　**4**　仕事ぶりがよくない

解説　空所を含む文の直後の文を参照。通常，会社では，employees who perform well in lower-level positions will eventually rise to positions they are not prepared for「下の職務で活躍できる社員は，準備ができないまま，いずれ昇進する」。新しい職務に就く準備が不十分なので，管理職に昇進しても活躍できないと考えられることから，**4**のperform poorly「仕事ぶりがよくない」が正解。第２，３段落からも，ピーターの法則が，優秀な社員が昇進によって活躍できなくなる現象を表すことがわかる。

(27)　正解　**1**

選択肢の訳　**1**　２つのデメリットがある　　**2**　避けることができない　　**3**　出る価値のある賭けである　　**4**　創造的な思考を妨げる

解説　空所を含む文の直後の文で，Not only do companies end up with poor managers but they also lose their best workers in lower-level positions.「企業は最終的に駄目な管理職を生むだけでなく，下の職務で最も優秀な社員を失うことにもなる」と述べている。すなわち，優秀な社員を昇進させることにより，会社は二重のダメージを受けることから，**1**のhas two disadvantages「２つのデメリットがある」が正解。

(28)　正解　**2**

選択肢の訳　**1**　もちろん　　**2**　一方　　**3**　さらには　　**4**　同様の理由で

解説　空所の前後の内容に注目する。前がnew employees receive specialized training in how to do their jobs「新入社員は仕事の仕方について専門研修を受ける」，後がnew managers are often given little or no training「新しい管理職はたいてい，ほとんど，またはまったく研修を受けない」で反対の内容を述べていることから，**2**のOn the other hand「一方」が正解。

近視

Key to Reading　第１段落：導入（近視とデジタル画面使用の関係）→第２段落：本論①（近視の本当の原因）→第３段落：本論②（近視の予防）という３段落構成の説明文である。近視の原因と予防法を整理しながら読み進めていくことを心がけよう。

訳

　近視は世界中で急速に増加している。これを患う人は，近くにあるものははっきりと見えるが，遠くにあるものはぼやけて見える。多くの人が，この傾向をデジタル画面使用の

せいにしている。彼らは，コンピュータやスマートフォンなどのデバイスを使用すること
は眼精疲労につながり，さらに，デジタル画面から発せられるブルーライトは眼底の感光
性細胞にダメージを与えると主張している。しかし，デジタル画面が視力に長期的な影響
を与えるという明確な証拠はない。

　実際，近視の増加は，デジタル画面が広く使用される以前に始まった。いくつかの研究
は，本当の問題は，人々が屋内で過ごす時間が長すぎることにあると示唆している。これ
により，自然光を十分に浴びられなくなる。近視は，眼の水晶体が伸び，光を焦点に集め
る力が低下することによって引き起こされる。しかし，脳によって生成される化学物質で
あるドーパミンが分泌されることで，これが起こるのを防ぐことができ，自然光を浴びる
ことで，ドーパミンの分泌が増える。

　一部の専門家は，1日約3時間屋外にいることが，近視の予防に役立つと述べている。
しかし，多くの人にとって，学校や仕事のスケジュールのために，これを行うことは不可
能である。代わりに，人々が自宅で使用する照明の種類を変える方が，より実用的かもし
れない。自然光と同じような効果を得られる照明はすでに市販されており，将来的には研
究によってさらに多くの代替手段が提供されると見込まれる。

(29)　正解　1

選択肢の訳　1　視力に長期的な影響を与える　　2　問題を解決するのに役立つ　　3
すべての機器に使用し得る　　4　将来より良くなる

解説　空所を含む文がHowever（しかし）で始まっていることから，これより前の文を
否定する内容が入ると推測できる。2文前で近視の人が増加している現状について，
Many people blame this trend on the use of digital screens.「多くの人が，この傾
向をデジタル画面使用のせいにしている」と述べていることから，**1の have long-term
effects on eyesight**「視力に長期的な影響を与える」を入れ，デジタル画面が近視の
原因である明確な証拠はないという内容にすると意味がとおる。

(30)　正解　3

選択肢の訳　1　画面に近すぎる　　2　視覚に頼りすぎている　　3　屋内で過ごす時
間が長すぎる　　4　体を十分に動かせていない

解説　空所を含む文の直後の文，This results in a lack of exposure to natural light.
のThisの内容を考える。a lack of exposure to natural light「自然光を十分に浴びら
れない」状況を生み出すのは，**3の spend too much time indoors**「屋内で過ごす時
間が長すぎる」。

(31)　正解　4

選択肢の訳　1　同じように　　2　例えば　　3　それなのに　　4　代わりに

解説　近視の予防策として専門家の意見として，第3段落第1文でbeing outdoors for
about three hours a day「1日約3時間屋外にいること」を挙げているが，第2文では
それについてimpossible（不可能な）と述べている。ここから，(　　), it may be
more practical for people to change the kind of lighting they use in their homes
「(　　)，人々が自宅で使用する照明の種類を変える方が，より実用的かもしれない」と
代わりとなる事柄を挙げているので**4の Instead**「代わりに」が正解。

指示文の訳 それぞれの文章を読んで，各質問に対する最も適切な答えを4つの選択肢の中から選び，その番号を解答用紙の所定欄にマークしなさい。

ハチミツ菌

Key to Reading 第1段落：導入＋本論①（オレゴン州のハチミツ菌）→第2段落：本論②（ハチミツ菌がもたらす問題）→第3段落：本論③（ハチミツ菌問題の解決策）という3段落構成の説明文。ハチミツ菌（ナラタケ）の性質と生態系に与える影響について読み取ろう。

訳

地球上で最大の生物は，クジラやその他の大型動物ではない。むしろ，キノコや毒キノコを含む生物群に属している。それはハチミツ菌（ナラタケ）として一般に知られている菌類の一種で，根のようなその菌糸は，米国オレゴン州の広大な森林地帯全体の地下に広がっている。DNA検査により，この地域の全てのハチミツ菌の起源が同じ生物であることが確認されており，その年間成長率に基づき，それが8000年以上前のものである可能性があると，科学者達は推定している。また，それらは全て合わせると，約3万5000トンの重量になると計算している。

このハチミツ菌は見事ではあるものの，森の多くの樹木に問題を引き起こす。その菌は樹木に感染し，根や幹から養分を吸収し，最終的には枯死させることもよくある。残念ながら，菌は樹皮の下に隠れており，その菌糸は樹皮を取り除いた場合にのみ見えるため，通常，影響を受けた木を見分けるのは困難である。晩秋になると，キノコの子実体が樹木の外側に現れるが，それは冬の前の数週間のみである。樹木は菌に抵抗しようとするものの，菌は根にダメージを与え，水と栄養素が上部に達するのを妨げるため，大抵は結局，その戦いに負けてしまう。

オレゴン州のハチミツ菌を完全に除去することも検討されているが，費用と時間がかかりすぎることが分かっている。現在研究されている別の解決策は，菌に耐えられる樹種を植えることだ。しかし，一部の専門家は，見方を変える必要があるかもしれないと示唆している。ハチミツ菌の影響を否定的に見るのではなく，人々はそれを自然の成り行きの一例と考えるべきである。枯れ木は最終的に土に還され，地域の生態系に利益をもたらす。

(32) 正解 **4**

質問の訳 この文章によれば，オレゴン州のハチミツ菌について正しいことの1つは何か。

選択肢の訳 **1** 異なるキノコの種が組み合わさったもので，長い時間をかけて混生するようになった。 **2** 最初はゆっくりと生長したが，ここ1000年でより急速に拡大している。 **3** 集めた栄養を，寄生している樹木や他の植物と共有している。
4 樹木に寄生して育つことで，広い範囲に広がった単一生物である。

解説 第1段落では，オレゴン州の森林地帯に生育するハチミツ菌について述べている。ハチミツ菌について，第3文でits rootlike filaments spread underground

※2024年度第1回から，試験形式の変更に伴い大問3の1問目(32)〜(34)が削除されます。

throughout a huge area of forest in the US state of Oregon「根のようなその菌糸は，米国オレゴン州の広大な森林地帯全体の地下に広がっている」と述べており，第4文ではDNA検査の結果，それらがthe same organism「同じ生物」であることもわかっている。また，第2段落第2文から，この菌が樹木に感染し，根や幹から養分を吸収することがわかる。つまり，ハチミツ菌は樹木に寄生して広範囲に生息している単一生物なので，この文とほぼ同じ内容を述べている**4**が正解。

(33)　正解　**2**

質問の訳　ハチミツ菌は〜ので，見つけるのが難しい。

選択肢の訳　**1**　そこからできるキノコが，寄生する樹木の種類によって色を変える。**2**　毎年，子実体ができる短い間以外，通常目に見えない。　**3**　地下に育つだけでなく，樹木の根のような見た目をしている。　**4**　生長に必要な特定の気象条件を持つ地域でしか生き残ることができない。

解説　ハチミツ菌が寄生した樹木を見分けにくい理由については，第2段落第3〜4文を参照。通常樹皮（bark）の下に隠れている菌を見ることができるのは，晩秋（the late fall）のみであり，しかも，the fruiting bodies of the fungus appear on the outside of the trees, but only for a few weeks before winter「キノコの子実体が樹木の外側に現れるが，それは冬の前の数週間のみである」とある。これらの内容をまとめた選択肢**2**が正解。except「〜ということを除いて。」

(34)　正解　**1**

質問の訳　専門家の一部はどのように考えているか。

選択肢の訳　**1**　人々は，ハチミツ菌が樹木に与える影響を，自然で有益なプロセスと見なすべきである。　**2**　ハチミツ菌に対処する唯一の実際的な方法は，それを取り除く試みに，より多くの時間とお金を投資することである。　**3**　ハチミツ菌に感染した樹木を，それがさらに広がるのを防ぐために利用できる。　**4**　ハチミツ菌は，人々に優れた栄養源を提供するために収穫してもよい。

解説　一部の専門家の意見については，第3段落第3〜4文を参照。ハチミツ菌の害について，a change of perspective may be necessary「見方を変える必要があるかもしれない」とし，具体的に，people should consider it an example of nature taking its course「人々はそれを自然の成り行きの一例と考えるべきである」と言っている。この内容と一致する選択肢**1**が正解。本文のnature taking its courseを，a natural and beneficial processと言い換えている。

インテンショナル・コミュニティ

Key to Reading　第1段落：導入（インテンショナル・コミュニティの歴史）→第2段落：本論①（インテンショナル・コミュニティの課題）→第3段落：本論②（インテンショナル・コミュニティの成功例：ダマヌール）→第4段落：本論③＋結論（インテンショナル・コミュニティの成功条件）という4段落構成の説明文。選択肢を検討するときは，本文中の語（句）の言い換えに注意しよう。

訳

何百年もの間，人々は自立したコミュニティを形成してきたが，これはしばしばインテ

ンショナル・コミュニティ（意図的共同体）と呼ばれ，理想の共有，共同所有，および財産の共用によって特徴付けられる。知られている最初のインテンショナル・コミュニティは，紀元前6世紀にギリシャの哲学者によって構築された。その後の何世紀にもわたって，社会の本流から離れて暮らすことを望む宗教団体によって，そのようなコミュニティが数多く作られた。キリスト教の修道院やイスラエルのキブツと呼ばれる農業共同体など，これらのいくつかは何世代にもわたって成功を収めてきたが，他のものは数年しか続かなかった。

　20世紀には，1960年代と1970年代の帰農運動に見られるような哲学的理想主義も，人々にインテンショナル・コミュニティを形成する動機を与えた。1970年代初頭までに，米国だけでそのようなコミュニティは数千あったと推定されているが，その多くは後に解散した。インテンショナル・コミュニティ協会は現在，多くとも米国で800，その他の地域で250をわずかに下回る数のコミュニティをリストアップしている。失敗したインテンショナル・コミュニティは，一般的に同様の課題に直面した。滞在するようになった人の中には，仕事を分け合い，自分の食べ物を育て，集団で生活するという理想実現のために尽力する人もいたが，それほど真剣ではない人もいた。あるコミュニティの共同創設者は，「私たちは，非現実的ではあるが崇高なビジョンを持っていたが，それは，ただ遊びで来た人々によって，絶えず揺るがされてきた」と思い返す。

　しかし，全てのインテンショナル・コミュニティが崩壊する運命にあるわけではない。イタリアのトリノ近郊にあるスピリチュアルで芸術的な共同体，ダマヌールが現在も成功しているのは，開かれたコミュニケーションと実践的なアプローチによるものである。ダマヌールは，メンバーを15人から20人の家族のようなグループに編成する。そのコミュニティは，「家族」が25人を超える場合，親密さを築くことが難しくなることに気付いた。対照的に，「家族」の人数が少なすぎると，効果的な意思決定を行うための十分な集合的知性がなくなる。ダマヌールの理念はその憲法で述べられており，選出された指導者によって遵守され，またコミュニティ内における緊張関係は，人々が塗料の入ったおもちゃの銃で戦う，遊びの模擬戦を行うことによって処理される。

　成功しているインテンショナル・コミュニティは全て，共通の特徴を共有しているようである。それは，常に先を考える能力である。ダマヌールのメンバーの1人がそれを，「うまく行かない時ではなく，うまく行く時に，物事を変えるべきだ」と言ったように。問題が生じる前に変えるというこの戦略は，ダマヌールやその他の成功したコミュニティでうまく機能しており，インテンショナル・コミュニティがメンバーのニーズを長期的に満たすための効果的な方法であることを示唆している。

(35) 正解 **3**

質問の訳　失敗したインテンショナル・コミュニティが直面した共通の問題は，

選択肢の訳　**1**　コミュニティの大多数はある人が参加することに賛成したが，少数の個人がそれに反対したこと。　**2**　人々は純粋な興味を持ってコミュニティに参加したが，効果的に貢献するためのスキルや知識が不足していたこと。　**3**　コミュニティの理想に従うために一生懸命努力したメンバーがいた一方で，他のメンバーは共同生活に対してもっとカジュアルな取り組み方をしたこと。　**4**　コミュニティは大掛かりなプロジェクトを完成させることを目指したが，知識と財源の不足のためにそれを完成させられなかったこと。

解説 第2段落第4文に，Intentional communities that failed generally faced a similar challenge.「失敗したインテンショナル・コミュニティは，一般的に同様の課題に直面した」とあり，次の文でその内容について，Some people who came to stay were committed to ideals of shared work, growing their own food, and living collectively, but others were less serious.「滞在するようになった人の中には，仕事を分け合い，自分の食べ物を育て，集団で生活するという理想実現のために尽力する人もいたが，それほど真剣ではない人もいた」と述べている。この内容をまとめた選択肢**3**が正解。

(36) 正解 **2**

質問の訳 ダマヌールの社会構造について正しいことは何か。

選択肢の訳 **1** 「家族」は自由に独自のルールを作ることができ，必ずしもコミュニティの憲法に含まれるルールに従う必要はない。 **2** グループの問題を解決し，良好な関係を維持するための最良の条件を作り出すために，「家族」の人数は調整される。 **3** 意見の相違を解消するための模擬戦は時に深刻化し，一部のメンバーが「家族」を離れることもある。 **4** コミュニティには様々な規模の「家族」が含まれているため，メンバーは大集団で生活するか，小集団で生活するかを選択できる。

解説 ダマヌールの社会構造については，第3段落を参照。第4〜5文で「家族」の人数について，25人を超えると親密さを築くこと（creating intimacy）が難しくなり，逆に人数が少なすぎると，効果的な意思決定（effective decision-making）が難しくなると述べている。つまり，コミュニティを維持できるかは「家族」の人数によって決まるということ。この内容を言い換えた選択肢**2**が正解。2文の内容を，The number of people in a "family" is controlled と言い換えている。

(37) 正解 **4**

質問の訳 この文章によると，ダマヌールは他の成功しているインテンショナル・コミュニティとどのように類似しているか。

選択肢の訳 **1** コミュニティのメンバーは，疲れ果ててしまわないよう，時々責任を取り替えることができる。 **2** 収入を得るためにコミュニティが行う仕事の種類は，メンバーが新しいスキルを習得できるよう定期的に変わる。 **3** コミュニティのメンバーは，共同で所有している建物や設備のメンテナンスを交替で行う。 **4** コミュニティは，単に問題が発生した時に対応するよりはむしろ，メンバーのニーズを満たす方法を絶えず探し出している。

解説 第4段落最終文で，成功しているインテンショナル・コミュニティに共通する特徴（trait）として，strategy of making changes before problems occur「問題が生じる前に変えるという戦略」を挙げており，これが an effective way for intentional communities to fulfill the needs of their members in the long term「インテンショナル・コミュニティがメンバーのニーズを長期的に満たすための効果的な方法である」と述べている。この内容と一致する**4**が正解。本文の fulfill the needs of their members を，satisfy the needs of its members と言い換えている。

インドのイギリス人

Key to Reading 第1段落：導入＋本論①（東インド会社とその影響力の拡大）→第2段落：本論②（イギリスのインド直接統治の過程）→第3段落：本論③（イギリスのインド支配の影響と結末）→第4段落：結論（東インド会社の現代経済への影響）という4段落構成の説明文。設問に先に目を通し，読み取るべきポイントを押さえてから，本文を読み進めよう。

訳

　1600年に設立されたイギリス所有の東インド会社は，2世紀以上にわたり，世界最大の企業の1つであった。インドや中国など様々な国と海外貿易を行うことで，これらの国から高級品をイギリスに輸入することができた。イギリス政府は会社の莫大な利益の一部を受け取っていたため，政治的支援を行うことをいとわなかった。その規模，力，そして何十万人ものインド人兵士から成る私軍を含む資源によって，会社はインドに圧力をかけ，概して会社にのみ利益をもたらす貿易契約を受け入れさせた。1750年代に現地の支配者との戦いに勝利した後，会社はインドで最も裕福な州の1つを掌握した。その結果，東インド会社は企業としてだけでなく，政治機関としても機能するようになり，インド国民に納税を強いるようになった。

　東インド会社は，取引先の国の間で信頼できないとの悪評を得ていた。また，同社の不正な取引習慣が中国との外交関係を損なったため，イギリス議会内での人気も低下し始めた。その後，1850年代に，扱われ方に腹を立てた東インド会社の兵士一団が，反乱を起こした。彼らはインド皇帝を権力の座に戻すためにデリーに向かって行進し，彼らの行動はイギリスに対する反乱をインドの他の地域にまで広げた。反乱は約2年後，ついに鎮圧されたが，それは東インド会社終焉の引き金となった。東インド会社が反乱を許したことを非難したイギリス政府はインドを支配し，イギリスの直接統治の時代が始まった。イギリスは東インド会社を解散し，インド皇帝を権力の座から排除し，ほぼ1世紀にわたってインドを支配し続けた。

　一般的には鉄道の建設を例として挙げ，インドがイギリスの支配により恩恵を受けたと主張する人もいるが，多くの歴史家は，同国が悪影響を受けたと異議を唱えている。イギリス文化が優れているという意識を強化するために，インド人はイギリス人と同じ意見，道徳，社会的嗜好を持つように教育された。イギリスはまた，「分割統治」として知られる政策を実施し，異なる宗教的背景を持つインド人を互いに敵対させた。これらの宗教の信者らは先の反乱時に互いに協力し合ったため，イギリス政府はこの戦略を利用して，インドに対する支配を維持した。しかし，1900年代初頭からインド人のナショナリズム感情が高まり，1940年代後半に，インドは最終的に独立を果たした。

　東インド会社は1世紀以上前に活動を停止したが，その影響力は継続している。一部の専門家は，それが多国籍企業という概念の先駆けとなり，最終的に今日広く普及している資本主義の経済システムをもたらしたと述べている。さらに，イギリス政府と東インド会社との関係は，ビジネス目標の達成を促すために政治力を利用する前例を作った。

(38) 正解 **2**

質問の訳 インドが東インド会社と取引を行ったことにより得られた結果の1つは何か。

選択肢の訳 **1** インドは他国と貿易協定を結ぶことができたので，軍隊の規模を拡大する余裕ができた。　　**2** インドに不利な取引契約に同意する以外の選択肢がほとんど

なくなった。　**3**　インド政府は，貿易契約締結失敗による損失を補うために，増税しなければならなくなった。　**4**　インド政府と中国との関係が悪化し，両国間の貿易はほぼ途絶えることになった。

解説　インドとの貿易を始めた東インド会社について，第1段落第4文後半でthe company pressured India into accepting trade contracts that, in general, were only of benefit to the company「会社はインドに圧力をかけ，概して会社にのみ利益をもたらす貿易契約を受け入れさせた」と述べている。これに一致する選択肢**2**が正解。選択肢は主語をインドにし，had little choice but to agree to ～「～に同意する以外の選択肢はほとんどなかった」と言い換えている。

(39) 正解 **1**

質問の訳　イギリス政府は何によってインドの支配権を握ったか。

選択肢の訳　**1**　イギリス政府は，発生した暴動の責任を東インド会社に押し付けた。**2**　インド国民は，国を実質的に統治するインド皇帝の能力に対する信頼を失った後，イギリスの統治に賛成票を投じた。　**3**　インドの人々は，インドと中国の間の戦争を回避するために，イギリスの助けを求めた。　**4**　インドの皇帝は，インドの支配を維持するための政治戦略として，イギリスと協力関係を築くことに決めた。

解説　イギリスがインドを統治するまでの過程については，第2段落を参照。東インド会社の兵士の反乱が起こった後の出来事として，第6文でThe British government, which blamed the East India Company for allowing the rebellion to happen, took control of India「東インド会社が反乱を許したことを非難したイギリス政府はインドを支配した」と述べている。この内容と一致する選択肢**1**が正解。

(40) 正解 **3**

質問の訳　イギリス統治がインドに与えた影響の1つは，

選択肢の訳　**1**　インド人は，彼らの経済的および社会的ニーズを反映した政府を構築するプロセスに参加することができた。　**2**　学校は，インドとイギリスの両方の文化への認識を深めるよう生徒を教育することに努めた。　**3**　インド人がイギリス統治に異議を唱えるのを防ぐために，インド人の様々なグループの間に分裂を生じさせた。**4**　インド政府によって建設された鉄道やその他の輸送システムの多くが破壊された。

解説　イギリス統治のインドへの影響については，第3段落を参照。良い影響として，鉄道の建設（第1文），悪い影響として，イギリス寄りの教育（第2文），分割統治（第3～4文）を挙げている。中でも分割統治（divide and rule）については，turned Indians from different religious backgrounds against each other「異なる宗教的背景を持つインド人を互いに敵対させた」，The British government used this strategy to maintain its control over India「イギリス政府はこの戦略を利用して，インドに対する支配を維持した」と述べているので，この内容とほぼ一致する選択肢**3**が正解。

(41) 正解 **3**

質問の訳　この文章の筆者は，東インド会社について何と言っているか。

選択肢の訳　**1**　その会社は，イギリス政府がその統治をアジアの他の国に拡大するという目的を達成するのを妨げた。　**2**　その会社は，当時は成功を収めていたかもしれ

ないが，その事業モデルは今日の経済においては効果的ではないだろう。　**3**　会社は
もう存在しないものの，現在の世界経済の展望に大きな影響を与えてきた。　**4**　会社
が設立されていなかったとしたら，別の会社が同様の政治的および経済的影響力を持つこ
とになった可能性がある。

解説　第4段落第1文より，東インド会社は既に活動を停止しているとわかる。また第
2文に，東インド会社についての専門家の意見として，pioneered the concept of
multinational corporations and ultimately led to the economic system of
capitalism that is widespread today「多国籍企業という概念の先駆けとなり，最終的
に今日広く普及している資本主義の経済システムをもたらした」とある。この内容と一致
する選択肢**3**が正解。

4　一次試験・英作文
（問題編p.169）

指示文の訳　●次のトピックについてエッセイを書きなさい。
●答えの裏付けに，以下に挙げたポイントのうちの2つを使いなさい。
●構成：導入，本論，結論
●長さ：120〜150語
●エッセイは解答用紙のB面に用意されたスペースに書きなさい。
<u>スペースの外側に書かれた内容は，採点の対象とはなりません。</u>

トピックの訳　人の給料は本人の業務実績に基づいたものであるべきですか。

ポイントの訳　●年齢　●会社の利益　●意欲　●技能

解答例

　In my opinion, from the perspectives of motivation and company profits,
people's salaries should definitely be related to their job performance.

　To begin with, while standardized salaries for workers in companies
today are common, the level of motivation among employees can vary
greatly. Rewarding enthusiastic employees who produce better work with
higher salaries is not only fair but would also have the wider benefit of
motivating other employees.

　Additionally, the efforts that employees put into performing their work
duties well ultimately benefit companies by increasing their profits. One
of the responsibilities of a business is said to be the distribution of profits
to those who contribute to its growth. Therefore, to fulfill this
responsibility, companies must make sure that salaries match workers'
job performance.

　To conclude, when considering the importance of employee motivation
and sharing company profits, I feel that people's salaries should be based
on their job performance.

解答例の訳

　私の意見では，意欲および会社の利益という観点から，人の給料は絶対に本人の業務実

※2024年度第1回から，大問4に文章の要約を書く問題が加わります。

績と結びついたものであるべきだ。

　第一に，昨今は企業内の労働者向けに給料が標準化されているのが一般的ではあるが，従業員間における意欲の度合いは大きく異なり得る。より好成績を上げる熱心な従業員に高めの給料で報いるのは公正なことであるのみならず，それには，他の従業員に意欲を起こさせるというより広範なメリットがあるだろう。

　さらに，従業員が自らの業務で好成績を上げることに注ぐ努力は，帰するところ，利益を増加させることにより企業のためにもなる。事業の責務の一つは，その成長に貢献を果たす人々への利益の分配であると言われている。したがって，この責務を全うすべく，企業は必ず，給料が労働者の業務実績に対応するよう取り計らう必要がある。

　結論として，従業員の意欲並びに会社の利益の共有の重要性を考慮すると，私は，人の給料は本人の業務実績に基づいたものであるべきだと思う。

解説 TOPIC文について，「基づいたものであるべきである／基づいたものであるべきではない」のどちらかの立場に立って，自分の意見とその根拠をエッセイの形でまとめる形式である。エッセイをまとめる際には，POINTSとして示されたキーワードのうち2つを選んで使用する必要がある。なお，キーワードに挙げられている語句については，必要に応じて形を変えて表現したり類義語で置き換えたりしても良い。

　段落構成に関する，導入（introduction）→本論（main body）→結論（conclusion）という基本的な指定は必ず守ること。解答例のように本論を2つに分ける場合は，論点の重複がないように注意する。また，結論をまとめる際には第1段落の単純な繰り返しにならないよう，表現を若干でも工夫すると良いだろう。ただし，どうしても時間が足りない場合はエッセイの完成を優先する。

TOPIC文　「人の給料は本人の業務実績に基づいたものであるべきですか」という質問について意見を求める内容。

語句　salary「給料」/ be based on ～「～に基づいている」/ performance「業績」

第1段落（導入）　まずエッセイの冒頭で，TOPIC文のテーマを正しく理解していることと，自分が「基づいたものであるべきである／基づいたものであるべきではない」のいずれの立場かを示す必要がある。解答例は，文をIn my opinion「私の考えでは」から始め，自分が前者の立場に，つまり給料は業績に基づいたものであるべきだという立場にいることを示している。その際，副詞definitely「絶対に」を用いることで，自分の主張を強調している。また，POINTSのMotivation「意欲」とCompany profits「会社の利益」を観点として取り上げている。

語句　perspective「観点」/ profit「利益, 収益」/ be related to ～「～に関連している」

第2段落（本論①）　第1段落で示した1つ目の観点である「意欲」についての段落。接続詞while「～ではあるが」を用いて給料の標準化が一般的である点について譲歩しつつも，従業員の意欲向上のために，高給をもってして優秀な従業員に報いることの重要性について述べている。

語句　to begin with「第一に」/ standardize「～を標準化する」/ vary「異なる」/ greatly「著しく」/ reward ～ with ...「…で～に報いる」/ enthusiastic「熱心な」/ produce「～をもたらす」/ benefit「メリット」/ motivate「～に意欲を起こさせる」

第3段落（本論②）　第1段落で示した2つ目の観点である「会社の利益」についての段落。この段落では，追加を表す談話標識であるAdditionally「さらに」から始めることで文章の構成をより論理的なものにしている。「事業の責務の一つは，その成長に貢献を果た

す人々への利益の分配である」という世間一般に流布している言説を述べた後，帰結を表すTherefore「したがって」を用いて，給料が労働者の業務実績に対応する必要性について説明している。

語句 put effort into ～「～に努力を注ぐ」/ perform「～を成し遂げる」/ duties「職務」/ ultimately「結局，最終的には」/ benefit「～の利益になる」/ increase「～を増やす」/ responsibility「責務，責任」/ business「事業，企業」/ distribution「分配」/ those who ～「～する人々」/ contribute to ～「～に貢献する」/ growth「成長」/ fulfill「～を果たす」/ make sure that ～「必ず～であるようにする」/ match「～と対応する，～と釣り合う」

第4段落（結論） 最終段落では，To conclude「結論として」という談話標識から文を始め，第1段落でも述べた内容を，表現を若干変えつつも結論として再度述べ，エッセイを締め括っている。

語句 consider「～を考慮する」/ importance「重要性」/ share「～を共有する」

Part 1 一次試験・リスニング
（問題編pp.170〜171）

指示文の訳 準1級の試験のリスニングテストが始まります。指示を注意して聞いてください。テスト中に質問をすることは許されていません。

このテストは3つのパートに分かれています。これら3つのパートの質問は全て選択肢の中から正解を選ぶ問題です。それぞれの質問について，問題冊子に書かれている4つの選択肢の中から最も適切な答えを選び，解答用紙の該当箇所にその答えをマークしなさい。このリスニングテストの全てのパートで，メモを取ってもかまいません。

それでは，これからPart 1の指示を行います。このパートではNo. 1からNo. 12まで12の会話が放送されます。それぞれの会話に続いて，質問が1つ流れます。各質問に対して，最も適切な答えを選んで解答用紙にマークする時間が10秒あります。会話と質問は1度しか読まれません。それでは，準1級のリスニングテストを始めます。

No.1 正解 **1**

放送文 *A:* Hi, Vince. Nice day for a walk, huh? *B:* Yeah, it is. Actually, I'm on my way to work. *A:* I thought you drove to work. Is something wrong with your car? *B:* No, I've just been putting on a bit of weight recently. *A:* I guess you have to get up pretty early now, though. *B:* I don't mind that. And I feel a lot healthier. *A:* Great! And I bet walking is easier on your wallet, too. *B:* Definitely! I'm planning to use the gas savings to buy a new bike.

Question: What do we learn about Vince?

訳 A：こんにちは，ヴィンス。散歩にいい天気だね。 B：ああ，そうだね。実は，仕事に行く途中なんだ。 A：あなたは車で通勤しているんだと思ってた。車の調子が悪いの？ B：いいや，最近ちょっと太ってきたんで。 A：でも，今は結構早起きしないといけないんじゃない。 B：それは気にしてないよ。それにずいぶん健康になった気がするんだ。 A：すごいね！ それに，歩くとお財布にも優しいでしょ。 B：その通り！

ガソリン代が浮いた分を，新しい自転車を買うために使おうと思っているんだ。

質問の訳 ヴィンスについて何がわかるか。

選択肢の訳 **1** 彼はもう車で通勤していない。 **2** 彼の車は修理中だ。 **3** 彼はガソリンを買う余裕がない。 **4** 彼の新しい自転車が盗まれた。

解説 A（＝女性）が，1往復目で「散歩にいい天気だね」と述べ，2往復目では「あなたは車で通勤しているんだと思ってた」，4往復目では「歩くとお財布にも優しいでしょ」と述べていることから，この会話をしているとき，ヴィンスは歩いていることがわかる。また，B（＝Vince）が2往復目で「最近ちょっと太ってきたんで」と歩いて仕事に行っている理由を述べ，4往復目では「ガソリン代が浮いた分を〜」と述べていることから，ヴィンスは，以前は車で通勤していたが，今は車ではなく歩いて通勤していることがわかる。よって，walking（4往復目のAの発言）をno longer drivesと言い換えた**1**が正解。

No.2 正解 **3**

放送文 *A:* Fernando, how are you getting along with your dorm roommate? *B:* Oh, he's all right, Mom, I guess. He's pretty tidy, but he's not very communicative. I never know what's on his mind. *A:* Do you ever do things together? *B:* Almost never. I spend more time with the other guys on my floor. They're a little crazy, but they're fun. *A:* Well, I'm glad you're enjoying yourself, but don't forget to spend enough time on your studies.

Question: What does Fernando suggest about his roommate?

訳 A：フェルナンド，寮のルームメイトとはうまくいってるの？ B：ああ，彼は大丈夫だよ，母さん，たぶんね。彼はかなりきれい好きだけど，あまり話し好きではないんだ。何を考えているのかわからないんだ。 A：いっしょに何かをすることはあるの？ B：ほとんどないね。同じフロアの他の人たちといっしょにいることの方が多いよ。彼らはちょっとクレイジーだけど，楽しいんだ。 A：楽しんでいるみたいで嬉しいけど，勉強に十分な時間を割くことを忘れないでね。

質問の訳 フェルナンドはルームメイトについてどう考えているか。

選択肢の訳 **1** 彼は引っ越したいと思っている。 **2** 彼はパーティーをするのが好きだ。 **3** 彼はあまり気さくではない。 **4** 彼はとてもだらしない。

解説 1往復目でA（＝母親）から「寮のルームメイトとはうまくいってるの？」とたずねられたB（＝Fernando）は，ルームメイトについて「あまり話し好きではないんだ。何を考えているのかわからないんだ」（he's not very communicative. I never know what's on his mind.）と述べており，フェルナンドが，寮のルームメイトはあまり気さくではないと考えていることがわかる。よって，not very communicativeをnot very openと言い換えた**3**が正解。

No.3 正解 **4**

放送文 *A:* How are things going, Matt? *B:* Not so good. I was supposed to have a job interview yesterday, but all the trains were stopped due to an accident, so I couldn't make it. *A:* But they'll give you another chance, won't they? *B:* No. I called the manager as soon as I got home. He said they'd already seen enough people. Looks like I'm out of luck. *A:* That's awful. *B:*

Yeah, well, I guess they have a lot of good candidates to choose from.
Question: Why did Matt not get the job?

> **訳** Ａ：調子はどう，マット？　Ｂ：あまりよくないよ。昨日面接を受けることになっていたんだけど，事故で電車が全部止まってしまって，間に合わなかったんだ。　Ａ：でも，またチャンスをくれるんでしょう？　Ｂ：ううん，家に帰ってからすぐに店長に電話したんだ。もう十分な人数と会ったって言ってた。ぼくはもうダメみたいだね。　Ａ：それはひどいね。　Ｂ：うん，でも，きっといい候補者がたくさんいるんだろうね。

> **質問の訳** なぜマットは仕事を得られなかったのか。

> **選択肢の訳** **1** 他の候補者たちの方が優秀だった。　**2** 彼は昨日店長に電話するのを忘れた。　**3** 店長は彼のことが好きではなかった。　**4** 彼は面接に欠席した。

> **解説** 1往復目でＢ（＝Matt）は「昨日面接を受けることになっていたんだけど，〜間に合わなかったんだ」（I was supposed to have a job interview yesterday, 〜 I couldn't make it.）と述べているので，Ｂは面接の時間に間に合わず，面接を受けられなかったことがわかる。さらに，2往復目でＢは「（店長に電話したら）もう十分な人数と会ったって言ってた。ぼくはもうダメみたいだね」と述べているので，Ｂは面接を欠席したことで，仕事を得られなかったことがわかる。よって，couldn't make it を missed the interview と具体的に言い換えた**4**が正解。

No.4　正解　**4**

> **放送文** ***A:*** Professor Cranfield, can I ask you something?　***B:*** Sure, Lucinda. ***A:*** It's about your intensive Spanish writing course.　I feel like I'm already busy with my other classes.　Doing the writing course might be too much.　***B:*** I understand.　I think you certainly have the ability, but I don't want to push you. It's not a mandatory course, but future employers would be impressed if you passed it.　***A:*** Thanks for your advice.　I'll think it over a little more.
Question: What does the man imply about the writing course?

> **訳** Ａ：クランフィールド教授，ちょっとお伺いしてもいいですか。　Ｂ：もちろんだよ，ルシンダ。　Ａ：スペイン語のライティング集中講座のことなんです。私は他の授業ですでにいっぱいのような気がします。ライティング講座をやるのはやりすぎかもしれません。Ｂ：わかるよ。君は確かに能力があると思うけど，無理強いはしないよ。それは必修科目ではないけれど，合格すれば，将来の雇用主は感心するだろうね。　Ａ：アドバイスありがとうございます。もう少し考えてみます。

> **質問の訳** 男性はライティング講座についてどんなことをほのめかしているか。

> **選択肢の訳** **1** その女性が卒業するためには合格する必要がある。　**2** その女性の目標には合致していない。　**3** その女性には高度すぎる。　**4** それに合格すれば，その女性が就職するのに役立つかもしれない。

> **解説** 1，2往復目から，学生のＡ（＝Lucinda）と，ルシンダのスペイン語の講師であるクランフィールド教授との対話だとわかる。スペイン語のライティング集中講座について，「ライティング講座をやるのはやりすぎかもしれません」と述べたルシンダに対し，クランフィールド教授は「合格すれば，将来の雇用主は感心するだろうね」（future employers would be impressed if you passed it）と言い，スペイン語のライティング集中講座に合格することが，ルシンダの将来の就職活動に役立つだろうと述べている。よっ

て，future employers would be impressed を could help the woman find a job
と言い換えた **4** が正解。

No.5　正解　**2**

放送文 *A:* Amy, I heard you're looking for a part-time job.　*B:* I'm thinking
about working at a restaurant as a server. I could use the money to help pay for
school fees.　*A:* Well, I hope you like standing for long periods of time.　*B:* I
would get breaks, you know. I doubt it would be that bad.　*A:* Well, I think you
should buy some comfortable shoes, just in case.　*B:* I need to get the job first.
Question: What does the man imply?

訳　Ａ：エイミー，アルバイトを探してるって聞いたよ。　Ｂ：レストランで給仕の仕
事をしようと思っているの。学費を払うのに給料が役立つからね。　Ａ：ええと，君が長
時間立っているのが好きならいいんだけど。　Ｂ：休憩も取れるしね。そんなに悪くない
と思うわ。　Ａ：じゃあ，念のため履き心地がいい靴を買っておいたほうがいいよ。　Ｂ：
まずは仕事をゲットしないとね。

質問の訳　男性は何をほのめかしているか。

選択肢の訳　**1**　女性は学校を休んだほうがいい。　**2**　給仕の仕事は肉体的にきつい。
3　レストランの店員はあまり稼げない。　**4**　学生はアルバイトをしないほうがいい。

解説　１往復目でＢ（＝Amy）から「レストランで給仕の仕事をしようと思っているの」
と言われたＡ（＝男性）は，２往復目で「ええと，君が長時間立っているのが好きならい
いんだけど」と述べ，給仕の仕事が長時間の立ち仕事であることに関してエイミーを心配
する発言をしている。Ａは，さらに３往復目で「念のため（長く立っていても疲れないよ
うに）履き心地がいい靴を買っておいたほうがいいよ」ともアドバイスしている。したがっ
て，Ａは，レストランでの給仕は立ち仕事で肉体的にきついものだと考えていることがわ
かる。よって，standing for long periods of time を physically demanding と言い
換えた **2** が正解。

No.6　正解　**1**

放送文 *A:* We still need to buy a present for Carla and Antonio's wedding.
Have you checked out the gift registry yet?　*B:* Yes, but the only things left on
the list are really expensive items, like the silver dining set.　*A:* I warned you
that if we didn't choose something quickly, the affordable stuff would all be
gone.　*B:* Sorry. You were right. What should we do? Get them something
cheaper that's not on the list?　*A:* No. I'd rather not take any chances. We don't
want to give them something they might not want.
Question: What will these people probably do?

訳　Ａ：カルラとアントニオの結婚式のプレゼントを買わなきゃ。もうギフトレジスト
リーをチェックした？　Ｂ：うん，でもリストに残っているのは銀のダイニングセットとか，
すごく高いものばかりなんだ。　Ａ：早く選ばないと，手頃なものが全部なくなっちゃうよっ
て注意したわよね。　Ｂ：ごめん。君の言うとおりだったよ。どうしたらいいんだろう？
リストにないもっと安いものを買って贈ろうか？　Ａ：ううん，なるべくなら冒険はした
くないわ。彼らが欲しがらないようなものを贈りたくないのよ。

この人たちは，おそらく何をするか。

1 リストの中からギフトを購入する。 **2** 結婚式の招待を断る。 **3** カルラとアントニオに相談する。 **4** 銀のダイニングセットを返す。

解説 1往復目のA（＝女性）の発言から，結婚式のプレゼントに何を贈るかについての対話だとわかる。同発言内にある「ギフトレジストリー」とは，お祝いをもらう側（＝CarlaとAntonio）が，お祝いをくれる人たち（＝AとBなど）に案内状などといっしょに送るリストで，自分たちの欲しいものが掲載されているリスト。お祝いを贈る人たちは，通常，そのリストの中から贈るものを選ぶ。1往復目でBは「リストに残っているのは〜すごく高いものばかりなんだ」と述べ，2往復目では「リストにないもっと安いものを買って贈ろうか？」と提案しているが，Aは「ううん」とBの提案を否定した後，「彼らが欲しがらないようなものを贈りたくないのよ」とも述べている。したがって，Aは「ギフトレジストリー」の中からギフトを購入すべきだと考えていることがわかる。よって，don't want to give them something they might not want を buy a gift from the list と言い換えた**1**が正解。

No.7 正解 **1**

放送文 *A:* Would you mind picking up some takeout on your way home? *B:* No problem. How about burgers? *A:* Too greasy. I was thinking about that Korean restaurant we went to last week. *B:* That's not exactly on my way home, and it's a little pricey. *A:* I know, but the servings are huge. We'd have enough for lunch tomorrow, too. Korean food is just as good the next day. *B:* All right. They're usually pretty quick with orders, so I should be home by around six.

Question: What is one reason the woman suggests the Korean restaurant?

訳 A：帰りにテイクアウトを買ってきてくれる？ B：いいよ。ハンバーガーはどう？ A：油っこすぎるわ。先週行った韓国料理店のことを考えていたんだけど。 B：あそこは帰り道にあるわけじゃないし，値段もちょっと高いんだよね。 A：そうなんだけど，量はすごく多いわ。明日の昼ご飯にも十分よ。韓国料理は翌日もおいしいわよ。 B：そうだね。いつも素早く注文を取ってくるので，6時ごろまでには帰れると思うよ。

質問の訳 女性が韓国料理店を勧める理由の1つは何か。

選択肢の訳 **1** 料理の量が多い。 **2** 家から車ですぐのところにある。 **3** 他の店より安い。 **4** 評判がいい。

解説 1往復目から，A（＝女性）がB（＝男性）に，帰りに夕食用のテイクアウトを買ってきてくれるように頼んでいる場面だとわかる。2往復目でAが韓国料理店でのテイクアウトを提案したのに対し，Bが「あそこ（＝韓国料理店）は帰り道にあるわけじゃないし，値段もちょっと高いんだよね」と否定的な意見を述べると，Aは「（料理の）量はすごく多いわ」（the servings are huge）と，韓国料理店を勧める理由の1つとして，（料理の）量が多いことを挙げている。よって，the servings are huge を large portions と言い換えた**1**が正解。

No.8 正解 **3**

放送文 *A:* We should start planning our vacation for this year. *B:* How about

escaping the cold weather and going somewhere tropical with a nice beach? *A:* I was hoping we could go skiing. *B:* Well, what did we do on our last vacation? *A:* We went camping. You caught that giant fish at the lake, remember? *B:* Oh, right. And you wanted to go sightseeing in town, but the kids and I outvoted you. *A:* That's right. *B:* OK. Let's do what you want this time. I'll tell the kids we're headed for the mountains.

Question: What are these people going to do for their vacation?

訳 　Ａ：そろそろ今年の休暇の計画を立てないとね。　Ｂ：寒さから逃れて，すてきなビーチのある南国のどこかに行くのはどうかな？　Ａ：私はスキーに行けたらいいなと思ってたの。　Ｂ：そういえば，この前の休暇は何をしたんだっけ？　Ａ：キャンプに行ったわ。あなたが湖であの大きな魚を釣ったの，覚えてる？　Ｂ：ああ，そうだった。君は街を観光したかったみたいだけど，ぼくと子どもたちが反対したんだったよね。　Ａ：そうだったわね。　Ｂ：わかった。今回は君のやりたいことをしよう。子どもたちには山へ行くと言っておくよ。

質問の訳 　この人たちは休暇に何をするつもりか。

選択肢の訳 　**1** 　ハイキングをして過ごす。　**2** 　湖に釣りに行く。　**3** 　スキー旅行に行く。　**4** 　観光に行く。

解説 　1往復目でＢ（＝男性）が「すてきなビーチのある南国のどこかに行くのはどうかな？」と述べたのに対し，Ａ（＝女性）は「私はスキーに行けたらいいなと思ってたの」と述べている。3往復目でＢは「（この前の休暇は）君（＝Ａ）は街を観光したかったみたいだけど，ぼくと子どもたちが反対したんだったよね」と述べ，これを受けて4往復目で「（この前の休暇は君の希望を叶えられなかったので）今回は君のやりたいこと（＝スキー旅行）をしよう」（Let's do what you want this time.）と述べ，今回の休暇ではＡの希望の通りにすると述べている。よって，do what you want を take a ski trip と言い換えた **3** が正解。

No.9 　正解 　**2**

放送文 　*A:* Hey, Kenneth. I was looking at the latest post on our company's blog. The one about the release of our new earphones. The release date is wrong. It should be May 15th, not the 5th as stated in the post. *B:* Really? That post was added by Jason last night. *A:* Well, we need to take care of it immediately so we don't mislead our customers. Ask Jason to do that right away. *B:* I'm afraid he has the day off today. I'll handle it instead. *A:* Thanks.

Question: What does the woman say about the company's blog?

訳 　Ａ：こんにちは，ケネス。会社のブログの最新記事を見ていたところです。新しいイヤホンの発売に関するものです。発売日が間違っていますよ。投稿に記されている5月5日ではなく，5月15日のはずです。　Ｂ：そうなんですか？　その記事は昨夜ジェイソンが追加したんです。　Ａ：ええと，お客様に誤解を与えないよう，すぐそれに対処する必要がありますね。ジェイソンにすぐにやるように言ってください。　Ｂ：あいにく，彼は今日は休みです。私が代わりにやっておきます。　Ａ：ありがとう。

質問の訳 　女性は会社のブログについて何と言っているか。

選択肢の訳 　**1** 　一部の客がそれについてクレームを言った。　**2** 　投稿の1つを修正す

る必要がある。　**3**　ケネスは最新の投稿を編集すべきではない。　**4**　もっと頻繁に更新されるべきだ。

解説　1往復目でA（＝女性）は，会社のブログの最新記事について「（新しいイヤホンの）発売日が間違っていますよ」と述べている。さらにAは2往復目で「お客様に誤解を与えないよう，すぐそれ（＝イヤホンの発売日が間違っていること）に対処する必要がありますね」（we need to take care of it immediately so we don't mislead our customers）と述べ，イヤホンの発売日を修正する必要があるとケネスに伝えている。よって，take care of it を **needs to be revised** と言い換えた **2** が正解。

No.10　正解　**4**

放送文　*A:* Excuse me, sir. Has anyone turned in a train pass today? *B:* I'm afraid not. Have you lost yours? *A:* Yeah. When I used mine this morning, I was certain I put it back in my wallet, but I guess I didn't. *B:* I can give you the form to purchase another one. *A:* Looks like I have no choice. It makes me so frustrated, though. I had just put $50 on it. Now, I've lost it all. *B:* I'm sorry. Here's the form. It should only take a couple of minutes to fill out. *A:* Thanks. I'll do that now.

Question: Why is the woman upset?

訳　A：すみません。今日，電車の定期券を届けてくれた方はいますか。　B：残念ながら，いらっしゃいません。定期券を失くされたのですか。　A：はい。今朝使ったとき，確かに財布に戻したと思ったのですが，戻さなかったようです。　B：もう一枚購入するための用紙をお渡しします。　A：仕方ないですね。でも，すごくイライラします。せっかく50ドル出したばかりなのに。今，全部なくなっちゃいました。　B：お察し申し上げます。これがその書類です。記入には数分しかかからないと思います。　A：ありがとうございます。今，記入します。

質問の訳　なぜその女性は動揺しているのか。

選択肢の訳　**1**　財布が見当たらない。　**2**　電車の定期券の期限が切れている。
3　電車に乗り遅れた。　**4**　お金を浪費した。

解説　1～2往復目のやりとりから，定期券を紛失したA（＝女性）とB（＝駅員）の対話だとわかる。2往復目で，駅員に「もう一枚（定期券を）購入するための用紙をお渡しします」と言われたAは，「でも，すごくイライラします。せっかく50ドル出したばかりなのに。今，全部なくなっちゃいました」（It makes me so frustrated, though. I had just put $50 on it. Now, I've lost it all.）とお金を無駄にしたことにいら立ちを感じている。よって，(have) lost it all を **wasted her money** と言い換えた **4** が正解。

No.11　正解　**3**

放送文　*A:* Michelle, I'm sorry I couldn't make it to the piano concert last Sunday. *B:* No problem. I sold your ticket to Jasmine, so it wasn't wasted. *A:* I'm relieved to hear that. Did you enjoy the concert? *B:* Well, the pianist was superb. Unfortunately, we were bothered by another audience member, though. *A:* What happened? *B:* He was continuously whispering to the person next to him and playing with his smartphone. It was hard to concentrate. *A:*

Oh, that's a shame.

Question: What was the woman's problem?

訳　Ａ：ミッシェル，先週の日曜日のピアノコンサートに行けなくて悪かったね。　Ｂ：大丈夫よ。あなたのチケットはジャスミンに売ったから，無駄にはならなかったし。　Ａ：それを聞いて安心したよ。コンサートは楽しめた？　Ｂ：そうね，ピアニストの演奏は素晴らしかった。残念ながら，他の観客に迷惑をかけられちゃったけど。　Ａ：どうしたの？　Ｂ：その人は，ずっと隣の人とヒソヒソ話をしたり，スマートフォンをいじったりしていたのよ。なかなか集中できなかったわ。　Ａ：ああ，それは残念だったね。

質問の訳　その女性の問題は何だったか。

選択肢の訳　**1**　ピアニストの演奏が好きではなかった。　**2**　コンサートに遅れて到着した。　**3**　コンサートに集中することができなかった。　**4**　チケットを見つけることができなかった。

解説　２往復目でＡ（＝男性）から「（先週の日曜日のピアノ）コンサートは楽しめた？」と感想をたずねられたＢ（＝Michelle）は，ピアニストの演奏は素晴らしかったと言いつつ，「残念ながら，他の観客に迷惑をかけられちゃったけど」と述べ，続く３往復目では，「その人は，ずっと隣の人とヒソヒソ話をしたり，スマートフォンをいじったりしていたのよ」と言った後，「なかなか集中できなかったわ」（It was hard to concentrate.）とコンサートの問題点を述べている。よって，hard to concentrate を could not focus on the concert と言い換えた**3**が正解。

No.12　正解　**2**

放送文　*A:* Hello, Jenny Williams speaking. *B:* Hello. I'm calling about a package I'm supposed to deliver to your house. *A:* Oh, I see. Is there something wrong? *B:* When you selected your delivery option online, you asked us to use the delivery box. *A:* Yes, I won't be home until seven tonight. *B:* Unfortunately, the package won't fit in the box. Could I leave it in another location instead? *A:* Sure. If you can take it around to the side of the house, there's a bicycle shelter. You can leave it there.

Question: What does the man ask the woman to do?

訳　Ａ：はい，ジェニー・ウィリアムズです。　Ｂ：こんにちは。お客様のお宅に届けることになっている荷物のことでお電話を差し上げています。　Ａ：ああ，そうですか。何かあったんですか。　Ｂ：インターネットで配送方法を選択されたとき，お客様は宅配ボックスを使うようにご用命されました。　Ａ：はい，今夜は７時まで家にいないんです。　Ｂ：あいにく，荷物がボックスに入りません。別の場所に置いていってもよろしいですか。　Ａ：もちろんです。家の横まで持って行っていただければ，自転車置き場があります。そこに置いてください。

質問の訳　男性は女性に何をすることを頼んでいるか。

選択肢の訳　**1**　夕方，彼に折り返し電話をする。　**2**　彼に新しい配達の指示を出す。　**3**　ネットで配達方法を変更する。　**4**　何時に帰宅するかを伝える。

解説　１往復目から，Ｂ（＝男性配達員）が，Ａ（＝Jenny Williams）に配達する荷物に関することで電話をかけている場面とわかる。また，２～３往復目から，当初，Ａは宅配ボックスへの配達を指示していたが，荷物が宅配ボックスに入らない状況だとわかる。

3往復目で配達員が「別の場所に置いていってもよろしいですか」(Could I leave it in another location instead?) と，荷物の置き場所について，当初の指示（＝宅配ボックス）とは別の新しい指示を出すようにAに求めている。よって，leave it in another location instead を new delivery instructions と言い換えた**2**が正解。

Part 2 一次試験・リスニング
(問題編pp.172～173)

指示文の訳 それでは，これからPart 2の指示を行います。このパートでは (A) から (F) までの6つの文章が放送されます。それぞれの文章に続いて，No. 13からNo. 24まで質問が2つずつ流れます。それぞれの質問に対して，最も適切な答えを選んで解答用紙にマークする時間が10秒あります。文章と質問は1度しか読まれません。それでは始めます。

(A)

放送文 *International Rivers*

Many of the world's rivers are not contained within the borders of a single country. Because of the importance of water, international laws about how neighboring countries share these rivers are essential. Typically, all countries have equal rights to use a river that flows through their lands. Also, all countries are legally forbidden from doing anything to a river that would considerably decrease its flow of water into other countries.

However, sharing a river is not always simple. For example, the Nile River runs through a number of countries, including Ethiopia and Egypt. Ethiopia has requested international loans to build a dam on its section of the river to generate electricity. However, Egypt has used its political influence to block the loans, complaining that a dam would reduce the Nile's water flow into Egypt. At the same time, Ethiopia points out that Egypt currently uses the river for power generation, so it is unfair if Ethiopia cannot.

Questions *No. 13* What is one thing the speaker says about rivers?

No. 14 Why is the Nile River discussed?

訳 国際河川

世界の河川の多くは，1つの国の国境の中には収まっていない。水の重要性ゆえに，近隣諸国がこれらの河川をどのように共有するかについての国際法が不可欠となる。通常は，すべての国が自国を流れる河川を利用する平等な権利を有している。また，すべての国は，他国への水の流れを著しく減少させるような行為を河川に対してすることが一切，法的に禁じられている。

しかしながら，川を共有するということは，必ずしも単純なことではない。例えば，ナイル川はエチオピアやエジプトなど多くの国々を流れている。エチオピアは，発電を目的として自国内のナイル川にダムを建設するために国際借款を要請している。しかし，エジプトは，ダムができるとエジプトに流れるナイル川の水量が減るとして，政治的な影響力を行使して融資を阻止している。一方，エチオピアは，エジプトは現在，ナイル川を発電

に利用しており，エチオピアが利用できないのは不公平だと指摘している。

No.13 正解 3

質問の訳 話者が河川について言っていることの1つは何か。

選択肢の訳 **1** 多くの河川で水量が減少している。 **2** 河川を保護するための法律をもっと厳しくする必要がある。 **3** 河川を共有している国々は，通常，同じ使用権を持っている。 **4** 河川があると国境を守ることが難しくなることが多い。

解説 第1段落第3文で「通常は，すべての国が自国を流れる河川を利用する平等な権利を有している」（Typically, all countries have equal rights to use a river that flows through their lands.）と述べられている。よって，equal rights to use a river を the same usage rights と言い換えた**3**が正解。

No.14 正解 4

質問の訳 なぜナイル川について論じられているのか。

選択肢の訳 **1** 国境問題の解決策を提案するため。 **2** 貧しい国が電力のために川を必要とすることを示唆するため。 **3** ダムはしばしばコストがかかりすぎることを示すため。 **4** 河川使用権がいかに複雑になりうるかを示すため。

解説 第2段落第1文で「川を共有するということは，必ずしも単純なことではない」（sharing a river is not always simple）と述べた後，「例えば」（For example）に続けて，発電目的でのナイル川の利用に関するエチオピアとエジプトの間の紛争の例を挙げている。したがって，話者がナイル川について論じたのは，国際河川の河川使用権の問題が単純ではない（＝複雑になりうる）ことの事例を挙げるためだと考えられる。よって，sharing a river を river usage rights と，not always simple を can be complicated と言い換えた**4**が正解。

(B)

放送文 *Theriac*

For thousands of years, people believed that a substance known as theriac was a wonder drug. According to legend, it was created by an ancient king who lived in fear of being poisoned. He was said to have taken theriac daily to protect himself from all forms of poison. The use of theriac gradually spread around the ancient world, and people began to believe that it was also effective against all kinds of illnesses. Making it, however, required time and effort, as some theriac recipes contained over a hundred ingredients, some of which came from poisonous snakes.

By the fifteenth century, there were regulations in many places about how theriac could be manufactured, and in some cities, such as Venice, it had to be made in a public ceremony. Though the scientific community now believes that theriac is ineffective, the regulations on the manufacture of theriac marked an important milestone in the development of modern medicine.

Questions *No. 15* What is one thing that we learn about theriac?

No. 16 What is one thing the speaker says about theriac in Venice?

何千年もの間，人々はテリアックという物質が不思議な薬であると信じていた。伝説によると，この薬は毒殺を恐れて生きていた古代の王によって作られたと言われている。彼は，あらゆる毒から身を守るために，毎日テリアックを飲んでいたと言われている。テリアックの使用は次第に古代世界に広まり，万病にも効くと信じられていった。しかしながら，テリアックの製法の中には，毒ヘビから採取したものなど，100種類以上の材料を含むものもあったので，その製造には時間と手間がかかった。

15世紀までには，テリアックの製造方法について各地で規制が行われるようになり，ヴェネツィアなどいくつかの都市では，公開される儀式の場で作らなければならなかった。現在，科学界ではテリアックは効果がないと考えられているが，テリアックの製造に関する規制は，近代医学の発展における重要な一里塚となった。

No.15 正解 **3**

質問の訳 テリアックについてわかることの1つは何か。

選択肢の訳 **1** 毒として使える可能性がある。 **2** ヘビで実験された。 **3** 作るのが困難だった。 **4** 最初の医療用薬品だった。

解説 第1段落最終文で「しかしながら，テリアックの製法の中には，毒ヘビから採取したものなど，100種類以上の材料を含むものもあったので，その製造には時間と手間がかかった」(Making it, however, required time and effort, as some theriac recipes contained over a hundred ingredients, some of which came from poisonous snakes.) と述べられている。よって，required time and effort を difficult と言い換えた **3** が正解。

No.16 正解 **4**

質問の訳 ヴェネツィアのテリアックについて，話者が言っていることの1つは何か。

選択肢の訳 **1** 作るのに何日もかかった。 **2** 毎日，少量しか作れなかった。 **3** 製造の規制は非常に緩やかだった。 **4** そこの人々はそれが作られるのを見ることができた。

解説 第2段落第1文で「ヴェネツィアなどいくつかの都市では，テリアックは公開される儀式の場で作らなければならなかった」(in some cities, such as Venice, it had to be made in a public ceremony) と述べられている。公開されるということは一定の人々の面前でということなので，ヴェネツィアなどいくつかの都市の一定の人々は，テリアックが作られるのを見ることができたということ。よって，made in a public ceremony を people 〜 watch it being made と言い換えた **4** が正解。

(C)

放送文 *Spirit Bears*

Found only in parts of Canada, spirit bears are black bears that are born with white fur due to a rare gene. Scientists estimate there may be as few as a hundred of these beautiful animals in the wild. For years, native peoples did their best to prevent the bears' existence from becoming known to the outside world. Because the bears' fur is so unusual, native peoples feared it would

become a great prize for hunters and collectors.

Spirit bears' bright fur also provides them with a unique advantage when hunting salmon. Unlike the fur of ordinary black bears, spirit bears' fur is difficult for fish to see, so the fish are less able to avoid the bears. Unfortunately, however, spirit bear numbers may decrease even further. Recent research has revealed the gene that results in spirit bears' white fur is rarer than once thought. Additionally, many spirit bears live outside the areas where they are protected.

Questions *No. 17* What does the speaker say about native peoples?

No. 18 What advantage do spirit bears have over ordinary black bears?

訳　シロアメリカグマ

　カナダの一部にのみ生息するシロアメリカグマは，まれな遺伝子により，生まれつき白い毛をもつアメリカグマである。科学者たちは，この美しい動物は野生では100頭ほどしかいないと推測している。長年，先住民はこのクマの存在が外部に知られないよう，最善を尽くしてきた。そのクマの毛皮は非常に珍しいため，ハンターやコレクターの格好の獲物となることを恐れたのだ。

　また，シロアメリカグマの鮮やかな毛皮は，サケを捕獲する際にも特有の利点となる。普通のアメリカグマと違って，シロアメリカグマの毛皮は魚に見えにくいので，魚がそのクマを避けることができなくなるのだ。しかし，残念なことに，シロアメリカグマの数はさらに減少する可能性がある。シロアメリカグマの白い毛皮をつくる遺伝子は，かつて考えられていたよりも希少であることが，最近の研究によって明らかになったからだ。また，多くのシロアメリカグマは保護されている地域の外に生息しているからでもある。

No.17　正解　**2**

質問の訳　話者は先住民についてどのように言っているか。

選択肢の訳　**1**　黒い毛皮を持つシロアメリカグマだけを狩った。　**2**　シロアメリカグマを秘密にしておこうとした。　**3**　シロアメリカグマを危険だと考えていた。　**4**　シロアメリカグマが自分たちを守ってくれていると信じていた。

解説　第1段落第3文で「長年，先住民はこのクマ（＝シロアメリカグマ）の存在が外部に知られないよう，最善を尽くしてきた」（For years, native peoples did their best to prevent the bears' existence from becoming known to the outside world.）と述べられている。よって，did their best を tried to と，prevent the bears' existence from becoming known to the outside world を keep spirit bears a secret と言い換えた**2**が正解。

No.18　正解　**1**

質問の訳　普通のアメリカグマと比べて，シロアメリカグマにはどんな利点があるか。

選択肢の訳　**1**　エサを捕るのがより簡単である。　**2**　日光にあまり敏感ではない。　**3**　猟師が見つけにくい。　**4**　生息地はすべて保護されている。

解説　第2段落第1文で「シロアメリカグマの鮮やかな毛皮は，サケを捕獲する際にも特有の利点となる」（Spirit bears' bright fur also provides them with a unique advantage when hunting salmon.）と述べられ，続く文で「普通のアメリカグマと違っ

て，シロアメリカグマの毛皮は魚に見えにくいので，魚がそのクマを避けることができなくなる」とも述べている。普通のアメリカグマよりもエサであるサケを捕らえやすいということなので，**1**が正解。

(D)

放送文 *Distributed Generation*

In many parts of the United States, the electric power industry has been shifting away from the traditional system of centralized generation to a newer system known as distributed generation. With centralized generation, electricity is generated in one central location and then delivered to homes and businesses. Distributed generation is a network of smaller energy sources, such as solar panels or wind turbines, that produce electricity close to where it is needed. This can make the distributed-generation system more cost-effective.

Distributed generation has some disadvantages, however. The required infrastructure takes up space in communities, and residents generally consider it unattractive. In fact, homes close to large solar-energy facilities often sell for less than homes that are farther away. In addition, some distributed-generation systems require water to run, which is a limitation in areas that experience water shortages.

Questions *No. 19* What is true about distributed-generation systems?

No. 20 What is one downside of distributed generation?

訳 分散型発電

アメリカ合衆国の多くの地域では，電力業界が，従来のシステムである集中型発電から分散型発電という新しいシステムへの移行を進めている。集中型発電では，電力は一箇所で集中的に発電され，その後，家庭や企業に配電されている。分散型発電とは，電気が必要とされる場所の近くで発電する太陽光パネルや風力発電機などのより小型のエネルギー源をネットワーク化したものだ。そのため，分散型発電システムの費用対効果はより高くなることがある。

しかし，分散型発電にはいくつかのデメリットもある。必要とされるインフラが地域社会のスペースを占有し，住民は一般的にそのことをやっかいなことだと考えている。実際，大規模な太陽光発電施設に近い住宅は，遠い住宅よりも安く売られることが多い。また，分散型発電システムの中には水を必要とするものがあり，そのことは水不足に見舞われる地域では制約となる。

No.19 正解 **1**

質問の訳 分散型発電システムについて何が本当か。

選択肢の訳 **1** 電気が使われる場所の近くで発電する。 **2** 小規模事業者により好まれる。 **3** 太陽エネルギーを利用しない。 **4** 維持費が非常に高い。

解説 第1段落第3文で「分散型発電とは，電気が必要とされる場所の近くで発電する〜より小型のエネルギー源をネットワーク化したものだ」(Distributed generation is a network of smaller energy sources 〜 that produce electricity close to where it

is needed.）と述べられている。よって，produce electricityをgenerate powerと，close to where it is neededをnear where the power is usedと言い換えた**1**が正解。

No.20　正解　**3**

質問の訳　分散型発電のデメリットの1つは何か。

選択肢の訳　**1**　政府は通常，その開発に反対する。　**2**　エネルギー会社が通常，そこから利益を得ることはない。　**3**　資産価値に悪影響を及ぼす可能性がある。　**4**　しばしば地域の水源を汚染する。

解説　分散型発電のデメリットは第2段落で述べられている。第1段落から，分散型発電は，太陽光パネルなど小型のエネルギー源をネットワーク化したものだが，第2段落第3文には，「（分散型発電で使われる）大規模な太陽光発電施設に近い住宅は，遠い住宅よりも安く売られることが多い」（homes close to large solar-energy facilities often sell for less than homes that are farther away）と書かれている。よって，homes 〜 sell for lessをnegatively affect property valuesと言い換えた**3**が正解。

(E)

放送文　*What Zoos Can't Do*

In recent decades, zoos have been essential to efforts to save endangered animals. Several species of frogs, birds, and turtles have been saved from extinction by conservation programs that breed endangered animals in the safe environment of zoos. Unfortunately, certain species, such as tarsiers, which are animals that look like tiny monkeys, and great white sharks, cannot survive in captivity. These animals usually die quickly after being captured, making it impossible to breed them.

For this reason, the survival of tarsiers and great white sharks depends on the conservation of their natural environments. Though many of their habitats are already legally protected, the current laws are often ignored. Governments must try harder to stop the illegal destruction of the forests where tarsiers live and breed. They must also reduce illegal fishing activities that threaten great white sharks.

Questions　*No. 21*　Why are zoos unable to breed some endangered animals?

　No. 22　What does the speaker say about saving tarsiers and great white sharks?

訳　動物園にできないこと

　ここ数十年，動物園は，絶滅の危機に瀕した動物を救う取り組みに不可欠な存在となっている。動物園という安全な環境で絶滅危惧種を繁殖させる保護プログラムによって，カエル，鳥，カメのいくつかの種が絶滅の危機から救われている。残念ながら，小さなサルのような動物であるメガネザルや，ホホジロザメなど，飼育下では生きられない種もいる。これらの動物はたいてい捕獲後すぐに死んでしまうため，繁殖させるのが不可能なのだ。

　そのため，メガネザルやホホジロザメが生き残るかは，彼らの自然環境の保護にかかっている。それらの生息地の多くはすでに法律で保護されているが，現行法が無視されるこ

とも頻繁にある。各国政府は，メガネザルが生息や繁殖をする場である森林の違法な破壊を食い止めるために，より努力する必要がある。また，各国政府は，ホホジロザメを脅かす違法な漁業をも減らさなければならない。

No.21 正解 **4**

質問の訳 なぜ動物園はいくつかの絶滅危惧種を繁殖させることができないのか。

選択肢の訳 **1** 世話をするのにお金がかかりすぎる。 **2** 捕獲することがあまりに難しい。 **3** 重い病気にかかる。 **4** 捕獲された後，長生きすることが少ない。

解説 第1段落第3文で，メガネザルや，ホホジロザメなど，動物園での飼育下では生きられない種がいることを述べた後，第4文で「これらの動物はたいてい捕獲後すぐに死んでしまうため，繁殖させるのが不可能なのだ」(These animals usually die quickly after being captured, making it impossible to breed them.)と述べられている。よって，usually die quickly を rarely live long と，being captured を being caught と言い換えた**4**が正解。

No.22 正解 **2**

質問の訳 話者は，メガネザルやホホジロザメを保護することについて何と言っているか。

選択肢の訳 **1** 動物園は繁殖の仕方を学ぶ必要がある。 **2** 政府は法律が守られるようにしなければならない。 **3** 新しい生息地に移動させなければならない。 **4** 野生で保護することは不可能だ。

解説 第2段落で，メガネザルやホホジロザメの保護に関して各国政府がやるべきこととして，「メガネザルが生息や繁殖をする場である森林の違法な破壊を食い止めるために，より努力する必要がある」(最後から2文目)，「ホホジロザメを脅かす違法な漁業をも減らさなければならない」(最後の文)と述べ，話者は，政府は違法行為が行われないよう尽力すべきだと主張している。よって，stop the illegal destruction of the forests や reduce illegal fishing activities を make sure laws are followed と言い換えた**2**が正解。

(F)

放送文 *Written in Stone*

Petroglyphs are ancient drawings or carvings on rock surfaces. For researchers in the Americas, they are an important source of information about the Native Americans who lived there before the arrival of Europeans. Some of the most famous petroglyphs are those at Castle Rock Pueblo in Colorado. These images were not drawn in the style typical of the area, but in a way that was common in another settlement hundreds of kilometers away. There are also drawings of human conflict. This suggests that there may have been contact, and likely fighting, between these two communities.

Another interesting feature of the carvings is their use of light. On the longest and shortest days of the year, the carvings create specific patterns of light and shadow. This has led researchers to conclude that they were used as a type of solar calendar.

Questions　*No. 23*　What is one thing we learn about the Castle Rock Pueblo petroglyphs?

　No. 24　How do researchers think the Castle Rock Pueblo petroglyphs were used?

　訳　石に書かれたもの

　ペトログリフとは，岩肌に描かれた古代の絵や彫刻のことだ。アメリカ大陸の研究者にとって，ペトログリフはヨーロッパ人が到着する前に住んでいたネイティブアメリカンについての重要な情報源になっている。最も有名なペトログリフのいくつかは，コロラド州のキャッスル・ロック・プエブロにあるものだ。これらの描写は，その地域に典型的なスタイルで描かれているのではなく，何百キロも離れた別の集落で一般的だった方法で描かれている。また，人間の争いの絵もある。このことは，この２つの集落の間に接触，そしておそらく戦闘があったことを示唆している。

　その彫刻についてもうひとつ興味深いのは，それらの光の使い方である。一年のうちで日が最も長い日と最も短い日に，この彫刻は光と影の特定のパターンを作り出す。このことから，研究者たちは，この彫刻は一種の太陽暦として使われていたのではないかと考えている。

No.23　正解　**2**

　質問の訳　キャッスル・ロック・プエブロのペトログリフについてわかることの１つは何か。

　選択肢の訳　**1**　典型的なものよりも数が多い。　**2**　遠くの地域のものと似ている。　**3**　その地域で最も大きい。　**4**　ヨーロッパ人の描写が含まれている。

　解説　キャッスル・ロック・プエブロのペトログリフについては，第１段落第３文以降で書かれており，第１段落第４文では「これらの描写（＝キャッスル・ロック・プエブロのペトログリフ）は〜何百キロも離れた別の集落で一般的だった方法で描かれている」(These images were 〜, but (drawn) in a way that was common in another settlement hundreds of kilometers away.) と述べられている。よって，another settlement hundreds of kilometers away を a distant area と言い換えた**2**が正解。

No.24　正解　**1**

　質問の訳　研究者たちは，キャッスル・ロック・プエブロのペトログリフがどのように使われていたと考えているか。

　選択肢の訳　**1**　一年のうちのある時期を示すため。　**2**　敵に，近づかないように警告するため。　**3**　他の集落への道を示すため。　**4**　光源を供給するため。

　解説　第２段落第２，３文で「一年のうちで日が最も長い日と最も短い日（＝一年のうちのある時期）に，この彫刻は光と影の特定のパターンを作り出す」，「研究者たちは，この彫刻は一種の太陽暦として使われていたのではないかと考えている」と述べられている。よって，On the longest and shortest days of the year 〜 create specific patterns of light and shadow や a type of solar calendar を，indicate certain times of the year と言い換えた**1**が正解。

指示文の訳 それでは最後に，Part 3の指示を行います。このパートでは (G) から (K) までの5つの文章が放送されます。英文は実生活における状況を述べたもので，効果音を含むものもあります。それぞれの文章には，No. 25からNo. 29まで，質問が1問ずつ用意されています。それぞれの文章が流れる前に，問題冊子に書かれている状況の説明と質問を読む時間が10秒あります。文章を聞いた後に，最も適切な答えを選んで解答用紙にマークする時間が10秒あります。文章は1度しか読まれません。それでは始めます。

No. 25 正解 **3**

放送文 *(G)* You have 10 seconds to read the situation and Question No. 25.

Hi, dear. I'm sorry, I was in a rush this morning and wasn't able to do a few things. Could you take care of them? The living room is a mess. Miranda's toys are all over the place, so could you put them away? Also, Toby's new bird food arrived this morning. I know we usually store it in that box near the kitchen shelves, but when the package was delivered, I left it at the front door. Sorry. It should still be sitting there. And can you change one of the light bulbs in the garage? When I got home last night, I saw that one was flickering.

Now mark your answer on your answer sheet.

訳 *(G)* 状況と質問25を読む時間が10秒あります。

ああ，あなた。ごめんなさい。今朝は急いでいて，いくつかのことができなかったの。お願いできるかしら？ リビングが散らかってるの。ミランダのおもちゃがあちこちにあるから，片付けてくれる？ あと，トビーの新しい鳥の餌が今朝届いたの。いつもは台所の棚の近くにある箱に入れてあるんだけど，荷物が届いたとき，玄関に置いてきちゃったのよ。ごめんね。まだそこに置いてあるはずなの。それと，車庫の電球を一つ替えてくれる？ 昨夜帰宅したとき，1つだけチカチカしていたわ。

それでは，解答用紙に答えをマークしなさい。

状況の訳 あなたはオウムのトビーに餌をやりたいが，ペットフードが見つからない。携帯電話を見て，妻からの留守電が入っているのを知る。

質問の訳 トビーの餌を見つけるのに，どこに行けばよいか。

選択肢の訳 **1** 台所へ。 **2** リビングルームへ。 **3** 玄関へ。 **4** 車庫へ。

解説 Situationからわかるのは，①「あなた」はトビーに餌をやりたいが，ペットフードが見つからないことと，②携帯電話に妻からの留守電が入っていること。「あなた」の妻は留守電の第7文で，トビーの餌について，いつもは台所の棚の近くにある箱に入れておくが，今朝は，荷物（＝トビーの新しい鳥の餌）が届いたとき「玄関に置いてきちゃったのよ」（I left it at the front door）と述べ，さらに第9文で「（トビーの新しい鳥の餌は）まだそこ（＝玄関）に置いてあるはずなの」と言っている。したがって，トビーの新しい餌は今も玄関にあるはずなので，**3**が正解。

No. 26 正解 **1**

放送文 *(H)* You have 10 seconds to read the situation and Question No. 26.

Greta Bakken has written in various genres over her long career. I would recommend four books to a first-time reader. First, *The Moon in Budapest* is considered to be a masterpiece of romance, and it has the biggest fan base. *Along That Tree-Lined Road* is a beautifully crafted fantasy novel with a touch of mystery. If you're a travel fan, I recommend you try *Mixed Metaphors*. It's a travel journal documenting her trip to Siberia, with a number of stunning photographs she snapped along the way. Lastly, *Trishaws* is her latest book, and it has been getting great reviews from science fiction enthusiasts.

Now mark your answer on your answer sheet.

訳 *(H)* 状況と質問26を読む時間が10秒あります。

グレタ・バッケンは長いキャリアの中で様々なジャンルの作品を書いてきました。初めてお読みになる方には4冊の本をお勧めしたいです。まず、『ブダペストの月』はロマンスの傑作と言われ、最も多くのファンがいます。『あの並木道で』は、ミステリータッチの美しいファンタジー小説です。もし旅行がお好きなら、『ミックストゥ・メタファー』をお読みになることをお勧めします。シベリアへの旅を記録した旅行記で、道中で撮った見事な写真が多数掲載されています。最後に、『トライショウズ』は彼女の最新作で、熱心なSFファンから絶賛されています。

それでは、解答用紙に答えをマークしなさい。

状況の訳 あなたは作家のグレタ・バッケンの書いた本を読みたいと思っている。あなたは彼女の最も人気のある本を読みたい。本屋の店員があなたに次のように言う。

質問の訳 あなたはどの本を買うべきか。

選択肢の訳 **1** 『ブダペストの月』。 **2** 『あの並木道で』。 **3** 『ミックストゥ・メタファー』。 **4** 『トライショウズ』。

解説 Situationからわかるのは、①「あなた」はグレタ・バッケンの本を読みたいことと、②「あなた」が読みたいのは彼女の最も人気のある本だということ。本屋の店員は4冊勧めているが、第3文で「『ブダペストの月』はロマンスの傑作と言われ、最も多くのファンがいます」(*The Moon in Budapest* is considered to be a masterpiece of romance, and it has the biggest fan base) と述べている。最も多くのファンがいる本である『ブダペストの月』が、グレタ・バッケンの最も人気のある本なので、**1**が正解。Situationの her most popular book が has the biggest fan base と言い換えられていることに注意。

No. 27 正解 **1**

放送文 *(I)* You have 10 seconds to read the situation and Question No. 27.

The company has decided to outsource the personnel department's services to ABC Resource Systems. There will be two main changes. First, we'll be using a new website to handle all scheduling, requests for time off, and complaints. More importantly, time-off requests will now need to be submitted two weeks in advance. These changes will apply at the end of next month, so

please submit requests on the website at that time. Until then, please direct all personnel issues to the manager of your department. Thank you for your cooperation.

Now mark your answer on your answer sheet.

訳 *(I)* 状況と質問27を読む時間が10秒あります。

当社は，人事部の業務をABCリソース・システムズ社にアウトソーシングすることを決定しました。主な変更点は2つあります。まず，スケジュール管理，休暇申請，クレーム処理などは，すべて新しいウェブサイトを利用することになります。さらに重要なこととしては，休暇の申請は2週間前に提出する必要があることです。この変更は来月末に適用されますので，その時点でウェブサイトから申請してください。それまでは，人事に関することはすべて所属部署のマネージャーに直接お伝えください。皆様のご協力をお願いいたします。

それでは，解答用紙に答えをマークしなさい。

状況の訳 あなたの会社の社長が，事務手続きの変更について発表しています。あなたは来週，休暇を取りたいと考えています。

質問の訳 あなたは何をすべきか。

選択肢の訳 **1** マネージャーに相談する。 **2** 新しいウェブサイトから申請する。
3 自分の部署のメンバーにメールする。 **4** ABCリソース・システムズに連絡する。

解説 Situationからわかるのは，①「あなた」の会社で事務手続きの変更についての発表がなされていることと，②「あなた」は来週，休暇を取りたいということ。社長は発表の第4文で「休暇の申請は2週間前に提出する必要がある」と述べている。しかし，続く第5文では「この変更は来月末に適用されます」と述べ，第6文で「それまで（＝来月末より前）は，人事に関することはすべて所属部署のマネージャーに直接お伝えください」(Until then, please direct all personnel issues to the manager of your department.) と述べている。したがって，現在，「あなた」が休暇を申請する場合は，所属部署のマネージャーに直接伝えることとなる。よって，direct 〜 to the manager of your department を **speak to your manager** と言い換えた **1** が正解。

No. 28　正解　**4**

放送文 *(J)* You have 10 seconds to read the situation and Question No. 28.

The course website is now accessible. On the left side, you'll see the menu. At the top of the menu, there's a news section where I'll post event reminders and assignment due dates. I've already posted a notification about a guest lecture that you can attend for additional credit. You can click on the icon to reserve a seat. Below the news section, there's a link to a page where you can check on your weekly reading assignments. Finally, in the resources section, I put some links that might help you when working on your final research project.

Now mark your answer on your answer sheet.

訳 *(J)* 状況と質問28を読む時間が10秒あります。

講座のウェブサイトにアクセスできるようになりました。左側には，メニューが表示されます。メニューの一番上にはニュース欄があり，イベントのお知らせや課題の提出期限

を掲載します。すでに，追加単位取得のために参加できる客員の講義のお知らせを掲載しました。アイコンをクリックして，席を予約することができます。ニュース欄の下には，毎週のリーディング課題を確認できるページへのリンクがあります。最後に，リソースセクションに，最終研究プロジェクトに取り組む際に役立ちそうなリンクをいくつか載せてあります。

それでは，解答用紙に答えをマークしなさい。

状況の訳 教授がクラスのみんなに講座のウェブサイトを見せている。あなたは成績を上げるために追加単位を取得したいと思っている。

質問の訳 あなたは何をすべきか。

選択肢の訳 **1** ウェブサイトから追加の研究論文を提出する。 **2** 追加の読書課題を完了する。 **3** 授業のためのオンライン資料を作成する。 **4** ニュース欄から受講を申し込む。

解説 Situationからわかるのは，①教授が講座のウェブサイトを見せていることと，②「あなた」は追加単位を取得したいということ。第3文で，教授はメニューの一番上にはニュース欄があると述べ，続く第4文で「（ニュース欄に）すでに，追加単位取得のために参加できる客員の講義のお知らせを掲載しました」と述べている。「あなた」は追加単位を取得したいので，この客員の講義を受講すべきであり，受講の申し込みについて教授は，第5文で「（ニュース欄の）アイコンをクリックして，（講義の）席を予約することができます」（You can click on the icon to reserve a seat.）と述べているので，ニュース欄から客員の講義の受講を申し込めることがわかる。よって，click on the iconをvia the news sectionと，reserve a seatをsign up for a lectureと言い換えた**4**が正解。

No. 29 正解 **4**

放送文 **(K)** You have 10 seconds to read the situation and Question No. 29.

Hi, this is Bill. As you know, today's the deadline for your column. How is it coming along? If you've already finished it, please send the column directly to my office e-mail address. If you're likely to finish it by tomorrow morning, send the file to Paula. I'll be out all day tomorrow. However, if you're not likely to make it by tomorrow morning, could you call me on my office phone tonight? I'll be here until eight. Otherwise, you can reach me on my smartphone after eight. If necessary, I can give you another few days to finish it. Thanks.

Now mark your answer on your answer sheet.

訳 **(K)** 状況と質問29を読む時間が10秒あります。

やあ，ビルです。ご存知のように，今日はあなたのコラムの締め切り日です。どうなっていますか。もう完成しているなら，コラムを直接私のオフィスのメールアドレスに送ってください。明日の朝までに完成しそうな場合は，ポーラにファイルを送ってください。私は明日は一日中外出しています。でも，明日の朝までに間に合いそうになかったら，今夜，私のオフィスの電話に電話してくれませんか。8時までここにいます。そうでなければ，8時以降に私のスマートフォンに連絡を取ってくれてもいいです。必要であれば，終わらせるためのあと数日の猶予をあげることもできます。よろしく。

それでは，解答用紙に答えをマークしなさい。

あなたは，ある新聞社の記者です。あなたは午後8時半に帰宅し，編集者からの次のような留守電を聞きます。あなたはコラムを書き上げるのに，あと2日必要です。

質問の訳 あなたは何をすべきか。

選択肢の訳 **1** ファイルをビルに送る。 **2** ファイルをポーラに送る。 **3** ビルのオフィスに電話をする。 **4** ビルのスマートフォンに電話をする。

解説 Situationからわかるのは，①「あなた」は午後8時半以降に，編集者からの留守電を聞いていることと，②「あなた」はコラムをまだ書き上げておらず，書き上げるのにあと2日必要だということ。「あなた」は明日の朝までには間に合わないが，この点について，編集者のビルは第7，8文で「明日の朝までに間に合いそうになかったら，今夜，私のオフィスの電話に電話してくれませんか。8時までここにいます」と述べ，続く第9文で「そうでなければ，8時以降に私のスマートフォンに連絡を取ってくれてもいいです」(Otherwise, you can reach me on my smartphone after eight.) と言っている。「あなた」がこの留守電を聞いたのは午後8時半以降なので，あなたがすべきことは，ビルのスマートフォンに連絡すること。よって，reach me on my smartphoneをcall Bill on his smartphoneと言い換えた**4**が正解。

カードA 二次試験・面接
(問題編pp.176〜177)

指示文の訳 1分間，準備する時間があります。
これは，自分の町の力になりたいと思った町長についての話です。
ストーリーのナレーションを行うのに与えられる時間は2分間です。
ストーリーは以下の文で始めてください。
ある日，町長は会議を行っていました。

ナレーションの解答例 One day, a mayor was having a meeting. The meeting was about the decreasing number of tourists. This was a problem, and the mayor asked if her staff members had any ideas. They all looked worried. That weekend, the mayor was drinking coffee and watching TV at home. The TV show was saying that camping was popular, and this gave the mayor an idea. Six months later, the mayor and one of her staff members were visiting the new ABC Town campsite. They were happy to see that there were a lot of campers using the campsite. A few months later, the mayor and the staff member were watching TV in her office. The staff member was shocked to see breaking news that a bear had entered the campsite because there was a lot of food garbage.

解答例の訳 ある日，町長は会議を行っていました。会議は観光客数の減少についてのものでした。これは問題であり，町長は，何かアイデアがあるか職員たちに尋ねました。彼らは皆，懸念を抱いている様子でした。その週末，町長は自宅でコーヒーを飲みながらテレビを見ていました。テレビ番組はキャンプが人気であると伝えており，これにより町長はアイデアが浮かびました。6カ月後，町長と職員の一人は，新設されたABC町営キャンプ場を訪れていました。そのキャンプ場を使ってキャンプをする人がたくさんいるのを

目にし，彼らは喜ばしく思いました。数カ月後，町長とその職員は彼女のオフィスでテレビを見ていました。職員は，食べ物のごみがたくさんあったせいでクマがキャンプ場に侵入していたというニュース速報を見て，衝撃を受けていました。

解説 ナレーションは，4コマのイラストの進行に沿ってまとめていく。2〜4コマ目の左上方にある時間の経過を表す語句は，各コマの最初で必ず使うこと。吹き出し内のせりふはもちろん，ホワイトボード，テレビなどに書かれた文字情報やイラスト内の情報も適切な形でストーリーに取り入れること。動詞の時制は，過去形および過去進行形を基本に，時間の経過がわかるように描写する。

①1コマ目：町長が職員らと会議を行っている場面。町長がAny ideas?「何かアイデアはありますか」と尋ねている様子を，解答例ではthe mayor asked if her staff members had any ideasとask if 〜「〜かどうか尋ねる」の形で表現している。町長を含め，イラスト内の人物たちが困った表情を浮かべている点もナレーションに盛り込むと効果的。

②2コマ目：That weekendで始める。町長が自宅でテレビを見ている場面。解答例では，テレビにあるCamping is popular now「今，キャンプが流行している」という文字情報を，間接話法を用いて盛り込んでいる。また，町長の吹き出しに豆電球が描かれていることから，町長は今見ているテレビをきっかけに何かしらの着想を得たことがわかるので，その点もしっかりと盛り込む。なお，テレビ番組内でレポーターと思しき女性が男性にインタビューしている様子について描写しても良い。

③3コマ目：Six months laterで始める。町長と職員がABC Town Campsite「ABC町営キャンプ場」を訪れている場面。直前までのコマの流れから，このキャンプ場は町長がひらめいたアイデアを基に新しく作られたものだと推測できる。また，キャンプ場が人々で賑わっている様子，2人が頷いている様子から，町に観光客を取り込むためのこのアイデアは目下，うまくいっているのだとわかる。

④4コマ目：A few months laterで始める。町長と職員がテレビを見ている場面。ニュース番組には3コマ目にあるキャンプ場が映っているが，そこには，1匹のクマと地面に散乱している食べ物と思しきものも映っている。これは，ごみのせいで野生のクマがキャンプ場に侵入してしまっている状況をとらえている映像だと判断できるだろう。職員がこのニュースを見て驚いている点もナレーションに含めると良い。

質問の訳 No. 1 4番目の絵を見てください。あなたがその町長なら，どのようなことを考えているでしょうか。
では〜さん（受験者の氏名），カードを裏返して置いてください。
No. 2 人々は自然について学ぶためにもっと屋外で時間を過ごすべきだと思いますか。
No. 3 企業は従業員にもっと多くの休暇日数を付与すべきですか。
No. 4 政府は絶滅の危機に瀕した動物を保護するためにもっと多くのことをすべきですか。

No. 1 解答例 I'd be thinking that I should've planned the campsite more carefully. It was a good way to increase the number of tourists who come to our town, but I should've asked experts for advice about how to avoid problems with wildlife.

解答例の訳 もっと入念にキャンプ場を計画すべきだったと私は思っているでしょう。

それは，私たちの町を訪れてくれる観光客の数を増やすのに効果的な方法でしたが，私は，野生動物に関する問題を回避する方法について専門家に助言を求めるべきでした。

解説 解答例では，質問の仮定法過去形に合わせて，間接話法でI'd be thinking that 〜.の形で答えている。また，1文目では，後悔を表す〈should've＋過去分詞〉を用いて，キャンプ場の計画をもっとしっかり行うべきだったと悔やんでいる。あるいは，解答例と同じ路線でありながらもやや ポジティブな観点で，2文目をBut our attempt to increase the number of tourists itself was a success, so this is a chance to learn from our failures, and we only have to come up with an effective strategy for the disposal of garbage at the campsite.「しかし，観光客の数を増やすという私たちの試み自体は成功だったので，これは失敗から学ぶチャンスであり，キャンプ場のごみ処分の効果的な戦略を思いつきさえすれば良いのです」などと述べても良いだろう。

No. 2　解答例　Yes. These days, people spend a lot of time inside using computers and tablets. People should learn about the natural world, and personal experiences can be more effective for learning than the Internet or books.

解答例の訳 はい。近頃，人々はコンピュータやタブレットを使用しながら屋内でたくさんの時間を過ごしています。人々は自然界について学ぶべきですし，個人的な体験はインターネットや書物よりも学習にはより効果的であり得ます。

解説 解答例では，Yesの立場から，人が屋内で過ごすことが多いという昨今の傾向を挙げつつ，人は自然界について学ぶためにもっと屋外で時間を過ごすべきだと主張している。あるいは，YesとNoを折衷した立場から，It depends. Certainly, spending a lot of time indoors could lead people away from nature, but people can also learn precious information about nature online these days. So, I believe trying to keep the balance between being indoors and outdoors leads to a better understanding about nature.「状況によります。確かに，屋内で多くの時間を過ごすことは人々を自然から遠ざけてしまう可能性はありますが，昨今はオンライン上で自然についての貴重な情報を学ぶこともできます。そのため，私は，屋内にいることと屋外にいることのバランスを保とうと努めることが，自然についてのより良い理解につながると思います」などとしても良いだろう。

No. 3　解答例　Yes, I think so. These days, many people damage their health by working too hard, so it's important for people to relax and take care of themselves. By doing so, their performance at work will naturally improve, too.

解答例の訳 はい，そう思います。近頃，熱心に働きすぎることで健康を損なっている人々がたくさんいるので，人々にとってはリラックスして体を大切にすることは重要です。そうすることで，彼らの仕事での業績も当然の帰結として向上するでしょう。

解説 解答例では，Yesの立場から，従業員にもっと多くの休暇日数を付与することで得られるメリットを軸に，企業が彼らにもっと多くの休暇日数を与えるべきだと述べている。もしくは，Noの立場から，I don't think so. Of course, there are some companies which do not give their employees enough vacation days, and this is

a serious problem to be solved. However, I think some companies are sensible, and they already provide workers enough vacation days, so we should not treat those two types of companies equally. 「そうは思いません。もちろん，従業員に十分な休暇日数を与えていない企業もあり，これは解決されるべき深刻な問題です。しかし，中には思慮分別のある企業もあり，彼らはすでに従業員に十分な休暇日数を与えているので，私たちはその２種類の企業を同列に語るべきではありません」などと答えても良いだろう。

No. 4 解答例 I don't think so. Unfortunately, the government has more important responsibilities. Taking care of people's problems should be the priority. Besides, the government already spends a lot of money protecting endangered animals.

解答例の訳 そうは思いません。残念ながら，政府にはもっと重要な責務があります。国民が抱えている問題を処理することが優先事項であるべきです。加えて，政府はすでに，絶滅の危機に瀕している動物の保護に多額の資金を費やしています。

解説 解答例では，Noの立場から，政府は国民の問題解決を優先するべきであることに加え，絶滅の危機に瀕している動物の保護にはすでに多額の資金を充てていると主張している。あるいは，Yesの立場から，Yes. I think the government should put more efforts into protecting various animal species from going extinct. The fact that many animals are currently endangered means such efforts are still not enough, in my opinion. 「はい。政府はさまざまな動物種が絶滅してしまうのを防ぐことにもっと力を注ぐべきです。現在，多くの動物が絶滅の危機に瀕しているという事実は，そのような努力がいまだ十分なものではないということを物語っていると思います」などとしても良いだろう。

カードB 二次試験・面接
(問題編pp.178〜179)

指示文の訳 1分間，準備する時間があります。
これは，自分のキャリアをアップさせたいと思った女性についての話です。
ストーリーのナレーションを行うのに与えられる時間は2分間です。
ストーリーは以下の文で始めてください。
ある日，女性はオフィスで，自分の会社の最高経営責任者と話をしていました。

ナレーションの解答例 One day, a woman was talking with her company's CEO in the office. He was telling her that she was promoted to manager, and she looked happy to hear that. That evening, she was at home with her husband and baby. She showed her husband that she had gotten a promotion. He said that he could pick up their baby from the day care center instead. A month later, the woman was working in her new position as manager. She got a message from her husband at 7 p.m. saying that

he had picked up their baby from day care, and she was glad that she could continue working. A few days later, she was working on a project, and her husband called her at seven. He seemed very busy, and he told her that he could not pick up the baby that day.

訳 ある日，女性はオフィスで，自分の会社の最高経営責任者と話をしていました。彼は彼女に，彼女がマネージャーに昇進すると伝えており，彼女はそれを聞いてうれしそうでした。その晩，彼女は夫と赤ん坊と一緒に自宅にいました。彼女は夫に，自分が昇進を受けたことを教えました。彼は，自分が彼女の代わりに保育所に赤ん坊を迎えに行くことができると言いました。1カ月後，女性はマネージャーとしての新しい職位で働いていました。彼女は午後7時に夫からメッセージを受信し，それには彼が保育所に赤ん坊を迎えに行ったと書かれており，彼女は自分が働き続けられることを喜ばしく思いました。数日後，彼女はあるプロジェクトに取り組んでおり，7時に夫が彼女に電話しました。彼は多忙な様子であり，彼女に，自分はその日に赤ん坊を迎えに行くことができないと伝えました。

解説 ナレーションは，4コマのイラストの進行に沿ってまとめていく。2〜4コマ目の左上方にある時間の経過を表す語句は，各コマの描写の冒頭部分で必ず使うこと。また，吹き出し内のせりふは，間接話法または直接話法を使ってストーリーに盛り込むが，間接話法を使う場合，主語や（助）動詞などを適切な形に変える点に注意。職位を表すプレート，用紙，看板などに書かれた文字情報なども適切な形でストーリーに取り入れる。動詞の時制は，過去形および過去進行形を基本に，時間の経過がわかるように描写すること。

①1コマ目：女性がCEO「最高経営責任者」と話をしている場面。CEOの吹き出し内にYou're promoted to manager.「あなたはマネージャーに昇進です」とあることから，CEOが女性に昇進を伝えている状況だとわかる。ナレーションには女性のうれしそうな表情も盛り込む。

②2コマ目：That eveningで始める。女性が夫と赤ん坊と在宅している場面。女性が夫にPROMOTION「昇進」と書かれた紙を見せており，これを受けて，夫はI can pick up our baby instead.「自分が（女性の）代わりに赤ん坊を迎えに行くことができる」と申し出ているのだと考えられる。なお，解答例ではHe said that 〜.と，間接話法を用いてこの夫の発言を表現している。

③3コマ目：A month laterで始める。女性がマネージャーとして働いている場面。女性の持っているコンピュータ機器の吹き出し内に，Day Care「保育所」の看板のある建物と，赤ん坊を抱きかかえている夫が描かれている。このイラストから，夫は保育所に赤ん坊を迎えに行き，そのことを女性にメッセージなどで伝えているのだと考えられる。背景には7時を指している時計があるので，これもナレーションに盛り込むとより効果的な描写になる。

④4コマ目：A few days laterで始める。女性と夫が電話をしている場面。夫は忙しそうな様子であり，I can't pick her up today.「私は今日，彼女を迎えに行くことができない」と話している。また，女性の傍にABC PROJECT「ABCプロジェクト」と書かれた用紙が積み上がっていることから，女性はプロジェクトに携わっているのだと推測可能。なお，ナレーションをする際には，3コマ目同様，時刻が7時であることを盛り込むと良い。

質問の訳 No. 1　4番目の絵を見てください。あなたがその女性なら，どのようなこ

とを考えているでしょうか。

では～さん（受験者の氏名），カードを裏返して置いてください。

No. 2　近頃，親は子どもに対して過保護だと思いますか。

No. 3　現代生活のめまぐるしさは人々に否定的な影響を及ぼしますか。

No. 4　日本の出生率は今後，低下しなくなると思いますか。

No. 1　解答例　I'd be thinking, "Neither of us can go to pick up our baby from the day care center. The same problem is probably going to happen again.   Maybe I shouldn't have accepted the promotion to manager."

解答例の訳　「私たちのうちどちらも，保育所に赤ん坊を迎えに行くことができない。同様の問題はおそらく，再び発生することだろう。私はマネージャーへの昇進を受け入れるべきではなかったのかもしれない」と私は思っているでしょう。

解説　解答例では，質問の仮定法過去形に合わせて，直接話法でI'd be thinking, "～."のように始めている。解答例では，保育所に赤ん坊を迎えに行くことができないという問題が今後も発生するだろうと推測し，後悔を表す〈shouldn't have＋過去分詞〉を用いて，昇進を受け入れるべきではなかったかもしれないと悔やんでいる。あるいは，別の観点から，3文目を，It is absolutely necessary for either of us to pick up our baby, so both of us should consult with our coworkers about the matter to make sure it happens.「私たちのうちどちらかが赤ん坊を迎えに行くことは絶対に必要なので，これを必ず実現するために，私たちは二人ともこの件について同僚と相談すべきだ」などとしても良いだろう。

No. 2　解答例　I think so. Parents these days try to control every part of their children's lives, so children never get a chance to make their own decisions.   As a result, the younger generation is becoming less independent.

解答例の訳　そう思います。近頃の親は子どもの人生のあらゆる側面を管理しようとしているので，子どもたちは自分で決断を下す機会をまったく持ちません。その結果，若い世代は自主的でなくなってきています。

解説　解答例では，Yesの立場から，近頃の親は子どもに対して過保護だと思う点，並びにその結果子どもの自主性が損なわれているという点を述べている。あるいは，Noの立場で，I don't think so.   Although some parents are too protective of their children, others are not. It goes without saying that the former should change their way of educating their children so they can have an independent mind, but for example, I have known many parents who do not interfere with their children's lives too much, putting an emphasis on their independence.「そうは思いません。子どもに対して過保護な親もいますが，そうでない親もいます。子どもが自主的な精神を持てるよう，前者のグループは子どもの教育の仕方を改めるべきなのは言うまでもありませんが，例えば，私は，子どもの自主性を重要視して彼らの生活にあまり干渉しない親もたくさん知っています」などと，自分の身の回りにいる人物を引き合いに出しながら答えても良いだろう。

No. 3 **解答例** Yes. Especially in big cities, it seems like people never have time to relax. I think that the biggest reason is the work culture. This definitely has a negative effect on people's mental and physical health.

解答例の訳 はい。とりわけ大都会では，人々はリラックスする時間をまったく持たないように思われます。最大の理由は仕事の文化にあると私は思います。これは確実に，人の心身の健康に悪影響を及ぼしています。

解説 解答例では，Yesの立場から，人々がくつろぐ時間を持てない最大の理由は仕事の文化にあると私見を述べ，これが心身の健康に悪影響を及ぼすと主張している。あるいは，Noの立場から，No. In my humble opinion, the fast pace of modern society itself is neither good nor bad. It depends on each person whether they can lead a good life, adapting to it. Therefore, developing skills to deal with it is important in modern times, I guess.「いいえ。私見では，現代社会のあわただしさそれ自体は良くも悪くもありません。自分がそれに適応して良い人生を送ることができるかどうかは一人一人次第です。そのため，それに対処するスキルを育むことが現代では重要なことだと思います」などとしても良いだろう。

No. 4 **解答例** I think so. The government realizes the decreasing birth rate is a problem, and it's spending money to encourage people to have more children. Also, companies provide more childcare leave these days.

解答例の訳 そう思います。政府は出生率の低下が問題であるということに思い至り，もっと子どもをつくることを人々に奨励するためにお金を費やしています。また，近頃，企業はより多くの育児休暇を提供しています。

解説 解答例では，Yesの立場から，政府や企業の努力ゆえに，日本の出生率が今後低下しなくなると思うと述べている。あるいは，Noの立場から，I don't think so. Despite the governments' efforts to stop the decreasing birth rate, it seems things have not improved yet. It is highly likely that this trend will persist unless something miraculous happens.「そうは思いません。出生率の低下を止めようとする政府の試みにもかかわらず，状況はまだ改善していないように思われます。何か奇跡的なことでも起こらない限り，この傾向が続く可能性は非常に高いです」などでも良いだろう。

2021年度 第3回

筆記 解答欄

問題番号	1	2	3	4
1	(1)		2		
	(2)		2		
	(3)			3	
	(4)		2		
	(5)		2		
	(6)		2		
	(7)			3	
	(8)	1			
	(9)		2		
	(10)				4
	(11)	1			
	(12)	1			
	(13)			3	
	(14)			3	
	(15)				4
	(16)				4
	(17)			3	
	(18)		2		
	(19)	1			
	(20)				4
	(21)	1			
	(22)	1			
	(23)		2		
	(24)	1			
	(25)		2		

問題番号	1	2	3	4
2	(26)		2		
	(27)				4
	(28)	1			
	(29)			3	
	(30)	1			
	(31)			3	

問題番号	1	2	3	4
3	(32)	1			
	(33)		2		
	(34)		2		
	(35)				4
	(36)		2		
	(37)	1			
	(38)			3	
	(39)				4
	(40)	1			
	(41)		2		

4 の解答例は
p.238をご覧
ください。

リスニング 解答欄

問題番号	1	2	3	4
Part 1	No.1				4
	No.2	1			
	No.3	1			
	No.4	1			
	No.5			3	
	No.6	1			
	No.7			3	
	No.8				4
	No.9	1			
	No.10		2		
	No.11	1			
	No.12				4

Part 2		問題番号	1	2	3	4
	A	No.13			3	
		No.14	1			
	B	No.15	1			
		No.16				4
	C	No.17	1			
		No.18		2		
	D	No.19		2		
		No.20	1			
	E	No.21			3	
		No.22			3	
	F	No.23		2		
		No.24	1			

Part 3		問題番号	1	2	3	4
	G	No.25			3	
	H	No.26				4
	I	No.27	1			
	J	No.28				4
	K	No.29		2		

指示文の訳 各英文を完成させるのに最も適切な単語または語句を4つの選択肢の中から選び，その番号を解答用紙の所定欄にマークしなさい。

(1) 正解 **2**

訳 ロベルトは真の愛国者だったので，自国が隣国から攻撃されたとき，直ちに軍隊に加わることを志願した。

解説 空所にはロベルトがどのような人物だったかを表す名詞が入る。文後半のhe immediately volunteered to join the army when his country was attacked by its neighbor「自国が隣国から攻撃されたとき，直ちに軍隊に加わることを志願した」から，ロベルトは愛国心が強かったことがわかる。したがって，**2**のpatriot「愛国者」が正解。villain「悪役」，spectator「観客」，beggar「乞食」。

(2) 正解 **2**

訳 「では休憩しましょう」と議長は言った。「次の協議事項を話し合うために，会議はおよそ15分後に再開します。」

解説 第1文のLet's take a break now「では休憩しましょう」と空所直後のthe meetingから，会議はいったん中断されることがわかる。第2文の後半にto talk about the next item on the agenda「次の協議事項を話し合うために」とあるので，休憩後に会議が再び行われるとわかる。したがって，**2**のresume「〜を再開する」を入れると状況に合う。parody「〜をもじる」，impede「〜を遅らせる」，erect「〜を建てる」。

(3) 正解 **3**

訳 ダンは初めてスキーをしてみたときは難しいと思ったが，その後スキー旅行に行くたびに上達した。今では彼はスキーの達人だ。

解説 第2文のNow he（＝Dan）is an expert skier.「今では彼はスキーの達人だ」から，最初は難しいと思ったが，徐々に上達したことがわかる。**3**のsubsequent「その後の」を入れるとon each subsequent ski trip「その後スキー旅行に行くたびに」となり，文脈に合う。sufficient「十分な」，arrogant「傲慢な」，prominent「卓越した」。

(4) 正解 **2**

訳 その教授はその分野の専門家だが，奇抜な行動は同僚にとっては困惑の種である。「彼はいつも奇妙なことをやっているか言っている」と同僚の1人は言った。

解説 空所直前にhis，直後にbehavior「行動」とあるので，空所には教授がどのような行動をとるのかを表す語が入る。第2文の同僚の発言He's always doing or saying strange things「彼はいつも奇妙なことをやっているか言っている」から，**2**のeccentric「奇抜な」が適切。secular「非宗教的な」，vigilant「油断のない」，apparent「明らかな」。

※2024年度第1回から，試験形式の変更に伴い大問1の問題数は18問になります。

(5) **正解 2**

訳 その八百屋は売っている野菜が有機栽培だと証明することができなかったので，エディーは野菜を買うのを断った。有機食品だけを食べることが彼の厳格な方針であった。

解説 第2文の It was his strict policy to eat only organic foods.「有機食品だけを食べることが彼の厳格な方針であった」から，エディーは有機栽培かどうかわからない野菜は買いたくなかったと考えられる。したがって，**2**の certify「〜を証明する」を入れると，was unable to certify that 〜「〜だと証明することができなかった」となり，文脈に合う。diverge「分岐する」，evade「〜を避ける」，glorify「〜を賛美する」。

(6) **正解 2**

訳 進路指導員として，ペレイラ先生は生徒たちが適職を見つける手助けを専門としている。彼女は，人は性格や技能に適した職業を持つべきだと考えている。

解説 第2文の people should have careers that fit their personality and skills「人は性格や技能に適した職業を持つべきだ」から，ペレイラ先生はそれぞれの生徒に合った職業が見つかるよう手助けをしているとわかる。したがって，careers that fit their personality and skills「性格や技能に適した職業」を1語で表す，**2**の vocation「適職」が正解。boredom「退屈」，insult「侮辱」，publicity「評判，広報」。

(7) **正解 3**

訳 そのマラソンランナーはレース後にとても喉が渇いていたので，大きなスポーツドリンクをほんの数口で飲んでしまい，すぐにもう1本要求した。

解説 空所の前に she drank a large sports drink「大きなスポーツドリンクを飲んだ」とあることから，空所には飲み物を飲む様子を表す語が入る。gulp で「ごくりと（ひと口）飲むこと」という意味を表すので，**3**の gulps を入れ，in just a few gulps「ほんの数口で」とすると状況に合う。herd「群れ」，lump「かたまり」，sack「袋」。

(8) **正解 1**

訳 その眠っていた赤ちゃんは，兄の部屋から聞こえてくる騒々しい音楽に驚いた。彼女は泣きながら目覚め，再び寝付くまでに長い時間がかかった。

解説 第2文に She（＝The sleeping baby）woke up crying「彼女は泣きながら目覚め」とあり，その原因が第1文にある the loud music coming from her brother's room「兄の部屋から聞こえてくる騒々しい音楽」だったと考えられる。be startled で「驚く」という意味を表すので，**1**の startled が正解。improvise「〜を即興で作る」，prolong「〜を延長する」，tolerate「〜を許容する」。

(9) **正解 2**

訳 A：私はこのアパートにもう1年住んでいて，賃貸借契約がもうすぐ終わります。住み続けるか引っ越すかを決めないといけないんです。 B：家賃が同じなら，契約を更新して住み続けることをお勧めします。

解説 Bが If your rent will be the same「家賃が同じなら」と言っていることから，Aはアパートを借りて住んでいることがわかる。したがって，**2**の lease「賃貸借契約」

を入れると the lease is about to end「賃貸借契約がもうすぐ終わる」となり，状況に合う。token「しるし，代用硬貨」，vicinity「付近」，dialect「方言」。

(10)　正解　**4**

訳　その大統領候補は不況を現大統領のせいにした。彼は当選したら経済を改善すると約束した。

解説　空所直後に economy「経済」とあるので，空所には経済状況を表す形容詞が入る。また，第2文に he（＝ the presidential candidate）would improve it（＝ economy）「経済を改善する」とあることから，現在の経済状況は良くないとわかる。したがって，**4**の sluggish「停滞した，不振な」が正解。bulky「かさばった」，functional「機能上の」，ethnic「民族の」。

(11)　正解　**1**

訳　A：アニー，どうしてた？　去年，イタリアへの旅行は楽しかった？　B：楽しかったわよ，パブロ。実は，とても気に入ったので移住しようと考えてるくらいなの。息子が高校を卒業するまで待たないといけないでしょうけどね。

解説　B（＝ Annie）の発言第2文 I loved it（＝ Italy）so much から，アニーはイタリアのことがとても気に入ったことがわかる。空所直後に moving there（＝ to Italy）とあり，contemplate *do*ing で「～しようと考える」という意味を表すので，**1**の contemplating が適切。emphasize「～を強調する」，vandalize「～を破壊する」，illustrate「～を説明する」。

(12)　正解　**1**

訳　すべての上院議員がその新法を支持すると言ったので，満場一致で可決されたのも驚きではなかった。

解説　文の前半に All the senators said they supported the new law「すべての上院議員がその新法を支持すると言った」とあるので，全員が賛成に投票したと考えられる。したがって，**1**の unanimously「満場一致で」が正解。abnormally「異常に」，mockingly「あざけって」，savagely「獰猛に」。

(13)　正解　**3**

訳　A：マーカム教授の講義に行ったの？　B：行ったけど，すごくつまらなくて15分しか耐えられなかった。その後は抜け出してカフェに行ったよ。

解説　Bの発言第1文の it was so boring「すごくつまらなくて」や，第2文の I left and went to a café「抜け出してカフェに行ったよ」から，Bは講義を聴くのを途中でやめてしまったことがわかる。空所直後の it は Professor Markham's lecture「マーカム教授の講義」を指すので，**3**の endure「～に耐える」を入れると状況に合う。execute「～を実行する」，discern「～を見分ける」，relay「～を中継する」。

(14)　正解　**3**

訳　寒い地域に建てられた家屋は冬の間，驚くほど居心地が良いことがある。暖炉，木製の家具，すてきなカーペットが家庭に暖かく，心地良い雰囲気を与えてくれる。

解説 第1文のHouses built in cold regions「寒い地域に建てられた家屋」の室内の様子を，第2文が具体的に説明している。この内容を1語で表す形容詞としては，**3**のcozy「居心地が良い」が適切。rigid「厳格な」，rash「軽率な」，clumsy「不器用な」。

(15) 正解 **4**

訳 息子が窓を割ったときウィルソンさんは怒ったが，だれか他の人がやったと言って彼女をだまそうとしたのでむしろがっかりした。

解説 空所の後にby telling her that someone else had done it「だれか他の人がやったと言って」とあり，息子が正直に言わず，母親にうそをついたことがわかる。したがって，**4**のdeceive「〜をだます」が正解。pinpoint「〜を正確に示す」，suppress「〜を鎮圧する」，reroute「〜を迂回させる」。

(16) 正解 **4**

訳 ワンダがひと月に3回目の遅刻をした後で，責任者は時間厳守の重要性について彼女と長い話し合いをした。

解説 文前半にWanda was late for the third time in one month「ワンダがひと月に3回目の遅刻をした」，空所直前にthe importance of 〜「〜の重要性」とあるので，責任者がワンダと話し合うべき重要な話題としては**4**のpunctuality「時間厳守」が適切。congestion「混雑」，drainage「排水」，optimism「楽観主義」。

(17) 正解 **3**

訳 その若い作家は慣習的な物語のルールには従わないことに決め，独自の作風で小説を書いた。

解説 文後半にwrote his novel in a unique style「独自の作風で小説を書いた」とあり，小説を書く際の従来の決まりごとには従わなかったとわかる。したがって，空所には**3**のconventional「慣習的な」を入れると状況に合う。vulnerable「脆弱な」，clueless「無知な」，phonetic「音声の」。

(18) 正解 **2**

訳 箱の中の商品は壊れやすかったので丁寧に梱包されていたが，それでもそのいくつかは配送中に破損した。

解説 文の後半にsome of them were still damaged when they were being delivered「それでもそのいくつかは配送中に破損した」とあるので，箱の中の商品は壊れやすいものだったとわかる。したがって，**2**のfragile「壊れやすい」が正解。coarse「きめの粗い」，immovable「動かせない」，glossy「光沢のある」。

(19) 正解 **1**

訳 女王は宮殿に顧問を呼び付けたが，到着に時間がかかって彼女は激怒した。

解説 文の後半にwhen he（＝ her adviser）took a long time to arrive「到着に時間がかかって」とあるので，女王は顧問が来るのを待っていたとわかる。**1**のsummoned「呼び付けた」を入れると，空所の後のto the palace「宮殿に」につながり文意が通る。hammer「〜をハンマーでたたく」，mingle「〜を混ぜる」，tremble「〜を震えさせる」。

(20)　正解　**4**

訳　将軍は自分の部隊が戦いに負けていることを知っていたので，退却するよう命じた。いったん彼らが無事に戦場から離れると，彼は敵を倒すための新たな作戦作りに取りかかった。

解説　第2文にOnce they were safely away from the battlefield「いったん彼らが無事に戦場から離れると」とあるので，将軍が部隊に命じたのは退却することだと考えられる。したがって，**4**のretreat「退却する」が正解。entrust「～を任せる」，discard「～を捨てる」，strangle「～を窒息させる」。

(21)　正解　**1**

訳　ビルは大学に通い始めてすぐに自分には高等数学を勉強する能力がないことに気づいたので，専攻を地理学に変えた。

解説　空所直後にto study advanced math「高等数学を勉強する」と空所内の名詞を修飾する語句が続いている。文の後半にhe changed his major to geography「専攻を地理学に変えた」とあり，高等数学の勉強をやめたことがわかるので，**1**のcapacity「能力」が文脈に合う。novelty「目新しさ」，bait「（釣りなどの）餌」，chunk「大きな塊」。

(22)　正解　**1**

訳　その警察官は，金を盗んだことを認めさせるために容疑者を痛めつけようと相棒が提案したときに衝撃を受けた。このように暴力を使うことは許されていなかった。

解説　第2文にUsing violence in this way「このように暴力を使うこと」とあるので，同僚の警察官が提案したのは，暴力を使うことだったと考えられる。したがって，**1**のrough up「～を痛めつける」が正解。give out「～を発表する」，break up「～を解体する」，take over「～を引き継ぐ」。

(23)　正解　**2**

訳　ジュリアスは初めてバードウォッチングをした日に運良く珍しいワシを見た。けれども，もう1羽を見るまでにそれから20年が過ぎた。

解説　空所直前に20 years，直後にbefore ～とあるので，空所には年月の経過を表す語句が入る。go byで「（時が）過ぎる」という意味を表すので，**2**のwent byが正解。hold out「持ちこたえる」，lay off「～を一時解雇する」，cut off「～を切り離す」。

(24)　正解　**1**

訳　A：週末の海辺への旅行は中止するつもり？　台風が近づいてきてるよ。　B：まだ行くことは除外していないよ。台風がどの方向に進むかによるね。

解説　Bの発言の第2文It depends on which direction the typhoon moves in.「台風がどの方向に進むかによるね」から，Bはまだ海辺への旅行に行ける可能性があると思っていることがわかる。空所の直前がhaven'tなので，rule out「～を除外する」の過去分詞形である**1**のruled outを入れ，We haven't ruled out going yet.「まだ行くことは除外していない」とすると，文脈に合う。stand down「辞任する」，drag into「～に引きずり込む」，scoop up「～をすくい上げる」。

(25) 正解 2

訳 ジュンは職を失っても何か頼れるだけのものがあるように，いつもできるだけたくさんお金を貯めていた。

解説 空所の後に if he lost his job「職を失っても」とあるので，ジュンがお金を貯めていた理由は，万一失業しても生活していけるようにするためだとわかる。したがって，空所には **2** の fall back on「〜に頼る」を入れ，something to fall back on「何か頼れるだけのもの」とする。look up to「〜を尊敬する」，come down with「（病気に）かかる」，do away with「〜を廃止する」。

| **2** | **一次試験・筆記** | 寄付者への返礼品（問題編pp.186〜187）
政府の政策と交通安全（問題編pp.188〜189） |

指示文の訳 それぞれの文章を読んで，各空所に入れるのに最も適切な語句を4つの選択肢の中から選び，その番号を解答用紙の所定欄にマークしなさい。

寄付者への返礼品

Key to Reading 第1段落：導入（返礼品が寄付者に与える影響）→第2段落：本論①（返礼品の有無を知らせるタイミングと寄付額の関係）→第3段落：本論②（寄付者への返礼品の間接的なメリット）という3段落構成の説明文。それぞれの段落のトピックセンテンスを意識して論理的に読み進めていく。寄付者への返礼品について，現状，研究結果，考察を中心に，読み進めていこう。

訳

　近年，慈善団体がお金を寄付した人々に対し，返礼品，すなわちコーヒーマグなどのささやかな贈り物を返すことが一般的になっている。多くの慈善団体がそれを提供しており，返礼品を受け取ると，人々はより多くの寄付をすると広く信じられている。しかし，研究者らによると，返礼品は寄付者の態度を変えてしまう傾向があるという。ほとんどの人は，始めのうちは，世界をより良い場所にしたい，または恵まれない人々を助けたいという理由で，お金を寄付する。しかし，贈り物を受け取ると，人々は利己心や欲望に駆られるようになることがある。実際，彼らはその後あまり寄付しなくなる可能性が高いようだ。

　しかし，この問題を回避する方法はあるかもしれない。研究では，寄付をすれば贈り物をもらえることを人々に伝えるのは，その後確実に寄付をしてもらうための最良の方法ではないことが示されている。ある研究では，贈り物を期待していなかった時の方が，寄付者は贈り物を受け取ることに対する反応は良かった。さらに，そうした人々からのその後の寄付は，最大75%増加した。一方，寄付後に贈り物を受け取ることを知っていた寄付者は，それが何であれ，贈り物を重んじなかった。

　寄付者への返礼品には，間接的なメリットもあるかもしれない。専門家は，贈り物は慈善事業の推進に役立ちうると述べている。たとえば，慈善団体のロゴが入ったしゃれたショッピングバッグなどのアイテムは，寄付者が上流階級の一員であることを示す。このような贈り物は，寄付者を満足させるだけでなく，慈善事業に対する一般の人々の意識も高めることになる。

(26) 正解 **2**

選択肢の訳 **1** 慈善団体の資金を使い果たす **2** 寄付者の態度を変える **3** 人々により多く寄付をするよう促す **4** 市民の慈善活動に対するイメージを良くする

解説 空所を含む文の直後3文を参照。人々は始めのうちは世界や人のために寄付をするが、返礼品を受け取ることによって、people can start to become motivated by selfishness and desire. In fact, they may become less likely to donate in the future.「人々は利己心や欲望に駆られるようになることがある。実際、彼らはその後あまり寄付しなくなる可能性が高いようだ」と述べていることから、**2**の change donors' attitudes「寄付者の態度を変える」が正解。

(27) 正解 **4**

選択肢の訳 **1** その代わりに **2** それにもかかわらず **3** その一方 **4** さらに

解説 空所を含む文の1文前で In one study, donors responded better to receiving gifts when they did not expect them.「ある研究では、贈り物を期待していなかった時の方が、寄付者は贈り物を受け取ることに対する反応は良かった」と述べている。ここから、( ), future donations from such people increased by up to 75 percent.「( )、そうした人々からのその後の寄付は、最大75%増加した」とつながることから、情報を追加する意味を持つ**4**の Furthermore「さらに」が正解。

(28) 正解 **1**

選択肢の訳 **1** 慈善事業の推進に役立つ **2** 容易に真似される **3** 望ましくない効果がある **4** 寄付者の間に混乱を引き起こす

解説 空所を含む文の2文後で返礼品について、not only keep donors satisfied but also increase the general public's awareness of charities.「寄付者を満足させるだけでなく、慈善事業に対する一般の人々の意識も高めることになる」と述べていることから、**1**の help promote charities「慈善事業の推進に役立つ」が正解。

政府の政策と交通安全

Key to Reading 第1段落：導入（速度制限に関する米国政府の政策の問題点）→第2段落：本論①（車両安全規制に関する米国政府の政策の問題点）→第3段落：本論②（信号機カメラと普及の現状）という3段落構成の説明文である。米国政府による交通安全政策の現状や問題点を整理しながら読み進めていくことを心がけよう。

訳

米国では、シートベルトなどの安全対策の実施により、交通関連の死亡が減少している。しかし、政府の政策を批判する多くの人々は、政府の規制をより強化すれば、死亡者数をさらに減らすことができると主張している。実際、速度制限に関する現在の政府の政策は、危険な運転を助長する可能性があると言う人もいる。これは、速度制限が「運転速度方式」を用いて設定されることが多いためである。この方式では、道路を利用する車両が実際に走行する速度に基づいて制限速度が設定され、危険性を高める道路の特徴が軽視されている。残念ながら、これは、制限が安全でないレベルに設定される時もあるということである。

　批評家たちはまた，車両安全規制に関して，米国は他の国に遅れをとっていると指摘している。米国では，安全規制は車内の人々を守ることを意図している。一部の車両は大型化し，形状も変わっているにもかかわらず，歩行者にもたらす危険の高まりを反映した法律改正がなされていない。批評家たちは，車に乗っている人の安全だけを規制するのは無責任であり，歩行者の死亡を防ぐために講じることができる簡単な方策があるにもかかわらず，歩行者の死亡が増加していると述べている。

　道路の安全性を高めるための１つの方法は，信号機のカメラを使って，赤信号で停止しないドライバーを検出することである。そのようなカメラの多くは1990年代に設置され，命を救えることを示してきた。それなのに，そのようなカメラの数は近年減少している。その理由の１つは，プライバシーに関する懸念から，一般市民から反対の声が出ることが多いためである。

(29)　正解　3

選択肢の訳　**1**　この傾向をさらに後押しする　　**2**　シートベルトの使用が減る　　**3**　危険な運転を助長する　　**4**　代替となる解決策を提供する

解説　第１段落最後の２文を参照。現在の速度制限の設定法について，speed limits are decided based on the speeds at which vehicles that use the road actually travel, and little attention is paid to road features that could increase danger「道路を利用する車両が実際に走行する速度に基づいて制限速度が設定され，危険性を高める道路の特徴が軽視されている」，またそれにより，limits are sometimes set at unsafe levels「制限が安全でないレベルに設定される時もある」と述べていることから，**3**の encourage dangerous driving「危険な運転を助長する」が正解。

(30)　正解　1

選択肢の訳　**1**　車内の人々を守ることを意図している　　**2**　多くのドライバーの反対を受けている　　**3**　実際は縮小されている　　**4**　大型車両に対してより厳しい

解説　空所を含む文の直後２文を参照。米国の車両安全規制について，laws have not changed to reflect the increased danger they pose to pedestrians「歩行者にもたらす危険の高まりを反映した法律改正がなされていない」と述べている。また批評家からも，regulating only the safety of vehicle occupants is irresponsible「車に乗っている人の安全だけを規制するのは無責任である」，pedestrian deaths have increased「歩行者の死亡が増加している」という意見が上がっていることから，**1**の designed to protect those inside vehicles「車内の人々を守ることを意図している」が正解。

(31)　正解　3

選択肢の訳　**1**　例えば　　**2**　同様に　　**3**　それなのに　　**4**　それゆえに

解説　空所を含む文の１文前で信号機のカメラについて，Many such cameras were installed in the 1990s and have been shown to save lives.「そのようなカメラの多くは1990年代に設置され，命を救えることを示してきた」と述べている。ここから，( ), the number of such cameras has declined in recent years.「( )，そのようなカメラの数は近年減少している」とつながることから，期待とは異なる状況を示す時に使う**3**の Despite this「それなのに」が正解。

指示文の訳 それぞれの文章を読んで，各質問に対する最も適切な答えを4つの選択肢の中から選び，その番号を解答用紙の所定欄にマークしなさい。

カリグラ

Key to Reading 第1段落：導入＋本論①（カリグラと脳炎）→第2段落：本論②（カリグラの異常行動の考えられる理由①）→第3段落：本論③（カリグラの異常行動の考えられる理由②）という3段落構成の説明文。カリグラが狂気の皇帝と呼ばれる理由と，それを否定するいくつかの説について読み取ろう。

訳

「狂気の皇帝」としても知られるローマ皇帝カリグラは，あまりにも悪名高くなったため，彼の生涯について事実と伝説を区別するのが難しい。その治世中，カリグラは「脳炎」とされるものを患った。この病気が原因で彼は精神に異常をきたしたのだとよく言われるが，この主張は彼の病気後の一見非理性的な行動によって裏付けられている。しかし，今日，一部の歴史家は，彼の行動は，巧妙で恐ろしく暴力的な政治戦略の意図的な部分であった可能性があると主張している。

病気後，カリグラは膨大な数の市民を，たとえ軽犯罪を犯しただけでも，拷問し，殺害し始めた。彼はまた，生ける神であると主張した。こうした行動は精神的不安定さを示唆している可能性があるものの，別の説明では，自らの地位を確保することを意図していたという。カリグラの病気中，彼に生き延びる見込みがなかったため，代わりを立てることが計画され，結果として彼はおそらく，裏切られ，脅かされたと感じた。同様に，神であると主張することは確かに精神異常の兆候のように聞こえるが，多くのローマ皇帝は死ぬと神になると考えられており，カリグラは敵が彼を暗殺するのを阻止するために，そう主張したのかもしれない。

カリグラが，彼の馬のインキタトゥスを政府の権力ある地位に任命しようとしたとされる話もまた，彼の精神病の証拠として挙げられることがある。しかし，カリグラはしばしばローマ元老院の議員に屈辱を与え，着心地の悪い服を着させたり，自分の馬車の前を走らせたりしたと言われている。自分の馬を彼らよりも高い地位に昇進させることは，元老院の議員に価値がないと感じさせる別の方法だったのだろう。しかし結局，カリグラの行動は行き過ぎ，彼は殺された。彼を歴史から消し去ろうとする試みがなされたため，現代の歴史家が研究すべき，信頼できる情報源はほとんど残っていない。その結果，彼が本当に狂気の皇帝であったかどうかは，決して明らかにならないのかもしれない。

(32) 正解 **1**

質問の訳 一部の現代の歴史家は，〜と主張している。

選択肢の訳 **1** カリグラの一見狂った行動は，実際には綿密に考え抜かれた計画の一部であるかもしれない。 **2** カリグラが患った「脳炎」は，当初考えられていたよりも深刻なものだった。 **3** カリグラは，精神病を患っていた時期を元に評価されるべきではない。 **4** カリグラが行ったと伝えられる暴力行為の多くは，別のローマ皇帝

※2024年度第1回から，試験形式の変更に伴い大問3の1問目(32)〜(34)が削除されます。

が行ったものである。

解説 第1段落では，カリグラが「狂気の皇帝」と呼ばれるようになったのは，「脳炎」(brain fever) が原因であるという従来の説について述べている。これに反する現代の歴史家の主張については，第1段落最終文に his actions may have been a deliberate part of a clever, and horribly violent, political strategy「彼の行動は，巧妙で恐ろしく暴力的な政治戦略の意図的な部分であった可能性がある」とある。この文とほぼ同じ内容を述べている **1** が正解。thought-out plan「考え抜かれた計画」。

(33)　正解　**2**

質問の訳 カリグラの病気の結果であったかもしれないことの1つは何か。

選択肢の訳 **1** 死にかけたという事実は，彼に神と宗教以外に興味を持たせなくなった。　**2** 彼はもはやだれも信用できないと感じ，統治方法を変えることになった。　**3** ローマ市民は彼がまだ死ぬ可能性が高いと考えていたので，彼は，神々が自分を守ってくれることを彼らに示そうとした。　**4** 彼がローマ皇帝についての古い信念を疑い始めたため，政府の他の議員たちとの深刻な対立につながった。

解説 病気後のカリグラについては，第2段落第1～2文で，Caligula began torturing and putting to death huge numbers of citizens for even minor offenses. He also claimed to be a living god.「カリグラは膨大な数の市民を，たとえ軽犯罪を犯しただけでも，拷問し，殺害し始めた。彼はまた，生ける神であると主張した」と述べており，その統治に大きな変化があったことがわかる。その原因として挙げられているのが，第4文の While Caligula was ill, plans were made to replace him, since he had not been expected to survive, and he likely felt betrayed and threatened as a result.「カリグラの病気中，彼に生き延びる見込みがなかったため，代わりを立てることが計画され，結果として彼はおそらく，裏切られ，脅かされたと感じた」こと。これらの内容をまとめた選択肢 **2** が正解。no longer「もはや～でない」。

(34)　正解　**2**

質問の訳 この文章によれば，カリグラはローマ元老院の議員たちについてどのように感じていたか。

選択肢の訳 **1** 彼らは彼を敵から守るために何でもするので，人々は彼らにもっと敬意を払うべきだと感じた。　**2** 彼らに対する自分の力を示したかったので，彼らに価値がないと感じさせる方法をしばしば探した。　**3** 彼らは体が弱く，ファッションセンスが悪いと感じたので，彼らを嫌った。　**4** 彼らの支援に感謝し，彼らを称えるために馬車レースなどのイベントを行った。

解説 第3段落第2文より，カリグラはローマ元老院の議員に屈辱を与えており，その一例として，第3文で Elevating his horse to a position higher than theirs would have been another way to make the Senate members feel worthless.「自分の馬を彼らよりも高い地位に昇進させることは，元老院の議員に価値がないと感じさせる別の方法だったのだろう」と述べている。この内容と一致する選択肢 **2** が正解。

エディ・コイルの友人たち

Key to Reading 第1段落：導入＋本論①（「エディ・コイルの友人たち」が生まれるまで）

233

→第２段落：本論②（「エディ・コイルの友人たち」の独自性）→第３段落：本論③＋結論（ヒギンズのその後の作品と人生）という３段落構成の説明文。設問に先に目を通し，読み取るべきポイントを押さえてから，本文を読み進めよう。

訳

　1970年，アメリカの作家ジョージ・V・ヒギンズは，自身初の小説，『エディ・コイルの友人たち』を出版した。この犯罪小説は，ヒギンズが弁護士として働いていた頃から発想を得ているが，その頃，彼は自分が関わった事件に関連する何時間もの警察の監視カメラのビデオテープと記録を調べていた。彼は普通の犯罪者の日常の言葉を聞いたり読んだりしたが，それは，当時のテレビの犯罪ドラマのセリフのようなものでは全くなかった。ヒギンズは本物の犯罪者がどのように話すかを知り，そして彼らの独特で，しばしば乱雑でもある言葉遣いが，『エディ・コイルの友人たち』のベースとなった。この小説のざらついた臨場感は，当時ベストセラーリストを独占していた，洗練された犯罪小説とはかけ離れていた。ヒギンズは犯罪者の人生を美化することも，警察や連邦捜査官を英雄的に描写することもしなかった。

　『エディ・コイルの友人たち』が他の犯罪小説と異なる点の１つは，ほぼ完全にセリフで書かれていることである。犯罪小説が，サスペンスを作り上げる慎重に練られたストーリーに頼っていることを考えると，これは非常に独創的なアプローチであった。重要な出来事は直接描写されるのではなく，小説の登場人物同士の会話を通じて挿入されるのだ。そのため読者は，エディ・コイルと彼の犯罪仲間との会話を密かに聞いているという感覚を与えられる。アクションシーンでさえセリフで描かれ，ナレーションが必要な場合は，ヒギンズは控えめに書き，読者が筋書きを追うのに必要な情報だけを提供する。登場人物，彼らが住む世界，彼らが従う行動規範に，主に焦点を当てている。

　ヒギンズの最初の小説はすぐに大当たりしたが，すべての読者が，筆者が後の作品でも用いたその文体を気に入ったわけではなかった。多くの人は，彼の後の小説には明確な筋書きがなく，アクションが少なすぎると不満を漏らした。それでもヒギンズは，読者をセリフに注目させ続けられるからと，物語を語る最も魅力的な方法は，登場人物の会話を通してである，という自分の信念を守り続けた。多くの小説を書いたにもかかわらず，ヒギンズはデビュー作の成功を再現することはできなかった。人生の終わりに向かって，彼は自分の本への関心や評価が足りないことに落胆し，失望した。それにもかかわらず，『エディ・コイルの友人たち』は，これまでに書かれた最も優れた犯罪小説の１つであると，多くの人に考えられている。

(35)　正解　**4**

質問の訳　この一節によると，ジョージ・V・ヒギンズは，～『エディ・コイルの友人たち』を書いた。

選択肢の訳　**1**　この小説がベストセラーになり，法律の専門家を辞めてフルタイムで執筆できるようになると信じていたので。　**2**　米国での犯罪活動の広がりに対する一般のアメリカ人の意識の欠如に不満を感じて。　**3**　犯罪の犠牲者を守るために弁護士がどれほど懸命に働いたかを読者に示したかったので。　**4**　弁護士時代に行った調査の間に気づいたことから発想を得て。

解説　第１段落第２文に，This crime novel was inspired by the time Higgins spent working as a lawyer「この犯罪小説は，ヒギンズが弁護士として働いていた頃

から発想を得ている」とあるので，この内容と一致する選択肢**4**が正解。

(36)　正解　**2**

質問の訳　第2段落で，『エディ・コイルの友人たち』について何がわかるか。

選択肢の訳　**1**　ヒギンズは，犯罪フィクションの伝統的なルールが現代にも当てはまることを証明する小説を書きたいと考えた。　**2**　ヒギンズは，特定の出来事を詳細に描写するのではなく，登場人物間のやりとりを通じて物語を語っているため，この小説は他とは異なっている。　**3**　ヒギンズは，長いナレーションを書く自信がなかったため，小説全体を通して会話に頼るところが大きかった。　**4**　この小説は犯罪の世界を確実に描写しているが，ヒギンズはそれが真の犯罪小説であるとは考えていなかった。

解説　『エディ・コイルの友人たち』の特徴として，第2段落第1文でit is written almost entirely in dialogue「ほぼ完全にセリフで書かれている」と述べている。これは，当時の犯罪小説特有の，慎重に練られたストーリー（carefully plotted stories）とは大きく異なる。この内容と一致する選択肢**2**が正解。

(37)　正解　**1**

質問の訳　次の意見のうち，この文章の著者が同意する可能性が最も高いのはどれか。

選択肢の訳　**1**　ヒギンズは自分の文体を変えることでより多くの読者を惹きつけることができた可能性があるにもかかわらず，彼は自分の創造的なビジョンに忠実であり続けた。　**2**　ヒギンズが最初に書いた本は下手だったが，彼の作品の質はその後数年で着実に向上した。　**3**　犯罪小説の作家が，他のジャンルの作家と同じレベルの名声と称賛を得ることは決してないだろう。　**4**　犯罪小説の作家が，自分の作品が最初に出版されてから数十年後に読者の共感を得ることを期待するのは，非現実的である。

解説　第3段落第1～3文で，ヒギンズの2作目以降の作品は，その独特の文体から必ずしも好評ではなかったが，彼は，remained committed to his belief that the most engaging way to tell a story is through the conversations of its characters「物語を語る最も魅力的な方法は，登場人物の会話を通してである，という自分の信念を守り続けた」と述べている。この内容と一致する**1**が正解。

マミー・ブラウン

Key to Reading　第1段落：導入＋本論①（ミイラを巡る古代の考え）→第2段落：本論②（ヨーロッパでのミイラ人気）→第3段落：本論③（ミイラから生まれた顔料，マミー・ブラウン）→第4段落：結論（マミー・ブラウンの真実）という4段落構成の説明文。選択肢を検討するときは，本文中の語（句）の言い換えに注意しよう。

訳

何千年も前に，古代エジプト人は，死体を乾燥させ，様々な物質で処理し，それらを包んで保存するというプロセス，すなわちミイラ化を実践し始めた。これにより，死者の魂が死後の世界に入ることができると信じられていた。しかし，12世紀始め，ミイラの一部を使って作られた医薬品の市場がヨーロッパに出現したため，多くの古代のミイラが奇妙な運命を辿った。人々は，ミイラの黒い色は，中東で自然に発生し，古代社会で病気を治療するために使用された，黒い石油ベースの物質である瀝青で処理されたためだと考えていた。しかし，古代エジプト人はミイラを瀝青でコーティングして保存することもあっ

たが，この方法はヨーロッパに持ち込まれたミイラの多くには使用されていなかった。さらに，アラビア語の文書が誤って訳されたことにより，ミイラの処理に使用された瀝青が，実際にミイラの体内に入っていたという誤った考えが生まれた。

18世紀までに，医学知識の進歩により，ヨーロッパ人はミイラから作られた薬の使用をやめた。それにもかかわらず，フランスの指導者，ナポレオン・ボナパルトがエジプトでの軍事作戦を主導した時，ミイラに対するヨーロッパの大衆の関心は，新たな高みに達した。これは大規模な研究遠征も兼ねており，重要な考古学的発見と古代遺物の文書化につながった。個人のコレクションとして古代遺物を手に入れるために，裕福な観光客はエジプトを訪れることまでした。実際，個人のパーティーでミイラを開封したり飾ったりするのが，人気のアクティビティとなった。ミイラは，作物の肥料や鉄道エンジンの燃料など，様々な方法でも利用された。

ミイラの特に珍しい用途の1つは，茶色の絵の具を作るための顔料として使用されたことである。すりつぶしたミイラを用いて作られた顔料は，マミー・ブラウンとして知られるようになり，16世紀には早くも使用されていたが，その需要はナポレオンのエジプトでの軍事作戦の頃に増加した。その色はヨーロッパの一部の芸術家によって称賛され，彼らは今日美術館で見ることができる作品にそれを使用した。それでも，その顔料にはファンよりも，批判する人の方が多かった。多くの芸術家は，乾燥性の低さやその他のマイナス面について不満を漏らした。さらに，亡くなった人々から作られた顔料で絵を描くことは，次第に冒涜であると考えられるようになった。マミー・ブラウンを使用した有名な英国の画家は，それを作るのに本物のミイラが使用されていることを知った時，すぐに絵の具のチューブを地面に埋めた。

マミー・ブラウンに嫌悪感を持たなかった芸術家でさえ，死んだ動物の一部がミイラの一部として販売されることもあったため，その原料が本物であると必ずしも確信できるわけではなかった。また，様々なメーカーがミイラの様々な部分を使用して顔料を作ったという事実は，市場に出回っている様々な仕様の間に，ほとんど均一性がないことを意味していた。さらに，遺体を保存するために使用される物質を含む，ミイラ化のプロセス自体も，時間の経過とともに変化した。これら同様な要因により，今日の研究者が特定の絵画にマミー・ブラウンを見つけるのは，ほとんど不可能になっている。しかし，顔料の起源が物議を醸していることを考えると，芸術愛好家は，賞賛する絵画のいずれかにそれが使用されていることを発見した場合，恐らく衝撃を受けるだろう。

(38)　正解　**3**

質問の訳　この文章の著者によると，古代エジプトのミイラがヨーロッパで薬を作るために使われたのはなぜか。

選択肢の訳　**1** 当時のヨーロッパでは病気が蔓延していたので，ヨーロッパ人は効果的な薬を作るためにあらゆることを試みるのを厭わなかった。　**2** ミイラが経過年数にかかわらず黒くなっていなかったため，ヨーロッパ人はミイラが健康に良いと考えていた。　**3** ヨーロッパ人は，薬効があると考えられていた物質がすべてのミイラに存在すると誤って信じていた。　**4** ミイラが古代エジプト人にとって宗教的な意味を持っていたという事実により，ヨーロッパ人はミイラに特別な力があると信じていた。

解説　ミイラが薬を作るために使われた理由は，第1段落第4文で，病気の治療に使われていた瀝青（bitumen）が，ミイラの処理に使われていたと考えられていたためであ

ると述べている。しかし第5文にあるように，実際は，this method had not been used on many of the mummies that were taken to Europe「この方法はヨーロッパに持ち込まれたミイラの多くには使用されていなかった」。つまり，ヨーロッパ人は瀝青を使っていないミイラもあることを認識していなかったということなので，これに一致する選択肢3が正解。

(39)　正解　4

質問の訳　ナポレオン・ボナパルトのエジプトでの軍事作戦について，わかることの1つは何か。

選択肢の訳　1　多くの指導者は，それをエジプトにも侵攻する理由と見なし，多くの古代遺物の破壊につながった。　2　それは，ミイラから作られた薬に対するヨーロッパ人の意見を変えることにつながった，古代エジプトの文化に関する情報を明らかにした。　3　裕福なヨーロッパ人は，それにより自分たちの古代遺物のコレクションが破壊されると考え，反対した。　4　ミイラへの関心を高め，ヨーロッパ人をミイラを様々な目的に使用する気にさせた。

解説　ナポレオンのエジプトでの軍事作戦については第2段落で，the European public's fascination with mummies reached new heights「ミイラに対するヨーロッパの大衆の関心は，新たな高みに達した」と述べており，その具体例として，富裕層がパーティーでミイラを開封したり飾ったりしたこと（the unwrapping and displaying of mummies）を挙げている。この内容と一致する選択肢4が正解。inspire ... to ～「…を～する気にさせる。」

(40)　正解　1

質問の訳　この文章の著者は～ために，英国の画家について言及している。

選択肢の訳　1　死者への敬意が欠けているために，マミー・ブラウンの使用が一部の人々によってどう反対されたかの例を示す。　2　その技術性能が低いにもかかわらず，マミー・ブラウンが有名な芸術家の間で人気を保ち続けた理由を説明する。　3　マミー・ブラウンは，その特有の成分から，他の塗料顔料よりも優れていたという見解を支持する。　4　一部の芸術家が，最初マミー・ブラウンの使用を拒否した後，それに対して肯定的な意見を展開した理由の1つを説明する。

解説　英国の画家について言及しているのは，第3段落最終文。painting with a pigment made from deceased people increasingly came to be thought of as disrespectful「亡くなった人々から作られた顔料で絵を描くことは，次第に冒涜であると考えられるようになった」と述べた後で，マミー・ブラウンにミイラが使用されていることを知って絵の具を埋めた英国の画家について言及している。この内容と一致する選択肢1が正解。本文のdisrespectfulをa lack of respectで言い換えている。

(41)　正解　2

質問の訳　絵画にマミー・ブラウンが含まれているかどうかを判断するのを難しくしていることの1つは何か。

選択肢の訳　1　色を良くするために顔料に加えられた物質が，検査で検出できた可能性のある生物学的証拠をすべて消し去ってしまった。　2　古代エジプト人がミイラを

作る方法が変化したため，顔料の中身に均一性がなかった。　**3**　芸術家が，絵画に用いる前に顔料を他の種類の塗料と混ぜたため，それがごく少量しか存在しなかった。

4　美術業界が，結果が絵画の価値に影響を与える可能性があるという懸念から，研究者が絵画の検査を行うのを阻止しようとしてきた。

解説　マミー・ブラウンが絵画に使用されているかどうかを見極めるのが困難であることは，第4段落第4文で述べている。文頭の These same factors は，その前の3文の内容（①本物のミイラが使われていない可能性がある，②ミイラの様々な部分が使われているので製品に均一性がない，③ミイラ化のプロセスが変化した）を指している。これらのうち③の内容と一致する選択肢**2**が正解。

4　一次試験・英作文
(問題編p.197)

指示文の訳　●次のトピックについてエッセイを書きなさい。
　　　　　　　●答えの裏付けに，以下に挙げたポイントのうちの2つを使いなさい。
　　　　　　　●構成：導入，本論，結論
　　　　　　　●長さ：120〜150語
　　　　　　　●エッセイは解答用紙のB面に用意されたスペースに書きなさい。
　　　　　　　　スペースの外側に書かれた内容は，採点の対象とはなりません。

トピックの訳　人は動物から作られた商品の使用をやめるべきですか。

ポイントの訳　●動物の権利　●絶滅危惧種　●商品の品質　●伝統

解答例

　I believe that the quality of alternative products and respecting animal rights are reasons why people should not use goods made from animals.

　Many products made from animals are being replaced by artificial goods, and technological advancements have greatly improved the quality of these man-made goods. For example, the quality of fake fur is almost the same as that of real fur. Such high-quality alternative goods mean that using animal products is unnecessary.

　Furthermore, some animal products come from animals living in conditions that restrict their freedom. However, animals deserve the right to live freely, and this right should not be ignored for the sake of commercial gain. Therefore, stopping the use of animal-based goods is an effective way to protect animal rights.

　In conclusion, the high quality of other types of products and the importance of protecting animal rights mean that people should stop using goods made from animals.

解答例の訳

　私は，代替商品の品質と動物の権利の尊重こそが，人が動物から作られた商品を使用すべきではない理由だと思う。

　動物から作られた多数の商品は人工的な商品に置き換えられつつあり，技術の発達はこ

※2024年度第1回から，大問4に文章の要約を書く問題が加わります。

れらの人工の商品の品質を著しく向上させている。例えば，人工毛皮の品質は本物の毛皮の品質とほぼ同じである。そのような高品質の代替商品は，動物性商品の使用が不要なものであるということを物語っている。

　さらに，動物性商品の中には，自由が束縛された状況下で生きる動物に由来するものもある。しかし，動物には束縛されずに生きる権利があり，この権利は営利目的でないがしろにされるべきではない。そのため，動物を主材料とした商品の使用をやめることは動物の権利を保護するための効果的な手段である。

　結論として，他の種類の商品の品質の高さおよび動物の権利の保護の重要性は，人が動物から作られる商品の使用をやめるべきだということを指し示している。

　解説　TOPIC文について，「使用をやめるべきである／使用をやめるべきではない」のどちらかの立場に立って，自分の意見とその根拠をエッセイの形でまとめる形式。エッセイをまとめる際には，POINTSとして示されたキーワードのうち2つを選んで使用する必要がある。これらのキーワードに挙げられている語句については，例えば，Endangered speciesはspecies in danger of extinction「絶滅の危機に瀕している種」などと，Animal rightsはAnimal welfare「動物愛護」などと，必要に応じて形を変えて表現したり類義語で置き換えたりしても良い。

　段落構成に関する，導入（introduction）→本論（main body）→結論（conclusion）という基本的な指定は必ず守ること。解答例のように本論を2つに分ける場合は，論点の重複がないように，それぞれの段落を別の視点からまとめる。その際，各段落の論点が明確になるように，談話標識（discourse markers）を使うと論理的にまとまりのある文章となり，効果的である。また，結論をまとめるときは，第1段落の単純な繰り返しにならないよう，表現を若干でも工夫することが好ましい。

TOPIC文　「人は動物から作られた商品の使用をやめるべきですか」という質問について意見を求める内容。

　語句　goods「商品」／ be made from ～「～から作られた」

第1段落（導入）　まずエッセイの冒頭で，TOPIC文のテーマを正しく理解していることと，自分が「使用をやめるべきである／使用をやめるべきではない」のどちらの立場に立っているかを明示する必要がある。解答例は，文をI believe that ～「私は～と思う」から始め，自分が前者の立場にいることを示している。また，POINTSの中からProduct quality「商品の品質」とAnimal rights「動物の権利」の2つを取り上げている。

　語句　quality「品質」／ alternative「代替の」／ product「商品」

第2段落（本論①）　第2段落では，第1段落で示した1つ目の観点である「商品の品質」について述べている。また，第2文では，第1文で言及した高品質の人工的な商品の具体例を，For example「例えば」という談話標識を用いて挙げている。

　語句　replace「～を置き換える」／ artificial「人工の」／ technological「技術的な」

第3段落（本論②）　第3段落では，第1段落で示した2つ目の観点である「動物の権利」について意見を展開している。この段落では，追加を表すFurthermore「さらに」，逆接を表すHowever「しかし」，帰結を表すTherefore「そのため」という3つの談話標識を駆使しながら，動物の権利の保護の重要性について論理的に説明することで，意見の説得力を高めている。

　語句　condition「状況，状態」／ restrict「～を制限する」／ freedom「自由」／ deserve「～に値する」／ freely「制約なく，自由に」／ ignore「～を無視する」／ for

the sake of 〜「〜のために」/ commercial「商業的な」/ gain「利益」/ animal-based「動物を主材料とした」/ effective「効果的な」/ protect「〜を保護する」

第4段落（結論） 最終段落では，in conclusion「結論として」という談話標識から文を始めて，人々は動物から作られた商品を使用すべきではないという結論を再度述べ，文章を締め括っている。

語句 type「種類」/ importance「重要性」

Part 1 一次試験・リスニング
(問題編pp.198〜199)

指示文の訳 準1級の試験のリスニングテストが始まります。指示を注意して聞いてください。テスト中に質問をすることは許されていません。

このテストは3つのパートに分かれています。これら3つのパートの質問は全て選択肢の中から正解を選ぶ問題です。それぞれの質問について，問題冊子に書かれている4つの選択肢の中から最も適切な答えを選び，解答用紙の該当箇所にその答えをマークしなさい。このリスニングテストの全てのパートで，メモを取ってもかまいません。

それでは，これからPart 1の指示を行います。このパートではNo. 1からNo. 12まで12の会話が放送されます。それぞれの会話に続いて，質問が1つ流れます。各質問に対して，最も適切な答えを選んで解答用紙にマークする時間が10秒あります。会話と質問は1度しか読まれません。それでは，準1級のリスニングテストを始めます。

No.1 正解 **4**

放送文 *A:* Dr. Jenkins, could I speak with you for a moment? *B:* Sure, Eric. What's on your mind? *A:* I'm embarrassed to say this, but I'm having a hard time keeping my eyes open in class. I have to work two part-time jobs to make ends meet, and your class is so early in the morning. *B:* So are you thinking about dropping the class? That would be a shame, considering that your test scores have been pretty good. *A:* No, not that. I need this class in order to graduate next year. Actually, I was wondering if you could arrange your seating chart so I'm sitting right up in front. That should help me pay better attention in class. *B:* I think I can probably do that.

Question: What is the student concerned about?

訳 A：ジェンキンス博士，ちょっとお話できますか。 B：もちろんです，エリック。何か気になることがあるのですか？ A：お恥ずかしい話なんですが，授業中，目を開けているのが辛いんです。生活のためにアルバイトを2つ掛け持ちしているのですが，先生の授業は朝とても早いので。 B：それで，授業をやめようと思っているのですか。テストの点数がかなりよいのに，それは残念ですね。 A：いいえ，そうではありません。来年卒業するためにこの授業が必要です。実は，私が一番前に座れるように座席表をアレンジしていただけないかと思っているんです。そうすれば，もっと授業に集中できると思います。 B：たぶんできると思いますよ。

質問の訳 学生は何を心配しているか。

240

1 彼の最近のテストの点数。　**2** 授業をやめなければならないこと。
3 仕事を見つけること。　**4** 授業中に起きていること。

解説 1往復目でA（＝Eric）は「ジェンキンス博士，ちょっとお話できますか」と述べているので，学生であるAが，先生であるジェンキンス博士に相談している場面だとわかる。2往復目でAは「授業中，目を開けているのが辛いんです」（I'm having a hard time keeping my eyes open in class）と述べているので，Aが心配していることは，授業中に起きているのが大変であること。よって，having a hard time keeping my eyes open in class を staying awake in class と言い換えた**4**が正解。

No.2 正解 **1**

放送文 *A:* You're not sending a personal e-mail from your office computer, are you, Allen? *B:* It's just a quick note to my mom—it's her birthday tomorrow. *A:* Didn't you read the memo from the CEO? Using office computers for private communications could get you fired. I heard they're looking for excuses to cut staff. *B:* I doubt if they'd take a birthday message that seriously, but thanks for the warning. *A:* Better safe than sorry.
Question: Why is the woman concerned?

訳 A：まさか，会社のパソコンから個人的なメールを送ろうとしているんじゃないでしょうね，アレン？　B：母へのちょっとした手紙だよ，明日は母の誕生日なんだ。　A：CEOからのメモを読んでないの？　会社のコンピュータを私的な通信に使うと，解雇されるかもしれないよ。会社は，従業員を減らす口実を探していると聞いたよ。　B：誕生日のメッセージをそんなに真剣に受け取るとは思えないけど，警告してくれてありがとう。A：用心するに越したことはないからね。

質問の訳 なぜ女性は心配しているのか。

選択肢の訳 **1** 男性が仕事を失うかもしれない。　**2** 男性は母親の誕生日を忘れていた。　**3** 男性は彼女の電子メールに返信しなかった。　**4** 男性は社長に好かれていない。

解説 1往復目から，B（＝Allen）が会社のパソコンから個人的なメールを送ろうとしているところを，A（＝女性）が目撃した場面であることがわかる。2往復目で女性は，「会社のコンピュータを私的な通信に使うと，解雇されるかもしれないよ」（Using office computers for private communications could get you fired.）と述べているので，女性は，Bが仕事を失うかもしれないことを心配していることがわかる。よって，could get you fired を could lose his job と言い換えた**1**が正解。

No.3 正解 **1**

放送文 *A:* Sam, next week, it's my turn to drive us to work, but my car's in the shop. *B:* What's wrong with it? *A:* Oh, I had an accident over the weekend. *B:* Nothing too serious, I hope. *A:* No. Just a fender bender. *B:* OK. Well, why don't I do the driving next week, and you can take your turn once your car's fixed? *A:* That would be great. Thanks a lot.
Question: What do we learn about these people?

訳 A：サム，来週は私が車で職場まで運転する番だけど，私の車は修理に出しているの。　B：どうしたの？　A：ああ，週末に事故に遭ったのよ。　B：大したことないと

いいね。　A：ええ，ちょっとぶつけただけよ。　B：わかった。じゃあ，来週はぼくが運転して，君の車が直ったら君が運転するのはどう？　A：そうしてもらえると助かるわ。どうもありがとうね。

この人たちについてわかることは何か。

1　彼らは交代で運転している。　**2**　彼らは重大な事故に遭った。
3　彼らは車の修理工場で働いている。　**4**　二人とも来週は運転できない。

1往復目でA（＝女性）は，「来週は私が車で職場まで運転する番だけど〜」（next week, it's my turn to drive us to work）と述べているので，AとB（＝Sam）は，職場まで通勤するときの車の運転を当番制で交代で行っていることがわかる。このturnは「順番，番」という意味。よって，it's my turn to drive us to workをtake turns drivingと言い換えた**1**が正解。fender benderで「軽度の衝突事故」。

No.4　正解　**1**

A: I'm sorry, sir, but your credit card was declined.　*B:* I don't understand why.　It was fine yesterday.　*A:* Perhaps you've reached your limit. It happens quite often.　*B:* I don't know.　That's certainly possible, I suppose.
A: Anyway, I suggest you call your card issuer.　Do you have a debit card or a personal check you'd like to use for today's purchases?　*B:* No, I'll just pay with cash.

Question: What's the man's problem?

　A：申し訳ございませんが，お客様のクレジットカードは使用できませんでした。B：なぜだかわかりません。昨日は大丈夫だったのですが。　A：おそらく限度額に達しているのでしょう。よくあることなんです。　B：どうでしょう。確かにその可能性はありますね。　A：いずれにせよ，カード発行会社に電話することをお勧めします。今日のお買い物にご使用なさりたいデビットカードか個人用小切手をお持ちですか。　B：いいえ，現金で払います。

男性の問題は何か。

1　クレジットカードが使えない。　**2**　カード発行会社に連絡するのを忘れた。　**3**　今日，現金が不足している。　**4**　デビットカードを紛失した。

買い物での会計時の客と店員の会話。1往復目でA（＝店員）は，B（＝客）に「申し訳ございませんが，お客様のクレジットカードは使用できませんでした」（I'm sorry, sir, but your credit card was declined.）と述べているので，Bのクレジットカードが使えない状況であることがわかる。よって，your credit card was declinedをcannot use his credit cardと言い換えた**1**が正解。

No.5　正解　**3**

A: How's the job-hunting going, Tyler?　You know your dad and I can't support you forever.　*B:* Actually, I've been offered a second interview for a call-center job.　I'm not sure it's my thing, though.　*A:* It doesn't have to be. The more jobs you try your hand at, the more you'll learn about the working world.　*B:* But what if I take it and end up missing out on my dream job?　*A:* You can keep applying to other places while you work.　*B:* Fair enough.　I'll call

them back and schedule the second interview.

Question: What is the woman's opinion about her son?

訳 Ａ：タイラー，就職活動はどうなの？ お父さんも私も，いつまでもあなたをサポートすることはできないわよ。 Ｂ：実は，コールセンターの仕事の二次面接を受けることになったんだ。僕に向いているかどうかわからないけどね。 Ａ：そんなことないわ。多くの仕事に挑戦すればするほど，実社会というものを知ることができるんだから。 Ｂ：でも，もしそれを受けてみて，自分の理想の仕事を逃してしまったらどうしよう？ Ａ：働きながら，他のところに応募し続ければいいのよ。 Ｂ：その通りだね。電話をかけ直して，二次面接の日程を決めるよ。

質問の訳 息子についての女性の意見は何か。

選択肢の訳 **1** 息子はコールセンターの仕事には向いていない。 **2** 息子は間違った面接のテクニックを学んでいる。 **3** 息子は，機会を提供された面接に行くべきだ。 **4** 息子は夢の仕事を見つけることを優先させるべきだ。

解説 1往復目のＡ（＝女性）の発言から，職探しをしているＢ（＝Tyler）との会話だとわかる。1往復目でＢは，コールセンターの仕事の二次面接を受けることになったが，自分に向いているかどうかわからないと述べており，面接を受けることを迷っていることがわかる。それに対しＡは2，3往復目で「多くの仕事に挑戦すればするほど，実社会というものを知ることができる」「働きながら，他のところに応募し続ければいい」と述べているので，ＡはＢが面接を受けるべきだと考えていることがわかる。よって，the more jobs you try your hand at を go to the interview と言い換えた**3**が正解。try one's hand at ～「～をやってみる［～に挑戦する］」。working world「実社会」。Fair enough.「あなたの言う通りですね」。

No.6 正解 **1**

放送文 *A:* Hello, Sergio. What brings you to the clinic today? *B:* My energy's been really low recently, so I thought I should have a checkup. *A:* Any major changes since your last appointment? *B:* I got promoted to a new position that's pretty stressful and requires a lot of business trips. I've been eating unhealthy food, too. *A:* I see. Getting adequate nutrition can be a challenge when you're traveling. *B:* What should I do? *A:* Let's get a few tests done, and then we'll look at your options once the results come in.

Question: What is the doctor going to do next?

訳 Ａ：セルジオさん，こんにちは。今日はどのような症状でクリニックにいらっしゃいましたか。 Ｂ：最近本当に元気がないので，健康診断を受けた方がいいと思いまして。 Ａ：前回の診察から何か大きな変化はありましたか。 Ｂ：新しいポジションに昇進したのですが，出張が多くてストレスがたまります。ずっと不健康な食事もしています。 Ａ：そうなんですね。出張先で十分な栄養を摂るのは大変ですよね。 Ｂ：どうしたらいいんでしょうか。 Ａ：いくつか検査をして，結果が出たら，どうするかを検討しましょう。

質問の訳 医師は次に何をするつもりか。

選択肢の訳 **1** 男性にいくつかの検査を受けさせる。 **2** 男性にもっと運動するよう勧める。 **3** 男性に仕事に関するストレスについて助言する。 **4** 男性に専門医を勧める。

1往復目の会話から，クリニックでのA（＝医者）とB（＝患者のSergio）との会話とわかる。3往復目でBが「どうしたらいいんでしょうか」とたずねたのに対し，Aは「いくつか検査をして，結果が出たら，どうするかを検討しましょう」(Let's get a few tests done, and then we'll look at your options once the results come in.) と述べている。よって，get a few tests done を take some tests と言い換えた **1** が正解。

No.7 正解 **3**

A: Jasper? I thought you were on vacation this week. *B:* Officially, I am. My manager was planning to take some time off, so I thought I'd do the same. Unfortunately, she's still working, which means she's asking me to do stuff. *A:* She's making you work during your vacation? You should complain to the personnel department. *B:* But I've only been here a year. I want to prove I'm committed to the company. *A:* Well, be sure to set aside a little time for yourself this week. You are technically on vacation. *B:* I will. Thanks.

Question: What is one thing we learn about the man?

A：ジャスパー？ 今週は休暇中じゃなかったの。 B：公式にはそうなんだけどね。部長が休暇を取る予定だったので，僕もそうしようと思ったんだ。でも残念ながら，彼女はまだ働いていて，僕にいろいろ頼んでくるんだ。 A：休暇中に上司に仕事をさせられているの？ 人事部に文句を言うべきだよ。 B：でも僕は，入社してたった1年なんだ。会社に貢献してるって証明したいよ。 A：じゃあ，今週は必ず少しは自分の時間を作ってね。表向きは休暇なんだから。 B：そうするよ。ありがとう。

男性についてわかることの1つは何か。

1 彼は年内に休暇を取るだろう。 **2** 彼は人事部長と会うだろう。 **3** 彼は部長が彼に頼むことをやるだろう。 **4** 彼は女性に手伝ってくれるように頼むだろう。

1往復目からB（＝Jasper）が，休暇の予定を返上して仕事をしている場面であることがわかる。1往復目の最後でBは「彼女（＝部長）はまだ働いていて，僕にいろいろ頼んでくるんだ」と述べ，2往復目では「会社に貢献してるって証明したい」と述べているので，Bは部長の仕事を手伝うつもりであることがわかる。she's asking me to do stuff を do what his manager asks him to do と言い換えた **3** が正解。

No.8 正解 **4**

A: What do you think of the proposed design for our new company logo? *B:* I quite like the style of the lettering, but the logo doesn't have enough impact. How about you? *A:* The colors are appealing, but I think the shape of our current logo represents our company better. *B:* I heard there's a trend toward simplicity these days, but the designers have gone too far in that direction. *A:* Agreed. We should talk to them again.

Question: What do these people think about the proposed logo?

A：会社の新しいロゴのデザイン案について，どう思う？ B：文字のスタイルはかなり好きだけど，ロゴのインパクトが十分じゃないよ。あなたはどう思う？ A：色は魅力的だけど，今のロゴの形の方が，うちの会社をうまく表現していると思うな。 B：

最近, シンプルなものが流行っているそうだけど, デザイナーはその方向に行き過ぎたね。 A：そうだね。もう一度彼らと相談してみるべきだね。

質問の訳 この人たちは, 提案されたロゴについてどう考えているか。

選択肢の訳 **1** もっと明るい色にする必要がある。 **2** 会社のイメージに合っている。 **3** 現在のものと類似しすぎている。 **4** デザインを変える必要がある。

解説 1往復目でB（＝女性）は「ロゴのインパクトが十分じゃない」と述べ, 2往復目でA（＝男性）は「今のロゴの形の方が, うちの会社をうまく表現していると思う」と述べているので, A, Bともに, 提案されたロゴに不満を感じていることがわかる。また, 2往復目でBが「デザイナーはその方向に行き過ぎた」と述べたのに対し, Aは「そうだね」と同意した後,「もう一度彼らと相談してみるべきだ」（We should talk to them again.）と述べている。よって, talk to them（＝the designers）again を needs to be redesigned と言い換えた **4** が正解。

No.9 正解 **1**

放送文 *A:* Sheena, are you going to Alice's book-launch party on Wednesday? *B:* Of course. It's taken her a decade to write, but the book turned out great! *A:* You've already read it? That's not fair! But I suppose you two have been friends since kindergarten. *B:* And I helped with research for one of the chapters. *A:* I guess I'll just have to read it when it's available to the general public. *B:* You only have to wait a few days.
Question: What is one thing we learn about the man?

訳 A：シーナ, 水曜日のアリスの出版記念パーティーに行くつもり？ B：もちろんよ。彼女は書くのに10年もかかったけど, 素晴らしいでき栄えよ！ A：もう読んじゃったの？ そんなのずるいよ。でも, 二人は幼稚園の頃からの友達なんだよね。 B：それに, ある章では私もリサーチを手伝ったの。 A：ぼくは, 一般公開されてから読むしかないね。 B：数日待たなくちゃいけないだけよ。

質問の訳 男性についてわかることの1つは何か。

選択肢の訳 **1** まだアリスの本を読んでいない。 **2** アリスのパーティーに参加できない。 **3** もうアリスと友達ではない。 **4** アリスの本を読んでがっかりした。

解説 1往復目でB（＝Sheena）が「彼女（＝Alice）は書くのに10年もかかったけど,（出版される本は）素晴らしいでき栄えよ！」と述べているので, Bはすでにアリスが出版する本を読んでいることがわかる。一方, これを聞いたA（＝男性）は,「もう読んじゃったの？ そんなのずるいよ」と述べ, 3往復目でも「ぼくは, 一般公開されてから読むしかないね」と述べ, シーナも「（あなたが読めるようになるまで）数日待たなくちゃいけないだけよ」と述べているので, Aはアリスの本をまだ読んでいないことがわかる。よって **1** が正解。

No.10 正解 **2**

放送文 *A:* Morning. Sorry to be late. *B:* No problem. Was your train delayed again? *A:* Yes, for the third time this month. I take an early train, but there are always big delays on weekdays during rush hour. *B:* Isn't there another train line in your area? *A:* Yes, but the station on that line is a 45-minute walk from

my house. *B:* Perhaps you could ride your bicycle there. *A:* That's an idea. If I did that, I could catch a later train than I do now. *B:* Cycling would be good exercise, too. *A:* Good point. I think I'll give it a try.

Question: What will the woman probably do in the future?

訳　A：おはよう。遅れてごめんね。　B：大丈夫だよ。また電車が遅れたの？　A：うん，今月3回目よ。私は早い時間の電車に乗るんだけど，平日のラッシュアワーにはいつも大きな遅れが出るの。　B：君のところには別の路線はないの？　A：あるけど，その路線の駅は家から歩いて45分もかかるのよ。　B：自転車で行けばいいんじゃない？　A：それはいい考えね。そうすれば，今より遅い電車に乗れるかもしれないし。　B：自転車もいい運動になるよ。　A：いいこと言うわね。試してみようかしら。

質問の訳　女性はおそらく将来何をするだろうか。

選択肢の訳　**1**　確実にもっと早い電車に乗るようにする。　**2**　別の路線を使う。
3　自転車で会社に行く。　**4**　週末に出社する。

解説　1〜2往復目の会話から，A（＝女性）が，ふだん利用している電車によく遅れが出るので困っている状況であることがわかる。2往復目でB（＝男性）が「別の路線はないの？」とたずねたのに対し，Aは最初，「その（別の）路線の駅は家から歩いて45分もかかる」と述べ，別の路線を使うことに消極的な意見を述べたが，Bから自転車の利用を促されると，「それはいい考えね」（4往復目），「いいこと言うわね。試してみようかしら」（最後の発言）と述べ，Aが自転車で別の路線の駅に行き，よく遅れが出る今の路線とは別の路線を使うことを肯定的に考えるようになったことがわかる。よって，**give it a try** を **use a different train line** と言い換えた **2** が正解。

No.11　正解　**1**

放送文　*A:* What're you doing with those garbage bags, Ronan? *B:* I was just about to put them outside. Wednesday is collection day, right? *A:* Actually, they've switched over to a 14-day schedule. There was an announcement in the local paper last month. *B:* They're only collecting every two weeks now? I sometimes wonder what we pay our taxes for. *A:* I know what you mean, but I guess the city needs to reduce spending. They're also talking about lowering the number of bags you can put out.

Question: What is one thing we learn from the conversation?

訳　A：そのゴミ袋をどうするつもりなの，ローナン？　B：外に置こうと思ってただけだよ。水曜日が収集日だよね？　A：実は，14日制に切り替わったの。先月，地元新聞に告知があったのよ。　B：2週間に1回しか収集しないの？　ときどきぼくたちは，何のために税金を払っているんだろうって思うよね。　A：言いたいことはわかるけど，市は支出を減らす必要があるんでしょう。市では，出せる袋の数を減らすことについても話し合っているみたいよ。

質問の訳　この会話からわかることの1つは何か。

選択肢の訳　**1**　ゴミの収集頻度が少なくなった。　**2**　ゴミ袋が高くなりそうだ。
3　もうすぐ地方税が上がりそうだ。　**4**　新聞の配達スケジュールが変わった。

解説　1往復目でB（＝Ronan）が「水曜日が（ゴミの）収集日だよね？」と述べたのに対し，A（＝女性）は「実は，14日制に切り替わったの」（Actually, they've

switched over to a 14-day schedule.) と述べている。「水曜日がゴミの収集日」とは，週に1回のごみの収集日があるということなので，それが「14日制（＝2週間に1回）に切り替わった」ということは，「ゴミの収集頻度が少なくなった」ということ。よって，(have) switched over to a 14-day schedule を has become less frequent と言い換えた**1**が正解。

No.12 正解 **4**

放送文　*A:* Hey, Sharon. Are you OK? You look exhausted. *B:* Hi, Ranjit. Yeah, I can't sleep because of my upstairs neighbors. They're awake at all hours of the night. Even earplugs haven't worked, so I'm going to complain to the landlord. *A:* Have you thought about writing a polite note to them first? They might get upset if you go directly to the landlord. *B:* I hadn't thought about that. Have you ever tried something like that? *A:* No, but I've read online that it can be quite effective. *B:* Thanks. I think I'll do that.
Question: What will the woman most likely do?

訳　A：やあ，シャロン。大丈夫？　疲れてるみたいだね。　B：こんにちは，ランジット。ええ，上の階の住人のせいで眠れないの。彼らは夜中ずっと，起きているのよ。耳栓も役立たないし，大家さんに文句を言おうと思ってるの。　A：まずは丁寧な手紙を書くことを考えてみたら？　大家さんに直接言ったら，その人たちは怒るかもしれないよ。　B：それは考えもしなかったわ。そういうことを試したことがあるの？　A：ないけど，ネットで結構効果があるって読んだことがあるよ。　B：ありがとう。そうしてみるわ。

質問の訳　その女性は何をする可能性が最も高いか。

選択肢の訳　**1** 耳栓をしてみる。　**2** ランジットに近所の人と話をしてもらう。
3 大家さんについて文句を言う。　**4** 隣人にメッセージを書く。

解説　1往復目の発言から，B（＝Sharon）が，夜中も起きている上の階の住人のせいで眠れなくて悩んでいる場面だとわかる。A（＝Ranjit）が2往復目で「まずは丁寧な手紙を書くことを考えてみたら？」と提案し，さらに3往復目で「ネットで結構効果があるって読んだことがあるんだ」と述べたのに対して，Bは「そうしてみるわ」（I think I'll do that.）と述べている。よって，writing a polite note to them を write a message to her neighbors と言い換えた**4**が正解。

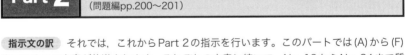

指示文の訳　それでは，これからPart 2の指示を行います。このパートでは (A) から (F) までの6つの文章が放送されます。それぞれの文章に続いて，No. 13から No. 24まで質問が2つずつ流れます。それぞれの質問に対して，最も適切な答えを選んで解答用紙にマークする時間が10秒あります。文章と質問は1度しか読まれません。それでは始めます。

(A)

放送文 *Picky Eaters*

Some children are picky eaters. They will only eat a few foods and refuse to eat anything else, and this is generally considered unhealthy. Researchers have found that genetics may be one cause of this behavior, but the environment in which children are raised may also be important. Parents, for example, serve as role models for their children, so it can be damaging if their children see them following limited, unhealthy diets.

Once children form such eating habits, how can they be changed? Parents often use rewards. For example, they will tell their children they can have ice cream if they eat their vegetables. However, some experts warn against doing this. They say it does little to change children's negative attitudes toward foods they dislike. Instead, these experts recommend involving children in the growing, purchasing, and preparation of these foods. This may help children develop a positive relationship with healthy meals.

Questions *No. 13* What may be one reason children become picky eaters?

No.14 What is one thing that some experts recommend?

訳 偏食の人

子どもの中には，好き嫌いの激しい子がいる。一部の食べ物しか食べず，他のものは一切食べないという子どももいて，これは一般的には不健康だと考えられている。研究者は，遺伝がこの行動の原因の一つかもしれないことを発見したが，子どもが育つ環境もまた，重要かもしれない。例えば，両親は子どものお手本となる存在なので，親が制限された不健康な食生活を送っているのを子どもが見てしまうと，悪影響を与える可能性がある。

そのような食習慣を子どもたちがいったん身につけてしまった場合，どうすれば変えることができるだろうか。親がよく使うのはご褒美を与えることだ。例えば，野菜を食べたらアイスクリームを食べさせてあげると子どもたちに言ったりする。しかし，専門家の中には，このような方法をとることに警告を発する人もいる。専門家らは，子どもの嫌いな食べ物に対する態度は，ご褒美ではほとんど変わらないと言っている。それよりも，これらの専門家は，これらの食品を育てたり，買ったり，調理したりすることに子どもたちを参加させることを勧めている。そうすることが，子どもたちが健康的な食事とポジティブな関係を築くことに役立つかもしれないからだ。

No.13 正解 **3**

質問の訳 子供が偏食になる理由の1つは何かもしれないか。

選択肢の訳 **1** 食事の選択肢が多すぎる。 **2** 学校がおもしろみのない料理をよく作る。 **3** 彼らは親の食習慣を真似している。 **4** 彼らには痩せたいという願望がある。

解説 第1段落第3文で「遺伝がこの行動（＝子どもの偏食）の原因の一つかもしれない」と述べた後，第4文で「両親は子どものお手本となる存在なので，親が制限された不健康な食生活を送っているのを子どもが見てしまうと，悪影響を与える可能性がある」と述べている。「お手本となる存在」とは，「真似すべき存在」ということで，「悪影響を与える」とは，親を真似して親と同じように「制限された不健康な食生活を送ること」なので，if

their children see them following limited, unhealthy diets を copy their parents' eating habits と言い換えた **3** が正解。

No.14　正解　**1**

質問の訳 専門家が勧めていることの１つは何か。

選択肢の訳 **1**　子どもに自分自身の食事を作るのを手伝わせること。　**2**　子どもにもっとスポーツをするように勧めること。　**3**　ときどき子どもが不健康な食べ物を食べるのを許すこと。　**4**　野菜を食べたらご褒美をあげること。

解説 第２段落第６文で「これらの専門家は，これらの食品を育てたり，買ったり，調理したりすることに子どもたちを参加させることを勧めている」と述べられている。よって，involving children in the growing, purchasing, and preparation of these foods を getting children to help make their own meals と言い換えた **1** が正解。

(B)

放送文 *Ching Shih the Pirate*

It is sometimes said that a Chinese woman named Ching Shih was one of history's most successful pirates. Her husband was also a pirate. Following his death in 1807, Ching Shih took control of their pirate operations, which grew rapidly. The Chinese government then ordered its navy to capture her. The sea battle that followed, however, went badly for the government. Ching Shih's pirates captured several naval vessels, which increased Ching Shih's power.

However, it is thought that Ching Shih began having difficulty controlling her huge forces. In 1810, therefore, she came to an agreement with government officials in which she promised to end her operations. In exchange, she was allowed to keep her wealth, and she and most of her followers were given their freedom. While many pirates throughout history died violently, Ching Shih avoided that fate.

Questions *No. 15*　What was one result of the sea battle?

No. 16　What did Ching Shih do in 1810?

訳 海賊のチン・シー

中国のチン・シーという女性は，歴史上最も成功した海賊の一人であると言われることがある。彼女の夫もまた海賊であった。1807年の夫の死後，チン・シーが彼らの海賊業を管理し，それは急速に成長した。すると，中国政府は海軍に彼女を捕らえるように命じた。しかし，その後の海戦は中国政府にとって形勢不利なものとなった。チン・シーの海賊たちはいくつかの海軍の船を拿捕し，それによってチン・シーの勢力は拡大した。

しかし，チン・シーはその巨大な軍勢を制御することが難しくなり始めたと考えられている。それゆえ，1810年，彼女は政府高官と協定を結び，作戦を終了することを約束した。代わりに，チン・シーは財産をそのまま保持し，チン・シーとその仲間たちのほとんどは自由を与えられた。歴史上，多くの海賊が非業の死を遂げる中，チン・シーはそのような運命をたどらなかった。

No.15 正解 1

質問の訳 海戦の結果の1つは何だったか。

選択肢の訳 **1** チン・シーの海賊は多くの船を獲得した。 **2** 多くの海賊の指揮官が捕らえられた。 **3** 大部分の海賊が殺された。 **4** チン・シーは中国海軍を援助することに同意した。

解説 海戦の様子は，第1段落第5文以降で述べられており，第1段落最終文では「チン・シーの海賊たちはいくつかの海軍の船を拿捕し～」（Ching Shih's pirates captured several naval vessels ～）と述べられている。よって，captured several naval vessels を gained a number of ships と言い換えた**1**が正解。

No.16 正解 4

質問の訳 1810年，チン・シーは何をしたか。

選択肢の訳 **1** 罰から逃れるために中国を離れた。 **2** 自分の財産を手放した。 **3** 新しい海賊の組織を結成した。 **4** 海賊行為を止めることに同意した。

解説 第2段落第2文で「それゆえ，1810年，彼女（＝チン・シー）は政府高官と協定を結び，作戦を終了することを約束した」（In 1810, therefore, she came to an agreement with government officials in which she promised to end her operations.）と述べられている。よって，came to an agreement ～ in which she promised to end her operations を agreed to stop her pirate operations と言い換えた**4**が正解。

(C)

放送文 *The Canada Lynx*

The Canada lynx is a type of wildcat found mainly in Canada and the northern United States. The animals are skilled at avoiding humans, so they are rarely seen in the wild. However, lynx sightings increase roughly every 10 years. This is because the population of animals called snowshoe hares rises and falls in a roughly 10-year cycle. Lynx hunt snowshoe hares, and when there are more hares to hunt, the lynx population tends to grow.

It was long believed that Canada lynx live their whole lives in one particular area. However, scientists have discovered that lynx can journey thousands of kilometers to establish new territories. Some scientists think it is likely that these animals are following hares. However, lynx have also been observed making long journeys at other times, so there may be another reason why they travel.

Questions *No. 17* What does the speaker say about Canada lynx?

No. 18 What did scientists discover about Canada lynx?

訳 カナダオオヤマネコ

カナダオオヤマネコは，主にカナダとアメリカ合衆国北部に生息するヤマネコの一種である。この動物は人間を避けるのが得意なため，野生ではめったに見ることができない。しかし，オオヤマネコの目撃情報は，およそ10年ごとに増えている。これは，カンジキ

ウサギという動物の生息数が，ほぼ10年周期で増減しているためだ。オオヤマネコはカンジキウサギを狩るので，狩りの対象となるノウサギが増えるとオオヤマネコの個体数も増える傾向にあるのだ。

　カナダオオヤマネコは，ある特定の場所で一生を過ごすと長い間信じられてきた。しかし，科学者は，オオヤマネコが新しい縄張りを作るために何千キロも移動することがあることを発見した。科学者の中には，この動物がノウサギを追いかけているのだろうと考える人もいる。しかし，オオヤマネコが長旅をするのは他の時期にも観察されており，移動するのには別の理由があるのかもしれない。

No.17　正解　**1**

質問の訳　カナダオオヤマネコについて，話者は何と言っているか。
選択肢の訳　**1**　ある時期に生息数が増える。　**2**　人間によって狩られている。
3　最近，生息地が狭くなってきた。　**4**　カンジキウサギを食べることが少なくなっている。
解説　第1段落第3文で「オオヤマネコの目撃情報は，およそ10年ごとに増えている」と述べられ，続けて「カンジキウサギ〜の生息数が，ほぼ10年周期で増減している」としたうえで「狩りの対象となるノウサギが増えるとオオヤマネコの個体数も増える傾向」と述べられている。よって，increase roughly every 10 years を increase at certain times と言い換えた**1**が正解。

No.18　正解　**2**

質問の訳　カナダオオヤマネコについて，科学者は何を発見したか。
選択肢の訳　**1**　食べ物を探しているときにだけ移動する。　**2**　ときには長距離を移動することもある。　**3**　他のヤマネコよりもずっと長生きする。　**4**　いつも元の縄張りに戻ってくる。
解説　第2段落第2文で「科学者は，オオヤマネコが新しい縄張りを作るために何千キロも移動することがあることを発見した」（scientists have discovered that lynx can journey thousands of kilometers to establish new territories）と述べられている。よって，can journey thousands of kilometers を sometimes travel long distances と言い換えた**2**が正解。

(D)

放送文　*The Catacombs of Priscilla*

In Rome, there are networks of tunnels that were built around the beginning of the second century AD. These tunnels were used as burial places for people of many religions. However, the tunnels became especially important for Christians. Their religion was not officially recognized at the time, so Christians used the tunnels to hold religious ceremonies.

One famous section of tunnels is called the Catacombs of Priscilla. In this section, there are some early Christian paintings. One of the paintings seems to show a woman dressed in a priest's robe, and others show women performing religious ceremonies. Some people believe the paintings are proof of female

priests in the church in ancient times. This is significant because some Christian churches today do not allow women to become priests. Other observers, however, say that we cannot be sure exactly what the paintings show.

Questions No. 19   What is one thing we learn about the tunnels?

No. 20   What do some people believe the paintings show?

訳 プリシラのカタコンベ

ローマには，紀元2世紀初頭ごろに作られたトンネル網がある。このトンネルは，さまざまな宗教の人々の埋葬場所として利用されていた。しかし，このトンネルはキリスト教徒にとって特に重要なものとなった。当時，キリスト教は公的に認められていなかったので，キリスト教徒は宗教的な儀式を行うためにそのトンネルを利用したのだった。

トンネルの中で有名な区画の1つは，プリシラのカタコンベと呼ばれている。この区画には，初期キリスト教の絵画がいくつか残されている。その絵画の中には，司祭の式服をまとった女性を表しているように見えるものや，宗教的な儀式を行う女性たちを表しているように見えるものがある。これらの絵は，古代の教会に女性の司祭がいたことの証明だと考える人もいる。現在，キリスト教の教会の中には，女性が司祭になることを認めていないところもあるので，このことの意義は深い。しかし，これらの絵が何を示しているのか正確にはわからないと言う人もいる。

No.19 正解 **2**

質問の訳 そのトンネルについてわかることの1つは何か。

選択肢の訳 **1** 現代の埋葬地は，そのトンネルの設計がベースになっている。 **2** そのトンネルは，宗教的な目的のために使われた。 **3** そのトンネルは，非キリスト教徒のみによって使用されていた。 **4** （そのトンネルの）入り口は最近になって発見された。

解説 第1段落最終文で「キリスト教徒は宗教的な儀式を行うためにそのトンネルを利用した」（Christians used the tunnels to hold religious ceremonies）と述べられている。よって，used the tunnels to hold religious ceremonies を were used for religious purposes と言い換えた **2** が正解。

No.20 正解 **1**

質問の訳 何人かの人々は，その絵画が何を表すと考えているか。

選択肢の訳 **1** 大昔は女性が司祭であった。 **2** トンネルは教会としては使われなかった。 **3** 初期のキリスト教徒に女性はほとんどいなかった。 **4** かつて司祭は絵画を制作していた。

解説 第2段落で，プリシラのカタコンベの絵画について，司祭の式服をまとった女性や宗教的な儀式を行う女性を表しているように見えるものがあると述べられた後，「これらの絵は，古代の教会に女性の司祭がいたことの証明だと考える人もいる」と述べられている。よって，female priests in the church in ancient times を women used to be priests long ago と言い換えた **1** が正解。

(E)

放送文 *Happiness and Success*

Many people believe that only by working hard and having a successful career can they find happiness. However, trying to make a lot of money or get promoted at work may not make people truly happy. People who focus on such success often prioritize work over other activities. Consequently, they may lose opportunities to enjoy the things that make life truly enjoyable, such as simple, relaxing times with their families.

After reviewing many studies, researchers recently concluded that success may actually follow happiness. They believe that happy people are more energetic and confident because they experience frequent positive moods, and that this leads to success. Of course, success also depends on factors such as intelligence and social support. More research is needed, but it may be that those whose happiness leads them to success are more likely to stay happy.

Questions   No. 21   What does the speaker say about people who focus on success?

No. 22   What did researchers recently conclude about happy people?

訳 幸せと成功

多くの人は，一生懸命に働いて職業で成功することでしか，幸せを見つけることができないと信じている。しかし，お金をたくさん稼ごうとしたり，職場で昇進しようとしたりすることが，人を本当に幸せにするとは限らないかもしれない。そのような成功を重視する人は，他の活動よりも仕事を優先させることが多い。その結果，家族とのささやかなやすらぎのひとときなど，人生を真に楽しむべきものにしてくれるものを享受する機会を失ってしまうかもしれない。

多くの研究を検討した結果，研究者たちは最近，成功は，実は幸せの後にやってくるのかもしれないという結論に達した。研究者たちは，幸せな人は前向きな気分を頻繁に経験するので，より精力的で自信に満ちており，それが成功につながると考えているのだ。もちろん，成功は知性や社会的なサポートなどの要因にも依存している。さらなる研究が必要だが，幸せが成功につながる人は，幸せであり続ける可能性が高いのかもしれない。

No.21 正解 **3**

質問の訳 成功を重視する人について，話者は何と言っているか。

選択肢の訳 **1** 家族に成功者がいることが多い。 **2** ストレスのレベルが低いことが多い。 **3** ささやかな楽しみを味わうチャンスを逃すかもしれない。 **4** 周囲の人を幸せにするかもしれない。

解説 第1段落第3文で「成功を重視する人は，他の活動よりも仕事を優先させることが多い」と述べられた後，次の文で「その結果，家族とのささやかなやすらぎのひとときなど，人生を真に楽しむべきものにしてくれるものを享受する機会を失ってしまうかもしれない」（Consequently, they may lose opportunities to enjoy the things that make life truly enjoyable, such as simple, relaxing times with their families）と述べられている。よって，lose opportunities to enjoy the things 〜, such as simple, relaxing times with their families を miss chances to enjoy simple pleasures と言い換えた **3** が正解。

No.22 正解 3

質問の訳 幸せな人々について，研究者たちは最近どのような結論を出したか。

選択肢の訳 **1** 幸せでいるために，家族のサポートを必要としない。 **2** 収入が多いとは言えない。 **3** 前向きな気分を持っていることでより活動的である。 **4** 不幸せな人よりも知的である。

解説 第2段落第1文で「研究者たちは最近，成功は，実は幸せの後にやってくるのかもしれないという結論に達した」と述べられた後，次の文で「幸せな人は前向きな気分を頻繁に経験するので，より精力的で自信に満ちており～」と述べられている。よって，more energetic and confident because they experience frequent positive moods を positive moods make them more active と言い換えた **3** が正解。

(F)

放送文 *Ancient Oysters*

For thousands of years, Native Americans along what is now called the US East Coast used oysters as a food source. Today, however, oyster stocks have been greatly reduced. Overharvesting, pollution, and disease have caused oyster populations to fall, especially since the late 1800s, when European settlers introduced new harvesting methods. These methods included dredging, which involves removing huge numbers of oysters from the seabed. This process also damages the ecosystem in which the oysters live.

In recent years, archaeologists have studied Native American harvesting practices. The archaeologists found that Native Americans did not harvest young oysters. Instead, Native Americans waited for oysters to grow and reproduce before they harvested them. The archaeologists also discovered that average shell size increased until the 1800s, which indicates that Native American practices helped ancient oysters to become larger. This finding surprised the archaeologists, who expected oyster shells to gradually get smaller in response to being harvested.

Questions No. 23 What do we learn about oysters along the US East Coast today?

No. 24 What is one thing the archaeologists discovered?

訳 太古の牡蠣（かき）

現在のアメリカ東海岸沿いのアメリカ先住民は，数千年もの間，牡蠣を食料として利用していた。しかし，現在，牡蠣の資源は大幅に減少している。特に1800年代後半，ヨーロッパからの入植者が新しい漁法を導入して以来，乱獲，汚染，病気などが原因で牡蠣の個体数が減少してしまった。これらの漁法には浚渫（しゅんせつ）が含まれるが，それは海底から大量の牡蠣を掘り起こすことだ。この行為も，牡蠣が生息する生態系に損傷を与えている。

近年，考古学者たちがアメリカ先住民の漁獲慣習を研究している。考古学者たちは，アメリカ先住民が若い牡蠣を収穫していないことを発見した。その代わりに，アメリカ先住民は牡蠣が成長し，繁殖するのを待ってから収穫していたのだ。また考古学者たちは，平均的な殻の大きさは1800年代まで増大していたことを発見した。それはアメリカ先住民

の（漁獲）慣習が古代の牡蠣を大きくするのに役立ったことを示唆している。この発見は考古学者たちを驚かせた，というのは，彼らは，牡蠣の殻は収穫されることによって徐々に小さくなると考えていたからだ。

No.23　正解　2

質問の訳　現在のアメリカ東海岸沿いの牡蠣について，どのようなことがわかるか。

選択肢の訳　1　病気との闘い方が巧妙になってきている。　2　数がかつてより減っている。　3　それらの多くは食用として獲られることはない。　4　それらの生息水域がきれいになってきている。

解説　現在のアメリカ東海岸沿いの牡蠣の状況については，第１段落第２文以降で述べられており，第１段落第２文では「現在，牡蠣の資源は大幅に減少している」，続く第３文では「乱獲，汚染，病気などが原因で牡蠣の個体数が減少してしまった」(Overharvesting, pollution, and disease have caused oyster populations to fall) と述べられている。よって，oyster populations to fall を their numbers are lower と言い換えた2が正解。

No.24　正解　1

質問の訳　考古学者が発見したことの１つは何か。

選択肢の訳　1　アメリカ先住民の漁獲慣習が，牡蠣の成長に役立った。　2　アメリカ先住民の収穫方法には，浚渫が含まれていた。　3　アメリカ先住民は今でも牡蠣を獲っている。　4　アメリカ先住民は若い牡蠣だけを獲っていた。

解説　第２段落第２文以降で，考古学者たちが，アメリカ先住民が若い牡蠣を収穫せず，牡蠣が成長し繁殖するのを待ってから収穫していたことを発見したことが述べられた後，第２段落の最後から２文目では「考古学者たちは，平均的な殻の大きさは1800年代まで増大していたことを発見した。それはアメリカ先住民の（漁獲）慣習（＝牡蠣が成長し繁殖するのを待ってから収穫すること）が，古代の牡蠣を大きくするのに役立ったことを示唆している」と述べられている。よって，helped ancient oysters to become larger を helped oysters grow と言い換えた1が正解。

Part 3　一次試験・リスニング（問題編pp.202〜203）

指示文の訳　それでは最後に，Part 3の指示を行います。このパートでは(G)から(K)までの５つの文章が放送されます。英文は実生活における状況を述べたもので，効果音を含むものもあります。それぞれの文章には，No. 25からNo. 29まで，質問が１問ずつ用意されています。それぞれの文章が流れる前に，問題冊子に書かれている状況の説明と質問を読む時間が10秒あります。文章を聞いた後に，最も適切な答えを選んで解答用紙にマークする時間が10秒あります。文章は１度しか読まれません。それでは始めます。

No.25　正解　3

放送文　*(G)*　You have 10 seconds to read the situation and Question No. 25. This bus goes around town all day, so you can just hop on and off anytime.

The castle can be accessed from stop 4, and the medieval library is also just a five-minute walk away from that stop. If you're interested in the San Giovanni church, stop 7 is the nearest. It's also normally the meeting place for our 30-minute guided walking tour, but please note that due to an ongoing construction project, that tour will begin from stop 9, just in front of Montalto Gardens. Stop 13 offers access to famous sights like the Gravina Bridge and the town fountain.

Now mark your answer on your answer sheet.

訳 **(G)** 状況と質問25を読む時間が10秒あります。

このバスは一日中街を回っているので，いつでも乗り降りが可能です。城へは4番のバス停からアクセスでき，中世の図書館もそのバス停からたった徒歩5分です。サン・ジョバンニ教会に興味がおありなら，7番のバス停が最寄りです。そのバス停は，通常は30分のガイド付きウォーキングツアーの集合場所でもありますが，現在工事中のため，ツアーはモンタルトガーデンのすぐ前の9番のバス停からとなりますので，ご注意ください。13番のバス停からは，グラヴィーナ橋や街の噴水などの有名な観光スポットへ行くことができます。

それでは，解答用紙に答えをマークしなさい。

状況の訳 あなたはこれからツアーバスでイタリアの街を回ろうとしている。あなたはガイド付きのウォーキングツアーに参加したいと思っている。次のようなアナウンスが聞こえてきた。

質問の訳 あなたはどのバス停で降りるべきか。

選択肢の訳 **1** 4番のバス停。 **2** 7番のバス停。 **3** 9番のバス停。 **4** 13番のバス停。

解説 Situationからわかるのは，①「あなた」はツアーバスでイタリアの街を回ろうとしていることと，②「あなた」はガイド付きのウォーキングツアーへの参加を希望していること。アナウンスでは，第4文で「そのバス停（＝7番のバス停）は，通常は30分のガイド付きウォーキングツアーの集合場所でもありますが，現在工事中のため，ツアーはモンタルトガーデンのすぐ前の9番のバス停からとなります」と述べられている。よって，ガイド付きのウォーキングツアーに参加するためには，通常であれば7番のバス停で降りるべきだが，現在は工事中のため9番のバス停で降りるべきだとわかるので，**3**が正解。

No.26 正解 **4**

放送文 **(H)** You have 10 seconds to read the situation and Question No. 26.

You can apply online to renew your working-holiday visa. However, there are some things you should prepare before you apply. You'll need to provide proof that you've had a medical examination by a qualified doctor and have no serious health issues. Once you've done that, you'll also have to present evidence of your employment until now. You mentioned you had all of your salary statements, so those should be sufficient. Since you're applying from within the country, proof that you've saved enough to cover your living costs will not be required this time around.

Now mark your answer on your answer sheet.

訳　*(H)*　状況と質問 26 を読む時間が 10 秒あります。

　ワーキングホリデービザの更新は，オンラインで申請できます。ただし，申請前に準備しておくことがいくつかあります。資格のある医師による健康診断を受け，健康に重大な問題がないことを証明する必要があります。それができたら，これまでの就労歴を証明する書類を提出する必要があります。給与明細がすべてあるとのことですので，それで十分でしょう。今回は国内からの申請なので，生活費をまかなえるだけの貯蓄があることの証明は必要ないでしょう。

　それでは，解答用紙に答えをマークしなさい。

状況の訳　あなたはワーキングホリデープログラムで海外に滞在している。ビザの更新について入国管理局に電話したところ，次のように言われた。

質問の訳　あなたはまず何をすべきか。

選択肢の訳　**1**　オンラインで申請書を作成する。　**2**　勤務先から給与明細を取り寄せる。　**3**　貯蓄を証明するものを提示する。　**4**　健康診断書を取得する。

解説　Situation からわかるのは，①「あなた」はワーキングホリデープログラムで海外に滞在中であることと，②「あなた」がビザの更新について入国管理局に電話している場面であること。入国管理局の担当者は，ワーキングホリデービザの更新はオンラインで申請できると述べた後，「（オンラインでの）申請前に（まず）準備しておくこと」として，第 3 文で「資格のある医師による健康診断を受け，健康に重大な問題がないことを証明する必要」があると述べている。よって，「あなた」がまずすべきこととしては，proof that you've had a medical examination by a qualified doctor を obtain a medical examination certificate と言い換えた **4** が正解。

No.27　正解　**1**

放送文　*(I)*　You have 10 seconds to read the situation and Question No. 27.

　The new security cameras, warning signs, and staff training have all worked. Shoplifting of most products is much lower than in the last quarter. However, stock records for low-cost fruit items like bananas and oranges and expensive things like avocados and mangoes don't match the sales records. This usually means some customers at the self-checkout registers are entering false information to get costly items at a cheaper price. I recommend extra guidance for staff observing the self-checkout stations. If this doesn't work, you may have to think about checking customers' receipts at the exit.

　Now mark your answer on your answer sheet.

訳　*(I)*　状況と質問 27 を読む時間が 10 秒あります。

　新しい防犯カメラ，警告標識，スタッフへのトレーニングのすべてが功を奏しています。ほとんどの商品の万引きは，前四半期に比べてかなり減少しています。しかし，バナナやオレンジのような低価格の果物や，アボカドやマンゴーのような高価なものの在庫記録が，販売記録と一致しません。これは通常，セルフレジで偽の情報を入力し，高価な商品をより安く手に入れているお客様がいることを意味します。私は，セルフレジを監視しているスタッフに，さらなる指導をすることをお勧めします。それでもうまくいかなければ，出口でお客様のレシートをチェックすることについても考えなければならないかもしれません。

　それでは，解答用紙に答えをマークしなさい。

あなたはスーパーマーケットの店長である。あなたは，盗難による損失を減らしたいと思っている。警備のアナリストが次のように言っている。

質問の訳 あなたはまず何をすべきか。

選択肢の訳 **1** 一部のスタッフをさらにトレーニングする。 **2** より多くの防犯カメラを設置する。 **3** 出口で客のレシートを確認する。 **4** 果物の価格を明確に表示する。

解説 Situationからわかるのは，①「あなた」はスーパーマーケットの店長であることと，②「あなた」は盗難による損失を減らしたいと思っていること。警備のアナリストは，第3文で，低価格の果物と高価格のものの在庫記録が販売記録と一致しないことに触れ，それはセルフレジで偽の情報を入力する客がいることを意味すると指摘した上で，盗難による損失を減らすために，「セルフレジを監視しているスタッフに，さらなる指導をすることをお勧めします」と提案している。よって，extra guidanceをmore trainingと，staff observing the self-checkout stationsをsome staff membersと，それぞれ言い換えた**1**が正解。

No. 28 正解 **4**

放送文 *(J)* You have 10 seconds to read the situation and Question No. 28.

Welcome to our summer sale. We're offering great discounts on all brands, including Rannexe and Duplanne. Interested in a new vacuum cleaner? Use the coupon available on our smartphone app to get $50 off any brand. How about a new washing machine? This month, exchange your used Rannexe washing machine for a $100 credit toward any new Rannexe product. During the month of August, exchange any old Duplanne appliance and get $150 off a new one. Finally, we are offering $75 cash back on any new dishwasher until the end of August.

Now mark your answer on your answer sheet.

訳 *(J)* 状況と質問28を読む時間が10秒あります。

サマーセールへようこそ。ラネックス，デュプランを含む全ブランドを大幅割引でご提供中です。新しい掃除機にご興味がおありですか。スマートフォンのアプリで入手できるクーポンを使えば，どのブランドでも50ドル引きになります。新しい洗濯機はいかがでしょうか。今月は，ご使用済みのラネックス製洗濯機を，どの新しいラネックス製品にも使える100ドル分のクーポンと交換します。8月中は，古いデュプラン製品を交換すると，新しい製品が150ドル割引になります。最後に，8月末まで，新しい食器洗い機を購入すると，75ドルのキャッシュバックをご提供します。

それでは，解答用紙に答えをマークしなさい。

状況の訳 あなたは新しい洗濯機が欲しいと思っている。あなたは現在，デュプランの洗濯機を所有している。あなたは7月にある電器店を訪れ，次のようなアナウンスを聞く。

質問の訳 お金を最も節約するためにあなたは何をすべきか。

選択肢の訳 **1** その店のスマートフォンアプリをダウンロードする。 **2** キャッシュバック取引を申し込む。 **3** 今月，洗濯機を交換する。 **4** 8月に新しいデュプランの洗濯機を購入する。

解説 Situationからわかるのは，①「あなた」が欲しいものは新しい洗濯機であること，②「あなた」は現在デュプランの洗濯機を所有していること，③アナウンスは，「あなた」

が7月にある電器店を訪れているときのものであること。アナウンスでは，新しい掃除機，新しい洗濯機，新しい食器洗い機の3つについて述べられているが，「あなた」がほしいのは「新しい洗濯機」なので，「新しい洗濯機」についての発言に注目する。アナウンスでは，「新しい洗濯機」について，使用済みのラネックス製洗濯機を，どの新しいラネックス製品にも使える100ドル分のクーポンと交換することと，8月中は，古いデュプラン製品を交換すると新しい製品が150ドル割引になるという，2つのキャンペーンについて述べている。「あなた」は7月現在でデュプランの洗濯機を所有しているというSituationから，8月に行われる2つ目のキャンペーンを利用して「あなた」の所有しているデュプランの洗濯機と交換で新しいデュプランの洗濯機を買えば，150ドル割引になって，お金を最も節約できることになる。よって，「8月に」と「新しい洗濯機を買う」という2つの条件を満たしている**4**が正解。

No. 29　正解　**2**

放送文 *(K)* You have 10 seconds to read the situation and Question No. 29.

This suit is a clearance item, so we only have what's here on the shelves. Our other location may still have one in your size, though. If you'd like, I can check online for you. If our other store has one, you could go there, if you don't mind driving out of town. The other option would be to reserve one for you and have it sent over to this store at no extra cost. That might take a few days, but if you give me your number, I can call you when it arrives.

Now mark your answer on your answer sheet.

訳 *(K)* 状況と質問29を読む時間が10秒あります。

このスーツは在庫処分品ですので，この棚にあるものしかありません。他の店舗ならまだあなたのサイズのものがあるかもしれませんが。よろしければ，ネットでお調べいたします。もし，他の店舗にある場合，車で市外にお出かけになっても構わないのであれば，そちらへ行かれるのもいいと思います。もうひとつの方法は，予約しておいて，追加料金なしでこの店に送ってもらうことです。その場合，数日かかるかもしれませんが，電話番号を教えていただければ，商品が到着した際に電話いたします。

それでは，解答用紙に答えをマークしなさい。

状況の訳 あなたは地元の店で欲しいスーツを見つけたが，あなたのサイズのスーツがない。あなたは市外には出かけたくない。店員はあなたに次のように言う。

質問の訳 あなたは何をすべきか。

選択肢の訳 **1** その店舗に新しい在庫が入るまで待つ。 **2** 店員に他の店舗を調べてもらう。 **3** オンラインショップでスーツを注文する。 **4** スーツを自宅まで配送してもらう。

解説 Situationからわかるのは，①「あなた」は地元の店で欲しいスーツを見つけたこと，②しかし，その地元の店には「あなた」に合うサイズのスーツがないこと，③「あなた」は市外には出かけたくないということ，の3つ。店員は，他の店舗に「あなた」のサイズのスーツがあるかについて，ネットで調べると述べ，他の店舗に「あなた」のサイズのスーツがあった場合に「あなた」が取るべき手段として，市外のその店舗に車で行くこと，または，在庫があるその店舗で予約し，地元のその店舗に送ってもらうこと，という2つの方法を提案している。Situationから，「あなた」は市外には出かけたくないのだか

259

ら「あなた」のとるべき手段は2つ目の方法となるが，いずれにせよ，店員に他の店舗に「あなた」のサイズのスーツがあるかを調べてもらうことが必要となる。よって，I can check online for you を have the clerk check the other store と言い換えた**2**が正解。

カードA 二次試験・面接
(問題編pp.204〜205)

指示文の訳 1分間，準備する時間があります。
これは，自分たちの地域社会に参加したいと思った夫婦についての話です。
ストーリーのナレーションを行うのに与えられる時間は2分間です。
ストーリーは以下の文で始めてください。
ある日，夫と妻は一緒に散歩をしていました。

ナレーションの解答例 One day, a husband and wife were going on a walk together. They saw a group of volunteers picking up garbage in the park. The husband and wife looked pleased to see them cleaning up the area. The next day, the couple was walking around their neighborhood again, and they saw a poster. It said that volunteers were wanted to help at the city marathon. The couple thought it was a good opportunity for them, so they decided to volunteer. At a volunteer staff meeting, the couple was listening to an explanation about their duties at the marathon. A man was explaining that volunteers would help with tasks like working at water stations and at the information booth. The couple seemed to be looking forward to volunteering at the marathon. The day before the marathon, however, the wife was speaking with her manager at work. He told her that she needed to meet a client the next day.

解答例の訳 ある日，夫と妻は一緒に散歩をしていました。彼らは，ボランティアの集団が公園内のごみ拾いをしているのを目にしました。夫と妻は，彼らが地域の清掃をしているのを見て喜ばしく思っている様子でした。翌日，夫婦は再び彼らの近所をぶらぶら歩いていて，彼らは1枚のポスターを目にしました。それには，市のマラソン大会での手伝いのボランティアが募集中であると書かれていました。夫婦はそれが彼らにとっての良い機会だと思い，ボランティアをすることに決めました。ボランティアスタッフの会議で，夫婦はマラソン大会での自分たちの務めに関する説明を聞いていました。男性が，ボランティアは例えば給水所や案内所での作業といった務めを手伝うことになると説明していました。夫婦は，マラソン大会でボランティアをするのを心待ちにしている様子でした。しかし，マラソン大会の前日に，妻は職場でマネージャーと話をしていました。彼は彼女に，彼女が翌日に顧客と会う必要があると伝えました。

解説 ナレーションは，4コマのイラストの進行に沿ってまとめていく。2〜4コマ目の左上方にある時間の経過や場所を表す語句は，各コマの描写の冒頭部分で必ず使うこと。また，吹き出し内のせりふは，間接話法または直接話法を使ってストーリーに盛り込むが，間接話法を使う場合，主語や動詞などを適切な形に変える必要がある点に注意する。他，

ポスター, ホワイトボードなどに書かれた文字など, イラスト内の情報も適切な形でストーリーに取り入れること。なお, 動詞の時制は, 過去形および過去進行形を基本に, 時間の経過がわかるよう描写する。

①1コマ目：夫婦が公園のそばを歩いている場面。ごみ拾いをしている3名の人物が描かれているが, そのうちの手前の人物の背中にVolunteer「ボランティア」と書かれていることから, 彼らは園内の清掃ボランティアなのだと判断できる。夫婦の表情から, 彼らはボランティアたちが作業している様子を見て, 肯定的な感情を抱いているのだと考えられるため, その点をナレーションに盛り込む。

②2コマ目：The next dayで始める。夫婦がポスターを見ている場面。ポスター内の文字情報とイラストから, 市主催のマラソンイベントにおけるボランティアを募集することを目的としたポスターだとわかる。女性が明るい表情を浮かべていること, および夫が頷いていることから, 夫婦はそのボランティア募集に応募することに乗り気なのだと推測できるだろう。

③3コマ目：At a volunteer staff meetingで始める。夫婦が, ボランティアスタッフ向けの会議に参加している場面。ホワイトボード内の最上部にABC City Marathonとあり, その下にはDuties「務め」に続けてWater Stations「給水所」およびInformation Booth「案内所」と示されている。これらのことから, マラソンイベントにおけるボランティアスタッフとしての務めを出席者に説明することを目的とした会議なのだと判断できる。二人の表情・仕草から, 夫婦はやる気に満ちているのだと推測可能。

④4コマ目：The day before the marathonで始める。女性がマネージャーと話をしている場面。マネージャーの吹き出しにYou need to meet a client tomorrow.「あなたは明日, 顧客と会う必要があります」と書かれているので, 解答例のように, その発言内容をHe told her that ～.「彼は彼女に, ～と伝えた」と間接話法で表すと良い。その際, 吹き出し内のtomorrow「明日」はthe next day「翌日」とすべき点に注意。なお, デスクの上に置かれているカレンダーから, マラソンの開催日は11月13日の土曜日だとわかるので, その正確な日付をナレーションに盛り込んでも良いだろう。

質問の訳　No. 1　4番目の絵を見てください。あなたがその妻なら, どのようなことを考えているでしょうか。

では～さん（受験者の氏名）, カードを裏返して置いてください。

No. 2　親は体育祭のような学校行事に参加すべきだと思いますか。

No. 3　公共図書館は今なお地域社会において重要な役割を果たしていますか。

No. 4　もっと多くの企業が従業員に, 時間の融通がきく仕事のスケジュールを提供すべきですか。

No.1 解答例 I'd be thinking that I should have talked about becoming a volunteer with my boss first. Now I can't fulfill my responsibilities to both my work and the marathon. I should be more careful about my schedule in the future.

解答例の訳　まずはボランティアになることについて上司と相談すべきだったと私は思っているでしょう。今や, 私は仕事とマラソンの両方の務めを果たすことはできません。私は先々のスケジュールについてもっと気をつけるべきです。

解説 解答例では，質問の仮定法過去形に合わせて，間接話法でI'd be thinking that ~.の形で答えている。また，もはや仕事とボランティアへの参加の両立が困難な状況に置かれてしまっているため，後悔を表す〈should have＋過去分詞〉「～すべきだった」を用いて，ボランティアへの参加の決定前に上司と相談すべきだったと反省している。あるいは，解答例の1文目のthat以降を，I should have told my boss about my decision to take part in the volunteer work「ボランティア活動への参加について，上司に伝えておくべきだった」などとして，ボランティアへの参加を決定事項として上司に伝えておくべきだったと悔やむ内容にしても良いだろう。

No.2 解答例 Yes. It's a chance for parents to better understand their children's relationships with their classmates. This is good for building strong family relationships. It also gives parents and teachers an opportunity to communicate.

解答例の訳 はい。それは，親にとっては我が子がクラスメートと育んでいる関係についての理解を深める機会です。これは濃密な家族関係を築くのに役立ちます。また，それは，親と教師にコミュニケーションする機会を与えます。

解説 解答例では，Yesの立場から，子どもが友人と築いている関係についての理解が濃密な家族関係の構築につながるというメリットを述べてから，親と教師の間のコミュニケーションの機会も生まれるという別のメリットにも言及している。あるいは，Noの立場で，I don't think so. Many parents are busy, and they have a lot of things to do such as working and housework. Also, in the first place, I think it is important whether their children want their parents to participate in school events, so parents should not decide to participate without having a talk with their children about it in advance.「私はそうは思いません。多くの親は忙しく，彼らには仕事や家事をはじめ，すべきことがたくさんあります。それから，そもそも，子どもが親に学校の行事への参加をしてほしいと思っているかが重要だと思うので，親はそれについて前もって子どもと話をすることなしに参加を決定すべきではありません」のように答えても良いだろう。

No.3 解答例 No. The purpose of public libraries is to give people access to information, but I think we can achieve the same goal using digital libraries online. That way, we don't need to spend a lot of money maintaining library buildings.

解答例の訳 いいえ。公共図書館の目的は人々に情報へのアクセスを与えることですが，私たちはオンライン上の電子図書館を利用して同じ目標を達成することができると思います。それなら，私たちは図書館の建物の維持管理に大金を費やす必要がありません。

解説 解答例では，Noの立場から，公共図書館の代替的な存在としてオンライン上の電子図書館に言及し，後者で同じことができる上に，それには建物の維持管理に金を使う必要がないという利点があることを伝えている。あるいは，Yesの立場から実体験を交えて，Yes. There are many public libraries which hold various fruitful events for

communities. I have participated in some of those events before, and came to know a lot of people there, some of whom became close friends later.「はい。地域社会のためにさまざまな有益なイベントを開催している公共図書館はたくさんあります。私はこれまでにそのようなイベントのうちいくつかに参加したことがあり，そこでたくさんの人々と知り合いました。彼らの中にはのちに親友になった人もいます」などと答えても良いだろう。

No.4 解答例 Definitely. It might not be realistic for some companies, but I think in many cases having a more flexible schedule is an easy way to increase employee satisfaction. This will especially help employees who have young children.

解答例の訳 絶対にそうです。それは一部の企業にとっては現実的ではないかもしれませんが，多くの場合，より融通がきくスケジュールにすることは手っ取り早く従業員の満足度を向上させることのできる手段です。これは，とりわけ幼い子どもを持つ従業員の助けとなるでしょう。

解説 解答例ではまず，Definitely.「絶対にそうです」と自分がYesの立場にあることを強調してから，より融通がきくスケジュールを従業員に提供するのが現実的な選択肢ではない企業があるかもしれないと譲歩しながらも，それが従業員の満足度を向上させるのに手軽な手段であり，特に幼児を持つ人々にとって有益だろうと述べている。あるいは，No. If companies introduce flexible work schedules, the time management of their employees would be more difficult and tiring. Additionally, some companies allow their employees to work remotely nowadays. In that case, the difficulty of managing people's time would be much greater.「いいえ。融通がきくスケジュールを企業が導入すれば，従業員の時間管理はもっと困難で疲れさせるものとなるでしょう。さらに，近頃では，従業員の遠隔勤務を認めている企業もあります。その場合，人々の時間を管理する困難さははるかに大きくなるでしょう」などと答えることもできるだろう。

カードB 二次試験・面接
（問題編pp.206〜207）

指示文の訳 1分間，準備する時間があります。
これは，旅行に出かけたいと思った女性についての話です。
ストーリーのナレーションを行うのに与えられる時間は2分間です。
ストーリーは以下の文で始めてください。
ある日，女性は友人と話をしていました。

ナレーションの解答例 One day, a woman was talking with her friend. They were sitting at a table, and her friend was holding a brochure for a beach resort. The woman's friend suggested they go together, but the woman looked worried about the price. Later that evening, the woman was

looking at her computer, and she saw that she could earn money by doing some part-time work before the trip. According to the calendar, the woman's trip was just a few weeks away. Two weeks later, the woman was working at a restaurant. She was taking an order while her manager looked on. A few days later, the woman's suitcase was almost packed, and she was nearly ready for her trip. She was talking on the phone with her manager. The manager had an injured leg and was telling her that the restaurant would need her help the next day.

訳 **ある日，女性は友人と話をしていました。**彼らはテーブル席に座っていて，彼女の友人は海辺のリゾート地のパンフレットを手に持っていました。女性の友人は2人で一緒に行くことを提案しましたが，女性は料金について心配そうな様子でした。その日の夜，女性はコンピュータを見ていて，旅行前にアルバイトの仕事をすることでお金を稼ぐことができると知りました。カレンダーによると，女性の旅行はほんの数週間後でした。2週間後，女性はレストランで働いていました。彼女は，彼女のマネージャーに見守られながらオーダーを取っていました。数日後，女性のスーツケースはほぼ荷造りができている状態で，彼女はもう少しで旅行の準備が整うところでした。彼女は電話でマネージャーと話をしていました。マネージャーは脚をけがしており，翌日に彼女の助けがレストランに必要であると伝えていました。

解説 ナレーションは，4コマのイラストの進行に沿ってまとめていく。2～4コマ目の左上方にある時間の経過を表す語句は，各コマの描写の冒頭部分で必ず使うこと。吹き出し内のせりふは，間接話法または直接話法を使ってストーリーに盛り込むが，間接話法を使う場合，主語や動詞などを適切な形に変える点に注意する。また，雑誌，パソコンの画面，カレンダーなどのイラスト内にある文字情報も適切な形でストーリーに盛り込む。動詞の時制は，過去形および過去進行形を基本に，時間の経過がわかるように描写する。

　①1コマ目：カフェのような場所で友人と話をしている場面。女性の友人はBeach Resort「海辺のリゾート地」と書かれた冊子を指さしており，その吹き出し内にはLet's go together!「一緒に行こう！」とある。このことから，友人は海辺のリゾート地に一緒に行くことを女性に提案しているのだと考えられる。しかし，女性は困った表情を浮かべており，その吹き出し内には¥と書かれた札束に×印がついているので，女性は友人の提案に対し，金銭面で不安を抱えているのだと推測できる。

　②2コマ目：Later that eveningで始める。女性が自分の部屋でパソコンを見ている場面。背景のカレンダーより，女性は旅行に出かけることにし，日程も確定済みなのだとわかる。また，パソコンの画面にはPart-time job　Earn extra money!「アルバイトの職。追加のお金を稼ごう！」とあるので，女性は旅行資金の不足という問題を解決するために，求人情報を見ているところだと判断できる。

　③3コマ目：Two weeks laterで始める。女性がレストランで働いている場面。女性はテーブル席についている家族客のオーダーを取っており，背後にはManager「マネージャー」というプレートをつけた男性がその様子を見守っている。マネージャーが飲み物を運んでいる点や，女性が家族客に対応している点にふれても良い。

　④4コマ目：A few days laterで始める。女性とマネージャーが電話している場面。困った表情を浮かべているマネージャーの左脚には包帯が巻かれており，ベッドの背景には松葉杖が確認できることから，マネージャーは左脚をけがしてしまったのだとわかる。彼は

We need your help tomorrow.「明日，あなたの助けが必要です」と女性に伝えている。ところが一方，女性はといえば，背景のカレンダーより，旅行の日程は差し迫っているところであり，スーツケースはほぼ荷造りができている状態にあることがわかる。解答では，この不運さやタイミングの悪さなどに言及することで臨場感を出しても良いだろう。

質問の訳 No. 1　4番目の絵を見てください。あなたがその女性なら，どのようなことを考えているでしょうか。
では〜さん（受験者の氏名），カードを裏返して置いてください。
No. 2　大学生にとってアルバイトの仕事をすることは良いと思いますか。
No. 3　個人情報をオンライン事業者に渡すのは安全だと思いますか。
No. 4　政府は日本の雇用率を上げるためにもっと多くのことをすべきですか。

No.1 解答例　I'd be thinking, "I'm sorry to hear that my manager hurt his leg, but it's impossible for me to work tomorrow. I've already booked everything for the trip, including the plane ticket and hotel reservation."

解答例の訳　「マネージャーが脚をけがしたと聞いて気の毒ではあるが，私は明日働くことが不可能だ。飛行機のチケットやホテルの予約をはじめ，私はすでに旅行に向けて何もかも手配済みだ」と私は思っているでしょう。

解説　質問の仮定法過去形に合わせて，直接話法でI'd be thinking, "〜."のように始めると良い。解答例では，マネージャーのことを気の毒に思うものの，すでに旅行に出かける準備ができている状況なので，自分は力にはなれないという立場で述べている。あるいは，解答例とは違う観点で，I'd be thinking, "In the first place, I decided to apply for the job to earn money for the trip. Since the trip is much more important to me than working, I should put the trip before my job. Unfortunately, the manager will need to find someone else."「『そもそも，私は旅行の資金を稼ぐために仕事に応募することを決心した。私にとっては旅行の方が仕事よりもはるかに重要なのだから，私は仕事よりも旅行を優先すべきだ。あいにく，マネージャーは誰か別の人を見つける必要があるだろう』と私は思っているでしょう」などと答えても良いだろう。

No.2 解答例　It depends. Classwork should always come first. However, some university students have a lot of free time. In such cases, getting a part-time job is a good way to earn extra money and learn responsibility.

解答例の訳　状況によります。教室での学習が常に最優先であるべきです。とはいえ，自由時間がたくさんある大学生もいます。そのような場合，アルバイトの仕事を得ることは，追加のお金を稼いだり責任感を身につけたりする上で効果的な手段です。

解説　解答例では，まずIt depends.「状況による」と，人や状況次第であることを述べ，最優先すべきなのは教室での学習だが，自由時間を多く持つ者にとっては，アルバイトはお金を稼いだり責任感を身につけたりする上での良い手段であると主張している。あるいは，Yesの立場から，Yes. Through working part-time, they can learn many things such as the importance of money. Moreover, they'll have an opportunity to meet new people at workplace.「はい。アルバイトをすることを通じて，彼らはお金

の大切さのような多くのことを学ぶことができます。その上，彼らは職場で新しい人と出会う機会が得られるでしょう」などとしても良いだろう。

No.3　解答例　No. These days, there are many different types of theft on the Internet. Even large online businesses have had their information stolen by hackers. Traditional, face-to-face businesses are safer.

解答例の訳　いいえ。近頃では，インターネット上には多種多様な窃盗が存在します。大手のオンライン事業者でさえ，ハッカーによってその情報を盗まれています。従来の対面型の事業者の方が安全です。

解説　解答例では，Noの立場から，個人情報を含めたオンライン上の情報はハッカーに盗まれ得るので，従来の対面型の事業者とのやり取りの方がオンライン事業者よりも安全である点を述べている。解答例とは別に，It depends. Some online businesses are proficient in information management, and generally, they can prevent hackers from stealing their information. However, it is true that there are online businesses which are careless about managing information, so we should always judge whether we can give our personal information to a particular online business.「状況によります。オンライン事業者の中には情報管理に熟達しているところもあり，概して，彼らはハッカーが情報を盗むのを防ぐことができます。しかし，情報管理がずさんなオンライン事業者が存在していることは確かなので，私たちは，個人情報を特定のオンライン事業者に渡すことができるかどうか絶えず判断すべきです」なども可。

No.4　解答例　I don't think so. Companies should only hire as many employees as they need. Hiring too many workers would mean the companies become less efficient. In addition, the unemployment rate in Japan is not so bad.

解答例の訳　そうは思いません。企業は，自分たちに必要なだけの数の従業員しか雇用すべきではありません。従業員を雇用しすぎると，その結果，企業は能率が落ちることになります。さらに，日本の失業率はそんなに悪くありません。

解説　解答例では，Noの立場から，雇用しすぎるとかえって企業の能率が落ちてしまうというデメリットを述べてから，日本の失業率の現状がそれほど悪くはないと述べている。あるいは，Yesの立場で，Yes. Although some people say the unemployment rate in Japan is low, I hear that there are as many as over one million people who cannot work currently. I think this number is high, and the situation has to be improved by the government.「はい。日本の失業率は低いという人もいますが，現在働くことができていない人は100万人を超えると聞いています。私はこの数が高いと思いますし，この状況は政府によって改善されるべきだと思います」と，数字などを引き合いに出しながら答えることもできるだろう。

●準1級　解答用紙●

A面…………マークシート用

B面…………ライティング用

筆記 解答欄			リスニング 解答欄

筆記 解答欄

問題番号	1 2 3 4
1	(1) ① ② ③ ④
	(2) ① ② ③ ④
	(3) ① ② ③ ④
	(4) ① ② ③ ④
	(5) ① ② ③ ④
	(6) ① ② ③ ④
	(7) ① ② ③ ④
	(8) ① ② ③ ④
	(9) ① ② ③ ④
	(10) ① ② ③ ④
	(11) ① ② ③ ④
	(12) ① ② ③ ④
	(13) ① ② ③ ④
	(14) ① ② ③ ④
	(15) ① ② ③ ④
	(16) ① ② ③ ④
	(17) ① ② ③ ④
	(18) ① ② ③ ④
	(19) ① ② ③ ④
	(20) ① ② ③ ④
	(21) ① ② ③ ④
	(22) ① ② ③ ④
	(23) ① ② ③ ④
	(24) ① ② ③ ④
	(25) ① ② ③ ④

問題番号	1 2 3 4
2	(26) ① ② ③ ④
	(27) ① ② ③ ④
	(28) ① ② ③ ④
	(29) ① ② ③ ④
	(30) ① ② ③ ④
	(31) ① ② ③ ④

問題番号	1 2 3 4
3	(32) ① ② ③ ④
	(33) ① ② ③ ④
	(34) ① ② ③ ④
	(35) ① ② ③ ④
	(36) ① ② ③ ④
	(37) ① ② ③ ④
	(38) ① ② ③ ④
	(39) ① ② ③ ④
	(40) ① ② ③ ④
	(41) ① ② ③ ④

4 の解答欄は
B面（裏面）に
あります。

リスニング 解答欄

問題番号			1 2 3 4
Part 1		No.1	① ② ③ ④
		No.2	① ② ③ ④
		No.3	① ② ③ ④
		No.4	① ② ③ ④
		No.5	① ② ③ ④
		No.6	① ② ③ ④
		No.7	① ② ③ ④
		No.8	① ② ③ ④
		No.9	① ② ③ ④
		No.10	① ② ③ ④
		No.11	① ② ③ ④
		No.12	① ② ③ ④
Part 2	A	No.13	① ② ③ ④
		No.14	① ② ③ ④
	B	No.15	① ② ③ ④
		No.16	① ② ③ ④
	C	No.17	① ② ③ ④
		No.18	① ② ③ ④
	D	No.19	① ② ③ ④
		No.20	① ② ③ ④
	E	No.21	① ② ③ ④
		No.22	① ② ③ ④
	F	No.23	① ② ③ ④
		No.24	① ② ③ ④
Part 3	G	No.25	① ② ③ ④
	H	No.26	① ② ③ ④
	I	No.27	① ② ③ ④
	J	No.28	① ② ③ ④
	K	No.29	① ② ③ ④

キリトリ

・指示事項を守り、文字は、はっきり分かりやすく書いてください。
・太枠に囲まれた部分のみが採点の対象です。

4 English Composition

Write your English Composition in the space below.

5

10

15

20

キリトリ

英検®準1級　解答用紙（A面）

【注意事項】
◎HBの黒鉛筆またはシャープペンシル以外の筆記具でのマークは、解答が無効となるので、注意してください。

筆記 解答欄		リスニング 解答欄

筆記 解答欄

問題番号	1 2 3 4
1	
(1)	① ② ③ ④
(2)	① ② ③ ④
(3)	① ② ③ ④
(4)	① ② ③ ④
(5)	① ② ③ ④
(6)	① ② ③ ④
(7)	① ② ③ ④
(8)	① ② ③ ④
(9)	① ② ③ ④
(10)	① ② ③ ④
(11)	① ② ③ ④
(12)	① ② ③ ④
(13)	① ② ③ ④
(14)	① ② ③ ④
(15)	① ② ③ ④
(16)	① ② ③ ④
(17)	① ② ③ ④
(18)	① ② ③ ④
(19)	① ② ③ ④
(20)	① ② ③ ④
(21)	① ② ③ ④
(22)	① ② ③ ④
(23)	① ② ③ ④
(24)	① ② ③ ④
(25)	① ② ③ ④

問題番号	1 2 3 4
2	
(26)	① ② ③ ④
(27)	① ② ③ ④
(28)	① ② ③ ④
(29)	① ② ③ ④
(30)	① ② ③ ④
(31)	① ② ③ ④

問題番号	1 2 3 4
3	
(32)	① ② ③ ④
(33)	① ② ③ ④
(34)	① ② ③ ④
(35)	① ② ③ ④
(36)	① ② ③ ④
(37)	① ② ③ ④
(38)	① ② ③ ④
(39)	① ② ③ ④
(40)	① ② ③ ④
(41)	① ② ③ ④

4 の解答欄は
B面（裏面）に
あります。

リスニング 解答欄

問題番号		1 2 3 4
Part 1	No.1	① ② ③ ④
	No.2	① ② ③ ④
	No.3	① ② ③ ④
	No.4	① ② ③ ④
	No.5	① ② ③ ④
	No.6	① ② ③ ④
	No.7	① ② ③ ④
	No.8	① ② ③ ④
	No.9	① ② ③ ④
	No.10	① ② ③ ④
	No.11	① ② ③ ④
	No.12	① ② ③ ④
Part 2	A No.13	① ② ③ ④
	A No.14	① ② ③ ④
	B No.15	① ② ③ ④
	B No.16	① ② ③ ④
	C No.17	① ② ③ ④
	C No.18	① ② ③ ④
	D No.19	① ② ③ ④
	D No.20	① ② ③ ④
	E No.21	① ② ③ ④
	E No.22	① ② ③ ④
	F No.23	① ② ③ ④
	F No.24	① ② ③ ④
Part 3	G No.25	① ② ③ ④
	H No.26	① ② ③ ④
	I No.27	① ② ③ ④
	J No.28	① ② ③ ④
	K No.29	① ② ③ ④

キリトリ

くり返し解く場合は、コピーをとってご利用ください。

・指示事項を守り、文字は、はっきり分かりやすく書いてください。
・太枠に囲まれた部分のみが採点の対象です。

4 English Composition

Write your English Composition in the space below.

英検®準1級　解答用紙（A面）

【注意事項】

◎HBの黒鉛筆またはシャープペンシル以外の筆記具でのマークは、解答が無効となるので、注意してください。

筆記 解答欄

問題番号	1	2	3	4
(1)	①	②	③	④
(2)	①	②	③	④
(3)	①	②	③	④
(4)	①	②	③	④
(5)	①	②	③	④
(6)	①	②	③	④
(7)	①	②	③	④
(8)	①	②	③	④
(9)	①	②	③	④
(10)	①	②	③	④
(11)	①	②	③	④
(12)	①	②	③	④
(13)	①	②	③	④
(14)	①	②	③	④
(15)	①	②	③	④
(16)	①	②	③	④
(17)	①	②	③	④
(18)	①	②	③	④
(19)	①	②	③	④
(20)	①	②	③	④
(21)	①	②	③	④
(22)	①	②	③	④
(23)	①	②	③	④
(24)	①	②	③	④
(25)	①	②	③	④

（問題番号1）

問題番号	1	2	3	4
(26)	①	②	③	④
(27)	①	②	③	④
(28)	①	②	③	④
(29)	①	②	③	④
(30)	①	②	③	④
(31)	①	②	③	④

（問題番号2）

問題番号	1	2	3	4
(32)	①	②	③	④
(33)	①	②	③	④
(34)	①	②	③	④
(35)	①	②	③	④
(36)	①	②	③	④
(37)	①	②	③	④
(38)	①	②	③	④
(39)	①	②	③	④
(40)	①	②	③	④
(41)	①	②	③	④

（問題番号3）

4 の解答欄は
B面（裏面）に
あります。

リスニング 解答欄

問題番号		1	2	3	4
Part 1	No.1	①	②	③	④
	No.2	①	②	③	④
	No.3	①	②	③	④
	No.4	①	②	③	④
	No.5	①	②	③	④
	No.6	①	②	③	④
	No.7	①	②	③	④
	No.8	①	②	③	④
	No.9	①	②	③	④
	No.10	①	②	③	④
	No.11	①	②	③	④
	No.12	①	②	③	④
Part 2	A No.13	①	②	③	④
	A No.14	①	②	③	④
	B No.15	①	②	③	④
	B No.16	①	②	③	④
	C No.17	①	②	③	④
	C No.18	①	②	③	④
	D No.19	①	②	③	④
	D No.20	①	②	③	④
	E No.21	①	②	③	④
	E No.22	①	②	③	④
	F No.23	①	②	③	④
	F No.24	①	②	③	④
Part 3	G No.25	①	②	③	④
	H No.26	①	②	③	④
	I No.27	①	②	③	④
	J No.28	①	②	③	④
	K No.29	①	②	③	④

キリトリ

くり返し解く場合は、コピーをとってご利用ください。

・指示事項を守り、文字は、はっきり分かりやすく書いてください。
・太枠に囲まれた部分のみが採点の対象です。

4 | English Composition

Write your English Composition in the space below.

5

10

キリトリ

15

20

英検® 準1級　解答用紙（Ａ面）

【注意事項】

◎HBの黒鉛筆またはシャープペンシル以外の筆記具でのマークは、解答が無効となるので、注意してください。

筆記 解答欄

問題番号		1	2	3	4
1	(1)	①	②	③	④
	(2)	①	②	③	④
	(3)	①	②	③	④
	(4)	①	②	③	④
	(5)	①	②	③	④
	(6)	①	②	③	④
	(7)	①	②	③	④
	(8)	①	②	③	④
	(9)	①	②	③	④
	(10)	①	②	③	④
	(11)	①	②	③	④
	(12)	①	②	③	④
	(13)	①	②	③	④
	(14)	①	②	③	④
	(15)	①	②	③	④
	(16)	①	②	③	④
	(17)	①	②	③	④
	(18)	①	②	③	④
	(19)	①	②	③	④
	(20)	①	②	③	④
	(21)	①	②	③	④
	(22)	①	②	③	④
	(23)	①	②	③	④
	(24)	①	②	③	④
	(25)	①	②	③	④

問題番号		1	2	3	4
2	(26)	①	②	③	④
	(27)	①	②	③	④
	(28)	①	②	③	④
	(29)	①	②	③	④
	(30)	①	②	③	④
	(31)	①	②	③	④

問題番号		1	2	3	4
3	(32)	①	②	③	④
	(33)	①	②	③	④
	(34)	①	②	③	④
	(35)	①	②	③	④
	(36)	①	②	③	④
	(37)	①	②	③	④
	(38)	①	②	③	④
	(39)	①	②	③	④
	(40)	①	②	③	④
	(41)	①	②	③	④

4 の解答欄は
B面（裏面）に
あります。

リスニング 解答欄

問題番号			1	2	3	4
Part 1		No.1	①	②	③	④
		No.2	①	②	③	④
		No.3	①	②	③	④
		No.4	①	②	③	④
		No.5	①	②	③	④
		No.6	①	②	③	④
		No.7	①	②	③	④
		No.8	①	②	③	④
		No.9	①	②	③	④
		No.10	①	②	③	④
		No.11	①	②	③	④
		No.12	①	②	③	④
Part 2	A	No.13	①	②	③	④
		No.14	①	②	③	④
	B	No.15	①	②	③	④
		No.16	①	②	③	④
	C	No.17	①	②	③	④
		No.18	①	②	③	④
	D	No.19	①	②	③	④
		No.20	①	②	③	④
	E	No.21	①	②	③	④
		No.22	①	②	③	④
	F	No.23	①	②	③	④
		No.24	①	②	③	④
Part 3	G	No.25	①	②	③	④
	H	No.26	①	②	③	④
	I	No.27	①	②	③	④
	J	No.28	①	②	③	④
	K	No.29	①	②	③	④

キリトリ

・指示事項を守り、文字は、はっきり分かりやすく書いてください。
・太枠に囲まれた部分のみが採点の対象です。

4 English Composition

Write your English Composition in the space below.

5

10

キリトリ

15

20

英検®準1級　解答用紙（A面）

【注意事項】

◎HBの黒鉛筆またはシャープペンシル以外の筆記具でのマークは、解答が無効となるので、注意してください。

筆記 解答欄

問題番号	1	2	3	4
(1)	①	②	③	④
(2)	①	②	③	④
(3)	①	②	③	④
(4)	①	②	③	④
(5)	①	②	③	④
(6)	①	②	③	④
(7)	①	②	③	④
(8)	①	②	③	④
(9)	①	②	③	④
(10)	①	②	③	④
(11)	①	②	③	④
(12)	①	②	③	④
(13)	①	②	③	④
(14)	①	②	③	④
(15)	①	②	③	④
(16)	①	②	③	④
(17)	①	②	③	④
(18)	①	②	③	④
(19)	①	②	③	④
(20)	①	②	③	④
(21)	①	②	③	④
(22)	①	②	③	④
(23)	①	②	③	④
(24)	①	②	③	④
(25)	①	②	③	④

（問題番号1）

問題番号	1	2	3	4
(26)	①	②	③	④
(27)	①	②	③	④
(28)	①	②	③	④
(29)	①	②	③	④
(30)	①	②	③	④
(31)	①	②	③	④

（問題番号2）

問題番号	1	2	3	4
(32)	①	②	③	④
(33)	①	②	③	④
(34)	①	②	③	④
(35)	①	②	③	④
(36)	①	②	③	④
(37)	①	②	③	④
(38)	①	②	③	④
(39)	①	②	③	④
(40)	①	②	③	④
(41)	①	②	③	④

（問題番号3）

4 の解答欄は
B面（裏面）に
あります。

リスニング 解答欄

	問題番号	1	2	3	4
	No.1	①	②	③	④
	No.2	①	②	③	④
	No.3	①	②	③	④
	No.4	①	②	③	④
	No.5	①	②	③	④
Part 1	No.6	①	②	③	④
	No.7	①	②	③	④
	No.8	①	②	③	④
	No.9	①	②	③	④
	No.10	①	②	③	④
	No.11	①	②	③	④
	No.12	①	②	③	④
A	No.13	①	②	③	④
	No.14	①	②	③	④
B	No.15	①	②	③	④
	No.16	①	②	③	④
C	No.17	①	②	③	④
	No.18	①	②	③	④
Part 2 D	No.19	①	②	③	④
	No.20	①	②	③	④
E	No.21	①	②	③	④
	No.22	①	②	③	④
F	No.23	①	②	③	④
	No.24	①	②	③	④
G	No.25	①	②	③	④
H	No.26	①	②	③	④
Part 3 I	No.27	①	②	③	④
J	No.28	①	②	③	④
K	No.29	①	②	③	④

キリトリ

くり返し解く場合は、コピーをとってご利用ください。

・指示事項を守り、文字は、はっきり分かりやすく書いてください。
・太枠に囲まれた部分のみが採点の対象です。

4 | English Composition

Write your English Composition in the space below.

5

10

キリトリ

15

20

英検®準1級　解答用紙（A面）

【注意事項】

◎HBの黒鉛筆またはシャープペンシル以外の筆記具でのマークは、解答が無効となるので、注意してください。

筆記 解答欄

問題番号	1 2 3 4
1	
(1)	① ② ③ ④
(2)	① ② ③ ④
(3)	① ② ③ ④
(4)	① ② ③ ④
(5)	① ② ③ ④
(6)	① ② ③ ④
(7)	① ② ③ ④
(8)	① ② ③ ④
(9)	① ② ③ ④
(10)	① ② ③ ④
(11)	① ② ③ ④
(12)	① ② ③ ④
(13)	① ② ③ ④
(14)	① ② ③ ④
(15)	① ② ③ ④
(16)	① ② ③ ④
(17)	① ② ③ ④
(18)	① ② ③ ④
(19)	① ② ③ ④
(20)	① ② ③ ④
(21)	① ② ③ ④
(22)	① ② ③ ④
(23)	① ② ③ ④
(24)	① ② ③ ④
(25)	① ② ③ ④

問題番号	1 2 3 4
2	
(26)	① ② ③ ④
(27)	① ② ③ ④
(28)	① ② ③ ④
(29)	① ② ③ ④
(30)	① ② ③ ④
(31)	① ② ③ ④

問題番号	1 2 3 4
3	
(32)	① ② ③ ④
(33)	① ② ③ ④
(34)	① ② ③ ④
(35)	① ② ③ ④
(36)	① ② ③ ④
(37)	① ② ③ ④
(38)	① ② ③ ④
(39)	① ② ③ ④
(40)	① ② ③ ④
(41)	① ② ③ ④

4 の解答欄は
B面（裏面）に
あります。

リスニング 解答欄

問題番号		1 2 3 4
Part 1	No.1	① ② ③ ④
	No.2	① ② ③ ④
	No.3	① ② ③ ④
	No.4	① ② ③ ④
	No.5	① ② ③ ④
	No.6	① ② ③ ④
	No.7	① ② ③ ④
	No.8	① ② ③ ④
	No.9	① ② ③ ④
	No.10	① ② ③ ④
	No.11	① ② ③ ④
	No.12	① ② ③ ④
Part 2	A No.13	① ② ③ ④
	A No.14	① ② ③ ④
	B No.15	① ② ③ ④
	B No.16	① ② ③ ④
	C No.17	① ② ③ ④
	C No.18	① ② ③ ④
	D No.19	① ② ③ ④
	D No.20	① ② ③ ④
	E No.21	① ② ③ ④
	E No.22	① ② ③ ④
	F No.23	① ② ③ ④
	F No.24	① ② ③ ④
Part 3	G No.25	① ② ③ ④
	H No.26	① ② ③ ④
	I No.27	① ② ③ ④
	J No.28	① ② ③ ④
	K No.29	① ② ③ ④

キリトリ

くり返し解く場合は、コピーをとってご利用ください。

・指示事項を守り、文字は、はっきり分かりやすく書いてください。
・太枠に囲まれた部分のみが採点の対象です。

4 | English Composition

Write your English Composition in the space below.

5

10

キリトリ

15

20